Camus

HERBERT
R.
LOTTMAN

加缪传

Camus

HERBERT R. LOTTMAN

〔美〕

赫伯特 · R. 洛特曼 著

肖云上 陈良明 钱培鑫 等译

南京大学出版社

图书在版编目(CIP)数据

加缪传 /(美)赫伯特·R. 洛特曼(Herbert R. Lottman)
著;肖云上等译. 一南京:南京大学出版社,2018.1(2020.7 重印)
书名原文:Camus
ISBN 978 - 7 - 305 - 19271 - 5

Ⅰ. ①加… Ⅱ. ①赫… ②肖… Ⅲ. ①加缪(Camus,
Albert 1913—1960)一传记 Ⅳ. ①K835.655.6

中国版本图书馆 CIP 数据核字(2017)第 219756 号

江苏省版权局著作权合同登记 图字:10 - 2015 - 311 号

出版发行 南京大学出版社
社　　址 南京市汉口路 22 号　　　　邮　编 210093
网　　址 http://www.NjupCo.com
出 版 人 金鑫荣

书　　名 加缪传
著　　者 [美]赫伯特·R. 洛特曼
译　　者 肖云上 陈良明 钱培鑫 等
责任编辑 芮逸敏

照　　排 南京紫藤制版印务中心
印　　刷 常州市武进第三印刷有限公司
开　　本 880×1230 1/32 印张 28.875 字数 751 千
版　　次 2018 年 1 月第 1 版 2020 年 7 月第 4 次印刷
ISBN 978 - 7 - 305 - 19271 - 5
定　　价 118.00 元

网　　址 http://www.njupco.com
官方微博 http://weibo.com/njupco
官方微信 njupress
销售咨询 (025)83594756

谨以此书献给——
一切因热爱真理和
他们的朋友加缪
而帮助过我的人。

显然，人生要比人一生的业绩更加重要。人生是一个整体，紧张而又执着，受制于整体的精神。一股独特的灵感贯串所有这些岁月。人生就像小说，当然需要修正。

——《手记之二》

演员与荒谬的人一样，短命是难以挽救的。无法弥补倘若人生而不死而可能领略的人生沧桑。可是归根结蒂，人难免一死。虽然演员无所不在，但是时光依然饶不了他，作用于他。

——《西西弗神话》

目　录

第一部分　地中海人

第二部分　流　亡

第三部分　成　名

第四部分　四十岁

第五部分　回归之路

新版引言

　　本书的作者从未有幸见过加缪本人,机缘巧合总是让我与他擦肩而过。有一次,这位知名作家现身花神咖啡馆的露台,穿着标志性的翻领衬衫,唇间叼着半支香烟……或许他正准备离开座位去加入另一桌年轻女性之中,但我没准备留下来继续观察,也没有走上前去顺便做个自我介绍;我觉得在没有受到邀请时这么做是有些失礼的。

　　后来,我差点有了第二次接近他的机会。那时,在我的家乡纽约,一家新开业的录音公司让我邀请加缪为其作品的片段朗诵。加缪先生显然很乐意接受邀请,但合同却得通过他的法国出版社来签(后来确实签下来了)。

　　我是不是马上就可以与作家本人会面了? 机会或许就是加缪的出版商伽利玛出版社在鲜花绚烂的初夏时节举办的年度招待会。这项传统的活动在出版社位于巴黎左岸的大花园中进行。那时候,我还不怎么认识那里的重要作家,但是谁也不会认不出那形影不离的一对:让-保罗·萨特和西蒙娜·德·波伏瓦。他们当时也在,站在花园深处的一个小水池旁边(被仰慕者围在中间)。

　　我在台阶上碰到了一个刚结识不久的巴黎某杂志专栏作家,我问他如何向周边的人群引荐自己,他却对我说:"我敢肯定你是来找加缪的。"我承认确实如此。

　　"他在上面呢,待在狭小的办公室里。"我的这位朋友继续说道,他顺手指了指比较高的一扇窗户,那里离花园还有一定距离,"实际上他能看到我们,但他不喜欢被我们看到。他现在受不了熙熙攘攘的人群,尤其是这里几乎所有的人都觉得做萨特的追随者是件时髦的事。"

坏年头才刚刚开始。

直到很久之后我才解开这位躲在窗户后面的神秘受邀者的面纱。在此期间,我做过深度调查,在加缪戏剧性地辞世 20 年后写作并出版了他的第一本传记。我读过他发表的不少随笔、故事和小说。从那以后,我才终于可以理解那些写在他人生最后十年里的个人日记中的思想了。事实上,我从来不敢想象自己会与这位成为小说家和剧作家的阿尔及尔男孩达到如此亲近的程度……

比如,如何解释加缪在车祸发生十年之前写下的日记中的求救,或者说是弱者的倾诉——而且是在谁也没有预料到他有朝一日会获得诺贝尔文学奖之前?

> ……所有人都与我作对,想要毁灭我,他们一刻不停地向我索取,却从来不向我施以援手、帮助我、爱我,从来不会因为我是我而爱我,不会为了让我继续保持自我而爱我……他们以为我的精力是无穷尽的,非得要我把自己的精力分出一部分给他们,让他们活得更久似的——但我已经把所有的力气都投入了让人精疲力竭的创作激情中,除此之外我是所有人中最贫苦的一无所有者。(《手记之三》,1952 年 2 月)

在还有太多的东西需要去探索和了解时,如何理解加缪哀诉的开场白,又如何去相信这一点?确实,我们还在探讨他人生中最后十年的前一部分,在这段时间里,加缪经常不经意间向我们吐露他的抱怨,如投石子一般。诚然,根据后来事情的发展,我们可以知道他还会继续受到敌人的包围、嫉妒者的挖苦,他被认为是从殖民地回到法国的乡下佬(并且还故意让他知晓这些讽刺)。所有的一切,甚至包括诺贝尔奖在内,都走向了他的对立面,"为了让他毁灭"。

好多年之后,当我在伽利玛大楼闲逛,希望理解为什么萨特和波伏瓦俩从某种意义上将加缪"赶出"了巴黎左岸,伽利玛出版社的主管者之一、一位本身就是伽利玛家族的成员低语向我吐露了隐情,"我们当时都站在坏的一边。我们对加缪的所作所为,或者是试图对他做的,都非常无耻"。事实上,在那个时候,这家有名的出版社中,凡是敢于在相关问题上表态的人,都采取了对这位阿尔及利亚返回的人不利的态度。加缪在伽利玛大楼的走廊里游荡,犹如一条受罚的小狗,在举行庆典时躲在自己的窗户后边没有出来……

追寻事实的真相

加缪去世多年后,一位美国出版商请我写一本详尽的加缪传。不知为何,在法国没有人尝试过为加缪作传。当我开始探索关于阿尔贝·加缪本人的事实真相时,我顺理成章地想到应该从他出生、接受教育和从事早期工作的地方入手。花了好长时间,我才意识到阿尔及利亚战争期间丢失了太多的东西,其实有关法国人的一切,从他们不得不离开阿尔及利亚回到本土避难那一刻起(直到20世纪60年代早期),都已经不复存在了。正如我们所知道的,加缪本人在冲突爆发前被迫离开北非,因为他需要在法国治疗疾病。法国的气候对他来说更加适宜,尽管当时还处在德军的占领之下。加缪在阿尔及利亚成婚,他的肺结核病使他不得不前往法国本土找一个多山的地区居住,而他的妻子却得继续留在阿尔及利亚。后来,加缪并没有回阿尔及利亚,而是去了巴黎。

在那个特殊时期,他没有机会再回到童年的故土。自从阿尔及利亚的法国人必须收拾行李、放弃所有的财产回到本土以后,加缪返回童年生活地方的机会就更加微乎其微了。那次夺去加缪生命的事故过去大约17年后,在我为写《加缪传》做准备时,去他的故乡看看他年轻时候待过的地方几乎是不可能的（那时阿尔及利亚已经是另一个国家。巴黎有人警告我说，如果警察看到我在阿尔及尔的大街上做笔记就会逮捕我）。所有那些像加缪一样的法国人移民到了法国的本土，并且永远地在本土定居。据我所知，加缪只有一位比较重要的朋友还留在阿尔及利亚，他叫让·德·麦松瑟勒，是一位著名的建筑师。在我工作期间向他询问时，麦松瑟勒提醒我道，对一个像我这样希望寻找加缪童年记忆的人来说，到阿尔及利亚的拜访并不会带来什么有用的信息。

我需要在法国完成探寻工作。

正是在那段时间里，我发现了"另一个"加缪的存在。他不是一位风流倜傥的男士，不是文学活动中备受赏识的座上宾。他只是一个不幸的人，是一个仅凭渴望就想为创造一个更好世界而努力的战败者。他为医嘱而离开了故土，去寻找一个对他来说更健康的生活环境。后来战争的爆发让他身陷气候适宜的法国山区和湖畔，同时也鼓舞他像许许多多与他类似的男男女女一样参加了地下抵抗组织的活动。他的身体状况逐渐好转，可以动身去巴黎了，去寻找创作鼓舞人心的抵抗文章所需的精力和天才。后来，他在解放后的巴黎创办了一份让所有人都会迫不及待购买的日报。

实际上，这位阿尔及尔的年轻流放者因为身体状况等原因，曾经还没有成为真正的"法国人"。但他很快就被报社的同志帕斯卡尔·皮亚介绍到了抵抗组织中，而皮亚本人则在离加缪住院修养处不远的地方积极参加了一个名叫"战斗"的地下组织。开始时，加缪与结核病的斗争明显多于与占领军的斗争，但是当他觉得身体状况可以进行旅行时，他成了皮亚志同道合的战友，拿起纸笔，用自己的才华为"战斗"组织的日报《战斗报》写作。

有人讲述——或许这是真的——有一天在巴黎，加缪与一对伴侣手挽手到达了"战斗"组织的开会现场，这对伴侣显然是用化名来做自我介绍的。不久之后,组织的一位领导者在去剧院时发现,加缪邀请参会的这对伴侣正是萨特和波伏瓦。我们现在可以从波伏瓦的作品中找到关于阿尔及利亚裔的加缪在追寻他人认可的过程中一些珍贵的见证材料。

相　遇

尽管巴黎还处在德军的占领下,萨特的戏剧《苍蝇》已经在巴黎的一家大剧院上演了。鉴于经常性的断电,萨特和戏剧导演要求首演要放在下午时段。萨特在戏剧上演时正在大厅检票处附近,这时一位棕发的年轻人上前来自我介绍,他叫阿尔贝·加缪。

萨特当时觉得加缪很热情。后来,在文学精英钟爱的花神咖啡馆内,萨特第二次与加缪见面,并把他介绍给了西蒙娜·德·波伏瓦。波伏瓦后来回忆道,他们一起谈论了不少书,但对话内容迅速转向了戏剧。萨特提起了他最近创作的一部剧本,并说要安排戏剧上演。加缪是否愿意扮演剧中的主角?他是否愿意担任戏剧的导演?答案是肯定的。加缪的回复给他带来了萨特和波伏瓦的好感和热情。波伏瓦接着讲道:"像我们一样,加缪从个人主义转向了承担责任;即使他从未暗示过什么,我们也都知道他在'战斗'组织中从事重要的工作。"(西蒙娜·德·波伏瓦《势所必然》)

他喜欢成功,波伏瓦如是论断。他喜欢出名而且不会躲躲闪闪,但是他也不会把自己太当回事。"他朴实、快乐……他拥有一种魅力,来源于漫不经心和热情似火的完美结合,这使得加缪永远不会落入俗套。他尤其吸引我的地方在于,当全身心投入他的事业、乐趣和友谊时,又会对那些人或事带有超脱感的微笑。"(《势所必然》)

波伏瓦曾把自己第一本小说《他人的血》的打印稿交给加缪,以此来考验他。"这是一本充满博爱情怀的书。"加缪在读完书稿后如是回复,这让波伏瓦欣喜异常。

从此,萨特—波伏瓦与加缪形成了小圈子。他们会在加缪或萨特

（波伏瓦）家中聚会，再或者去一些不太引人瞩目的小饭店。波伏瓦家里能坐下八个人，她就在《势所必然》中记叙了那里举行过的许多次无节制的晚会，晚会上杯盘狼藉，人们甚至可以看到加缪跳舞。

战争的结束指日可待，很多人已经开始盘算德国撤军了。是时候考虑《战斗报》改头换面，抛弃原先"地下报纸"身份的出版事宜了。与此同时，加缪也越来越深地参加到地下抵抗的活动中，但这并没耽误他着手写作一本书（战后出版的一部非常成功的小说——《鼠疫》）。

1944 年 7 月，在占领时期的最后几周，"战斗"组织的一名成员被捕，他想办法传消息让同伴知晓，他被迫向敌人供出了几个成员的名字。加缪建议萨特和波伏瓦搬到安全的地带居住，他们同意了。这对伴侣甚至离开首都去外省住了一段时间——后来他们意识到自己不想错过德国军队败退和盟军到达的历史性时刻，又回到了巴黎。萨特和波伏瓦与加缪不久又在花神咖啡馆的露台上重聚，喝上了杜松子酒调制的鸡尾酒。他们一起见证了敌人的撤退和拯救者的到来。加缪一分钟也没有耽误，他径直穿过巴黎，来到了报社所在的街区，开始准备《战斗报》的发行工作。萨特与加缪相约在编辑部见面，波伏瓦也随萨特而来。

战后第一期日报出版的日子到了，当时德国军队还没有撤离巴黎和法国（时间是 1944 年 8 月 21 日）。从一开始加缪就担当《战斗报》的总编辑和头版社论作者，探讨刚刚获得解放的法国所需要关注的重大事宜。

加缪在《战斗报》的办公室最初几天的工作被一张照片记录了下来，成为历史的经典。他戴着领带，卷着袖子，站在办公桌前，身体前倾，注视着面前一位身着军装、头戴贝雷帽的拜访者，而这位拜访者吸着香烟，也在凝视着加缪。这位军人就是安德烈·马尔罗，他当时还不是戴高乐将军队伍中的成员。后来，马尔罗当了文化部长，创建了"新剧院"，加缪则成为"新剧院"的院长和剧作家。

西蒙娜·德·波伏瓦的记录使历史的这一刻永远被人铭记。她回忆道,自己的男友让-保罗·萨特虽然没有正式加入地下组织"战斗"的活动,但实际上在加缪的影响下也参与其中,因而萨特和波伏瓦那天会与加缪相约在编辑部见面。加缪那会儿还在办公室里领导着《战斗报》和占领时期某家报社曾经使用过的印刷厂。开始时大街上还显得十分安静,但是,等萨特和波伏瓦到达靠近河畔的地方,他们听到了周围的枪声。两人开始跑步前进,在过桥的时候蹲下身子躲避子弹,最终到达了一个安全的街区。在进入日报所在地(雷奥米尔路100号)大楼时,他们在楼梯上碰到了手持冲锋枪的巴黎青年。"整栋大楼从上到下一片混乱,但人人脸上都写着莫大的欣喜",加缪"高兴极了。他让萨特写一篇最近几天事态进展的报道……"(西蒙娜·德·波伏瓦《势所必然》)

误　会

在巴黎完全解放之前,加缪一边继续《战斗报》的地下出版工作,一边对他的两部戏剧——《误会》和《卡利古拉》——做最后的修改,它们在 1944 年 5 月共同在伽利玛出版社面世。加缪以一种不签署序言作者姓名的方式对两部作品做了介绍,并把它们与荒诞哲学联系在一起,而加缪的这一思想已经在之前的两部作品《局外人》和《西西弗神话》中有所体现。

作为加缪的第一部戏剧作品,《误会》是为演出条件有限、布景简单的舞台安排设计的,尽管热情奔放的玛莉亚·卡萨雷斯要担任戏剧的主角。卡萨雷斯那时是——或者说马上要成为——加缪闲暇时刻最钟爱的伴侣。"卡萨雷斯的任性偏激,她在舞台上下的那种无拘无束,正好弥补了加缪在那种灰暗无光的公众生活中所受到的束缚。她体现了加缪身上的西班牙血统……"我在 35 年前完成的《加缪传》中如此写道。

1944 年 6 月 24 日,在盟军诺曼底登陆约三周之后,《误会》的首演开始了。这是一场灾难。

加缪的朋友们愿意相信观众的敌意至少部分来源于加缪公开地反纳粹立场,要知道,巴黎首演的观众当中一定包括了那些在占领时期没怎么吃过苦头的人。但与此相矛盾的是,在巴黎出版的德国报刊却并没有比卖给占领军的法国报刊持更严厉的批判态度,相反,德国报刊中甚至还可以找到对同期在巴黎上演的萨特戏剧《禁闭》的赞扬。

与萨特的摩擦

加缪在 1943 年 6 月结识了萨特,后者在曾与加缪关系无比亲密之后,又成为他最顽固的对手。

起初一切进展正常。德国军队撤退后的几个月,加缪全力投入《战斗报》的工作,同时萨特创建了那个时代最有影响力的杂志之一——《现代》。开始时萨特和波伏瓦与加缪保持着正常的工作关系。因此,加缪还把萨特派到美国,让他的报道发表在《战斗报》上。他对萨特圈子里的其他人也是如此关照。作为伽利玛出版社的编辑,加缪会为他们中的一些人出版书籍。

他与萨特圈子的距离之近让人想象他本人是否也是"存在主义者"。"不,我不是存在主义者。"加缪在一次采访中宣称,"我和萨特看到我们俩的姓名被并列在一起,总感到惊讶不已,我们甚至考虑哪天在报上刊登一则启事,声明我们俩毫无共同之处,并且拒绝担保各自可能欠下的债务。"他解释道,如果说萨特是一名存在主义者,那自己发表的唯一一部关于哲学思考的作品《西西弗神话》就恰恰是走向了存在主义哲学的对立面。

加缪并不能算作一位十足的苏联仰慕者,这在萨特的追随者们看来是一种对他们的公然挑战。西蒙娜·德·波伏瓦曾引证 1946 年末一次晚宴上的对峙。那时萨特的同事和朋友、哲学家莫里斯·梅洛-庞蒂为莫斯科公审进行了辩护,在察觉到萨特支持梅洛-庞蒂的看法后,加缪愤然离席,当即摔门而去。萨特赶忙追出去,然而加缪已经不想听任何的道歉或解释了。

1946 年冬在纽约，萨特又有了新的机会表明自己的看法。在一场与《党派评论》的知识分子共同参加的午餐会上，有人问到萨特他法国同事的情况。"加缪？嗯，他是我的朋友，是一位有才华的作家，文笔优雅，但并不能说他是天才，"萨特又接着补充道，"然而，现在在法国确实有一位文学天才，他叫让·热内，他的写作风格像极了笛卡尔。"（安妮·科恩-索拉尔《萨特》）

从此之后，两人之间的战争爆发了。

40 年代末，加缪放下了手中长长短短的写作手稿，开始致力于一项重要的工作，他指望它或许能够回答他自己的以及其他被马克思主义、国内外的共产主义和苏联政权所吸引的千千万万普通人的疑问。加缪鼓吹的抗争应该是正当的，它旨在将人类从幽禁和迫害中解放出来。为了能提出更加正当、人性化的抗争原则供世人参考，加缪需要仔细研究除了抗争这一方式之外的其他选项，并在必要时交付自己的导师（如让·格勒尼埃）和善于思考的朋友（如勒内·夏尔）检视。

工作的最终成果是一本 378 页厚的著作《反抗者》，加缪把它交给最熟悉的出版商伽利玛出版社付梓。1951 年末，作品面世，这同时也标志着加缪进入了人生中最后的十年。

在介绍新的抗争形式——一种消除了审判、囚禁和处决需要的抗争——之前，加缪以历史的开端展开全文，在其中特别地提及了《圣经》的内容。他不怵重新论及并分析文学史上的大家，在他看来，萨德侯爵就是"纯粹抗争的先驱理论家"。书中的一章题为"尼采和虚无主义"，还有一章"超现实主义和虚无主义"。在"国家恐怖主义和合理化的恐惧"一章中，加缪介绍了自己对苏联政权起源的长久思考和研究，他从马克思主义开始，以斯大林的统治终结（在该书出版时斯大林还健在,并在国家治理中起重要作用)。《反抗者》描述了马克思主义带来的实实在在的恐惧,以它的全面失败作结。

一言以蔽之,这本书以"恐怖"为主题,包括了国王和皇帝、革命者和弑神者的冷峻描述,不留下一点想象的空间。加缪不会顺从地低头认输;所有的侵略者都在那里;他要成为最终的征服者。

1950 年 10 月,巴黎,加缪在索尔格岛住宅内写信给勒内·夏尔,他坦言道:"这一年很艰难,对我来说特别不容易,无论从哪方面看,都是如此。我想之前应该跟您说过这样的话。不过,我不喜欢谈论我自己,就这样吧。"但加缪没有泄气,他请夏尔阅读自己新作的前几章。夏尔并没有限于前几章的阅读,他把整本《反抗者》都读过了,而且一边阅读一边对作品大加赞赏,这正是加缪所需要的。"我本想做到既真实又有效,"加缪承认,"但这意味着一刻不停的倾囊付出。在这部作品的整个写作期间,我感到十分孤独。我非常希望您的参与,或者仅仅是您的赞同。您知道我对您的反馈有多么看重。"

回信很快就到了:"多么有理、有力的智慧啊,它贯穿了作品的始终!……您的整本书都打上了进入战斗的烙印……您陡然构建起的山岭,既是避难所,又是军火库,相信我,您不是一个人在战斗,我们会与为数不多的志同道合者一同把它变成我们的山岭。"(阿尔贝·加缪,勒内·夏尔《1946—1959 年信札》,2007 年)

作品一俟出版就得到了传统报社媒体的热情赞颂——《世界报》和《费加罗报》的评论把它看作当代最伟大的作品之一。而萨特的追随者们却对其另眼相看。根据后来的传记记载,萨特当时并不喜欢加缪写的《反抗者》,他希望《现代》避免对此多做评论。但是编辑部团队最终成功地劝服萨特,他们认为还是应该对作品加以报道。

萨特把任务交给了自己的弟子、不经常做书评的弗朗西斯·让松。西蒙娜·德·波伏瓦回忆起当时的场面——那是她最后一次见加缪。他和萨特一起坐在圣-絮尔皮斯广场的一家小咖啡馆内,萨特表达了反对意见,而加缪却对此不乏嘲讽。实际上,波伏瓦回忆说,加缪以为他的作品得到了萨特和波伏瓦的赞赏,所以萨特只得谨慎、委婉地表达了他的批评。不久之后,萨特在皇桥(位于伽利玛出版社附近,出版社的很多作家经常去那里)的一家酒吧里碰到了加缪,萨特提醒加缪说,《现代》中即将发表的关于《反抗者》的书评可能对作品持"保留态度",甚至语气会有点严厉。加缪不怎么高兴,而且显然有些吃惊。让松曾经向萨特保证批评会比较温和——但他实际上根本没有掌握分寸。根据波伏瓦的说法,尽管萨特被允许修改那些最强硬的论断,但他还是遵守了杂志社言论自由的规矩,把文章发了出来。

没过多久,加缪就忍不住抗议了。在一封写给萨特而不是让松的信中——"我开始感到有些厌倦,厌倦自我审视,厌倦目睹将毕生献给时代斗争的老战士们一刻不停地训斥,这些催人有效行动的监察官所做的一切,只不过将他们的坐椅摆在顺应历史发展的方向而已……"

萨特迅速地作出反应,而且是在所有人的眼皮底下(《现代》1952年8月号):

> 亲爱的加缪,我们的友谊来之不易,我将感到惋惜。今天您中断友谊,或许是因为它到了该中断的时候……一种可悲的自满与自负的结合总是让您看不清事实的真相……我本希望我们的争论能够直达问题的关键,不需要混杂着不知从何而来的虚荣心受挫的怪味……请告诉我,加缪,我们凭什么不能以一种人类应有的理智方式来讨论您的作品呢?……或许是您弄错了呢?或许您的作品仅仅表现出了您在哲学上的无知?或许您的书只是收集好二手资料之后匆匆忙忙写就的?您怎么就这么害怕别人的批评呢?……(安妮·科恩-索拉尔《萨特》)

在《现代》对《反抗者》的疑议提出之后,其他一些杂志也觉得有必要就作品的质量来攻击加缪。"巴黎是一片丛林,"加缪在他的手记中写道,"可怜的野兽遍地都是……那些受过革命精神洗礼的新贵和正义的伪君子。萨特,不忠之人。"(《手记之三》,1952 年 9 月)

可以看到,加缪通过向萨特及其追随者们发起挑战,开启了一个新的十年——也是他人生中最后十年(尽管那时没人知道)的旅程。而且他还信心满满,认为自己能够成为最终的胜利方。

不过可以确定的是,加缪也预料到了他要遭受的惩罚。他的私人日记记录了他抱怨的开始,"所有人都与我作对,想要毁灭我",这在萨特的反击之前就已经写下。他在同一篇日记中还写道:"我从来不会向世人低头",以及"尽管我现在还在与死亡抗争,但我现在打心底里最希望的就是平静的死亡,这可以让我爱的人得到慰藉和安抚……四十岁,我就允许自己部分的湮灭"。(《手记之三》)

正是在这段时间,加缪写了《若纳斯,或工作中的艺术家》,这是一本后来汇编出版的中篇小说(见《流放与王国》)。这本书与加缪的最后一部小说《堕落》一起被认为是他成熟之后两部最重要的自传体作品。《若纳斯》最初构想的主人公是一位为了他的事业牺牲一切(包括他的家庭)的著名作家,而作品最后实际上讲述了一位获得成功的画家为巴黎的生活所毁灭的故事。

最后几年的时光

加缪在他的手记中详细地记录了他在 1954 年 11 月去意大利的旅行——还有一份去都灵、热那亚、罗马讲座的日程安排。他对到意大利旅行,走到他一直热爱的意大利人民中间去,并远离"法国人的坏脾气",感到十分开心。

但从法国的逃离也把他带进了都灵的雪和雾以及热那亚的雨中。在那不勒斯,他发烧了,不得不卧床休息。后来只能回到罗马,在参观博物馆、宫殿和游览山川中慢慢恢复元气。他在私人日记中说这是在巴黎度过的精疲力竭的一年中所落下的病,可能还得花一年时间才能痊愈。

　　12月9日,高烧退去,于是他重新和向导上路,去了索伦托、阿马尔菲、帕埃斯图姆、庞贝。但11日他又生病了。

　　第二天,他打开一份报纸。"我已经遗忘的巴黎喜剧。龚古尔奖闹剧。"那些可笑的龚古尔奖评委们把年度奖项颁给了西蒙娜·德·波伏瓦的小说《名士风流》。"看起来我是小说的主角,"加缪接着写道,"事实上,只有主人公的身份是真实的(抵抗运动中某家日报的领导人),其他的思想、感情和行为,一切全是假的。或者这样表达更好:萨特那些令人可疑的行为统统都归到了我的头上。"(《手记之三》)

　　12月14日,加缪准备返回法国。他在私人日记中又写道:"存在主义:当他们自责时,我们可以确信这是为了指责别人:悔过的审判者。"(《手记之三》)他在此处使用的表达后来在《堕落》中也出现了。

　　1956年,加缪回到阿尔及尔,他在一次集会上加入了一群欧洲(也是穆斯林)的自由主义者,他们拥有共同的信念,支持"平民休战"。"在巴黎时就一直困扰着我的关于阿尔及利亚的烦恼终于离我而去了。在这里,我们至少还在斗争,尽管很难,因为这里的舆论是反对我们的。但正是在斗争中我才能最终寻到和平和内心的宁静……是的,我早上起床时突然有了一种幸福感,这是几个月以来久违的第一次。"(《手记之三》)

　　1956年1月22日加缪的讲话留存了下来。他在讲话中提出"纯粹的人道主义呼吁……凭这一点就可以让狂暴与愤怒销声匿迹,让大多数阿尔及利亚人、法国人或者阿拉伯人团结起来,而且他们不需要抛弃各自的信念"。这或许就是有利于"无辜平民"的"停战"了。(加缪《时论之三·阿尔及利亚专栏》)

　　接下来没有发生什么大事,抑或是加缪不愿把阿尔及尔会议上的预期成果公之于众。整个夏天,他都在冥想。"世界崩塌了,东方火光冲天,人们在相互残杀,而玛莉亚(M)在一片荒凉的沙滩上,那是欧洲的尽头……她就是生活,就是胜利。"(《手记之三》,1956 年 7 月)这一段写的是玛莉亚·卡萨雷斯,但几乎是来源于同一灵感,M 被替换成了 C,这是另一位演员,一张新面孔——卡特琳娜·塞莱思。"我喜爱这张忧郁、脆弱的娇小面庞,它有时会流露出悲伤,却总是那么迷人……这是我许久以来第一次被女性打动心田,没有一点点欲望、娱乐的心态或者非分的企图,她的爱慕者,并非没有忧伤……"(《手记之三》,1956 年 8 月)

　　在同一时期(1957 年 7 月至 8 月),加缪又为 Mi 的魅力所倾倒——这是一位丹麦女郎,我们会在结尾部分谈论她的事情。

　　先让我们聊聊 1957 年 10 月的诺贝尔奖吧。"一种陌生的煎熬和忧郁的情感……对没有请求却径直朝我而来的事感到恐惧。为了应对所有下流的攻击,我一直惴惴不安,心情难以平复。"加缪在日记中如此评论道(他甚至还在为更坏的情况做准备)。一家周刊嘲讽性地在头版登出了"诺贝尔奖颁给了一部完结的作品"的标题。一时间,讽刺的论调四起,加缪深受这些言论的打击:一个月之内,"……三次因幽闭恐惧症发作而引发严重的呼吸困难",他"都快要被逼疯了"。(《手记之三》)

　　不管怎样,加缪对法属阿尔及利亚问题还是持开放态度的,他的母亲还住在那里。1958 年 3 月,他与戴高乐将军(戴高乐马上就会回到国家领导人的位子上)进行了一次会谈。加缪向戴高乐表达了失去阿尔及利亚可能会带来不小麻烦的担忧,将军并未听取他的反对意见。在一封写给卡比利亚朋友的信中,加缪谈到,他担心阿尔及利亚法国人与当地原住民的斗争会让他那些还待在那边的家人陷入危险境地,"我的家人都是贫困而且没有怨恨的人,不能把他们同不正当的反叛者混为一谈。任何事业都不能使我在情感上远离自己的母亲,即使她还是保持着那种朴素的无知状态。与母亲不离不弃,就是世界上我所知道的最重大的事业"。(《写给让·阿姆罗什·附录》,《手记之

三》)

在诺贝尔奖宣布结果后的一段时间里,加缪来到了法国南部,去沃克吕兹省找一处住所——他在卢马兰地区找到了一个。

他见到了 C(卡特琳娜·塞莱思),收到了 M(玛莉亚·卡萨雷斯)的消息,加缪似乎引用了卡萨雷斯的话:"那些像我们一样,年纪轻轻就体验过极端感情的人(比如荣耀、爱情),等他们到了成熟的年龄后就什么也不想要了,他们只渴望简简单单地生活。"之后,加缪又(在葡萄收获的季节里穿越几百公里,兴高采烈地)去了费拉角,在那里与 Mi 团聚。(《手记之三》)

他的私人日记告诉我们他在 1959 年 4 月底(看起来似乎是独自一人)又回到了卢马兰。"我曾经想根据所有人的道德标准生活几年。我以前被迫像其他人一样生活,做与其他人一样的事,说能把大家团结到一起的话,尽管有时我自己觉得与世隔绝。所有这一切之后到来的便是灾难。现在我在残垣断壁之间游荡,我无拘无束,无所适从,独身一人,并接受了这种状态。我向自己的独特性和弱点屈服,我要重新找到真实的自我——而在此之前,从某种意义上说,我一直活在谎言之中。……戏剧至少帮了我一把。滑稽的模仿也比谎言好些,表演本身更接近事实的真相。"(《手记之三》)

7 月,加缪有机会检验自己的理论了。那时,久负盛名的威尼斯大剧院正在上演他从陀思妥耶夫斯基的作品《群魔》改编成的剧作;他在威尼斯待了一周,帮助导演一起排戏。作为补偿,他在 8 月的时候与 Mi 见了面——"感激,热烈的感激"。(《手记之三》)

9 月,加缪在手记里潦草地写下:"我半微笑半严肃地跟 Mi 说话,谈到踟蹰不前的风烛残年,谈到情感和感官的狂喜,等等。Mi 突然哽咽了,'我太喜欢爱情了!'"

12 月,加缪又与 Mi 团聚了,"她胃口还是那么好"。

但还有其他的事情等着加缪去做。他的兄弟吕西安寄来了电报:

母亲刚做了手术,现在还在住院。凌晨 3 点有一班直达阿尔及尔的飞机,上午 7 点到达:加缪坐了这趟班机。因为加缪的母亲喜欢半明半暗的环境,加缪看不到外边山坡下的海景。他当然知道母亲不识字,手指关节粗大做不了针线活。她耳朵聋了,所以也听不了收音机。她在默默地承受着痛苦,但是她认命了。她的家人都在身边。

至于加缪,我们几乎可以相信他预见了结局的到来。"我一生中做起来最费力的事就是控制我的天性,让它为我最宏大的计划服务。但我也仅仅是偶尔的时候能成功地克制。"

"对一位已经成熟的男人,只有幸福的爱情能延长他的青春。其他的事只会加速他的衰老。"

"我不能与别人一起长久的生活。我需要一点孤独,永恒的一部分。"(《手记之三》)

事实上,在卢马兰住的最后几日里,加缪事先并不知道某人悄悄溜走了——我们知道某人就是 Mi,很可能是因为圣诞假期结束的前夕,加缪在等妻子与孩子到来。"确实,在那个节骨眼上,我需要你给予我的归属感,"他在一封写给(或者想要写给)Mi 的信中坦言,"这就是为什么我会遭受你的谎言给我带来的痛苦,同时也为你的离去感到痛心。但这些都会过去。更多的一点悲观和不幸这时又重新流露出来:我会重新做回自我。"(《手记之三》,1959 年 12 月)

引言的作者在此可以提及两起他可以作证的"终极"事件——或者我是否该说"参加过的"事件?玛莉亚·卡萨雷斯有一次在她的小房间里(位于蒙帕纳斯火车站寄存处后边那条街道上)接待了我。是的,她让我阅读了她的情人加缪写的那一沓沓的信件。我提前跟她说过我不会在情书中寻找关于"爱情"的部分,只是希望能取得关于加缪活动的日期、细节、行程、思考状态等事实性信息。卡萨雷斯毫不犹豫地就答应了我的请求:她会在家中接待我,让我有充足的时间分析那一堆堆的信件。

　　唯一的问题是时间。她那时正在准备回西班牙,那是她和家人自逃离佛朗哥独裁统治后第一次返乡。当然,我跟她说我会等她回来的,而她也跟我约定了一个大约的日期。

　　在约定的日期前后,我来到了卡萨雷斯家,按了门铃,可是没人在家。我又按了几次(可能是很多很多次)。突然,邻居家的房门打开了,我向她的邻居解释了我来的缘由,但那可能没什么用:因为那人早已知道我为什么会站在她家门口。她急忙回到房间里,很快又出来了,把鼓鼓的两个大包递到了我的手上。我立刻就看出里面装的是大量的信件。邻居告诉我,卡萨雷斯女士还没有回到巴黎,但她在我全部读完信件之前肯定能回来。

　　怎么办?那时候街角还没有现在的复印服务站,而且极少有人拥有可以复印这些珍贵信件的器材。但我有许多朋友帮忙,其中有一对夫妻,他们在一家面向出版社和书店的专业杂志社工作。丈夫曾经还和加缪的《战斗报》有过合作。夫妇俩提议让我在晚上所有员工下班后到他们的办公室去。我感激万分,接受了他们的好意,并在傍晚时分去与他们会合,在他们的帮助下使用了办公室的复印机——不一会儿工夫任务就完成了。或许我应该把信件的原稿在合理的期限内还回去,可是还给玛莉亚·卡萨雷斯本人呢,还是给她的邻居?

　　还有一次,我去见了加缪的一位朋友,他们两人在抵抗运动时期过从甚密,而且忠诚的友谊一直延续到加缪过世,他甚至还在我们上文提到的那个圣诞节的前几天住在加缪位于卢马兰的家里。他谈到了跟他同一时间住在那里的丹麦女郎。这次比简单的"Mi"的信息完整多了,他告诉了我她的全名。插句题外话,加缪的这位朋友最近还在巴黎看到了她。

　　所以她(还)住在巴黎?我拿起电话簿,找到了她的名字和地址,拨了号码,顺利地约了见面时间。

　　离在卢马兰最后一次见到她的情人已经过去了将近 20 年! 不过

她看起来还是很年轻。我向她解释，我对他们之间交换的信件很感兴趣，因为这些信息可以让我了解加缪的旅行、写作计划、世界观，等等——实际上是除了爱情之外所有的东西。她承诺会特地为我打开一次那个挂了锁的珍贵行李箱。

不过很快她就改变主意了。我告知了她我的出版商的名字，于是她给出版社打了一个电话。她后来跟另一位男士（同样也是社会名流）住在一起，担心那些写满了过去风流韵事的信件出版会累及他们目前的感情。出版商后来说服了我，没有继续请求这位丹麦女郎提供素材。

最后，还是让对萨特的评论来作为引言的结尾吧。这位伟大的哲学家在加缪去世的第二天发文于《法兰西观察家》：

> 他是20世纪反历史潮流的伦理主义流派继承人，他的作品或许是所有法国文人中最具原创性的。他那倔强的、狭隘的、单纯的、朴素的人道主义情怀向我们时代里那些广泛而丑恶的秩序发起了未必明智的挑战。但也正是通过这些顽强的抗争，加缪在我们这个现实金钱与马基雅维利主义盛行的世界中重新确认了道义的存在价值。

非常大胆的表态，难道不是吗？萨特，这位看似与加缪不共戴天的大人物，是在公开向加缪赔礼道歉吗？我们永远不得而知。

前　言

　　我以为人们也许是含着烟斗，坐在富丽堂皇的办公室里，用鹅毛笔写传记的。然而，为了搜集本书的材料，我得实地调查研究，寻找证人，并说服一部分人，让他们保持多年的缄默，以及他的敌人或者无动于衷者，至少给予一个客观完整的见证。我得去发掘那些往往被人们珍藏着的原始资料，那些旧纸片、小册子、报纸剪报。当我重新找到一个断了的，然而很重要的线索时，或者当我使迟疑不决的见证人面对资料作出完全承认时，我的内心往往充满愉悦。我经常担心的是，那些大量已发表、流传广泛，然而完全错误的资料，如混乱的年代表、来往信件和手稿日期的不一。对加缪大量的研究都是以这些材料为基础进行的，因而每当我在大学附近某书店里看到这类研究作品时我就感到难过。显然，所有对阿尔贝·加缪感兴趣的人多少都受到了这些材料的影响。

　　1962年阿尔及利亚独立，其结果之一就是使法国在那儿存在了一百三十年的痕迹逐渐被抹去。对为一名生在法属阿尔及利亚，在那里成长、受教育的人写传记的作者而言，面对的则是档案的流失和毁灭，更不用说证人的失散或死亡。总之，加缪童年时代最好的见证是作家本人印象画派似的、略微小说化的回忆，而作家本人的保留态度使得传记作者的任务更加艰巨。这种法国人式的谦逊博得外国人尊敬，也惹他们恼火。

　　加缪的继承人让我查阅了他的文件和手稿，然而必须指出他们对我使用或解释这些材料的方式是没有任何责任的。他们没读过,也没有同意过这本书,这与"授权"的传记丝毫没有关系。但我对阿尔贝·加缪夫人和她的姐姐克利斯蒂安娜·富尔的耐心深表感谢。本书就是我的谢意。加缪本人担心"生命的消失",我想如果加缪能读到本书的话,他一定能理解本书作者的意图。

　　文学传记的风险之一,就是读者会以为作家的主要东西在传记中都能读到,就不必再读他的书了,即使作家生命的精髓在他的著作中。一位作家的传记有时会像一场主宾也许会缺席的盛宴。因而传记作者有必要敬告读书去读原作,传记永远不能替代原作。

阿尔贝·加缪　1913—1960年

　　加缪似乎拥有过一切，年轻，富有魅力，甚至很早就获得了巨大的成功（这一切足以使他同时代的一些著名作家妒忌）。他引起人们注意的首先是一本篇幅不长的小说《局外人》，而后出版的《鼠疫》使这位外国人荣誉与日俱增，在国际上获得了声望。抵抗精神给他带来了光环，战后，他成了一名年轻的英雄。在战后的年代里，他办的报纸《战斗报》是呼唤改革那一代人的精神导向。加缪多年的朋友（后成敌人），让-保罗·萨特在谈到加缪这一时期不可思议的魅力时说道，这是"个人、行动和作品令人钦佩的结合"。此语常为人们引用。似乎没有哪一位作家能比加缪更能给法国、给世界青年人带来更多的希望。

　　他不躲避任何战斗。他是反对歧视北非穆斯林的先驱之一，之后，他又向反法西斯的西班牙流放者、斯大林的受害者、青年叛逆者、为理想拒服兵役者伸出援助之手，并成了他们的朋友。瑞典文学院在向他颁发诺贝尔奖时，说他是反专制作家中最投入的一位。

　　他早早地就获得了诺贝尔奖（除了拉迪亚德·吉卜林获此殊荣时比他年轻）。《纽约时报》社论专栏评论员这样评论："这是从战后混乱中冒出来的少有的文学之声，充满既和谐又有分寸的人道主义声音。"

　　然而，阿尔贝·加缪已经遇到了严重的问题。他公开支持不得人心的运动所引起的争议，由阿尔及利亚战争引起的个人困难，家庭成员和他本人的疾病，这一切都程度不同地妨碍了他，使他几年不能写作（即使他以大量的社会活动加以掩饰）。各种贬低加缪的左右翼人士利用此机会,断言他自以为是,自我满足,从此走了下坡路。而他,一个在贫穷、普通家庭里长大的孩子,始终与文学沙龙、文学名人、荣誉、勋章保持距离,拒绝人们把他塑造成偶像。他不止一次地在一位他少有的知己(他的女秘书)身边哀叹道:"但愿他们了解真正的我。"

之后,他认为找到了出路,即搬进了新寓所,养成了新习惯。从此他可以重新投入文学创作(写一部很重要的作品)和他喜欢的戏剧工作。

就在这时,他离去了。

第一部分

地中海人

第一章

第一个人

> 他隐约看见了父亲的轮廓。随后,一切都消失殆尽。最终,什么也没有。在这地球上从来就是如此。
>
> ——《第一个人》注解
> (援引自罗歇·基约《大海和监狱》)

1960 年 1 月 4 日,当阿尔贝·加缪在回巴黎的路上死于车祸时,他带着一个多层的黑牛皮公文包,角上加固过,包上有一把他从不用的防盗锁。公文包在撞车的那棵树不远的公路上被找到了,沾满了泥土。在包内,除了一些私人物品,如他的日记、几封信和他的护照外,还有一部小说手稿,这是他新近隐居卢马兰后写的。这本书后来起名《第一个人》。加缪只完成了第一稿的一部分,密密麻麻地写了 145 页。根据当年年初制订的计划,他将在 1961 年脱稿。

加缪对正在撰写的这本书极度重视。在前十年内,他出版了两部重要的作品:政治随笔集《反抗者》和简短、奇特的独白《堕落》。《堕落》被那些熟读他作品的人视作涉及作家个人最多的一本书,《反抗者》的出版掀起狂风暴雨,砸在他头上,引起了他和让-保罗·萨特的决裂。同时,加缪个人的危机和家庭成员的疾病又恰巧凑在一起。接着,1957 年 10 月,他获得了诺贝尔文学奖,朋友和钦佩者为之欢呼雀跃,然而他感到更多的是苦恼,似乎从中看到他的重要作品已成为过去。总之,加缪政治和文学上的敌人很快就此大做文章。

然而,阿尔贝·加缪始终坚信他的作品还只是刚刚开始。在他的出生地阿尔及利亚,民族起义的情绪越来越强烈,加缪感到无力去担当那些人对他的期望,无力在此事件中起一定的作用,在由此引发的抑郁紧张的精神状态中,他认为自己只能放慢写作速度。当然,他继续从事戏剧工作,改编和排练他人的戏剧;当然,他也不时地在报章杂志上发表一些文章和专论。但是,很显然,他无力投入地写出心中呼之欲出的关键作品,颇为痛苦。

加缪现在又开始写作了。他用诺贝尔奖奖金在卢马兰买了一所住房。卢马兰位于他喜欢的沃克吕兹省,远离公路。他决定在那里度过生命中越来越重要的一段时期。1959 年——这将是加缪生命中最后的一年,春天,他在卢马兰住了一段时间,盛夏时又回去过,然后从11 月起便长住在那,整个年末一直在伏案写作。

因而,《第一个人》标志着加缪重新恢复创作,如同他(在日记中)向朋友和自己允诺的。然而,这创作的目标更加远大。他曾在朋友们面前严肃地宣布,准备写一部自己的《战争与和平》。他在日记里写道:“他生于 1828 年。在 1863 年至 1869 年间完成了《战争与和平》,即在三十五至四十一岁这段年龄。”加缪生于 1913 年 11 月,尽管他对《第一个人》已酝酿了十二年,但当他真正投入创作时,已是四十五岁的人了。在整理加缪死后的文书中,人们发现了一份详尽的预卜,上面写着:“不朽的作品将诞生于 1960 年至 1965 年间。”无论如何,这也许就像他在斯德哥尔摩接受瑞典国王颁发的诺贝尔奖前几天对记者所说的:“这是我成熟的小说。”

托尔斯泰选择了以沙皇统治下日趋没落的帝国和拿破仑入侵为背景进行写作。加缪则准备写一部阿尔及利亚的鸿篇巨制,那时,阿尔及利亚还是法国领土。加缪在那儿度过了大半生,他的成长时期,因而这本书也将是一本作家成熟时期的小说。

大部分阿尔及利亚的移民都是穷人,他们来自法国各地,但也有来自西班牙、意大利以及欧洲其他国家,他们看到这是一个资源无穷尽的新国家,是他们淘金的好地方。阿尔及利亚曾是一个交汇点,如果说那些新到的移民没有得到他们所期望的财富,那他们至少获得了在法国保护下的居住权,生活在占绝对多数的当地人中间。他们没忘记"新大陆"垦殖的情景。加缪(在他的《夏天》中)说道:"阿尔及利亚的法国人属于混血种。西班牙人、阿尔萨斯人、意大利人、马耳他人、犹太人、希腊人聚集在那儿。大量的通婚就像美国一样产生了极佳的结果。"

他就是一个混血儿。他的母亲是西班牙人,他认为(就像后面所说的,这是没有根据的)他的父亲一家来自法国和德国世代拼杀的战场——阿尔萨斯。移居阿尔及利亚的欧洲人有可能否认他们的祖籍。犹如一入伍就放弃国籍的外籍军团的士兵,犹如被社会所排挤、在离故土遥远的地方开始新生活的犯人,那些定居在北非城乡、生活在柏柏尔人和阿拉伯人中间的移民都有机会从头开始他们的生活。他们可以把梦想变为现实。在同一时期,美国的情况正是如此,而在欧洲大陆,这已经是不可能的了。

用《第一个人》作为书名,暗喻第一代在阿尔及利亚的法国人,这里面包括阿尔贝·加缪的父亲。阿尔贝不满周岁,父亲就在第一次世界大战中死了。这里面也包括阿尔贝·加缪本人,他在文化、历史的真空中成长,父母目不识丁,家里没有一本书籍。1954 年,他在接受记者采访时这样解释道:"因而我设想了第一个人,他从零开始,他没有文化,没有道德观,没有宗教信仰。可以这么说吧,这或许也是一种教育,一种没有教育者的教育。"[①]他告诉昔日的老师,他的良师益友让·格勒尼埃,他在四十岁时,感到已可以写出卢梭那样的《论教育》一书。

---

① 弗兰克·诺特朗的采访,《洛桑日报》,1954 年 3 月 27 日—28 日。(本书未注明出处的注释,皆为原注。)

事实上，在他车祸发生前六年，他已经开始确定此书的内容。① 加缪活
的岁数不长，未能看到他的《第一个人》成为最后一个人。因为阿尔及
利亚穆斯林在二十世纪中叶民族主义的推动下，信奉民族身份，在阿
尔贝·加缪致命的车祸两年后就获得了民族独立。

　　从现有的内容看，《第一个人》详细地描述了法属阿尔及利亚一个
青年的欢乐与痛苦，他生活在神秘的父亲以及在不同时期取而代之的
严厉的外祖母、慈祥的舅舅、林肯式的小学教师的影响之中。② 加缪曾
想把这本书称作《亚当》③，因为此书开篇几乎就是《圣经》耶稣诞生的
场面：父母坐着马车来到他的出生地，新生儿就是阿尔贝·加缪，阿
拉伯人围在四周，其中一人点亮了油灯，就像三博士朝拜初生耶稣
一样。

　　《第一个人》中的"第一个人"只能是阿尔贝·加缪的父亲，因为儿
子寻根，不可能超越父辈以上。阿尔贝所知道的父亲和父亲的家庭情
况几乎都是母亲和外祖母告诉他的，她们都不识字。文字记载的东西
几乎没有。人们常说，也常写到，加缪一家来自阿尔萨斯；阿尔贝·加
缪也坚信他的祖父母是阿尔萨斯人，在 1871 年选择了法国国籍，因而
他在《时论之三》的前言中这样写。授权出版的加缪作品使人相信他
家祖籍阿尔萨斯一说。在这本他临终前写的自传小说中，他试图赋予
阿尔萨斯人的到来一种雄浑的史诗气势；尽管他也许无意将两者相提
并论，但是小说未来的读者不会不想到"朝圣者"穿越大海、登上"新大
陆"的传奇经历。根据家庭祖籍的另一种说法，阿尔萨斯将让位于洛
林。阿尔贝的堂兄埃米尔·加缪是听他母亲这么说的。阿尔贝的哥

---

① 让·格勒尼埃《阿尔贝·加缪》，巴黎，1968 年。
② 让·萨洛基的文学和人文学科国家博士论文《阿尔贝·加缪作品中的寻父主题》，巴黎索邦
大学 1975 年 6 月，请参阅《阿尔贝·加缪笔记Ⅱ》，巴黎，1973 年，概述部分和未完稿小说的引语，以
及让·格勒尼埃《阿尔贝·加缪》。
③ 阿尔多·卡梅里诺的采访，《纪事报》（威尼斯），1959 年 7 月 9 日。

哥吕西安也认为加缪和加尔穆瑞（他们的祖母出嫁前的姓）是典型的洛林姓名。他也记得玛格丽特阿姨说他父亲一家是"德国人"。这也可以指洛林人，因为摩泽尔的居民说德语。

是阿尔萨斯人还是洛林人？阿尔及利亚殖民化的历史并非因此有所改变。普法战争在巴黎遭围困、沦陷之后，于1871年1月结束，结果之一就是阿尔萨斯-洛林割让给德国。法兰克福和约规定这两省的居民有权选择法国国籍和在法国生活。为接纳这部分居民，法国议会通过决议，用阿尔及利亚十万公顷的肥沃土地，安置选择法国国籍的阿尔萨斯-洛林移民。

阿尔贝·加缪在生命的最后几年里，去拜谒过乌勒·费耶，他知道他的祖辈在那里生活过，希望在那里找到家族留下的痕迹。如果他找到的话，寻找到的结果一定会出现在《第一个人》的前几页里。然而，书中只字未提。让·格勒尼埃在写他的学生阿尔贝·加缪的书中写道，当加缪试图寻找祖辈线索时，他发现阿尔及利亚市政部门没有可供法国人查阅的资料。

祖籍混乱到阿尔贝·加缪家族这样的程度是很少见的。传记作者通过查阅各种家谱字典发现，在法国的许多地区，比如在洛林，在北部和东部地区，还有在布列塔尼和普罗旺斯，虽然彼此相隔遥远，却都有加缪这个姓氏。历史学家（所有的法国人都可以获得有关本人和家庭的资料）掌握着全部户籍档案，从18世纪末开始，户籍档案中记载了每一位法国公民生活中的大事件。阿尔及利亚作为法兰西民族的一部分，为其居民建立了同类档案。为什么加缪寻根时没有求助于户籍部门？个中原委，我们或许永远也不会知道。

无论是出于什么原因，事实上加缪传记作者掌握了加缪和他的家人从未知道的材料。这些材料明显地打乱了现有的传说，使加缪在阿尔及利亚的家谱再上溯一代人。如果加缪知道在他寻根时，能够在第二次世界大战期间住过一年多的地区，在他非常孤独之际经常去拜谒或去休息的地区,找到自己的部分前辈,这是多大的讽刺![①]

　　据调查,第一位有证可查的姓加缪的人,名叫克劳德,1809 年生于波尔多。他和妻子玛丽-泰蕾斯(生于贝来乌德)一起,在法国向殖民地移民初期来到了阿尔及利亚。[②]他们在离阿尔及利亚不远的德利·依巴音周围的一个名叫乌勒·费耶(阿拉伯语,意为费耶家的或者费耶部落的)乡村住了下来。德利·依巴音和乌勒·费耶村庄一样,坐落在狭长的丘陵带上,这一丘陵带被称作“萨赫勒”,它与地中海海岸平行,从阿尔及尔向西延伸至切尔切勒,长达一百公里左右。

　　我们可以猜到,克劳德·加缪在法国是个穷人,或至少没有土地。他们的儿子,就像我们下面要说的,从来没有读过书(新殖民地没有学校是原因之一)。无论他们期待在法属阿尔及利亚得到什么,那儿的生活要比人们向他们炫耀的艰苦得多。当时,法国人还未完全使阿尔及利亚平静下来。他们的军事征服行动在一连串真实和虚构的事件之后达到了顶峰,1830 年法军在阿尔及利亚登陆,托马斯·布乔元帅率领一支十多万人的军队继续行动。从 1841 年至 1847 年,军队的行动主要针对传奇式军人阿卜杜·埃-卡德。当 1848 年法国发生革命时,法国人已基本上控制了整个阿尔及利亚,但在卡比尔山与柏柏尔人进行的战斗一直持续到 1857 年。在此期间,殖民是受到鼓励的。到 1848 年,据统计,移民已将近十万人。对新到殖民地的人来说,那儿的生活是艰苦的,但对当地的穆斯林百姓来说就更为艰苦了。人们蜂拥而至,到阿尔及利亚淘金,对此,法国政府鲜有良策去保护穆斯林民众。

　　克劳德和玛丽-泰蕾斯的儿子巴迪斯特·于勒·玛里尤斯·加缪

---

　　① 我很感谢南特市户籍中心的档案保管员们,他们不仅寻找到了 200 年前的文件,而且完整了加缪家族的谱系树,使之一目了然。

　　② 在法国大革命之前,户籍簿由当地的堂区教堂保管,因此有关克劳德和玛丽-泰蕾斯·加缪世系的官方记载已不复存在。

于1842年11月3日生于马赛,而不是乌勒·费耶。我们可以想象,他母亲离开阿尔及利亚去马赛(有直通两地港口的定期班轮)是为了得到更安全的医疗护理,也是为了远离战争,当时法军正与阿卜杜·埃·卡德的军队激战。巴迪斯特·加缪(根据家族传说,就是他1871年以后从阿尔萨斯移居过来的)在乌勒·费耶村继承父业,继续从事农业耕作。

1873年12月30日,他在乌勒·费耶村政府与本村的一位姑娘玛丽-奥尔滕斯·加尔穆瑞结了婚。说是村政府,其实并不合适,因为在这类正式的场合,人们用的是废弃、老旧的小型防御工事。乌勒·费耶村庄太小,没有自己的村政府,因而是邻村德利·依巴音的村长和他的副手主持,完成了必要的仪式。小型防御工事同时也象征着当时已接近尾声的殖民战争。此后,一直到1962年阿尔及利亚独立之前,在德利·依巴音竖立起了石碑和雕像,以纪念平定当地土著。石碑是献给拿破仑工程部队的一位工程师的,他为法军登陆描制了当地的地图;在一座山顶上,矗立着一座纪念1830年远征军的纪念碑,碑身是远征军将军德·卡尔公爵的半身像。

借助于户籍资料,我们还获取到了有关这场婚礼的其他信息:阿尔贝·加缪的祖父没有在婚姻证上签字,因为他不识字。

如果说加缪家来自波尔多,那么加尔穆瑞家来自什么地方呢?与阿尔萨斯、洛林有什么联系呢?没有任何联系。玛丽-奥尔滕斯·加尔穆瑞的父亲马迪-约朱特·加尔穆瑞是阿尔代什省人。马迪约1826年生于锡拉克(是朱利安·加尔穆瑞和伊丽莎白·杜蒙的儿子)。这是个丘陵地区,小农庄散落在山坡上,居民们以养牛、养羊、种植小麦和水果为主业。19世纪时,那儿的人口比现在密集。如果人们今天路经锡拉克,不是因为迷路,就是要去相邻的维瓦赖省[1]的维尔努地区,

---

[1]　今阿尔代什省。——译注

那里绿色苍苍的大山俯视着罗纳河,人们可以看到古代郎格多克国入口处的古城堡的废墟。无巧不成书,在德国占领法国时期,加缪被迫远离家人和朋友,在他人生中最漫长的一年中,隐居在离锡拉克不远的地方。他当时住在利尼翁河畔尚邦,离他祖先的家乡不到五十里路。

阿尔贝的祖母玛丽-奥尔滕斯·加尔穆瑞 1852 年生于乌勒·费耶,是马迪约-朱特·加尔穆瑞和玛格丽特(生于莱奥纳)的女儿。当玛丽-奥尔滕斯嫁给巴迪斯特·加缪时,她的父亲刚去世一个月。虽然她刚满二十一周岁,她的母亲还是同意了,在结婚登记册上签了字。

在婚姻登记册上,巴迪斯特登记的职业是农民,而传说中他是个铁匠。也许他有些能耐,从事两种职业。他和玛丽-奥尔滕斯生有五个孩子。先是两个女儿,接下来三个儿子,小儿子吕西安·奥古斯特就是阿尔贝的父亲。巴迪斯特·加缪四十四岁时去世。根据他家人所说,他妻子是和他同时或相隔不久去世的;而事实上,她比他多活了七年。他们的两个女儿,泰莱丝和玛莉去做女佣;两个儿子由阿姨玛丽-奥尔滕斯的妹妹接去,她家就在离德利·依巴音三公里处的谢拉卡,她和丈夫在那儿拥有一小片土地。

只剩下阿尔贝的父亲,即小儿子吕西安·奥古斯特·加缪。(他的第二个名字在此用作区分阿尔贝的哥哥、他的大儿子吕西安。)我们知道吕西安·奥古斯特生于 1885 年 11 月 8 日,他父亲去世之时,他刚满周岁。他实在太小了,他的哥哥姐姐把他送到了一家新教徒孤儿院。据说他在少年时期逃离了孤儿院,后来进入了谢拉卡的一个葡萄园当学徒。[①]

寻找到他母亲西班牙一方的线索,比找到他父亲法国家族世系更困难。然而,阿尔贝·加缪找到了他外曾祖辈的线索。米盖尔·桑代斯·索特罗和马格莉太·居散克·唐赛拉在西班牙梅诺卡岛最西端

---

① 埃米尔·加缪是吕西安·奥古斯特哥哥让·巴迪斯特·埃米尔的儿子,1876 年生于乌勒·费耶。

的休达德拉结婚。他们在加缪的外公出生前移居阿尔及利亚。加缪的外公埃迪纳·桑代斯1850年生于阿尔及利亚。加缪的外婆卡特莉娜·玛丽·加尔多纳（而不像人们在《局外人》中读到的单名玛丽·加尔多纳）1857年生于梅诺卡岛对岸的桑吕村，离巴利阿里群岛首府马洪不远，绝大多数的岛民居住在那儿。卡特莉娜·加尔多纳是约瑟·加尔多纳·依邦（在阿尔及利亚简写成加尔多纳）和让娜·费特里克的女儿。

巴利阿里群岛的第二大岛梅诺卡历史上先后被摩尔人、英国人、法国人占领过，一直到1802年才归属西班牙。根据传说，梅诺卡岛人是巨人的后裔，岛上至今还可见到不少史前建筑，这使人想到英国的巨石阵和布列塔尼的糙石巨柱。我们更感兴趣的是，占领此岛数百年之久的来自北非的摩尔人，不仅留下了摩尔风格的建筑，而且留下了摩尔人的血缘。我们不知道阿尔贝·加缪是否意识到他与非洲的这一种联系，它的根基远比法国政治上的殖民占领深得多。①

埃迪纳·桑代斯，与他父亲一样是个农业工人，1874年他和卡特莉娜·加尔多纳（无业）在离阿尔及利亚不远的库巴举行了婚礼。他们生有九个孩子，其中两个早年夭折，余下的七个孩子是让娜、马格莉太、卡特莉娜（阿尔贝·加缪的母亲）、安托瓦妮特（后与居斯塔夫·阿库结婚，第一个给予阿尔贝帮助的人）、玛丽、埃迪纳（箍桶匠，是阿尔贝小说中的人物之一，曾想在家中担当父亲的角色，但没成功）和约瑟夫。卡特莉娜1882年11月5日生于比尔卡登，是一个非常脆弱、娇嫩的女孩子。②

---

① 休达德拉是岛上的第二大城市，曾经是行政和宗教的首府。英国人来了之后仍然是宗教圣地，城市引以为豪的是它的大教堂。

② 有关加缪母系家谱的资料来自家族文档，亦来自阿尔贝·加缪的兄弟吕西安和他的阿姨安托瓦妮特·阿库的口述。阿尔贝·加缪1952年12月回阿尔及利亚时，开车去了萨赫勒一带的村庄，那里是他的梅诺卡岛祖先居住的地方；他在一块墓石上发现了家族的名字，也只找到了一个后裔，彼此进行了交谈。

在谢拉卡,年轻的吕西安·奥古斯特·加缪(阿尔贝的父亲)先在家干活,后由其兄弟把他安置在一个运酒商那儿工作。当他应征入伍时,他自报的职业是马车夫。他是在谢拉卡遇上比他长三岁的卡特莉娜·桑代斯的。吕西安·奥古斯特很快融入了桑代斯家的大家庭。埃迪纳·桑代斯在 1907 年故世以后,他的遗孀带着儿子和两个女儿(包括卡特莉娜)离开了谢拉卡,搬迁到阿尔及利亚的贝尔库工人居住区。吕西安·奥古斯特服完兵役后,也不想再回谢拉卡,于是,桑代斯的儿子约瑟夫为他谋得了一份差事,即在他干活的于勒·里可姆酒类运输公司工作。桑代斯一家都支持年轻的吕西安·奥古斯特。吕西安·奥占斯特无法忘却被兄弟姐妹遗弃孤儿院的痛苦回忆,因而,桑代斯一家始终拒绝与加缪家其他人来往。

第二章

家庭悲剧

> 儿子对母亲的奇特感情构成了他所有的敏感性。
>
> ——《手记之一》

当阿尔贝·加缪回忆父亲时,有种无法避免的距离感;没有人能够讲述,几乎也没有书面材料能够填补无底的沟壑,一条横亘在一个在马恩河战役中受伤后死去的父亲与一个发生悲剧时不到一岁的孩子间的沟壑。家中的妇女,外祖母卡特莉娜·桑代斯,阿尔贝的母亲卡特莉娜·加缪对他都很尊重,阿尔贝的母亲从此(在她丈夫死讯的打击下)耳朵几乎全聋了,言语不清。由于上面提到过的原因,孩子与加缪家的其他人很少来往。小阿尔贝只能求助于母亲追忆已逝的父亲。他经常问母亲:"我真的像父亲吗?""哦,你长得跟你父亲一模一样。"(《反与正》)在他生命的最后岁月里,在他写《第一个人》时,他仍在设法追忆他的父亲,目的是塑造一个比现实更伟大的父亲。

事实上,阿尔贝·加缪重现他父亲的形象所掌握的材料,不比加缪传记作者多。

吕西安·奥古斯特1906年应征入伍,兵役期为两年。义务兵役制可以上溯到19世纪,这一制度使得法国军队能在几十年的殖民战争中保持强大。他入伍后被分配在远征军团内,1907年正好遇上了法国入侵摩洛哥。北非征服战时期是与各列强在欧洲大陆的争夺斗争紧密相连的。在 20 世纪初,法国竭力进一步扩大它的殖民地范围,但在摩洛哥遭到了德国皇帝威廉二世的反对,后者支持执政的苏丹。在 1906 年西班牙召开的国际会议上,法国、德国和几个欧洲国家与美国达成协议,保证当地贸易的国际化(这对德国有利),同时确认警察组织由法国和西班牙分别管理。实际上,此次会议为法国统治摩洛哥打开了大门,因为多亏路易·利奥戴将军占领了乌杰达,法国可以通过阿尔及利亚进入摩洛哥。借欧洲人在卡萨布兰卡遇害为由,法国人在 1907 年 8 月派了一个师的兵力,六千人在安东尼·图德将军的指挥下,在卡萨布兰卡登陆。五年以后,法国在摩洛哥建立起了保护国制度,这一制度一直延续到 1956 年摩洛哥独立。

吕西安·奥古斯特是一名普通的二等兵,他被安排在朱阿夫第一团,1906 年 8 月接受了一段时间的训练,他参加了 1907 年 12 月—1908 年 8 月的卡萨布兰卡军事行动——我们始终不知道他为什么离开了登陆部队,不过他离开时获得了一张品行优秀证书。他被评为"优秀射手"。这些朱阿夫兵穿着灯笼裤,戴着小圆帽,使人想到北非人的服饰,他们是法国军队中一支非常特别的部队。此外,朱阿夫这词源于阿拉伯语,是柏柏尔人一个部落名,第一批朱阿夫军团(1831 年在阿尔及利亚成立)的士兵来自这个部落。从某种意义上说,这是支突击部队。当时人们常说"勇敢得像个朱阿夫兵",尽管"充当朱阿夫兵"这句话后来有了完全不同的意思。兵役结束以后,吕西安·奥古斯特成了后备役军人,随时准备应征,当第一次世界大战爆发时,他再次加入了朱阿夫军团。[①]

吕西安从卡萨布兰卡战场上回来以后,两件事改变了他的人生。他决定不再回谢拉卡当农民。依靠卡特莉娜·桑代斯和她家人的帮

---

① 有关吕西安·奥古斯特·加缪的资料来自他的儿子吕西安,即阿尔贝的哥哥和阿尔贝的阿姨安托瓦妮特·阿库,以及吕西安·奥古斯特·加缪的军事证件。

助,他在于勒·里可姆公司谋得了一份差事,就像前面所提到的,他在贝尔库与桑代斯一家过从甚密。1909 年 11 月 13 日,他娶了卡特莉娜·桑代斯。幸亏他的入伍,退役材料得到了精心保存(这是他家中除死亡证书以外唯一的官方文件),我们才得以知道,吕西安身高一米八①,褐色头发,蓝眼睛。他曾教过孤儿识字,这在他的入伍材料上有记录。但是据他的儿子吕西安说,是于勒·里可姆公司里的工作使他学会了流利地阅读和书写。他写给雇主的报告中有一点造作的高雅,也流露出找到书面表达机会的快乐。他的妻子从没有上过学;卡特莉娜和她的母亲都不识字,无法在结婚证上签名。

法国人发现有一种外来植物在阿尔及利亚长得非常好,那就是葡萄。当地很快出现了大量的葡萄园,这显然损害了法国本土葡萄种植者的利益,因为北非的葡萄酒浓度高,价格低,当然会出口销往法国。于勒·里可姆父子公司是大宗批发公司,同时还是家大出口公司;它的地窖,可能在阿尔及利亚还存在,可以储藏八百万升葡萄酒。里可姆公司在全国收购葡萄酒,然后出口。1912 年初,吕西安·奥古斯特·加缪作为公司代表,在葡萄酒酿造期,去各地酿造商处巡视,然后监督装船。②

1910 年 1 月 20 日他们有了第一个儿子吕西安,后来他们搬到了邻近的里昂大街,吕西安·奥古斯特死前回过那里,而他的遗孀再也没离开那里。

1913 年葡萄收获季节过后,里可姆把吕西安·奥古斯特一家,他和怀孕的妻子以及他们的儿子,派往一个叫宪兵帽的葡萄园,在波尼地区最富裕的城市孟多维附近。波尼今天被称作安那巴,那时是法属阿尔及利亚最重要的港口,它位于阿尔及利亚东部,离突尼斯边境不

---

① 阿尔贝·加缪成年时的身高是 1.78 米,比他的父亲矮 2 厘米。

② 吕西安·奥古斯特·加缪应该是葡萄酒厂的技术员,而不是工人。在葡萄园工作的也有穆斯林工人。

远。孟多维市位于波尼以南十三公里,在沿塞布斯山谷的平行公路和铁路边上。孟多维市是为纪念拿破仑 1796 年在意大利皮埃孟特地区打败皮埃孟特人而命名的。这是法国人在 1848 年为纪念拿破仑的功绩,简单地在地图上做了标志,在阿尔及利亚命名的诸多城市之一,这些地方不久就聚集起了在法国没工作而离开的法国工人。①

一切都发生得很快,家族中的传说②似乎为家中的文件所证实。③他们刚到新地方不久,1913 年 11 月 7 日凌晨 2 点,卡特莉娜·加缪生下第二个孩子。

阿尔贝·加缪的名字是否像他未发表的自传小说中的孩子一样,是为了感谢助产士而起的? 第二天早上 10 点,阿尔贝的父亲在孟多维市政府报了孩子的出生,他自报的年龄为二十八岁,职业为酒窖管理员,他的妻子,三十一岁,职业栏填的是"家庭主妇"。报出生时的证人是办公室职员萨尔瓦多·佛朗多和同为酒窖管理员的让·皮罗;根据姓名判断,佛朗多应该是马耳他人,皮罗是那不勒斯人。④ 出生地一栏填的是圣·保尔农庄;圣·保尔村位于孟多维市南部八公里处,因而离波尼也不远。看来孩子是出生在一幢低矮的长房子里,那儿的一大片房子都很相似,外墙涂石灰,屋顶盖瓦片。60 年代有位参观者到过这儿,⑤看到的景物与加缪在《第一个人》中理想化的出生场景相同。

加缪家人口增加了,由于吕西安·奥古斯特要在圣·保尔农庄干一个时期,他在登记时,记下了他的搬迁,作为固定地址(同一天他报

---

① 马塞尔·穆西《西蒙风》,《阿尔及利亚人加缪》专刊,奥兰,1960 年 7 月。

② 加缪在《第一个人》中采用了这一传说。参阅让·萨洛基《阿尔贝·加缪作品中的寻父主题》。

③ 吕西安·奥古斯特·加缪的军籍簿上注明了地址的变动。

④ 阿尔贝·加缪的朋友埃德蒙·布吕阿是《阿尔及尔日报》的记者,他在阿尔贝·加缪去世后不久专程去了孟多维,查阅了记载出生日期的黑布封面的登记册。参阅 1960 年 6 月 26 日—27 日的《阿尔及尔日报》。

⑤ 是阿尔贝·加缪的朋友 A.埃马纽埃尔·罗布莱斯,他拍了一些照片。当时,穆斯林的房子都增加了隐蔽式平台,使得他们的妻子既能走到室外,又能躲避他人的目光。

了阿尔贝的出生）。之后，他全身心地投入了工作，榨葡萄、酿酒、储藏，运输到波尼港出口。（他的儿子阿尔贝在巴黎临时住所饭厅的橱柜里始终保存着他父亲写给阿尔及利亚雇主的几封信，辞藻华丽，显然是费了工夫的。）

7月4日，阿尔贝那时还不满七个月，吕西安·奥古斯特告知里可姆，他已接到通知，要在9月份葡萄收获的季节回到朱阿夫军团服役十七天。他答应在葡萄收获和酿造期留在宪兵帽葡萄园。但他不敢请求延缓入伍，担心遭到上校的拒绝，因而他要征求老板的意见。

然而，形势的变化不容吕西安·奥古斯特、他的老板，甚至他的上校继续犹豫。大战正在临近，这台要碾碎一代法国人的粉碎机就要启动了。6月28日，即在吕西安·奥古斯特写信给他老板的前一星期，弗朗茨·费迪南大公在萨拉热窝遇刺身亡。7月28日，奥匈帝国向塞尔维亚宣战。德国在向俄国宣战后于8月3日向法国宣战。德国对比利时和法国北部的入侵在8月份开始了。战争离加缪一家更近了，因为8月4日，波尼城遭到了德国巡洋舰"高本"号和"布斯兰"号火炮的轰炸。

然而，此时卡特莉娜已带着两个年幼的儿子回到了阿尔及尔，就像吕西安·奥古斯特8月1日在写给里可姆信中说的。在此前两天，他已把家具运回首都。[①] 他本人应征入伍，分在朱阿夫第一团，54连。一张经常被复制的纪念明信片显示，他穿着带饰边的军服，充满了自豪。仔细看，可辨认出他帽子上的流苏。

法国非常需要这支部队，因为德国军队的推进已使法国处于危难之中。巴黎告急，新兵部队被派往那里。战士加缪在1914年9月4日给他妻子写信报平安时，正在巴黎附近的孟特勒伊。

德军步步紧逼，离巴黎只有几公里了。在同一天的深夜，法国军

---

① 阿尔贝的哥哥吕西安认为卡特莉娜和孩子早已被送去了阿尔及尔，因为孟多维的气候不适合他们，并且小儿子阿尔贝还患有眼疾。

加缪的父亲吕西安·奥古斯特·加缪，大概摄于 1914 年
（照片由法国罗杰-维奥莱摄影事务所提供）

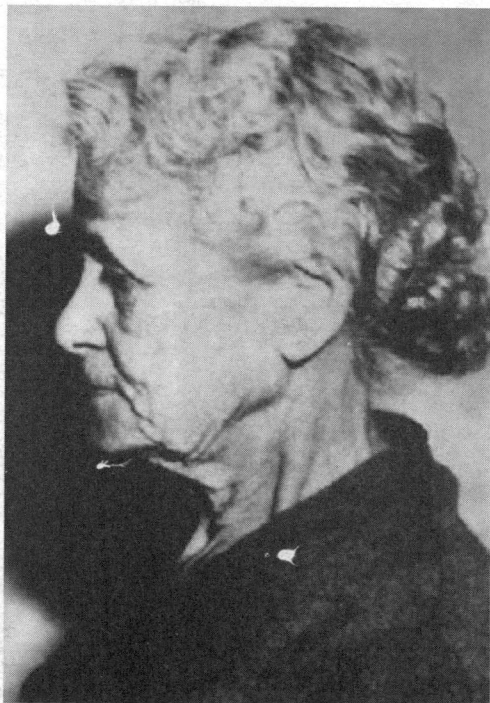

加缪的母亲卡特莉娜·加缪（家姓桑代斯），摄于 1951 年
（照片由法国罗杰-维奥莱摄影事务所提供）

加缪和他的哥哥
（"世界不是我的敌人。我的童年是幸福的……"——加缪《随笔集》）

队总司令霞飞元帅下令在第二天上午反击德军。旨在阻止德军向首都逼近的马恩河战役在8月24日已经打响。现在法国大军要大举反击了,巴黎的出租车迅速地被动员起来,向前线运送部队。朱阿夫兵吕西安·奥古斯特·加缪被炮弹片击中受伤,被送进了后方医院。卡特莉娜是在里昂大街母亲家里收到她丈夫从圣·比尤克医院寄来的明信片。这张后来由阿尔贝保存的明信片的画面是医院的前身,战前的一所世俗女子学校。人们可看到女孩子穿着"美好时期"的裙子,无忧无虑地在院子里玩。吕西安·奥古斯特在他住院的病房窗口打了个叉。他在信中说他已好多了,并询问了孩子们的情况。就我们所知,卡特莉娜是收到明信片后才获知丈夫受伤,但很有可能此前她已收到官方电报,已经知道丈夫受伤。

吕西安·奥古斯特·加缪死于1914年10月11日,这一次,卡特莉娜确实收到了电报。[①] 同时,她还收到了体察人意的当局从部队医院寄来的"一小块在他体内找到的炮弹片","请遗孀保留",小儿子在他的《反与正》一书中这样回忆道。他在书中谈到父亲,"没有信念……没有回忆,没有激情"。他的意思是说,父亲满怀激情奔赴战场;他认为父亲负伤后,"眼睛瞎了,在医院里度过了极度苦恼的最后一星期"。显然,从他医院寄出的字迹清晰的明信片上可以看出,他没有失明。[②]

电报发来的噩耗,加上从丈夫头颅中取出的炮弹片,这对卡特莉娜的打击太大了,因而她的儿子回忆童年时从来不提此事。[③] 她受到了刺激,家里人说是脑膜炎(脑膜炎是一种微生物引起的疾病,但人们常常错用这个词来表示休克状态)。她的妹妹安托瓦妮特注意到她的口头表达力受到了损害。卡特莉娜可以用几乎正常的语速说话,但她

---

① 电文稿已不复存在,但他的遗孀拥有阿尔及尔市政府3个月后发来的正式的阵亡通知:"死的光荣,因为这位无所畏惧的战士把生命献给了祖国。"

② 明信片显然是他手写的。

③ 这位遗孀终身把好几片形如智齿的炮弹片保存在一个盒子里。

的语音走调了，这使她面对生人时非常胆怯。[①]

　　除了她儿子不一定清楚起因的这一疾病之外，她还有点失聪，还好她能读口形（因而与她讲话时无须提高嗓门），她不识字，成了家中最被动的一员，而她的儿子们在长大。[②]

　　卡特莉娜·加缪把她丈夫的十字军功奖章装进金边镜框，挂在里昂大街的房间里。她从没有机会去她丈夫的墓地，她的丈夫安葬在圣·比尤克市圣米歇尔军人墓地的第一排，对她来说实在太远了。当阿尔贝·加缪荣获诺贝尔奖时，一个纪念名人组织在他父亲的墓前加了一块牌子，以示这位为法国捐躯的士兵是阿尔贝·加缪的父亲。[③]

　　加缪对他的童年有过多次描写。发表在《反与正》中的文章和这些文章的提纲中显示，他的初次描写既表达内心的感情，又持一种冷漠的态度。随着年龄的增长，他不再那么需要保护自己，保护别人，在他最后一本未完成的小说中，他写下了尽他记忆所能的事实真相。随着岁月的流逝，他在犹豫，在需要肯定童年时的某种幸福（"首先世界不是我的敌人。我的童年是幸福的……"[④]）和需要证实（出于个人策略）他的贫穷出身之间犹豫。[⑤]

　　贫穷只是他生命里程中的一个方面，是他最容易告知人们的一个

―――――――――

①　她的妹妹安托瓦妮特描述道，她会把"布谷鸟"说成"古斯古斯"这道阿拉伯菜。卡特莉娜和母亲都讲法语；家里从不讲西班牙语。

②　她的儿子吕西安说，不管怎样，为了领取遗孀抚恤金，她学会了用夫姓"加缪"来签字。

③　源自吕西安·加缪、路易·吉尤。

④　加布里埃尔·多巴雷德对他的采访，《新文学》，1951 年 3 月 10 日，引自《随笔集》（收入"七星文库"版加缪文集）。在与作者的谈话中，加缪的哥哥吕西安·加缪强调说，虽然他们家是贫穷的，但加缪家的孩子从没有生活在"穷困潦倒"之中。

⑤　在与埃马纽尔·达斯捷·德·拉维热里的论战发表在《时论之一》中，他说道："无数次，你在给我回信中的表述和其他的你用谎话来与这些表述抗争的话语，把我描述成一个有产者的儿子；为此，我有必要做个提醒，一次提醒不为多，你们中间大部分的共产党人知识分子对无产阶级的生存状况毫无体验，你们说我们说成不了解现实的幻想者是没有道理的。"让-保罗·萨特在 1952 年 8 月的《现代》杂志上撰文回答加缪道："可能您以前贫穷，可是您已不再贫穷；您是一个有产者，就像让松和我……您就像把'他们是我的兄弟'挂在嘴上的律师，因为这句话最有可能打动审判官。"

方面,因为这是当时普遍的情景,他根本不想把此称作他的独特之处。至于其他,他始终在努力探究他家的悲剧,但一直到死,他都没能完成。他最后一本小说深入研究了家庭的悲剧,也许创作艺术赋予了他的贝尔库童年一种轮廓,最终使他从精神困惑中摆脱出来。

悲剧的主要内容是:卡特莉娜·加缪带着两个孩子回到了阿尔及尔母亲家,她身无分文,讲话困难,无力自我保护,只能屈从于一个比她厉害的女人。他们家里从此有六个人,卡特莉娜·加缪和她的两个孩子,阿尔贝和吕西安,卡特莉娜的母亲和卡特莉娜的两个弟弟,埃迪纳和约瑟夫。他们住在带厨房的三居室里。一间当饭厅,同时又是埃迪纳和约瑟夫的卧室,这间屋子有个朝里昂大街的小阳台。卡特莉娜母亲占一间。卡特莉娜和她的孩子住一间,三人睡一张床。这间居室和她母亲的一样面朝院子。

有一段时间,卡特莉娜的外甥女,让娜的女儿也和他们住在一起,睡在卡特莉娜母亲的房间里。1920年左右,约瑟夫搬出去住了,但埃迪纳由于说话有些困难,腿有些跛,仍住在家里;他的脾气古怪,有时就像他外甥作品中描述的。

他们住在贝尔库一幢二层楼房子的二楼,在同一楼面上还有两户人家,厕所在楼道里,三户合用;没有浴室。底楼有家酒店(后来成了饭店),还有一家理发店和一家针织品商店。一直到1930年加缪搬出去住的那一天以前,那儿既没有自来水,也没有电。在餐桌上方,挂着一盏可以升降的油灯,他们把它称作吊灯。其他房间都有可移来移去的油灯。①

家庭的悲剧成了他描写苦难生活的素材,他这样写道:

有这样一位妇女,丈夫的去世使得她和两个孩子生活在贫穷

---

① 源自吕西安·加缪。

中。她住到她母亲家中,母亲也很穷,还有个残疾的当工人的兄弟。她要干活,要做家务,把孩子的教育托付给了母亲。她的母亲粗暴、傲慢、专横,对孩子很严厉。一个孩子结婚了。要说的是另一个孩子。先是公立小学,随后进了中学,在校吃午饭,每次回到家中,就回到了贫穷、肮脏、令人厌恶的地方,外祖母不善良,温柔的好母亲却不知道怎样爱抚孩子,结果也是麻木不仁……①

加缪在获得诺贝尔奖的那一年为他早期的随笔再版写的前言是他最理想化的说法:

> 首先,贫穷对我来说从不是一种痛苦……为纠正自然产生的麻木不仁,我把自己置于贫穷与阳光之间。贫穷使我不相信在阳光底下,在历史的长河中一切都是美好的,阳光使我知道历史并非一切。

一个贫苦的小男孩正因为有了阳光、有了大海才能幸福地长大成人。多亏他的家庭,多亏他本人的"沉默寡言,他天生的自豪和他的朴实"②,在他成长的过程中,他不知道什么是嫉妒。

由于丈夫早逝,儿女四散,外祖母卡特莉娜·桑代斯是个粗暴、乖戾的女人。所发生的各种事情以及卡特莉娜·加缪带着两个孩子回家,这一切也许超出了她的能力范围。她严厉地管着一家人——事实上她经常使劲地用牛筋鞭子抽打两个小男孩,即吕西安和阿尔贝。他们与她"顶牛",而这是她不能容忍的。孩子们的母亲因为劳累,害怕

---

① 重载于《阿尔贝·加缪　手记之一》,巴黎,1971 年。这份手稿的日期是 1934 年或更早,是作品的第一个梗概,《幸福的死亡》是完稿。《反与正》采用了同样的材料;更早的版本是《贫民区的呼声》,是一份日期为 1934 年 12 月的手稿,见 1973 年巴黎出版的《阿尔贝·加缪　手记之二》。

② 《反与正》的前言。

她的母亲,还因为她无法清楚地表达,只能呆呆地看着他们顶嘴、遭受鞭打。她只能恳求"不要打脑袋"(见《反与正》)。埃迪纳舅舅也怕他的母亲,但他是爱她的。卡特莉娜是否爱她的母亲,那就难说了。

埃迪纳在附近的木桶厂工作,他的工资帮助了一家人的开销。加缪第一本流产的小说《幸福的死亡》是以加尔多纳为笔名写的,当然这是他外祖母做姑娘时的姓(加缪小说中用了许多她家人的名字)。在加缪《贫民区的呼声》第一份手稿中,他的舅舅埃迪纳是个"聋子、哑巴、蠢货、恶棍"。不过要注意,这份手稿是阿尔贝离开那儿不久时写的,当时他心里满是怨恨。

随着时光的推移,在加缪1955年写的短篇小说《哑巴》中,埃迪纳·桑代斯被理想化了,在这个短篇中,埃迪纳以伊伐尔的名字出现,伊伐尔实际上是埃迪纳的姐夫,先后是让娜和马格利特·桑代斯的丈夫。(在这篇小说中,伊伐尔的妻子叫弗尔南特,弗尔南特实际上是加缪第二任妻子弗朗辛母亲的名字,也是弗朗辛的名字之一。)埃迪纳还出现在加缪的遗稿《第一个人》中。

埃迪纳在十三或十四岁以前完全是个哑巴,在这年龄他接受了一次外科手术。[①] 此后,他讲话仍有些困难。阿尔贝在他的小说《第一个人》中,以现实的手法提及他的舅舅,把他的口头表达能力比作"一个小黑人"。

在加缪的小说中,有一件事是关于埃迪纳·桑代斯和他的姐姐卡特莉娜·加缪,即阿尔贝的母亲的。我们不知道事情发生的确切时间,也不知道此事对后来产生的影响。在阿尔贝和吕西安少年或青年时期,他们的母亲有个情人。埃迪纳非常恼火,把那个男人赶了出去,并转过来骂卡特莉娜。阿尔贝的哥哥吕西安挺身而出,捍卫自己的母亲。

根据《贫民区的呼声》(写于1934年2月)中的叙述,埃迪纳始终阻止他守寡的姐姐与心爱的人相见。卡特莉娜的情人给她送来了鲜

---

①　源自安托瓦妮特·阿库。

1920年在阿尔及利亚加缪的舅舅埃迪纳·桑代斯的工厂里
（照片由法国罗杰—维奥莱奥莱摄影事务所提供）

左侧合影中的加缪特写

花、橘子和酒,这是他在市场上挣来的。他欺骗自己的妻子,但他妻子默认了。如果说他长得不够帅,至少他人挺好。"她依恋他,他也依恋她。有爱情吗?她帮他洗衣服,尽量使他穿着干净……"

由于埃迪纳反对他们的来往,卡特莉娜只能偷偷地与男友会面。但有一天,他来她家看她,埃迪纳突然回来了,结果就发生了"可怕的争吵"。在小说中,儿子已不住在贝尔库的家中,她母亲哭着来找儿子,告诉他发生的事情。这件事发生在1930年以后,那一年阿尔贝的母亲四十八岁[①]。

在《幸福的死亡》一书草稿中,卡特莉娜是在发生这一冲突后离开这屋子的。当然这一争吵在《第一个人》中也有描写,在《第一个人》中卡特莉娜的情人是一个鱼贩子,叫安托尼[②]。

总体而言,阿尔贝对他舅舅的描写是有分寸的。他是个容易冲动的人,也是个双手长满茧子的老实工人。至于埃迪纳对他外甥的看法,记者在阿尔贝·加缪获得诺贝尔奖后去采访他,他显得相当满意。他已退休,消磨时间的方法是玩地滚球和烹饪自己的一日三餐,这是他喜欢的事情。他在回忆当年在贝尔库同住一起的家庭生活时说道:"我挣钱不多,但阿尔贝始终能得到他想要的东西,当然,是在我们力所能及的范围内。"[③]

阿尔贝对外祖母也有同样生动的描写。几件同样的事情、同样的性格特征在他的描写中多次重复出现,这不仅是要指出他们俩之间有限的关系,而且要说明这些事情,这种性格在孩子身上产生了多深的印象。在《反与正》中,外祖母卡特莉娜·桑代斯在七十岁时仍然牢牢地掌管着家里的一切事务(1927年12月她七十岁,阿尔贝才十四岁)。

① 埃迪纳在外甥获得诺贝尔奖后接受了一位记者的采访,说及了自己的年龄,按这个年龄计算,1930年的他已经35岁了。参阅1957年10月18日阿尔及尔的《自由报》。

② 吕西安·加缪向让·萨洛基确认了这一重复叙述了三次的情景,后者当时正在准备出版加缪的遗著《幸福的死亡》。

③ 参阅1957年10月18日阿尔及尔的《自由报》。埃迪纳·桑代斯逝于1960年。

我们相信这种说法,这个乖戾的妇人会当着客人的面问她的外孙:"你喜欢谁,你妈还是你外婆?"不管他母亲在场不在场,他的回答都必须是"外婆"。然而,此时的他感觉到"对沉默寡语的母亲有一种爱的冲动"。如果来客听到孩子这么说表示出惊讶,阿尔贝的母亲就会解释说:"因为是外婆把他带大的。"成人以后,阿尔贝·加缪这样解释道:

> 这是因为老妇人相信爱是人们需要的东西。她的严厉是从贤妻良母的意识中来的。她从未给她的丈夫戴过绿帽子,并给他生了九个孩子。

阿尔贝和吕西安怕他们的外祖母,他们的母亲和埃迪纳舅舅也怕她。根据加缪(在《第一个人》中)对家庭悲剧的最后一种说法,有一天,他母亲剃了个短头发回到家中,外祖母把她称作"婊子",自那以后,外祖母的威望开始下降了。

据他哥哥吕西安说,阿尔贝很乖巧,知道怎样与老妇人相处。外祖母常大声说阿尔贝是两个外孙中最听话的。[1] 阿尔贝和他小学形影不离的同学安德烈·维勒纳夫(在《第一个人》中,皮埃尔的原型)有时陪外祖母去看电影,还给她讲解。[2]

也许外祖母也有她好的方面,但她的外孙正处在"看事物绝对化"的年龄。他们在她身上只看到她总是为了获得理解和同情而装病,声称(尽管是个例子)她干了很多活,而实际上她是叉着双手站在窗前看街景。如果她认为合适,她甚至可以装病装得很重。一直到她死,加缪从不把她的病当回事。"只是在葬礼的那一天,因为大家都哭了,他也流了泪,但他怕他的哭是不真诚的……"(《反与正》)她死后,家里的事就由阿尔贝的母亲和他的舅舅埃迪纳一起掌管,这使

---

[1] 源自吕西安·加缪。她曾对吕西安说:"阿尔贝说的都是真话,而你总是满嘴谎话。"
[2] 源自安托瓦妮特·阿库。

得家庭气氛变了。①

或许，正是阿尔贝·加缪的外祖母，加尔多纳的女儿，卡特莉娜·桑代斯向当时还是个孩子的他讲述了有关他父亲的唯一的故事（也许部分原因是他只听到过一次），这对他一生都有影响。

加缪在他没有小说色彩的《关于断头台的思考》的文章里，把这段故事归为他母亲讲述的。在《第一个人》中把它（多半是有道理的）归为他外祖母说的。根据这段故事，第一次世界大战前不久，一名杀害农民一家的罪犯被判了死刑。加缪的父亲认为对一个杀害孩子的杀人犯斩首实在是便宜了他，他要去看。为了确保准时到达刑场，他半夜就起来了。

他没有向任何人说过他在那儿看到的情景。他的儿子只知道他匆匆忙忙地走进家门，一副忧伤的表情。他什么话也没说，一头扑在了床上，突然呕吐起来。

四十年后，加缪引用这段故事，呼吁取消死刑。因为他注意到，用斩首的过程来平息像他父亲这样正直、普通的人的义愤实在是太可怕了；一个完全合乎正义的惩罚产生的不是其他后果，而是使他病倒了。它理应保护正直的人，但结果是使他父亲这样正直的人呕吐了。人们不禁要问死刑的价值何在。

在出版的第一本小说《局外人》中，加缪让小说主人公默尔索叙述这段故事，他也是听母亲讲的。这是默尔索唯一知道的有关父亲的准确情况。童年的默尔索长大了，他在海滩上杀死了一个阿拉伯人，但他变得冷酷无情，对此没有丝毫激动。他第一次听到这段故事时，对父亲的行动感到厌恶，但现在他等着自己被处决，他认为他懂了。还有什么比极刑更重要的！

在后来的小说《鼠疫》中，是代理检察长塔鲁的父亲早早起床去断头台看斩首。为此，塔鲁最终离开了家庭。在《第一个人》中，这一场

---

① "和母亲在一起我们很幸福。"在说起这一阶段的生活时吕西安·加缪如此说道。

景始终在他的脑海中挥之不去。在他的一生中，父亲半夜起来呕吐的情景一直困扰着儿子。在他的梦中，他成了刽子手的受害者。他外祖母曾警告他，说他总有一天要上断头台的，但也无济于事。

阿尔贝·加缪成年后，坚决反对死刑，对抵抗运动的同志赞同在战争期间处死一名纳粹合作分子持反对态度，他还反对在战后处死法奸，尽管他痛恨和谴责法奸行为。这导致他与他的同路人分手。他痛恨死刑是他与斯大林分子决裂的原因之一，也使他坚决地反对阿尔及利亚穆斯林民族主义者施行恐怖行径，即使为了一个正义的事业。

有一天，阿尔贝的母亲在里昂大街的住所里遭到了一个陌生人的袭击，这一事件具体年份不详。据《反与正》一书中的描述，袭击发生在黄昏，他母亲当时正坐在阳台上，闯入者从背后袭击她，粗暴地把她拖进房间，听到响声之后仓皇逃走了。事情就这样结束了。当时，阿尔贝还年轻，住在外面，有人把他叫了回来，他遵照医生的嘱咐，在母亲身边陪了一夜。他在《第一个人》中也提到了这件事，她的哥哥事后说，整个街区的人都认为闯入者是个阿拉伯人。

在第一次世界大战的四年中，战争使之成为寡妇的卡特莉娜·加缪没收到过国家一分钱。只在战争即将结束前几个月，她才收到了丈夫死亡的正式通知和抚恤金支票。住在隔壁的一位会计帮她填写了抚恤金的申请表，因为她家里没人会填。战争期间，卡特莉娜在一家弹药制造厂分拣弹头，一直干到她风湿病发作才不得不停下来。于是她开始替人帮佣。不久她的孩子被认定为战争孤儿，可以每年从政府那里得到一小笔钱款，用于购买鞋子、学生服和一些学习用品，他们同时还能享受免费医疗。

《第一个人》叙述了加缪对这位沉默寡言、逆来顺受的女性的情感变化，随着年龄的增长，她在儿子的眼中日臻完美。有位读者注意到，在加缪的最初作品中，他似乎在指责他的母亲，指责她对他不关心，把他视作"局外人"。而我们现在所看到的局外人是她。

第三章

在贝尔库成长

> 我的房间面朝镇上的主要大街。下午是很美的。然而沾有油污的马路上,行人稀少,而且步履匆忙。先是出现了一些父母带着孩子在散步,有两个小男孩穿着水手式上装,下身穿着过膝的短裤,呆板的服装使两个男孩显得有点笨拙……
>
> ——《局外人》

旅行者坐船到达阿尔及尔后,会情不自禁地把港口连同这座城市比作古希腊或古罗马的露天剧场。整个城市坐落在半圆形的港湾边上(事实上是个不规则的圆弧),道路依坡而筑,一层层盘旋着通向山上,白色的房子坐落在道路两旁。

阿尔贝·加缪的大半生是在这个大剧场内度过的。先从海上向左看,那儿是拥挤喧闹的工人居住区——贝尔库,他就在那儿长大。右边,是人口稠密的穆斯林卡斯巴街区,再过去是巴帕·艾尔-裘德侨民居住区,加缪的中学就在侨民区的边上。城市的中央是总督府(里面有个大礼堂,加缪作为业余导演,经常使用这个礼堂),他上的大学和多个临时住所都在米歇勒大街和米歇勒大街附近。由中间再往上,朝山顶方向看去,是住宅区,那儿住着他的老师和那些家境富裕的朋友,他第一次结婚后曾在那儿住过几年,也是在那儿,在"面对世界的房子"里,结识了志同道合的伙伴。再往上,是俯视全景的山顶,他曾希望在事业达到顶峰时在那儿隐居。①

　　是贝尔库培育了他。从八个月起一直到十七岁,他始终与外祖母和母亲住在同一个屋檐下。成年以后,他仍经常回到那间屋子,有时是去看望老人,有时是为了把那儿当作临时避风港。贝尔库是个穷人区,住着那些在小作坊、在港口设备小工厂艰辛工作工资微薄的人,也有自立门户的手艺人。贝尔库也是个宿舍区,地位低下的公务员、小职员、小商贩也都住在那儿。在那儿,工薪阶层的欧洲人与当地穆斯林的接触比任何地方都多。里昂大街把贝尔库与另一个穆斯林聚居区分隔了开来,那地方又称伊斯兰教修士区,是为纪念安葬在当地穆斯林墓地的18世纪的一位圣人。②据说贝尔库的绝大多数欧洲人都来自法国,而位于城市另一端的巴帕·艾尔-裘德居住区,则以西班牙人、意大利人和犹太人居多。如果真是这样,那桑代斯一家(西班牙

①　有关贝尔库这座城市的基础资料,我要特别感谢加缪的老朋友和小说作家埃马纽埃尔·罗布莱斯,以及加缪的小学同学路易·帕热斯和伊夫·杜瓦永。其他人也提供了他们对这个居住区的回忆,如罗贝尔·勒卡侬、埃内斯特·迪亚·吉尔贝·费雷罗、索弗尔·泰拉西阿诺,当然还有加缪的哥哥吕西安·加缪。A.J.利埃布林很熟悉阿尔及尔,他对这座紧靠大海的城市是这么描写的:"法国人到来后的阿尔及尔城完全替代了位于沿海高坡上那座原是船只集聚的阿尔及尔,它像悉尼和旧金山一样,变得那么地惹人喜爱。在耸立于码头仓库上方的第一排建筑物当中,唯有大清真寺和渔场清真寺是在法国人到来之前建造的。其他的那些现为银行和海运公司驻地的楼宇,是小拿破仑时代建造的,拱廊如同巴黎里沃利街的一样。稍远一些,往上走,是最好的商业街,如伊斯力街,横穿过伊斯力街,是延坡而上的米什莱街,两侧是大学和世纪之交建造的大楼。再往上走,随着城市不断地向南和向西在鸟瞰港湾的山脉上扩展,是那些新建的漂亮房子;但在山坡的最高处,是这座城市位于东北方向的最古老的城区——宫殿城区,星罗棋布的正方形房子,外墙用白石灰涂就,其中掺杂着一些陋屋和不尽的回忆。在宫殿区生活着穆斯林的赤贫无产阶级……"《纽约客》,1964年2月8日(《加缪笔记》)。

②　本书中,除非另为指出,我使用的路名和地名都是法国人在管理阿尔及利亚时所用的。阿尔及利亚独立后,有许多路名和域名都换了名称。贝尔库现在的名字叫西堤·迈哈迈德,里昂大街叫莫哈迈德·贝鲁易兹达德路,米什莱街叫迪多夫·莫拉街。距离加缪-桑代斯住处不远的联合路现在取名为莫哈迈德·布盖伐路。阿尔弗雷德·缪塞路是贝尔库迄今为止少有的没被改名字的马路之一。

人)在贝尔库就成了例外。不过,人们发现贝尔库的在校学生绝大多数原籍不是法国。

加缪在《婚礼集》中这样回忆道:"在贝尔库和巴帕·艾尔-裘德,一般人年纪轻轻就结婚了。"

> 他们很早就开始了工作,十年工夫就汲尽了男人一生的经历。一个三十岁的工人已打完了他所有的牌。他在妻子与孩子之间等待着死亡……他们有他们的道德,而且很特别。他们从不"冒犯"他们的母亲。他们的妻子在街上要得到尊重……他们从不两个人打一个人……然而那些商贩的道德却不得而知。我经常看到周围的那些人每每在见到有人被警察带走时,脸上流露出同情的表情……

贝尔库居住区一直延伸到海边。贝尔库居住区的一端是埃塞花园,另一端是兵营,旁边有一块可供游戏的空地(以前是练兵场,今天仍有人用这个名称)。加缪-桑代斯一家靠当地主要小工业之一——木桶生产为生。加缪的舅舅埃迪纳在离海边几条街的一家有一定规模的木桶厂工作。里昂大街,即加缪-桑代斯家屋子所在的大街,毫无疑问是贝尔库的交通要道,也是通往城外的国道(在米其林地图上标为8号国道)。黄昏时刻,青少年们在这条大街上闲逛,男孩子和女孩子是分开的。那家破旧的电影院也在这条大街上,他们爱看汤姆·米克斯、范朋克、嘉宝的片子,看《人猿泰山》。加缪的"局外人"就住在里昂大街。

在靠海的屠宰场边上,有个紧邻贫民区的小沙滩,叫阿尔斯那尔海滩。在那儿,加缪和他的小朋友们拿着软木救生圈学游泳。这个小沙滩在孩子们心中真是个好地方,他们可以在太阳底下嬉戏,看渔民拉鱼网,鱼儿在网里跳动。沿海滩蜿蜒而伸的一条道路叫牧羊路,因为人们沿着这条路把羊群赶往阿尔及尔港,然后装船出运。贝尔库的这群孩子长得大一点时，为了去港口游泳，他们经常偷偷地爬上装木桶的运输车，从贝尔库一直坐到港口，因为那儿水深，可以跳水，游起来也畅快。阿尔斯那尔海滩已不复存在，已随着港口的扩张消失了。

阿尔贝年幼时上的幼儿园就在贝尔库的穆利叶街上，校长是玛丽小姐，她被描写为"非常爱孩子的、背有点驼的女子"①。阿尔贝在那儿开始学习读书、写字。大概他比同龄人要显得弱小，因而同学们在做游戏时总把他当作保护对象。上中学后，同学们让他守球门——足球是他最喜欢的运动——让他避开激烈的冲撞。

在小阿尔贝眼中，最大的建筑当然是这居住区的小学。这是一所公立学校，坐落在奥梅拉街（现在叫塔阿·卜杜阿街），学校分为女子部和男子部。阿尔贝去学校，只要从里昂大街穿过一条马路再往左拐就到了。他的家是一个封闭的世界，没有一本书，甚至没有一份杂志、一张报纸，就像他后来对一位来访的朋友所说的那样，最初几年，他不愿意有同学来他家。如果有人去过他家，那也仅仅是几个小学的同学，他们从街上要经过狭长的通道，爬上楼梯后才能走进加缪-桑代斯的家。他对他家的住房、他的家庭、他那帮佣的母亲感到羞愧吗？有各种矛盾的说法。路易·吉约也是个穷孩子，他说加缪从没想过要隐瞒他母亲的职业，但他保留着自己说的权利。阿尔贝的哥哥吕西安则强调说，他们是穷，但很自豪，贝尔库的娱乐（太阳和大海）是免费的。孩子们总有好的鞋子穿，他们始终能上学。②

家里不仅没有书，甚至连阿尔贝做作业的书桌都没有。他所有的

<hr />

① 《自由报》（阿尔及尔），1957 年 10 月 18 日。

② 即使在上大学后，加缪都始终保持这种谨慎，从不向朋友谈及诸如他母亲的祖籍是西班牙等类似的话题。他好像曾经悄悄地告诉过一位朋友，说自己的母亲病了，现在住在奥兰；如此是说，使类似的问题不再有人向他提问。他的有些朋友从未想到过他出生在一个贫困的家庭（源自西蒙娜·伊埃和米里安·德舍泽勒）。让·德·迈瑟勒是加缪在 20 世纪 30 年代的挚友之一，他从未去过加缪在贝尔库的家；他认为内尔库于他朋友是一个痛苦的回忆。加缪去巴黎后，曾不无感叹地回忆起他童年所经历的贫困（源自苏珊娜·阿涅莉）。

书和练习簿都放在书包里。他在餐桌上做作业,头上吊着油灯。做完作业后就把书放进书包,什么也不能落下。他们可以在学校的小图书馆里每周借一次书,外祖母为阿尔贝和吕西安在区图书馆办了一张借书卡。他们的老师们也会把个人的书籍借给学生,以便让聪明的孩子总有东西可读。马格丽特姨妈的儿子弗朗索瓦·伊伐尔常常借书给两兄弟读,有尼克·卡特和巴法罗·比尔的惊险小说,有加斯东·勒鲁的侦探小说,有米歇尔·泽瓦格的剑侠小说,阿尔贝都读了,当他们长大一点后,吕西安发现阿尔贝和他的朋友安特烈·维勒纳夫已在阅读讽刺画报,如《鸭鸣报》,他们读得比他快。①

他的家就像他在《反与正》里描写的,母亲干完活拖着疲惫的身子回到家里,家中空无一人,她的母亲上街买东西去了,孩子们还没有放学。她坐了下来,呆呆地看着地板,天渐渐地暗了下来。

孩子这时回来了,看到她瘦弱的影子,骨头突出的肩膀,他停了下来,因为他怕……他怜悯她的母亲,这是对她的爱吗? 她从未与他亲热过,因为她什么都不会。于是他久久地站在那里,看着她。他感到自己是个局外人,他意识到了她的艰辛。

很久很久以后,当已是青年的阿尔贝回到里昂大街看母亲时,母子俩静静地相视而坐。她问他,是否因为她话很少,他会感到无聊。他回答说:"哦,你从来不多说话。"

即使他不是阿尔贝·加缪,他的广读博览和与外部世界的接触或许已经无法避免地拉开了孩子与母亲间的距离。每一次对童年生活环境的回忆都能让人感觉到这种疏远。家,是外祖母舞动牛筋鞭子的地方。家,是他必须做沉重的家务活的地方,比如到距离里昂大街一

_____

① 吕西安·加缪对采访他的卡尔·维基阿尼讲述罗宾汉曾使他如痴如狂。

百米远的蓄水池用埃迪纳舅舅在木桶厂生产的小木桶去取水。①

在这种条件下，奥梅拉街的学校，一幢三层楼的房子，设备齐全，教室宽敞，还有个课间休息时可供玩耍的院子，在小加缪眼中成了庇护所。尽管学校有校规，有不算严厉的体罚，上课的时间很长（上午 8 点至 11 点，下午 1 点至 5 点，外加一小时的自修），然而就是在那儿，阿尔贝开始施展他的魅力，一种对他人的影响力，这种力量不是来自强壮的体能，而是智慧。②阿尔贝喜欢有听众，而班里的其他同学也喜欢听他讲。他有时独自一人去阿尔斯那尔海滩，口含小石子在那里大声朗读诗歌，就像他听说的古代狄摩西尼所做的那样。有一天，同学跟踪他，发现了他的秘密。后来他又被跟踪了几次，他显然意识到人们在窥视他。但他决定继续下去，对窥视他的人置之不理。

他在校的档案资料几乎没有了。家里什么也没留下，他的老师都已故世，阿尔及利亚法国学校的档案也荡然无存。1920 年 5 月 21 日，由于确认他父亲是在大战中牺牲的③，加缪正式成了由国家抚养的战争孤儿，就如我们前面所说的，这一高尚的身份给他带来了一笔奖学金，虽然金额不大，但足以让他购买学习用品和生活必需品。

在那个年代，小学生们穿着水手服外加黑色套衫，人们称之为让-巴特服。老师们的手中往往有把木尺，课堂吵闹时，他们就用木尺敲击讲台让大家静下来；必要时，他们也用木尺打违纪的学生。孩子们坐在教室里可听到从窗外传来的各种声响：箍桶匠有节奏的敲打声，距离学校几百米远的海边的火车汽笛声，有学生的父亲、叔叔、堂兄的叫喊声，有市场小贩的吆喝声，木匠的榔头、锯子声，锅炉房传出的响声，还有贝尔库铁路机修车间、水泥厂、火柴厂传出的各种声音。课间

---

① 源自吕西安·加缪。
② 源自路易·帕热斯。
③ 源自加缪的出生证。

休息时,孩子们一起玩杏仁核。杏仁核不仅是他们玩的东西,也是他们彼此之间交换的货币。他们用杏仁核玩一种名叫"西西"的游戏:一人甩出一个骰子,骰子在没有停下来之前用木板盖住,玩者猜出数字是几,就赢几颗杏仁核;或者玩"里罗赢五",里罗是剪下来的一张人头像,有点像查理·卓别林,放在五米远的地方,每人扔一颗,扔在里罗嘴上的赢一颗,扔在眼睛上的赢五颗。每周四,孩子们聚在一块空地上一起放燕式风筝,他们的玩具几乎都是自己做的。

那块空地是他们拳打脚踢的决斗舞台。用来解决两人之间不和的拳击打斗称为"多纳特"。四只书包标出拳击场地,大家得到"阿拉伯电话"的通知都会赶来观战,这使老师们很失望。有时他们在晴朗天逃学,贝尔库土话称为"马加乌拉",去港口游泳或在海边看大帆船,幻想着从未去过的岛屿和遥远的国家(这种情况今天仍然存在)。逃学的结果往往是被打屁股。①

年龄大一点后,他们就去团结路的阿尔卡杂电影院看电影,或者去皮奥塞勒馆看拳击比赛。在阿尔卡杂电影院对面是贝尔库集市,集市关门后他们就在那儿踢球。在学校的大院里,有时也上演木偶戏。

在他们学校对面,有一家名叫阿美·皮贡的开味酒厂,橘子皮是这家酒厂的生产原料。剥了皮的橘子就堆在厂门口,学生只要穿过马路就能拿到。但他们从来不拿,因为这太容易了。他们更喜欢与附近工厂里比他们年龄更大一点的女孩子调情(阿尔贝从不参与,也许是为了与她们保持距离)。在暑期,他们有时去陶瓷厂干活,陶瓷厂就在里昂大街至海边中间的梯也尔大街上,他们在瓷砖的毛坯上画阿拉伯图案,画一块瓷砖可赚几分钱。阿尔贝有时也在他舅舅的木桶厂干活,因而他有张和箍桶匠合影的照片,这张照片翻印了很多份,他在

---

① 源自索弗尔·泰拉西阿诺,路易·帕热斯和伊夫·杜瓦永亦做了补充描述。有人说加缪当年讲的是"卡卡语"。在阿尔及尔的街头有一种通用的混合了法语、马耳他语、西班牙语和阿拉伯语的口语,"卡卡语"实际上是对这一口语的文学重组,加缪在《阿尔及尔的夏天》的一个注释中阐述过。

《哑巴》中对木桶制造的描写似乎证实了这一点。

他们喜欢的另一个游戏是在贞德广场上的水池里闷水,用棉花把耳朵和鼻子塞住,看谁在水中屏气屏得时间长。有一天,阿尔贝的同班同学路易·帕热斯带来了棉花球分给大家用。闷水完后,大家的鼻子和耳朵都肿了起来。家长们都担心出现了神秘的流行病,后来才发现路易好心分发给大家的是热棉花球。

在同学们的眼里,阿尔贝似乎缺乏耐力。他是否营养不良?常常有同学会离家数天或者一段时间——现在看来其实也就是几天的时间——去探险猎奇,但阿尔贝从不参加这类难以忍受的探险。有一天,几个男孩,阿尔贝不在内,混在人群中去参加穆斯林的宗教节日,他们在现场看到了"洗礼"的场景,即包皮的环切割过程。回来后没人去报警,家长们也不想有麻烦。他们有时还去附近的贫民窟,走进阿拉伯人的家,甚至走进他们的厨房,品尝他们的食物。

然而,在贝尔库也有行凶作恶的欧洲人,他们的罪行是中产阶级和普通老百姓日常谈论的主题之一。杀人犯被关在卡斯巴后面的巴尔贝鲁斯监狱,凌晨3点一过就被拉出来送上断头台。孩子们会熬夜去看处决,我们已知道加缪对斩头的唯一的痛苦感受是他父亲去看过的那一次。

加缪不参与小伙伴们大胆的探险猎奇,似乎印证了同学们回忆中他与他们之间的距离。难道仅仅是因为忙作业和家务而没有时间吗?或者他似乎已经知道自己将在社会中占有一席之地,至少他的朋友路易·帕热斯是这么认为的。是的,阿尔贝是个领头者,但他与他们所认识的领头者不同,他不喜欢用拳头,而更喜欢用言语的方式去引领他人。他是个开明的专制者。他知道怎么打斗,但不主动出击。当他真的生气时,他知道怎样表现出对老师或对同学的藐视。

在学校里,人人都有绰号,因而有的孩子只知道小伙伴的绰号而不知其大名。然而,阿尔贝始终是阿尔贝。最多人家叫他贝贝尔,一个相当常见的外号。升入高中以后,几乎不再有人这么叫他。在那些敬佩他的朋友的眼中,他似乎在扮演一个角色,十岁时,他的举手投足已经显露出一种高雅;日后,他的中学同学和大学同学都谈到这是他最大的特征。

在那个时代,他读了儒勒·凡尔纳的《神秘岛》,书中聪明的主人公用毕达哥拉斯定理测量出峭壁的高度。阿尔贝很敬佩这一主意,他让小朋友们在街区的小花园里席地而坐,给他们解释儒勒·凡尔纳是怎样运用几何原理的。然后,他向他们一个个提问。在《第一个人》中,是他的化身雅克·高梅里,以大仲马《三剑客》中的人物为蓝本组织游戏。

他把诗歌集送给朋友帕热斯。他们在大街上或在城外散步时一起朗读,读完以后,两人就玩拳击。有一天,帕热斯捡到了加缪遗忘在教室里的一本练习簿。他读了风景描写的开头,里面充满隐喻,他勉强才读懂。后来加缪对他的女友玛格丽特·多布朗透露,七岁时他就想成为一名作家。

生活在贝尔库的欧洲人一般都说,他们与穆斯林相处得很好。他们是邻居,或者居住在相邻的街区,上的是同一所学校。五十五年以后,加缪的同班同学回忆说,班上三分之一的同学是穆斯林的子女。老师有时会说:"瞧,戴乌非克的作业!他对主题的理解比你好,而他是个阿拉伯人!"在这个穆斯林和欧洲人一起玩耍的地方,没有种族隔离。

然而,在仅存的一份学校档案里——1923—1924学年小学五年级路易·热尔曼老师班级的学生名单——在33名学生中,只有一到两个在读音上像阿拉伯语的名字,因而很难相信他们集体回忆的准确性。也许穆斯林的孩子很少读到五年级?在校外是有不少阿拉伯人,其中不乏那些在街上讲故事的阿拉伯人,在贝尔库,不少年轻的欧洲人就是这样学会阿拉伯语的(如帕热斯)。

由于疾病,如斑疹、伤寒、结核病,游牧民族从沙漠带来的疾病(当时人们这么认为),以及蛇咬、蚊叮虫咬,死亡率很高。每年都有几个学生死亡,要好的小朋友会陪老师一起去参加葬礼。那些读完五年级课程的同学获得小学毕业证书以后,一般都开始了学徒生活。在贝尔库读完小学升入中学的人是很少的。路易·帕热斯没听说过其他人,只有从事高尚职业的加缪是例外。确实如此,加缪后来在阿尔及尔认识的杰出青年,几乎没有一个是来自贝尔库的。

　　如果说阿尔贝小时候有一个决定了他未来的时间段,那就是在他十岁时期,在小学路易·热尔曼班上的时候。当然,热尔曼没有教他要学习的全部知识,但他显然意识到这是个天资聪颖的孩子,他要尽力"推"他一把(这在当时,在那个地方,实属不易)。阿尔贝·加缪从未忘记他对热尔曼的感激。当他在诺贝尔奖授奖仪式上的演讲词出版后,他把这本小册子献给了他的小学老师。他在扉页上恭恭敬敬地写上:"献给路易·热尔曼先生",全然不像他给中学老师让·格勒尼埃或给他的诗人朋友勒内·夏尔题词送书那样,只是简单地写上只字片语。

　　这不仅仅是因为热尔曼先生对阿尔贝·加缪特别宽容。他在某些学生的眼中是个讽刺艺术的大师,是严厉纪律的维护者,是冷酷的暴君。对于好学生,如阿尔贝·加缪和安德烈·维勒纳夫,他们受的惩罚就是增加作业量,延长学习时间。热尔曼对不听话的学生的惩罚,就是用一把他称作"麦芽糖"的木尺击打他们的手掌,如果说阿尔贝是一个没受过"麦芽糖"特别照顾的人,那么这个人就是他在《第一个人》中化身为主人公的他本人。阿尔贝的哥哥和热尔曼的大儿子在同一个班里,他发现热尔曼是个顽固的完美主义者,认为自己的孩子达不到他的期望值。而路易·帕热斯甚至认为正是热尔曼对加缪的关心,导致了他与自己孩子的隔阂。

　　从幼儿园一直到小学五年级进入热尔曼任教的班级,伊夫·杜瓦永与阿尔贝·加缪始终是同班同学。杜瓦永回忆说阿尔贝的法语在班里总是第一，而他是算术最好的。① 加缪具有极好的语言才能，在演讲、阅读、背诵和口头回答问题等方面，他的表现总是很突出——课间休息除外。在那几年里，低年级教过阿尔贝的一位教师对阿尔贝的能力印象很深，他把阿尔贝的情况告诉了热尔曼。热尔曼是个享有盛誉的特级教师，学校的老师都很尊重他。他身材高大，皮肤白皙，蓝眼睛，眼神严厉。他的专业是法国语言。②

1923 年 10 月，当阿尔贝进入路易·热尔曼的班级时（小学五年级），再过一个月他将满十周岁。热尔曼有一本学生成绩手册，学期中，有时发给学生看（在他去世以前，他把成绩手册捐给了加缪家）。因而我们知道，在那一学年的第一个月里，阿尔贝在班上排名第二（他在品行栏上失去了两分），维勒纳夫第三。12 月，加缪升为第一，1 月也是如此。学习科目还有历史、地理、自然常识、公民教育（需要背熟）。学生的家姓充分反映了这一居住区居民的原籍来自不同的地方。

在那一年里，无论阿尔贝的前任老师们是否把阿尔贝的情况告诉了热尔曼，这位五年级老师感觉到他班上的这个孩子具有出众的潜质。而他能做些什么呢？贝尔库的绝大多数孩子走的都是同一条路，义务教育阶段一结束，他们就去当地的企业谋一份差使。阿尔贝的哥哥十五岁时就得为每月 100 法郎（约等于今天的 220 法郎）的工资去打工。因为家里需要这份钱。

有一天，日期不详但值得一提，热尔曼先生陪着阿尔贝回到了里昂大街 93 号，与阿尔贝家人谈话。他强调必须让阿尔贝尽可能地延长学业。他可以去争取奖学金，这样阿尔贝就能继续上中学。这份只

---

① 源自伊夫·杜瓦永。杜瓦永先生是国防部的情报官员和技术顾问，他给作者描绘了一份加缪所在的贝尔库的详图。杜瓦永的父亲在第一次世界大战中是前线的一名军官，身负重伤后退役，因此他和加缪家的孩子一样，都是由国家抚养的战争孤儿。

② 源自路易·帕热斯、吕西安·加缪和伊夫·杜瓦永。

发给贫困学生的奖学金足以支付购买学习用品和在校吃饭的所需费用。外祖母反对说，在她家里，人人都得干活，阿尔贝也不例外。然而这一回，阿尔贝的母亲讲话了。既然她的大儿子就要去上班工作了，她认为阿尔贝应该继续他的学业。[1]

外祖母让步了，于是阿尔贝和他的同学维勒纳夫开始了紧张的迎考阶段。参加格朗中学（比若中学）入学考试的学生由小学校长推荐，考试日期为1924年6月。阿尔贝和他的同学安德烈·维勒纳夫都被录取了。

热尔曼肯定告诉了加缪在那一学年该读哪些书，而且使他体验到了第一次拥有一本书后所产生的感受。老师在课堂上大声地朗读罗兰·多热莱斯的《木十字架》，一本描写第一次世界大战战壕生活的通俗小说，此书大战结束后出版，一直都很畅销。年轻的加缪听到老师声情并茂地讲述普通士兵每天备受煎熬，又在战斗中突然死亡，便情不自禁地想到自己的父亲。他后来（在《第一个人》中）讲到了热尔曼的这一朗读对他产生的影响。当热尔曼先生——在手稿中为"贝尔纳先生"——结束了《木十字架》朗读时，他发现阿尔贝（手稿中为雅克·高梅里）在流泪。老师转过身去，以掩饰他的激动。"贝尔纳先生"后来承认，他对"雅克"，对所有在战争中失去父亲的孩子有一种特殊的感情。热尔曼本人也是战争的幸存者，因此他认为有义务来代替他们的父亲尽责，至少是在学校里。热尔曼同时也使他与外祖母重新和好，并鼓励他要爱自己的母亲，这一切促使成年的加缪对公立学校制

---

① 源自吕西安·加缪。加缪的哥哥在1925年15岁时开始工作。17岁时，他母亲让他去了他父亲曾经就职的于勒·里可姆公司工作，服兵役后他仍回到这家公司上班。结婚成家后，他离开贝尔库，在阿尔及尔市中心安了家。第二次世界大战期间，他参加了驻扎在突尼斯和意大利、而后与美国军队一起在普罗旺斯登陆的法国第一军团；战争结束他回来后，里可姆公司已关门歇业。

度的极力推崇。①

在那个年代，人们无论信教与否，进入公立学校就体现了一种选择。加缪家的迷信程度大于对宗教的信仰。家里没人去做弥撒。他后来解释道："他们的全部宗教活动就是洗礼和临终圣事。"然而他对天主教持的态度是中立的，说不上反对。② 加缪有一张穿着整齐的照片，这是他十一岁初领圣体时照的。

我们是通过《第一个人》中的记载知道他的感受的。在书中，雅克·高梅里，即加缪，在初领圣体后的餐桌上被神父打了一记耳光，而他认为这一耳光打得毫无道理。一位大学教师在研究《第一个人》后认为，加缪在他以后的日子里始终反对这种侵犯，当然在他的作品中同样如此。③

确实，贝尔库是加缪的第一个学校。在这个不同种族的人、不同的活动混杂在一起的贝尔库，加缪在日常生活的各种撞击之中成长起来，这是他在阿尔及尔的绝大多数资产阶级朋友从未经历过的；更不用谈那些他后来在法国认识的作家和知识分子了。据他的朋友们讲，他从不摆架子，直爽地与社会各阶层的人交谈。④ 很久以后，有位文学批评家指出，他的自由不是跟马克思学的，加缪回复说："是的，我的自由是在贫困中学到的。"⑤

---

① 源自让·萨洛基。在讲到路易·热尔曼时，加缪是这样对维基阿尼解释的："他很严厉，但也很热忱。我喜欢他，也害怕他。"（源自维基阿尼）另一本加缪在上小学时阅读的并给他留下深刻印象的小说应该是《大海之子》。对这本书我们知之甚少，只知道在故事的情节中，有一次孩子们大声叫道："出海去！出海去！"成年后的加缪对这句话记忆犹新（源自维基阿尼）。

② 源自维基阿尼的例证。

③ 源自让·萨洛基。

④ 源自罗贝尔·若索。

⑤ 《从刽子手手中救出受害者》，《卡利邦》（巴黎），收入《时论之一》。

第四章

寒　战[①]

> "肺结核是人们唯一能治愈的疾病,只是需要时间。"
>
> ——《贫民区医院》的病人

　　阿尔贝·加缪的一个同学在回忆半个世纪前的往事时,清晰地记得每天从贝尔库乘有轨电车去格朗中学[②],路上穿过市中心时的情景。在未完成的手稿《第一个人》中有一段令人难忘的描写,以温和的笔墨讲述了"雅克·高梅里"和他的一个朋友同样的乘车经历。从贝尔库工人区开出的有轨电车驶入了富人街区,在贝尔库上车的工人开始逐渐下车,穿着得体的乘客在上车,有轨电车就这样在城中穿越。

　　在阿尔及利亚铁路公司的老线路上,半小时的有轨电车路程使孩子们了解了这座大城市,发现了他们不熟悉的世界。他们俩站在前车厢或后车厢(有时就站在上下车的踏板上,因为车厢内挤满了乘客),或者聊天(所看到的一切都能成为他们的谈资),或者注视着在他们眼前晃过的城市风景。有轨电车从里昂街发车,沿着练兵场行驶,那儿

---

　　①　参阅《幸福的死亡》。

　　②　也叫比若中学;取此校名是为了纪念这位在殖民战争中统治这块土地的著名将军。而后(阿尔及利亚独立后),为纪念与比若军队抗争的抵抗将领,学校改名为埃米尔·阿卜杜·埃-卡德中学。与阿尔贝·加缪一起乘坐电车的同学叫吉尔贝·费雷罗。

是他们每周四踢足球的地方。一穿过驻扎在那儿的部队兵营，挤满人的有轨电车就开始下行，朝着穆斯塔法海滨疾驶而去；每当这个时候，他们都为电车从山上往下冲的速度而备感兴奋。到达穆斯塔法站时，司机会突然地把车刹住。

离开阿迦车站后，他们往右走，来到柯罗仔市场。这是一个热闹的十字路口，许多贝尔库的工人都在这里下车（工人们的另一个主要终点站是大邮局站）。此刻，他们来到了格里耶高坡的脚下，高坡通向庄严的总督府大楼——一幢正在施工的 15 层建筑，按照计划，大楼将在 1930 年法国人征服这片土地的一百周年纪念日落成。从有轨电车上可以看到大楼最后几层的脚手架。但跃入他们视线更多的是整座城市中无处不在的变化。离开格里耶高坡，他们沿阿尔弗雷德-勒吕克街（原来的康斯坦丁街）一路走去，来到了正在建造的阿莱迪市政厅工地。在建的大楼每天都在长高；有轨电车沿着这些工地驶向卡诺大街。这是一条沿着十五米高、俯瞰港湾的台地修建而成的大街。

现在，他们来到了行程中最美丽的地方。就在他们的脚下，绵延展开的是阿尔及尔港湾；伴随着来自欧洲或驶往欧洲的货船的到达和驶离，卸货的作业声和穿梭于港湾中的拖船此起彼伏的鸣笛声，组成了每天都不一样的嘈杂声。时而，还有巨大的游轮在此鸣笛靠岸，也有雄伟的海军舰艇编队在港湾深水区抛锚停留。

下一站是布雷松广场，在长满了棕榈树、无花果树和玉兰树的森林里，鸟语声声。他们继续前行，左边是一排被大银行租用的带有拱廊的建筑物，还有马上就要被弃用的破旧的老市政厅。最后，他们来到了总督府，也是有轨电车的终点站，宽阔的广场四周围有拱廊，引人注目的是路易·菲利普的长子、指挥法国军队征服阿尔及利亚的奥尔良公爵挥鞭跃马的雕像。

广场上挤满了来自附近卡斯帕街区的伊斯兰教徒。在那里，耸立着建于 1660 年的肃穆的贾马·阿尔-杰德清真寺，它的尖塔有二十五米高。而两个男孩的眼睛却始终紧盯着广场的另一头——熟识的冷饮小贩正在售卖他们酷爱的冰糕。有时候,他们课后会在小贩那里买一块柠檬冰糕,再请他加工成波纹冰糕:小贩把冰糕放入圆形的冰盒里,通过旋转把冰糕的表层做成波纹。

孩子们从那里再走十分钟就到学校了。他们穿过巴帕·艾尔-裘德路的拱廊来到街上。这条马路像一条分界线,左边是卡斯帕街区,右边是以前的水手街区,后来被整体改建为保障房居住区。马路上人群接踵而至,有卡斯帕街区的穆斯林,也有全家倾巢而出的那不勒斯渔民。两个孩子要挤出人群,实非易事;无处不见的露天货摊令他们好奇,还有那些馋人的东方美食,诱人的煎饼,蜂蜜甜糕——尤其在放学后,他们有更多的时间在那里逗留。

当意识到马上就要上课了,两个孩子赶紧离开,沿着有轨电车的铁轨奔向学校。(私家车也可以走这条路,但当时私家车鲜有。)为了赢得宝贵的每一分钟,他们奔跑着穿过一个又一个拱廊,奋力推开人群,躲避疾驶而来的车辆。

在穿过马路尽头的最后一个拱廊后,是另一个广场,广场右侧是一个军营,左侧就是紧靠卡斯帕街区的格朗中学。

这座建于 1868 年的中学正门是用白石头砌起来的,上面装饰着新古典主义的三角楣。学校与五光十色的巴帕·艾尔-裘德路之间是马朗戈花园。[①] 另外还有一所中学,名声更大,奥氏中学或称佩蒂中学,在穆斯塔法富人居住区。格朗中学的学生带着屈尊的眼光看待佩蒂中学,而佩蒂中学的学生则以嘲讽的口气谈论格朗中学。然而高班的学生都得进格朗中学。[②]

----

① 有关阿尔及尔这座城市的地形细节,源自阿尔及利亚独立前《蓝色导游》一书的版本和拉鲁斯百科全书。其他详述源自马克斯-波尔·富歇 1968 年在巴黎发表的文章《有一天,我回忆起了……》以及与他的对话,还有吉尔贝·费雷罗、埃内斯特·迪和其他中学同学的回忆。

② 有人说某些学生很傲慢地看待加缪,仅因为他来自贝尔库,但他的中学老师伊夫·布儒瓦则认为可能性不大,因为他发现那些半寄宿生通常是小商人和小公务员的孩子,而全寄宿的学生则来自内地的较低层次的中产阶级家庭。

在中学最初的几年里,贝贝尔(还在称贝贝尔)在同学们的眼里是一个悠闲的、大多数科目成绩都一般的学生,但他的法语特别棒。他很活跃,是个好同学。他口袋里的零用钱要比大多数朋友都少,但在中学里,这种差异关系不大。也许他很少换外套。他没有大衣,但他的风雨衣很适合阿尔及尔的气候。① 1924 年 10 月进入中学以后,他在学校吃午饭;他选择了 A 类课程,此类课程中法语和拉丁文为主修课,家里人听说(据阿尔贝哥哥说)阿尔贝想成为一名小学教师,这对一名出身低微的孩子来说,是传统型的读书(A 类)路,先成为一名小学教员,这是很常见的。

每个班级有 30 至 40 名学生,上课时间为上午 8 点至 12 点,下午 2 点至 4 点。② 成年以后,加缪曾向一名记者说,他是在中学学的拉丁文,但他烦透了西赛罗和维吉尔("烦透了!"),同时他也学了英语。他还自学了西班牙语,但学得不多。

有关他在中学时期的资料很少,其中有一张标着 1928 年 11 月 26 日的纸条,上面注着那一学年初期他品行优良、学业优秀。从那时起,每逢暑假,他开始干活,不再陪同学一起去海滩嬉戏。他的外祖母曾让他谎报年龄,这样他就能去一家五金作坊打工,如此,我们可以把《第一个人》中叙述的雅克·高梅里的暑期安排作为传记资料。加缪后来回忆说,这些季节性的打工包括在一家船舶经纪人那儿的实习,以及在一家汽车零配件商店的实习。③ 同一时期,他的哥哥吕西安正式在他父亲工作过的于勒·里可姆父子公司工作。

当阿尔贝·加缪成了著名作家时,许多回忆都集中在他生活中对

----

① 源自吉尔贝·费雷罗。

② 源自老教师让·多梅尔克。根据加缪向卡尔·A.维基阿尼的讲述,是从上午七点一刻到晚上七点,见载于 1968 年巴黎出版的第 170—174 期《未来的阿尔贝·加缪传记作者的笔记》。加缪如此说,可能是包括了上学路上的时间。

③ 源自维基阿尼。在《第一个人》中,雅克·高梅里是阿迦五金厂(靠近贝尔库)的管理员,后在一个船舶经纪人那里工作。

体育的热爱,多少冲淡了他的作品给人们留下的严肃感。在中学最初几年里,毫无疑问,体育场对他来说是非常重要的,有时比他的学习更重要。他1930年以前结交的大多数朋友都还记得,他是个好运动伙伴,而他本人只记得有一个朋友是在运动场外认识的。

然而,与同龄人相比,他长得矮小了一点。有一个同窗几乎是亲切地对他描写道:"一个三角小脸蛋,像杏仁似的两只大眼睛,长着两个调皮的小酒窝,一张爱开玩笑的嘴巴。"①课间休息时,他们分成人数差不多的两队,把一个大的回力球当作足球来踢。放学后,他们正规地分成两个队,每队十一人,从4点踢到5点。阿尔贝当守门员,有时也踢中锋,常常由他引导全队的传球。

和他一起踢球的同学埃内斯特·迪亚记得,阿尔贝短传和带球非常灵活。后来两人都进了阿尔及尔大学的拉辛青年队,属于阿尔及利亚大学学生委员会体育部。在队里,阿尔贝当守门员,他们在里昂大街尽头与埃塞花园相邻的体育场里踢球。阿尔及尔伽利略体育队,一支街区球队,也在那里踢球。体育场里除了足球场以外,还有训练用的游泳池和水泥浇灌的自行车赛道,有时,法国自行车赛的冠军也来这里训练。②

是足球让阿尔贝如痴如醉。他踢得很好,而且非常勇猛。他在对手的脚下铲球,因而常常负伤。毫无疑问,他在为成为主力队员而努力。③ 二十五年后,在为一本老同学的体育杂志撰写的回忆文章中,加缪认为他本该在1928年就进入拉辛青年队。此前他加入了阿斯姆队,"天知道为什么,因为我住在贝尔库,而贝尔库-穆斯塔法的球队是伽利略队"。是一个常和他一起去港湾游泳的好友说服他加入了阿斯

---

① 雅克·厄尔贡在座谈时引用了这段描述,并提供了原文。

② 源自伊夫·杜瓦永。

③ 源自吉尔贝·费雷罗。

加缪和他的足球队友，大概摄于1930年（照片由法国罗杰－维奥莱摄影事务所提供）

左侧合影中的加缪特写

姆队。"生活就是这么回事。"阿斯姆队一般都在练兵场踢球。

我很快就明白了球从不会从你料想的地方传来。这对我的生活是很有帮助的,尤其是在法国,不是人人都正直的。在阿斯姆踢了一年球后,伤痕累累,但中学同学们取笑我。一个"大学里的人"应该在青年拉辛队踢球。

他们每周四训练,每周日比赛;在没有训练,也没有比赛的时候,只要时间许可,他们就去游泳。阿尔贝非常喜欢他的球队,"这是为了胜利的喜悦,经过努力从疲劳中爆发出来的喜悦是多么的美妙,但也为了失败之夜愚蠢地想哭"。他的队友之一——雷蒙·古阿后来成了职业球员。应该遵守游戏规则,不过也应该"像男子汉一样踢,因为男人终究是男人"。加缪描写过一场冲撞激烈的球赛,这场比赛在一个与墓地毗邻的球场进行;球员们被要求毫不留情地直接压到前场。对方球员"整个身子压在我身上,钉鞋蹬在胫骨上,拉住我的球衣,膝盖顶住我的裤裆,把我挤压在球门柱上……",然而,他这么总结"布道":

经过多年在大千世界看到的许许多多的表演以后,我最终对人类道德和义务所知道的最肯定的东西,应该归功于体育,是青年拉辛队让我学到了这一切。①

当他的朋友夏尔·蓬塞后来问他,如果身体条件许可,让他在足球和戏剧两者中做个选择,会选择哪个,他回答道:"毫无疑问,足球。"蓬塞记得,一个星期天的上午,他看见朋友加缪像往常一样衣冠楚楚,

————————

① 《青年拉辛队简报》,1953 年 4 月 15 日。换言之,是一个"属于"阿尔及尔大学队的中学生。当时也是中学生的罗贝尔·若索回忆说,球队每天午饭后也在校园里训练。他还回忆道球场不是光滑的草地,而是高低不平布满石块的场地。

从政治集会地出来,"推着"旧的打蜡箱在人行道上走。①

显然,他是该进青年拉辛队的,因为在加缪和他中学同学的眼里,拉辛队就是英雄集聚之地。

课堂的学习同时开阔了他的视野。在 1928—1929 年那个时期,他本可以认识比他大六个月、佩蒂中学来的学生马克斯-波尔·富歇,富歇后来成了随笔作家、诗人、艺术史家,一度还是电视名人。马克斯-波尔·富歇是这所中学和这一代人中后来唯一成为全国有名的学生。他祖籍诺曼底,移居阿尔及尔后很快在中学里崭露头角,上大学后仍然拔尖。他在大学期间加入了校外的青年建筑师、艺术家协会,他们后来与来自法国、比他们略年长的一群大学教授联合,形成了战前阿尔及尔文化圈的核心。如果说富歇直到 1930 年都没有真正认识加缪,那么在那个年代他们至少有过一次非常重要的相遇。

为了庆祝征服阿尔及利亚一百周年,法国移民组织了一系列活动。一天,富歇在朋友家的阳台上观看百年庆祝游行活动,他发现加缪也在观看,身旁是一位非常漂亮的女孩。四年以后,当加缪从富歇那儿夺走西蒙娜·伊埃,并娶她为妻后,阿尔及尔青年文化圈里两个最杰出的成员永远断绝了往来。

那一年,还有个可谓失之交臂的相遇:阿尔贝·加缪十六岁时(1929 年 12 月)第一次阅读了安德烈·纪德的作品。那时,他的姨夫居斯塔夫·阿库(安托瓦妮特·桑代斯的丈夫)雇他为助手。居斯塔夫姨夫是个肉店老板,但他更喜欢读书而不是切肉。有时他会拿些书给外甥看。有一天,他给了阿尔贝一本叫《地粮》的小说,认为他一定会感兴趣。

然而,那时的阿尔贝还不懂得去品味对大自然壮丽的艺术描写,虽然他对周围的自然景色赞叹不已:在阿尔及尔,一个十六岁的少年已经领略了许多自然美景。他把书还给了姨夫,说这书很有意思。然后又回到海滩上,回到那些无意义的闲书中,"回到了属于我的艰苦生活中。

---

① 夏尔·蓬塞《加缪在阿尔及尔》,《西蒙风》,第 32 期。

约会错过了"(《安德烈·纪德的机缘》)。要等一年以后,一位新教师的
到来,或许还有他生活中受到的惊吓,才使得这个中学生转向了文学。

1929—1930学年,他高中二年级,已在准备高中会考的第一部分
内容。但他仍有时间读书和进行体育活动。事实上,我们找到的有关
他这一时期的材料,只有大学青年拉辛队的简报,简报每周二出一期,
对周日的比赛作评论、分析。因而我们知道阿尔贝·加缪1930年几
乎一直在拉辛队踢球,而他的球队几乎每场都输。("球太滑了,在捉
弄加缪。"1928年2月18日《拉辛队简报》。)然而,简报中常常提到他,
说他是球队的最佳球员之一。3月20日,他没在拉辛队踢球,而是在
他中学的球队踢,这次他所在的球队赢了。"除守门员加缪以外,学校
最好的球员还有尼姆、克莱蒙、布朗卡、贝拉依、阿拉。"暑假结束以后,
他在青年队的表现得到了《拉辛队简报》(10月28日)的赞扬:"场上表
现最好的是加缪,他只是在混乱中倒地后被攻入一球。"青年拉辛队终
于赢球了。对手是米堤夹西部联队,他们的唯一进球"是裁判的失误造
成的。在其余时间里,加缪守得很好"《拉辛队简报》1930年12月2日)。

我们之所以不厌其烦地引述一份普通大学生报的报导,不仅是因
为这些报导是加缪在中学时期唯一的实证材料,而且更重要的是这些
报导提供了无可辩驳的证据,表明此时他没有生病。迄今为止,他生
病的具体时间不详(参阅加缪作品授权版)。然而,确切的患病日期是
很重要的,因为在受到第一次肺结核病的打击之后,加缪的态度和活
动都发生了变化,借助《拉辛队简报》对赛事的报导,我们可以肯定地
说,加缪是在1930年12月至1931年1月中旬之间出现肺结核病状
的。我们在1月20日和2月10日的报导中读到,年轻的门将加缪缺
阵,他生病了。[①]

---

① 我获得的这些信息和资料应该归功于路易·拉塔亚德大夫,他是加缪在青年拉辛队时的队
友。在一次偶遇老朋友罗贝尔·富热尔时,他把老朋友保存的球队的全部简报复印后给了我。加缪
本人曾告知卡尔·维基阿尼他的病状是从1930年12月开始的(源自维基阿尼)。

在此以前,1930 年 10 月,他刚进入高二高班(或哲学班),开始准备会考的第二部分。哲学课的老师是让·格勒尼埃。当时格勒尼埃三十二岁,9 月底刚从法国来到阿尔及利亚。在上一学年中,他在阿尔比教书。格勒尼埃的青少年时期是在布列塔尼的圣布里厄附近的母亲家度过的。(他的祖父因反对拿破仑二世被关进过监狱,他带着儿子——其中一个是让·格勒尼埃的父亲——去了美国,在新奥尔良教法语,过着拮据的生活。)让·格勒尼埃一生从事教育,同时也搞一些文学创作。他曾在巴黎著名的伽利玛出版社短暂工作过一段时间,在那儿他遇见了玛丽,后来成了他的妻子。自那时起,他一直与《新法兰西杂志》的编辑保持着联系,他在三十年代经常在《新法兰西杂志》上发表文章。他到阿尔及利亚之前发表的文章没什么影响力(如在贝尔纳·格拉塞主编的《随笔集》中的小文章,在这本集子中还有一位年轻的作者——安德烈·马尔罗)。但在 1930 年,他的名字四次在《新法兰西杂志》上出现(5 月份的一篇《当主现身的时候……》是关于普罗旺斯的,另一篇是印度随笔,从 6 月份起分三次发表)。

到阿尔及尔上课以后,格勒尼埃开始撰写并发表个人哲学小论文,文中流露出了他对地中海生活的热爱,这些文章使他声名鹊起,同时也启发、激励了他的学生阿尔贝·加缪。对加缪和他的同班同学来说,这位普通教师就像一条沟通他们与书籍、与阿尔及利亚外部世界的强有力的思想纽带。他知识丰富,但没有傲气,属于世俗的耶稣会一类人。毫无疑问,他是加缪认识的最杰出的老师。

格勒尼埃第一次走进教室时,发现有个学生"肩膀宽大,眼睛有神,富有个性"。直觉告诉他,加缪是个有意思的学生。他对加缪说:"你坐到第一排来,和调皮捣蛋的坐在一起!"①是不是因为这个青年人像是"天生的不守纪律"? 第一堂课结束回到家里,格勒尼埃告诉妻子,

---

① 《费加罗文学报》,1957 年 10 月 16 日。

让·格勒尼埃，加缪的良师益友，大概 1926 年摄于那不勒斯
（源自伽利玛出版社 1982 年版《加缪相册》）

班上有个非常有前途的学生。①

在阿尔贝的病症尚不明显时,他的家人已经注意到他有点不对劲。上一个暑假,阿库夫妇带他们的外甥到阿尔及尔北面十三公里的圣·克鲁海滨度假。他们注意到阿尔贝咳得很厉害。有一天,他甚至晕了过去。

那一年的冬天,外祖母卡特莉娜·桑代斯一天陪着外孙急匆匆地赶到阿库家,他家在阿尔及尔市中心(朗格多克路 3 号,离肉店不远)。她惊恐地告诉他们阿尔贝咳嗽咳出了血,"吐血了",而且已经有两天。阿库请来了他们的医生,这医生同时也是为国家抚养的战争孤儿看病的医生。阿库对医生说阿尔贝是战争孤儿,他有权享受医院的免费治疗。于是他被送进了穆斯塔法医院。院中的病人几乎全是穆斯林。住院的日子使他害怕,他恳求阿库夫妇把他带去他们家。一位专家发现他右肺部有结核,对居斯塔夫·阿库说道:"只有你才能救活这个小男孩。"

他的意思是说,阿库家富有,他们家要比里昂大街阿尔贝的家条件好,肉店老板阿库有经济能力让他的外甥多吃点肉。那时候,人们认为多吃肉有助于肺结核病人的康复。当然,家庭医生建议给他增加营养。同时他强调,阿尔贝必须多休息,吃饭时不准看书。小男孩嘀咕道:"如果病不好,我将来做什么呢?"②

他刚满十七岁。在此之前,他的世界就是和小伙伴们一起踢球,游泳,在城里溜达。他所熟悉的生活似乎就要结束了,而他的人生才刚开始。

---

① 源自让·格勒尼埃和其妻子,《阿尔贝·加缪》,巴黎,1968 年。

② 源自安托瓦妮特·阿库。加缪不久后告诉维基阿尼他只是在接受气胸手术(手术不算大)时才住的院(源自维基阿尼)。根据他阿姨安托瓦妮特的说法,他在穆斯塔法医院只住了一两天。而加缪本人则向维基阿尼讲述道他在住院期间阅读了斯多葛派哲学家爱比克泰德的谈话录,帮助他"站立起来"了。

在他后来的手记《贫民区医院》里,年轻的作家试图为他在穆斯塔法医院的生活找到意义。这篇叙事短篇,交错着希望——或更确切地说,是对希望的讽刺——和失望。一位病人说:"病来如山倒,病去如抽丝。"他回答道:"是的,这是富贵病。"这一短篇的部分内容后来重现于小说《幸福的死亡》的草稿中。小说主人公默尔索,《局外人》的原型,最终死于胸膜炎。从第一章开始,默尔索打颤,打喷嚏,显现出最初的症状。"第三个喷嚏使他抖了起来,他感到一种寒热。"

当时普遍认为肺结核和胸膜炎这两种传染病的起因是受凉。加缪的好几位朋友都认为他的病是一场大雨中的比赛造成的,或是他守门时受到冲撞引起的。一位同学回忆道:"一天在阿尔及尔体育场,守门员阿尔贝·加缪用胸部封堵对方前卫的射门,之后晕倒在球门前。"[①]实际上,肺结核绝不可能因着凉或激烈运动而染上,但完全可能由此引发,也可能是生活条件、营养不良而引起的。[②]

在 1930 年,治疗这一疾病没有特效药。给病人的唯一治疗就是做人工气胸,即往胸膜腔内注气,压迫肺部,使结核处固定,令其结疤。第一次在胸膜腔内注气以后,大概每隔十二或十四天再注一次气,疗程期限不定。在加缪的生命里程中,他做过多次人工气胸。1942 年,当他的另一叶肺也得结核时,他只得再一次接受定期的胸膜腔内注气治疗,因为那时仍没有治疗肺结核的好办法。1940 年,在每 10 万法国人中,就有 140 人死于肺结核。自塞尔曼·瓦格斯曼发现链霉素以后(链霉素是一种在治疗中广泛使用的抗菌素),死亡率很快降了下来:1957 年为 10 万比 27,1960 年加缪逝世的那一年为 10 万比 22。在他生命的大部分时间里,他没能享受到医学上的这一新发现。唯有在生

---

① 源自与雅克·厄尔贡的座谈。

② 加缪本人曾告诉维基厄尼,他的肺结核是因为"运动过量、疲劳和在阳光下暴晒"造成的(源自维基厄尼)。罗贝尔·若索则认为,加缪的第一次咯血是他在去体育场的路上,为赶上停靠在阿迦站的有轨电车,在米什莱大街狂奔时发生的。

命的最后十年里,他才得到了新方法的治疗,但他的肺已经糟透了。

1931 年,似乎一切都完了。

让·格勒尼埃老师注意到坐在第一排的"调皮鬼学生"没来上课。他询问后才知道加缪生病了。也许在那个年代,没有老师去看望学生这样的事情,但格勒尼埃决定去看望加缪。在一名学生的陪同下,他叫了辆出租车来到了地处阿尔及尔另一端的贝尔库。加缪待在里昂大街的屋子里(这与小说中的说法相矛盾,小说中说他出院以后就住在阿库家)。格勒尼埃和与他同去的学生感到自己是擅入者,从某种意义上讲,他们确实是擅入者,因为加缪才刚刚认识这位仅给他上过几星期课的老师。他向他们问了声好,随后只言片语地回答了老师的提问。格勒尼埃后来对加缪的这种冷漠反应解释为是青少年的自尊、腼腆,以及不希望因为自己的健康问题而打扰到别人。

不论真正的原因是什么,老师离开他家时感到生病的学生拒绝了他的好意。十年以后,加缪写信给格勒尼埃,解释他当时缄默的原因,以及由此产生的距离感,"也许可以这么说,你代表的是社会。但是你来了我家,从那天起,我感觉到我并非如我想象得那么贫穷"。他的敌意不是针对格勒尼埃个人的。再后来,加缪在忆及格勒尼埃的来访时解释道,当时他无法表达他内心的情感,他们间的年龄差异太大了。[1]

根据他的试笔作《是与否之间》的说法,在所有人当中,最镇静的是他母亲:

> 当出现症状、痰中大量带血时,她没有惊慌;当然她也显出一点担心——一种正常人对家人患头痛的担心。

---

[1] 让·格勒尼埃《阿尔贝·加缪》,巴黎,1968 年。5 年后来到同一座中学任教的伊夫·布儒瓦确认说,在他那个年代,老师们一般不会去看望生病的学生(但他们鼓励学生去看望)。格勒尼埃去看望加缪,折射出他对这个学生的关注,也体现出他的平易近人。

　　她去阿库家看望他,但坐在那里一言不发;母子俩都尽力找话说,却不知道说什么好。小伙子后来才知道,母亲为他的病哭泣过。她知道这种疾病的严重性,但保持着"令人吃惊的无动于衷"的外表。事实上,他们俩分担着这种无动于衷;他们之间的眷顾远比表面的冷漠要深得多。阿尔贝的哥哥记得,他母亲第一次知道他咯血,吐得小木盆里满是血时,曾惊恐万分。1931年,吕西安退役回家,阿尔贝已重新回到了里昂大街(在病初的几周里,他住在阿库家)。吕西安几乎认不出坐在饭厅里看书的就是他弟弟。阿尔贝很少与吕西安说话,似乎很悲伤。据吕西安说,阿尔贝在里昂大街一直住到秋天,随后吕西安结婚搬出去住了,阿尔贝去了阿库家。①

　　肺结核会置他于死地么？加缪对他姨夫居斯塔夫明确地表示:"我不想死。"②在《是与否之间》的草稿中,他以第三人称叙述他自己:"医生在他病情最严重时婉转地宣判了他的死刑。他对此没有任何怀疑。此外,对死亡的恐惧始终萦绕在他脑海中。"这并不奇怪,在新药出现以前,肺结核病人的成活期为两至三年。人工气胸治疗肺结核的成功率当时约为70%。③

　　在《是与否之间》的最终版本中,个人忏悔色彩过浓的部分被删去了。他没有对此作进一步的阐述,在他后来的作品中也未提及。马克斯-波尔·富歇也患过肺结核,有一次他们一起去看电影,他看见了加缪咯血。后来加缪说,他把肺结核看作纯粹的形而上的疾病。"只要有意愿,病就会好。"富歇和他的朋友们在病痛中发现哲学共鸣,并在托马斯·曼的《魔山》中找到了印证,书中的主角,也是叙述者,对疾病表露出病态的迷恋。因为疾病把病人推向死亡,也使病人更贴近生

---

　　①　源自吕西安·加缪。

　　②　源自吕西安·加缪。

　　③　乔治·布鲁埃大夫是治疗肺结核病的专家,从加缪到巴黎,直至法国解放,他一直在为加缪治疗。加缪曾告诉维基阿尼,他真正对死亡产生恐惧是在他咯血后,他在医生的脸上看到了同样的恐惧。

活——它给了病人写作的时间。①

就这样，肺结核困扰了阿尔贝·加缪的一生。他因此没有考取教师任职资格——不然的话，他应该能获得的——和在第二次世界大战期间被免除服兵役（从总体上说，这两件事并没有造成完全消极的后果）。由于发病及必要的长时间疗养，他始终被迫约束自己的生活，不得不放弃旅游或其他活动。自那时起，即使他没有流露，但当他看到别人在踢球、在太阳底下奔跑时，苦涩的心情始终在他心中驱之不散，因为他也曾经和这些人一样。他在作品中，用反话表现这种心情。

---

① 源自马克斯-波尔·富歇。许多年后，加缪也曾对朋友让·布洛克-米歇尔说过，肺结核是一种形而上的疾病，因为病者不知道自己已经染恙。

第五章

觉 醒

> "贫穷的童年"。当我去姨夫家时感到本质的区别,
> 就是我们家的物品没有名字;我们说:汤碟、壁炉上的水
> 罐,等等。而姨夫家则不同:孚日山红土罐、坎贝尔的餐
> 具,等等。——我认识到了"选择"。
>
> ——《手记之二》

　　自加缪被迫进行长期的疗养后,他就有时间去读书,去思考;在姨
夫的陪伴下,他在新的环境中受到了许多激励。他的姨夫尽管有许多
缺点,但仍不失为一个爱思考的人。加缪将经历一场起步缓慢的地区
文学运动——法属阿尔及利亚文学,亦称"地中海"文学。这是一场围
绕《新法兰西杂志》展开,在有影响力的文学大家,如安德烈·纪德、亨
利·德·蒙特朗等对北非事务的关心下掀起的文学运动。加缪的老
师让·格勒尼埃一如既往关注加谬在大学里的学习,无疑他是加缪变
化的催化剂;格勒尼埃一直收到巴黎寄来的新书、最新的文学杂志,他
从那里汲取新思想。不管怎样,格勒尼埃也帮助加缪初涉政治。在风
起云涌的 30 年代,法裔阿尔及利亚人很快意识到在欧洲大陆发生的
一切将会影响到他们。

　　1931 年,居斯塔夫·阿库四十六岁,一副显贵的样子。所有的证
人说法都一样:他走路步伐端庄,如同在阅兵。他瘦高个子,鼻子挺

拔，八字胡，在战前的阿尔及尔，像他这样的人物逃不过人们的眼睛。他不仅是城里最好的肉铺的老板，也是咖啡馆众所周知的常客。在市中心热闹的米什莱大街（后改名为迪多夫·莫拉路）他肉铺对面的"文艺复兴"啤酒店，他倚桌而坐，不时喝上一口茴香酒，谈论着政治和文学；这在两次大战间的法国，常常是人们谈论的唯一主题。或者他和朋友们一起玩扑克牌，而他的妻子安托瓦妮特，阿尔贝·加缪的阿姨，肩上披着条披肩，头发盘成发髻，却在店里照料生意。阿库从不叫他妻子安托瓦妮特，以致人们只知道她叫"加比"。

在咖啡馆，在街上，甚至在他的肉店里，居斯塔夫·阿库始终戴着红色的方围巾，脚穿白色丝袜，身着熨得很好的有考究的蓝色条纹的肉店工作服。（据他外甥说）他在工作服上洒了几滴牛血以示情怀。一言以蔽之——如加缪当时的一位好友所说——他活脱是个从热内·克莱尔的电影里走出来的肉店老板。[①]他的外甥后来叙述道："他上午在肉店卖肉，其他时间就在书房里读书看报，或者在附近的咖啡馆与人没完没了地讨论。"[②]如果他的一个粉丝当年所说的是实话，那么在与之同桌讨论的人群中，还有附近阿尔及尔大学的校长和著名的教授。

阿库出生在里昂的郊区圣-吉尼-拉瓦勒，一个工业地区。在那儿，人们崇尚美食（他最喜欢吃的菜是里昂干红肠）。他与母亲和继父（肉店老板）移居到了阿尔及尔，在那儿他认识了安托瓦妮特·桑代斯。他回里昂去找工作时，她随着一起去了。他成了推销员，她陪他驾着马车四处奔波。在第一次世界大战期间，阿库由于体检不合格，没被编入作战部队。他白天在军队辅助部门服役，晚上则在巴黎一家

---

① 有关阿库一家人的详情来自皮埃尔-安德烈·埃梅里、让·德·迈松瑟勒、路易·米凯尔、吕西安·加缪和路易·贝尼斯蒂的讲述，以及上述的让·格勒尼埃的著作（《阿尔贝·加缪》）和马克斯-波尔·富歇的著作（《有一天，我回忆起了……》）；当然，还有来自阿库的遗孀，安托瓦妮特·阿库的讲述。

② 《与安德烈·纪德相遇》，《新法兰西杂志》，1931 年 11 月号，重载于《随笔集》。

大食品公司工作。他的任务是斩肉,他从未干过这种活。不久,他荣获了最佳摊位陈设奖,用行话说就是"顶级"奖,这使他从地窖走上了柜台。他每天用半天的时间学习肉的分切。无论如何,他最终还是穿上了军装。1917 年 7 月,他娶安托瓦妮特为妻,举行的是部队集体婚礼。战后,他们回到阿尔及尔,在米什莱大街开了爿肉铺。①

他曾试图说服他的外甥学他这一行,他告诉他,这是一个不累但赚钱容易的行当,这样他就可以有能力继续从事写作。他对他说:"我用一星期的时间教会你肉铺的活,你可以挣到很多钱,这样你就可以随意去写东西。"②

加缪告诉让·格勒尼埃,他的姨夫阿库是个好战的无政府主义者,当然他看起来像人见人爱的不墨守成规的人。他心爱的作家是阿纳托尔·法朗士,藏有法朗士的全集。他以熟知 19 世纪的社会名人而出名,如夏尔·傅立叶、维克多·雨果、埃弥尔·左拉。他也会引用保罗·瓦勒里或保皇党人夏尔·莫拉的文字和话语。他阅读《法兰西行动日报》。阿库的顾客很喜欢听他高谈阔论,加缪的年轻伙伴们也爱听,他们中有不少人至今仍清晰地记得当时的情形。

阿库一家住在朗格多克路 3 号中二楼的套房里,离肉店很近。尽管是一幢楼房,但外形完全像栋别墅。进门处很宽敞,套房内有四间房间,后面还有个花园。在阿库家的那几年里,阿尔贝·加缪住在一间临街的、宽敞舒适的房间。屋子里光线不好,但他可以在花园里的柠檬树下看书。此外,多亏"英国"肉店——他姨夫自己起的名字,暗示他只出售最好的进口产品——使他可以吃上他身体所需的大块牛排,而那时在阿尔及尔好牛肉是稀罕之物。他的舅舅肯定也给了他许多钱用来买书、买衣服还有娱乐。当然,周末他跟阿库夫妇一起外出,

---

①　源自安托瓦妮特·阿库。我要感谢布朗什·帕兰,是她事先联络了阿库夫人,促成了我的采访;在我的要求下,她又返回原地再做采访,为我带来了详细的资讯。

②　源自让·德·迈松瑟勒。

假期长一点时,也跟着去度假。居斯塔夫·阿库为他的外甥骄傲,很乐意跟顾客提他的外甥。

毫无疑问,年轻的加缪得到了这对没有孩子的夫妇的精心照顾,如果不说被宠坏的话。加缪受到多才多艺的肉店老板的鼓励,得到意志坚强的阿姨的悉心照料,在可能是最好的环境里渐渐康复。他定期去医院做人工气胸。从朗格多克路走到他中学的路程比原先缩短了一半;而阿尔及尔大学则就在路口的拐角处。

自那以后,他复学了。他在高二留了一级,这使得他有更多的时间和让·格勒尼埃接触。加缪已经不可能参加拉辛队的比赛,但他仍然是个忠实的观众。阿尔贝少有的爱好之一就是摆弄他的装束。这无疑是受了他亮眼的姨夫的影响,也得到了他的资助,加缪始终衣着得体,成了讲究穿着的人。马克斯-波尔·富歇,这个法国的法国人,从他同学加缪的派头中看到了"高大上的阿尔及尔人"①。当富歇把加缪介绍给让·德·迈松瑟勒时,后者发现这个诺曼底的年轻诗人有点冷傲。富歇提醒他道:"你得知道,这是个拿一等奖学金的料。"尽管富歇语气嘲讽,但迈松瑟勒仍一下子被加缪迷住了。加缪的穿着确实讲究。他穿着白衬衫、白袜子(受他姨夫的影响),戴着一顶宽边毡帽。那是 1932 年,他们都还不满十九岁。② 至于加缪的说话方式,各种考证材料说法不一。富歇原籍诺曼底,他当然记得加缪的口头表达方式是典型的阿尔及利亚欧洲侨民式的,元音有点变音,夹杂着许多当地方言,像意大利式的唱歌。迈松瑟勒是阿尔及利亚大家族的后代,他确认加缪说话时没有这种口音,尽管他能带着欧洲侨民的口音说着玩。听加缪最后十年的讲话录音,人们可以发现,无论他的口音怎样转换,加缪从来没有丢掉阿尔及利亚法国人的口音,而他也可以惟妙惟肖地模仿欧洲侨民的说话方式。

---

① 马克斯-波尔·富歇《有一天,我回忆起了……》。
② 源自让·德·迈松瑟勒。

迈松瑟勒还注意到,他新朋友的举止格外优雅、自如,时不时带有一丝嘲讽,当然,还有一种温存:"眼神中的惊奇难以掩饰,嘴角流露出的一丝嘲讽,眼中闪着亮光,有时,还有一种忧郁的伤感,尽管他可以表现出十分快乐的样子。谈笑风生,不乏诙谐。这种魅力感染着所有初次与他认识的人……"人们记得他也是个非常腼腆的人,和朋友单独相处时,他会显得谦逊,这使敏感的年轻人迈松瑟勒很感动,因为他不是不知道加缪的傲气。

然而,友谊有时需要征服。路易·贝尼斯蒂,原先是个珠宝工人,后来成为雕塑家,他认为加缪有时很过分。他们圈子里的艺术家没有加缪那种知识分子的文雅,而加缪让他们知道了这一点。有一天,贝尼斯蒂——这个自学成才,且比圈里的其他人大十来岁的雕塑家回敬加缪道:"我们都在尽力,而你为什么总是嘲笑人?"加缪的脸白了,自那以后,他们俩成了挚友。

往事历历在目:1931 年 9 月,当年贝尔库的老同学路易·帕热斯在路上偶遇加缪,见他一身白色装束,甚至系的领带也是白色的。这是为了表达对意大利作家邓南遮的敬意。对路易·贝尼斯蒂来说,加缪是在模仿安德烈·纪德的《梵蒂冈的地窖》中英俊潇洒的主角拉夫卡迪奥。[①]

在马克斯-波尔·富歇和加缪的带头下,他们经常聚在一起无休止地讨论问题,地点往往是卡斯巴中心一家位于十字路口的叫弗洛芒丹的咖啡馆。据说 19 世纪时,画家欧也尼·德拉克洛瓦也是这家咖啡馆的常客;后来,他们的文化英雄安德烈·纪德来阿尔及尔时,也必到此地。他们喝着薄荷茶,而对面小清真寺尖塔上会传来穆安津呼唤信徒做祈祷的召唤声。富歇注意到祈祷声特别能打动加缪,因为他那时正在阅读一些神秘主义的书,如鲁斯布劳、圣泰雷兹·达维拉的书,

①   我们猜测到在《第一个人》中,阿尔贝/雅克在去居斯塔夫·阿库家之前,就已经是一个因为身着奇装异服而受到同辈人讥讽的花花公子。让·萨洛基《阿尔贝·加缪作品中的寻父主题》。

还有，在格勒尼埃的影响下，他还在读《薄伽梵歌》。

　　星期天的早晨，他们也会搭乘公交车，一路颠簸去山上的村庄布扎海，他们高兴地得知布扎海意为"空中之吻"。然后，他们往回走，沿着蜿蜒的下山路来到海边。他们沿途经过一个老墓区，加缪每次都会进去看看那些墓碑，它们是一个世纪以来西班牙、马耳他和法国占领阿尔及利亚的见证。一天，加缪喊大家来看一群从坟墓里爬出来的蚂蚁，结果成了众人的笑柄。再往前，有一家马耳他人开的小酒馆。他们在那吃地中海香肠，喝烈性酒。

　　有一次，他们从布扎海往山下走，看见了一起车祸。一个穆斯林孩子被一辆公交车撞了，似乎处于昏迷状态。他们看到密密麻麻的围观人群，听到他们在用阿拉伯语哀悼。离开事发地，加缪面对蓝色的大海，朝天竖起一根手指，说道："你瞧，他没有作声。"富歇坚信加缪不反对宗教，但他感到当人面对痛苦和死亡时，孤单地面对默默无语的苍天，这是无法容忍的。[①]

　　加缪、富歇、迈松瑟勒、贝尼斯蒂、路易·米凯尔，他们从此形成了一个小团体（米凯尔研读建筑学，祖先是迁移到奥兰的西班牙人，是国籍为阿尔及利亚的第五代西班牙后裔。他曾在勒·科尔比西耶建筑设计所工作。在迈松瑟勒引荐下，他在富歇家里认识了加缪）。只有爱思考的人才参加这类远足。但他们也经常结伴去看牛仔片或恐怖片，一起泡在巴帕·艾尔-裘德的小酒吧里，或卡斯巴高坡下方的水手街道五花八门的小酒馆里。花三十五生丁，他们就可以喝上一杯茴香酒，还有鹰嘴豆、花生、炸薯条、烤鱼、橄榄拼盘。他们特别喜欢"贫民窟"酒吧。在这间昏暗的小酒吧里，墙上画着断头台，吊着一个人体骨骼，躯干蒙着一大块布。当人们掀开布时，就会弹出一个巨大的阳具。"贫民窟"酒吧的矮个老板高可，用阳具状的容器向客人们洒水。加缪与高可相处得很好，加缪建议他给酒吧改个名字，改为"性与死亡之

———————————

　　① 马克斯-波尔·富歇《有一天，我回忆起了……》。

友"。

星期天的下午,他们去巴帕·艾尔-裘德酒吧一带的马他海斯舞厅或本·巴多伐尼舞厅(本·巴多伐尼舞厅是加缪首次业余导演戏剧的地方),舞厅造在沙滩上。他们在舞厅里结识附近卷烟厂的姑娘,尤其是原籍西班牙的姑娘。富歇记得——无疑一半是开玩笑——他们这帮大学生搂着姑娘,感觉就像搂着地中海的无产阶级女神。

加缪倾听街头巷尾人们的讲话,再把听来的有滋有味的话学给朋友听。①

在学校里,他接受的是正规教育,和法国所有的中学一样,根据义务教育的大纲,在期末参加同样的考试。他们所用的《哲学教程》是阿尔芒·居维利埃编的新教材,书中列出了必须知道的大哲学家。加缪在书中读到了叔本华、尼采。② 他还读了陀思妥耶夫斯基的作品,读了《圣经》。马克斯-波尔·富歇记得曾把乔伊斯的《尤利西斯》借给他看了,加缪很欣赏这本书,同时又认为它有点"杂乱"。③ 根据另一种似乎更为可信的说法,把这本书借给加缪阅读的是他的姨夫阿库,后者是阿纳托尔·法朗士和《法兰西行动》的忠实读者。④

格勒尼埃时常收到从巴黎寄来的书和杂志,他与《新法兰西杂志》有着密切的联系,这一切肯定是加缪在中学最后一年受到的最大启示。从格勒尼埃到纪德只有一步之遥。很久以后,当加缪为格勒尼埃的著作《岛屿》再版写序时,他写道,二十岁时他第一次读到这本小书,书对他产生的冲击堪比他阅读《地粮》时感受到的碰撞。(格勒尼埃的《岛屿》出版前,部分文章已在《新法兰西杂志》上发表过。)然而这第二次发现在重要性上是不同的。让·格勒尼埃提出的关于幸福的理念

---

① 马克斯-波尔·富歇《有一天,我回忆起了……》。

② 源自维基阿尼。

③ 源自马克斯-波尔·富歇。在富歇看来,阿尔及尔的公共图书馆里新书不多,但加缪使用的是阿尔及尔国立图书馆更为丰富的资源。

④ 在《阿尔贝·加缪》一书中,让·格勒尼埃如是说。

更适合当时年轻的加缪。像纪德一样,格勒尼埃歌颂地中海的种种美德,这些美德,地中海人不仅理解,而且天天得益。加缪和他的朋友们热爱太阳,但同时觉得还需要些什么。确切地说,需要"摆脱一些我们的物欲……我们粗蛮的幸福"。这不是传道士郑重其事的严肃预言,加缪解释道:

> 我们需要更敏锐的大师,需要一个如同出生在另一岸的人,他应该热爱阳光,热爱健美的躯体,用一种无与伦比的语言告诉我们,这一切的外表是美丽的,但它们是要消亡的,因而必须竭尽全力地去爱。
>
> ——(《岛屿》前言)

格勒尼埃书中有一句话对加缪的影响很大,此话引出的主题后来在他的作品中常有反响。在《克尔格伦岛》中,格勒尼埃写道:"我经常梦想一个人置身于一座陌生城市,一个人,什么也没有。我过着简陋的,甚至穷困的生活。最重要的,我将保密。"

他的学生也为他的另一段无端抛出的评论所动,作者写这一段时就像想到了加缪似的:

> 人们对落在我们身上的许多疾病和意外感到惊讶。这是因为人性,人们厌倦了日常的劳作,只能把疾病当作可怜的躲藏之地,以保存灵魂中仅存的东西。疾病对一个穷人来说,不啻一次旅行,而住院相当于过官殿的生活。

就在这一时期,加缪萌生了写作的念头。《岛屿》坚定了他的决心。他后来讲道,格勒尼埃还借给他一本安德烈·德·黎舒的小说——《痛苦》。他第一次读到一本叙述他所熟知的事情的书:"一位母亲,贫穷,天空下美丽的夜晚。"这本书令人释怀。他是在夜里读这本书的,他领会到,书不仅给予欢乐、消遣,让人躲避现实,它们还能讲出"我倔强的沉默,模糊而又至高无上的痛苦,我周围的独一无二的世界,家人的高尚,他们的不幸,还有我的秘密……"。他终于参透了"创作的世界"(《与安德烈·纪德相遇》)。

也许吧,然而《痛苦》叙述的是一个相当俗套的故事。在第一次世界大战期间,法国军官的遗孀爱上了被安置在村里的德国战俘,她的儿子不情愿地成了见证人。这是一段简短、忧伤的爱情。她的儿子和阿尔贝一样,是由国家抚养的战争孤儿,但只有这一点相似。德龙伯寡妇一点不穷,她和儿子一起生活的地方与贝尔库毫无相像之处。①在这本语调近似于《红色信件》的书中,痛苦源于妒忌和羞愧的情感。在加缪的作品中,很少能找到这本书的痕迹。

相反,格勒尼埃的文章却给了他反思的地带,甚至可谓反思的范式。格勒尼埃在献给他已故朋友的回忆录中(《阿尔贝·加缪》,1968年)坦言道自己在无意间影响了他。因为他在教加缪的同时,也正忙于写自己的作品,如果他碰巧和这个敏感的年轻人交流了自己的梦想,也属无意之举。当然,他时常把最认真的学生邀请到家里来,和他们交谈,借书给他们。当加缪成名后,格勒尼埃向他承认,在他做学生时对他太严格了,把他评定为失败的哲学家,而不是出色的标新立异者。

尽管没留下任何实物,但无疑是从那个时代起,加缪开始写作(不是学校的作文)。他的一个同学乔治·迪迪埃办了一份杂志,取名为《窗外的世界》。在加缪的记忆中,这份杂志的文章都是手写稿。加缪

---

① 参阅安德烈·德·黎舒《痛苦》,巴黎,1930 年。黎舒的父亲死于第一次世界大战,他从小在普罗旺斯由外祖母抚养长大。故事发生在索尔格河流经的沃克吕兹省,这个地区将在加缪的生活中产生举足轻重的影响。我们可以猜测,加缪在这个讲述一位 42 岁寡妇的爱情故事里,看到了他母亲与鱼商的同样的爱情。或许更重要的是黎舒和格勒尼埃这两者间的关系,两人在 1929 年同是设立在卢兰城堡的洛朗-维贝尔基金会的成员。格勒尼埃在 1930 年移居阿尔及尔之前就居住在那里。

高中班级合影中的加缪特写（照片由法国罗杰-维奥莱摄影事务所提供）

曾为杂志写过一篇歌颂飞行员的文章,但文章后来遗失了。[①] 让·格勒尼埃认为这份小杂志是在高一或高二时出现的,即在 1929—1931 年间,或者更晚一些,加缪当时的年龄在 16—18 岁。[②] 我们知道的仅限于此。格勒尼埃把加缪决定当作家的时间定在他获得高中文凭以后,即 1932 年 6 月。有一天,学生与老师在阿尔及尔邮电局附近的街上相遇,加缪问格勒尼埃,是否认为他有写作发表的能力。[③]

让·格勒尼埃很快就对这个年轻人进行了考验。

加缪那强大的外祖母死了。在《反与正》中,他以有力而简约的笔触描写了外祖母最后的日子。在文章中,他把她的病当作了一出戏。可怕的回忆太多了,外孙不允许自己变得温柔。“然而,装病,人们是感觉得到的,外祖母一直到死都在装病。”死亡的情景没对外孙产生什么影响。但在葬礼那天,由于周围的人都在哭泣,他也泪如雨下,尽管他怕自己并非真情流露。

在这篇文章中,外祖母死时,阿尔贝和吕西安都还小,他们仍和母亲住在一起。但这篇文章和其他材料一样,我们不能把他对生活的文学描述作为传记的实证。最好的证据即他们的外祖母死时,他们已不再是小孩子:阿尔贝在肺结核初次发作之后,住在里昂大街。他的哥哥服完兵役也回到了家里,他结婚以后才离开家。外祖母去世应该在 1931 年 5—11 月间。[④]

在中学的最后一年,阿尔贝·加缪要完成会考的第二部分,这时的他已有作品发表了。他从十七岁就开始阅读《新法兰西杂志》,这是他后来在回忆时说的。[⑤] 自那以后,他能写出自己的“新法兰西杂志

---

① 源自维基阿尼。

② 让·格勒尼埃《阿尔贝·加缪》。迪迪埃成为耶稣会会士,1957 年死于车祸。

③ 让·格勒尼埃《阿尔贝·加缪》。

④ 源自吕西安·加缪。

⑤ 源自维基阿尼。

体"文章。发表作文的刊物找到了,是一本名为《南方杂志》的文学艺术月刊。这本月刊如果不说就是由让·格勒尼埃发行的,至少也是他支持的。格勒尼埃感到文章的发表对刚起步的作家来说是种必不可少的鼓舞。这一学年,阿尔贝·加缪的文章分别出现在 3 月、5 月和 6 月的《南方杂志》月刊上。显然,这是课堂上的成果,或者说是源于课堂讨论的成果。格勒尼埃在呈献学生发表的作品时警示道:"这些文章只是草稿。"这些文章现存的唯一手稿是《音乐试验》,最初包括一份提纲和一份书目,这与高年级阶段论文的做法一样。①

1932 年 3 月,他在《南方杂志》发表了第一篇随笔《一个新的魏尔兰》。他用动人的笔触试图说明,诗人富于天真的幻想,应该得到更高的评价。"他忍受着病弱的躯体和忧伤的心灵的煎熬。"当自己做得不好,犯错误时,魏尔兰后悔,他知道。发表在 5 月份的《南方杂志》上的文章《吉昂·利克图斯,一个痛苦的诗人》主题更为鲜明,希望为行吟诗人恢复名誉,利克图斯是《穷人的内心独白》(1897 年)的作者,书中的主角试图用梦境来躲避可悲的处境。年轻的加缪在结尾写道:"此书吸引人的地方就在于穷汉污浊肮脏的生活与天真纯洁的灵魂之间的对比……他保留了孩提时代的信仰……我们不要校正他的幻想。"

6 月,《南方杂志》上又出现了加缪的名字。《世纪哲学》表达了他对亨利·柏格森的新书《道德和宗教的两个来源》的失望,此书理应是作者哲学著作的巅峰,但是加缪认为它未能超越柏格森以前碰到的方法论问题。在同一期杂志里,加缪展示了他的抱负,他的《音乐试验》运用叔本华和尼采的思想,歌颂音乐的精神价值。年轻的加缪摒弃音乐叙述一段故事,传递一个信息的观点,坚持认为:"作为结论,总的来说,真正丰富的、能打动我们也使我们欣赏的是梦幻的音乐,是排除一切理性和分析的音乐。"

---

① 参阅《阿尔贝·加缪　手记之二》的按语,其中有四篇在《南方杂志》月刊中发表的随笔和加缪青年时期其他的文章。

有几件事有必要在此一提。一个是对柏格森的评论文章,这是对一本新书的评论,不是对经典作品的研究(高中生常做的作业)。加缪选择吉昂·利克图斯为研究对象也算另一种离经叛道的做法,因为"二战"前的法国中学教学大纲没有收入(擅长用街头俚语写作的)利克图斯。还有一点要指出的是,格勒尼埃对他的学生(当然对加缪)是很认真的。这在格勒尼埃与马克斯·雅各布的通信中有明显的证据。雅各布集犹太血统、天主教徒的虔诚、画家、诗人于一身,1876 年 7月 12 日生于布列塔尼,但他始终说是 7 月 11 日出生的,因为作为业余的预言家和占星家,他认为 12 这个数字意味着监狱与死亡。他生活在卢瓦尔河畔的圣贝努瓦城,生命中的大部分时间用于祈祷和沉思。1944 年被盖世太保抓住后,被发配到了集中营。他死于集中营,应验了最初的预卜。(法国光复后,当他的遗体运回圣贝努瓦城埋葬时,运柩军车在半道上迷了路,这一情节又与他的诗吻合:"葬礼已在前夜举行,然而旅途差错还需重新进行。")

雅各布是位多产的作家,当格勒尼埃在阿尔及尔教书时,他已十分出名。格勒尼埃与雅各布通信已久,他在信中与他谈到《南方杂志》,希望他为杂志写文章,信中也谈到了他的学生加缪。1932 年夏天,阿尔贝·加缪开始与马克斯·雅各布有信件往来。1932 年 9 月28 日,雅各布给格勒尼埃写道:"我感到加缪是个有前途的青年,他显示出对艺术的热爱,对艺术的热爱完全可以转变成对其他信仰的热爱。"[①]加缪当时才十九岁,离他在法国出版第一本书还有十年时间,但他已经与一位著名的诗人进行文学对话。自那以后,他与当代法国文学生产者们之间的距离不再显得那么遥远。

---

① 马克斯·雅各布《给一位朋友的信》,比利-洛桑,瑞士,1951 年。加缪在 1932 年 8 月 25 日写给格勒尼埃的信中说及了他与马克斯·雅各布的通信。有关雅各布的轶事来自让娜·瓦尔诺的讲述,见 1976 年 7 月 5 日的《费加罗报》。

多亏他"因祸得福的疾病",他读了纪德的《论文集》。他对其中
《爱的妄想》能整段整段地背诵。他告诉让·格勒尼埃,他感到纪德的
《日记》富有"人情味"。他很快读完了纪德的所有作品,于是格勒尼埃
把《追忆似水年华》借给了他。[①]

在中学里,也许是在最后一个学期,加缪加入了一份名叫《伊克达
姆》周刊的编辑团队。这份杂志是由传奇式的民族英雄阿卜杜·埃-
卡德的孙子卡勒德王子于 1919 年创立的,旨在唤起穆斯林的民族意
识。《阿尔及利亚穆斯林的现状》的作者卡勒德当时正被流放。他的
弟子撒代·邓登管理《伊克达姆》,并领导着阿尔及利亚团结运动。杂
志的宗旨在当时很激进,提出穆斯林民众应与欧洲法国移民平等,要
求取消对绝大多数当地人的歧视性的特别立法,要求言论自由、行动
自由,以及组结社团的权利。人们不知道加缪对《伊克达姆》杂志投入
的程度如何,也不知道他与撒代·邓登的关系如何,但这一参与,即便
是短暂的,却仍是引人注目的,因为这是加缪第一次与阿尔及利亚的
穆斯林打交道,体验他们的向往和诉求。[②]

1932—1933 学年对加缪来说是个奇异的"无人地带"。这是一个
处于中学毕业但还未进入大学的时期。在法国本土,要考入巴黎高等
师范学校,须读两年的预科班,即预科一年级和二年级。但在阿尔及
利亚,只有预科一年级,这成了一条死胡同。对学生来说,这一年的学
习是容易的,因为学习的主要内容是哲学,写大量的论文,期末考试是
多余的。那年,加缪认识的两个出色的学生——安德烈·贝拉米什和
克洛德·德·弗雷曼维勒——回到了奥兰,轻松地通过了 6 月份的

---

① 让·格勒尼埃《阿尔贝·加缪》。有必要指出,《新法兰西杂志》当年正在连载格勒尼埃的
《岛屿》。格勒尼埃的一篇有关卢马兰的文章载于 1930 年 5 月号。

② 源自阿马尔·乌茨卡那和伊夫·布儒瓦。后者曾听说加缪好像会面对过卡勒德亲王。

考试。

弗雷曼维勒（他的全名是克洛德·德拉·波瓦·德·弗雷曼维勒）出身于佩皮尼扬的一个贵族世家，父亲是个军官，家族中有多人曾是皇宫里的军官。他读完预科一年级以后，就去了巴黎读大学，但与加缪仍保持着密切的联系。当他回到阿尔及利亚时，他们俩在一起探讨文学和政治。弗雷曼维勒是他们当中第一个加入共产党的，他对留在阿尔及利亚的这个朋友产生不可低估的影响。第二次世界大战以后，他在巴黎当记者，笔名为克洛德·泰里安，后在欧洲一台当编辑兼新闻评论员。他死于 1966 年 1 月。至于贝拉米什，战后，他定居在巴黎从事文学翻译（简·奥斯丁和 D.H.劳伦斯作品的译者）。后在加缪的帮助下，专职为伽利玛出版社做翻译。①

在新学期开始不久，加缪写了一系列散文诗，合并取名为《直觉》（作为遗著发表在《阿尔贝·加缪专刊第 2 号》）。他自己称之为"幻想"。大概在 1932 年 10 月写的简短引言，让人感到诗文内涵所面对的抗拒："如果诗文有时令人气馁，是因为人们不需要它的热情。如果诗文有时显得消极，是因为人们不需要它的肯定。"我们对于抗拒的来源一无所知；或许来自他的朋友，他开始把自己写的东西给他们看。不论怎么说，《直觉》是我们所掌握的加缪的第一篇独立著作。浪漫的口吻，世纪末的笔调，大写的幸福和团结。他在结尾写道："我只知道一件事，即我非常渴望带着激情、带着诚意、带着虔诚奉献我的神秘的灵魂。"

以前和马克斯-波尔·富歇在一起，现在与弗雷曼维勒和贝拉米什在一起——他们都是读者、作者、梦幻家——他们一起在阿尔及尔老城区漫步，在附近的山上远足，或者出入大学生们常去的咖啡馆，对文学的讨论自此进入了一个新的境界。当时手稿传阅大概很普遍。因而，当加缪写了《贝利亚或幻想家》后（文章没有留下来），富歇批评

①　源自安德烈·贝拉米什。

他描写的是一位有逻辑头脑的人，而不是一个幻想家。加缪写了十点反驳意见为他的《贝利亚或幻想家》辩护，这份东西保留了下来。他给富歇这样写道，如果说他作品的主人公富有逻辑性，这是因为用非正统的形式表达深刻的思想给人一种极大的快感。他注意到，纪德通常使用普通的词语来表达他的哲学思辨。此外，他又说道："我把幻想和行动置于逻辑之上。"加缪在结尾部分写道，富歇一方面肯定不喜欢逻辑，一方面又认为作品有逻辑性，他怎能声称喜欢这篇作品？加缪愿意承认他写的这篇文章需要征求更多人的阅读意见。①

与他人的交流、预科一年级的课程以及他与格勒尼埃相处的日益密切（加缪去他家），很快拓展了他的世界。显然，他也在阿尔及尔大学旁听。

在注明 1933 年 4 月的一系列读书笔记中——这部分笔记在《阿尔贝·加缪专刊第 2 号》上发表，他提到了司汤达、埃斯库罗斯的《被缚的普罗米修斯》、雷恩·舍斯托夫、陀思妥耶夫斯基、尼采、格勒尼埃，尤其提到了纪德。这份笔记可被视作加缪的第一本日记，而他真正的日记，就我们所知，是从 1935 年 5 月份开始写的。在 1933 年 4 月的笔记中，他记下了他的初次内省：

> 我过于敏感，感情太容易一发不可收，需要学会克制。我相信我能控制，能用嘲讽、冷漠来掩饰。我应该改变调子。

他在笔记中写道，他刚完成了一篇文章《摩尔人的房子》。文章中，他成功地掩饰了"现实的痛苦"；而这种现实的痛苦只在文章末尾隐约地流露出来。他写《摩尔人的房子》下了苦功，为之自豪，不过在给让·格勒尼埃读之前，他不想重新过目。

他表现出一种个人陈述的风格，这种风格我们在他后来的日记中

---

① 马克斯-波尔·富歇《有一天，我回忆起了……》。

不常发现：

> 当我和 S.C.在城里漫步时，我自我幽默地背诵了一些诗句，说了些琐事，来掩饰太过自然的得意。码头上的太阳闻起来不赖。①

他读了让·格勒尼埃的书（应该是《岛屿》），写道：

> 书的主题是死亡无时不在。我认为格勒尼埃的所见不会改变我的生存方式，但给予我一把刻刀，更彻底地刺入生活的重心。
>
> 我不知道有人竟能使我有如此感受。和他在一起待两小时竟能使我受益匪浅。究竟得益多少，我说得清吗？

《摩尔人的房子》写在学校练习簿上，手稿保存至今，作为遗著出版过。此文描写的是贝尔库附近埃塞花园里一幢阿尔及利亚风格的房子，这幢房子是 1930 年为纪念百年征服建造的。加缪以房子为出发点，引出一系列思考，他把这幢房子写成了一幢"令人激动的房子"。文中对房子和其他参照物的描写融入了作者个人的情感，文笔富有诗意，就像他初期写作时的风格一样，有意识地训练自己自由地运用辞藻。在同一本子里，最后四页写了《勇气》的片断，第一次汲取了青年加缪生活中的真实素材。"他们五个人生活在一起，外祖母、小儿子、大女儿，以及大女儿的两个孩子。"他以此开头，以给人印象深刻的外祖母的突然死亡结尾。这份草稿后来用在了加缪的第一部作品《反与正》中。书里有一篇加缪的代表作，不仅表达了《反与正》的意图，而且

---

① 文中 S.C.是谁呢？应该是西蒙娜·加缪，加缪是在 1934 年 6 月与她结婚的，但在此之前加缪不可能用家姓来称呼她。另一个 S.C.是斯塔沙·克维克兰斯基，是加缪的医生和朋友，加缪在写他的名字时，尾字母 i 被写成 y。

也表达了青年加缪对世界的看法。文章这样开头："你头脑清醒而不乏反讽,会招人厌烦。"

他在结尾写道:

> 这些随笔①是环境的产物……确实,地中海国家是我唯一赖以生存的地方;我热爱生活,热爱阳光;也确实,生活的悲剧始终困扰着人们,与之相连的是最深的沉默。在这个世界和我本人的正与反之间,我拒绝选择……

请注意,他那时刚读完《岛屿》,他在读书笔记中写道:"G(让·格勒尼埃)……给予我一把刻刀,更彻底地刺入生活的重心。"

但是随着思考和成熟,加缪发现格勒尼埃的《岛屿》是荒岛,岛上的人是被遗忘的人,无依无靠地被搁浅在那,没有来自大陆的救助。对他而言,拯救是可能的,它不在于无限,不在于神灵,而在于人的意志。加缪将待在坚固的地面上。②

---

① 就我们所知,当时还没有写。

② 让·格勒尼埃在《阿尔贝·加缪》一书中分析了《岛屿》的哲学表述与加缪作品的差别。

第六章

西蒙娜

> 我牵着女孩的小手，让她坐在我的身边。坐下后，
> 她久久地看着我。在她的眼神里，我们慢慢航行，驶向
> 陌生的大海。
>
> ——放在熟睡妻子边的纸条

所有被采访者对她外表的描绘都是一致的，她五官端正，身体健康，厚实的下巴，突出的颧骨，是个迷人的姑娘。当她行走在大街上，阿尔及尔的年轻人都能认出她，赞美她舞蹈演员般灵巧的体形，棕色的头发，最新潮的服饰——这在当时、当地，特别在白天，是很惹人注目的。有人称她为挑逗者，有人甚至称她为荡妇。她很少穿同一条裙子，而且她在裙子里面不穿其他东西，这在那个时代"确实"是非常特别的。加缪的一位朋友后来承认："我们都有点爱她。"她是大学生族的美女偶像，也是他们的"娜佳"——安德烈·布勒东小说中神秘而又任性的女主角，布勒东小说中女主角的隐退预示了西蒙娜的隐退。[1]

西蒙娜的母亲马尔特·索格雷是个有名望的眼科医生，她生活放荡是出了名的（也许此说法不准确）。西蒙娜的父亲阿希勒早已过世。

---

[1] 有关西蒙娜·伊埃的轶事回忆，源自她的第二任丈夫莱昂·科唐索大夫、马克斯-波尔·富歇、米里安·德舍泽勒（家姓撒拉玛）、路易·米凯尔和让·德·迈松瑟勒。

索格雷夫人的夫弟阿梅代·拉封是著名的外科医生,妇产科教授,后来成为阿尔及尔医学院的院长。西蒙娜·伊埃,1914 年 9 月 10 日出生于阿尔及尔。她是在朋友家阳台上观看百年庆祝游行时认识马克斯-波尔·富歇的,当时她还不满十六岁。

从那以后,富歇与西蒙娜·伊埃几乎形影不离——他在回忆录《有一天,我想起了……》中,叙述了他的青年时代,文中对西蒙娜简称为西。据富歇回忆,他们俩的关系使西蒙娜的继父、马尔特·索格雷的第二任丈夫大为恼火,他似乎极度妒忌。富歇记得他曾对这对年轻情侣进行跟踪,想方设法捉住他们,富歇对此感到震惊。然而,富歇感到马尔特·索格雷是赞同他与西蒙娜交往的。马克斯-波尔和西蒙娜非正式地订了婚,很显然,他们准备在富歇服完兵役后结婚。

但是富歇非常忙。一方面忙于他的学业,另一方面忙于他参与的政治活动。他创立了阿尔及利亚社会主义青年联合会,作为领导者,他得经常离开首都去其他城市,帮助建立支部。他们得不时地面对敌对的欧洲移民或被敌对的移民煽动起来的穆斯林,后者在对青年联合会的政治方案一无所知的情况下就去攻击青年联合会的年轻的组织者。富歇认为,他不在时,他的朋友阿尔贝·加缪常去看望西蒙娜。他们对浪漫主义的共同爱好吸引着加缪;他们俩常在一起谈论阅读的作品中的人物。根据富歇的叙述,她不会不向加缪展露她的诱惑。

富歇记得有一天,他与西蒙娜·伊埃有约会,但她没有赴约。接下来的几天,她也未出现在他们俩的约会地。最终加缪通知富歇,他想和他谈谈。两人在埃塞花园碰头,然后朝海滩方向走去(加缪幼时玩耍的海滨),从那儿可以欣赏半圆形海湾上的山城景色。

富歇开始谈及西蒙娜,承认他非常痛苦。加缪停了下来,转过身对他说:"她不会再来了,她已做出选择。"富歇马上知道她选择了谁。他记得当时的感受既痛苦又高兴。从某种意义上讲,他高兴,因为他的情敌是他们小团体中的一员,是他喜欢并敬佩的人。他推心置腹地与加缪谈了,后者回答道:"我一直想知道你是否有才华,你最好证明给我们看看。"这就是他们游戏的一部分演绎成的样子,或者说富歇事后即这么认为。

但这件事还是意味着他们俩友谊的破裂。富歇受到的痛苦要比他当时感到的更深。他们俩的不和进一步恶化,这与其他人从中作梗是分不开的。两人不再是朋友。1934 年,加缪与西蒙娜结婚,富歇患上了肺结核,被送往法国圣-依莱-都-杜威大学生疗养院治疗。加缪给他写了信:

> ……我们卑微的人性唯一的价值即在于见证我们能忍受生活。我们这么说,并渐渐老去:这就是人们所谓的纯朴,就像蒂巴萨旅馆老板所说的那样,你可以死去,他们将不会谈论你。

加缪在信的结尾写道,悲观失望或许是错误的。爱情、艺术、宗教始终存在。"我还能对你说什么呢?我确实认为,对我而言,你是形成我生命体验环的人之一。"①

与西蒙娜·伊埃的结合确切地说,并不是通向"幸福结局"的路。对阿尔贝·加缪来说,这个令人着迷的姑娘(他们俩相识时,他不满十九岁,她不满十八岁)适宜做他幻想的目标,他散文诗的读者,她表现得越飘逸,对他的吸引力越大。但是天外来客的样子最终是更平庸乏味。她追求诗人兰波式的"各种放纵",最终陷入了毒品之中。②

根据她家人和朋友认可的说法,为了减轻她的痛经之苦,从十四岁起,家人就开始给她注射吗啡,她由此养成了习惯。不够仁慈的人

---

① 富歇《有一天,我回忆起了……》,也直接源自作者。许多年后,富歇在他的书中叙述道:就在加缪去世前不久,两位老朋友在巴黎相遇,不无眷恋地回忆起他们的青年时代。富歇一直从事他的文学事业,曾在阿尔及利亚参加了反对纳粹的抵抗运动,在他的文学杂志《泉水》中刊登了一些反法奸作者的作品。

② 源自富歇《有一天,我回忆起了……》。

把她视作一个天性狂野的、任性的、爱说谎的尤物。所有人都认为她太超前了，不仅是她沉湎于毒品，而且体现在她日常的生活方式上。据说，当她用完了医院及她母亲为她开的吗啡后，为了获得她需要的毒品，她常去勾引城里的青年医生。她后来的日子就是在私人诊所和疗养院里度过的。

当时加缪认为自己能救她。也许他认为与她结婚是治愈她的良方。马尔特·索格雷也完全这么认为，因此她鼓励女儿嫁给这个有病无业的青年人。她帮助新婚夫妇安置家业，而且始终表现出对女婿的感激。直到生命戛然而止前，加缪对人们要求他帮助西蒙娜·伊埃的呼求，总是有求必应，从未有耽搁。

阿库一家继续为加缪提供食宿，他们对此婚姻持不同意见。他们认为加缪有无量的前途，有漫长艰辛的路要走，不应在这时候背负婚姻的压力，尤其是这样的婚姻。西蒙娜已经和他们的外甥在城里招摇过市。尽管西蒙娜不是大学生，她也没有获得高中文凭，但她很聪明，理解力很强。她有时和加缪一起去听课，但与女大学生们实在、简单的衣着不同，她披着狐皮长披肩走进教室。当然，她的优雅与她未婚夫出众的雅致是吻合的。西蒙娜是社会成功的标志，因为她浮夸地象征着上升的中产阶级，头戴超宽帽檐的帽子，脚穿尖跟高跟鞋，嘴上叼着长长的烟嘴——这一切与平民百姓格格不入。[1]

但居斯塔夫·阿库认为她比外表更糟。这是个"荡妇"，她逐渐地控制了他们的外甥。阿库认为，一个好妻子应该是个干活的女人——默默地干活——她应该为了丈夫不抛头露面。西蒙娜与这类妇女毫无共同之处，因而她不会是阿尔贝的好妻子。阿尔贝太年轻，身体太弱，他应该继续他的学业，而且此时他还没有任何谋生的手段。此外，

---

[1]　除了已经引用的出处外，我要感谢路易·贝尼斯蒂、伊夫·布儒瓦（他认为西蒙娜·伊埃是受害者而不是荡妇）、米里安·德舍泽勒、玛格丽特·多布朗、皮埃尔-安德烈·埃梅里、罗贝尔·纳米亚和路易·纳拉尔夫妇为我提供的这些背景资料。

阿库姨夫认为,一个贝尔库出来的小伙子与一位不同社会阶层的女孩子交往本身就是个错误。[1]

至少根据加缪一位朋友的说法,居斯塔夫·阿库很有可能是妒忌西蒙娜左右了他的外甥。

西蒙娜住在伊斯利路她母亲家,索格雷医生的诊所也在那儿,她去阿库家找加缪。居斯塔夫姨夫终止了她的来访。

学建筑的让·德·迈松瑟勒有一天晚上去加缪那里,发现他的朋友处于极度的失望之中。加缪脸上毫无表情,只是说:"她不会再来了。"不用多做解释,迈松瑟勒明白了,没向他提任何问题,只是用温暖的手轻抚他朋友的头,建议道:"我们出去吃点东西吧。"

加缪做外出准备时,迈松瑟勒注意到壁炉上有一本翻开的书,他读道:

> 街上的太阳照在头上,
> 晚上,你微笑着出现在我眼前,
> 我相信看见了戴着光环的仙女。

他把书翻过来,看到这是马拉美的诗歌集。这首诗诗名为《显现》。

"把这本书借我看看。"

多年以后,他在书橱里找到了这本借来的诗集,扉页上写着:"阿尔贝·加缪,1932 年。"他忘了把书还给他。

他们走到海员旧街区的水手路上,进了一家简陋的阿拉伯饭店。他们俩悲伤地吃着乏味的东西,要吃完一顿饭似乎遥遥无期。[2]

---

① 源自安托瓦妮特·阿库和布朗什·帕兰的一次交谈。
② 源自让·迈松瑟勒。

　　他在阿库家的生活现在结束了。姨夫受支配欲驱使,表现出长者的蛮横专制,日益招致年轻人反感。这是两个极有个性的人之间的冲突。加缪感到受了侮辱。一切都使他恼怒,甚至居斯塔夫·阿库在复兴酒吧与大学教授的交往也使他恼怒,因为这强化了他"百事通"的形象。[①]

　　预科一年级结束了。如果一切正常,暑假结束后,他可进入大学读一年级,学校就在他住的朗格多克路旁边。

　　但事情并非完全如此。他面临抉择,要么要西蒙娜·伊埃,要么什么也没有;要么走自己的路,要么无路可走。7 月,他搬到了哥哥吕西安家,米什莱大街 117 号乙。7 月 13 日,他给让·格勒尼埃老师写了封信,说他不确定是否一定能读完大学。然而,他强调说:"我没什么可后悔的……我凭我的心愿和情感行事。"他在信中向格勒尼埃透露了他与阿库断绝关系是性格、观念上的冲突造成的。但他不要求格勒尼埃对此表态,因为格勒尼埃也为阿库的性格、才智所吸引。在第二封信中(格勒尼埃在为加缪作品写序时提到这两封信,但没有解释当时的背景),他写道:

　　　　重要的是我给自己制定了一个目标,一项使命……我发现我有耐力、有精力、有意志,这不是自负……的确我的身体状态不是很好,但我渴望把病治好。

　　他在信中没说,在完成使命和治疗疾病的道路上,他选择了一位全城追求者最多的姑娘做伴侣。

　　1933 年秋天,加缪开始了他的大学一年级生活。他不能再依靠姨夫的赞助,但他很快得到了未来岳母的帮助。同时,他决定自己去挣

---

①　源自吕西安·加缪。

钱,弥补费用的不足,比如辅导准备会考的高中生们。他给不幸的情敌,正在圣-依莱-都-杜威大学生疗养院接受治疗的马克斯-波尔·富歇写信,问他是否能帮他找几个要辅导的学生,或找个文字编写的工作,甚至去找那个曾要他帮忙写信的人。①

　　阿尔及尔大学位于市中心,在米什莱大街北边,占据着一幢所谓的新古典式风格的大楼。当时,大学里只有几百名学生,都是欧洲人,因为能上大学的穆斯林一般都喜欢去法国读书,那儿的氛围更加平等。加缪进大学时,哲学课刚开设不久。大学学制为三年。前两年,大学生须获得四份学士阶段的证书,第三年(只有三分之一的学生能升入三年级),他们要写一篇论文,才能获得大学毕业文凭。如果想在大学任教或攻读博士,就需要去巴黎参加教师资格考试。

　　进大学后,学生可先准备前两份证书的考试,也可准备后两份证书的考试,顺序是任意的。既然是任意的,加缪先考了社会伦理学证书,对此他不需费很大劲。显然,凭他在文科预备班时的大量阅读,对付考试已绰绰有余。1933年11月6日他获得了这份证书。第一年,他还读了心理学,1934年6月通过考试。同一年的11月8日,他获得古典文学证书。1935年6月4日获得了哲学和逻辑学证书。

　　这一教育制度给予学生充分的选择科目的自由,教师也可以选择他希望教的内容。课堂上学生人数不多,学生们需对某一问题进行陈述,然后展开讨论。根据教过加缪的热内·普瓦里耶教授的说法,从某种意义上讲,阿尔及尔大学是一个自学者们聚会的地方,在教授们的指导下,学生们完成自己的学业。②

　　然而,教师并不是无关紧要的。热内·普瓦里耶是一位相当严

---

①　源自马克斯-波尔·富歇《有一天,我回忆起了……》。在大学注册和上课是免费的,但大学生们的书籍费是自理的(源自热内·普瓦里耶教授)。

②　源自热内·普瓦里耶,以及米里安·德舍泽勒和加缪大学的同学莉莉亚娜·迪隆(家姓苏克龙)。加缪家人保存了这些大学证书。加缪曾告知维基阿尼,他在备考社会伦理学时阅读了詹姆斯·乔治·弗雷泽的《金枝》。

肃、充满自信的教授,而让·格勒尼埃则更富有想象力,他善于利用有创造力的人需求的知识(首先是他自己需求的知识)来调和知性的严肃性。热内·普瓦里耶 1900 年出生,先在夏特尔公立中学教书,而后在法国南部的蒙彼利埃大学任教,三十三岁时被调到阿尔及尔大学教书。那些倾向于左派的学生一下子就判定他是反动分子。不管怎么说,加缪的大多数同学都不喜欢他,认为他分数批得太紧。

学生们私下里指责普瓦里耶对公开参与政治活动的学生采取歧视态度,比如对伊夫·德舍泽勒,后者在翻领的纽扣眼上佩戴着由三支银箭头组成的第三社会主义国际联盟的徽章。加缪完全了解普瓦里耶的观点,但他决定做个好学生,不想让各种政治分歧来影响自己的大学学业。他按时完成作业,让人无可指摘,他也免受伤害。但这不意味着他在老师面前俯首帖耳。即使他没有公开表示出反抗,内心却始终保持着相当的距离。[1]

并非每个学生都带着同样的猜疑来接纳冷漠而教学出色的普瓦里耶。一个阿尔及利亚犹太人回忆起他上大学的情形时说,普瓦里耶"代表法国的知识分子,这种知识分子的雅致是我们(阿尔及利亚犹太人)这一代所向往的……普瓦里耶在为'加缪'授课;我们其他学生就像不懂事的小孩"[2]。

尽管普瓦里耶不喜欢加缪的政治观点(就和他有关的那部分而言),认为他的风格略微过火(依据是他那时的成绩记录),不过仍承认他是个极富思想的人。普瓦里耶回忆起自己的老师给他的一篇论文打了 14 分(满分为 20 分),还加了"很好"的评语。普瓦里耶非常欣赏加缪的一篇论文,打了 15 分,这使加缪感到沮丧。对普瓦里耶教授来说,大学的教学任务不轻松:每周上四小时课,不停地备课。他回忆说

----

① 源自米里安·德舍泽勒。

② 亨利·社穆伊《一个不为人知的犹太人聚居区:阿尔及利亚的犹太人》,巴黎,1976 年。

在阿尔及利亚的几年里,完全没有时间去做个人的研究。①

加缪的良师益友、中学老师让·格勒尼埃在大学里当普瓦里耶的助教。格勒尼埃和普瓦里耶同在 1922 年获得教师资格证书,但两人的关系始终一般。(普瓦里耶认为格勒尼埃缺乏热情,但同时也意识到,作为作家的格勒尼埃必然比他更接近加缪。)格勒尼埃在教学上引入了一定的新内容。他自己制订教学计划,讲述诸如道教之类的边缘题材。② 加缪后来回忆他读过印度哲学,而格勒尼埃又让他了解了柏拉图和舍斯托夫。他们俩都读了斯宾诺沙、笛卡尔、克尔凯郭尔的著作。③

现在,年轻人将第一次受到显然是代表了一个与他截然不同的社会阶层的他的老师们的评判,而且还要受到他的同辈人的评判。在那个年代,法国大学的学生主要是中产阶级和自由职业者的子女。这样的筛选制度使得在大学里能遇上非常聪明和求知欲极强的学生。加缪承认尽管他极想在学校里拔尖,但很难拉开距离。他不能再像在小学、中学里那样,不用付出就当领头人。然而,大学的同学把他当作自然而然的头儿,这是他在学校里的地位决定的。他本人从不设法吸引他人的注意,也从不用任何计谋去博得他人的喜欢,或去讨好老师。有人说他是贴着这样招牌的人:"禁止干涉。"

他从不露出他(现在或过去)的贫穷,这强化了他的神秘色彩。他的腼腆无疑使他显得自负,其实他与自负毫不沾边。④

---

① 源自热内·普瓦里耶。

② 源自热内·普瓦里耶。普瓦里耶是加缪研究柏拉图和奥古斯丁的论文的指导老师,他当时就感觉到——包括在此之后——与其说加缪是哲学家,不如说是艺术家;但普瓦里耶的职责是培养哲学家。参阅普瓦里耶《美学编年史》,雅典,1969 年:"相比狭义上的思想家,加缪无疑更是一名作家和艺术家,他对戏剧的酷爱更有助于我们理解这一点。"

③ 源自维基尼尼。虽然加缪在读大学时学了希腊语,但他向维基尼阿尼坦承他读的这些古典著作都是翻译成法语的。

④ 源自热内·普瓦里耶。

　　伊夫·德舍泽勒出生于一个富裕的家庭。（他的口才是在法国，确切地说是在诺曼底和布列塔尼练就的，后来他成为全国著名的律师，在阿尔及利亚战争时期，他为阿尔及利亚好战分子辩护。）他在认识阿尔贝·加缪两周后，就用"你"来称呼他的新朋友。加缪冷冷地回敬道："我喜欢您，但我希望用'您'，而不是'你'相称。"德舍泽勒感到很不舒服，他把加缪这种态度归咎于他属于校外唯美主义小团体的缘故（由让·德·迈松瑟勒、路易·米凯尔和他们的朋友组成）。事实上，加缪和他的"唯美主义"朋友彼此间确实是用"您"相称的。加缪后来对称谓的态度随和了一些，但德舍泽勒（以及其他人）从未感觉他有过完全随意的状态，当然也不会用"你"来作为称呼。①

　　他看上去手头并不拮据，也许他仍穿着阿库给他买的衣服。有些新朋友甚至把他当成纨绔子弟。积极投身于社会主义青年运动活动的德舍泽勒认为，加缪的穿着和他表达的政治观点是相悖的。德舍泽勒认为一个进步的青年不应该如此注重穿着。米里安·撒拉玛（后成为德舍泽勒的妻子）观察比较仔细。她注意到他只有一套浅灰色的西服，脚上穿的是一双耀眼的棕黄色皮鞋。有一天他把脚抬起来让她看了鞋底，鞋底已经磨得皮都翘了起来。他开玩笑地说："穿得不舒服总比穿得穷酸好。"

　　正是在那段时间里，他向大学新认识的朋友透露了他母亲精神受过刺激，住在另一个城市（奥兰）。他的朋友们因此从未见过他的母亲。他无意说出，——至少在他的大学圈里——他母亲祖上是西班牙人。他的朋友们彼此之间经常相互走动，但从不去加缪那儿，至少不去他家。有些同学去他哥哥家或他舅舅家看他，或者在他有了经济能力后，去他租赁的顶楼小间去看他，在那里，他们一起听拉威尔和德彪

　　①　源自伊夫·德舍泽勒。皮埃尔·卡迪纳尔是一档介绍加缪和戏剧的电视片《特写》（1959年）的制作者，他也有过同样的经历，即加缪不喜欢他用"你"来称呼自己；还有许多类似的加缪对过分随便的称呼保持警觉的例子。

西的唱片。他的举止有点贵族气质,就好像他在贝尔库长大就像是"装出来"的。[1]

在他的艺术家朋友中间,他一点也不显得家境贫穷、出身低微。他的零花钱比他们多,至少在他住在姨夫家的那段时间里,而且是他(或者西蒙娜)买书、买唱片借给他们。[2]

他对意外事件的反应是特别典型的斯多葛主义的态度。有一天他们要考心理学。伊夫·德舍泽勒搞错了时间,通知加缪下午进行。当他们来到考场时,才知道上午已经考过了。当然,加缪很生气,因为这次考试对他很重要,但他没有流露出半点不满,只是客气地说了一句:"那好吧,我们下次再考。"而下一次考要等上半年。

在大学里,左派和右派学生的关系持续紧张。德舍泽勒是社会党的积极分子,他很投入。但加缪不参与此类活动。德舍泽勒认为也许是加缪的姨夫反对的缘故,或者是他身体状况无法经受可能发生的、有时很激烈的冲突。[3]

有一点可以肯定,虽然加缪在校外的活动不久使他在当地有了名气,但一回到大学环境,他就是个用功的好学生。给他上课的老师都对他另眼相待,对他不摆任何架子,他们一般只对优秀学生持这种态度。当年教加缪拉丁文的青年教师雅尼·欧尔贡回忆道:"加缪与其他人完全不同。"

> 早熟消除了年龄的差异,不失幽默的庄重阻止了平庸的对话,讲究客套的礼貌保护了极端敏锐的感觉,我们与他友情的基础是尊重。他像是个未来很重要的、不自满的、从零开始的人出

---

① 源自伊夫·德舍泽勒夫妇。
② 源自让·德·迈松瑟勒。
③ 源自伊夫·德舍泽勒。

现在我们中间。①

　　现在他看起来过着好几种公众和私人的生活。在大学里，他专心学业，在校外，他有"唯美主义"朋友的圈子，感情上，他有西蒙娜·伊埃。而成为作家，是他矢志不渝的目标。

　　在大学一年级，他写了首题为《地中海》的诗（他把诗稿给让·德·迈松瑟勒看了，后者曾向他借阅了马拉美的诗集）。这首诗五十五行，分四节，初写诗词的他第一次尽其所能地用自己的语言表达了地中海的思想，这一思想渗透于他后来的所有作品，使之与法国本土作家截然不同。这首诗是其哲学随笔《反抗者》中蕴含的终极真理的最初版本。

　　他从他周围的人当中汲取地中海思想的灵感，尤其是那些非地中海人士，即移居或暂住在那儿的人士，如格勒尼埃、他喜欢的作家纪德、蒙泰朗以及更早去过阿尔及利亚的皮埃尔·路威，甚至奥斯卡·王尔德，他们塑造了一个加缪和他的朋友们能够辨别出来并且十分希望能认同的北非世界。加缪和他的朋友们在沿海山路上漫步时，这是他们常谈的主题。

　　地中海人的（和他的同盟的）观念是，在太阳充分照射的沿海地带长大的人，他们知道自己的局限，也知道物质的尺度。在北欧人的眼里，地中海人热情奔放，说话滔滔不绝，但似乎缺乏克制力，缺乏客观性（有时地中海人甚至是可笑的形象）。然而地中海的文人则确信，他们是古典主义的继承者，他们是与大自然一起被造就出来的。加缪很快在蒂巴萨找到了他心目中地中海的象征，一个富有传奇色彩的古罗马建筑遗址。遗址与近在咫尺的大海、周围茂密的草木形成了鲜明的对照。菲利普·古龙贝尔是加缪在普瓦里耶班上认识的朋友，在一个周末，他带加缪去了他父母家。他父母住在村庄高处的一幢房子里，

－－－－－－－－－－

① 《圆桌》，巴黎，1960 年 2 月。

"外墙刷着白色和玫瑰红","走廊刷成绿色",整个村庄都是这种风格。① 加缪在常被引用的《蒂巴萨的婚礼》(《婚礼集》)一文开头这样写道:"诸神春天住在蒂巴萨,在太阳下,在艾草的芬芳中对话。"

加缪的早期诗歌《地中海》充满了这种主义式的内容:

> 地中海! 你的世界在我们的尺度中
> (……)
> 确定的事物在金发碧眼的摇篮里平衡
> (……)
> 拉丁人的土地没有颤抖。
> (……)
> 在你里面世界优美而富有人性,

这里引用的只是这种主义式的内容。年轻的诗人总结道:

> 地中海,哦! 地中海!
> 你的儿子们孤单地裸露着身子,毫无秘密,等待着死亡。
> 他们死后纯净地、最终纯净地归还于你。

这首诗与其他同时期的手稿后来作为遗作一起发表,其中还有充满激情和诗歌韵味的散文诗。一篇《在女尸前》的短文描写了一个男人在爱妻尸体前心理状况的变化,失望使他变得无所顾忌,变得出奇地清醒——而观察者是一个非常年轻的男人。另一篇习作《失去爱人》,尽管没有注明日期,可视作戏剧性的《在女尸前》的哲学注解。因为爱人的死亡,人们也可能读出在无法得到或无法完全占有曾经拥有过的心爱之人时欲望的挫败感。但是,"有那么多东西值得去爱,去追求,

---

① 源自萨比娜·迪佩雷,她家姓古龙贝尔。

无疑,气馁不可能是永远的"。没有资料表明这些文章是为谁写的,但可以推测这是写给他本人看的,是为了提防当时可能出现的情况。认识加缪和西蒙娜这对夫妇的人都认为加缪爱上后者是选择了一道难题。

许多手稿注明的日期是 1933 年,或被认为是同一年代的(大学第一学期期间或在此之前)。《上帝与其灵魂的对话》是一篇出色的对希望本质进行思考的文章。《矛盾》一文认为接受命运或反抗命运是同一幕"不祥喜剧"的两个方面,因为无论我们反应如何,生活依然如故。这些习作的主要价值在于作者在写作中学习词语的运用。每篇文章都毫无例外地堆砌词语,文章显得累赘,过分理智,过于沉湎于自我;不过,初学写作者大凡如此;他们首先要学的就是怎样有效地删去冗词。除此之外,加缪进步很快。为写作而写作的时期迅速结束,相随而至的是不乏自信地去表达可触知事物的愿望。

除了这些思索之外,加缪在那一年尝试着对自己青少年时期精神创伤的题材进行挖掘。《贫民区医院》无疑取材于他在穆斯塔法医院接受治疗的过程,肺结核第一症状的出现,短期的住院,定期去医院做人工气胸,等等。在这短篇小说中,一群肺结核病人在医院的花园里晒太阳。这是在 5 月份(这一细节与加缪出现疾病症状的时间不相符)。病人们在闲聊,对同病相怜的人的不幸开着玩笑,谈论一个剃头匠撞向汽车想自杀,结果被司机从车下拉出来,屁股上挨了一脚;谈论某人仍在和欲望强烈的妻子造爱(结核病使他特别亢奋),直到过度造爱送了命。他们也谈论治愈肺结核的可能性。"肺结核是人们唯一能治愈的疾病,只是需要时间。"

1933 年的最后一篇文章《艺术的一致》,一反课堂论文的格式化,不过结尾还是论文般生硬。尽管如此,文章的语调十分个性化,字里行间表达出一个处于"人生起步阶段"的年轻人的意愿,他质疑全盘接受的观念,同时也意识到无任何固着的存在是虚幻的。为了超越平庸的生活,他选择了艺术。或者说他选择了多种艺术。他开始学建筑、绘画、文学和音乐。音乐学得尤为出色。多种艺术的融合代表一种无视生活的交流，但借助艺术来背弃生活，则低估了生活的重要性，因而艺术不能无视生活。

他为自己调和艺术与生活的不完美结合进行了尝试，找到了听众，找到了对某事的信心或某个比他更优秀或更强的人的信心，找到了自由。西蒙娜·伊埃不经常去听课，但她间接地从学哲学的年轻人身上得益匪浅。她的前任男友马克斯-波尔·富歇评价她是个非常机灵的人，朋友们读的书她都会去读，而且她很聪明，能读懂这些书。加缪在那一时期（1933 年底或 1934 年初，总之在他们结婚前）写给她的一封信表明，他给她写信的风格，如同他在完成格勒尼埃布置的论文一样。"七星文库"版加缪文集收录了这封信，下面是其中的一段：

> 山茶花压弯了我们的桌子；它提醒我们，我们梦幻的春天与我们恐惧的死亡是相当的……由此，我们的赞美，我们的泛神论，将趋向多元的统一。
>
> 此外，我们得到唯一的答案是冷静的缄默，用这种缄默去对抗上帝，去对抗世界，我们需要有足够的怜悯才能战胜上帝……在湿润的天空后，在清晨的草地的反面，在花朵芬芳之后，是否有些其他的东西？我谈论这一切，谈论引人入胜的奥秘，我是谁？我是否就是相信这一切的人？但我相信的不是芬芳和花朵之后的东西，我相信的就是芬芳和花朵……

在大学的第一学期里，加缪最为显著的活动就是追求西蒙娜。他在练笔、学写课堂论文之外，还准备写些其他东西。与让·德·迈松瑟勒、路易·米凯尔以及那些搞艺术的同学频繁的交往引起了他对造型艺术的兴趣；毫无疑问，他是小团体中最有描绘景物天赋的成员。

阿尔及尔成了绘画的次中心，艺术家深受偏重感官感受的巴黎画派的影响，转向海滨风景。太阳、大海也是加缪喜欢的主题，当地的建筑、服饰,非洲的植物都是必然的描绘对象。因而,当法国有些年轻艺术家去罗马美第奇别墅学习绘画时,另一些画家,在获得两年奖学金之后,便来到阿卜杜勒-迪夫别墅。这座摩尔式建筑矗立在埃塞花园山坡上,富有魅力,使得这个地中海港口被视为艺术家的会合处。加缪后来对这些法国画家有一定的偏爱,而后者也爱上了北非蔚蓝、素雅的景色,加缪作品的插图就是特地请他们画的(如艾迪-勒刚、P.-E.克莱茵)。

加缪为《阿尔及尔大学报》艺术评论专栏写文章。加缪的雕刻师朋友路易·贝尼斯蒂送来了三件作品参展。如果加缪没把他的雕刻作品当作评论的重点,那么第一次专栏可能会关注以地中海为主题的东方派画展。专栏下方有个注释,许诺在下一期对沙龙画展作一个更综合的报道。

他的第一篇评论发表在 1934 年 1 月 25 日《阿尔及尔大学报》上,①他从描述贝尼斯蒂的工作室开头:"潮湿的长房间,两把椅子中间生着火。"墙上挂着德斯皮尤和马尤尔的速写。一件未完成的雕塑品放在墙角。气氛宁静。

然而眼下几幅"饱含宁静"的作品被扔在了鱼龙混杂、照明过度的展厅内。虽然只展出了三幅作品,但贝尼斯蒂是相信艺术需要日积月累的少数年轻画家之一。"他的艺术处于起步阶段,但他的理念已经基本成熟。"确实是起步阶段。这是贝尼斯蒂的"首秀"。他的职业是做首饰,在珠宝店不幸被窃之后,他经济一下子拮据起来,于是决定放弃原来的职业,做他喜欢做的事。他从学画静物开始,去比他年长的画家的画室听课,在画室里他认识了让·德·迈松瑟勒。②他出生于

---

① 路易·拉塔亚德医生当年是《阿尔及尔大学报》的编委之一,他给了我加缪首次体验记者生涯时撰写的这些文章。加缪对艺术圈子的描写,源自让·德·迈松瑟勒和保罗·拉菲。

② 源自让·德·迈松瑟勒和路易·贝尼斯蒂。贝尼斯蒂在埃德蒙·夏洛书店里第一次单独展示了《真正的财富》,之后他开始绘画。

1903 年,当加缪为他作品写评论,称他是"一位杰出的青年艺术家"时,他已年满三十岁(比加缪大十岁)。

尽管文章在结尾时持一定保留,但总的来说,这是篇纯赞扬的评论。如果说绘画可以表现宁静或大笑,雕刻则必须表现出绝对的稳重。然而贝尼斯蒂的稳重过分了;他缺乏力作,而他是能够也应该创造得出来的。

初出茅庐的批评家如约在下一期大学报上发表的综述中,嘲讽了要把画展办成大型展览的想法。画展要以画为主,而画作需要"漫长而沉默地等待,就要痴情般的投入"。他只对他仔细看过的画作评论,对知名画家不作评述。他对值得引起重视的画都写上了几句话,接下来是评论当地画家。热内-让·克罗的画占了一大段文字,他认为这是展品中最优秀的画。克罗的一幅画描绘的是加缪钟爱的地方,他在画前驻足良久:"……我很满足在这幅画中认出了布扎里山的优美而洪亮的诗意,它有维吉尔式的温柔,气息慵懒……"

评论家不声称掌握了绝对真理,但认为他表达了真诚的观点。他只是遗憾"在那么多展品中,佳作可谓凤毛麟角"。在他看来,东方派画展过分单调,风格、种类太少。迈松瑟勒不会忘记他的朋友加缪对展厅所做的总结评论[1]:

> 在一个灰蒙蒙的早晨,从大厅深处往外看,大块玻璃幕墙后面是港湾,在雾气中可见许多模糊的船桅,汽笛声犹如刀子划破了雾气……这才是最美的画。

他为《阿尔及尔大学报》还写过两篇评论。一篇评论画家皮埃

---

[1]　源自让·德·迈松瑟勒。迈松瑟勒向作者坦承,正是这一结论式描述使他坚信加缪必将成为一名作家。

尔·布歇勒①，另一篇写在阿卜杜勒-迪夫别墅享受奖学金的绘画学生。在后一篇文章中，着重评述了里夏尔·马盖的作品：画的是别墅周围的埃塞花园的景色，"夏日阳光下的蒂巴萨"。他也为唐波瓦兹的雕塑作品所触动，"美丽、结实的男性肩膀"。他在后记中写道。他没有评论另一位参展画家安德烈·昂布，因为他不知道自己的评语是否正确。"我只说我基本上能肯定的事。昂布的画我不能确定。与其犯错，不如保持缄默。"

年轻的昂布比加缪略大一点，他对此很不满。他是新近到阿尔及尔来的，感觉自己很难适应这种外省的气氛，或者说他在这儿得不到一点帮助。部分青年画家旁敲侧击，让他意识到他与其他人的差异。加缪这篇文章发表以后，昂布听到了一位画家在外面说昂布十分恼火，要"狠揍"加缪。还是这位画家，找到昂布，劝他别揍加缪，因为加缪是个肺结核病人。昂布很纳闷，他从未想过去攻击任何人，更谈不上去揍加缪了，他认为加缪是受他的一些朋友摆布的牺牲品，那些朋友不喜欢昂布放荡不羁、自由自在的生活方式，不喜欢这个来自法国的犹太人单身汉。②

阿尔贝·加缪在通过心理学证书考试后十二天，即 1934 年 6 月 16 日，与西蒙娜·伊埃举行了一场简朴的世俗婚礼。他的阿姨安托瓦妮特接到了大外甥吕西安的通知，参加了婚礼（她认为这是与西蒙娜

---

①　载于 1934 年 4 月 19 日的《阿尔及尔大学报》。必须指出，"七星文库"的版本认为加缪的此篇文章是对艺术的评论，发表在《阿尔及尔回声报》上，但无任何证据资料。在《阿尔及尔回声报》上没有署名的文章，有可能是报社外的某个青年匿名或用笔名为该报写的文章。"七星文库"版推测，《阿尔及尔回声报》拟定了对布歇勒作品进行评论的计划，但或许是发表在《阿尔及尔大学报》上的文章不能被采用。不幸的是后来众多对加缪的研究，采纳的都是"七星文库"版的错误推断。

②　源自安德烈·昂布。昂布很快就名扬世界。唐波瓦兹为加缪雕塑了一尊半身雕像，这座雕像在加缪死后被安放在奥代翁剧院。加缪的朋友马盖死于 1940 年，当时他正在法国军队里服役。加缪为他去世后追办的作品展览会写了前言。

加缪的第一个妻子西蒙娜·伊埃，摄于 1934 年
（照片由弗朗索瓦丝·科唐索女士提供）

父母争强的一种方式），但她外甥的好友都没参加。结婚证书表明卡特莉娜·加缪同意婚事，因为加缪当时还不满二十一周岁。（当他母亲问他需要什么作为结婚礼物时，他回答说要十二双白色袜子——那时他只穿白色袜子。）①夫妇俩后来告诉一个朋友，新婚之夜他们做出了与众不同的举动，她在她母亲家过夜，他则在他母亲家过夜。而且他们俩用"您"相称，他们把对习俗的蔑视视作一种象征：对思想开放的人来说，婚姻并不一定意味着绝对的不拘礼节。② 当然，他们俩继续用"您"相称，她从不叫他阿尔贝，他不喜欢这个名字。对他的朋友们来说他是"加缪"，所有朋友也继续用"您"称呼他。③

让·德·迈松瑟勒也许是加缪当时最好的朋友。有一天他陪西蒙娜买东西，发现她甚至不知道砂锅为何物。她的那种雷人的方式令那些商人误以为迈松瑟勒就是她的未婚夫。西蒙娜的嫁妆中有十六条床单、四只长枕、六只枕套、一块台布；个人用品是两套睡衣裤、一件便装、一件床上看书时穿的轻便上衣、六件连衣裤服装、六件睡袍。慷慨的索格雷医生帮年轻夫妇在位于阿尔及尔高坡顶上的一个叫依德阿公园的高档住宅区里租了一幢别墅。一张日期为 1935 年的房租收据告诉我们，房租为 450 旧法郎（相当于现在的 585 欧元），这在当时、当地来说，可谓不菲的房租。然而他们的新家从外表看非常一般。新家的优点是大客厅外有一个带屋顶的平台，对面的山丘（不是大海）一览无遗。迈松瑟勒帮他们设计了卧室，家具和书架是简单的直线排列，产生了意料之外的日本式效果。窗下装了块搁板，兼做写字台，上面放了尊石膏制的高棉菩萨，这是加缪在迈松瑟勒陪同下买的。④

让·格勒尼埃一家就住在不远处，一幢像盒子一般的白色房子，

---

① 源自让·德·迈松瑟勒。
② 源自伊夫·布儒瓦。
③ 源自让·德·迈松瑟勒。嫁妆清单和房租收据来自莱昂·科唐索大夫的收藏。
④ 源自让·德·迈松瑟勒。

同样面朝着山丘。两家人晚上经常在一起度过。① 年轻夫妇恢复了与阿库一家的关系,昂着头回到了朗格多克路。午饭后,加比阿姨装上一篮牛肉让他们带回家去。

阿库一家对年轻夫妇的好感最具体地表现在一辆 14 马力的雪铁龙小轿车上。阿库是在 1930 年买下这辆车的,当时纯属豪车。他们像许多阿尔及利亚的法国人一样,满怀信心地认为征服百年庆典将带来更大的变化。他们一边继续经营“英国肉店”,一边买下了一家旅店,希望能得益于蓝图中的繁荣和阿尔及利亚未来的快速发展。

百年庆典的光芒似如一阵风,昙花一现。安托瓦妮特不得不比过去多干一倍的活,既要照料肉店,又要管理旅店。作为给予她辛苦的回报,居斯塔夫让她在水貂皮大衣和雪铁龙轿车中选一样,她选择了轿车。现在他们把轿车当作礼物送给了阿尔贝和西蒙娜,但说好加比阿姨每周要用一天车。

但是西蒙娜·加缪显然不满意合用车子的主张。有一天,车子没有如约定的那样出现在阿库家。他们给外甥写了封信,问其原因,但没有任何回音。最后还是当地警察局传来消息:一辆汽车被扔在了警察局门口,车里找到了阿库的证件。

就此,居斯塔夫和安托瓦妮特把西蒙娜看成邪恶的力量,他们与加缪夫妇断绝了往来。然而,加缪从小认识的同学安德烈·维勒纳夫,那时仍是他的好朋友,继续经常去阿库家。可以这么说,阿库夫妇认养了他;对此,他们的外甥不说妒忌,至少极为恼火。当加缪在路上碰到维尔纳夫时,就会嘲讽他:“怎么,去看你姨夫?”尽管阿尔贝·加缪仍然爱他姨夫,也许也理解他的态度,但维勒纳夫和他则吵翻了,从此不再见面。这是他们俩为何断绝友谊最站得住脚的说法。②

---

① 源自让·格勒尼埃夫人。依德阿公园的居所紧邻一座 18 世纪的城堡,属于比热芒德雷斯市镇的辖区,距离大学 5 公里。

② 源自安托瓦妮特·阿库。

　　加缪和"娜佳"生活,生活在他和她的二人世界,远离索格雷医生和她的丈夫,远离朋友(因为鲜有朋友分享他们的亲密),加缪把她当作他作品的读者。是读者,不是研究的对象,因为他每当想起西蒙娜,就会感情冲动。对此,我们后面再谈。

　　起初,生活是愉快的。夏天,加缪找到了一份工作,他每天早晨起得很早,给熟睡的西蒙娜留下一张纸条,也许是提醒她中午两人一起午餐,也许只是对她说:"您睡着了,我不愿叫醒您。您真美,这让我感到满足。"在西蒙娜保存下来的这些纸条中,她年轻的丈夫有一次向她解释说,他之所以早早地离家,是为了省下有轨电车的车费(一张车票的票价是 1.5 法郎,相当于今天的 0.15 欧元)。为此,他得从山上走到市中心,大约五公里的路程。[①] 那时,阿尔及尔只有四家海运公司有资格从事报关,这四家公司的办公室都在港口上方加尔诺街的同一幢房子里——没有找到任何资料,他的朋友对此也记忆不清——,加缪也许就在其中一家工作。(他的哥哥记得他曾在船具商那儿工作过,可能是阿马提尼公司。这家公司兼营船具、海运。无论怎么说,他的工作要他带着文件在海边走来走去,去采购各种东西。《局外人》开头运用了这短暂的、特殊的经历。)[②]

　　在另一张清晨放在西蒙娜枕边的纸条上,他们两人世界的建设出现了共鸣的迹象:

　　　　我们希望要打碎束缚人类思想的狭隘的框架,要超越时空。既然我们有这样的意愿,就迈出了第一步。我牵着女孩的小手,让她坐在我的身边。坐下后,她久久地看着我。在她的眼神里,我们慢慢航行,驶向陌生的大海。辛巴达航船劈浪前行。瞧! 我

[①]　源自莱昂·科唐索大夫。

[②]　源自夏尔·蓬塞和吕西安·加缪。

们成功了。①

他们的一位朋友说,她这么好睡,是吸毒的缘故。她的丈夫对她戒毒是否存有幻想?肯定没有。他的朋友伤心地看到他为阻止妻子慢性自杀做了许多无用功(还有她母亲做出的努力)。加缪的举止像个"圣人",有一个朋友这样评论他,因为这个朋友注意到,加缪看到妻子着魔似的不停地吸烟,为了劝她戒烟,他自己首先戒了烟。

每次加缪的朋友撞见她时,就发现她的服饰、她的行为变得更加怪诞。确实,马克斯-波尔·富歇不是个客观的证人(或者说至少在当时是不客观的)。他记得几个月后在街上遇见她。她的花容已凋谢。她手上拿了束鲜花,眼睛睁得大大的,但空洞无神,还旁若无人地哼着歌曲,就像凄惨的奥菲莉亚。他当时想,加缪是否真的想治好她,或者只是把她当作观察的对象。②

另一位朋友回忆说,有一次在餐馆里用餐,中途他去洗手间,西蒙娜刚从里面出来,他在里面看到了一只空的安瓿。不管这些事情是真是假,大家都把它们当真的看待。加缪的朋友都有些怕她,怕她撩人的姿态。有一个朋友谈到她时说,她能使他们中的任何一人陷入绝境。有一天晚上,克洛德·德·弗雷曼维勒在加缪家吃晚饭,赤身裸体的西蒙娜套了件几乎透明的薄纱出现在他面前,他拒绝了她的挑逗,低下头,找了个借口走了。在北非,人们尊重朋友的妻子。

有一位朋友后来对西蒙娜·加缪说:"您不属于白天,您是个生活在夜间的女人。"她惊呼道:"真有意思,加缪也说过同样的话。"这位朋友本意是想说,她是直接从《恶之花》中出来的。他想知道加缪是否要表达同一个意思。③

---

① 《阿尔贝·加缪　手记之二》。
② 马克斯-波尔·富歇《有一天,我回忆起了……》。
③ 源自伊夫·布儒瓦。

第七章

参　与

> 我有强烈的愿望,希望看到使人类悲伤、痛苦的现象得以减少。
>
> ——加入共产党时致格勒尼埃的信

和西蒙娜·伊埃共同生活的这段奇异经历,是否对加缪的创作和社会生活产生了某种直接的影响,这很难说。在他当时以及后来的作品中,他极力避免出现任何与其妻子相似的人物。在《幸福的死亡》草稿中,出现了许多与现实生活中相对应的人物,但似乎没有他妻子的影子。他在书信中,在与朋友的交谈中,很少谈及他的生活上的烦恼。这种谨慎在阿尔及利亚法国人中,在地中海人中被视作应有的态度。私生活就是私生活,无论是否已婚,男人和其他男人常在公共场所见面,他们在那儿谈论公共事务。

是的,在公共场合有许多东西可谈。法国和法属阿尔及利亚很快就将进入一个新的政治动荡时期,也许是自德雷弗斯事件以来政治难得再次引人关注。和全球一样,法国陷入了经济危机,这使得传统的政治划分进一步强化,甚至可以说是激化:右派转向法西斯主义,左派转向共产主义,每一方都在向他们的榜样——希特勒的德国或斯大林的苏联——看齐。

1934年2月6日,当时加缪在读大学一年级,极右派在巴黎协和广场上大规模地频繁举行反政府游行,激起了左派和中间派愤慨。议员们当时正准备对激进社会党的爱德华·达拉第政府进行信任案投票,游行者显然是要阻止这次投票,甚至企图在法国推行专制制度,他们的口号完全是法西斯主义的。骚乱造成了 17 人死亡,2329 人受伤,导致了政府垮台。伤疤是永久性的;"2 月 6 日"至今对法国人都有着特殊意味。几天以后,共产党和社会党不计前嫌,联合组织了全国性的抗议大罢工。这场左派和中间派力量团结行动的运动持续了 18 个月,才渐渐有具体的形式,但历史的车轮已经开始转向。

在从未接触加缪日常活动的人眼中,加缪似乎远离了这场运动。他在大学里有许多社会党人朋友,但他的言行仍然像不问政治的学生——当然同情社会党,但是不能指望他。事实上,他的大学朋友对许多事情都不知道。其他方面的影响对加缪起了作用,引起了他对政治的日益关注。加缪在校外结识的一位学建筑的朋友,名叫罗贝尔·纳米亚,热情洒脱,与加缪认识的青年艺术家经常接触。纳米亚的父母是犹太人,定居奥雷斯后生了他。他在布利达读完中学后,离开父母进了一家印刷厂的装订车间当工人,接着投入了政治活动,后来成了加缪周围人心目中的英雄。西班牙内战爆发后,其他人都只是深切关注,唯纳米亚参加了反佛朗哥长枪党的国际纵队。

克洛德·弗雷曼维勒是另一位很早就投身激进政治的人,他在和加缪一起读完大学预科一年级以后,为反抗他所受到的资产阶级教育,他去了巴黎读大学。他很快就接受了当时巴黎人的思想。在巴黎,年轻的大学生富有战斗精神,就意味着投身共产党的活动。1934年 1 月,弗雷曼维勒在给他老同学的信中写道:"我对你说过我是共产党员吗?""在奥兰,在阿尔及尔,人们可以信奉工人国际法国支部,但在这里这是不可能的。我的同学都是共产主义者,除了两个傻小子和几个老姑娘之外。"①

---

① 源自让娜·德莱。

1934 年 7 月，社会党和共产党签署了一份联合行动协议，宣布了共同纲领。但是，很明显，直至那时仍被孤立的共产党决心走得更远，而非仅停留在集体行动和只联合社会党的层面上。斯大林和苏联共产党已经意识到希特勒上升的势头，意识到欧洲法西斯主义的潜在威胁，后者把共产党作为首要攻击目标。因此，他们提出了协调所有的"民主力量"，包括温和的激进社会党人，联合起来共同行动的主张。根据"人民阵线"这一新战略，所有中间派和左派的力量应该联合起来，反对国内外的法西斯主义。

人民阵线很快拥有了自己的报刊，迅速地发展了组织机构，以扩大它在外省甚至在阿尔及利亚的政治活动范围。1932 年 8 月在阿姆斯特丹召开了由左翼作家亨利·巴比塞和罗曼·罗兰组织的反战、反法西斯大会。一年以后，在普雷耶勒大厅举行了欧洲反法西斯主义大会。两次反法西斯主义大会以后，出现了"阿姆斯特丹-普雷耶勒"运动。1933 年，"革命作家和艺术家协会"创办了名为《公社》的杂志，宣称这是"一份捍卫文化的大型杂志"。在每一期里，《公社》如实地报道了法国共产党知识分子和追随者的活动。这些宣言、报纸、杂志很快就传到了阿尔及利亚。比加缪略微年轻的让·达尼埃尔当时在布利达读书。在他的回忆中，他这样描述民族阵线对城里年轻人产生的影响：

> 阅读《公社》的文章之前，其目录就使我们激情满怀。每一个名字都承载一种威望，保证了我们的"路线"。此外，局势难道还不明朗吗？纳粹、法西斯主义和他们的法国帮凶难道就不是恶的化身吗？至于善，只要看一看莫斯科就足够了。

他们的文化英雄安德烈·纪德一头扎进亲苏、反法西斯运动，对于他们的激情颇有影响。①

加缪在深思熟虑之后,带着冷静的决心进入了政治舞台,同时不影响他的学业,不影响他与论文指导教授普瓦里耶的关系,这确实是不寻常的。经过安德烈·托马斯-鲁奥的介绍,他认识了共产主义战士艾米勒·巴杜拉,巴杜拉当时是和平与自由组织的副总书记,该组织是阿姆斯特丹-普雷耶勒运动的正式名称。这是执行共产党中央委员会制定的策略所建立的首批共产党地下组织之一。阿尔及尔支部的书记是夏尔·埃斯库特,他不是党员,但在那时和以后,共产党喜欢让"同路人"来主持它的外围组织。

根据巴杜拉和加缪一起商定的在阿尔及尔的发展计划,新成员加缪将负责贝尔库工人区的支部工作。他开始行动。路易·帕热斯是他在贝尔库上小学时的同学,从海军退役以后,进入了海运公司工作。加缪在路上巧遇他之后,极力要求他一起加入组织。帕热斯后来坦承,他完全不知道"阿姆斯特丹-普雷耶勒"是怎么一回事,但他接受了加缪的要求,并在体育场的地下室咖啡馆里出席了由加缪主持的会议。②

加缪很快又得到了另一个贝尔库人夏尔·蓬塞的支持,他后来一直是加缪的朋友。加缪把他的忧虑告诉了蓬塞:"我对贝尔库的伙伴很了解。玩地滚球,打扑克牌,喝茴香酒,他们个个都是高手。但引导他们关注政治,则是另一回事。"蓬塞惊呆了,上下打量着他的新朋友,心想一位如此出色、如此穿着的年轻人怎会知道贝尔库平民百姓的事呢? 蓬塞对当时的加缪这样描写道:

---

① 让·达尼埃尔《剩下的时间》,巴黎,1973 年。在人民阵线执政时期,《新法兰西杂志》投入政治浪潮,为马尔罗和托洛茨基开设了一个论坛,但这本月刊对每一期封面的安排可谓颇具匠心,封面人物也包括敌对阵营的知识分子领导人,如德里厄·拉罗歇尔、罗贝尔·布拉齐亚克、马塞尔·茹汉都,以及其他一些挥动着斧头的重要作家(如安托南·阿尔托,反映他戏剧理论的《残酷戏剧》载于《新法兰西杂志》1932 年 10 月号)。另有一期有关古典作家歌德、司汤达和福克纳的专刊。

② 源自路易·帕热斯。

　　高个子,合身的西服衬托出一种洒脱;一个领结给整个着装一种讲究的感觉……深棕色的眼睛,两只招风小耳朵,厚实的嘴唇,总体给人一种成功的感觉。

　　但在加缪的身上蓬塞丝毫看不到他所熟悉的阿尔及尔。他用词过分精准;当他偶尔开玩笑时,也总在良好的教育限度之内,言辞从不出格。蓬塞记得:"几分钟谈话以后,我为他严肃的眼神所震撼……但在他的眼神中,会不时闪现一种诙谐。他是个富有魅力的人,一个知识分子,一个非同寻常的知识分子。"①

　　在阿尔及尔大学,加缪以言语典雅、用词贴切而引人注目。有一天,他在课堂上应老师的要求对古罗马历史学家萨卢斯特的文章作解释,但他没有从语法、文学的角度去分析文章,而是从哲学层面上进行了阐述,这让老师大吃一惊。老师对他评论道:"我们看到,加缪先生,你是个哲学家。"②在热内·普瓦里耶的课上,他交了一篇关于哲学家于勒·德·戈蒂埃的作业(后者当时仍在世)。这位哲学家对包法利主义的定义尤为出色:人趋向于表现非真实的自己,趋向于自我说谎。③ 校外活动没有影响加缪的学习,在校准时完成作业,他仍是个不折不扣的好学生。他的优雅仪表也给人以深刻的印象,这可从一张1935 年 5 月拍的照片上反映出来。这张照片是在普瓦里耶的哲学课上拍的,上面有阿尔贝·加缪。他衣冠楚楚,头发梳得整整齐齐;旁边坐着莉莉亚娜·苏克龙、伊夫·德舍泽勒和德舍泽勒未来的妻子米里安·撒拉玛。

　　来自巴黎的指示源源不断,有外围组织的,有从属于这些组织的

---

①　夏尔·蓬塞《加缪在阿尔及尔》,《西蒙风》,奥兰,1960 年第 32 期。

②　雅克·厄尔贡所言,源自他的学生热纳维耶芙·茹尔诺。

③　源自米里安·德舍泽勒。

新闻机构的,有来自克洛德·德·弗雷曼维勒私人的,他懂得如何把这种激励转化为计划,而这些计划对加缪是不无吸引力的。在综合了对政治、文化、文学的考量后,弗雷曼维勒提出了办一份阿尔及尔政治文学杂志的计划——阿尔及尔是北非的中心——,让这份杂志在欧洲人与穆斯林之间起到纽带的作用。在他看来,这样一份杂志将会吸引更多的人加入进来,并使他们成为更优秀的共产主义者。然而,这份杂志不会"画地为牢",它是开放的,允许长期争鸣。首先是巴黎的弗雷曼维勒与留在阿尔及利亚的朋友们对话。他想让加缪负责这份杂志的编辑工作,认为加缪和他本人有足够的能力和经验来做好各自的工作。

在贝拉米什的提议下(三驾马车之一),杂志取名为《新天地》。在《新天地》上刊登的第一批文章中,有好几篇加缪的撰文:一篇对奥涅格和斯特拉文斯基的评论;一篇对纪德《日记》的批评;一篇对阿拉贡的《为乌拉尔山脉欢呼》的分析;一篇对欧仁·达比(大众小说家,《北方旅馆》作者)的研究。应该还有一些对文学期刊的分析,因为加缪同时还为其他文学刊物写评论,如《新法兰西杂志》和《欧洲》等。弗雷曼维勒则负责其他工作。弗雷曼维勒曾在给贝拉米什的信中写道:"阿尔贝·加缪尽管超负荷工作,但他在杂志内部将负责坦承地自我批评,并将提出几个重要的讨论题目。"他还宣布,名作家让·季奥诺已答应帮助他们的杂志,并将在他们的杂志上发表文章。杂志将在阿尔及尔印刷,因为弗雷曼维勒不仅认识当地的一位印刷商,而且在阿尔及尔有不少作者和读者朋友;而加缪则将负责筹资。于是,弗雷曼维勒(在 1934 年 9 月 7 日给贝拉米什的信中)做出了这样的结论:"当你看到加缪以及其他许多人不仅在理论上,而且在行动上加入了共产党时,你相信杂志的作用了吗?"[①]

但是,最意想不到的观点出自让·格勒尼埃。加缪毕生称他为"老师"。谁也不怀疑加缪与格勒尼埃在这个问题上有过交流,因为所

---

① 源自让娜·德莱。

有认识他们俩的人都知道他们俩在课上、课后乃至晚间在依德阿公园散步时的讨论，知道他们俩从两年前或更早就已开始了频繁的通信，直到一个人去世才结束。然而……

就在加缪开始接触政治活动，意识到与组织严密的人一起工作才有效——换句话说，意识到先在共产党外围、后进入其内部工作——的时候，格勒尼埃正在对正统的政治进行思考，思考的结果是摒弃由共产党代表的精神桎梏。在那个时代，年轻人心目中的文化英雄安德烈·纪德把他的艺术奉献给了共产主义（一直到 1936 年，他去苏联访问，目睹了共产主义的实际运作），另一位英雄安德烈·马尔罗正在号召知识分子与法国共产党和共产国际一致行动。在这种背景下，格勒尼埃的主张势必孤立。

但格勒尼埃采取的就是这一立场。在他 1935 年（转折的年份）发表的随笔《社会中的知识分子》中，他提出不要轻易加入共产党。文中有一句他的学生加缪至少是下意识记住的话（因为他把此话作为他在第二次世界大战后的行动准则），他号召人们抵制知识分子的诱惑，不要加入一个号称能推动历史前进的政党。格勒尼埃写道：

> 总之，如果不是出自肺腑的迫切愿望，不要急着加入一个政党，这样才有利无弊。会出现这种情况，艺术家忽然意识到自己的不幸，意识到人类团结的力量，为了摆脱过去的自己，突然加入一个政党，就像一个姑娘为了摆脱父母草率结婚一样。但是这会造成家庭的不幸。因而，纪德和共产党的结合很有可能没有好结果。①

① 发表在《关于正统观念的评论》，巴黎，1938 年。这篇包括了 1936 年 4 月撰写的《正统观念的时代》一文的评论，对一个"将对知识分子实行恐怖统治"的政党所建立的共产主义知识分子组织提出了警告。评论还包括一份给读者的回信，回信不赞同其本人发表在《新法兰西杂志》1936 年 8 月号上的对正统观念的短评："我很惊讶你们居然闭着眼睛，不经思考接受了那些信仰。"该评论最终公开了一封给马尔罗的信，批评后者屈从于共产党的正统观念。

格勒尼埃并不满足于写下这些理性的东西,还公开表述他的观点。年轻的让·达尼埃尔听他分析"正统思想",他对马克思主义的信条、所谓斯大林永远正确、莫斯科"梵蒂冈"式的蛮横、等级森严的官僚主义进行批评,指出那不是无产阶级的专政,而是一个新的独裁阶级的专政。格勒尼埃在这方面的言论远远早于阿瑟·凯斯特勒、雷蒙·阿隆和伊沙克·德切。但达尼埃尔在想,他怎么做才比得过马尔罗的影响呢?①

问题也可以这么提,格勒尼埃究竟为什么这么做?可以肯定他无意阻止自己的得意门生继续体验共产主义。在他家客厅不温不火的气氛中,他完全可以去说服这位年轻人,告诉他"正统思想"会导致痛苦的失望,但他选择不这么做,确切地说,他选择了帮助自己的学生去玩火。

也许是在那个时期(1934年夏天,或许是次年夏天,因为没有任何资料能帮助我们界定确切的日期),加缪在阿尔及尔省政府谋得了一个职位,那是在总督政府直接领导下的行政机构(受总督政府直接领导的还有奥兰和君士坦丁辖区内的一些类似的省份,以及由南部荒凉地区组成的一个军事区域)。他告诉让·格勒尼埃,那年夏天,他先在一家私人企业找了份活,不料厂长带着钱款失踪了。他陷入身无分文的窘境,便在行政单位申请找工作,同时向朋友们求援。马塞勒·布涅-布朗歇是他的老朋友,也是与迈松瑟勒和其他青年艺术家经常往来的朋友,帮他在省政府找到了一份工作。他的办公室在顶楼,每天都得在北非的太阳底下烤七个小时。有一天,一位朋友的妻子路过,顺便探望加缪,发现他汗流浃背,一副疲惫不堪的样子。

在办公室里,他很快以沉默寡言出了名。可以肯定,办公室里的气氛也是死气沉沉的。每天下班后,至少有那么几天,他的妻子西蒙

---

① 让·达尼埃尔《剩下的时间》,巴黎,1973年。

娜总会在大门口等他。

　　他在驾驶证和运行证管理部门当助理。[①] 据说他后来被解雇了，原因是他"笔头很差"，这也许是真的。加缪确认了这种奇怪的说法。[②] 当他向朋友们讲述在省政府当缮写员那段毫无激情的生活时，显得非常幽默。[③] 他告诉一个朋友，他之所以被解雇，是因为他把同一个牌照号给了两辆车。[④] 这段插曲引出的直接后果是他不得不休息两个月，因为医生担心他的劳累影响到另一叶肺。

　　他的医生斯塔沙·克维克兰斯基是个热心人，加缪的一位朋友把他描写为"贵族，身材高大，典型的出色男子"，他为加缪《幸福的死亡》提供了扎格勒的人物原型。他坚信左派，是或曾经是共产党员。他的妻子后来出演了加缪第一次导演的改编自马尔罗《轻蔑的时代》的戏剧。他用草药和鸡胚给人治病，撰写神秘主义方面的文章，但从未发表。克维克兰斯基既是加缪的医生，又是他的朋友，嘱咐加缪要充分地享受生活，不要害怕太阳、害怕大海。加缪更多地把他看作朋友、哲学顾问，而不是医生。加缪确实继续去游泳，也没有在夏天少晒太阳。[⑤]

　　像所有同龄的法国人一样，他必须去服兵役了（当时的兵役期为12 个月）。1934 年 10 月，他去做了体格检查，但显然他的肺不行，使他免去了服兵役的义务。[⑥] 回到大学以后，他获得了第三张证书，即古典文学证书，再通过一门考试，获得第四张证书，就能获得学士学位。

---

　　① 源自埃德蒙·布吕阿夫妇。事实上，这个部门叫作运行证和驾驶证科，属公共工程处，处长名叫让·波米耶，也是一个业余作家，著有《阿尔及尔编年史 1910—1957》，巴黎，1972 年。前不久，在位于普罗旺斯的海外法国档案馆浩瀚的档案材料中，发现了一份加缪写给省政府的求职信。

　　② 源自夏尔·蓬塞。

　　③ 源自伊夫·布儒瓦。

　　④ 源自玛格丽特·多布朗。

　　⑤ 源自私人交谈。

　　⑥ 源自军事部发放的军籍本。

他又开始大量阅读,准备最后一门哲学和逻辑考试。

在高二时,他的老师让·格勒尼埃就讲述了苏埃托尼乌斯的《诸恺撒生平》;格勒尼埃在回忆加缪时说道,在他的课堂上,加缪也在,他特别强调了卡利古拉皇帝荡气回肠的呼喊声:"他们都是有罪的!"自那以后,加缪去听了雅克·厄尔贡老师的课,讲述奥古斯丁及其家谱。厄尔贡是拉丁文教授,1931 年来到阿尔及利亚,大家都知道他是纪德的朋友,他乐意把此事告诉学生。纪德来到阿尔及尔时,就住在厄尔贡家。厄尔贡的岳父在巴黎附近的蓬第尼建立了一个著名的研讨年会,《新法兰西杂志》旗下的知识分子都会参加,这使得厄尔贡成为连接巴黎文学界与阿尔及尔的纽带。像格勒尼埃一样,厄尔贡热爱学生,参加他们的课外活动(老师们一般都不会这么做,以后也是如此)。①

那个时期唯一保存下来的加缪作品,是他写给妻子西蒙娜的文学练笔,写在一本练习簿上,取名为《美绿西娜仙女》,还有以《贫民区的呼声》为标题的一些文章,这也是他后来发表的《反与正》的早期版本素材。

在 1934 年 12 月写的献给西蒙娜的文章中,有三个短篇故事。"现在到了谈谈仙女的时候了,"第一篇这样开头,"这是一个为忧伤的孩子讲的故事。"作者在一篇散文中就是这么写的,这篇散文文笔优美,不乏讽刺,但更多的是矫揉造作,其本意似乎是为向他爱的人致意:"……这是一个小姑娘,一个仙女。她不想未来,也不思饮食。她活在现在,与开放的鲜花一起欢笑……"

《贫民区的呼声》写于 1934 年 12 月 25 日,他署名献给妻子。但这是另一种类型的作品。虽然这些"声音"是以优雅的笔触描写的,避免现实主义,避免政治论战,避免直接描写贝尔库度过的真实生活,但这些"声音"显然出自加缪-桑代斯家的剧情。尽管有部分的文学修

---

① 　源自雅克·厄尔贡。

饰，但我们在《贫民区的呼声》中第一次读到了他在里昂大街的历史。加缪在文中竭力想搞明白他母亲的缄默，他现在远离贝尔库，可以大着胆子去描述。他叙述了他母亲情人的故事，以及她哥哥是怎样结束他们这种关系的。加缪从未发表过这些文字，他希望能在另一种形式下使用这些素材。

他继续关注命运的嘲弄，因为微小的讽刺之事可酿成大悲剧。1935 年 1 月阿尔及利亚报纸刊登了美联社的电讯稿，报道说由于误解，一个回南斯拉夫去看望母亲的儿子被处死。加缪剪下了这篇报道，当作素材，先是作为一段轶事放在了《局外人》中，后又成为《误会》剧本中的剧情：

> 一个男人离家二十年后回来，被没认出他的母亲与妹妹杀死并遭到洗劫。
>
> （《阿尔及利亚电讯稿》）

> 旅馆女老板在女儿的帮助下杀死了一名旅客，实施抢劫，而旅客却是她的儿子。
> 酿成大错之后，母亲上吊自尽，女儿投井自杀。
>
> （《阿尔及尔回声报》）[1]

那年春天，他打开了一本 17 厘米宽、22 厘米长的本子——那是当时大学生常用的、沿用至今的簿子，开始写作家日记。在日记中，有文学名句，有故事、小说、剧本的构思和提纲，有读书笔记，还有批评性的评注，也不乏他在旅游时记录下的对人物和风景的描写。有的片段或整段，或部分地被引用于他后来发表的作品。一直到 50 年代，他的日记中几乎没有个人生活的细节，因此出版其在 1935 年 5 月至 1951 年

---

① 安德烈·阿布《现代文学杂志》，巴黎，1970 年第 238 期至 244 期。

3月的日记,几乎未做改动。[①]

1935年5月,法国和苏联签署了互助条约。此后,法国外交部部长皮埃尔·赖伐尔去莫斯科拜访了约瑟夫·斯大林。这位苏联领导人给了他满意的答复,同意发表一份满足法国温和派的声明,即为中间派和听命于莫斯科的法国共产党这两者的一致行动排除障碍。公报写道:"斯大林理解并完全赞同法国所采取的国防政策,以保持法国为维护自身安全所需的武装力量。"[②]事件早得人们还没能意识到法国共产党在那时不得不调整了某些口号,譬如让反殖民的理想主义者保持沉默。当时,一些反殖民的理想主义者正准备加入共产党。

1935年6月,阿尔贝·加缪通过了本科文凭的第四考,即哲学和逻辑证书的考试。现在,他只要写完毕业论文就能获得学士学位。7月,发生了一件更直接的鼓舞人心的事件。巴黎成立了反法西斯知识分子委员会。阿尔及尔大学的西班牙语教授马塞尔·巴达勇担任该委员会阿尔及尔分部的书记。他以此身份邀请了当时左翼知识分子的名人安德烈·马尔罗来阿尔及尔,并在一次集会上发言。

马尔罗在来阿尔及尔之前,刚参加完世界作家大会。会议期间,他见到了欧洲左翼的同行:纪德、朱利安·本达、朱利安·赫胥黎、爱德瓦·摩根·福斯特、亨利切曼、伊利阿·爱伦堡、马克斯·布罗,他们都加入了反法西斯的作家新阵线。马尔罗决定发表演说,以回敬拉罗克上校,后者是极右分子,不久前在当地集合了一批火十字团信徒。马尔罗到达时声势浩大,坐着水翼飞机抵达阿尔及尔,在滨江大道上受到了巴达勇及其朋友们的欢迎。巴达勇安排马尔罗住在他家,因为

---

① 细心的读者在阅读这些《手记》时会发现,最早的日记有日期颠倒的情况。这是因为第一本日记本原始手稿的一些页面在被拆散后又重新组合了起来,或许这里面有一些加缪在后来认为不很恰当的个人思考。因此,以1937年9月为截止期的《手记之一》的第一本日记,在时间顺序上有欠准确。

② 如需了解详情和这一时期的政治事件,参阅乔治·勒弗朗《人民阵线的历史》,巴黎,1974年。

法西斯分子经常在集会前劫持敌方的演说者。马尔罗在旅途中勾勒了演说的内容，他对"拉罗克的回击"全在脑海中，如同法国大革命时期的雅各宾党人。集会在贝尔库的一家小电影院里举行，靠近练兵场，因为市中心大场子的老板们一听是召开反法西斯大会，就怕得不敢出租。然而，巴达勇的团队把准备工作做得很好，在电影院外安装了高音喇叭，使行人和进不了电影院的支持者都能听到马尔罗的演说。①

会议进行得很顺利，但马尔罗本人后来回忆说，这是他第一次，也是唯一的一次面对持敌意的听众，或者他这么认为。② 事实上，反法西斯知识分子委员会组织了一批彪形大汉来保卫电影院。马尔罗身着衬衣，嘴上叼着香烟，在台上来回走动。当他离开时，阿尔及尔的反法西斯青年集聚在码头上欢送他，举起拳头向他致敬。③

至少有一个与会者记得，在马尔罗演说结束时，阿尔贝·加缪走近他，向他致意，也许还和他讲了几句话。④ 马尔罗回忆不起在阿尔及利亚，不管是在当时抑或后来曾与加缪相遇过。⑤ 但不管怎样，加缪自此获得了比握手更明确的东西。因为马尔罗在那时刚发表了《轻蔑的时代》，传单般的小说，艺术献给了一个伟大的事业，歌颂了在反纳粹主义斗争中舍身忘我的同志友情。马尔罗小说中的主人公卡斯内和一个以假名代替卡斯内坐牢的青年活动分子，两人都是共产党员。加缪可能从中看到了自己的影子。实际上，卡斯内是工人的儿子，享受奖学金的大学生，也是个作家。（马尔罗的小说以连载形式刊登在《新法兰西杂志》1935 年 3 月、4 月和 5 月号上。）

―――――――――

① 源自马塞尔·巴达勇。

② 罗歇·斯特凡《青春的谢幕》，巴黎，1954 年。

③ 源自埃米尔·思科特-拉维纳。

④ 源自罗贝尔·纳米亚。

⑤ 马尔罗所言，感谢索菲·L.德·维尔莫兰的引见。马尔罗告诉作者他与加缪的第一次见面是在 1940 年，在巴黎放映《希望》时，他们俩共同的朋友帕斯卡尔·皮亚介绍他们认识的。

当月,在阿姆斯特丹-普雷耶勒运动的鼓动下,法国的所有左翼力量——政党、工会、政治团体——7月14日在巴黎举行了示威游行,队伍前面的横幅上写着"民众联合"。组织者估计游行人数达到了五十万。

让·格勒尼埃看到,加缪对政治越来越感兴趣,频繁地参加人民阵线的活动,他也明白是共产党为人民阵线武装了突击队。格勒尼埃还认为共产党能为新的于连·索雷尔提供飞黄腾达的机遇。不管是面谈,还是后来的书信往来,当格勒尼埃向自己的爱徒说明这一切时,他考虑过他的建议可能引出的全部后果吗? 司汤达的年轻主角不是"恬不知耻"地利用教会去实现他的野心吗? 格勒尼埃肯定不希望加缪去虚伪地行事。但如果他希望看到加缪真诚地去做,那么,他,格勒尼埃,不就成了伪君子吗? 人们观察即将发生的事情时,联想到的与其说是《红与黑》,不如说是《危险的关系》。格勒尼埃后来这样回忆道:"我从普通的准则出发,即人人有权获得幸福,但不一定有权知道真相。"

无论格勒尼埃的真正用意是什么,总之他意识到共产党需要领导。他虽然写下并说出共产党的信条的危险,但他还是建议他的学生加入共产党。格勒尼埃的建议没遭到异议,因为加缪还没有一个明确的排斥其他信仰的信仰;相反,他正在寻求真理。加缪同时表露出兄弟般的精神,支持欧洲移民与穆斯林平等的立场,他已准备(据他老师说)投入这样一种职业,即好处和危险都与他的信念不相抵触的、一种能向自我挑战且需要承担风险的职业,因为没有风险的生活是难以想象的。这正是某个晚上,在从他家走向有轨电车车站的路上,格勒尼埃对他的学生所说的话。[1]

然而,在家里,他和西蒙娜的关系日趋糟糕。她的行为,无论是真

---

[1]　源自让·格勒尼埃《阿尔贝·加缪》。显然,如果说加缪去坐有轨电车,则说明他那时不居住在依德阿公园的住所里。或许那时,1935年中期,正值他的妻子去了巴利阿里群岛。

的或人们的谣传,都使一个喜欢有条不紊、避开干扰的年轻人烦乱不安。即使他不知道人们对她的议论,例如为得到毒品勾引年轻医生,他也得面对日常生活中的现实问题,比如她不愿意分担他的生活。加缪的有些朋友恰巧不是"夜猫子",就压根儿从没见过她。

他们俩之间的不睦没有透露给他人;没有一个朋友能确定地说他们俩为什么看起来行将分手。他们俩约定她先走,短暂的分离也许是有益的,至少可以让她避开阿尔及尔的诱惑或者阿尔及尔便利的生活。她试图隐退,这与住进阿尔及尔医院完全不同。她将去巴利阿里群岛,他以后可以去那里和她团聚;他们显然设定了一个日期。她坐船走了,他则一个人走回家,山上的房子现在显得空空荡荡。

很可能就在这时,他也决定离开。在让·格勒尼埃的介绍下,他找到了埃德蒙·布吕阿(格勒尼埃在索邦大学时的同学)。布吕阿当时是《北非市政工程》杂志的主编。布吕阿的杂志与船运公司有特殊的关系;布吕阿能为他提供去希腊的免费船票吗?布吕阿办不到,但从那一天起,两人结下了友谊。[①]

加缪经常去拉菲家,这是一个资产阶级知识分子家庭,住在瑞杜特山丘上一幢别墅里,与加缪住的依德阿公园别墅只隔一条细谷。加缪进出城都要经过他家,有时,他和西蒙娜在晚上一起去他家。

安德烈·拉菲以前是海军少校,现在是北非海运阿尔及利亚公司,即西阿非诺公司船舶设备部主任。西阿非诺公司可以说是垄断了往来阿尔及利亚和法国的海运。安德烈·拉菲的岳父艾尔内·马勒贝是阿尔及利亚记者中的元老,他在 1888 年创办了一份文化杂志《阿尔及利亚杂志》,后由他的女儿,即安德烈·拉菲的妻子接替掌管。马勒贝一家和拉菲一家都是文学艺术的资助者,他们慷慨解囊,资助年轻的加缪,并给予他鼓励,拉菲家的孩子们都成了加缪的朋友,小儿子让更是加缪的崇拜者。大儿子保罗参加了加缪在政治和

---

① 　源自埃德蒙·布吕阿。

文化方面的冒险活动。

他现在去拉菲家更勤了，他的苦恼没有逃过这户热心家庭的注意。安德烈·拉菲有一天回来说，他为加缪和他的儿子保罗搞到了两张货轮上的船票，货轮将沿着北非海岸向东，然后向南行驶，从阿尔及尔出发，途经波尼、比塞大、突尼斯，一直到利比亚边境前的突尼斯的最后一个港口加贝斯。这对于孤身等待西蒙娜的加缪来说，绝对是消磨时光的好方法。加缪欣然接受了。

然而，船驶出阿尔及尔不久，加缪病倒了。他开始咳嗽、咯血。他的朋友慌了，决定在下一个港口布日伊下船。布日伊距离阿尔及尔233 公里。他们俩在闷热的气候下，坐了一天的公交车回到阿尔及尔。接下来几星期，加缪只能在家疗养。①

1935 年 8 月 21 日，他在蒂巴萨疗养所给让·格勒尼埃写信：

> 您建议我加入共产党是有道理的。等我从巴利阿里群岛回来后，我就去登记。我得承认，他们做的一切都吸引着我，我决定去尝试。对我来说，和共产党相处似乎比反对共产主义更好。

他为共产党缺乏宗教意识、允许人类自我满足而感到遗憾。但或许共产党能为他准备更多的精神关注？

> 我不说这是正统的。但在我（真诚的）尝试中，我将拒绝在人和生活之间放上一卷《资本论》。

他加入共产党是为看到共产党理论的演变。他知道共产党的哲

---

① 源自保罗·拉菲和玛格丽特·多布朗。加缪在 1935 年 8 月 8 日、17 日、21 日写给格勒尼埃的信中，提及了他的这次旧病复发。他告诉格勒尼埃他是坐火车从布日伊回阿尔及尔的；但在保罗·拉菲看来，这是加缪的习惯说法，总爱把大巴士说成火车。

学中有错误,比如与进步的幻想相连的理性主义、阶级斗争的观念、只对工人阶级有利的历史唯物论等。但是:

> 我感到更多的是生活,而不是思想,把人们引入共产主义……我有一个强烈的愿望,希望毒化人类的痛苦和辛酸得以减少。①

这类动机不能不使他的老师激动。谁是主张精神探索的,对他而言,生命就是思辨。事实上,甚至可以说,加缪的这封信是在格勒尼埃的口授下写的。

至于这封信是不是一个要加入法国共产党的候选人的正确态度,这种态度是否有助于他加入共产党,或者有助于他留在共产党内,这些问题得有根据才能作出判断。

---

① 源自让・格勒尼埃。格勒尼埃对这封信的标注时间是 1934 年。信的原文没有日期。但格勒尼埃在书中把入党的决定放在了《轻蔑的时代》上演之后和拍摄《阿斯图里亚斯起义》的计划之后,也就是说是在 1936 年春天过后。而加缪的这封信毫无疑问是在 1935 年 8 月写的,这一事实的背景很清晰(再次去巴利阿里群岛旅行),还有注明日期的弗雷曼维勒的信件以及其他人的证词。参阅第八章。

第八章

入　党

寻求接触，各种各样的接触。如果我要写人，我怎能离得开景色？

——《手记之一》

是与在岛上隐居的西蒙娜相聚的时候了。他安排好一切，没把计划告诉任何朋友，几乎是秘密地离开了阿尔及利亚。这次离别使他产生了怎样的不安，我们一无所知，在他的日记里找不到任何记载。也许在当时，他记了些东西，但他保留隐情的个性使他删除了这些笔录，只保留了文学部分。这部分内容是他对旅途的印象，对巴利阿里群岛的描写，用在了《反与正》中。

他似乎也没花时间去参观梅诺卡岛，那是他母亲祖辈居住的地方。他的注意力在其他方面。然而，他却花时间反观自己第一次在外国旅行的反应。这次旅行，以后也一样，让他激发出一种"模糊的害怕……一种本能的返回到习惯的生活中去的渴望……"他还记录下了只有身处陌生国度，颇感无助的旅游者才会有的那种需求，即指望读到一份用母语发行的报纸，盼望有一家可以遇见其他人的咖啡馆。这是一个孤独者的思考，也许是在找到西蒙娜之前（或虽和西蒙娜在一起，但仍是孤独者）的思考。我们不知道他是怎样找到西蒙娜的。后来有谣言说，他发现西蒙娜所说的隐居的"修道院"已经关门许多年了，或许已闭门数个世纪。[1]

夫妇俩回到阿尔及尔，但西蒙娜态度冷淡，加缪的朋友们见不着她。不久，她进了一家私立医院接受治疗。

他则开始履行自己的政治诺言。他悄无声息地加入了共产党，在他一生中，对所有重大的行动都是这般谨慎。除了几个与他在一起参加这一冒险的朋友，他没告诉任何人。他的同学和老师（格勒尼埃除外）都不知道他加入了共产党。他甚至没告诉他的老朋友路易·帕热斯，尽管帕热斯是工人出身，（可以想象到）从共产党的观点看是无可指摘的人，而且他确实是个非常正直的人，他一直不知道加缪已成为一名共产党党员。然而，他们一起参加同样的政治活动，合作了六个月。加缪的另一个同学保罗·拉菲，也是帕热斯的朋友（亲戚），由加缪引导加入了共产党。[2]

然而，许多活动是公开的，人人都可以参加。首选的就是文学艺术，无疑，这是受到了与安德烈·马尔罗的短暂接触的启迪，马尔罗的承诺和他用文学艺术为信仰服务的方法也让加缪钦佩。马尔罗本人后来把他的政治小说《轻蔑的时代》形容为"平庸之作"，在他有生之年绝不允许再版。[3] 小说的主要价值在于它传递的政治主张，尤其是小说的前言部分（《新法兰西杂志》在连载出版该小说时漏掉了前言）。在前言中，马尔罗写道："成为一个人很难。寻求一致难，保持差异也难……"

因而加缪开始"寻求一致"，把他的朋友聚集在一个剧团里，剧团成为政治行动的一种方式。剧团取名为"劳动剧团"，第一部戏就是加

---

[1] 　源自个人访谈。诚如前文所述，第一本拆散后又重新组合的手记，其时间跨度是从 1935 年的 5 月到 1937 年的 9 月。

[2] 　源自路易·帕热斯。帕热斯是安德烈·拉菲夫人的外甥。加缪从未向他的朋友暨他的第一个出版人埃德蒙·夏洛提及自己加入共产党的事情，后者一直参与他的政治和文学活动。（源自埃德蒙·夏洛）

[3] 　罗歇·斯特凡《青春的谢幕》。

缪改编的《轻蔑的时代》。

他同时还领导共产党的一个外围组织,得到左翼工会支持的成年教育机构,即所谓的"大众大学",其正式名称是"劳工学校"。[①] 除了劳工剧团、劳工学校等活动,他还参加了劳工影院的工作。劳工影院的前身为电影俱乐部,由社会党人马克斯-波尔·富歇创立,共产党人接管以后改名为劳工影院。

除此之外,这位青年积极分子正在阿尔及尔大学读三年级,在这一年他要攻读大学文凭。与普瓦里耶教授见面以后,论文题目定了下来,这使他不得不研究古希腊的文化思想、基督教的起源,研究新柏拉图学派的埃及哲学家柏罗丁,以及北非的基督教徒圣·奥古斯丁。[②] 为了准备这篇论文,他读了大量的书籍,论文的参考书目在"七星文库"版的加缪文集中占了将近四页。[③] 然而为了补贴家用,哪怕是一小部分,他通过给人上辅导课来挣钱,极尽体弱的青年人之所能。为了提高效益,他的"个别"辅导课成了集体辅导课。他前一年辅导过的一个女中学生,这次带着其他六个女生一起来到了他依德阿公园房子的客厅里。她们都在准备高中哲学科目的会考。他上课不拘形式,给她们倒茶,自己抽着烟,在厅里来回踱来踱去地讲课,这些姑娘在高中毕业的会考中都取得了她们最好的成绩。[④]

需要有点想象力才能理解 30 年代中期法国共产党在阿尔及利亚

---

① 源自伊夫·布儒瓦和保罗·拉菲。

② 源自热内·普瓦里耶。加缪后来向当时君士坦丁的主教,后来是阿尔及尔红衣大主教的莱昂·埃蒂安·迪瓦尔殿下坦承,在他撰写论文的时候,发现自己对一直是北非作家(不管是否信教)心目中的"主教"圣·奥古斯丁怀有一种特别的"忠诚"。加缪认为他更是个艺术家,身上有像他这样的"非洲人"的品质和弱点。

③ 保罗·阿尔尚博在 1969 年版的《奥古斯丁研究》的第六卷中确认,加缪在论文中用不小的篇幅载录了之前许多作者的研究。参阅莱蒙·盖伊-克罗希耶耶发表在《现代文学杂志》1972 年第 315—322 期上的评论。

④ 源自索拉热(路易夫人)·贝尼斯蒂。

的处境。首先是共产党相对薄弱的影响力。在首都,党员的总人数仅为一百人;在市政议会选举时,共产党的领导人要费很大劲才能提出一份三十五人的候选人名单。①

还需知道,阿尔及利亚特定的政治气候与法国的完全不同。阿尔及利亚处于总督的统治之下,总督又受到移民强硬派的压力。那儿的政治生活与巴黎的毫无相似之处。在巴黎,各种民主力量的自由行动,有时还带有第三共和国时期的政治上不负责任的色彩。对阿尔及利亚的管理就像对边防哨所一样严格,实施的是边境的法规。在巴黎,人们可以公开地宣称自己是共产党人,但在阿尔及利亚却办不到。共产党人鼓励阿尔及利亚民族运动(在 30 年代,绝大多数穆斯林甚至没有一点基本权利),他们不仅在北非穆斯林中,而且包括在法国的移民劳工中,努力发展进步力量组织,他们的行动不能不引起担忧和误解。他们很快就遭到了起诉,共产党的地方领导人不得不逃离阿尔及尔,逃到环境宽松但正发生内战的西班牙,以免牢狱之灾。

加缪加入共产党时,阿尔及尔的党组织还不是自主的,它只是法国共产党的一个分支。共产党的地方组织,根据区域划分为分部,分部下面是支部。加缪被派到以吸收大学和市民居住区中的青年知识分子为主的一个支部;支部以所在地命名:普拉托·索利艾。这一支部归属阿尔及尔贝尔库分部的书记帕杜拉领导,他是加缪在阿姆斯特丹-普雷耶勒运动中认识的朋友。帕杜拉是加缪入党的引路人之一(认为他没有理由不加入)。帕杜拉年龄不大,但有丰富的共产主义运动经验,他认为如果把加缪放在工人支部,加缪将难与普通成员进行交流。② 艾里·米尼奥是位年轻的手艺人,从 1935 年 9 月 1 日起成为

---

① 源自艾里·米尼奥。在本次会晤之时,米尼奥先生仍然是法国共产党中央委员会秘书处的干部,负责殖民事务。阿马尔·乌茨卡那当时是党的书记,他告诉作者,1935 年,阿尔及尔有近百名党员,但整个阿尔及利亚的党员数是 500 人。

② 源自艾里·米尼奥。

共产党的地方干部,他认为加缪及他的朋友加入共产党是出于伤感主义和对殖民主义的反抗。他和工人同志都倾向于把他们看成"童子军队员"。① 但共产党也欢迎"童子军队员"的加入。"党现在需要我们。"曾经富有激情的克洛德·德·弗雷曼维勒向他寡言少语的朋友安德烈·贝拉米什解释道:"过去,加缪,还有我,我们本该受到非常冷淡的接待。他们早就要我们有所改变。"②

　　普拉托·索利艾支部很快发展了不少同类的男女童子军队员。其中有莫里斯·吉拉尔,他是画家,也是皮埃尔-安德烈·埃梅里的姐夫,后者是与让·德·迈松瑟勒一起共事的建筑师。另一个是保罗·拉菲。通过拉菲未来妻子科莱特的介绍,加缪(之前5月)认识的奥兰的两个形影不离的女大学生,让娜-保罗·西卡尔和玛格丽特·多布朗也加入了普拉托·索利艾支部。让娜·西卡尔出生于奥兰的一个种植园主大家族:她母亲出身于巴斯多家族(香烟制造商)。她获得学士学位后,本要攻读大学第三阶段第一年的学业证书,但是战争使她进入了夏尔·戴高乐的政府。在此期间,她遇上了勒内·普利文,并成了他的办公厅主任,此番经历,使她成为战后法国最有权势的女性之一。她1962年9月死于车祸。玛格丽特·多布朗同样出身于奥兰的一个富裕的家庭(父亲是牙科医生)。她在阿尔及尔读古代史,攻读大学第三阶段第一年的学业证书。她和让娜一起加入了阿尔及尔临时政府,也跟着普利文去了巴黎,从事行政管理的工作。从那时起,西卡尔和多布朗都一直参与加缪的政治和文化活动。她们和加缪一起在山顶上租了栋房子,称作"面对世界的房子",又称"翡虚院",他们有时就在这院子里开支部大会。③

---

① 源自埃米尔·帕杜拉。

② 源自让娜·德莱。

③ 源自玛格丽特·多布朗和保罗·拉菲。阿马尔·乌茨卡那明确说道,在他返回阿尔及尔后,克洛德·德·弗雷曼维勒经常去普拉托·索利艾支部。

加缪的朋友路易·米凯尔结束了在著名的勒·科尔比西耶设计院(在撒弗路上)的建筑学习,从巴黎回到阿尔及尔后,加缪把这位初出茅庐的建筑师也吸收进党内(米凯尔以前是马克斯-波尔·富歇的社会主义青年运动的成员)。加缪组织各种讨论,把他的支部称作"马克思-恩格斯小组",他告诉米凯尔,他的目标就是培养干部。①

对于公开活动,加缪在劳工学校忙于开设各种课程班。当然,其中有一个班安排在依德阿公园的别墅里上课。他又一次招募了帕热斯。帕热斯和其他二十二名学生一起待在他的客厅,他们不是商船海员(和帕热斯一样)就是工人。加缪给他们讲述弗洛伊德的基础概念,帕热斯什么也没听懂,但他走出客厅后相信,他们每个人都换了个样。②

在加缪的圈子里很快又增加了一位出色的中学青年教师,是个政治异类,他从未加入共产党,但投身阿尔及利亚法国青年人纷乱的政治活动。他就是伊夫·布儒瓦,出生于 1909 年,毕业于著名的巴黎高等师范学院,并取得了教师资格证书。他在伦敦皇家学院当过法语助教,在马里兰州安纳波利斯学院享受奖学金学习过一年。之后,进入教师队伍,先在里昂任教,从 1935 年秋天起在阿尔及尔比若中学任教。那时,他已到过二十个国家,或多或少能讲四种语言。

1935 学年初,反法西斯知识分子委员会召开了第一次大会,布儒瓦在会上提出左翼青年知识分子应该参与文化活动,如业余戏剧演出等。师生们立即建议他去联络一名大学生,后者正在组建一个剧团。伊夫·布儒瓦因而给加缪写了封信(结尾写了句口号:"红色阵线!"),

---

① 源自路易·米凯尔。
② 源自路易·帕热斯。尽管没有确切的日期表明加缪是何时参加劳工学校的活动的,但加缪在 1935 年 8 月写给格勒尼埃的信中写道,他不能长时间不在阿尔及尔,因为他在那里有教学任务。但这也有可能指的是他给学生上的辅导课。

信中对自己做了简单的描述,说他将穿着一件罗登呢大衣,以便加缪能在约会地奥托马堤克酒吧认出他。他们相互间很快产生了好感,讨论了现代戏剧,布儒瓦对现代戏剧有直接感受,而加缪显然没有。加缪发现这个长着棕色头发、身材瘦小的青年人有很强烈的吸引力;布儒瓦发现加缪是个风趣、懂礼貌、成熟、有教养的小伙子,而且发现他易冲动,尽管他得过肺结核;当然,他知道让·格勒尼埃对他赞不绝口。

布儒瓦很快加盟了劳工学校,他先教英语,后教西班牙语,其他教师则教授法语、数学……工会向他们输送了大量的学生,他们不得不四处寻找教室。一般来说,教室都在穷街区的破房子里。加缪经常在上课时讲些笑话,以活跃课堂气氛,显然,他从中得到了乐趣。然而他的讲课有时也会让工人学生感到吃惊,比如他在课堂上讲,真正的革命不是为了穿上漂亮的鞋子,而是获得人的尊严。布儒瓦不仅自己在劳工学校上课,而且请来了另一个中学教员阿尔非·普瓦尼昂,还有普瓦尼昂的未婚妻艾莉斯。布儒瓦的第二任妻子伊沃娜·雅尔尼亚也全力投入了这所义务学校。有一天,她告诉布儒瓦,当她看到她教的扫盲班的学生,那些年轻的穆斯林工人坐在厂房旁的人行道上用心背诵课文时,她备感兴奋。[①]

加缪在组建剧团的时候没有多大奢望,他是否知道这将是在一个他终身投入的领域迈出的第一步? 是否知道这一步会引导他为专业剧团写剧本,并开始他当导演的第二职业? 在成立劳动剧团之前,加缪似乎从未对未来做过哪怕是粗线条的计划,更不用说去对戏剧原理进行研究。一切似乎都显示,只是在做了一系列这方面的工作,改编剧本,挑选演员,导演、演出他的最初那些戏剧之后,他才发现戏剧在他生活中具有绝对的重要性。

---

① 源自伊夫·布儒瓦。当作者终于找到人们以为已经去世或不在法国本土生活的布儒瓦先生时,这位从未向他人谈及他与加缪关系的老人,把记录了他回忆的一本本子给了作者,并且回答了作者在撰写本书过程中提出的诸多问题。

加缪对安德烈·马尔罗的短篇小说《轻蔑的时代》(186 页)进行了改编。他采用旁白的方法,把它改编成适合舞台演出的戏剧,每一场叙事简短,借助台前台后的聚光灯快速切换背景。为了演这出戏,他在朋友中招兵买马,组成了一个完整的演出团队,其中有路易·米凯尔、罗贝尔·纳米亚、路易·帕热斯、保罗·拉菲、让娜·西卡尔、玛格丽特·多布朗、伊夫·布儒瓦(布儒瓦把同事阿尔非·普瓦尼昂也带入了剧团)。但改编小说,他必须得到小说作者的同意。事如人愿,他收到了马尔罗的电报答复,上面只有三个字:"你演吧"。收到这份电报,他高兴极了,因为马尔罗以"你"称呼他。[①] 加缪的剧本保留了原作的情节:德国共产党领导人卡斯内被纳粹逮捕了,一个不认识的同志冒名顶替,使这位领导人获释。卡斯内坐着由秘密组织成员驾驶的飞机逃到了布拉格,在那儿参加反法西斯集会时,找到了妻子。马尔罗写这部小说是为了声援为解救身陷牢狱的反纳粹德国人而进行的战斗,他对共产党的赞美一直传到了莫斯科。一份毫无疑问是加缪写的传单这样说道:

> 在大家无私的努力下,劳动剧团在阿尔及尔成立了。剧团意识到大众文学的艺术价值,它希望表明艺术应该从象牙塔里解放出来,它相信美感是与人性紧密相连的。这并非新观点……它努力恢复人的价值,而不是去提出新的思考。
>
> 理论目标的实现需要合适的方法。为此,新的观念被引进了阿尔及尔,在布景和演出中作了部分改革。

传单继续写道,他们从自编自演的剧目开始。"然而,劳动剧团意

---

① 源自夏尔·蓬塞。有关劳动剧团的情况,尤其是有关《轻蔑的时代》的改编和演出,我的描述同时来自路易·米凯尔、皮埃尔-安德烈·埃梅里、伊夫·布儒瓦、路易·帕热斯和安德烈·贝拉米什的回忆。显然,他们都没有保存下来加缪对马尔罗小说改编的剧本稿。

识到自己的局限性,也知道自己的弱点。人们可以从它的行动而不是它的意愿去评判它。"这份宣言最后许诺,全部的演出收入将通过国际工人救助组织发放给失业者。

劳动剧团的第一出戏,《轻蔑的时代》第一次搬上舞台,阿尔贝·加缪的第一次舞台实践,无论从哪个角度看,意义都非同一般。由于缺少经费(大家出资购买了需用现金支付的各种用品),青年组织者为强化戏剧效果对剧院进行挑选,他们选择的地点令观众难以忘怀。

巴帕·艾尔-裘德海滩上造有不少更衣室和咖啡舞厅,其中本·巴多伐尼舞厅的场子很大,将近有十五米宽,四十米长;地上铺着木头地板,窗户朝着地中海。由于绝大部分演员——他们中有当地的工人,甚至还有一个被戏称为"象征性的穆斯林"——白天都要工作,他们只能在黄昏排练。排练结束后,剧团里单身的知识分子就到里尔街阿拉伯风格的餐馆里去吃羊肉串,吃完饭后,步行送女孩子们回家。①

建筑师路易·米凯尔负责布景,同时在剧中扮演一个参加政治集会的小角色。紧跟加缪的路易·帕热斯扮演德国军官,为了演得逼真,他剃了个光头。他很认真地扮演纳粹的角色,甚至在台上真的把另一个演员打倒在地,以致其他人都劝他不要那么入戏。贝拉米什扮演集会主持人,他的角色只需要他重复这么一句话:"现在由(演员名字)发言。"他惊讶地看到,加缪成功地让观众都融入了演出,不管他们各自的政治立场如何。玛格丽特·多布朗扮演列宁的遗孀,她从观众席中反驳喊道:"弗拉基米尔·伊里奇深爱人民。"加缪的医生斯塔沙·克维克兰斯基的妻子扮演卡斯内的妻子。

伊夫·布儒瓦这位旅行家从希特勒的德国带来了纳粹军队进行曲,戏就从威严的进行曲开始,他带回的那些后备役军人的军装和靴子是突击队士兵的理想服装。布儒瓦扮演被关在集中营的年轻人,他用德语在后台唱道:"我曾有个同志。"加缪没上舞台,他在后台用喇叭

---

① 源自伊夫·布儒瓦。

念诵卡斯内的旁白。在革命集会这场戏中,台下观众成了参加集会的民众,他们齐声高唱:"起来,饥寒交迫的奴隶……"[①]

1936 年 1 月 25 日有多少阿尔及尔人观看了《轻蔑的时代》的首场演出?一位观众说有两千人,另一位观众是建筑师,对场地很熟悉,他肯定地说,里面的座位不超过三百。[②] 有许多观众是站着或坐在窗沿上看完演出的。共产党的地方杂志《社会斗争》双周刊写道:"一千五百名各阶层人士观看了演出……有工人、职员、大学生、教师、医生,有妇女、青年人……"(这与有三千人观看了演出的说法吻合。)四十年后,大家仍然记忆犹新的是演出的环境和戏剧产生的相互间影响。窗外几米开外就是海水,演员们不得不在海浪拍打声的间隙中说台词,这使得(根据皮埃尔-安德烈·埃梅里的回忆)他们的台词显得更加庄重。共产党杂志欢呼道:"这不是试演,这就是大师的杰作。"在第一次演出之前,保守的《阿尔及尔回声报》发表了一篇文章,给予编剧如下评价:"这是一个文学才能得到了充分肯定的学生。"继这一评论后,评论家热内·雅农(在该剧春天的演出之后)在 4 月 15 日的《阿尔及尔回声报》上又写道,他们"令人惊讶的戏剧意识,他们营造的剧院气氛,在阿尔及尔是很少见的",并指出他们"在由社会各阶层人士组成的观众中,获得了成功……"[③]

一位懂门道的戏迷注意到,这出戏对艾文·皮斯卡托尔的史诗剧也产生了一定的反响(蓬塞在对本·巴多伐尼的演出报导中提到过)。显然,加缪之前还没有开始对戏剧理论和戏剧历史进行研究,但他不

[①] 源自路易·米凯尔、路易·帕热斯、安德烈·贝拉米什和玛格丽特·多布朗的讲述。

[②] 源自夏尔·蓬塞和皮埃尔-安德烈·埃梅里。根据加缪 1936 年 4 月 13 日的公开信(谈及《阿斯图里亚斯起义》),两场演出的收入共计 3000 法郎。如果说每个观众的入场费是 1 法郎,那么由此可推断每场的观众是 1500 人;但完全有可能有许多观众支付的入场费会高于 1 法郎(1 法郎相等于 15 生丁欧元),因此根据收入来评估入场人数,会造成数据的错误。

[③] 阿尔及利亚媒体的评论源自雅克丽娜·莱维-瓦朗西《文化行动》,载于《现代文学杂志》,巴黎,1972 年第 315—332 期。

久以后就开始了,并认识到 20 世纪戏剧运动的影响力:在此运动中有雅克·科波,斯巴达式舞台简洁布景的创造者(皮斯卡托尔也是斯巴达式舞台的创始人之一);安托南·阿尔托;爱德瓦·高登·克雷克(《舞台艺术》的作者),从伦敦、柏林开始,他给整个欧洲舞台带来了震动);阿道夫·阿皮亚,一位舞台改革大师,他反对当时占主导地位的现实主义运动。1937 年,加缪决定带领他的剧团在老鸽棚剧场上演科波的作品。他没有看过科波的戏,但他可以在《新法兰西杂志》以及其他刊物上读到对科波和对戏剧界新人的评论。

加缪同时从一个来自瑞士的建筑家那儿得到第一手资料,他就是勒·科尔比西耶的弟子,二十六岁时移居阿尔及尔的皮埃尔-安德烈·埃梅里。他在一家建筑设计院工作,让·德·迈松瑟勒在那儿当绘图员。当迈松瑟勒向他介绍十八岁的加缪时,埃梅里已经二十八岁了。他先是在日内瓦,后又在漂泊巴黎的年代里与二次大战期间的著名演员乔治和柳德米拉·庇托耶夫夫妇建立了友谊,并在他们俩的剧中扮演角色,在他们占主导地位(1924 年至乔治逝世的 1939 年)的马杜兰剧院演出过许多现代作家的作品,如契诃夫、萧伯纳、皮兰德娄、奥尼尔、克洛岱尔和阿努伊。埃梅里在劳动剧团中不仅是舞台经验最丰富的人,而且他的政治观也与他们一致。他有个姐夫是人民阵线阿尔及尔主要机构的总书记,另一个姐夫与加缪同属一个共产党支部。他的年龄使他不能和剧团里的年轻人打成一片。年轻人在排练后去老城的咖啡馆、饭店,再后来他们在"翡虚院"形成了亲密的团体,但大家经常向他咨询和请教,如剧目的选择等,他都尽力而为。当剧团开排马克西姆·高尔基的《底层》后,他开始在劳动剧团担任美工,参加全部的演出活动。

但是,老板是加缪。米凯尔注意到,加缪有一种"天生的权威"。不争不吵,总是他说了算。新剧目由加缪提出,大家自由讨论;选择的重点放在由他的共产党朋友决定的政治路线上,但领导剧团的是他。蓬塞说道:"加缪具有难以形容的天赋,他经常出现在现场,在适当的时间用恰当的语言激起他人的热情，形成一种信任和友好的气氛……他善于说服人，爽朗且诙谐，玩笑开得令人舒心。"①

他已经箭在弦上，势在必发。几乎在排练《轻蔑的时代》之初，他已和朋友们在商量以后的剧目了。在革命作家和艺术家协会刊物《公社》的朋友们的资助下举办了一场主题为"革命戏剧的可能性"的讲座，人们几乎可以肯定未表明身份的演讲者就是加缪。② 人做得越多，能力就越强：他的日记本里突然迸发出新的思想——为短篇小说、为第一篇长篇小说作准备。也许他已开始为《反与正》撰写第一稿。③

克洛德·德·弗雷曼维勒本人就是一团火，他不断发表作品，不断策划新的组织，他从巴黎写给他朋友安德烈·贝拉米什的信中直率地表达了他对加缪的钦佩：

> 加缪说他是出于失望和冒险才加入共产党的……真的！ 因为行动最终将驱散冒险和失望……
>
> 此外，我注意到，在加缪的思想与行动之间有一种不协调。加缪继续在想着失望，甚至写的也是失望，但他以希望为生。你可以毫无顾忌地告诉他，这种矛盾心理只能使他陷进泥潭而不能自拔。你比我更清楚，他的病已痊愈。你也知道，康复是很快的……他并不总是他自己的诽谤者，有时候我听到一个我熟悉的加缪，他不是生来就属于共产党的，但是他在共产党中长大……（1936 年 1 月 9 日）④

---

① 夏尔·蓬塞《加缪在阿尔及尔》。在这个阶段，蓬塞没上大学，是西阿非诺海运公司的全职雇员。加缪在贝尔库举行的阿姆斯特丹-普雷耶勒运动的会议上第一次与他见面，向他谈及了自己的演出计划。蓬塞那时还不是共产党员。

② 雅克丽娜·莱维-瓦朗西《文化行动》。

③ 如前文所述，鉴于最早的《手记》已被打乱过，因此难以确认写于 1936 年 1 月和 2 月的提纲是否就包含在《手记》中，更何况《幸福的死亡》的提纲，所引证的是他次年夏天的中欧之旅。但在《手记》中，有一篇很容易辨认的类似谈论某个主题的文章，注有清晰的 1936 年 1 月的日期。

④ 源自让娜·德莱。

加缪在 2 月 13 日的日记中似乎也在寻求帮助,他意识到孤单一人是什么也干不成的:

> 我要求人们帮助我,甚至超出他们的所能。追求相反事物的虚荣。这是何样的错误,何样的令人失望。
>
> 寻求接触,各种各样的接触。如果我要写人,我怎能离得开景色?

但是他的探索没有产生反响,或他至少感到人们没有听他的:

> 你去找一位年长的朋友,告诉他一切……但他很匆忙……而我则感到更孤独,更空虚。

如果回家写下这些心声的加缪是真实的加缪,那么这些年与他一起频繁参加活动的朋友们其实并不了解他。

被调动到共产党地方组织的弗雷曼维勒,大张旗鼓地出现在阿尔及尔的政治舞台上,坚信他的使命就是要使阿尔及利亚的欧洲人和穆斯林友好共处。他成了新的法国—穆斯林联合会总书记,制定了联合会的纲领和章程,获得了马塞尔·巴达勇的支持,还得到了反法西斯知识分子委员会和穆斯林温和派领导人艾尔-奥克比酋长的支持。他确定了策略,在首都和全国建立分部。在劳工部支持下,他组织了一次大会。(理所应当?因为他让与会的穆斯林用阿拉伯语唱《马赛曲》。但也许有必要指出,在第二次世界大战前的阿尔及利亚,提出穆斯林与法国人一样,是平等的,这是非常革命的思想。因为在那个年代,殖民地绝大多数的当地人是不享有欧洲殖民者所拥有的基本公民权的。)

克洛德·德·弗雷曼维勒在年满二十一岁时继承了父亲的遗产。

他动用这笔遗产，买了一家小印刷厂，开始为共产党同志们，也为穆斯林民族主义者印制传单和刊物。在他广泛的接触中，有《北非之星》的组织者，有梅萨里·哈吉的追随者，还有温和人士非拉·阿拔（多年以后，他摆脱了温和派，成了阿尔及利亚起义的领袖）。[①] 除了已经做的一切，加缪当时很可能还帮助弗雷曼维勒为穆斯林朋友们印刷传单。那一时期，罗贝尔·纳米亚陪同加缪去过一家印刷厂，厂里正在印刷梅萨里的法文版报纸《北非之星》。加缪和纳米亚都帮着做编辑和校对。可以想象，这些工作之所以由法国人来做，是因为如果穆斯林做这份工作，极有可能被捕和受审。[②]

　　弗雷曼维勒也许看得很准，他对加缪精神状态的分析是正确的，他思想上和行动上的矛盾始终没有完全地得到解决。加缪与共产党的矛盾会在以后表现出来。他在日记中冷静地思考，他记得让·格勒尼埃对共产党的评论："为了实现正义的理想，是不是一定要同意干蠢事？"回答说"是的"也许高尚，但回答说"不"也许更诚实。这与聪明的基督徒面临的问题没什么两样。基督徒是否要操心《圣经》中的矛盾？是否要挂虑诺亚方舟的神话？是否要为宗教裁判所或法庭宣判伽利略有罪辩护？"但另一方面，怎样把共产主义和厌恶加以协调？"

　　他唯一的答案就是更深入地投入政治活动中。继《轻蔑的时代》获得成功后，他和劳动剧团的同志们又投入第二部政治戏剧的创作中。这一次，他坚持要集体创作，要把 1934 年 10 月西班牙阿斯图里亚斯矿工的起义，起义后希望成立工农共和国的主张，以及在西班牙政府动用摩洛哥军队和外籍军团进行反扑后，矿工们束手就擒并随之遭到残酷的镇压作为新剧的题材。伊夫·布儒瓦提议重建洛佩·

---

① 源自让娜·德莱。

② 源自罗贝尔·纳米亚。

德·维加式的剧场气氛,在舞台上展现一个贫困群体用无声来抵抗压迫的场面。剧本有四位作者,当然有加缪,还有他的朋友让娜·西卡尔和两位中学教师布儒瓦和普瓦尼昂。他们聚在"翡虚院",那儿没人居住,成了加缪和朋友们工作的地方。每个作者负责写各自的部分,完成后交给加缪,由他负责统稿。

第四幕开场的审讯是布儒瓦写的,对白写得很流畅,加缪对他的才能很钦佩。让娜·西尔卡写的是内阁会议的一场戏;而无线电广播词很可能都出自普瓦尼昂之笔。起初,他们想避开所有的爱情情节,但最后还是在贝朴和皮拉尔之间添了一条爱情线索。加缪写了剧终的集体朗诵词和大部分剧情。剧中的上帝和贝朴是在加缪的建议下写进去的,有些微妙的讽刺、巧妙的答语也是他写的,如"我投他的票,因为他不高傲"。他们想给该剧起个能引起联想的名字,如《雪》或《短暂的生活》,最终,大家都接受了拉丁文教授雅克·厄尔贡的建议,取名为《阿斯图里亚斯起义》,后者认为这样听起来有点"克洛岱尔的味道"。①

加缪同时也写下了重要的舞台说明,尤其是对开场部分的描写,舞台应该"围绕"观众展开,让"观众难以招架"。观众席的四周是奥维耶多的街道,矿工的首都,前台是中心广场。内阁会议用的大桌子放在剧院的中央,旁边置放着扬声器,代表着巴塞罗那广播电台。在加缪的导演手册中记着:"戏按这些变化的层次围绕观众展开,迫使观众根据自己所处的位置,观看并参与到剧中。"加缪的舞台说明继续说道:"理想的效果是坐在 156 座的观众看到的东西与 157 座的观众不一样。"

加缪从未看过史诗剧,但这并不影响他导演出史诗剧的效果。当

①　源自让娜·西卡尔的回忆录,该回忆录刊登在"七星文库"版加缪戏剧作品集中。伊夫·布儒瓦对一些细节做了补充。

演出结束后,他告诉一位朋友,①《阿斯图里亚斯起义》不是个好剧本,他一个人不会再写这样的剧本,但是,对他来说,这出戏不是艺术作品,而是政治行动。

他们在贝尔库一个属于业余乐队的库房里排练。戏从布儒瓦演唱阿斯图里亚斯民歌开始(应该承认,他在唱歌方面没有天赋),歌曲是从他收集的民歌唱片中挑选出来的。一个主张无政府主义的同志樊森·索雷阿拉手风琴。一位从庇卡底来的小学教师扮演西班牙首相。布儒瓦扮演一个冷静的老矿工,加缪扮演不成熟的领导。然而"西班牙"气氛、有趣的谈话、剧情的幽默却不像源自西班牙,而像来自阿尔及尔的街头。②

3月中旬,共产党的双周刊《社会斗争》刊登了劳动剧团的消息,宣布《阿斯图里亚斯起义》即将上演。"我们在1934年10月奥维耶多的革命中看到了力量的榜样和人类的伟大。"接下来的一期《社会斗争》宣布了首场演出的日期是4月2日。③

漫长的排练终于结束了。加缪在日记中写道:"我似乎感到正浮出水面换气。"随后,他好似说明般加了句"女士们温柔而又矜持的友谊"。因为他发现婚姻没有剥夺他与人结伴的自由,他还发现,虽有地中海的女人生来就是让人追逐的传说,但一个女人除了有性感的诱惑力外,也完全可以是一个好同事。让娜·西卡尔和玛格丽特·多布朗就是这样的朋友。他与让娜非常亲近,以致有人认为他们是情人。然而,这完全是无稽之谈。

他决定在《阿斯图里亚斯起义》公演以后,开始做自己的事情。他

① 即莉莉亚娜·迪隆。

② 雅克丽娜·莱维-瓦朗西《文化行动》。同一作者发现,《阿斯图里亚斯起义》很接近一篇标题为《奥维耶多,西班牙政府的耻辱》的文章,作者叫安德烈·里巴尔,载于1934年11月《世界》杂志(亨利·巴比斯的杂志),该期杂志是西班牙专号。部分特别的细节,比如炸墙等,源自该篇文章。戏剧的部分细节亦来自刊登在该期《世界》杂志专号上的其他文章的描述。

③ 雅克丽娜·莱维-瓦朗西《文化行动》。

将致力于个人的创作,尤其是创作已经有雏形的小说。他自我许诺道:"过了这段繁忙而又令人失望的阶段,我要重新写作。最后是太阳和我气喘吁吁的身体。"

然而,接下来发生的事件打乱了他的计划。加缪被传唤去市政府。剧团的青年们以为他们已经得到省政府的口头同意,仍在继续排练;然而,阿尔及尔的市长奥古斯丁·罗西没作任何解释,就禁止了他们的演出(共产党的出版物《阿尔及利亚工人》发出告示,该剧将在 5 月 7 日上演,但市长禁止在该日演出该剧,因为"在选举时期,这样的题材是危险的")。

现在只能尽可能地从这个禁令中得到政治上的好处。加缪放弃了个人的计划,准备组织人员给阿尔及利亚各报纸写信,印刷海报和传单,如果可能的话,还要组织一次抗议集会。如果公演得不到批准,他还打算成立一个俱乐部,在俱乐部内公开演出,他甚至还打算上演第三场《轻蔑的时代》,期间朗读《阿斯图里亚斯起义》的剧本。在复活节假期里,发生了炸弹爆炸事件,他最好的同志都回家去了,回到奥兰或其他地方,只剩下他一个人去组织并完成这场抗议活动。抗议活动最终以寄出一些抗议信而告结束。①

4 月 13 日,加缪给市长寄了封公开信,抗议禁演。他写道:他们演这出戏的目的在于表现"在阿尔及尔还是新的艺术理念。我们将继续努力,为被我们城市忽略的艺术形式的发展而努力"。他同时指出,他们用工人、大学生捐助的 300 法郎(约 50 欧元)做了市属剧团用 80 万政府补贴不曾做到的事。他继续写道:"看到市长否定了省长给予的准许,我们无法不感到惊讶,省政府的批示指出,此剧无任何颠覆性内容。"而且所有的收入将捐助给需要资助的阿尔及利亚儿童,不管他们是当地人还是欧洲人的孩子。

他们微薄的基金彻底泡汤了。三个月的努力被市政府的一道禁

---

① 源自玛格丽特·多布朗。

令化为乌有。加缪在结尾写道:"长久以来,艺术和善行成为愚蠢的牺牲品。我们还年轻,我们相信能改变这种状况。"①

保守派的报纸再一次向他们投去了同情的目光。在 4 月 15 日《阿尔及尔回声报》上,评论家热内·雅农发表署名文章,对这封信进行了评论(把加缪信中所说的此剧遭到了"粗暴"的禁止改成了"突然"遭到禁止)。在评论中,雅农强调了剧团"对艺术的关注,无私的工作",该剧团(他补充说道)准备尽其所能抗议这禁令。

在当时的情况下,最好的方法就是发表剧本。加缪和布儒瓦一起坐进了咖啡馆,在布儒瓦钦佩的目光下,加缪用十分钟给剧本添加了他所说的"诗",尤其是在第二幕中加进了阿朗索的回忆和凌乱的遐想。布儒瓦猜测,加缪是受了他母亲家乡巴利阿里群岛的启发,就像布儒瓦自己使用了波尔古纳这个与阿斯图里亚斯风马牛不相及的名字一样,只因为这是一个吸引他的安达卢西亚的村庄,村民们穿着白裤子,戴着大草帽。② 加缪还补充了一个简短的前言,指出此剧本不是演出用的版本,既然戏不能上演,那么至少可以让人读一下剧本。作者们将此剧本作为"集体创作的尝试"奉献给读者,这就是目的所在。然而,结论就如同出自马尔罗的手笔一样:

> 作为一种尝试,他把行动引入了一个不合适的范围,即戏剧。此外,只要这个行动导致死亡,就如同本剧本一样,它就涉及人类特有的某种高贵的形式:荒谬。

剧本很快就由一个二十一岁的小伙子埃德蒙·夏洛几乎秘密地出版了,小伙子似乎刚步入出版界。封面上的署名只有两个缩写字母"E.C.",圈内的一些朋友把它理解成"加缪出版"。费曼维拉对加缪

① 《社会斗争》半月刊,1936 年 4 月 15 日—30 日。
② 源自伊夫·布儒瓦。

说："只要读上十行就能认出是你的风格、你的表达习惯。为什么要故弄玄虚用匿名呢?"加缪反驳道:"也许现在是作品比写书匠更重要的时期。"①维克多·安兹印刷厂的老板埃马纽埃尔·安德烈奥对青年人颇为照顾,印了 500 册书,只收了夏洛 500 法郎(85 欧元)。初出茅庐的出版商把书价定为 5 法郎一本,两周内该书售罄。

　　埃德蒙·夏洛曾祖父是船上的面包师。1830 年,当船在阿尔及尔港口靠岸时,他离船并在当地定居了下来。他的父亲没有继承烘焙祖业,转行做了书商。埃德蒙·夏洛生于 1915 年,是由外公抚养长大的。他外公原籍马耳他,早年在南方的荒芜地区当流动商贩。夏洛住在依德阿公园附近,曾在让·格勒尼埃的班上听过哲学课;他第一次遇见加缪是在依德阿公园的格勒尼埃家里。当格勒尼埃问夏洛将来准备干什么时,他说准备开书店。格勒尼埃给了他两个建议,一是要把重点放在与地中海有关的书籍上,二是要出版书,不要光卖书。他的父亲是阿歇特出版社阿尔及尔的书刊发行部经理,把他送到市中心一家大书店去实习。他开始筹划开自己的书店,但在书店开张以前,他已出版了一本朋友写的书(当地一个飞行俱乐部的历史),在彼此的朋友圈中销售。1936 年 5 月出版的《阿斯图里亚斯起义》应该是他出版的第二本书。他出版的第三本书是让·吉奥诺的《美满的日子》,用于书店开张时免费送给最先光顾的三百五十位顾客。后来,他用了吉奥诺(获得了他的同意)另一本书的书名"真正的财富"为书店店名。或许正是因为他出版了《阿斯图里亚斯起义》一书,才使他成为加缪第一部文学作品的出版商。让·格勒尼埃把自己的作品《圣克鲁斯》的手稿给了他,加缪的第一本书《反与正》也交给了他。②

　　出版的剧本不厚,简洁的封面上印着:

---

① 《西蒙风》,奥兰,1960 年第 30 期。
② 源自埃德蒙·夏洛。

集体创作

阿斯图里亚斯起义

四幕剧

E.C.

阿尔及尔

献给劳动剧团的朋友们

《阿斯图里亚斯起义》出版后，伊夫·布儒瓦保留了手稿，其中大部分出自一人之手（应该是加缪）。然而，第二次世界大战期间，布儒瓦远离家乡，而阿尔及利亚发生了一场反颠覆运动，他的妻子出于谨慎，烧掉了丈夫大部分文件，其中包括《阿斯图里亚斯起义》的原稿。[1]

第九章

绝望中的痛苦

与世界不分离。把生命置于阳光之中，一生中就不会一事无成。不管处在何种境地，遇到何种不幸与失望，我的所有努力便是重新去寻找接触。在我亲身体验到的这种悲哀之中，爱，是难以表达的意愿；即使看到的仅仅是夜幕中的一座丘陵，那又是何等陶醉的感觉。

——《手记之一》

"女士们温柔而又矜持的友谊。"在他新的女朋友当中，至少有一位在嫁人之前事实上只是朋友，如果说他们也曾有过浪漫恋情的话，那么这种眷恋之情从未延续下去。玛丽·维顿这位作画时就用这一名字落款的画家，实际上就是玛格丽特·戴斯图内勒·德·康斯坦男爵夫人，被人们称为上等新教徒社会中的一名杰出的成员。她是一个大资产阶级——夏尔·蓬塞对她的观察是"她那种贵族式的步子具有浓烈的男性的严厉色彩"——，但也是一个志同道合的伙伴，她能令人难以置信地与加缪周围的那群朋友和睦相处，尽管这群朋友都比她小十五岁。她深深地被加缪折服，确信加缪的才华。她尽其所有，成为加缪剧团的布景师，在负责服装的同时还与路易·米凯尔及其朋友皮埃尔-安德烈·埃梅里一起担任布景工作。[①]

玛丽·维顿也是一个业余飞行员。虽然她的女儿死于飞行事故，但她驾机飞翔的初衷始终不变。也许正是在加缪上午 11 点被传唤到市政府，被告知《阿斯图里亚斯起义》一书遭禁止出版的那一天，他第一次与她一起，在她的朋友让·德·迈松瑟勒的陪伴下，驾机翱翔。这位朋友不久后回忆说典雅的男爵夫人与他们一起，大步走在大街上，一直走到市政府大门前，然后带着讥讽的微笑离开了他们。

没过多久，玛丽·维顿驾机带着她的新朋友飞去捷米拉（距离阿尔及尔 300 公里）；到那里后，他们在海拔 900 米高的悬崖陡壁上参观了古罗马皇帝特拉让当年建立的殖民地遗址，以及继他之后拜占庭时期建造在丘陵山坡上的诸如剧场、庙宇、广场和公共浴池之类的古建筑群。这次参观无疑为他第二年撰写的《捷米拉之风》提供了基本素材，这篇文章后收入《婚礼集》一书。但人们在文章中看到的远不止是对景物的描写。他写道，捷米拉帮助一个人去面对死亡，因为疾病只是一种幻觉，它提供一个"见习的过程"，以缓解必然到来的死亡。他渴望带着清醒的意识去正视死亡。"创造带着意识的死亡，就是缩短我们同世界分隔的距离。"

他生活中的其他女性友情来自奥兰的一对搭档：让娜·西卡尔和玛格丽特·多布朗。她们的家庭都有条件把女儿送来阿尔及尔大学深造，她们俩都在攻读高等学位。让娜"毫不做作，身材苗条，骨骼清晰，神情严肃，外表冷漠"；加缪以平等的态度接受了她，他能够理解她，而她也了解他。至于玛格丽特，她对让娜和整个团队忠心耿耿。在扶助她们的朋友从事文化乃至政治方面的活动中，她们俩表现出了极强的能力。

1936 年春天的某一天，当他们三人来到了高度远远超出阿尔及尔市中心的希迪普拉伊姆小道上时，看到一栋房子上挂着"出租"的招

① 源自皮埃尔-安德烈·埃梅里和夏尔·蓬塞《加缪在阿尔及尔》。

牌——他们立即意识到——站在那里能够俯瞰港湾、码头和远处连绵起伏的群山。他们叩门入室,向主人乔治·翡虚攀谈询问;房主告诉他们,他和家人住在底层,想把上层出租出去。如果他们想租用的话,每月的租金是 300 法郎(约 50 欧元)。三位朋友交换了一下目光。姑娘们居住一间女儿房,加缪则与来去无常的西蒙娜住另一间。室内没有家具,但这对他们来说无关紧要,因为他们只是想借此地方作为白天与人约会见面的场所,至少他们开始时是这样想的。他们随便添置了一些家具,包括一张通过拍卖购得的二手床和一张旧桌子。"房子紧贴在山顶岩壁旁,从那里一眼便可望及港湾",在他逝世后发表的《幸福的死亡》一书一开始就是这样开始描写的——描写真实贴切,活着的当事人如是说——。书中最引人入胜的章节无不同这座房子有关。"我们沿着一条从头到尾完全淹没在橄榄树丛中的崎岖小路攀登而上"。最终,"汗流浃背、气喘吁吁、狼狈不堪地"爬上山顶时,出现在眼前的是一扇小小的蓝色栅栏门,接着又是一段陡直而又狭窄的山梯,拾级而上继续攀爬时,必须十分留意不被叶子花的枝丫划破手脚和皮肤。

房子的上层差不多是一种方形结构。朝着巴旦杏树街的楼面后半部分是一间卧室和厨房。前半部分是另一间门朝大平台的卧室,站在这个平台上,城市和码头尽收眼底;平台同时与共用大厅连接,通过大厅的窗户,城市和码头的景色同样一览无遗。"站在窗前极目远眺,大厅犹如一叶凌空悬挂、航行在地球生命波涛之上的闪闪发光的小舟。"远眺的目光穿过各种树木和散乱的晾衣绳,越过红色的屋顶,落到了海湾,又一直延伸到远处绵延起伏的紫色群山。

这就是这群人当时称之为"面对世界的房子"。首先,这座房子在加缪身上产生了一种难以解释的诱惑力。即使没有任何家具,即使是他一个人,或者与一位女友一起开始在那里工作或生活之前,这座房子已经代表了如同是一个小孩子藏身之地的意义,他在以后回忆这座房子时流露出一种对他未曾有过的童年时代和少年时代的思恋。他以诚挚的情感为这一秘密场所,也为友谊写了一首诗,并配之以伊夫·布儒瓦在《轻蔑的时代》中所唱的《我曾有一位同志》这首德国歌曲的曲调。诗的大意如下:

> 我曾有过一些同志,
> 有过一幢面对世界的房子……
> 世界在那里停止转动,
> 友谊在那里诞生,
> 渴望坦荡清澈,
> 便是自由的定义,
> 我们的房子永往直前(重复)……

当女友们收拾完行李,返回各自在奥兰的家度假时,加缪仍打算继续客居在翡虚院里,并答应定期给她们寄信说说此后在那里发生的一切。他信守了这一诺言,同时,他在给她们的信中常辅之以一些有趣的描写,如附上一幅被光晕围绕着的自画像,从而使这些信件更充满诙谐的色彩。当年,加缪和他那异想天开的妻子放弃了在伊德拉花园的别墅而居住在西蒙娜母亲的那幢盖在阿尔及尔城里最高处、位于伸向海湾的戴雷米大街(今沙拉布阿古依大街)上的寓所里。这是一座风格独特的建筑物,有各式各样的平台,家具摆设颇具匠心,整栋房子的风格设计出自索格雷博士之手。① 加缪在那里几乎是独身寡居,因为西蒙娜总在医院里接受这个或那个治疗。即使她回家居住,也很少露面;她要么外出,要么独处在房内的其他地方,加缪的朋友无人敢过问。正是这些原因解释了加缪的退隐之举,也解释了这种好友同居、亲如一家的孩子般的幻想。与让娜·西卡尔和玛格丽特·多布朗在一起时,他甚至赞同两位女友的想法即他们的这种集体生活的尝试

---

① 源自让·迈松瑟勒。

将会有更广阔的前景：他们以后会合买下一座农庄，取名为又一天农庄，还为此制定了内部章程。① 加缪在他的日记中（在起草一篇有关这栋面对世界的房子的文章时，或许就是为《婚礼集》而写的文章）写道，当地的居民当时已把翡虚院称为"三个大学生的公寓"。

那时，他的笔记本上写满了为后来创作的小说《幸福的死亡》做准备的笔录和构思。如果我们同意说日记中的这些笔录是按时间顺序记载的话（然而从上述已列举的原因看，我们似乎完全不能接受这一假设），那么借题发挥，对翡虚院进行田园诗般描写的计划，是先于那个司空见惯的情节的，即一个年轻人谋害一个残疾人，从而借后者的钱财蓄意为自己安排一种逃亡的幸福。"卡特琳娜，我知道我现在该提笔落墨了。"帕特里斯（在最早的笔记中）写道。卡特琳娜就是克里斯蒂亚娜·加兰多，她在 1936 年的秋天来到了翡虚院，而这位帕特里斯正是阿尔贝·加缪。事实上，帕特里斯-阿尔贝很快就在日记中记载下了许多观察和思考，这为他以后发表的《婚礼集》和四幕剧《卡利古拉》以及《西西弗神话》提供了素材。

在日记中，他同时力劝自己要注意身体，要同虚弱的体质和可能会复发的疾病做斗争。他在那时就制订了第一份囊括其未来作品、分类而列的计划：

哲学著作：荒谬。
文学著作：具有征服特征的力量、爱情和死亡。

但是，他首先必须完成在普瓦利耶教授指导下的论文。在《新柏拉图主义和基督教思想》的论文中，这位大学生将会毫无疑问地把这两种思想，即认为人是一切事物尺度的希腊体系和基督教的超自然思想置于矛盾之中。如果说这一精神之战的两位主角都是北非人的话，

---

① 源自玛格丽特·多布朗。

这其实并非一种偶然：他们是柏罗丁（他的新柏拉图主义对基督教的初期发展产生过巨大的影响）和圣·奥古斯丁（他采用了希腊人的方法，但抛弃了他们的客观公正）。加缪的结论是，基督教"在探讨有关基督化为肉身方面的困难时完整地保存了其深刻的真实性"。

普瓦利耶在论文上草草地写道："作家的色彩浓于哲学家。"他指出了论文在拉丁文使用上的谬误和拼写上的错误，但他完全明白同一位艺术家无哲学可探讨。加缪论文的评委由普瓦利耶和研究希腊法律的历史学家兼系主任路易·热尔内以及让·格勒尼埃组成。他们共同在 1936 年 5 月 25 日颁发的证书上署了名字，授予加缪高等教育学位证书。加缪原本完全有可能同时参加大学任教资格的考试，从而进入高等教育的职业生涯。但是这意味着以后必须从事国家公职，而且国家要求考试候选人身体健康。结核病在当时是一种不治之症，加缪认为自己的体质无法胜任教师一职。[①]

但他仍要生活下去，而且要活得更充实。一次外出散步归来之后，他在日记中描写了自己在欣赏大海、太阳、河流时的感受，同时也包括"来自女士们友谊的温柔情感"。"微笑、逗趣和各种计划"——当然是和同住翡虚院的伙伴们在一起时的感觉。随之而来的便是骤然而升的呼喊："我以自己的一切行为同世界相联结，用感恩的态度同人类结合。"

从此后，在他的日记里，谈得更多的是已确定的写作计划。他向朋友们倾诉其他的忧虑。他为笼罩在西班牙日趋加剧的混乱所震惊，这种混乱的局势令人感到人民阵线的政府在极端法西斯主义的威胁下岌岌可危（对一个共产党员来说，关注巴黎发生的一切却不在乎在西班牙发生的事件，这似乎是很难的；加缪不仅是一个"秘密党员"，而

---

① 加缪后来曾告知让·格勒尼埃，政府的一个专门委员会对他的情况进行了长时间的审议，最后拒绝发放获取任教资质必须具有的医疗证明。根据雅克·厄尔贡的说法，加缪两次提出的请医疗机构出具证明的请求都被拒绝了。

且或多或少也是个秘密的西班牙人）。他决定要去阅读和目睹有关西班牙的一切材料。当时，佛朗哥尚未发起暴动。时任西班牙首相的是圣迪亚哥·卡萨雷斯·吉洛卡。他在公众面前向法西斯主义者公开提出挑战，但对公共秩序的分崩离析却显得无能为力。（不到十年，首相的女儿，女演员玛莉亚·卡萨雷斯成了加缪第一部上演作品中的女主角。）在法国，社会党人已赢得了立法选举的胜利，形成了众议院中的最大党派。6 月 4 日，他们的首脑人物莱昂·博鲁姆组成了他的第一个人民阵线的政府，其间，社会党在议会投票时得到了共产党人的支持，尽管后者坚决拒绝参加他们的政府。

学期结束了。他的朋友们都各自度假去了，开学前将不组织任何活动。加缪把他孤独的白天和黑夜都用来读书，有时读一些意料之外的作家，如戈比诺公爵、塞利纳。（但是，当他拿起《赊欠的死亡》时，没看上几页就扔在了一边。他私下对朋友说，在他看来，最为悲观又不带一句粗话的文字，是司汤达写的。司汤达谈到人甚至无法做到彻底的坏。）他对克尔凯郭尔的《或者，或者》第一卷里的《一个引诱者的日记》表现出了极大的热忱。作品叙述的是青年克尔凯郭尔向雷吉娜·奥尔森表达爱情的忏悔故事——被拒绝的爱情——他认为雷吉娜·奥尔森对于自己的罪过显得太过年轻、太过单纯。让娜·西卡尔的父亲也许趁女儿不注意看了加缪的信，他认为这些活动是胸无大志的表现。而加缪则向他奥兰的朋友们肯定，对他来说，这恰恰是一种抱负过多的证明。①

此后他与伊夫·布儒瓦见面的次数更多了。他们和女友们一起看电影，听音乐会，或者就到卡斯巴闲逛，泡在弗罗芒丹咖啡馆里，或者去参观如公主坟之类的当地名胜。公主坟是一座穆斯林墓地，三棵老无花果树下埋葬着法蒂玛·般特·阿萨娜·贝伊和恩菲萨·般特·阿萨娜·帕沙。他们甚至和一些有钱的朋友一起打网球。

---

① 源自玛格丽特·多布朗。

　　加缪建议布儒瓦去见他的妻子西蒙娜,她当时正在俯视全城的本阿库伦医院里接受治疗。于是布儒瓦去看望了西蒙娜,两人一见如故,布儒瓦还带她去附近的乡下做了一次短时间的散步。接着布儒瓦随加缪夫妇去了距离阿尔及尔西南二百公里的小城特尼耶埃阿德共度圣灵降临节。他们没有去闻名遐迩的雪松林披荆斩棘,而是在旷野田间漫步,下棋,休息。回到阿尔及尔之后,已经结束医院治疗的西蒙娜和加缪一起住在索格雷夫人家里(他们的房间在她母亲卧室的楼上)。加缪给布儒瓦看了他喜欢的雕塑作品,一个溺水身亡的美女的人像雕塑,大概就是《塞纳河的无名女溺水者》。布儒瓦聆听巴赫的《戈德堡变奏曲》时显然没有那么兴奋。加缪借给他一些关于中国的书(其中有一本经典,即作曲家路易·拉卢瓦写的《中国音乐》),另一本是 19 世纪无政府主义理论家马克斯·斯蒂奈的书,还有一本是厄斯金·考德威尔的小说(应该是《小墓地》,这是考德威尔唯一一本被译成法语并在当年由伽利玛出版社出版的小说,出版时用的是莫里斯-埃德加·宽德罗的译本,由安德烈·莫洛亚作序)。

　　布儒瓦写道,这对年轻夫妇最青睐的书是托马斯·曼的《魔山》、雅戈·瓦色尔曼的《毛里齐乌斯案件》和在课堂上摘记的西班牙诗人路易·德·功高拉的诗句。他还写道,西蒙娜常去跳舞,并得知她打算接受专门训练,立志成为一名专业舞蹈演员。当时还说定了,等他从 10 月份起重新组织活动,届时她加入劳动剧团,在高尔基的作品《底层》中扮演娜塔莎的角色,她丈夫饰演佩佩尔。《底层》是剧团的首选节目。

　　那时,伊夫·布儒瓦十分渴望能坐着独木小舟穿越整个中欧。他建议三人结伴而行。显然,对年轻夫妇来说,那是他们梦寐以求的将婚姻引上正轨的良机。他们一起来到港口试了试布儒瓦赠送给玛尔特·索格雷的那艘老式帆布划艇。

　　启程前,加缪去了一次迪齐-乌祖镇,这是位于阿尔及尔西边的上卡比利亚的一个重要镇区,他当年受阿姆斯特丹-普雷耶勒运动派遣,曾去那里做过一次集会演讲。回来后他说道:在他演讲时,眼前是一片伊斯兰教小圆帽的海洋。

7月初,加缪、西蒙娜和布儒瓦登上了去马赛的轮船,坐的是三等舱。到马赛后转乘火车去了里昂,布儒瓦在里昂向朋友借了一条双座帆布划艇供他自己使用,另外再租了一条给他的两位旅伴使用。他带他们参观了满目凄凉的老城区,那时的老城轻雾弥漫,带着它迷津般的神秘幽径,为神秘小说构成了一幅完美的背景。① 他们还参观了维勒班市。加缪觉得那儿的一切太小市民化——生活水平、烹调、举止风度——,包括妓女们的样子。他显得很疲劳,从而对筹备中的出游寄予厚望。但是他发现这次同前一年去巴利可里群岛度假一样,旅游跋涉在他身上引发出一种难以名状的恐惧。布儒瓦以为这是他烦恼或者体力不支的缘故,但实际上还有其他的原因。② 好像是他那难以预测的健康状况加剧了他的焦虑不安,也似乎是他害怕会在远离家乡的异国僻壤旧病复发。

他们在7月15日才重新上了火车,这一次目的地是奥地利。经过一段令人疲乏不堪的旅途,他们到达了蒂罗尔州的首府因斯布鲁克市。他们在那里租了一辆马车,在黄昏时分从火车站出发,一路来到一家建于1390年的著名的老客栈。这座名叫"金鹰"的老客栈曾接待过所有的名门贵族,包括歌德在内。第二天布儒瓦带加缪游览了城市。看到满城的人穿着短裤,头戴羽帽,加缪觉得因斯布鲁克酷似一幕喜歌剧的布景。三位朋友购买了一些坐帆布划艇旅行所必需的物品。

他们还买了一些报纸。报上的大标题都是有关西班牙的。驻守在摩洛哥的西班牙军队在弗朗西斯科·佛朗哥将军的指挥下,发动了

---

① 对中欧之旅的基本描述来自伊夫·布儒瓦,他十分耐心地为作者写了一份回忆,叙述了他与加缪夫妇的关系;其他的一些信息是由玛格丽特·多布朗及其他人提供的,其中包括科唐索大夫和莉莉亚娜·迪隆。对他们旅程的描写,我引用的不仅是布儒瓦提供的资料,更多的是他的原话,因为这显然要比我的描写更加生动。但我做了一些日期和其他细节的补充,布儒瓦对此不承担责任。

② 源自玛格丽特·多布朗。

反对马德里人民阵线政府的暴动，这一暴动已遍及城市。

布儒瓦认为加缪夫妇俩初次泛舟，从因斯布鲁克到距德国边境不远的库夫施泰因这段水路最为合适，长约六十五公里，沿着迷人的因河河谷顺流而下。7月19日下午，他把两条可折叠的划艇泊到上游后就登船下河，顺着急速的水流一路而去，加缪和西蒙娜同坐一条划艇，布儒瓦带着行李在另一条艇上。那一天一切顺利。泊岸后他们支起了布儒瓦的帐篷，在里面过夜，但一夜未睡好，因为三人同宿一顶帐篷，实在是拥挤不堪。

第二天上午，他们正散着步，加缪突然止步，显出疼痛不已的样子。他们这时才想起加缪不能做需要双肩用力的剧烈动作。他不无心酸地想起自己已比不上正常人，没法做他想做的事情。他们花了整整一个上午讨论对策。最后，加缪建议他独自坐火车去库夫施泰因，等他的朋友和西蒙娜到了那儿，再一起继续走水路。布儒瓦和西蒙娜跳上前边的划艇，布儒瓦坐在船尾；空划艇被拖在后面。加缪站在岸边，目送他们像"闪电"般顺流而下。

这样的安排其实有问题：为使空艇的船速超过水速，领头的划艇必须保持足够的速度。谁知很快刮起了逆风，尽管他们俩全力以赴，前进的速度仍然减慢了。布儒瓦发现他无法阻止空艇围着拖绳绑结点打转，并形成一个45度的角度，这就使他们难以穿过桥洞。他们于是泊船上岸，找地方宿营，等风过后再上路。他们到达库夫施泰因时比预计晚了24小时。天上下起了蒙蒙细雨，他们看到加缪孤独地站在岸边等候。（"烟雨茫茫，因河沿岸的教堂和田野"，他在日记中这么写道，"挥之不去的孤独感"。）他告诉他们俩，到了约定的日期，不见他们的踪影，他心里忐忑不安，便向警方报了警。最后他们来到一间酒吧，警官为了取悦他的同事们，逼布儒瓦翻译了几个用意大利文写的下流故事。

著名的美景使得余下的这段旅程令布儒瓦特别陶醉；他当时不知道贝希特斯加登城深受阿道夫·希特勒喜爱。他1923年军事政变未遂,之后曾经退居此地。希特勒住过的木屋已经翻建成一座真正的宫殿。曾经是古老的宗教圣地的贝希特斯加登城坐落在风景如画的山区,海拔 2700 米的瓦茨曼山峰及其连绵起伏的山脉构成了它美妙的背景;撇开希特勒不谈,这是巴伐利亚州境内的阿尔卑斯山脉中颇受旅游者们青睐的旅游佳地之一。他们费尽周折才在当地的小旅馆里找到了房间,四周传来一阵阵民歌声,随即变成纳粹集会,他们只能强忍着。布儒瓦很快发现加缪讨厌德国人,但他认为无论就他们的意识形态而言,还是从人道主义上来讲,这种态度都有失宽容。他意识到他与这个年轻人在思想上存在着严重的差异,不由得回想起在某些时候,加缪对与自己观点相悖的政治思想根本不屑一顾。类似的情景曾经在里昂发生过。有一天,布儒瓦从前的一名学生看到他们俩同坐在一家咖啡馆的桌子旁,便走过来打招呼。那个学生是极右派的积极分子。在他走后,加缪表示他厌恶那个小伙子的观点。不久后,当他们一起参观里昂的一座教堂时,布儒瓦声明他本人信奉天主教(这话只说对了一半,因为他很快就脱离了天主教)。但他即刻注意到了加缪在眨眼睛,这种眨眼睛的表情与他过去在听到布儒瓦发表某些反对共产党的看法时如出一辙。此时此刻,布儒瓦对德国人的欣赏和加缪目睹眼前一切所表现出来的显而易见的反感,显然水火不容。布儒瓦开始发现西蒙娜的那种极具诱惑力的雅致和化妆与当地盛行的紧身连衣长裙形成很大的反差:人们经常盯着她看。加缪无论是与朋友们,还是在他的日记中,都从未谈及这次令人不快的贝希特斯加登之旅。

然而,他们每个人都在柯尼斯湖上度过了愉快的一天。这是巴伐利亚的一个大湖,距贝希特斯加登五公里。布儒瓦和西蒙娜比约定的时间早到,他们俩进行了彼此之间第一次严肃的谈话。他发现她远没有在初次见面时表现得那么矫揉造作。

加缪在笔记中记下了他在火车上和大街小巷中观察到的一切。他开始盼望与真正喜欢的人一起外出旅行,如同和翡虚院里的同伴们一样情投意合。他花时间写信给奥兰的一所名叫费奈隆的私立学校,申请一份教职。他下定决心只要有可能就离开阿尔及尔。或许他因此能改变自己和西蒙娜在一起的生活，改变西蒙娜的生活。然而，换个城市能改变这一切吗？

之后他们一起去了距贝希特斯加登北面八十公里的萨尔茨堡，在那里有许多可看的东西，也可以尽情地去散步。参观莫扎特的故居时，加缪被一间陈列了剧场舞台模型的大厅深深吸引。他在教堂前的广场上观看了露天表演的雨果·万·奥夫曼斯塔的神秘剧后，显得十分欢快。此刻，他分享着旅游带来的兴奋。这是自出发以来他第一次感觉处在与周围和谐交融的氛围之中，音乐起到了催化作用。

萨尔茨堡和它的音乐所组成的全然不是一幅轻松的喜剧布景，而是一幅严肃歌剧的布景。正是在那里加缪遭受了他一生中最沉重的打击之一，对此他毫无思想准备。

在整个旅行过程中，加缪夫妇和布儒瓦收到了不少邮件，有朋友们的来信，也有汇票（布儒瓦的工资和由玛尔特·索格雷寄来的补充经费），当然还包括有关求职招聘的信件（克洛德·德·弗雷曼维勒曾来信，通知他在报业可能找到工作）。他们在阿尔及利亚曾要求把他们的信函寄往他们在途经的几个主要城镇留局待领。7 月 26 日，加缪独自一人去萨尔茨堡的邮局领取邮件。他看到了好几封信，其中两封是同住翡虚院的女友们写来的。还有一封是西蒙娜的信，他费了一番口舌才取来。那封信看上去很重要，甚至让人产生怀疑——信封背后写着一位医生的地址。他拆开了信，读到一行乐意提供帮助的话——提供麻醉品，以及一系列明白无误地显示出写信人和西蒙娜·加缪之间关系的密切程度远远超过医生和病人之间关系的话语。

至今还健在的人都没有看到过加缪在那一天发现的这封信，大家只是在很久以后，当他与知心朋友敞开心扉袒露真情时才对信的内容有所了解。[①] 布儒瓦只感觉到那一天在他朋友的房间里发生了激烈的

---

① 源自与加缪的朋友们的访谈。

口角。但加缪决定继续旅行,就像什么事都没发生一样,特别是因为有布儒瓦在场,他以为后者没有发觉任何异常。一天早上,他走到布儒瓦跟前,绷着脸对他说:"我已决定同我妻子分手。"在看到对方吃惊的表情后,心想即使布儒瓦再去批评西蒙娜也是多余的,便又补充道:"这一切与您无关。"回到阿尔及利亚以后,他从未与朋友们谈及此事,只是告诉他们,他的生活将发生变化,他将开始独自一人生活。①

当时,加缪夫妇和布儒瓦仍然和先前完全一样,继续他们的旅程,只是逢水路暂且分开,然后会合继续在陆地上的旅程,一路经过德累斯顿、西里西亚、摩拉维亚和意大利的北部地区,最后回到阿尔及尔。朋友们看到加缪沉默寡言,非常意外,认为肯定发生了别样事情:譬如现在文学史的说法,加缪的妻子跟着布儒瓦走了,把他一个人扔在了布拉格。

在加缪和他妻子业已紧张的关系中,一个新因素显然加剧了这一冲突,即在加缪和布儒瓦这个倒霉的观众之间出现的紧张关系。这位年轻教授事先决定保持中立,但对西蒙娜更关心一些,因为他相信加缪明白她更需要安慰。

他们穿越了萨尔茨卡梅库的湖泊和群山,这是有名的白马客栈的所在地。他们有时步行,有时坐蒸汽船,有时还因为下雨迫不得已暂作休息。渐渐地,加缪恢复常态,甚至幽默起来。他们抵达林茨时,加缪离开他们去医院做气胸治疗,而布儒瓦则设法把一条划艇托运回了法国。由于旅行中所有的实际问题都落在了布儒瓦的肩上(他不仅是导游、翻译,还兼管船舶和财务),他有时会发脾气,加缪这时也扯开嗓子回敬。在捷克边境,布儒瓦离开火车走进海关办公室不见了踪影,加缪夫妇在整整二十分钟内,着实体验了一把真正的不安和焦虑:火车随时会出发,他们突然发现自己身上既无车票又无分文,并且对周围方圆八百公里内人们讲的各种语言一窍不通。

---

① 源自玛格丽特·多布朗。

　　布儒瓦执意坐划艇穿越波希米亚，干脆决定让西蒙娜与他同行。由于加缪在萨尔茨堡向他作过声明，布儒瓦显然不会主动提出这个建议。只有加缪或者西蒙娜才能提出，在这种情况下，加缪考虑到面子，没有表示任何异议。不管怎样，布儒瓦对这一安排感到十分高兴，特别是当他们航行到上维塔伐，路段变得更为险峻，西蒙娜表现得比他想象得更顽强，他把这归因为西蒙娜身上流淌着奥地利人的血液。他们朝着北面一路漂流而去。夜晚在星空下宿营，或者在捷克的克鲁姆洛夫和布杰约维策这些城市做短暂停留，加缪说好在那里迎候。（事实上加缪完全有可能是在上述第二个城市下了火车，然后再去布拉格，因为他给《误会》起的头一个剧名是《布杰约维策》。）大雨耽搁了他们的旅程，他们便收起划艇，改坐火车；途中，他们在距离布拉格一小时路程的塔博尔下了车，参观了这个古老的胡斯党人的城市。

　　事实上加缪是独自一人先来到布拉格的。他的情绪十分低落，消沉，根本无意欣赏城市的景物。应该是旅伴们抵达的时候了。那时他身上还有足够的钱，即使旅伴们不来，再待上一周时间，也绰绰有余。但是当时的处境使他心神不宁。他在这个国外城市里感觉不舒畅，比方说找不到他计划游览的旧犹太人公墓；当他费了一番周折赶到最大的博物馆时，却获悉那里已闭馆谢客。他察觉到自己的身体状况正在恶化。他想到有可能去奥兰任教，但意识到自己其实并不想离开阿尔及尔，尽管他仍然有种种不愿在那里待下去的新的理由。[1] 我们拥有的《绝望中的痛苦》可以权当他的日记。他在书中叙述道，他抵达布拉格时，身上带的钱正好够他在旅伴们到来之前六天的日常开销，缓解了他的诸多焦虑：房费，餐费，害怕病倒在没有同情心的外国人当中，不能以自己喜欢的方式参观老城。顺带提一下，看到醋浸黄瓜或者闻到它的味道——这是他的"普鲁斯特的玛德莱娜小蛋糕"——，总是让他想起布拉格。

---

　　[1]　源自玛格丽特·多布朗。

他不得已把兴趣转向了文化,最终参观了几所教堂和博物馆,但是,"我一走出大门,便成了外乡人"。他对自己的境况变得心灰意冷,几天来他没跟任何人说过话。最终他听到有人敲门,"朋友们"(其实就是西蒙娜和布儒瓦)走了进来。他很可能说了"我很高兴又看到你们",而他们可能没有注意到他的言行有何异常。加缪的文章清晰地叙述了旅行结束时在西里西亚和摩拉维亚以及在意大利北部地区的情况,但文章是用第一人称写的,给人一种强烈的感觉,似乎加缪被同伴们抛弃,独自走完了旅程。他把到达布拉格时孤独一人且身无分文的凄惨描写,几乎原封不动地用在了《幸福的死亡》的一个章节里:旅行也没有中断,他们穿过了捷克斯洛伐克,最后抵达意大利。

事实上,朋友们到来后,他在这个神奇而又古老的城市里的生活便开始大有收益。① 这一次他们参观了最大的博物馆和犹太人博物馆。(几个月前,加缪和布儒瓦、莉莉亚娜·苏克龙一同去观看了一部有关戈莱姆传说的电影。)在布拉格时,他们发现那里正在上演马克西姆·高尔基的一部作品,而他们开学时准备上演的也是他的戏。在布拉格上演的作品是《小市民》,由一个业余剧团演出(加缪说是当地的劳动剧团)——导演粗糙,布景庸俗,灯光差劲。他们肯定自己在阿尔及尔会演得更好。加缪夫妇陪同布儒瓦去看望了一位逃亡在布拉格的德国女士,她是布儒瓦的同事阿尔弗雷德·普瓦尼昂的女友。

8月15日,加缪和从此貌合神离的妻子一起登上去德累斯顿的火车。布儒瓦想要体验一下易北河,因此去了姆涅尔尼克。帆布划艇组装完毕后,他开始新的水路旅程。但是水流十分缓慢,他不得不登上一艘客轮,穿越瑞士的德语地区,抵达了德累斯顿这座在当时还是18

---

① 可以推测加缪参观了布拉格的弗兰茨·卡夫卡墓。他肯定读了伽利玛出版社1933年出版的由贝尔纳·克勒埃森蒂森作序的《诉讼》。但布儒瓦告诉作者,在他们当年参观的犹太人公墓中,没有20世纪落葬的坟墓,在他的记忆中,他们也没有去寻找卡夫卡的墓,且他们之间也未谈及过这位作者的名字。

世纪露天大博物馆的城市。三位游人在那里会合后,相安无事地参观了德累斯顿的各个博物馆,欣赏了拉斐尔的名作《西斯廷圣母》。布儒瓦终于放弃了划艇,把它托运回了法国。他们继续向东行进,一直到了位于上卢萨斯的中世纪城市鲍岑,加缪在回忆中提到了那里的哥特式公墓:"砖拱中的天竺葵和太阳。"在西里西亚的戈尔利茨,加缪和布儒瓦进行了一次远涉游览。他们想去亲眼看看布儒瓦的导游手册中说到的神秘的雅各布·伯姆的坟墓,但对加缪来说,路程显得太长了。接着他们去了弗罗茨瓦夫,加缪在那里隐约看到了蒙蒙细雨中的教堂和从工厂中冒出来的浓烟,并且发现了一场"对他来说是非同寻常的悲剧"。作为态度认真的旅游者,此刻他们已筋疲力尽,且费用也所剩无几。他们决定跳过波兰的故都克罗地亚,直接去维也纳。旅途中,"冷酷而又贫瘠的"西里西亚的平原给他们留下了深刻的印象。

　　来到位于荒凉的摩拉维亚土地上的奥洛莫乌茨后——他们现在已经抵达捷克斯洛伐克的腹地——,他们盘缠耗尽,不得已停下了脚步,因为布儒瓦的工资还没寄到。加缪夫妇先前发电报向玛尔特·索格雷要钱,很快收到了汇款。玛尔特曾建议多汇些钱来,但他们认为有这些钱就足够了。此时已是八月份的第三个星期,他们打算再旅行三周。加缪显然轻松了许多,精神状态明显好转。他写下了对"温情而又缓慢的平原"的印象,日后在构思《误会》的一幅布景时,他又回忆起这个地方。摩拉维亚当时由 75％ 的捷克人和 25％ 的德国人组成,很久以前是一个独立公国。被并入邻国波希维亚后,根据 1478 年签订的奥洛莫乌茨条约,它成为匈牙利国王的领土。

　　继奥洛莫乌茨之后,他们在布尔诺作了停留。这是一个老工业中心,也是加缪发现有"贫民区"的地方。他们接着来到了维也纳,加缪在那里所写的东西都发出同一种如释重负的感叹:"文明"。他看到了奢侈和"穷困",但他们尽一切可能,充分利用在那里度过的几天时间。他们在号称"维也纳的蒙马尔特"的格兰赞参加了一次晚会,在咖啡馆的露天座上品尝白葡萄酒和乡村风味食品。但此时,他们直接面临的问题是囊中羞涩。同时他们已经十分疲劳：朝夕相处，总是待在一起，疲乏不堪。加缪和布儒瓦先是在圣艾蒂安大教堂，之后又沿着林格斯塔拉斯整整闲逛了一个小时，彼此没说一句话。最后，他们决定不能错过墨索里尼时期意大利铁路所提供的优惠火车票价——旅客必须在意大利逗留一周才能享受优惠价——，继续游程，布儒瓦建议去游览他所喜欢的城市维琴察。于是他们又登上了火车。

在一个绚丽的夏日傍晚，他们从阿尔卑斯山脉一路而下，直达亚得里亚海，这确实是一种真正的陶醉。加缪不时指给西蒙娜看窗外的景致，布儒瓦不由想起了他们的幸福时光。加缪在《绝望中的痛苦》中回忆道：

> 然而，在我坐的从维也纳驶往威尼斯的火车上，我期待着某种东西。我像一个正在康复的病人，在度过了靠流汗充饥的日子后，想象着将要吃到的第一小块面包。一道光芒正在出现。我现在已明白，我为幸福做好了准备。

火车上，加缪悄悄地向布儒瓦说道：坐在他们包厢另一角的那位耆老很像瑞士法语作家 C.F.拉米，布儒瓦则肯定就是这位作家。

到了威尼斯，为换火车，他们差不多要等两个小时。布儒瓦熟门熟路地带他们从狭窄的通道走出火车站，跨过多座小桥，来到圣马克广场，然后又折返回到火车站。当时正逢过节（可能是每年举行的传统赛船节），他们在穿过里亚尔多桥时看到了许多张灯结彩的宫殿和轮船，犹如一出歌剧的布景。维琴察的"先生比萨饼"给了当晚初来乍到的他们同样的感觉。第二天，他们一起外出游览散步，这样的集体旅游散步将告结束。加缪非常欣赏具有逼真的视觉效果的奥林匹克剧院，设计者是帕拉迪奥。在旅行社，他们如愿以偿打听到了一家客栈。客栈所在的蒙特贝尔希奥村庄在南边三公里开外，坐落在俯瞰平川的山脊上，近邻是由蒂耶保罗装饰的瓦尔马拉那别墅。他们在那里逗留了一个星期，在这期间，三人各自外出散步，只在吃饭时才碰头。一天，两位男人出门玩滚球游戏，赢者是加缪。

虽然加缪对布儒瓦没有任何情感流露，但在"这块为我心灵造就的土地上"，他显然感到幸福。他在《绝望中的痛苦》中回忆了这一切，他可能在日记中作了记录，也许就写在后来撕去的第一本笔记的那一页上。很显然，如果说他在旅途中仔细记录下了对奥地利、德国和捷克斯洛伐克的印象，哪怕是做短暂的停留，那么此时的他有更多的活动可记录，也有更多去记录的理由，如同他的文章所证实的那样（在山顶的客房里，坐在能远眺平原的窗前写的）。

他或者漫步在维琴察城里，或者背离城市去乡村，"在路上遇到的每一个人，闻到的每一种气味，都是我大爱无疆的理由"。他再一次意识到太阳和那些充满阳光的国家对他意味着什么。南方的阳光使他抛弃了除他自己以外的任何东西，使他直面自己的痛苦，一种和美丽土地的无动于衷相遇的痛苦。有时候，一丝醋浸黄瓜的气味会勾起他的焦虑，但只要他一想到维琴察，就能平息这种焦虑。

从马赛返回阿尔及尔——他们在 9 月 19 日回到了阿尔及尔——是又一次乘坐统舱、拥挤不堪的旅途，因为暑假即将结束。加缪住回他兄弟在市中心的小套间；因为交通问题和缺少必要的生活设施，此时的翡虚院已无法住下去。西蒙娜回到娘家。她情绪波动，加缪继续尽力帮助她，尤其是通过玛尔特·索格雷给予帮助。长年光顾医院的西蒙娜在她走完人生之路之前，始终是压在索格雷肩上的沉重负担。（西蒙娜重新结婚，又再度离异，于 1970 年离开人世。）尽管这对夫妇没有在四年后离婚（加缪当时正准备再婚），但自那以后，他们再也没有在一起共同生活。

第十章

面对世界的房子

> 面对世界的房子,他们彼此说道,不是一座让人消
> 遣的房子,而是一座令人幸福的房子。
>
> ——《幸福的死亡》

　　萨尔茨堡(不是布拉格)是一个至关重要的转折点。从那时候起,加缪一再地承受失败的婚姻带来的伤痛和直面骨子里的孤独造成的影响。不再有玛尔特·索格雷来替代古斯塔夫·阿库,也不再有舒适的住所可以作为自己的安全岛,大学生的生活(其本质就是放荡不羁)已远离他成为过去。他伤心地告诉姨妈安托瓦妮特,说西蒙娜·加缪是他的试验品。[1] 从此,好友们熟悉的那种异乎寻常的傲慢、一种没有必要的过分敏感和一种照让·格勒尼埃的说法是"非洲人脾气"的性格,在他成年人的生活中放纵地表露出来。[2] 他的生活从未具有如此多神秘的色彩;不同的朋友群被分门别类,犹如间谍网中各个不同的秘密小组。他那"西班牙人"的一面也同样显露了出来,或者说得到了发展;他阿尔及利亚的法国-西班牙朋友埃马纽埃尔·罗布莱斯把他称作一头斗牛——一头具有非凡勇气和傲慢灵魂的斗牛。他同时培

---

　①　源自安托瓦妮特·阿库。

　②　让·格勒尼埃《阿尔贝·加缪》。

养了自己的"地中海式"的性格，这种性格特别表现在他对待女人们的态度上：对母亲或者视如母亲的妻子表现出尊崇和敬重，对新近俘获的女人表现出果敢和豪放。为报复西蒙娜使他蒙受的创伤，他拒绝保持唯一和持久的关系，以此惩罚自己。他的举止有时被认为表达了对女人的极端厌恶，而且他有意培养这种观念。格勒尼埃认为加缪是莫扎特的唐·璜的化身，"是一个对美的永恒的追寻者，但作为离群索居和有统治欲望的人，他同时是一个生活在大海之中，在一种极端的幸福中受到威胁的人"①。一个勾引女性、同时蔑视女性的唐·璜，一个头脑清醒的负心汉。

但这样的结论未免以偏概全。他最好的一些朋友就是并将永远是女性；她们也可能是他的情人。

让娜·西卡尔和玛格丽特·多布朗不会是他的情人，但她们同加缪非常接近，以致有些朋友把她们俩视作他的"贴身卫士"。她们两人的出现使得山丘上的别墅，即那栋面对世界的房子成为他躲避外界的世外桃源，他在那儿可以抛弃西班牙式的傲慢和地中海式的"大男子主义"，像孩子一样嬉戏。在他去中欧旅游时，两位姑娘把翡虚院重新整理了一番，然后返回奥兰，在各自的家里过完暑假。加缪开始喜欢在他兄弟家过夜了（或者说无论在哪都能睡觉），白天去翡虚院，坐在平台上，面对大海写东西。他很快发现自己已不能再租这么一套房子，因为他的工作还没有着落；他仅有的那些钱仅够他买寄信所需的邮票。不过，他的女友们一个月后才回来，这段时间，没有人来做事，不管是涉政还是从艺，什么都不用干，多么舒服。他心里想，十年后，自己也许会把这种状态称为幸福。②

不久，朋友们陆续返回，重新开始工作和学习，他与更激进的活动分子联合建立了一个组织，旨在发动他们认为有必要的政治和文化活

---

① 让·格勒尼埃《阿尔贝·加缪》。

② 源自玛格丽特·多布朗。

动。对加缪来说,这种举动表明他以更公开的形式倾向共产党。他和夏尔·蓬塞、埃米尔·斯科特-拉维纳以及翡虚院里的女友们一起参加了名为"《公社报》之友"的小组发起的各种处于萌芽状态的活动(《公社报》是接近人民阵线的革命作家和艺术家的机关报),他们很快在阿尔及利亚建立了一个文化之家,赋予他们的活动一个更明确的形式,同共产党及其追随者在巴黎领导的全国运动遥相呼应。①

从此,人民阵线战胜了种种缄默和迟疑,成为正在思考的人们的主要意识形态;连激进社会党人也被最为广泛地接纳进来,其社会阶层包括许多阿尔及利亚最反动的殖民者和商人。伊夫·布儒瓦不无欣快地写道,他和他的朋友们从此成为"正统"。② 他们坚信自己生活在一个为富有创造力的年轻人提供机会的辉煌时代,他们可以自我表达,可以承担提高普通公民文化水准的责任。这是一种爆炸,他们中的一人在不久后这么回忆道。"阿拉伯人"没有介入进去? 这些年轻人不是普通的移民;他们同"阿拉伯人"一样勤奋地工作。对大部分出身于中产阶级的人来说,从所有在阿尔及利亚的欧洲人相对于伊斯兰人而言都是资产阶级这一意义上讲,他们正在进行他们自己的革命,而且是同心协力地在革命,同吃,同睡,同工作,同挥笔。在所有人当中,加缪表现得纪律最差,最没有动力;身体病弱和经济拮据或许是主要原因。③

1936 年 9 月 20 日,高尔基的作品《底层》开始排练;这是劳动剧团即将上演的一部戏,之后将上演马基雅维利的《曼陀罗花》,还要复演《轻蔑的时代》、巴尔扎克的《伏脱冷》和费尔南多·德·罗哈斯的《塞莱斯蒂娜》。但是,同西蒙娜的分手引发了一场危机,加缪必须找到某

---

① 夏尔·蓬塞《加缪在阿尔及尔》。

② 源自伊夫·布儒瓦。

③ 源自皮埃尔-安德烈·埃梅里和罗贝尔·纳米亚。

个人来替代她扮演的女主角;在他们俩幸福相处携手共创世界的日子里,这一角色是为她保留的。现在他把这一角色交给了让娜·西卡尔,但后者不愿意。事实上是玛格丽特·多布朗和让娜·西卡尔回来晚了,当她们到达奥兰时,排练已经开始。剧团招聘了一些新演员,加缪发现有太多的年轻女士想演由他执导的戏中的女主角。然而,这一次他认为她们都不适合扮演这个角色(或者说他自己变得更严苛了),他对剧本感到厌烦,希望演出别的剧目。①

新的矛盾,尤其是加缪与伊夫·布儒瓦的矛盾逐渐扩大。年轻的教授和他的朋友们认为加缪越来越显得一本正经,俨然以迈耶尔霍德或斯坦尼斯拉夫斯基风格的艺术家自居,而实际上他表现平平,只是个业余导演。他们批评加缪在角色分配时把一位青年人拒之门外,理由是他缺席了几次排练,而同时他却准备花几个星期的时间等待让娜·西卡尔和玛格丽特·多布朗回来后再开排。剧组中,一种心照不宣的不和已经在忠于加缪的人和其他人之间产生。布儒瓦站到了其他人的一边。他继续表现出对西蒙娜·加缪的友情,并与她一起在公众场合出现。②

至于加缪,尽管他一直忙于排练,但他不能肯定剧目在预定的11月公演时自己是否还在阿尔及尔,因为他一直在努力地寻找工作。他甚至写信给地处阿尔卑斯山区的一家结核病疗养院,要求给那里的孩子们上课。就他内心而言,他并不希望这一求职信得到肯定的答复,但是他必须在当地找到一份文职工作,因为此时的他已身无分文。他继续埋头在招工广告中寻找甚至最具异域色彩的工作,但对他来说它们都不够奇异。他坦承隐秘的愿望是看到一个印度王子通过招工广告寻觅一位受过西方教育的秘书。

他对他的新朋友埃德蒙·夏洛的出版计划颇感兴趣,并欣然接受

---

① 源自玛格丽特·多布朗。

② 源自伊夫·布儒瓦。

了负责编辑"地中海丛书"的工作,收集地中海地区的作者和诗人的作品。他答应夏洛在奥兰找到一打客户,然后他就把这份差事交给了熟悉奥兰中产阶级的让娜·西卡尔。[①] 夏洛的书店终于开张了,这家面积狭窄的小店很快成了热爱读书的朋友的聚集地。他们在那里可以翻阅各种新书和各类政治、文学杂志,如果他们没钱买书,也可借阅,只要向租借柜台支付新书的价格就可有权租书,然后可以随时用先借的书来换取另一本新书,无须再付费。如果付的金额更大,一次可以借两本,以此类推。加缪先是非正式的合作者,后来成为书店签约作者,他一直泡在书店里,经常坐在通往办公室的狭窄楼梯上专心读书,然后再抱一些书回家。很快他便开始向夏洛举荐该购入的新书和值得出版的手稿。[②]

又一位新成员加入了翡虚院的"童子军"。让娜·西卡尔和玛格丽特·多布朗在奥兰认识一位姑娘,名叫克里斯蒂亚娜·加兰多。她正在阿尔及尔找工作,于是她们请加缪助她一臂之力,这一类的使命毫无疑问会吸引他。他立刻约见克里斯蒂亚娜,甚至邀请她就住在翡虚院;他本想在自己的家里接待她,但他那时还没有住所。[③]

这一次,他们这个如今声名鹊起的剧团终于走进阿尔及尔城里最漂亮的剧场,在周六晚上(11 月 28 日)和周日上午公演两场《底层》。皮埃尔·博尔德剧场(现在的伊布恩·卡勒杜恩剧院)坐落在总督政府行政大楼内,建筑师是雅克·吉奥杉,由以率先使用钢筋混凝土而闻名的佩雷兄弟公司建造。这幢大楼圆顶的直径达三十米,适宜演出气势宏伟的作品,善于烘托出史诗剧的肃穆气氛。可惜的是大厅内的音响系统更适合上演器乐节目,而非话剧。

剧情很简单,故事围绕一座穷人聚居的旅店展开,一个住客谋杀

---

① 源自玛格丽特·多布朗。

② 源自埃德蒙·夏洛。

③ 源自玛格丽特·多布朗。

了旅店的主人。经过几番折腾,那群人再次陷入曾一度变得混乱的穷困。让·雷诺阿刚刚把高尔基的这部作品拍成电影(作为年度最佳影片,该片获得了新设立的德吕克大奖),路易·茹韦和让·加潘在影片中扮演主角,后者扮演的是小偷贝佩勒,也是加缪在阿尔及尔演出时扮演的角色。

劳动剧团上演的这出戏,布景是由加缪的建筑师朋友皮埃尔-安德烈·埃梅里设计的,年轻的剧团以后演出的所有舞台布景都由他设计制作。埃梅里利用了所能运用的一切,尤其利用了那些木制方块,它们被用来为要使用整个礼堂的乐师们增强音响的变化层次。他也有效使用了胶合嵌镶板。波兰木匠马克·维多派茨克的聪明才智使他们的演出受益匪浅。服装方面,扮演穷人的演员没有遇到太多的问题,最终成为流浪者的老哲学家吕卡由布儒瓦扮演。他把一个画着《圣母和孩子》的奥地利瓷盘借给了剧团,远远看去,瓷盘酷似东正教的圣像。[①] 虽然这一切都是在最后几次排练时即兴补充的,但结果令人满意。《阿尔及尔回声报》报道说:“年轻而又勇敢的劳动剧团二度公演……密集的观众把宽敞的大厅挤得水泄不通……”评论指出“越来越多的观众对弄虚作假的街头剧院已经感到厌烦”。选择绝望的主题,的确需要勇气。然而,努力换来了成功的花环:布景、表演、灯光——且不说“某些场景的美丽,演员的身影投射在布景上,产生出神奇的效果……”评论还指出剧团仍坚持不公开演员真名的做法,并且拒绝演完一幕观众鼓掌的习惯做法。“这是何等谦虚的精神!……”共产党刊物《社会斗争》补充说道,剧团只花了几百法郎就做到了具备庇托耶夫和吕涅-波依赖巴黎舞台上种种便利条件才做成的事情。

不管是否公开真名,阿尔贝·加缪是不容置疑的领导者。他同时成了一名职业演员。但他绝不是名演员,连狂热的崇拜者也都承认。一部分人认为他是业余剧团中演技最不差的演员,他有着运动员般的

---

① 源自皮埃尔-安德烈·埃梅里、路易·米凯尔和伊夫·布儒瓦。

加缪和朋友们在阿尔及尔，左起依次为贝尔卡迪、玛格丽特·多布朗、让娜·西卡尔、克里斯蒂亚娜·加兰多和阿尔贝·加缪·多布朗特·多布朗女士提供（照片由玛格丽特·多布朗女士提供）

身影，站在舞台上比别人抢眼：一副美国小生的气派。剧团中的其他演员始终给人留下演地方戏的味道，同时没法改变他们阿尔及利亚侨民的口音和手势；而加缪至少懂得如何自我把握。[①]

此刻，剧团开始了它阳光灿烂的时期，这是一个在《幸福的死亡》中用青年人的华丽辞藻描写的充满纯朴温柔的情感世界，从而给这部加缪从不想发表的作品留下了永远抹不去的还未成熟的烙印。让娜·西卡尔和玛格丽特·多布朗终于回来了，这一次她们将在翡虚院里长住下去。让娜是抗拒父命离家出走的，因为她身为上流社会的父母认为她在阿尔及尔的举动将会葬送她的前程：她参加剧团，或许还参加了共产党。他们不许她返回阿尔及尔，于是她义无反顾地离开了从小长大的家园，回到阿尔及尔，与玛格丽特·多布朗还有她们的奥兰朋友克里斯蒂亚娜·加兰多一起生活。在奥兰通过了中学毕业会考之后，克里斯蒂亚娜在阿尔及尔一家汽车经销公司里找到了一份打字员的工作，因而她也一起分担翡虚院的房租。[②] 加缪每天有一半时间在那里度过——自克里斯蒂亚娜来了后，他在那里滞留的时间更长了：他与这位喜欢在日光下裸晒的姑娘调情，这构成《幸福的死亡》沉重的创作动机中最轻微的一个。

至于伊夫·布儒瓦，他已经感受不到与加缪的亲密关系，尽管加缪的追随者们盲目夸大这种关系，说他为了帮助维修翡虚院，亲自肩扛背驮送去了一大块木板。[③]

让娜和玛格丽特合住一间与巴旦杏树街为邻的房间。克里斯蒂安娜的房间有一扇大玻璃窗，窗下就是"面对世界"的露天平台。加缪把他的工作台——一张简陋的厨房木桌——安放在克里斯蒂亚娜（她白天去上班）的窗前。在《幸福的死亡》错综复杂的情节中，有关翡虚

---

① 源自埃马纽埃尔·罗布莱斯。

② 源自克里斯蒂亚娜·达维拉、玛格丽特·多布朗和罗贝尔·若索。

③ 源自伊夫·布儒瓦。

院的章节忠实反映了他们在 1936 年底以及在第二年一年间的生活。书中的克莱尔指的是让娜·西卡尔，罗丝就是玛格丽特·多布朗，卡特琳代替了克里斯蒂亚娜·加兰多；其他的朋友在书中也用了新名字。唯有两只猫用真名：卡利和古拉（在加缪一生中，身旁总有猫陪伴他）。这张朝着窗口的小桌子上诞生的主要成果之一，便是《卡利古拉》的初稿，这是加缪描写一个反复无常的暴君的剧本，经过多次改写，终于在 1945 年得以公演。还有一条流浪犬，加缪给它取名为"苦恼之犬"，它的苦恼或许来自它身上的壁虱，这种壁虱在整座房子里蔓延，迫使他们不得不请人"灭虱"。动物属于这个家，当房屋由别的朋友居住时——先是弗雷曼维勒夫妇，[①]后来是罗贝尔·纳米亚，动物依然留在那儿。

一天，伊夫·布儒瓦正在授课，突然被紧急叫到了会客室。一位上了年纪，但身板硬朗、穿着整洁，一看就知道是从火车站匆忙赶来的妇女，要求布儒瓦告诉她在哪儿能找到她的女儿让娜·西卡尔。布儒瓦立刻明白加缪的这位女友肯定在炫耀自己的朋友时提到了他的名字，因为他是有社会地位的人。他使出了全部聪明来装聋作哑。当西卡尔夫人向他打听剧团其他年轻人的姓名时，他编造了一大串。她完全看透了他的把戏，因为在握手道别时，她没有忘记用指甲扎他的手掌。[②]

加缪中欧之行回来后就开始为剧团改编埃斯库罗斯的《被缚的普罗米修斯》。他认为现存的译本都很生硬，于是决定重新写剧本。他仰赖让娜·西卡尔的真知灼见，因为她能够透彻地理解他在执导和音乐伴奏方面的意图，已成为他最难能可贵的合作伙伴。其间，为庆祝

---

① 源自让娜·德莱。根据信息来源，克洛德·弗雷曼维勒并没有为当时的翡虚院换过家具，但他入住后，把别墅翻新了一下。

② 源自伊夫·布儒瓦。

12月6日的"阿尔及利亚工人报节"，他们俩接受委托，在短时间内一起导演了拉蒙·J.桑戴的《秘密》（警察审讯工人那一段），在节日中做专场演出。排练只有短短六天时间，演出受到了《阿尔及利亚工人报》的高度赞扬，被誉为艺术奇迹。①

因为一直没有找到工作，加缪去奥兰做了一次短暂的旅行，主要去了解弗雷曼维勒竭力为他争取的一份在报社工作的情况。在这座城市里，人民阵线的力量集中资金和人才推出了一份他们自己的报纸，旨在同一份由保守派移民控制的报刊抗衡。马塞尔·舒拉基是一位学法律的大学生，他负责为报纸招聘人员。他与加缪面谈了一次，并告诉他报社每月只能支付他1200法郎（约150欧元），因为这是报社的规定，所有编辑人员都领取同样低的工资，但印刷工人的工资是2000法郎。加缪回答舒拉基说，与其拿这样可怜的工资，还不如留在阿尔及尔。他很可能借在奥兰逗留的机会去了一次费奈隆学校，他曾为谋取一个空缺的教师岗位与这所学校有过书信往来，但他厌恶在那里看到的那种保皇派式的上等社会的氛围，尽管他很期望在奥兰生活。②

当工作最终到来时，行业口子完全出乎他的意料，不过也在情理之中。他被阿尔及尔电台聘用，在经验丰富的名演员亚历克·巴尔蒂领导的广播剧团工作，合同期为一年。这份工作要求他去地方电台作一些表演，但更多的是要到阿尔及利亚的小城市和外省的村庄去巡回演出，例如奥尔良维尔、穆阿斯凯尔、塞提夫……大家甚至替他取了个艺名，要不就是他自己起的：阿尔贝·法尔内塞。（当他大学时代的女朋友莉莉亚娜·苏克龙在穆阿斯凯尔工作时，他曾告诉她，他到这座城市去过三次，在那里逗留期间，结识了当地一家旅馆的老板娘，并成

---

① 《阿尔及利亚工人报》，1936年12月21日，源自雅克丽娜·莱维-瓦朗西《文化行动》。

② 源自马塞尔·舒拉基和玛格丽特·多布朗。

为朋友,老板娘一直叫他阿尔贝·法尔内塞。)①他每次演出的收入是80 法郎(约 10 欧元)。巡回演出一般历时两个星期,演出剧目包括莫里哀和博马舍的作品。② 1937 年 2 月 25 日,《阿尔及尔回声报》报道了演出狄奥多尔·德·拜维尔的作品《格兰瓜尔》的消息,加缪在这部戏中扮演奥利维耶·勒·丹姆:这一次提了他的真名。之后,他讲述了在巡回演出途中,与穆斯林农业工人一起挤在三等火车车厢里遇到的各种奇闻怪事。有一天,有人走进包厢,为了不让穆斯林与自己同坐一个包厢,来者把行李搁在所有空余的座位上。加缪和另一位演员趁此人走出包厢时,把他的行李扔到了站台上,并高声向路人叫道行李是别人遗忘在火车上的。③ 在巡回演出期间写的一则日记流露出一种全然相反的笔调:"奥兰城在白天的太阳下显得冷酷而狂暴,早晨,却那么温柔,那么脆弱……"

在同一个时期,克里斯蒂亚娜干的是一份秘书工作,月收入 800 法郎。而把工作全然视作一件新鲜事物的让娜·西卡尔则非常自豪地宣布自己有一份 180 法郎的收入。④ 她给愿意读书的人上程度不一的法语课和数学课。一天,加缪给她送来他的小学教师路易·热尔曼的侄子,后者为参加中学毕业会考需要辅导地理、历史和法语。侄子通过了毕业会考,热尔曼邀请他们去他在贝尔库的寓所,设宴款待了他们。

只要有可能,加缪也给人授课,特别是上门做家教。他也分担翡虚院里繁重的家务杂活,每位住客轮流负责一周的伙食,钱从集体金库中支取。膳食很简单,只有烤肉,外加玛格丽特·多布朗的父母每周从奥兰给她寄来的食品包裹(包裹里都是熟食)。⑤

---

① 源自莉莉亚娜·迪隆。
② 源自卡尔·维基阿尼。
③ 源自皮埃尔-安德烈·埃梅里。
④ 源自莉莉亚娜·迪隆。
⑤ 源自玛格丽特·多布朗。

　　然而,这一切对处于加缪这样身体状况的年轻人来说显然是太过分了。克洛德·德·弗雷曼维勒在给奥兰的朋友安德烈·贝拉米什的信中写道:"我对加缪愤怒极了,他完全不听我的忠告。他沉迷于一种错误的生活,得不到片刻的休息,筋疲力尽,孤立无援。"他体重减轻,又开始咯血。[①] 然而,肺结核复发在前几个月中还不那么严重,只是病情到了迫不得已的时候他才停止工作。

　　按照人民阵线在行动中大量表现出来的理想主义,同时按照共产党高层人士的战略——他们竭力把他们的理想主义导入与他们的政治路线一脉相承的目标之中,一个在有思想的人群中最有效的宣传机构,便是文化之家,这是一个多艺术、多媒体的途径,能够吸引各行各业的知识精英,使他们感觉到为提高他们身处的这个大社会的政治和文化意识做出了贡献。文化之家可以组织有关科学、政治以及文学的讲座,它能够推出电影节目,甚至是戏剧节目。文化之家的成员,不必加入共产党,也不需要有政党倾向,但必须是人民阵线的支持者。观众也不完全是共产党员或者是社会党党员组成,尽管他们听完讲座或看完演出后理应更能接受左派的口号和纲领。所有现存的文化和政治运动都可以向文化之家输送人才;当阿尔及尔文化之家成立之时,它散发出十三个不同的组织的光彩。

　　加缪和朋友们胸怀各种计划并迫切希望付诸社会实践,文化之家的理念,于他们可谓水到渠成。不需要面积庞大、投资昂贵的基础设施,甚至连"房屋"都不需要。很多年以后,在 60 年代的戴高乐时期,安德烈·马尔罗在法国各省耗巨资建立文化之家网,文化之家的风格大胆独特,融剧场、会议厅、艺术画廊和图书馆为一体,被马尔罗称为"20 世纪的教堂"。但这是在马尔罗担任戴高乐的文化部长的时代。30 年代的文化之家靠简单拼凑而成。阿尔及尔的文化之家是在一间

———————————

① 源自让娜·德莱。

积满污垢的陋室里开始运作的,在这幢旧建筑物中,还有一些同样脏乱不堪、被其他左派运动用作指挥所的办公室,而各种公众活动则在类似博尔德大礼堂这种宽大的地方举行。什么都不需要操心,因为从组织到计划,乃至大部分的演讲者都由巴黎的文化之家总部安排和提供;阿尔及利亚当地的文化之家只需加上自己的特色——例如业余剧团演出,或者提出地中海地区文化的统一等地区性的观点。

在这场不平凡的活动中,加缪所有的左派朋友都聚集在了他的身旁。他们成立了一个办公室,加缪任秘书长,其中还包括让娜·西卡尔和他们在贝尔库的同志夏尔·蓬塞(他负责距夏洛书店不远的沙拉路8号的小办公室)。负责讲座的办公室成员包括罗贝尔·若索,他是加缪的中学老同学,后去巴黎上大学,他与加缪的友谊伴随了加缪的一生,并且无论在工作上还是在私人生活方面,他与加缪一直同甘共苦;还有一位是玛格丽特·多布朗,她是加缪在翡虚院时的朋友。埃米尔·斯科特-拉维纳负责新闻办公室的事务,让娜·西卡尔负责演出事务;至于加缪本人,他在他的女友、艺术批评家马塞勒·布涅-布朗歇和雕塑家路易·贝尼斯蒂的协助下负责展览事务,而他的医生朋友斯塔沙·克维克兰斯基则是科学研究办公室的成员。

一份宏大且极具雄心的计划立刻制定了出来。讲座办公室将每半月组织一次讲座,主题是北非民俗,涉及伊斯兰的土著艺术、文学、哲学、音乐、建筑、戏剧和其他艺术。新闻办公室根据预先制定的组织计划,必须负责通常的宣传广告,并出版一份简报,同时在阿尔及尔电台策划对话节目。演出委员会要关注电影、戏剧节目,安排当地的节庆表演,举办土著音乐会。展览委员会也应关注土著艺术和"地方"艺术(这是一个不同的概念,它指的是居住在阿尔及利亚的欧洲人创作的作品),并筹备举办建筑和城市规划展览会。至于科学委员会,它的任务是筹集资金以建造一座研究实验室。①

---

① 埃米尔·斯科特-拉维纳保存了文化之家的文件。

所有这些超乎想象的计划都难以实现,因为这些充满理想的小伙子和姑娘都是大学生和靠打工(至少是想通过打工求得)生存的年轻人,而且他们的经济一直处于捉襟见肘的状况。但不管怎样,他们发出了纲领性的宣言,宣告成立阿尔及尔文化之家,隶属巴黎文化之家协会。阿尔及尔文化之家的倡议机构有劳动电影院、劳动剧团、劳动医学、《公社报》之友协会、苏联之友协会以及其他的组织,包括由勒·科尔比西耶创立的国际现代建筑会议和多个地方性的画家、雕刻家、作家和建筑师的革命团体。根据成立宣言,文化之家的目标为:

    1. 协调和统一各种文化活动,避免分散力量或者互相摩擦;
    2. 设备条件好的团体支持条件有限的团体;
    3. 发起一场由作家和艺术家参与的文化艺术运动;
    4. 为地中海和土著文化服务。

如宣言所称,文化之家将在 1937 年赞助由劳动剧团和劳动电影院共同组织的演出,并组织以《新文化的希望能建立在工人阶级的基础上吗?》为主题的讲座。文化之家将努力争取纪德、马尔罗和让·吉奥诺来阿尔及利亚访问,组织达吕斯·米约和阿蒂尔·奥内热的作品音乐会,筹备来自巴黎的艺术展。诸如"生物学和马克思主义"主题的科学讲座也计划在不久后举行。土著风俗人情将得到研究,阿拉伯大众剧团也将建立。恳请团体和个人加入文化之家,会员可以享受优惠票,参加由文化之家"在法国本土或殖民地"组织的各种活动。

宣言的结尾表达了筹备文化之家的年轻人的信念,同时带着加缪当时思想的烙印:

    文化之家向所有人发出恳切的呼唤,希望它的努力得到理解和支持。从地中海地区文化这一意义上说,这个国家的知识分子要去实现一项独特的事业。团结在文化之家里的人对此有着强烈的共识,并为努力维护在我们这个时代受到平庸和暴力威胁的文化做出他们的贡献。为此,必须把阿尔及尔建设成为地中海世界的文化首府,阿尔及尔有能力和义务担当此任。[①]

如果说阿尔及尔文化之家的规模和纲领是雄心勃勃的话,那么最初取得的成果也毫不逊色。第一次活动是 1937 年 2 月 8 日在"妇女非宗教和社会互助"组织所在地的大厅内举行的讲座;2 月 6 日的《社会斗争报》(共产党报刊)大张旗鼓作了宣传,题目是《地中海文化可实现吗?》。没有说由谁主讲,但该报号召劳动者们去聆听讲座并加入文化之家。"因为这涉及在人民阵线时期组建一条文化阵线的大事。"

当然在这次初试锋芒的集会中,主要听众不是工人们,但与会者(持各种不同主张的大学生、教师和知识分子)反响热烈。"气氛焕然一新,非常友好",保守党(也是激进社会党)的报纸《阿尔及尔回声报》如此评论道。面对听众的讲台中央,便是演讲人加缪"这位文化之家中最富激情和最有才华的组织者",几位一起组织讲座的同志分坐两旁。其中两位是女性,记者认为这表明了"一种崭新的思想"(写稿的记者也是一位女性)。[②]

加缪演讲稿(后收入他的《随笔集》一书)几乎全文刊登在文化之家的通讯《年轻的地中海》上。加缪阐述了阿尔及尔人民阵线思想,但展示得更清晰的无疑是他自己的观点和他的精神导师们(尤其是格勒尼埃)的观点。他很注意把他的地中海区域意识融入文化之家总的思想框架内。他承认地区主义有时会被极右派利用,蜕变成法西斯主义(见夏尔·莫拉的《拉丁文化》)。他认为,把地中海人和拉丁人、雅典与罗马混为一谈是错误的。这不是一个传统不复存在的问题、一个没

---

① 源自埃米尔·斯科特-拉维纳。
② 源自吕西安娜·让-达鲁瓦,见 1937 年 2 月 10 日的《阿尔及尔回声报》。

落的民族主义问题或是一个地中海地区优越性的问题。确切地说是应该如何帮助一个民族去表达的问题。加缪的地中海主义是整个地中海盆地共享的"某种生活滋味",这使得人们感觉更亲近一个马略尔卡岛的居民或一个热那亚的居民,而非一个诺曼底人或阿尔萨斯人。这涉及一段共有的历史。一座介于西方和东方的桥梁。加缪以旅游时的亲身经历为例:他感受到那些纽扣一直扣到颈脖的中欧人对他的排斥。甚至意大利的法西斯主义因为意大利人的乐天和亲切感而显得不那么锋芒毕露。由此,地中海式的集体主义必然有别于俄罗斯的榜样。"我们在这里的任务是要为地中海恢复名誉,从那些非法染指它的人手中夺回地中海,使它做好准备,去迎接等待着它的经济方式。"他们的任务就是支持有助于人类发展而不是践踏人类的地中海文化的各个侧面。加缪认为在这个充满暴力和死亡的现实世界中不存在希望,但是文明也许能够存在。

加缪和他的朋友们深受首次集会成功的鼓舞,又投入了新的活动之中。他本人准备去参加阿尔及尔电台组织的巡回演出。他监督劳动剧团的剧目排练,剧团即将上演《被缚的普罗米修斯》和《沉默的女人》,由邦·琼森导演。

他在文化之家组织接待了第一位受邀而来的演讲者,即左派小说家和同时兼任《人道报》和《公社报》记者的克洛德·阿夫利纳。他讲的题目是《革命的阿纳托尔·法朗士》。阿夫利纳在文化之家总部的资助下,在法国外省就同一主题做巡回演讲。他已到过里昂、圣艾蒂安、尼斯和其他一些本土城市,然后他去了北非的苏塞、斯法克斯和突尼斯城。2 月 19 日,加缪在阿尔及尔电台对应邀来作讲座的演讲者做了一个简短的介绍。当说到阿夫利纳的作品"描写世界上的贫困"时,他借用了《星期五》这份拥护人民阵线的报纸上对作家的描写:"高个小伙子,细长的身材使他略显得有点驼背,显出温柔而又差不多是脑腆的面容……但颇具说服力和感染力。"阿夫利纳在博尔德大礼堂的讲座只谈了阿纳托尔·法朗士的政治面貌,列举了这位作家在庆祝十月革命五周年之际发表在《人道报》上向苏联表示敬意的文章:"……他们播下了种子,如果时来运转,这些种子将遍布俄罗斯,也许有一天会在欧洲繁衍传播。"①

或许就在这次访问期间,一个星期天上午,在一个名叫"拉丁区"的咖啡馆地下室里,阿夫利纳同一群和平主义者大学生进行了对话。在青年人中小有名气的加缪也应邀参加了讨论(因为那天阳光明媚,这次讨论没能吸引许多人)。有人告诉其中的一位组织者说加缪来了。这位组织者发现他脸上挂着一丝微笑,立刻尴尬起来,因为会议主席此时正在发言,对兵役制进行极其幼稚的抨击。当阿夫利纳开始讲话后,加缪收起了微笑。会议结束时,他走近讲坛,站在阿夫利纳身边,与先前那位慷慨陈词、怒斥兵役制种种弊端的青年人攀谈起来。他问了他的年龄,小伙子回答说已十七岁了。"好,"加缪说道,"如果我没说错的话,您还没服过兵役。那我更欣赏您在给我们描写军营生活时所表现出来的激情和才华。但我认为最好是谈论已经体验过的东西,您说是吗? 话虽如此,我仍很喜欢您,我站在您一边。"说完,他们一起走进了大学咖啡馆,加缪又一次被当作当地的知名人士,受到众人的致意。②

从这时起,各个方面的活动迅速开展起来。3 月 10 日,文化之家以讨论会的形式在帕拉多——加缪的入党支部所在地——庆贺文化联谊会的成立,讨论会的主题是"人民和文化",由加缪主持。4 月 26日,帕拉多联谊会就"勃鲁姆-维奥莱特议案"召集会议,根据巴黎议会正在讨论的这份计划,一部分阿尔及利亚的穆斯林可以获得选举

<hr />

① 源自安娜·德·沃谢-格拉维利《克洛德·阿夫利纳和阿尔贝·加缪》,《Ca'Foscari 外国语言与文学》,威尼斯,1976 年 9 月。

② 源自卡特琳娜·勒卢福尔《爱情与生活》,《西蒙风》,奥兰,1960 年 7 月 31 日。勒卢福尔说这一对话发生在 1936 年,但又说加缪那时已经在《阿尔及尔共和报》工作,由此而言,这一插曲完全有可能发生在 1938—1939 年间。

权;加缪演讲的题目是:《面对维奥莱特议案的知识分子》。法国—穆斯林联合会的秘书,或许就是克洛德·德·弗雷曼维勒,也在会议上发表了讲话。在国际反排犹主义同盟组织的一次集会上,加缪又一次代表他的文化之家发言,一位伊斯兰宗教领袖,艾尔-奥克比酋长也作了演说,国际反排犹主义同盟的创建者贝尔纳·勒卡什集会时也在场。文化之家的活动很快在巴黎的《公社报》中受到评论,5月份的一期报纸说道:"阿尔及尔声誉日渐提高。文化之家接待了大学者(伊雷娜)约里奥-居里……并组织了一次盛大的纪念普希金的活动……阿尔及尔拥有一个杰出的剧团,即劳动剧团……"①(当居里夫人发言时,弗雷德里克·约里奥-居里也在主席台上,坐在妻子的旁边。②)7月份,《公社报》又对阿尔及利亚人大加称赞:"阿尔及尔完全明白在地方文化的基础上,以合适的形式来组织文化联谊会的必要性。"③文化之家使用的是专门印有部门"科学研究办公室"抬头的信笺。加缪用这种信笺邀请女友莉莉亚娜·苏克龙的表兄来做报告,谈论原子能理论的现状。④

　　文化之家的通讯《年轻的地中海》在1937年5月的那一期上首先刊登的是雅克·厄尔贡教授3月24日在普希金专场晚会上所做的有关普希金的报告,那天劳动剧团演出了普希金的《唐·璜》。这一期通讯阐述了文化之家所肩负的更高的使命。在"土著文化"的标题下,刊登了一首从阿拉伯文翻译过来的诗。弗雷德里克·约里奥-居里署名的一篇文章谈及《物质的嬗变和人工放射性》。文化之家属下的画家和雕刻家小组的成立宣言由加缪的女友,集贵族、画家、飞行爱好者于一身的玛丽·维顿署名发表。在一份由电影劳动协会(该协会反对指

---

① 雅克丽娜·莱维-瓦朗西《文化行动》。

② 源自夏尔·蓬塞。

③ 雅克丽娜·莱维-瓦朗西《文化行动》。

④ 源自莉莉亚娜·迪隆。

责苏联的电影生产因循守旧的说法)提供的有关苏维埃电影演变的研究报告之后,是一份文化之家的活动安排表。4 月 4 日,文化之家为社会党的地方庆祝活动组织了音乐和戏剧演出;劳动剧团演出了乔治·库特利纳的《第 330 条款》。4 月 10 日,在卜利达举行的人民阵线的庆祝活动中,劳动剧团再次演出了《第 330 条款》《西班牙 34》和《轻蔑的时代》;同一天,为庆祝建立由克洛德·德·弗雷曼维勒领导的法国—穆斯林联合会贝尔库支部,他们再次演出了《第 330 条款》。当时还决定建立一个协调委员会,负责协调文化之家和联合会共同组织的活动。《年轻的地中海》的尾声,是阿尔及利亚知识分子支持勃鲁姆-维奥莱特选举改革议案的一份声明:

> ……在一个九十万居民被剥夺了就学和受教化的国家,尤其是在一个因为前所未有的贫困而正在衰落,而其人民又被特别法和非人道的法规压制的国家中,无文化可言……

五十多位签名者(名字未列出)把旨在扩大穆斯林选举权的维奥莱特议案视作"穆斯林全面获得议会自由的一个阶段……"①

根据上述情况,不难想象加缪在当时是所有活动的轴心人物:他既是负责戏剧演出计划的导演,又是演员,还是讲座的演讲者,活动的协调者,甚至是各种请愿书的执笔人。实际工作还远不止这些。在暑期前夕,文化之家请共产党知识分子安德烈·维尔姆塞作了一次讲座(6 月 6 日),组织了一场阿尔及利亚青年画家和雕刻家的艺术展览会(6 月 12 日—13 日),另外在"真实的财富"书店举行了一场穆斯林青年装饰画师的作品展示会(6 月 24 日—7 月 12 日),以及系列活动结束的庆祝会(7 月 31 日)。② 那时,正如夏尔·蓬塞和巴黎总部的秘书

---

① 参阅第十二章。
② 雅克丽娜·莱维-瓦朗西《文化行动》。

长及负责全国活动的勒内·布莱什所说的那样,阿尔及利亚文化之家已约有二百名缴纳会费的成员。然而,也正是在那个时候,气氛发生了变化,很大一部分是由安德烈·纪德在他的《从苏联归来》中所表现出的对苏联的悲观论调引起的;而蓬塞则被他在巴黎总部亲眼看到的高层人物热衷上流生活、附庸风雅的风气所激怒。阿尔及尔的文化之家决定资助一场有关纪德作品的公开讨论(这部作品在《公社报》上受到了安德烈·维尔姆塞的攻击,如同在其他一切媒体上受到许多共产党人的批评一样)。远在巴黎的布莱什秘书长向阿尔及尔提出要求,放弃讨论有关纪德和他对莫斯科的批评的想法,但是领导阿尔及利亚支部的青年们一致决定继续自己的计划。[①]

至于加缪,虽然没有对朋友露出一点口风,但此时的他正在所在的党支部内默默地为自己进行着一场最终导致他被开除出党的斗争。他满腔热情地参加文化之家和它诸多机构的各种活动,最终得到的是戏剧性的结局:对他的控告、诉讼和判决(诉讼的全部程序)。

劳动剧团开始有规律地运作。每一部新戏至少演出两场,分别在周六晚上 9 点和第二天下午 1 点,或者根据要求增加演出场次。埃斯库罗斯的《被缚的普罗米修斯》和琼森的《沉默的女人》在 1937 年的 3 月 6 日和 7 日首次同时上演,演出地点是皮埃尔·博尔德大礼堂,那是两场为"援助贫困孩子"和"大众救助"的义演,后者是由共产党组织的相当于红十字会的活动。导演是加缪,路易·米凯尔负责布景,玛丽·维顿负责服装。路易·贝尼斯蒂凭想象制作了所有演员的面具,唯有普罗米修斯的面具是加缪设计的。[②]（加缪原先想请贝尼斯蒂同时负责服装,他希望在一部希腊剧中这些服装具有"阿尔及利亚人"的灵感,展示葡萄的种植活动。但是因为他的生活中出现了玛丽·维

---

① 蓬塞《加缪在阿尔及尔》。

② 源自玛格丽特·多布朗。

顿,他便把服装设计的任务交给了她,并且她的服装最终体现出一种与众不同的构思。①)玛丽·维顿的一位名叫弗兰克·蒂尔内的英国朋友为埃斯库罗斯的作品专门创作了一段具有巴赫风格的音乐。加缪扮演《沉默的女人》中的主角,序幕词由画家的侄子安德烈·托马-鲁奥站在台前朗诵。据说托马-鲁奥因为忘记了台词,突然一语不发。观众却鼓起掌来,还以为这是戏中有意安排的插科打诨。②

　　这些充满激情的活动在这群年轻的理想主义者的一生中留下了深刻的记忆,但显然没能打动他们指望的观众。《阿尔及利亚工人报》指出,这些戏虽说是为工人们上演的,事实上后者很少去观看,比起博尔德大礼堂舒适的条件和低廉的票价来说(失业者免票入场),工人们显然更喜欢去当地的歌剧院,尽管那里的座位很不舒服。另一场演出安排在第二个星期天。

　　为纪念诗人普希金逝世(事实上他在1837年2月10日去世)一百周年,3月24日举行的晚会包括后来内容刊登在《年轻的地中海》上的厄尔贡教授的讲座、弗兰克·蒂尔内的钢琴独奏音乐会和普希金的戏剧《唐·璜》。当然,唐·璜这一角色由加缪扮演,这是一个令他一生着迷的人物,也是他日后发表的《西西弗神话》中所描写的一种人类行为的典型。他一生中有好几次想把其他作者的《唐·璜》搬上舞台,但种种情况使他无法把这些计划付诸实践。普希金的《唐·璜》由文化之家和法国—穆斯林联合会共同资助,5月1日再度为苏联友协演出,5月5日再加演一场。演出结束时,由莫里斯·吉拉尔绘制的一幅巨大的普希金画像被搬上了舞台。③

　　至于1900年在巴黎首演的乔治·库特利纳的《第330条款》,这部对官场浮夸进行淋漓尽致的讽刺的作品轻而易举地在左派举行的

---

① 源自路易·贝尼斯蒂。

② 源自路易·米凯尔。

③ 源自皮埃尔-安德烈·埃梅里。

地方庆祝活动中获得了成功。加缪在剧中扮演了饱受烦恼的被告拉布里热，在剧中单独的法庭一场戏中，他不堪官僚拖沓，把裤子脱了下来。

《西班牙34》则迥然不同，实际上这是阿尔及尔市政府禁演的《阿斯图里亚斯起义》中有关西班牙的一段戏。尾声有一段合唱，歌词的开头是："我是一个老圣地亚哥人，"乐曲以巴赫的一段合唱音乐为基调（路易·米凯尔对此记忆犹新，因为当加缪示意别人中止演唱时，只有他一人还在继续唱）。罗贝尔和马多·若索也在剧中扮演角色，朗诵道：

> 快要下雪了，
> 谁将会去回忆？①

加缪自然有其个人的理由去演《阿斯图里亚斯起义》中的这一段，因为他与伊夫·布儒瓦的关系已不如当初，而这一段不容置疑是他执笔的。

不管弗雷曼维勒如何指责，他的这位同志仍然拼命地工作。他仍能挤出时间写东西，写未来创作的设想，或许在他1937年4月份的日记中已经有了《局外人》的构思：

> 叙事——一个不愿为自己辩护的人……他死了，唯独他一人意识到自己的真实性——自负的安慰。

6月份的另一段笔记第一次草拟了小说高潮处与神甫的对话。

在《婚礼集》中发表的有关捷米拉地区文章的笔记早于《局外人》

---

① 源自路易·米凯尔和罗贝尔·若索夫妇。

的笔记,此外还有一份很快就在《反与正》中发表的有关《绝望中的痛苦》的笔记,一份以他最爱的面对世界的房子为主题的笔记,一份关于他小说创作的提醒,一篇有关马尔罗的文章(从未写就)和他的论文。(如果这最后一项论文参照的是他的学位论文,那么笔记的日期应为1936年4月,而不是1937年4月,不过,也许是指为发表而修改论文的计划?)此外,5月份写的另一篇笔记其实是《反与正》序言的草稿,作者在笔记中承认自己"不够成熟",以此解释这些文章在形式上的不足。但这种解释显然是徒然之举;他完全明白"对任何人来说,人们总是偏爱对他已形成的看法"。

先撇开种种辛酸苦辣,现在,《反与正》终于要问世了。

第十一章

转折点

> 我凭借我所有的行动与世界相连,用我的怜悯和感激与人类沟通。在这世界的正反两面之间,我不愿选择……
>
> ——《反与正》

1937 年 5 月 10 日——日期写在封底,加缪的第一部作品《反与正》,作为"地中海丛书"的第二本,由埃德蒙·夏洛出版发行。发行量是 350 册,16.5 厘米×20.5 厘米的开本,由埃马纽埃尔·安德烈奥掌管的维克多·安兹印刷厂用新闻纸印制。作品题献给让·格勒尼埃,这是首次公开承认大师对年轻作者的影响。尽管作者把书分赠给许多朋友,但首批印量花了两年时间才销售完(仅在阿尔及利亚销售,因为夏洛出版社在地中海沿岸的其他法语国家没有销售网络)。

夏洛现在每两个月出版一本书。他算下来出版一本书的费用是 750 法郎(约 95 欧元),也就是整整一个月的工资。他因此决定把在书店挣来的一个月的工资用作两个月的生活费,而用第二个月的 750 法郎来出一本新书。在起初一年半的书商生涯中,他以这个速度出新书,但从不再版。事实上,一直到 1937 年发行《婚礼集》为止,他所出版的新书印刷量从未超过 500 册。《反与正》每本的销售价是 20 法郎

（约 2.5 欧元）。①

因此这本极具作者个性的文集后来汇入加缪的全部作品，但没有真正受到重视；这本书的再版只是在加缪生命的最后几年，在他获得了诺贝尔大奖后才得以实现，原因很简单，因为"这本书已出版过，但印数极少，且书店售价很高。为什么只有有钱人才能读这本书呢？"（1958 年再版的序言）时过境迁，也因为缺少这部作品在巴黎当年可能引发的评论，很难想象一个当代读者在这些对贝尔库的童年时代、对孤独一人周游中欧和意大利，以及在巴利阿里群岛旅行的回忆中会发现什么。在一篇与书同名的文章中，这位青年人叙述了一位老妇人花钱购买和装饰自己墓穴的故事，而他则转过脸去，直面人生。

得知当地的评论认为他的书充满辛酸和悲观色彩，他很失望。然而他在整本书中只表明一个愿望，那就是对生活的热爱和要充分享受生活的乐趣。他在给朋友让·德·迈松瑟勒——他只同他谈过自己的书——的信中写道，他同意有关评论的观点，不应该表现得太个性化。后来，他许诺将写一部艺术作品的书，但只在形式上追求进步，即使内容完全相同，表述将更为客观。

他提醒迈松瑟勒，过去经常听他说，非常害怕死神突然降临，例如遇上车祸，这会使他来不及把话说完就一命呜呼。而加缪过去对自己的健康状况全然不在乎。然而现在他变得有话可说，正因为此，他想活下去。"让，生活居然充满魅力和痛苦，这难道不令人赞叹吗？"②

他此时的健康状况向他提出了一个他必须正视的问题。他已经在超负荷地工作。频繁的社会活动加之他个人同共产党机关持久的争执，令他疲惫不堪。他的朋友们对这类活动和这些扑朔迷离的事件将对他的健康产生的不良后果甚为担忧。在《被缚的普罗米修斯》和

---

① 源自埃德蒙·夏洛。
② "七星文库"版加缪文集重印本。

《沉默的女人》上演后不久，夏尔·蓬塞与朋友保罗·勒让德尔医生谈到了加缪，这位医生曾在加缪患病初期给他进行过治疗。勒让德尔那天对他病人的身体状况表示极大的担忧："他一根蜡烛两头燃，到头来会出危险。"

蓬塞在等待合适的时机去同加缪谈谈。

此时夏天来临，他们俩一起在北海堤游泳。他们乘坐小船穿越港湾，小船从老城前驶过，卡斯巴城在海边林荫道边鳞次栉比的办公大楼后时隐时现。蓬塞知道难以与加缪谈有关他身体的话题，但他感到这一天加缪或许会听取他的建议："别固执了，去疗养一段时间，对你有好处，我们会去协商，很可能是免费疗养。"

加缪听到朋友这么说，显得有些激动，道了谢。但他接着说，蓬塞的话没有错，可是他不能远离朋友在陌生人和充满疾病的氛围中生活。"我需要和你们在一起时的那种同志式的热烈气氛。"他微笑着把话说完，仿佛是在奚落自己。[1]

他毕竟减少了一些活动，只从事写作而不做任何其他事情。是疲劳所致？是遵从医嘱？还是对政治的失望？当时正值阿尔及利亚的夏天，所有的社会活动都被放在了次要的地位。他向另一位朋友表示不再卷入任何无意义的活动，从而能够为自己做些工作。[2]

有时他离开城市去避暑。7月份他在写给迈松瑟勒的信中谈到了当月中旬去卡比利亚游览和宿营度假的计划。每次只要有可能，他都会去距离阿尔及尔西面65公里远的蒂巴萨小城，这是一座他偏爱的城市，位于萨赫勒山的另一侧，坐落在什努峰脚下，拥有许多古罗马的遗迹，其中有一座仍然十分壮观的剧场和一个集会的广场，所有这一切都保持着自然和原始的风貌，最好留待加缪（在《蒂巴萨的婚礼》和在很多年后发表的《重返蒂巴萨》）去描写。在其中的第一篇中，他解

---

[1] 夏尔·蓬塞《加缪在阿尔及尔》。
[2] 源自莉莉亚娜·迪隆。

释说从不在蒂巴萨连续待上一整天的时间，因为那会对风景看过头。一天，加缪突然心血来潮，带着克里斯蒂亚娜·加兰多（她体态丰腴，加缪戏称她为"地球"），由他们的雕刻家朋友贝尼斯蒂陪同，一起去了蒂巴萨。这一天，加缪感情奔放，尽情流露；后来在《蒂巴萨的婚礼》中贝尼斯蒂又读到那些词句，他由此得出结论，是克里斯蒂亚娜激发了他的感情波澜。[①]向"地球"女神献出哀怨悱恻的情歌之后，他便开始伏案提笔，使之落墨成文；7月份，他把手稿分别寄给了他的老师和朋友雅克·厄尔贡和玛格丽特·多布朗，[②]当然还有让·格勒尼埃。

　　现在他决定要真正休息一下，陪伴他的是正在办离婚手续的克洛德·德·弗雷曼维勒。德格尔斯夫妇是他本人的朋友，也是人民阵线的同志，他们把在卢辛热的一座瑞士风格的木屋借给了这两个年轻人。卢辛热是萨瓦省的一个村庄，距日内瓦和白朗峰不远。他们在那里甚至可以自己烧菜煮饭。加缪计算了一下，他在那里可以每天开销7法郎（不到1欧元）。他希望能借此机会第一次去巴黎，同时看一看普罗旺斯，然后（难得的享受）去意大利，途经佛罗伦萨、锡耶纳、罗马、那不勒斯，最后抵达位于西西里的巴勒莫，再从那里坐船去突尼斯。他力邀当时在巴黎参观1937年世界博览会的两位女友让娜·西卡尔和玛格丽特·多布朗，与他一起走完意大利的那一段旅程。

　　7月29日，他和弗雷曼维勒登上了开往马赛的轮船。他们在阿尔勒、阿维尼翁和奥朗日作了停留。然后从那里一路北上去巴黎。旅途中，加缪又打开日记，记录下他的焦虑："让我头疼欲裂的高烧，突然产生抛弃尘世、离群索居的怪念头。"他勉励自己"同身体做斗争"。

　　当他们到达里昂时，他感觉自己已经病了。旅途上的所有焦虑和不安顷刻之间爆发出来。两位朋友放弃了去巴黎的计划，理智的做法是先去上萨瓦省的木屋别墅暂作休息。他在日记中写道："在阿尔卑

---

　　①　源自路易·贝尼斯蒂。
　　②　源自雅克·厄尔贡和玛格丽特·多布朗，1937年夏天的情况均由他们提供。

1937 年夏,加缪摄于佛罗伦萨(照片由玛格丽特·多布朗女士提供)

斯山脉的群峰中,除了孤独和抱着去那里休养的想法,等待我的是我对我疾病的意识。"

当他们抵达别墅时,他们发现德格尔斯夫妇的房子是一栋根本无法居住的破屋,甚至连最基本的生活设施都没有。弗雷曼维勒只得一次次走过陡峭的羊肠小道,从村庄里找来了所需的一切。这座名叫"恶鬼城堡"的木屋可谓名副其实。第一天晚上,加缪开始咳嗽并咯血,害怕不已的旅伴守候在他的床头,彻夜未眠。到了第二天清晨,两人的脸色都同样苍白。在随后的日子里,弗雷曼维勒悉心照料他生病的朋友。

幸运的是他们在村庄里还有另外一些朋友。克维克兰斯基(医生,爱好哲学,亦是加缪的朋友)在卢辛热也有一座木别墅。医生的妻子莫雷拉·克维克兰斯基(曾在《轻蔑的时代》中扮演卡斯内的妻子)邀请他们俩去他们家居住。他们觉得在那里住得十分拥挤,便出去寻找可供出租的屋子。但此时正值仲夏,已没有空置的房屋,至少没有他们租得起的空房。此时的加缪没法工作,开始滋生回阿尔及尔的念头,如果不是他强烈地渴望去佛罗伦萨,他肯定早已踏上归程。

他们在山区散步消遣,对加缪来说,他希望能驯化和驾驭这种充满敌意的景色,但是无济于事,他毕生厌恶一切反地中海风格的风景和高不可攀的山峰。他至多是同它们达成了休战,同残酷和野蛮的敌人的休战。他们越过边境去参观日内瓦,驾舟游览莱芒湖。当他们步行时,加缪会经常被迫停下脚步,在路旁的长凳上休息片刻。"没什么。很快就会好的。对不起。"

因为在卢辛热无法租到房子,加缪考虑再三后决定先去巴黎。①

加缪常有去巴黎生活的想法,在那里找一份工作,开创一番事业。对一位作家或一位未来的教师来说,这是法国独一无二的城市。他向

---

① 源自莉莉亚娜·迪隆、玛格丽特·多布朗、雅克·厄尔贡。

往巴黎，而后又意识到对一个囊中羞涩的青年人来说，那里只能是一座地狱。此时，在 8 月份刚刚开始的日子里，他没有行李却带着忐忑不安的预感坐上了开往祖国首都的火车。然而，一踏上巴黎的土地，他便发现这是一座与他想象中的地狱截然不同的城市。他的日记这么描写道："温情和激动，……灰颜色，天空，一个用石头和水组成的巨大的展示台。"对一位生活在阿尔及尔这座在 30 年代大兴土木的城市里的阿尔及利亚青年人来说，巴黎（尚未染上狂热的投机）确实仍然显得温文尔雅。

他走遍了整座城市，几天后，他开始感觉他对这座城市的熟悉程度就如同他是在那里出生的一样。他认为孩提时代的经历给了他不少帮助，因为他在巴黎发现许多酷似贝尔库的地方，如喧嚣热闹的姆夫塔尔街、巴黎圣母院后边的老城区，还有西岱岛。他深深爱上了巴黎，但他也知道他爱上的是一个会弄虚作假的女人。和她在一起，他不会得到幸福，但他毫不含糊地认为，在这座城市里他可以写作。

回家之前，他有否去拜访了文化之家全国总部和总部主任共产党人勒内·布莱什？对此他向他支部的同志莫里斯·吉拉尔作了肯定的回答，他还告诉后者，他在文化之家与文学家中第一位加入共产党的路易·阿拉贡进行了面对面的谈话。阿尔及尔文化之家的这位年轻人与已经声名鹊起的作家发生了口角。可能因纪德的《从苏联归来》而争吵？我们无法得知。

离开巴黎后，加缪回到了山区，但这一次是去昂布伦，这是一个真正的风景地，如同明信片上的画面一样：小河蜿蜒，一座中世纪村庄建在小河上方八百七十米的高处，村庄背后又是一座巍峨的山峰。从八月中旬到九月的第二个星期，他没离开过这个村庄，一直等到让娜和玛格丽特——在他的恳求下——前来与他会合，而后同去意大利。在昂布伦，他找到的是一间每天 33 法郎（4 欧元多）的膳宿公寓，远远超过他在出发前为自己制定的每天 7 法郎的支出预算。更糟糕的是他发现室内家具死气沉沉，周围的人都很愚蠢。但他想到来此地是为养病,因此要随遇而安。

　　这种被迫的无所事事的生活——因为他确实无事可做——并不使他感到特别的愉快,但却有了思考的时间。8 月 20 日晚上,当他在昂布伦散步时,猛然感悟到这种隐居生活给予他的正是这一年中他一直希望得到的东西:一个单人独处的机会,可以去思考一些他必须解决的事情。他十分清楚,回到阿尔及尔之后,当他身处狂热的文化和政治氛围时,他将不会有时间,也不会去考虑新的计划,每天只能穷于应付,忙于那些别人交给的或者他规定自己完成的日常工作。

　　他同时想到了所要写的东西。不是偶尔为之的写作,也不是表达某种心境、叙述某个经历的短文;这一次,要写一部长篇。他开始构思他的第一部小说《幸福的死亡》,塑造其中的人物。他在卢辛热周边散步时,与弗雷曼维勒谈到了书中的主人公帕特里斯·默尔索。他曾想把他的小说取名为《游戏人》,对《卡利古拉》,他一度也想用这个名字。他在日记中记下对白片段。①

　　他的意图从一开始便清晰可见:他要努力把他的各种经历作为素材:贝尔库的童年时代、荒诞的第一次婚姻(特别是这段婚姻灾难性的结局)、翡虚院的理想主义,等等。在这部未来的小说中,他将给每一次有意义的活动、每一个职业、每一次重要的会晤留有一个空间:方案涉及"哑巴""奶奶""疾病",剧团的巡回演出,省政府,甚至还包括他同让·格勒尼埃的谈话以及不久前他在巴黎各处的散步。不管是对《幸福的死亡》这本后来流产的作品来说,还是相对随后出版的《局外人》这部真正的小说而言,他笔记中的一段话表达了一个共同的主题:"一个在普通的生活环境中(婚姻、地位等)寻找过生活的人,突然发

---

　　①　加缪 1937 年 8 月的《手记》包括部分写作计划和其他一些《幸福的死亡》的素材,但由于加缪拆散了写有这些内容的笔记本原件,这一计划的其他部分刊登于该小说法语原版的第 40 页。或许这本小说还有更早的版本?书上留有的"向克里斯蒂亚娜·加兰多借阅"的这一行字,可被理解为事实上他扔弃了最初的手稿。

现……曾经的生活是多么地陌生……"

他当时日记中一段话表露出法国领导人的种种声明给他带来的政治失望,他在这些声明中感受不到任何"人道的声音"。

他的这一段日记同时揭示了他希望注重性嫉妒这一主题,这种性嫉妒与他在萨尔茨堡和布拉格旅行有关;他的笔记让人明显地看到,青年丈夫发现妻子不贞行为时,感受到的是一种真实的意外(尽管他的朋友们坚信,这对青年夫妇决定体验一种彼此不干涉对方活动的现代婚姻)。这些笔记包括一个写作方案:

> 1. 与玛尔特的关系……
> 2. 玛尔特叙述自己的不贞行为。
> 3. 因斯布鲁克和萨尔茨堡:滑稽剧,
> 　　　　　　　　　　　　信和房间,
> 　　　　　　　　　　　　离开时正发烧。

但是,如同我们所了解的那样,"性嫉妒"这一主题在《幸福的死亡》中全然不是决定性的,西蒙娜(如果仍然是她在那些日子里使他心绪不宁的话)在书中同样不是一位显要人物。如果说她是玛尔特或书中其他众多女性中的某一位的原型人物的话,那么事实上她无法让人想起我们所熟悉的"娜佳"。

在他漫长的隐居生活结束之时——对这么一个特别活跃的青年人来说是漫长的——,他重新拿起学生作业本写道:

> 8月份这一个月如同一个转折点——一次清肺醒脑的深呼吸,然后用巨大的勇气去解开一切……
>
> 　　应该去生活和创造。流着泪去生活——如同站在满坡柏树的山丘上的这栋圆瓦蓝帘的房子前那样。

他在普罗旺斯、在去马赛然后转坐火车去意大利的路上写下了这一切。根据他朋友们的回忆,很难准确地说出他去了普罗旺斯的哪些地方。唯一一位与他结伴旅行的克洛德·德·弗雷曼维勒今天已经谢世。可以想象在从昂布伦去马赛的路上,加缪是经过艰难跋涉——这在当年无疑是艰难跋涉,因为即使在今天,如果没有汽车仍难以做到——去实地考察了让·格勒尼埃喜欢的一个名叫卢马兰的村庄,后者在第一次去阿尔及尔任教并在那里收加缪为学生之前,以卢马兰城堡基金会贵宾的身份在这个村庄里度过了一个季节。格勒尼埃发表了一篇有关卢马兰的文章,也许这是加缪读到的第一篇格勒尼埃写的文章,而后者肯定与加缪谈过这个地方;也或许他使他的学生因此立下了心愿,只要有机会就去参观这个村庄。让·格勒尼埃已不在我们中间,我们无法对此确认。许多年过后,当加缪和一群显然是初次来访的作家们在参观卢马兰时,他在日记中的描写如同一次"漫长岁月后"充满回忆的参观。至少有一位当事人仍记得,他在 1937 年的夏天,在卢马兰遇见了加缪。[①]

不管是否在卢马兰,这一年夏天客观上是一个转折点。从那时起,加缪的内心生活将优先于社会生活。他不会抛弃政治生活;他只不过开始以更严肃的态度去介入。但他知道,从此后他真正的工作将是以自己的现实生活为基础去写作。他必须要为自己保留时间,尤其要保持为实现这一切所必需的精力。从这一意义上说,1937 年的夏天是一个重要的转折点。

还在阿尔及尔时,他的老师和朋友雅克·厄尔贡就敦促他到巴黎后去参加每年一次在蓬蒂涅的西多会修道院举行的讨论会。在这个

①　源自让·瓦里耶,他在 1961 年继承父业,任职洛朗-维贝尔基金会主任,拥有城堡并提供短期居住的费用。瓦里耶回忆说加缪是其父亲的座上客。格勒尼埃的《当主现身的时候……》一文发表于 1930 年 5 月《新法兰西杂志》,后以单行本出版。

讨论会上,厄尔贡的岳父,哲学家保罗·德雅尔丹每年把法国文化生活中的精英们聚集在一起;这一年特别邀请了与厄尔贡的朋友安德烈·纪德一起合作的《新法兰西杂志》小组的成员,还有罗歇·马丁·杜·加尔和雅克·里维埃。加缪很想了解蓬蒂涅讨论会的情况,并且希望在厄尔贡的陪同下去结识所有的与会者。但是蓬蒂涅讨论会在每年的 9 月底举行,而他知道无法在巴黎逗留至 9 月底。

现在轮到让娜和玛格丽特这两位奥兰姑娘陷入囊中羞涩的窘境。她们没有钱随加缪一起去意大利旅行。她们需要 1000 法郎(约 125 欧元),但他显然无力资助她们;他本人已经向弗雷曼维勒借了好几百法郎。最后,他又向弗雷曼维勒借了一笔钱,而此时后者的钱也所剩无几。当两位同他一起去意大利的姑娘到来后,弗雷曼维勒只身一人离开了。

他们在马赛老港的一家饭店用了晚餐,当夜就住在了马赛(9 月 8 日)。这家饭店仍然保留了马赛尔·帕尼奥尔所拍摄的电影中的模样,后来在二次世界大战中被摧毁。第二天早晨,他们 5 点起床后去附近的一家酒吧吃了早点,加缪在那里欣赏了工人们用同量的咖啡和朗姆酒拌在一起当饮料喝的方法。然后他们登上了驶往意大利的火车。

然而,即使在马赛短暂的逗留期间,况且他似乎也是满意的,但他仍然体验到"孤独的苦涩滋味",他在日记中写下了这一感觉。

坐火车旅行是一种新的乐趣,火车行驶在连接法意两国的里维埃拉地区美丽无比的景色之中,两旁是摩纳哥月桂树和热那亚鲜花绽开的小花园。然而,他在日记中又一次写道:"我的疲劳和这种流泪的念头。这种孤独和这种对爱的渴望。"他需要的难道不是一个具有灵魂、能与之做爱、与之交流、与之一起散步的伴侣? 度过了漫长的岁月,他找到了这样的伴侣。

在比萨走下火车时,他感到一阵空虚。他离开女友,独自一人在荒凉的马路上徘徊,泪水忍不住夺眶而出。创伤从此可以开始愈合了,他这么想。

当人们开始对爱感到失望时,往往爱已到来。他迷恋上了在比萨和佛罗伦萨看到的意大利。他在那里发现了他的地中海的新的一面:地中海文明。他准备忘却个人的痛苦。他在日记中承认:"有许多事情和许多生命在等着我,或许我也在等待着它们,用我全部的力量和悲伤去渴求它们。但在这里,我可以用沉默和神秘求得生存。"

毫无疑问,他在这一个星期(从9月9日至15日)中写下的日记远比在其他地方写的日记详细。他在发表于《夏天》中的《沙漠》一文中重复了这一幸福的自白。在加缪的所有作品中,介于风景、人的行为和个人需要之间的相互作用,从未像在这篇文章里那样,得到如此深刻和如此强烈的研究。虽然他以后一直没有把他自己在佛罗伦萨的感受向他在翡虚院的女友们坦述过,但读者将会明了个中原因。加缪在格勒尼埃的《岛屿》中发现的东西——来自阳光下美丽事物的,或来自静观美色的人的瞬息即逝的特征——他在佛罗伦萨找到了。

9月16日,旅行结束。尽管他们下榻的是30法郎一天的膳宿公寓,但在他们当中谁都没有更多的钱了,即使意大利可为旅游者提供减价火车票,他们仍然不可能按预定计划去罗马、那不勒斯和西西里——难道这不是他盼望去的地方? 在返回马赛的旅途中,他们在阿尔勒作了停留,这时他发现剩下的钱够他买一张三等舱的船票,这使他在穿越地中海时有一个上好舱位。①

回到阿尔及尔后,他马上投入《幸福的死亡》的创作之中,其中较长的几段,他已在日记中写下了初稿,同时他要求自己(9月30日)如需重写,那就不能犹豫。同时他也知道,1937年的秋天,他将迎来自己二十五周岁的生日。此时的他正在做一件所有的人都在做的事情:找一个职位,创一番事业。或许他的事业应该是从事教学。因为他已获

---

①　源自雅克·厄尔贡和玛格丽特·多布朗。

得在西迪-贝勒-阿巴斯当教师的职位。这是一座边境老城,四周是曾经的防御城墙和沉重的城门,也是法国外籍军团的边防要冲,新兵的训练场地。为纪念在那里出生的一位先知,从而用这位先知的名字命名的西迪-贝勒-阿巴斯现在是一个中等的农业中心,城内的马路呈清一色的直角形状。这座远离阿尔及尔的小城市距奥兰只有八十二公里。

新教师在一个周六的晚上抵达小城,立即去拜访学校的校长。随后他在一家旅馆租了一间客房。此时他才意识到在未来的九个月当中,他将被束缚在那里,过一种他讨厌的生活。从单个角度看,他将获得他需要的安全和写作的时间,而承担的工作也不令他太过反感;他总是比周围的人更能吃苦耐劳。对他的写作计划来说,有一份安稳的工作——他眼前的这份工作正具备了这一点——,这确实是一件好事。他回想起之前在省政府干的那份每天都让他筋疲力尽的工作,他完全不能做自己的事情;身心俱疲,写不出任何东西。

第二天上午,他留在房间里重新思考了他在这座城市里将如何度过九个月的时间。他意识到自己无法这样坚持下去。在开往阿尔及尔的火车启动前十分钟,他把行装匆匆塞进箱子,结清了旅馆账单,一路奔向火车站。他需要找到一份工作,但必须是在一个他……不受到损害的地方。

三言两语难以向朋友解释清楚他离开是害怕在外省当教员被束缚手脚。他也担心被人看成懒汉。实际上,他给自己定下的工作时间远远超过了西迪-贝勒-阿巴斯的工作所要求的时间。[①]"我对此拒绝了。"他在日记(1937年10月4日)中这么解释道,并且他在此后数天

---

① 源自雅克·厄尔贡和莉莉亚娜·迪隆。加缪告诉卡尔·维基阿尼他上的是拉丁文课(源自维基阿尼)。当加缪被邀请去西迪-贝勒-阿巴斯上拉丁文课时,让娜·西卡尔正在70公里外的特莱姆森的一所学校任教。她仅上了一天的课后就离开了,她告诉校长有个剧团给了她一个更好的职位(源自玛格丽特·多布朗)。

写给朋友们和以前的老师的信中说道:"我看重生活中真正意义上的运气,对自己的安全看得很淡漠。面对这种麻木而迟钝的生存方式,我撤退了。"他很快接受了一项比负责一个班级需从事更多无收益劳动的工作;因此关键不在于工作,而是"害怕孤独和一成不变"。害怕到"令人厌恶的地方"扎根。① 他当时并不清楚,自己拒绝未来、回到不安定的现状中去的举动,究竟是表现一种毅力,还是反映一种弱点。他无法做出决定,然而,优柔寡断同样是一种决定的方式。

> 10 月 10 日
>
> 　　有价值或无价值。创造或无创造。在第一种情况中,一切都有正当的理由。一切,毫无例外。在第二种情况中,是彻底的荒谬。剩下的便是选择最美的自杀方式:婚姻,四十小时工作制或手枪。

当生活最终在阿尔及尔安定下来之前,还有一次逃离的经历。他的日记提及了在阿特拉斯山脉的一次远足出游,在山脉的下方,就是以柑橘树、橄榄树和含羞草闻名于世的阿尔及利亚花园城市卜利达,距阿尔及尔只有五十一公里的火车路程。这一次,他让他的身体经受了考验。"身体,是文化的真正的途径,它使我们看到了它的极限。"他的哲学家医生斯塔沙·克维克兰斯基建议他做任何事都不要勉强自己,生活要顺其自然。这看上去是犬儒主义的表现,他补充说道,但他发现这同样是来自世界上最美丽的姑娘的看法。(《手记》11 月 13 日)

他对此不完全相信。不管他在西迪-贝勒-阿贝斯的反应是何等强烈,他仍认为为了不失去全部生活而付出生活的一部分,这是正常的。"每天六至八小时的工作是为不饿死。然而,对寻求发展的人来说,一切都是发展的机遇。"(《手记》11 月 22 日)

---

① 　二次世界大战后,加缪在《战斗报》上发表的文章中把西迪-贝勒-阿巴斯描写成一个反动派的堡垒,在这座城市里,可以看到"希特勒万岁"和"弗朗科万岁"这样的标语。

第十二章

政　党

　　　　　政治和人类的命运是由没有理想和没有高尚品质
　　　　的人们造就的。那些具有高尚品质的人从事的不是
　　　　政治。

　　　　　　　　　　　　　　　　——《手记之一》(1937 年 12 月)

　　有悖常情的事实,便是在阿尔及尔的政治和文化生活中,在共产
党的内部既没达到某种层次,也称不上重要人物的阿尔贝·加缪无疑
是最积极和最出名的共产党员(尽管是个秘密党员)。[1] 但他为党做的
全部工作,即支部的各类会议和他遵照直接领导的指示所执行的各种
任务,从未产生与他的社会活动相等的影响力。劳动剧团能涉及所有
的社会和文化领域,并且能够在保守党的媒体中引起赞同的评论。文
化之家在它短暂的生存期间,发挥出无数政治的和文化的作用。无论
是作为演说家,还是作为巡回演出的演员,抑或作为勤奋的学生作家,
加缪一直起着显而易见的并且相比党交给他的使命而言更令人赞赏
的作用。我们不能忘记劳动剧团是人民阵线的一个创举,完全是党的
等级制度所能接受的;文化之家几乎是一个公开的共产党组织。
　　我们有充分的理由相信加缪是一个头脑清晰的共产党员,对自己

---

[1]　参阅第八章。

谨慎看待党的机构的原因有清醒的认识。正是让·格勒尼埃这位曾经的老师，现在成为他朋友和精神顾问，公开表现出对共产党正统观念的怀疑，他受自我（和受格勒尼埃）的思想影响，对共产党人保持警惕。他告诉格勒尼埃，他之所以成为共产党员，是为了接近他认为与自己一样的人，即阿尔及尔的工人阶层，因为共产党融入了他们的事业。但如果说他曾投身于运动并为共产党的目标全力以赴，那么面对共产党未来的目的和实践，他则持怀疑的态度。可以"接受一个有利于共产主义的行动，但同时对它持悲观的态度"①。

或许刚开始时，青年加缪给他朋友们的印象是在笨拙地仿效共产党的术语，因此囫囵吞枣地接受了全部共产党的信条。马克斯-波尔·富歇回忆说加缪曾指责他是一个社会叛徒，这是共产党送给社会党的一个贬义词。"总而言之（他引用加缪的原话），你属于一个改良党，而改良主义就是法西斯主义的温床。"②但加缪从来就不是一个马克思主义者，他对马克思主义的历史分析逐渐产生怀疑；③在入党之前，他既没读过马克思的著作，也没念过恩格斯的书，更未看过任何一位共产党哲学家写的东西。④ 这一切无疑解释了他（至少在马克斯-波尔·富歇之外，与其他人的）讨论中表现出来的灵活性。至少有一位朋友为他远离愤怒做出的温和的回答而受到触动：在对一种极其无礼的评论表示不赞同时，他会简单说："那不是必然的。"在被某个人的态度震惊时，他会评论："他们不懂如何生活。"⑤这完全不是一位死捧教条的人的语言。至于他那种对手们十分熟悉的调侃风趣，其实掩藏着一位"腼腆而又温情"的同志。⑥

---

① 让·格勒尼埃《阿尔贝·加缪》。
② 马克斯-波尔·富歇《有一天，我回忆起了……》。
③ 源自在校阅者工会的演讲，见 1962 年巴黎出版的《献给阿尔贝·加缪和他的书友》。
④ 源自卡尔·维基阿尼。
⑤ 蓬塞《加缪在阿尔及尔》。
⑥ 源自让·德·迈松瑟勒。

　　现在,加缪将第一次和与他同一社会和文化层次的穆斯林人士进行真正的接触。因为,如果说他不乏能力,善于与被他的朋友们和他自己称为"阿拉伯人"的人们进行交流的话——在加缪和他朋友们的世界里,事实上分不清穆斯林中谁是阿拉伯人,谁是柏柏尔人,因为无论是在学校,还是在游戏时,或是在以后的工作中,他们都不怎么碰到穆斯林(不是平等相处)——,他们在生活水准上的巨大差异仍然造成一种事实上的社会分隔。在欧洲人和穆斯林之间不可能存在密切的关系,因为即使一位阿尔及利亚的法国人与一位穆斯林彼此建立了友好的关系,他也永远不会带着妻子与他约会。① 为"阿拉伯人"谋利益,哪怕对自由的阿尔及利亚法国人来说,本质上就是一种为他人谋利益的行为;在这种情况下,就难以避免家长式的统治。② 尽管他们从小受的教育不一样,但通过他们与穆斯林建立的友好关系,加缪及其剧团和文化之家的同志,以及法国—穆斯林联合会的同志们已经远远超越了时代(他们也因此拉大了与大部分法国移民的距离)。

　　今天,没有人会声称穆斯林在人民阵线中起过某种特别的作用。这不是他们的阵线;他们甚至没有投票权。然而,共产党把注意力放到了穆斯林身上,他们是阿尔及利亚人口的主要组成部分。他们是真正的无产阶级。这就解释了为什么曾经有过这样一个加缪,他主动要求承担"在阿拉伯人中发展党员"的任务,并且说这一任务是他在党内主要参与的活动。③

　　共产党的秘密党员阿马尔·乌茨卡那被视为组织阿尔及利亚穆斯林反法国暴动的地下领导人而被逮捕,他在监狱里一直被关押至阿尔及利亚独立的那一天,以后担任了政府部长。不久,他去美国请求

---

① 源自路易·米凯尔。

② 源自皮埃尔-安德烈·埃梅里。

③ 源自卡尔·维基阿尼。

美国人来帮助恢复已被放弃了的葡萄种植业,而后他作为国家官方代表团成员再赴美国参加了肯尼迪的葬礼。乌茨卡那的一位法国朋友满怀崇敬地把他称作"阿尔及利亚政坛上的一千零一夜"。

当阿尔贝·加缪遇见乌茨卡那时,正值他率阿尔及利亚代表团在莫斯科参加完共产国际第七次代表大会回国后不久。他在第三国际中化名"阿蒂尔·道敦"发表了演说,此举说明穆斯林共产党人在阿尔及利亚可能遇到的危险。乌茨卡那1910年出生在阿尔及尔,兄妹十四人,他排行第十一;大部分孩子幼年时就夭折了。他的爷爷因为参加反对法国人统治的运动而遭报复,土地全被没收;他的父亲曾在一家大饭店工作。他虔诚的父母没让他上小学,把他送进了学习《古兰经》的学校。乌茨卡那先后卖过报,当过跑腿的,最后成为电报局职员。1926年,他是邮局青年工会运动的创立者之一,1930年加入苏联之友协会。

他在(亲共的)统一劳动总联合会中逐级而上,这是一个由莱昂·儒奥领导的、由法国总工会中持不同政见的社会党党员组成的温和派组织。乌茨卡那负责组建以穆斯林工人为主体的分支机构,显而易见,这正是儒奥的总工会想做的事情。(在1939年3月人民阵线的全盛时期,统一劳动总联合会兼并了法国总工会。)

乌茨卡那在1934年成为阿尔及尔共产党的书记,同时兼任党的机关报《社会斗争报》的秘密编辑。在阿尔及利亚地区联合会政治局开除了一名穆斯林的书记并逮捕了另一位接替者之后,这一位子便交给了乌茨卡那。当时的阿尔及利亚共产党还不是一个独立的政党,党员均隶属于法国共产党,行动受命于巴黎。在1935年举行的第三国际的会议中,乌茨卡那请求——他如愿以偿——建立一个独立的阿尔及利亚共产党。作为地区联合会的书记,此后又担任阿尔及利亚共产党中央宣传书记的乌茨卡那,试图建立一个反殖民主义的统一阵线,把阿尔及利亚的法国人支持者、穆斯林宗教领袖(伊斯兰教神学家)、穆斯林公务员和工会会员召集在一起。从此,他中止了在法国总工会的活动,全力以赴去组织动员码头工人、农业工人和采矿工人。1936年,在他的努力下,组织召开了一次阿尔及利亚穆斯林会议,他担任执行委员会书记,并积极地把这一运动纳入人民阵线中。1937年7月他被选为市参议员。①

乌茨卡那总是很愿意听取普拉多·索利埃支部的意见,那是一个有名的"知识分子支部"。但是,如果说这个支部主要是由年轻的大学生和艺术家同志——加缪、让娜·西卡尔和玛格丽特·多布朗、克洛德·德·弗雷曼维勒、路易·米凯尔、一位画家,还有一位商务代理和他从事药剂师工作的妻子——组成的话,那么成员中也有一些当地人,而且他们当中的一部分人是真正的工人阶级的成员。乌茨卡那注意到加缪对穆斯林及其社会地位很关心。最令人感到惊奇的是比起其他(研究阿拉伯文化的)欧洲人来说,加缪似乎更容易理解他们,没费太大力气就学会了他们的语言。乌茨卡那因此鼓励加缪去探寻同穆斯林青年知识分子的接触,从他们使用的语言和他们接受的是法国文化这一事实看,这些青年更容易接受"民族改革"的思想,因为目标是要把他们引入与共产党观点接近的"民族解放"的道路上去,并且在可能的情况下把他们当中最先进分子吸纳到党内来。加缪开始以个

---

① 源自阿马尔·乌茨卡那。1938年初,在与罗贝尔·德洛什产生冲突后,他辞去了总书记和《社会斗争报》总编的职务,但继续担任政治局委员一职。在共产党遭禁后,他转入了地下活动,并且因为拒绝谴责1939年8月的德-苏条约而被市议会开除。1940年7月他被逮捕,并被关押,罪名是在兵营里进行反纳粹宣传;在军事监狱被关押了8个月后他被宣告无罪,并于1943年4月27日被释放,6个月后他去了美国。他曾担任阿尔及利亚共产党第三书记和第一书记(1944年),他为平息1945年的起义和屠杀后的叛乱进行了广泛的活动。他以(在穆斯林全体选民选举团中)获得的8万多张选票当选国民议会议员,并于1946年被推选为巴黎制宪会议管理局书记。因为与在法国的共产党总部有意见分歧,他在阿尔及利亚共产党的第三次大会上被解职,1948年他公开与共产党抗争,并被开除出党。1950年,他加盟穆斯林宗教领袖的政治活动,并于1953年1月加入了民族解放阵线,成为该组织的全国领导人。他起草了战争纲领计划,民族解放阵线的地下战士在1956年8月通过了该计划。

人的名义去频繁接触穆斯林作家和伊斯兰宗教领袖,尤其是他们的主席拜·巴迪酋长和他们的副主席谢克·艾尔-奥克比。

回来后,加缪引起了他党内的那些新朋友的强烈关注,他们被他的学识、真诚和纯朴所折服。当他生病时(那时他还在党内),乌茨卡那加入了去看望他的分部机关的代表团,除了鲜花和蛋糕,代表团还给他献上了一个信封,里面装着从贝尔库的党内积极分子中募捐来的钱款。①

在加缪的推动下,"知识分子支部"以一种对居住在阿尔及利亚的法国人来说——哪怕是他们当中最开明的人——极不寻常的方式开始关注穆斯林的问题,或者更确切地说他们是遵循类似埃米尔·帕杜拉这样的阿拉伯文化研究者的意识形态路线去关注这一问题的。从事会计工作的帕杜拉是共产党贝尔库分部的秘书长。他不仅是一位经验丰富的老共产党员,而且是党内为数不多的能够了解和处理"阿拉伯人"日常问题的非穆斯林党员,他在策略和意识形态方面具有自己独立的见解。1924 年,当法国共产党要求阿尔及利亚的各个支部去建立各种阿尔及利亚民族主义组织时,帕杜拉对这一战略持反对态度,他的论点是阿尔及利亚的穆斯林极易受到非难,他们时刻面临着被法国殖民当局任意投进监狱和被终身流放到南方荒漠地区去的危险。帕杜拉由此被传唤去了在巴黎的由雅克·多里奥(后归顺法西斯主义并与德国人合作)领导的党的殖民地事务部。在解释了为什么在阿尔及尔组织这类运动是不可思议的举动后,帕杜拉要求这类组织应该在危险不大的区域内,例如在法国本土上建立。这就产生了在 1926 年建立的共产党穆斯林阵线和由卡莱德王子资助的北非之星,以及一张以同样的名字为报名的(由帕杜拉领导的)报纸。在法国的穆斯林劳动者可以加入北非之星,这一组织的活动和报纸对阿尔及利亚的形势产生了影响,它们在那里受到了更为严格的监视,但避免了殖民地

---

① 源自阿马尔·乌茨卡那。

的穆斯林去无谓地冒险。①

　　然而在持不同意见的民族主义者中,出现了新的元素,这就是梅萨里·哈吉这位 1898 年生于特莱姆森的鞋匠的儿子。读完小学后,哈吉和他的穆斯林同伴一样,移民去法国找工作。正是在工厂做工时,他开始投入政治生活,同时加入了共产党和刚刚成立的北非之星。但从 1926 年起,他离开了共产党(他指控共产党对外籍工人是家长式的统治),一年后,他重新获得了对北非之星的领导权。在他的领导下(直至 1934 年),北非之星同共产党紧密合作并加入了人民阵线。不论当时抑或以后一段时期内,梅萨里领导的运动与劳动者荣辱与共,而大部分劳动者仍然带着宗教的传统,正是这一特征使北非之星一直不同于另一个更注重意识形态、少有宗教色彩的运动,即以后成为中产阶级代表的民族解放阵线。②

　　在加缪加入共产党期间,即从 1935 年秋天至 1937 年 11 月,法国的政治形象和在法国殖民统治下的阿尔及利亚的政治形象都迅速发生了演变,后者的演变是必要的,但更微妙。人民阵线的思想在巴黎占据了优势,这是一个不仅包括了共产党人和社会党人,而且也包括了温和激进社会党人的人民阵线。社会党在 1936 年 5 月的立法选举中获得大胜,自然就由社会党人莱昂·勃鲁姆组建新政府——这个政府一直持续到 1937 年倒台,究其原因,是法国经济形势恶化以及负责扭转局面的社会党总理的无能和软弱。面对种种考验时,人民阵线的政府尤其得到了法国共产党的支持,它是主张各民主力量统一行动的主要倡导者。事实上,共产党更希望人民阵线尽可能广泛地去团结各个政党和各种运动。

---

　　① 源自埃米尔·帕杜拉和穆罕默德·莱雅乌伊《阿尔及利亚革命的真相》,巴黎,1970 年。

　　② 源自伊夫·德舍泽勒和穆罕默德·阿尔比《民族解放阵线的起源:PPA - MTLD 的分裂》,巴黎,1974 年。

　　因为在那个纳粹主义和法西斯主义开始展示它们力量的时代,苏联(那时有力地控制着全世界的共产党)贯彻的是一条不惜牺牲局部利益、与一切民主力量联合的总路线。这一切意味着在劳工运动方面,共产党将同他们的宿敌联合(如总工会和统一劳动总联合会的合并),而在政治行动上,甚至将与保守的激进社会党合作。不许再用"社会法西斯主义"的字眼辱骂社会党人。①

　　在阿尔及利亚,共产党进行了一场更为剧烈的路线调整,最后导致阿尔贝·加缪受到责难,被开除出党。

　　加入(第三)共产国际有 21 项条件,其中一项明确规定任何一个国家的共产党都应该去推动殖民地的解放,要驱逐"帝国主义分子",把他们赶回老家去。虽然这一纲领彰明较著,但是阿尔及利亚共产党从未能对穆斯林民族主义产生深刻的影响,因为穆斯林的知识分子倾向与法兰西共同体联合,不希望独立。因此,阿尔及利亚的共产党人在法国殖民当局看来是无视法律的危险分子,共产党人争取穆斯林的努力屡受挫折。根据当时一位领导人的说法,他们的表现"比阿拉伯人更阿拉伯化",正是本着这一思想,他们发起了北非之星的运动。1935 年在莫斯科召开的第七次共产国际代表大会(即阿马尔·乌茨卡那发言的那一次大会)重申了它反殖民主义的立场,但共产党人私下里都在担心阿尔及利亚的局势,他们害怕一旦发生对抗,真正的赢家会是他们的右派敌人,后者有可能集结起阿尔及利亚的穆斯林,如同佛朗哥将军对西班牙统治下的摩洛哥所做的那样。

　　正是在这个时候,一位名叫让·尚特龙的法国共产党员,化名"让·巴特尔"——这是他在工厂活动时期和在党内从事秘密活动时使用的化名——,受巴黎决策机关的派遣,前来指导——事实上是领导——阿尔及利亚地区的工作。他曾是负责巴黎市党组织工作的秘

---

　　①　乔治·勒弗朗《人民阵线的历史》。

书。他来阿尔及利亚的使命主要是发现和培养一些干部,从而建立一个独立的阿尔及利亚共产党,并尽可能把穆斯林吸收到党内来;而此时,加缪正准备加入共产党。事实上他有两个目标:推动群众(和穆斯林)运动的组织工作,同时掀起反法西斯主义运动,对付不断扩大的右翼反动势力。

如同尚特龙-"巴特尔"不久后自己发现的那样,这两个目标在绝大多数情况下是矛盾的。一方面穆斯林对法西斯主义持漠不关心的态度,对他们来说那纯粹是欧洲人的问题;另一方面,落户在阿尔及利亚的法国人对这种极端的反殖民主义也不热心,穆斯林民族主义者可能会不分青红皂白,群起攻击法国移民。

同时在党内还存在着一个内部的问题。还在巴黎时,给尚特龙下达指示的是殖民地事务局的负责人安德烈·费拉,他特别强调要推进反殖民主义的运动。但在离开巴黎赴阿尔及尔之前,尚特龙又被莫里斯·多列士叫去,后者知道费拉可能把反法西斯主义的运动放到了次要的位置。多列士警告尚特龙说:"如果法西斯主义在全世界泛滥,穆斯林们日子不会好过。"

尚特龙来到阿尔及尔,与党的书记乌茨卡那和年轻的埃利·米尼奥一起成为当地共产党的领导人。他丢开了协调反殖民主义和反法西斯主义这两条路线的设想,而是分先后来实施这两条路线,结果当然是顾此失彼。他告诉阿尔及利亚的法国人,他们只有发动阿尔及利亚的独立运动才能使穆斯林们团结一致去反对法西斯主义。

他还为建立一个独立的阿尔及利亚共产党制定了一份组织计划,从理论上讲,独立的阿尔及利亚共产党不再从属于法国共产党。1936年7月4日在阿尔及尔召开的第一届大会上,阿尔及利亚共产党宣告成立。[1] 阿尔及利亚最坚定和最积极的共产党人,不管他们是欧洲人还是穆斯林,认为他们最终获得了他们为之奋斗的东西:自治,或许还

---

[1] 源自让·尚特龙。

有穆斯林的领导。①

因为世界不是一成不变的,阿尔及利亚人正在竭力解决他们自己的问题。一个在遥远的地方发生的事件迅速在北非产生了它最初的影响。约瑟夫·斯大林(面对阿道夫·希特勒与日俱增的威胁)表示苏联的利益希望得到强大的法国,当然是一个与莫斯科友善的法国的帮助。在此之后,时任法国外交部部长的皮埃尔·赖伐尔于 1935 年 5月赴莫斯科与斯大林会谈。在会谈后发表的官方公报中,斯大林表示他充分肯定法国的防卫政策,这实际上是在直截了当地敦促法国共产党抛弃他们的反军国主义立场,这一立场只会削弱法国或者激怒共产党的盟友。

另一种有可能削弱法国力量的政治态度是反对殖民主义,因此,这种立场必须被锁进抽屉里去。

新的路线经过一段时间后才传达到基层;尚特龙-"巴特尔"未能看到结果便离开了阿尔及尔。因为他的那些具有挑衅性的活动——当然是反殖民主义的活动——引发了一场反对他的运动,最激烈时,《阿尔及利亚快讯》在头版连续发表攻击文章,指控"让·巴特尔"宣扬"阿尔及利亚不是法国"的论调旨在阴谋叛乱。他受到了审判并被判刑,同样的言论在法国可以发表,但在阿尔及利亚就要坐牢;他悄悄地离开了这块土地,从而逃避了三年的铁窗生涯。在阿尔及尔履职期间,他只是在观看由劳动剧团上演的高尔基作品《底层》时才与加缪有过一次照面。毫无疑问他从未同加缪这位年轻的活动积极分子交谈过什么。②

---

① 源自罗贝尔·纳米亚。

② 源自让·尚特龙。离开阿尔及尔后,"巴特尔"—尚特龙被党组织派往西班牙内战时期的国际纵队。在德国人占领期间,他在法国南方领导共产党的抵抗运动。他被德国人抓住后被判死刑,但得益于贝当身边一位主教的介入,他幸免于死,被改判为终身拘役。他又成功逃脱,参加并领导了利穆赞地区的抗德游击队,法国解放后,任上维埃纳省的省长。(加缪及其朋友是在解放后看到他任职省长时的照片时才得知这位"巴特尔"的真名。)在苏联共产党召开了"二十大"之后,他同共产党产生了分歧,他认为法国共产党也需要去斯大林化,随后被开除出党。

当"巴特尔"秘密离开阿尔及利亚后,党的年轻干部艾里·米尼奥接替了他的位子,同时等着首都派来一位新的"顾问",因为所谓已经自治的阿尔及利亚共产党仍然处在巴黎领导层的保护伞之下。当新的特使罗贝尔·德洛什到来时,党的新路线已经传达到各级组织:低调对待反殖民主义运动,强调反对法西斯主义的斗争。

在年轻的米尼奥看来,新路线完全正确,因为阿尔及利亚是滋生法西斯主义的温床。类似由拉罗克上校领导的其他一些地方极右组织的信徒们在政治集会时经常使用拖拉机,乃至飞机。①

问题是德洛什没有"巴特尔"的那种审慎态度和外交意识;他总是大刀阔斧地执行来自巴黎的各种新的指示,对阿尔及利亚的特殊情况从不加以注意。② 共产党新的路线的主要牺牲品之一便是梅萨里·哈吉领导的运动,即北非之星。梅萨里的支持者们注意到反殖民主义活动日趋减弱,他们不愿成为这种背叛行为的同谋。梅萨里和他北非之星的朋友们立即处在了两面夹击的境况之中:一边是温和派,因为北非之星在 1937 年初遭到了莱昂·勃鲁姆人民阵线政府的明令禁止;另一边是共产党人,他们越来越敌视那些在反法西斯主义联合斗争中一直从中作梗的人。一生都在与左派、右派和中立派做斗争、蹲过法国人的监狱、而后又成为全国反殖民解放阵线攻击目标的梅萨里此刻要为被禁止的北非之星复仇。他在 1937 年 3 月建立了阿尔及利亚人民党,党的纲领是:"不同化,不分离,求解放。"建党后,梅萨里一直在法国本土实施他的领导;而后他把总部迁到了阿尔及利亚,并在 1937 年 6 月的市议会的选举中发动了反对共产党候选人名单的运动。③ 当法国政府颁令禁止北非之星并关押了部分活动积极分子时,共产党没

---

① 源自艾里·米尼奥。米尼奥当时是共产党国际部成员,负责阿拉伯事务和法国殖民地事务。

② 源自阿马尔·乌茨卡那。

③ 源自伊夫·德舍泽勒和穆罕默德·阿尔比《民族解放阵线的起源:PPA - MTLD 的分裂》。

作任何反应；此后，梅萨里的阿尔及利亚人民党散发攻击共产党的传单。梅萨里的部下们把共产党领导人比喻为政府的代理人，是破坏分子。共产党则指称阿尔及利亚人民党是法西斯主义者，是挑衅者。[1]在共产党新闻界发起的反对阿尔及利亚人民党"假民族主义者"的运动，演变成了一场真正的心理战；阿马尔·乌茨卡那公布了阿尔及利亚人民党内效力于法国警察局的所谓警探的名单。[2]

乌茨卡那本人很快陷入了困境，因为反殖民主义举步艰难，尤其当一个人生来就是穆斯林时，好像天生就应该是殖民主义的牺牲品。作为《社会斗争报》的总编，乌茨卡那用醒目的大标题在头版的主要位置并列刊登了三份报告，报道了分别发生在法国和阿尔及利亚的针对穆斯林的谋杀事件；他认为这些事件反映了同一个问题的不同侧面。但罗贝尔·德洛什和艾里·米尼奥通读了这一期报纸的校样后，划去了大标题，并把这三条社会新闻的报道放在了三个不同的版面，这样的变动无疑削弱了这些事件的冲击力。乌茨卡那把事情呈报给了政治局，但政治局推说是技术问题而回避了。于是他（在 1937 年 7 月）辞去了《社会斗争报》总编的工作和在政治局的职务。他专程去巴黎同莫里斯·多列士的谈话也成为一种徒然的努力，反而被斥为逃兵。但他执意要把事情弄个水落石出，一直上诉到中央委员会，后者对法国共产党干涉阿尔及利亚共产党的事务颇感愤怒。他的呼声最终引起了重视，德洛什被召回法国。

共产党和民族主义者之间出现的裂痕使阿尔贝·加缪更加感到恐慌和不安。在他入党初期，他负责吸收阿拉伯青年积极分子，并动员他们加入梅萨里的北非之星。现在，同样是这些阿拉伯青年积极分

---

　　[1]　源自安德烈·阿布。

　　[2]　源自阿马尔·乌茨卡那。乌茨卡那认为不是共产党要反对北非之星，而是北非之星要对抗共产党，尤其是北非之星保护了从共产党中分离出来的国民革命党，后者开除了共产党的建党人。

子,他们正受到警方的追捕并在加缪所选择的这个政党的掌声中被投进监狱。一些成功摆脱了围捕的穆斯林来找他,问他是否继续容忍这样的行为。他气得全身发抖,愤怒之情溢于言表。[①] 他的异常举动便是与被他的共产党同志视为法西斯主义分子的梅萨里派继续保持联系。[②]

加缪充分意识到哪怕是最温和的改良建议都会使野蛮的殖民主义分子暴跳如雷,怒发冲冠。事实上,他那时积极地在为国会正在讨论的勃鲁姆-维奥莱特议案进行活动。根据由勃鲁姆政府的国务部长莫里斯·维奥莱特给众议员们介绍的这一议案,约两万一千名穆斯林——老战士、获有小学毕业文凭者——能够获得选举权,然而当时的阿尔及利亚有六百万穆斯林和八十九万法国人。但这毕竟是温和派穆斯林所向往的走向与法国人同化的道路上迈出的第一步。共产党把这个勃鲁姆-维奥莱特议案视为"进步的和有用的",温和派穆斯林领袖和学者也支持这一议案。

事实上,这一议案过于温和,以致梅萨里·哈吉认为它仍是一种"殖民主义工具"而加以否决了。然而更大的危险来自持保守观点的阿尔及利亚法国人的反对。议会的辩论在阿尔及利亚产生了激烈的反响并引发了集会游行,在集会中可以听到"打死勃鲁姆"和"打死犹太人"这样的口号。当法律修改议案提议将选举权扩大到二十万穆斯林时,抗议的呼声此起彼伏。人民阵线没有力量无视来自反动殖民者的威胁,议案最终未被法国国会通过。但围绕这一议案发生的论战留下了伤痕:殖民者反对穆斯林,穆斯林反对殖民制度,他们认为不能指望殖民制度来主持公道。从那时起,拥护同化的人节节败退,主张与法国

---

① 源自让·格勒尼埃。
② 源自让·尚特龙。

分离的势力逐步增强——下一代人才实现的民族独立的目标。①

党内领导们在试图说服加缪时,语气无疑是温和的,但特别强调了比任何时候都更为迫切的团结的绝对必要性。罗贝尔·德洛什和阿马尔·乌茨卡那出席了普拉托·索利埃支部的会议,听取讨论中的各种意见,并试图同与会者,尤其是同加缪对话。乌茨卡那充分注意到了在贝尔库这个"阿拉伯化"先锋地区出生的小伙子所表现出来的穆斯林民族主义的倾向。他同时发现加缪正背离共产党的路线,反对共产党(在人民阵线的运动中)与显然是一个"殖民主义堡垒"的激进社会党联合。② 尽管激进社会党加入了人民阵线委员会,但它仍然反对勃鲁姆-维奥莱特议案的改革举措。或许,在看到共产党突然显出爱心支持法国军队和捍卫祖国时,加缪是十分痛苦的;他在好友面前对此进行了辛辣的讽刺。③

乌茨卡那认为加缪有实干精神,更有出色的思维能力。在政治局内,德洛什立即下结论说这是一个托洛茨基式的人物。乌茨卡那的看法则截然不同,他说加缪的立场也许是错误的,但这一立场远没有它的对立面——殖民主义更具危险。乌茨卡那完全明白德洛什把加缪看成一个同情穆斯林民族主义的人,尤其认为他有意要在阿尔及利亚共产党和穆斯林学者之间建立一种联盟关系。乌茨卡那清楚,德格什抓住加缪的不同政见不放,实际上是要乌茨卡那改变自己

---

① 第十章谈及了加缪支持这一议案的请愿书。主要参照的是夏尔-罗贝尔·阿热龙《阿尔及利亚近代史》,巴黎,1974 年;爱德华·博纳富《第三共和国政治史》,巴黎,1965 年;J.德罗兹《1914 年至 1939 年的社会主义和工会运动》,巴黎;夏尔-安德烈·朱利安《莱昂·勃鲁姆和海外国家》,该文载于《政府首脑莱昂·勃鲁姆》一书,巴黎,1967 年;朱勒·莫克《人民阵线,大希望》,巴黎,1971 年。在当时,穆斯林不是法国公民,但他们个人可以申请法国国籍。当勃鲁姆-维奥莱特议案被推出时,共产党持反对态度,但根据尚特龙的说法,共产党对经过修改后的议案版本表示了赞同。加缪发表的支持勃鲁姆-维奥莱特议案的请愿书,是符合党的路线的。

② 源自阿马尔·乌茨卡那。

③ 源自玛格丽特·多布朗。

的态度。①

埃米尔·帕杜拉的态度给当地的共产党人提出了另一个难题,因为他不仅是一个真诚的共产党员,而且也是一个诚实的人。虽然他严守纪律,但帕杜拉一直同情穆斯林民族主义,并且对新的反民族主义路线甚为不满。他不能不站在加缪的"左倾"异端一边。②

因此,他在自己所属的支部内对新路线提出了异议。他认为不能把受压迫的穆斯林同法西斯分子作比较。帕杜拉和加缪对乌茨卡那在党的周刊中发表的攻击梅萨里派是"法西斯主义"的文章都很反感。然而当帕杜拉强调自己这么做是按党纪行事时,加缪则义无反顾地在支部之外公开了自己的抗议。身为普拉托·索利埃支部贝尔库分部书记的帕杜拉给了加缪一个友好的警告。

之后,加缪的不同政见被正式放到了普拉托·索利埃支部的议事日程上。开始时,他的大部分同志都支持他。但因为要相信党的路线的合理性,或者即使不讲合理性也要遵守党的纪律,他们随后一个接一个地失声了。在支持声逐渐减弱时,唯有莫里斯·吉拉尔站在加缪的身旁。③ 在这一过程中,加缪被传唤去了党的总部,并被要求对自己的立场进行反思。但他义无反顾地重申了自己的立场,并指出以前党支持穆斯林民族主义者的做法是对的,现在不能出尔反尔对他们横加指责,这么做正中殖民者的下怀。④

因为党的新路线导致了严重的后果,梅萨里和他的民族主义者们从此成了共产党和总督政府抨击的对象。1937 年 7 月,梅萨里的阿尔及利亚人民党因为拒绝民族同化被驱逐出了第二届穆斯林代表大会。一个月后,梅萨里和其他领导人一起被指控蓄谋组织旨在颠覆国家主

---

① 源自阿马尔·乌茨卡那。

② 源自阿马尔·乌茨卡那。

③ 源自埃米尔·帕杜拉。

④ 源自阿马尔·乌茨卡那。

权的叛乱,梅萨里被判两年监禁。(1939 年释放出狱,但又遭到逮捕,于 1941 年被判十六年的苦役。战争结束后被大赦。由于从事新的民族主义活动,他被迫流亡法国,最后在那里去世。)

根据"民主集中制"的方法,现在由领导本地区所有支部的贝尔库分部在普拉托-索利埃支部,面对全体党员直接处理这起持不同政见的事件,阿尔及尔地区总部给分部下达了这指示。① 会议在里昂路上一家咖啡馆的地下室里举行,这个咖啡馆距加缪的童年住所并且今天仍是他母亲住所的房子不远。一位与会者回忆说,这个地方令巴黎来的一些重视语言纯洁的人士大为不满,他们不赞成在这样的场所开会。巴黎来的德洛什主持了会议,与会的还有乌茨卡那、米尼奥、拜·阿里·布高尔("自治"的阿尔及利亚共产党官方总书记)。在这种悲凄的气氛中,加缪起身为自己辩护并论证了不同政见的路线。他批评共产党领导机构对受殖民主义压迫的阿尔及利亚人民的社会演变缺乏理解;在他看来,这种演变缺少凝聚力,随时可能蜕变成极端民族主义。但是,他说,存在着以和平对付暴力的可能性,只不过共产党在坚持自己纲领的同时,忽视了这些办法。会场上鸦雀无声。②

帕杜拉勤勤恳恳为党做了许多工作,因而没受到批判(毕竟,他的支部替他的立场承担责任)。他在分部委员会上为加缪辩护时,以个人的名义建议加缪在被开除之前先自己退党,但加缪决定不听从这一建议。加缪的其他朋友对党早已避而远之,比方说保罗·拉菲,他只写了一封信,通知说他以后不再参加党的工作。③

不久,党召开了一个全体分部委员会负责人的会议,即阿尔及尔市委(用党内的术语说是"范围")属下的各个区的负责人。会上,分部书记帕杜拉与党的书记乌茨卡那发生了冲突。加缪和吉拉尔两人都

---

① 源自莫里斯·吉拉尔。

② 源自保罗·拉菲。

③ 源自埃米尔·帕杜拉。

未被邀请参加这次讨论。帕杜拉在回顾党在民族主义立场上的变化时说道：你们怎么能够把"法西斯主义"的标签贴在你们努力建立起来的组织的头上？帕杜拉没有胜诉，加缪和吉拉尔被开除出党。共产党在阿尔及尔的最高机构地区委员会负责批准并执行开除出党的决定。① 当加缪在党委会的驻地接受决定后离开时，遇见了吉拉尔，后者发现他唯一的反应是一个"温和的微笑"。至于吉拉尔本人，他没有去接受开除他的通知：他在里昂路会议的第二天就把自己的党员证还给了德洛什。②

由于加缪和吉拉尔都没对这一决定提出上诉，政治局没有再介入。③ 自那时起，任何一个好党员甚至都不能同加缪打招呼。当时唯一一位留在党内的阿尔及尔籍干部私下承认，共产党无疑对年轻的阿尔贝·加缪没有表现出足够婉转的态度，而这位年轻人虽然心怀诚意，对阶级斗争却一无所知。

但加缪完全了解穆斯林民族主义的本质。他也永远不会忘记梅萨里·哈吉，并且只要有可能的，曾无数次借用自己的影响（常常通过他的老同学，即后来成为梅萨里律师的伊夫·德舍泽勒），为受司法机关纠缠和控告的梅萨里支持者们提供帮助。

尽管极少有朋友，哪怕是非常要好的，知道共产党内发生的事情——这充分解释了那些讲述加缪入党过程的书和文章为何常常自相矛盾——但是加缪的失望、持不同的政见和被开除出党的影响在他 1937 年全年的社会活动中明显地显露出来。事实上，克洛德·

---

①　源自莫里斯·吉拉尔。

②　源自阿马尔·乌茨卡那。乌茨卡那被开除出党归因于他的"民族主义-偏离政治路线"的主张。更多的有关共产党反对殖民地独立的信息，参阅法国共产党领导人莫里斯·多列士在 1937 年 12 月举行的共产党第九次大会上的讲话，该讲话载于让-保罗·布吕内《共产党的童年》，巴黎，1972 年。

③　源自阿马尔·乌茨卡那。

德·弗雷曼维勒是少有的几位对支部和分部的会议内容有所了解的朋友之一。他比加缪早入党。他从原则出发,支持穆斯林民族主义。在党转变路线、反对穆斯林民族主义时面临过同样的问题。由于他在他的刊物上继续出版宣扬穆斯林民族主义的文学作品,便被指控用温和派民族主义分子费尔哈·阿巴提供的资金购买了印刷厂的设备。费尔哈·阿巴是塞提夫市的药剂师,后担任民族解放阵线起义政府的主席。弗雷曼维勒在脱离共产党时进行了反驳,就如同他在1937年12月28日向安德烈·贝拉米什表述的那样:"我很自豪没像加缪和吉拉尔那样被当作托洛茨基分子,他们没像我这个谦逊的费尔哈分子一样,与其等着被开除,不如自己离开共产党。"①

在文化之家乱哄哄的生存时期,加缪自己也曾开除过人,但在至今仍活着的人当中,似乎没人知道个中原因。一个身体结实、生性好斗、名叫加布里埃尔·普雷迪摩的老无政府主义者,散布了许多有关加缪及其朋友的恶劣传闻。是哪一类的传闻?事情发生在1937年的春天,时间上早于与党内的纠纷,因而两者间没有关联。好像涉及剧团的问题,因为普雷迪摩曾是劳动剧团的成员,当加缪同共产党发生争吵离开剧团后,他一直留在剧团里。

6月9日,文化之家执行委员会开会,听取普雷迪摩解释他散布的反对文化之家秘书长和领导机构的"侮辱性言论"。他对事实供认不讳,并被"立即和永久性地"开除出文化之家,委员会同时还决定对这一处罚作广泛的宣传,所以有了以后发表在《社会斗争报》和《阿尔及利亚工人报》中的公报。②

不管人们如何重视六月份发生的这些事件,但从秋天起,文化之

_____

① 源自让娜·德莱。

② 源自雅克丽娜·莱维-瓦朗西《文化行动》。有一位证人回忆说,在与普雷迪摩的争辩中,加缪告诉后者"在我的党内,像你这样的人,马上就会被驱逐出去"或者是一句类似的话,话语间给人的感觉是一场政治论战,但普雷迪摩不是共产党员(源自夏尔·蓬塞)。普雷迪摩自称是布哈林或季诺维也夫的追随者,两人都是出了名的异端分子(源自伊夫·布儒瓦)。

家已崩溃,因为它重要的积极分子离开了共产党,而文化之家所确定的路线亦变得僵化。加缪的非共产党朋友对文化之家举行的会议保持了一定的距离,在这些会议中,"强硬的"共产党人指控安德烈·纪德是变节者,因为他在《从苏联归来》中坦承了他对苏联的失望。然而,当加缪组织一个新的戏剧表演团体来替代劳动剧团时,一个与他对立的、由部分反加缪分子组成的取名为合作艺术家的剧团开始排练《朱尔斯·恺撒》(吸收了莎士比亚、苏埃托尼乌斯和普卢塔克作品的内容)。① 在另一方面,伊夫·布儒瓦也像吸铁石一样,在身旁集聚起了一些在政党问题上不愿再与加缪及其朋友保持一致的人,或是一些因为个人恩怨而拒绝加缪领导的人。加缪夫妇和布儒瓦在结束了中欧之旅后,彼此间再未发生过公开的或是私下的争吵,只不过相互间的距离拉大了,而日后发生的事件使这种拉开的距离变成了彼此间的唇枪舌剑。

布儒瓦小集团继承了劳动社团。他组织了一次纪念费代里科·加西亚·洛尔迦的晚会,晚会有演讲,也有歌唱表演和诗词朗诵。除了戏剧让加缪的剧团表演外,其他活动均由布儒瓦的班子参与。他们和各校的大学生联合会合作组织这些活动,因为布儒瓦和他的同事波尼昂正在为获得大学职称而努力。他们的活动包括举行一系列以文学和历史为主题的讲座,举办一个有关土著艺术和工艺的展览会,一个讽刺画创作的晚会(邀请当时已大名鼎鼎的让·埃费尔参加)和一场东方音乐欣赏会(加缪的前妻西蒙娜把钢琴借给了音乐会)。竞争有时发展到了公开的冲突:当布儒瓦手下的人得知加缪的部下某天要借用城里大礼堂时,其中一个善于舞文弄墨的人便假惺惺地写信告诉他们,当天这个大礼堂已被他们租用。

那年冬天,布儒瓦收到了加缪寄给他的一封短信,指责他无中生有,信的最后这么写道,如果确实存在一种他(加缪)不能容忍的东西

---

① 源自雷蒙·西戈戴。

的话,那就是"卑劣"。由于布儒瓦不甘心让加缪有高人一等的自我感觉,便建议在一个咖啡馆与他会晤,以求论明事理。对话是轻松的,以至于动机显得并不重要。加缪和布儒瓦认为不少麻烦均是那些弟子和支持者们惹起的。在这次谈话过程中,来了加缪的一个朋友,或许就是克洛德·德·弗雷曼维勒。当加缪向他介绍布儒瓦时,他显示出震惊的神色。布儒瓦推断说加缪的朋友肯定把他想象成一个头上长长角和有一条尾巴的魔鬼。

　　这是他同加缪的最后一次见面。很久之后,即第二次世界大战结束后十年,他从所在的战犯集中营中最好的朋友那里——这位朋友的兄弟娶了加缪的侄女——获知加缪一直非常看重他。①

---

① 源自伊夫·布儒瓦。

第十三章

队友剧团

> 为了不失去全部生活而付出生活的一部分，这是正常的。每天六至八小时的工作是为不饿死。然而，对寻求发展的人来说，一切都是发展的机遇。
>
> ——《手记》

如果要寻找一个证据说这几个月的党内争论、公开论战和最终把他开除出党的粗暴做法让这位年轻的战士害怕了，或者说使他从此变得沮丧不堪，这将是徒劳无用的。在接下来的一段时间里，加缪完全不像常人那样为忘却这一切让自己浸没在某些狂热的活动之中。他通过其他方式，朝不同的方向继续他的社会文化行动。

阅读加缪的日记，我们丝毫察觉不到任何蛛丝马迹显示他失望的情绪。这位青年人学会了不在日记中袒露心扉。①

这段新的活动时期，即这段重新去组织戏剧表演的经历，其中各

---

① 以《手记之二》为名出版的第二本笔记始录于 1937 年 9 月 22 日。手稿原本保存完好，说明当时加缪记录的心得未有遗漏。而经过裁剪之后重新拼接起来的《手记之一》说明加缪对那个时期《手记之一》中记载的内容进行了审查。当时他把个人情感记录在了日记当中，尤其是有关第一次婚姻失败的感受。

种组织和计划工作——确定排练日期、邀请业余演员、租借排练和演出的场所、张贴广告——并未给他个人的未来注入稳定因素。通过他的日记,我们知道那时他的小说《幸福的死亡》创作计划已大大跨进了一步,并且已搜集了将构成他第二本集子《婚礼集》的许多设想,再则还有一份除这些计划以外的更富雄心的创作蓝图。但加缪那时已经24 岁,他需要和同龄人一样开始一种职业。

他首先在巴黎寻找。在他那间位于米什莱路,仅用一张伽利玛出版社出版的"七星文库"版古典、现代作家文集海报做装饰的阁楼里——他当时就在这种供单身汉居住的陋室栖身(他常搬家,且常借居于暂时外出的朋友家里)——他同路易·米凯尔谈论了艺术在阿尔及利亚发展的可能性。"只有在巴黎才能找到共鸣。"加缪对他的朋友说。米凯尔没有回答。加缪又继续说道:"显然您会问我:'需要有共鸣吗?'"在米凯尔看来,那是一个文字游戏——共鸣(résonner)对理智(raisonner)。[1]

在巴黎,有一个人能对这位富有文学憧憬的阿尔及利亚青年人提供帮助。对处在青苗生长期中的北非作家们来说,加布里埃尔·奥迪西奥俨然代表着父亲的角色。他的作品从阿尔及尔来到法国发表,并由最理想的伽利玛出版社出版(1935 年出版了他的《地中海的年轻一代》)。他把地中海人民特殊天赋的概念引入了法国文学界和知识界。马克斯-波尔·富歇回忆道:"他第一个赋予了他青年时代的祖国一种文学的意识。他的祖国阿尔及利亚需要有作家。"他是包括加缪、朱尔·鲁瓦、埃马纽埃尔·罗布莱斯在内的北非流派的创始人、顾问和支持者。[2] 事实上,这位"阿尔及利亚人"出生在马赛(1900 年),十岁那年当他父亲被任命为阿尔及尔歌剧院主任时随父亲坐船踏上了北

---

① 源自路易·米凯尔。

② 马克斯-波尔·富歇《有一天,我回忆起了……》。

非的土地。① 作为位于巴黎歌剧院大街上的阿尔及利亚经济旅游开发处主任，他其实可以算是阿尔及利亚总督政府驻法国的文化专员。

当加缪在 1937 年 11 月 9 日从翡虚院写信给奥迪西奥时，他们俩还从未见过面，但奥迪西奥已久闻加缪的声名，他负责的阿尔及利亚经济旅游开发处的《信息导报》率先在法国本土报道了（5 月 25 日）《反与正》出版的消息。②

> 我现在尚无职业（加缪写信告诉他）。但我迫切需要去巴黎生活。您认为像我这样一个拥有一份文学学士学位证书，一份大学哲学文凭，具有一年记者经历（编辑和排版）及两年演员和导演戏剧的实践，年龄在 24 岁的青年人能否在巴黎找到一份足以使我能够生存并能使自己做点事情的工作……对我来说，能尽早去巴黎生活和工作是极其重要的。③

奥迪西奥客气而又坦率地给加缪回信说自己此时没有任何工作可以介绍给他。对一个即使拥有文凭和工作经验的外省青年人来说，要在经济萧条的年头找到一份工作确非易事。但如果加缪去巴黎逗留一段时间的话，奥迪西奥无疑会给他提供更多的帮助。④

但这并不是加缪希望从奥迪西奥那里得到的答复。他准备去斗争，然而在那个年代里，斗争的含义就是去获得一份工作，从而能使自己继续生存下去，并且能够去写他想写的一切。敢于接受迁移去巴黎的考验并不意味着在艰辛跋涉后肯定能找到一个安稳的环境。他并不希望一定要离开阿尔及利亚，但他要抹去在那里蒙受的感情和政治

① 加布里埃尔·奥迪西奥《传奇歌剧》，巴黎，1970 年。

② 源自加布里埃尔·奥迪西奥。

③ 源自"七星文库"版加缪文集，但日期有误。

④ 源自加布里埃尔·奥迪西奥。

上的失望。在同等条件下,在阿尔及利亚的一份每天八小时的工作当然要好于在巴黎的颠沛奔波的生活。当然他必须先找到这种全日制的工作。

1937年5月,在阿尔及利亚出生长大,但在巴黎功成名就的青年气象学者让·库仑被任命为阿尔及尔大学附属全球气象和物理学院主任。他发现他的学院有355个分布在阿尔及利亚全国的观察站,于是决定借助这些观察站提供的数据建立一份有关阿尔及利亚气候的完整档案。他的一位大学同事,或许就是让·格勒尼埃,问库仑是否能雇用还未找到工作的加缪。库仑认为完全可以聘用加缪来实施他的气候研究方案。但首要的问题是要找到资金来支付新雇员的工资。他最后以需要技术助手为由,借助政府的津贴来支付新雇员每月1000法郎(约合110欧元)的微薄工资作为解决的方式。他向加缪提出这一建议时还友好地提示道:"您是否准备接受一份完全与文学无关,甚至是乏味的工作?"加缪回答说他别无选择。[1] "为了不失去全部生活而付出生活的一部分,这是正常的。"他在11月22日的日记中这么写道。

1937年12月初,他开始在气象学院工作。办公室的工作在下午4点结束,这使他可以用傍晚和晚上的时间来做其他事情。[2] 他给加布里埃尔·奥迪西奥写了第二封信(12月3日),对他的坦诚表示感谢:

> 您给我的建议无疑是一种吸引人的风险。但这两年间我一直在玩这样的游戏,我迫切需要重新控制我的心情和我的身体;不瞒您说,我上次给您写完信后,身上只剩买去马赛的船票

① 源自让·库仑。根据库仑的回忆,是保罗·塞尔泽把加缪介绍给他的。而塞尔泽则表示在加缪进入气象学院之前并不认识加缪,因此应该是让·格勒尼埃或其他人介绍的。

② 源自雅克·厄尔贡和莉莉亚娜·迪隆(家姓苏克龙)。

钱……或许这在体力上是疲劳的，但我想，去面对一种我所熟悉并且从不曾有结果的贫困，实在是徒劳的……

　　我在这里找到了一份办公室的工作，白天上班，晚上我便可从事自己的工作。这样的生活并不是那么容易，但是我因此有时间去思考，去更好地准备人生……①

　　他在气象学院领受的第一项任务是把355个气象站之前25年记录下来的数据整理成册，工作的内容并不仅是记录天气情况，而是把每个气象站各自的记录按月按年来整理。比如每个气象站都测量了雨量，但有一部分气象站还进行了其他的观察，记录下了气温、湿度、气压。加缪的任务是在大卡片上（每个气象站一张）登记上在研究期内可用于全部355个气象站的资料类型。这些卡片以后就成了有名的"加缪卡片"，据最新消息说，这些卡片一直保存在气象学院的档案室里。其中一部分被用在保罗·塞尔泽编著的《阿尔及利亚的气候》一书中，该书1946年在阿尔及尔出版，该书前言对"阿尔贝·加缪"所做的技术助理工作给予了感谢。②

　　库仑的助手保罗·塞尔泽对加缪不顾路途遥远奔波于各个气象站之间、全力以赴的工作方式十分赞赏。例如遇到雨季，如果某个气象站在整整一年中未曾开启过，而那一年又是一个多雨的年头，那么这个气象站根据其余24年测量出来的平均降水量就会显得偏低。这样就需要加缪到附近的气象站去寻找同年所做的记录，从而评估出上述缺少当年气象记录的气象站的年降雨量（事实上必须测算出当年月平均降雨量）。当加缪完成355个气象站数据的整理工作后，又承担

---

　　①　源自"七星文库"版加缪文集。

　　②　源自让·库仑和保罗·塞尔泽。让·库仑之后离开阿尔及利亚继续其辉煌的职业生涯，负责领导法国国立科学研究中心和法国国立空间研究中心下属地球物理研究所。

了一项有关气压的研究工作。① 他在日记中写道,由于温度每分钟都在变化,所做的记录只能是"真实气温中随意截取的一段"。此后他不无幽默地回忆说,他是根据满是错误的数据进行气压计算的。②

每天早晨到达气象学院时,这位年轻的技术助理就套上一件长过膝盖的白色工作衣,很快就站在梯子上,埋头于布满灰尘的文件夹中查阅资料。库仑让加缪做这样的工作有时的确颇感不安,因而常问加缪是否已经感到厌烦。但他的这位青年雇员总是热情和有效地完成每一项任务;当他离开时(1938 年 9 月 30 日),加缪感谢库仑在他困难时期帮助了他。③

从此,加缪可以去考虑他自己的工作,他也能去重新安排他的个人生活。在此之前,他一直在翡虚院里写作,但晚上总是哪里有空床就睡在哪里,而写好的东西则又放在另外的地方。而现在,他在米什莱路上的一座简单但却是新造的大楼里租了一间房间。

他在气象学院的工作给他带来的有趣结果是他以后一直十分注意天气的变化。他的日记中最早写于 1937 年 12 月的有关气候的笔记是出于对《幸福的死亡》的构思(以后运用在了《局外人》中)。这些笔记中的第一条描写了一场冬雨,第二条描写的是一个"看破红尘"的在办公室工作的男人;每个星期天,他都起得很晚,看看窗外的太阳或大雨。"就这样,整整一年,他等待着。等待着死去。希望有何用,因为不管怎样……"

他和那些忠诚于他的朋友很快建立了一个队友剧团,意在替代已同人民阵线联合的劳动剧团,似乎被开除出共产党的经历使他不再需要继续保持一个具有鲜明政治立场的剧团。剧团将从最好的现代戏

---

① 源自保罗·塞尔泽。塞尔泽博士保留了加缪的一份手稿。加缪在这份手稿中对如何获得平均雨量进行了解释。
② 源自帕斯卡尔·皮亚。
③ 源自让·库仑。

剧中去汲取灵感，用新的眼光去审视老作品，从而推出一种具有思想的而不是宣传意识形态的戏剧。在法国本土，这种戏剧的典范是《新法兰西杂志》创始人之一的雅克·科波的作品。在巴黎，上演他戏剧作品的老鸽棚剧院已经声名远扬。加缪对其加以效仿，有时借用科波的保留剧目，特别是科波亲自改编并在老鸽棚剧院上演的夏尔·维尔德拉克的《顽强号客轮》和陀思妥耶夫斯基的《卡拉马佐夫兄弟》。加缪剧团的演员实际上是从 1937 年暑假结束时开始进行排练的。加缪在名为《为了一种年轻的戏剧》的宣言中宣布了新剧团的成立，宣言以科波的一段话作为开始：

> 纵观那些以工作、研究、勇气为口号的戏剧，可以说创作这样的戏剧不是为了发达，而是为了挺直腰杆坚持下去。

在戏剧的"灿烂复兴"在全法国形成百家争鸣局面的时刻，队友剧团将给阿尔及利亚青年人带来一个高质量的戏剧季。新剧团的成员赞同一些设想，准备付诸实践。这份未署名的宣言这样说道：

> 戏剧是一门让活着的人去解释其寓意的有血有肉的艺术，是一门既粗犷又微妙的艺术，是动作、声音和灯光之间的美妙协调。但它也是最为传统的艺术，完全在于演员和观众的配合，在于他们对同一幻觉相互的、心照不宣的默认。

因此戏剧的作用不仅是交流最深刻的情感：爱情、愿望、抱负、宗教，而且要满足艺术家自然的"创作需求"。新的戏剧，加缪继续写道——谁会怀疑加缪是宣言的执笔人？——，要求表演做到"真实和自然，在感情中表现暴力，动作中体现残忍"——这是对阿尔托的敬意。他在古典保留剧目中去寻觅挖掘埃斯库罗斯的作品、阿里斯托芬的作品、伊丽莎白一世时代的戏剧、西班牙的古典戏剧（费尔南多·

德·罗雅,卡尔德隆,塞万提斯)、美国的剧作家(福克纳,考德威尔)、法国的现代剧作家(克洛岱尔,马尔罗),但导演构思是清新的和自由的。

剧团宣布脱离任何政治和宗教倾向,希望成为观众的朋友,并推出了 20 法郎一年的剧团之友会员卡:这张会员卡在剧场购票时享有 25％的优惠并可获得一份新剧目专刊。弗雷曼维勒印制了宣言,剧团的地址就是夏洛的"真实的财富"书店。①

对于上演的第一出戏,加缪没有选择一部容易的戏。费尔南多·德·罗雅的《修女》是西班牙文艺复兴初期的一部名著,是西班牙黄金年代的第一部成名作,对同时代的欧洲戏剧产生了巨大的影响;但这不是一部供舞台演出的作品,更确切地说是一部由二十章节构成的对话小说。最初是伊夫·布儒瓦向加缪推荐该作品并建议让劳动剧团上演。加缪采用了保罗·阿沙尔的法语编剧版本,名著被改编成四幕剧的剧本。② 加缪自己扮演青年主人公卡利斯特这一角色,而中间人修女一角由让娜·西卡尔出演。皮埃尔-安德烈·埃梅里和路易·米凯尔负责布景设计,玛丽·维顿负责服装。在劳动剧团时形成的演员不署名的传统在队友剧团得以延续,无论是演出节目单还是演出广告都不曾提及演员的名字。新剧目预告在 12 月 3 日星期五和 12 月 5 日星期天公演。

又一位明媚的姑娘加入了加缪的剧团。如果说加缪喜欢时不时地招收一些可爱的姑娘的话,那么对他来说更愿意看到入团的姑娘能够理解她们所从事的工作;如果她们也能理解他的话,那就更好了。让娜·西卡尔自认为在文化程度上与他平起平坐,或许是这样,因此他们俩只能是朋友。许多招进劳动剧团和队友剧团演戏的姑娘都会作为"恋人"待上一段时间。但她们都不适应在剧团中待太久。

---

① 重版于"七星文库"版加缪戏剧作品集。
② 源自埃马纽埃尔·罗布莱斯。

每个星期天,布朗什·帕兰都会乘坐业余飞行员表兄驾驶的雏鹰式小型飞机前往距阿尔及尔不远的白宫机场。久而久之,她注意到了一位令人瞩目的女士:刚刚学会驾驶的具有贵族气派的高个子女郎玛丽·维顿,尤其当她听说这位经历了两次婚变的女性在一次飞机失事中痛失爱女,不由更加佩服她的勇气。她同时得知玛丽·维顿是位画家,与作家和艺术家们有着频繁的交往;布朗什·帕兰那时也常写诗。一天,她把她写的几首诗给新结识的女友看。又一个星期天,维顿夫人把那些诗还给她,称赞她的诗很有文采。"您应该到我们的剧团来!我让您认识一些很好的人,您会觉得很有意义。"她让布朗什把其他诗作也交给她。"我请阿尔贝·加缪看一下,他是位青年作家。"玛丽·维顿邀请布朗什去了她家,最后建议她去看一看《修女》的排练。

布朗什·帕兰来到剧团时排练已开始,她首先被介绍给克洛德·德·弗雷曼维勒。"一位像您一样的诗人。"两人都重复这句带着讽刺和乐趣的介绍语,仿佛都有愧于自己拥有的头衔。但布朗什·帕兰很快发现在这里她可以放松自如:真诚的同伴关系迅速战胜了虚荣做作。

在观察舞台时,她发现演员排练时都穿便装。剧团似乎由一个皮肤白皙的瘦高个青年人指挥。她猜想这就是阿尔贝·加缪。后者一看到年轻玲珑的布朗什·帕兰,几乎立即走下舞台来向她表示欢迎。他邀请她马上加入剧团。她感到十分意外,而他则笑着说:"我想您会来的。"

她继续观看排练。一开始,她感觉这些男女业余演员反复折腾但效果不大;然而在第一次正式演出时,她看到事实上一切都有条不紊、井然有序。排练经常安排在剧团中那些有宽敞场所的成员住处,有时在雕刻家贝尼斯蒂的工作室进行。一群十六岁至三十岁的男女青少年离开学校或结束工作后马上来配合排练,自觉遵守必要的纪律。[1]

---

[1]　源自布朗什·帕兰未经发表的回忆录,经加缪证实。

所有演员还一起承担布景布置以及其他各种体力劳动。女士们负责剪裁和缝制由玛丽·维顿设计的服装。已经给劳动剧团提供了许多帮助的波兰难民马克·维多尔茨克木匠负责制作布景，但挥铁锤、钉钉子的人并不只是他一人，所有会干的和能干的人都动手参与制作。维多尔茨克是在 1935 年举行的贝尼斯蒂雕刻作品展览会上与加缪相识的，他被加缪渊博的文学知识和对东欧犹太音乐的了解所折服，加缪常受邀去他家。

在最初的排练中，加缪对导演过程做了记录——有一天他说道，这是最使他感兴趣的事情。排练结束后，他们去"法克"啤酒屋，在平台上围着桌子每人吃上一份三明治。一位卖花的小商人根据阿拉伯人的习俗，总是把用茉莉花串成的项链套在剧团女士们的颈脖上。从那儿，他们走到海军区，有时吃上一份用麦粉团加佐料做成的"古斯古斯"，但更多的时候是去"马赛饭店"吃饭，那是一家大众化的廉价饭店，每个菜只需一法郎；服务员根据每个人面前的盆子数量计价，加缪总抢着付账。[1]

他们又重新借用了总督政府大楼内的皮埃尔·博尔德大礼堂——一个十分宽敞的礼堂。（租费不贵，因为政府部门积极鼓励人们去使用这个礼堂；建筑师埃梅里认为租费低廉是因为声音效果差：在这个拥有一千两百个座位的大厅里，能听清舞台上的声音的只有两三百人；不过，队友剧团的观众人数确实也从未超过四百人。）评论员 G. S. 梅西耶出于怜悯，认为是大礼堂的条件妨碍了剧团的知名度。至于剧目本身，梅西耶认为剧团做出了令人尊敬的努力，使一部已变得陌生的作品重新展现在人们的眼前，当然在场景分割方面还有待改进。"但这不是主要的。令人叫好的是他们依靠极其有限的物质手段达到了目前的效果。在他们的表演中，有一种忘我的，甚至是壮烈的东西让我们激动不已。"他用炽热的词语赞扬了修女——让娜·西卡

---

① 夏尔·蓬塞《加缪在阿尔及尔》。

尔的"无畏"和卡利斯特——加缪的"炽热的激情"。

布朗什·帕兰特别回忆起了许多由玛丽·维顿设计的服装：少妇们穿着长裙，强烈刺眼的玫瑰色如同罗雅所叙述的残酷的故事，令人愤怒得把"牙齿咬得格格作响"。

在《修女》公演之后，他们又重新在贝尼斯蒂的工作室集中，讨论选择下一个剧目。马基雅维利的《曼陀罗花》是一种可能，加缪高声朗读了其中的一些段落。但讨论后他们摒弃了这一设想。加缪表示他还想到克洛岱尔的《给圣母的受胎告知》。最终他们同意上演两部作品，即安德烈·纪德的《浪子回头》，由加缪改编成剧本，还有夏尔·维尔德拉克的《顽强号客轮》——这是两部截然不同的作品。他们需要有新演员加盟，而这一次布朗什·帕兰同意扮演维尔德拉克作品中的泰蕾兹，这是一个她在形体上相似，但在气质上不相近的角色，她自己意识到这后一点。从克服与角色的性格差异而言，她不算个好演员。然而，一位当地评论员却认为她"极其出色地"完成了任务——她认为这全靠加缪的指导和其他演员的支持，其中包括扮演咖啡馆老板娘的让娜·西卡尔、褐发英俊小伙子埃米尔·斯科特-拉维纳——布朗什花了狠劲才艰难地叫出一声"亲爱的"，以及说话带着浓重的阿尔及利亚法国人口音的塞莱斯坦·勒卡尼奥。[①]

加缪请既是他老师又是他朋友的雅克·厄尔贡审阅了他对纪德作品改编后的剧本——他改变成了一段二十分钟长的开场小戏——并托他去征得作者的许可，他对作品未作任何改变，只是加了一句话和插入了一个以求加强对白暧昧程度的叙事人。厄尔贡很快获得了纪德的同意并带来了他的祝愿。[②] 其间——事情的程度就是如此，加缪同时得到保证他可以在对他说来合适的日期使用剧院——2月26日的晚上和27日星期天的上午。（博尔德大礼堂的秘书长书面回答

①　源自布朗什·帕兰未经发表的回忆录。

②　源自雅克·厄尔贡。

了队友剧团。)①

　　从1月份开始，每周一、三、五晚上从6点半至9点，他们一直在博尔德大礼堂排演。② 每次排练，他们付给有关部门区区20法郎，即使对他们自己来说，这笔钱也算不了什么。他们每场演出的预算限制在500法郎内，剧团之友会员卡能使他们另外获得一些钱款，但他们常常是在两场演出后便债务缠身，于是他们只能拿着帽子到观众席中去募捐以平衡亏损。③

　　在《浪子回头》这一出戏中，玛丽·维顿和路易·米凯尔负责服装，弗兰克·蒂尔内负责作曲配乐。加缪扮演回头浪子，而让·内格罗尼这位来自阿尔及尔音乐学院的大学生则扮演弟弟。（内格罗尼后在法国成为专业演员和导演；他音乐学院的老师让娜·马罗敦扮演母亲。）④在不署名的节目单说明中，加缪如此表述了他的意图："动作将不那么自然，家庭剧将借鉴耶稣教寓言中那些神圣人物的风格。"由于纪德本人曾在一段简短的序言中说过他想象的是那些古老的三部曲，因此作品改编运用了相应的布景和服装。"以捐赠人形象出现的解说员提醒道，撕裂先是在肉身和精神之间左右为难，而后又接受了痛苦交错的纪德及其人格，这种反映本身已给剧目定下了基调。"

　　在纪德这样一位法国文坛宿将因为背弃斯大林而遭到共产党否认的年代里，选择上演他的作品完全有可能被认为是加缪确立他政治立场的举动。但没有人这么去考虑。此外，上演的主要剧目《顽强号客轮》是由一位颇受共产党和人民阵线欣赏的作家夏尔·维尔德拉克在1920年写的。所以人们原以为在政治上与加缪为敌的《阿尔及利亚工人报》在2月19日为该戏发布了广告：

---

①　源自玛格丽特·多布朗。

②　源自雅克·厄尔贡。

③　夏尔·蓬塞《加缪在阿尔及尔》。

④　夏尔·蓬塞《加缪在阿尔及尔》。

请各位踊跃观看夏尔·维尔德拉克的《顽强号客轮》。这是法国大作家描写战后工人生活的名剧，第一次被搬上了阿尔及尔的舞台……

演出受到保守派报纸《阿尔及尔回声报》的极度吹捧，G.S.梅西耶在该报发表的一篇长文开场白如下："队友剧团年轻演员们坚忍不拔的努力在成功中得到了回报，这是一种我们报之以热烈掌声的成功。"对剧团来说，评论继续说道，这种双重演出将会比上演《修女》有一个更好的开端。梅西耶热烈赞扬对纪德剧本的改编，称颂布景"以其狭窄而又高高的大门，从一开幕就形象地显示出了它的吸引力"。尽管剧团坚持不公开演员真名的传统，但评论破墙挖地似的验证了了"（加缪）作为演员所取得的巨大进步"。评论提到了夏尔·蓬塞，说他扮演的父亲具有"一种审慎的态度和一个令人激动的声音"，他说雷蒙·西戈戴扮演的是兄长的角色；评论很遗憾未能知道扮演弟弟这一角色演员的名字，但赞扬这位演员"对角色如此准确的理解显示出了他杰出的天赋和一种与生俱来的表演才能"。事实上这位未被确认姓名的青年人我们已经提到过，他就是后来的演员和导演内格罗尼。

梅西耶的评论认为囿于篇幅无法给予主要剧目，即维尔德拉克的作品以正确的评价，但他同样称赞了加缪及其扮演的工人塞加尔，赞扬布朗什·帕兰演活了一个"没有判断力的可爱姑娘泰蕾兹"，并称颂让娜·西卡尔"不怕变丑变老，着力在咖啡店老板娘的身上去刻画出一个具有真实和人道特征的出众的形象"。米凯尔的布景被认为是"朴素中包含着非凡的启示"。①

---

① 《阿尔及尔回声报》（阿尔及尔），1938 年 3 月 2 日。源自雷蒙·西戈戴，他提供了有关剧团其他演出的类似的文件记录。梅西耶也没能在纪德的戏剧里认出那位扮演"身着迷人装束的年轻的波提切利"的青年女子是谁。那人也是西卡尔。

加缪开始经常探望布朗什·帕兰。加缪写给布朗什·帕兰的一张便条包含这个邀请：

> 如果您星期三(1937 年 12 月 29 日)下午 2 点半有空，我们可以去卡斯巴。我将让你看到我在阿尔及尔所喜欢的东西，这是一座人们可以在那里赢得时间(也有人把它称为浪费时间)的城市——当然是以您不感到厌烦为先决条件。

在卡斯巴，他们在弗罗芒丹咖啡馆里同桌而坐。一边喝着茉莉花茶一边观赏街景。"您瞧，"他指着穆斯林说，"他们生生不息，来来去去，多么庄重，多么超脱。"接着又补充道，"他们比我们更文明。"他坦诚地告诉她此时他应该去西班牙，与拥护共和政体的人们一同斗争。"在刹那间掌握一切，完成一切，然后去面对死亡！"他们思考了自杀的问题——一个诱人的概念。

"我想去城里走走，您愿意去吗？"一天他同她这么说道。他们穿过了城区，来到了港口。看到海边山坡上像梯田一样重叠往高处延伸的房子和在黄昏中已被灯光点亮的船只，他对她说："难道这不是世界上最美的城市、最美的海湾吗？"他们沿着通向阿尔及尔城高处的僻静的街道一路走去，坚持不懈地沿着同一条道往上攀登。他向她承认说，连日来白天工作，下午和晚上参加剧团的排练和演出，已使他筋疲力尽。他带她去了埃德蒙·夏洛的书店；她自己的诗集《岁月的活力》不久后就是在那里出版的。

加缪第一次有了一位才貌双全的女友。他们爱情式的友谊一直持续到加缪去世为止，对布朗什·帕兰来说，这毫无疑问是她一生中最重大的事件。

1938 年 1 月的一天，当他们踏着夜幕一起散步时，他同她讲到了正在写作的小说。他解释了《幸福的死亡》的主题思想："人们在一次不良行为后是否感到幸福？"然后又提醒她说："这是一本沉重的书。"

他让她看了部分手稿，之后她在日记中写道：

> 一本独特的书，主题充满可怕、奇特、残酷、沉重的含义……令人叫绝的作品，通过一种攫住您心灵的氛围，表现出一种巨大的力量……阅读某些章节，我时有难受的感觉——在这份冷酷的、背离传统观念和道德的叙述中，我感受到一种苦恼和不安。①

他也让雅克·厄尔贡看了手稿，后者指出了这位青年作者小说中的不足：唐突的现实主义和凶杀与文学段落不够和谐。可以说是模仿蒙泰朗的不成功的作品。② 为第一稿手稿（显然是在 1938 年 4 月脱稿的）打字的克里斯蒂亚娜·加兰多正好是在加缪刚结束与厄尔贡谈话后遇见了加缪，她发现他十分沮丧。③ 现在无法明确这次谈话的日期，但加缪 6 月份的日记提到他夏天的工作计划就是修改这本小说。④

事实上他在夏天对《幸福的死亡》进行了修改。修改到一定程度，或许是听从老师们的建议，或许是他主动抛弃了写作新手们共有的在处女作中包罗万象，因而显得拖泥带水的倾向，小说中蒙泰朗式的技法及其影响已荡然无存。但小说与《幸福的死亡》已经大相径庭。⑤

可以揣测加缪已经意识到他的这份手稿不够质量。他有意避免

---

① 《工作丛书》，戛纳，1976 年 6 月。布朗什·帕兰准备的加缪专刊。

② 源自雅克·厄尔贡。

③ 源自克里斯蒂亚娜·达维拉（家姓加兰多）。达维拉夫人想不起来加缪当时是否只和厄尔贡交谈过，还是和格勒尼埃也谈过。毋庸置疑的是加缪也请教过格勒尼埃，但格勒尼埃在 1937—1938 学年（七月）之末已离开阿尔及尔。底下一年他在旺沃的米什莱中学教书，然后在短暂的服兵役之后，他被安排到里尔大学执教。1945 年到 1950 年间，他在埃及的开罗和亚历山大城教书，直到 1962 年他被派往巴黎大学时，他才回到里尔。

④ 参阅第十四章。

⑤ 可以想象在把《幸福的死亡》拿给厄尔贡和格勒尼埃看之前，加缪在 1938 年夏季重写了全稿或部分内容，他交给指导顾问看的就是修改的版本（1938 年秋天）。既然这样，放弃这部小说的决定是在那年后来做的。将取代《幸福的死亡》成为加缪第一本小说的《局外人》，其手稿开头部分就在他的日记注明 1938 年 12 月的记录处被发现了。

同他的出版商埃德蒙·夏洛谈这部小说，不难猜出几分缘由。①

直到此时，在杰出的组织者兼写作新手和默默地靠一份平淡工作勉强度日的年轻人之间，从未存在过任何必然的关系。"只有在一个劳动者生存的环境中和建立在这些劳动者身上的文明中存在的那种肮脏不堪和穷困潦倒的东西。"他在1938年4月的日记中这么写道。接着他回答了自己提出的建议：

> 必须坚持下去不松手。自然的反应总是在工作之余让自己精神放松，在自己的周围去创造那种浮浅的崇拜，建立一个观众群，寻找一种怯懦和逢场作戏的借口……另一种轻而易举的反应便是舞文弄墨……
>
> 首先必须要保持沉默——放弃观众群，而且懂得如何评估自己。在关注身体素养和关注生存意识中去求得平衡。抛弃一切奢望，致力于一种双重的解放工作——对金钱和自身的虚荣与怯懦的解放。

在制订了《局外人》的工作计划并估算出为完成这一计划所必需的确切时间后，他向自己宣布："一生中用两年时间去思考一个问题并不算多。"于是他从零开始，并给自己创造机会去摆脱最悲惨的处境，即"干活人的处境"。

在写下这些笔记后，他在日记中又记录下了其他的计划和其他的考虑：还"不够成熟"的《卡利古拉》和文化方面的论文。他似乎考虑继续去读书，准备参加将向他打开通向大学教师生涯大门的教师资格考试；别人还未最后告诉他有关当局在看了他的医疗档案后将永远不会同意接纳他进教师队伍。"印度支那"是一个抉择。难道他真的要沿

---

① 源自埃德蒙·夏洛。但加缪后来确实告诉夏洛关于《局外人》的创作，甚至把小说交由夏洛出版。

着青年马尔罗的足迹，到这块遥远的法国殖民地去发财致富，或者至少去为自己博一个名声？（在日记的前两页，他在对一个问题的思考中提到了马尔罗，他这么写道："革命的精神完全被包含在人对于人的生存境况的抗议之中。"）

一个穿着白工作服在气象研究室的梯子上爬上爬下的技术助理，虽然遭遇挫折，但他理想不灭。我们只需看一下他在 1938 年 4 月的日记中反复给自己重复着的那些铿锵有力的诺言："两年后写成一部作品。"

对一个初出茅庐但还得为日常生计到处奔波的作家来说，还存在着另一条出路：一份不仅能解决吃饭问题，而且还能提供其他发展机会，给人一种更广阔前景的工作。这项工作正在来临，但必须等待着 1938 年的前半段时间过去之后才能落到他的身上。

在奥兰，人民阵线推动了一份旨在与反动的多数保守派及其媒体做斗争的左派报纸的创办。当一位名叫让-皮埃尔·富尔的阿尔及尔企业家带着妻子在这个地区游览时，他发现在奥兰的街墙上贴着许多宣布创办《奥兰共和报》的布告。他是哲学家及艺术史学者埃利·富尔的儿子，他本人最近在保护阿斯图里亚斯矿工委员会中表现十分积极，并且作为西班牙之友协会的主席，访问了忠于人民阵线的马德里和巴塞罗那分会。时年 36 岁的让-皮埃尔之前为反法西斯知识分子警戒委员会阿尔及利亚分部进行过巡回演讲，并参加过人民阵线 7 月 14 日的游行。此次游行参加者的数量令保守势力深感震惊。

他意识到了有必要在阿尔及尔发行一份与《奥兰共和报》类似的人民阵线的日报——《阿尔及尔共和报》。当时在阿尔及尔只有两家日报。一家是极右翼的《阿尔及利亚邮报》，另一家是名义上属于极端社会主义阵营但实际上属于保守派（比方说倾向于佛朗哥将军）的《阿尔及尔回声报》。富尔回到阿尔及尔之后，就此想法和一些朋友进行了讨论，其中有警戒委员会的马塞尔·巴达勇、左派工程师路易·比罗,以及其他从事教育或司法工作的朋友。富尔在阿尔及利亚上流社会中无疑是一位具有影响力的人物。他的祖父,也就是埃利·富尔的父亲是一位葡萄种植者,并拥有农艺学文凭。当初他移民阿尔及尔是为了与一位远房堂兄弟一起经营葡萄种植园。这位远房堂兄弟名叫雅克·雷尼耶,是19世纪地理学家埃利泽·勒克吕(其兄弟埃利·勒克吕曾参加过巴黎公社)的外孙。让-皮埃尔·富尔在葡萄种植园工作了5年之后,转而投入房地产领域,为合作社建造大型建筑。他曾撰写了一本关于阿尔及尔城市规划的书籍。常和富尔打交道的有建筑师(他的兄弟和皮埃尔-安德烈·埃梅里同为勒·科尔比西耶的弟子)、艺术家以及农业经营者。他还经常担任阿卜杜勒-迪夫别墅午餐会的主办人,并由此结识了马盖、唐波瓦兹以及其他该社团的成员。同时,他还是为加缪的戏剧谱曲的英国音乐家弗兰克·蒂尔内的朋友。

由此,富尔与志同道合的友人们开始为创办他们的报纸寻找资金支持。他们先是成立委员会,继而转变成董事会,成员包括左翼各党派和工会的代表、穆斯林和犹太社区的代表、大学教授、小学教师、科学界人士、商界人士。他们的设想是把《阿尔及尔共和报》打造成一家真正的非资本家的企业。于是乎他们成立的是一家合作社,在阿尔及尔和全省以每股100法郎(约合11欧元)的价格出售股份。他们总计获得约150万法郎(约合165000欧元)。股东当中有两三名富有但崇尚社会主义的农业经营者,不图回报地掏出3万或4万法郎购买股份。但是大部分股东只不过购买一股或两股,有的人则每个月或每两个月购买一股。大多数小股东是犹太人,其余则是巴帕·艾尔-裘德的西班牙人、卡比利亚的公务员和小学教员、小资产阶级穆斯林。富尔和他的合伙人保罗·施米德是主要股东,每人都投入了10多万法郎。他们从1937年最后几周开始出售股份,并一直持续到1938年夏末,期间逐步开始设立编辑部、行政部,还收购了一家印刷厂。之后,他们在巴帕·艾尔-裘德侨民区租用了一栋楼房,购买了二手印刷设备,并得到了《奥兰共和报》的技术支持(《奥兰共和报》派遣其印刷厂负责人和主编作为援助)。

作为《阿尔及尔共和报》的常务董事,富尔去巴黎会晤了总编的候选人。他的脑海中出现了好几个人。然而他最终挑选的不能不说令人吃惊。帕斯卡尔·皮亚是一个更喜欢默默无闻地生活而讨厌在舞台上表演的人;他的腼腆有时转化成了孤僻,如果看到他,人们完全不可能想象到他会是安德烈·马尔罗的同伴,会是一位像马尔罗一样的文学探险者,会是一位诗人。皮亚的父亲在第一次世界大战中阵亡,因此他很小就开始为生活而奔波。他是他那个时代最优秀的编辑之一。[1]

在阿尔及尔,加缪及时与《阿尔及尔共和报》的组织者们取得了联系,对方答应聘用。(富尔的搭档施密特已在沙拉路的一栋楼里建立了临时办公室,这栋楼里还驻扎着文化之家和其他一些政治运动机构,但施密特在那时并没遇见加缪。)[2]虽然大部分资料认为加缪是在夏末或秋初时进入该报的,但加缪自我感觉从 1938 年 3 月底开始已经上任,因为此后不久他把自己的成功告诉了克里斯蒂亚娜·加兰多,并问她是否能来替代他在气象学院的工作。[3] 但此时《阿尔及尔共和报》还远未准备就绪;帕斯卡尔·皮亚本人还未正式到任,甚至对如何办报还未具体考虑,过了好几个月后报纸才初具雏形。(比方说,仅仅那个秋天,加缪的报社薪水能让他搬到一间大点的带露台的公寓,位于米什莱大街比较方便的地段。)[4]

分拣气象报告的枯燥工作仍继续了好几个月。但富有刺激的工

---

[1]　前述大部分内容源自让-皮埃尔·富尔。

[2]　源自保罗·施密特。

[3]　源自克里斯蒂亚娜·达维拉(家姓加兰多),她有一封加缪 1938 年 3 月 25 日发的电报。电报日期很重要,因为那些要对刊印《阿尔及尔共和报》和雇用加缪的往事担责的记忆把他的受聘日期设定在 1938 年夏末或秋初,恰好在日报 10 月份发行第一期之前。

[4]　源自莉莉亚娜·迪隆(家姓苏克龙)。

作晚上在博尔德大礼堂展开。他正在那里排新戏:雄心勃勃地要把由
科波改编的《卡拉马佐夫兄弟》搬上舞台。演出安排在 1938 年 5 月 28
日和 29 日。加缪选择扮演卡拉马佐夫兄弟中的伊万,他要布朗什·
帕兰饰演格鲁成卡这个轻浮女人的角色,她同意了,虽然这一角色完
全不适合她。但这一次她家里让她非回去不可,她不得不打道回府。
就她本人来说,她更愿扮演卡特琳娜·伊凡诺夫娜,但这一角色由让
娜·西卡尔扮演。服装由玛丽·维顿设计,但是她没能监督制作;布
朗什返回时看到请当地一位女裁缝缝制的男角色服装做工无可挑剔,
但是布料太厚,颜色刺眼,演员们穿在身上,如同穿着油布衣,而这位
女裁缝在最后一次彩排前才来到现场。于是演员们不得不回家,翻箱
倒柜找合适的旧服装。布朗什·帕兰找来了一些披肩风帽和女式瘦
腰大衣。加缪穿上借来的旧西装,很肥大。说到西装的主人,他抬高
嗓门道:"看来这家伙不饿肚子!"后来成为专业演员的青年人保罗·
舍瓦利耶扮演斯梅迪阿科夫,而雷蒙·西戈戴扮演的是兄弟中的老三
卡拉马佐夫。[1]

"队友剧团今天献给观众的剧目的内容不但毫不诱人,而且使人
反感。戏剧的作用不是取悦观众而是引导人们。"节目单上如此说道。
如果说经常来阿尔及尔巡演的各类剧团喜欢上演些没有灵魂,但演员
阵容强大、表演上乘的剧目,那么队友剧团将在这些剧团止步的地方
开始自己的使命,推出由那些不计名利、用团队努力来体现作者意图
的青年演员上演的好作品。

年轻的剧团坚持了这一方向,他们的追求得到了回报。阿尔及尔
的两张报纸立即对上演的剧目大加颂词。剧团的忠实观众 G.S.梅西
耶在《阿尔及尔回声报》上是这样开始他的评论的:

> 继 3 月份上演《浪子回头》和《顽强号客轮》之后,队友剧团在

---

① 源自布朗什·帕兰未经发表的回忆录。

昨晚推出了《卡拉马佐夫兄弟》。毫无疑问，在阿尔及尔，我们从此拥有一个充满朝气的剧团，它完全能与巴黎和两三个外省城市的专业剧团相媲美，人们把它们称誉为"先锋"，但事实上它们只不过是普通的剧团而已。

评论家对演出极为满意，同时对观众缺乏应有的反应感到伤心。他称赞博尔德大礼堂里看戏的一小群忠实的观众。演员们对戏剧基调把握得恰如其分，埃梅里颇具风格的布景帮助营造出一种合适的气氛。布景的制作费用极低，充分证明创作艺术作品不一定非花巨资不可——"因为，简言之，这种难忘的创作留给我们的是一种纯洁而又真实的戏剧艺术印象……"在《阿尔及利亚快讯》中，夏尔·代尔帕主要评论了科波写于1911年的改编剧本，但同时认为演员们的表演是出色的，但对他们不公开姓名的做法表示遗憾，因为他们"组成了一个和谐的群体，用智慧去表演，带着幸福感竭尽全力地去完成感动我们的任务"。

剧团中的一位成员夏尔·蓬塞认为扮演父亲费尔多夫的塞雷斯坦·勒卡尼奥是剧团最有天赋的演员。而勒卡尼奥为使表演真实则费了很大的力气：他要求在舞台上使用真的食品，于是他得到了炖肉泥和葡萄酒。他念台词时嘴里塞满食物，产生一种令人难忘的逼真效果："伊万，上帝存在吗？"当听到加缪回答说"不"时，他反击道："那么说就可以胡来了吗？"——加缪后来在私下里告诉蓬塞，勒卡尼奥张口谈论上帝的时候，一股蒜味迎面而来。"您马上进入了谈论精神食粮的境界！"[1]

---

① 夏尔·蓬塞《加缪在阿尔及尔》。

第十四章

会　晤

真正的艺术作品是寡言少语的。

——《手记》

　　那一年春天，一群地中海青年和几位年长者——他们的老师和精神参谋——联合起他们的力量创办了一份从文学上去展示地中海作用和精神的文学杂志。他们决定把这一刊物取名为《海岸线》。由皮埃尔-安德烈·埃梅里构思的封面是一幅地中海的素描画，或者确切地说画中展现的是地中海的沿岸，大海的蓝色是图画的主色。编委包括加缪、勒内-让·克洛、克洛德·德·弗雷曼维勒、代表阿尔及利亚总督政府在巴黎工作的加布里埃尔·奥迪西奥、雅克·厄尔贡和三十九岁的让·伊捷，他曾和奥迪西奥一起服兵役，在成为教授前亦是朱尔·罗曼的学生；以后他领导了自己的文学杂志。他刚刚抵达阿尔及尔（不久后，伊捷成为纽约哥伦比亚大学的教授，并在那里发表了他的《浪漫批评》）。

　　杂志的副标题确定了它的纲领："地中海文化杂志"。它每年出版六期，或者说希望如此，由埃德蒙·夏洛负责发行，弗雷曼维勒负责印刷。创办这份杂志的想法来自夏洛，这是他以后回忆时讲到的。杂志的计划是刊登来自地中海沿岸国家的文章。后来他们也计划发表文化方面的文献资料，例如古老的克里特岛文字。这一想法马上得到加缪的赞同,于是夏洛开始策划最初几期杂志。①

奥迪西奥有一年春天访问阿尔及尔时与加缪相识,那一天是 1938 年的 5 月 4 日,正值《海岸线》编委在夏洛小书店的后间召开会议。奥迪西奥看到在几位年长的地中海人旁边,靠着厄尔贡和伊捷,坐着一位话语不多、神情严肃、举止谦虚的青年人,"但他有着炯炯有神的眼睛和令人感到亲切的面容,聪明和睿智显而易见"。加缪在会上几乎没说什么,然而大伙委托他执笔起草新杂志的宣言。②

从此,地中海主义的气氛无处不在,不仅在阿尔及利亚,而且在摩洛哥和突尼斯,年轻的法国人和其他那些法语和法国文化的作家开始崭露头角,声名鹊起。马克斯-波尔·富歇不久发行了他的诗刊(与《海岸线》不同的是他的杂志不仅仅反映地中海文化)。③

通常,一本新的杂志必然有其存在的理由,加缪在对《海岸线》的介绍文章中这么写道。但这一本杂志不为迎合某种要求。它寻求的是给自己定位和给一种存在着的文化定位。"所有的人都将看到,一个充满着青春朝气和激情、为了人类及其作品的运动已经在我们的海岸线地域内诞生。"这个运动在戏剧、音乐、造型艺术和文学等各个领域里都有它表达的方式。

> 当我们处在一个各种教条之风将我们与世界分隔开来的时候,在一块年轻的土地上,有一群年轻人,他们对给予我们生命意义的那些会消失的、但却是不可缺少的生存物质:大海、太阳和阳光中的女人……发出了眷恋的呼唤,这不能不说是件好事……

---

① 源自埃德蒙·夏洛。

② 源自加布里埃尔·奥迪西奥和他的《回忆阿尔贝·加缪》一文,载于《阿尔及尔杂志》1960年春季刊,阿尔及尔发行。

③ 马克斯-波尔·富歇《有一天,我回忆起了……》。马克斯-波尔·富歇出版了《泉水》杂志,以接替文学杂志《密特拉》(Mithra,古波斯的太阳神。——译注)。

《海岸线》不代表任何学派。然而,其成员的感受力,从佛罗伦萨到巴塞罗那,从马赛到阿尔及尔,都受到相同的景观熏陶。他们彼此间必然会有差异。质量便将是唯一的标准,自由就是口令。

毫无疑问,正是这种兼收并蓄的方式把在阿尔及尔的那些年轻的和不那么年轻的地中海人从狭隘的种族主义中解救出来,这种种族主义会衍生出各种各样的地区主义,因此是一种危险。在这一方面,《海岸线》的内容是温和的。1938 年圣诞节前夕出版的第一期包括奥迪西奥、布朗什·帕兰(一首诗)、让娜·西卡尔(塞万提斯的《阿杰尔因牢》中的一篇译文)、弗雷曼维勒(小说章节)的作品,以及于勒·絮佩维埃尔、安东尼奥·马沙多(西班牙语译成法语)、代里科·加西亚·罗尔卡和其他人的文章。当然,有一块版面专门刊登了队友剧团的宣言,被誉为"《海岸线》杂志的探索剧团"。

第二期,也是最后一期,内容包括一篇有关欧杰尼奥·蒙塔尔的达三页之长的评论和蒙塔尔的三首意大利语原版的诗,但有译文对照;几首被称为《民谣》的西班牙安达卢西亚地区的民间诗,这些诗后来被编集出版;一篇埃马纽埃尔·罗布莱斯写的有关安达卢西亚江湖医生的文章。第二期还刊登了加缪《阿尔及尔的夏天》的片段,有五页长,是献给厄尔贡的,后随《婚礼集》于 1939 年 5 月发表。扉页上是一则预告:1939 年春天将上演约翰·威灵顿·辛格的《西方世界丑角》。封底是一些即将由夏洛出版的新书广告,主要有让·伊捷的《安德烈·纪德》、让·格勒尼埃的《桑塔·格鲁兹》、让娜·西卡尔翻译的塞万提斯的《阿杰尔因牢》(这部译稿一直没有出版)、无译者署名的《安达卢亚民间故事 333 则》,事实上该书是由一位叫路易-莱奥·巴尔贝斯的阿尔及尔税务官翻译的(这部译作并非由夏洛出版,而是由曾同加缪和弗雷曼维勒有过短暂合作的卡弗尔出版社出版)。在第二期《海岸线》的封底是一则有关《婚礼集》出版的预告,这本书将发行(预告如是说)一千册,单价 18 法郎,一百册用阿尔法纸印刷的为 25 法郎一本,十四册用荷兰直纹纸印刷的为 40 法郎一本,六册用日本纸印刷的为 60 法郎一本,所有这些书都用手工装订。

以后发生的事件使《海岸线》无法如期出版它的第三期。已经准备就绪的第三期中有一篇纪念加西卡·罗尔卡的文章。由于这位诗人被认为是反佛朗哥西班牙政府的,维希政府不久便下令没收和销毁他作品的所有制版。[①] 对让娜·西卡尔来说,考虑到塞万提斯作品中有排斥犹太人的内容,她决定不发表《阿杰尔囚牢》的完整译文,否则在 1940 年会有对排犹太主义随声附和之嫌。[②] 事实上,如同我们将要看到的那样,夏洛在他出版活动中遇到了困难,这是《海岸线》被迫长期中断发行的原因之一;然而当《海岸线》又能重新出版时,战争和维希政府又成了新的障碍。

加缪在夏洛的书店中度过的时间越来越多。他经常是书店一开门就在那里了,查阅新的文学杂志(《新法兰西杂志》《贸易》《欧洲》等)和新出版的书籍,尤其是翻译成法文的福克纳、海明威、多斯·帕索斯、卡夫卡、西洛纳的著作。起初,他买卡借阅夏洛书店里可出借的书籍,当他成为夏洛出版社的来稿审读员后,便能免费阅读所有他想读的书。因为夏洛的这家位于沙拉路狭窄的小书店,同时也是夏洛出版社的所在地。长十米、宽五米、形状像过道一样的底楼,就是"真实的财富"书店的全部面积。书店的上层是一个相当于书店大部分面积的阁楼。栏杆的另一侧是两张紧靠阳台的办公桌,夏洛和他的女秘书——有时是他的顾问加缪——坐在其中的一张办公桌旁,能直接看管楼下的书店。书店从拂晓(埃德蒙·夏洛认为在这个时候把废纸运出去最方便)开门,直至晚上 10 点或更晚一些时候关门。这样的书店不仅在阿尔及尔是独此一家,在世界上也可谓凤毛麟角。在巴黎,阿德里安娜·莫尼耶在奥代翁路上开设了一家带有一个文学沙龙的同类书店,做法与她的美国女友西尔维娅·比什一样(她的书店也取名

---

① 源自埃德蒙·夏洛。
② 源自玛格丽特·多布朗。

埃德蒙·夏洛的"真正的财富"书店。楼上堆满夏洛书店出版的图书版本，也是可供如加缪般出身的年轻的知识分子和艺术家栖息的家园

埃马纽埃尔·罗布莱斯(照片由法国罗杰-维奥莱摄影事务所提供)

莎士比亚书店公司)。夏洛的"真实的财富"书店同样肩负促进例如举办音乐会之类的文化活动的任务,书店有时兼作报名处,有时为队友剧团去租借场所。① "晚上将近 6 点时,"马克斯—波尔·富歇叙述道,"我们总是去那里阅读我们无力购买的最新出版的书,因为我们实在是囊中羞涩,然后我们一起去附近的一家酒吧喝传统的茴香酒。夏洛是阿尔及尔知识分子生活的轴心,是他发现了埃马纽埃尔·罗布莱斯等其他一些作家。"②

　　加缪很快成为夏洛的主要文学顾问,他常坐在内阳台旁的一张办公桌前审阅(有报酬的)来稿。不久后,在他主编由夏洛出版社出版的一套系列丛书时,他同样按照丛书作品的销售额提成。他审阅来稿的速度很快,同时经常作一些批注以供他的"老板"夏洛参考。他的评语生动、尖锐,且直言不讳,但是当他认为一本书尽管没有文学质量,但从商业角度看会有销路时,他不会弃之不用,因为他明白夏洛也要为利润考虑。③ 1938 年初,在计划出版第一期《海岸线》时,除了加缪的《反与正》,夏洛已经出版了奥迪西奥、格勒尼埃、克洛、富歇和弗雷曼维勒的一些作品。

　　加缪正是在夏洛的书店兼出版社的房子里认识了年龄比他小六个月、出身于祖籍西班牙的奥兰工人家庭的埃马纽埃尔·罗布莱斯(他的父亲是泥瓦工)。罗布莱斯的母亲与加缪的母亲一样,也是一位一字不识的洗衣女工。④ 当他从 1937 年 9 月开始履行为期两年的兵役义务时,他从卜利达给夏洛寄来了他的第一本小说《行动》,夏洛让加缪看了手稿。虽然罗布莱斯曾经看过队友剧团的演出,但他认识加缪的程度是只知其名。他被加缪在执导罗雅的《修女》时表现出来的

---

①　源自埃德蒙·夏洛。

②　马克斯-波尔·富歇《有一天,我回忆起了……》。

③　源自埃德蒙-夏洛。

④　源自埃马纽埃尔·罗布莱斯。

才华所慑服。所以当加缪约他在沙拉路的书店见面时,他早早到来,爬上阁楼层,伏在阳台边等候加缪。他看见的是"一个脸庞瘦削的瘦高个小伙子,严肃的神态被目光中流露出来的揶揄所冲淡"。加缪向他提了几个有关军事生活的问题,然后带他去了附近米什莱路上的一家啤酒屋,在靠角上的一张桌子旁坐下后,加缪同他谈了他的小说手稿。

加缪开门见山地把话题引到了小说的一个章节,作者描写了其中一位人物面对死亡表现出的焦虑。他给这一段打了标记。罗布莱斯描写的是一种焦虑,它会抽去生存的全部意义,人人都以各自的方式驱赶它。他写道:"人生流逝如同河中的流水,因为前人去了总有后来人,而人们忘记了他们不总是一样的……"罗布莱斯认加缪对死亡的好奇就同他对死亡的好奇一样,都源自他们的西班牙传统。①

最后,对惯于发行小篇幅、小批量作品的夏洛来说,《行动》一书显然篇幅过于庞大,于是夏洛把书送到了另一家阿尔及尔的出版商——苏比朗出版公司那里,后者在 1938 年出版了这本书。② 其间,罗布莱斯和加缪成了朋友,并且从那时起,在所有涉及阿尔及利亚的事件中,两人一直是合作伙伴。罗布莱斯写了一部叙述地中海生活、内容包罗万象的长篇小说,这本小说后来在全世界被译成各种文字。路易·布努埃尔把小说改编成一部片名叫《这就是曙光》的重要电影。1973 年,罗布莱斯成为龚古尔文学奖的评委。

与这一群在评论中目光敏锐、态度友好的作者在一起,青年加缪本人的作品日渐成熟。在 5 月份演完《卡拉马佐夫兄弟》以及在次年

① 源自埃马纽埃尔-罗布莱斯的《多面阿尔贝·加缪》,刊登于 1960 年 7 月奥兰出版的《西蒙风》。夏尔·蓬塞认为,罗布莱斯参加了文化之家的一次会议,在这次会议上蓬塞把罗布莱斯视为"一个魁梧的飞行战士,善于表达且充满自信";因为他正为自己的《行动》一书寻找出版商,蓬塞便把他推荐给了夏洛(源自蓬塞《加缪在阿尔及尔》)。

② 源自埃马纽埃尔·罗布莱斯。

春天结束了《西方世界的丑角》的演出之后,加缪不再对戏剧表演有太多的兴趣。从那时起一直到 1938 年 9 月底,当《阿尔及尔共和报》的发起人正在为出版该报的第一期寻找资金、铺平道路时,加缪一直留在气象学院工作,这不仅使他的身体得到了调理,更使他得以养精蓄锐为今后的写作做好准备。在这样的条件下,他的好几项计划可以齐头并进。

1938 年 6 月,他在日记中罗列了准备实施的计划。他不仅要重写他的小说,还准备创作他的第一个剧本《卡利古拉》,撰写一本论著《荒谬》(这就是后来的《西西弗神话》)。他还准备写一些有关佛罗伦萨和阿尔及尔的"地中海风格"的文章,在次年春天汇集成《婚礼集》出版,以及另外一些有关戏剧和每周四十小时工作制的研究文章。后一篇文章在秋天完成,但是未被让·吉奥诺主持的《贡塔杜尔手册》录用,那是一篇为争取更人道的工作时间向社会发出呐喊的文章,所遵循的是尼采的一个人在一天中不能自己支配三分之二时间便是奴隶的这样一条原则。[①]"在我家里:十小时工作。"他在日记中这么写道。

他同时还准备写的但无疑最终未能写成的是一种轻快的"夏天即兴剧",从他在日记中留下的寥寥数行笔记可以看到,这是一出有关戏剧艺术的莫里哀式的喜剧。他对《幸福的死亡》所做的笔记仍然强调这本书结构的人为性,特别是在对腰缠万贯的残疾人扎格吕这个人物的塑造上。(这个人物的原型,加缪取之于一位失去双腿的退休海军医生。加缪欣赏这位残疾人对生活的激情,对艺术、书籍、物品的兴趣以及他的聪明。原型人物扎格吕结过婚,最终死于日益加剧的热带病;他的身上已无任何部位可切除。)[②]

加缪常去看望一位后来成为他第二任妻子的奥兰姑娘。事实上,

---

① 源自克里斯蒂亚娜·达维拉(家姓加兰多)。

② 源自马塞勒·布涅-布朗歇。

好多年前他与弗朗辛·富尔的第一次见面是十分短暂的。她当时在一般情况下只招收男生的比若中学特别班上数学课,数学是她的强项。她的女友莉莉亚娜·苏克龙和她说她正在上的哲学课是一门不同寻常的课,这门课因为热内·普瓦里耶教授,也因为普瓦里耶的一个学生而不同寻常。在阳光明媚的一天,弗朗辛走进了普瓦里耶的教室,她看到加缪坐在第一排,身边是一位从服装上看显然不是大学生的青年妇女。莉莉亚娜向加缪介绍了弗朗辛(无疑没向西蒙娜介绍)。弗朗辛·富尔日后记得阿尔贝·加缪是浅色头发、蓝眼睛,但其实不然(他的头发是褐色的,眼睛是灰绿色的)。

弗朗辛不久后去了巴黎费奈隆中学学习数学,这是一所被认定能从那里跨进塞夫尔女子师范学院——相当于儒尔姆路的巴黎高等师范学院——的国立中学。她听到别人谈论加缪的机会更多了,特别是从同样来自奥兰、与弗朗辛的姐姐苏兹同班的玛格丽特·多布朗嘴里听到加缪的名字。1937 年 9 月,也许是 10 月,弗朗辛在奥兰度完假后去了阿尔及尔,并在翡虚院小住了几天。她立即被这座令人陶醉的房子吸引,被在那里进进出出的那些杰出人物自由自在的生活方式所打动,这些人物中包括加缪。但她不得不回巴黎去继续学业。

但她的心留在了翡虚院。加缪对这位聪明而又漂亮的姑娘同样表现出某种关心,他尤其发现她弹得一手好钢琴。在这一学年中,他们开始了书信往来。1938 年 6 月,在众多朋友(玛格丽特、莉莉亚娜,还有现在已成了她朋友的加缪)的再三要求下,她又来到了阿尔及尔。但她没法逗留太久。为了能进入塞夫尔师范学院,这一年在法国的教学实习十分繁重。因此她和她在奥兰中学教法语的姐姐克里斯蒂安娜一起去了法国境内的比利牛斯山脉地区。秋天来临时,她想尽办法在离她家不远的阿尔及尔大学重新开始了学习。但她在奥兰度过的时间远远多于在阿尔及尔的时间,1939 年 4 月,她在她出生的那座城市里获得一个数学代课教师的职位。

我们的眼前突然出现了过去的情景:一天,加缪急匆匆地跑进路易·贝尼斯蒂的画室,高声叫道:"今天,我体验到了我生命的奇遇。快借我一件衬衫和您的凉鞋。"(贝尼斯蒂的凉鞋是他自己缝制的。)加缪把自己打扮成一个迷人的王子,他把头发卷成一个个环状,给露出在凉鞋外的脚趾涂上趾甲油。几天后,他介绍弗朗辛时称她为未婚妻。然而,为了表达他对这位年轻的奥兰小姐特别的尊敬,他在另一位老朋友面前把她称为"我的妻子"。[1]

这位迷人的姑娘无论在哪一方面都使加缪倾心,而他以前一直想当然地对待女性。他在翡虚院有一位定期见面的女友,而与许多其他女友的会晤则不那么有规律,此刻眼前突然出现了一个受过良好(和严谨)教育的姑娘、一个他必须向她求爱的姑娘。求爱是迈向婚姻的第一步。他希望跨出这一步吗?他开始向他的朋友们谈论欧仁·达比所描写的那种生活,即一个男人同时爱上包括他妻子在内的两个女人。[2]

弗朗辛的父亲费尔南·富尔与加缪家阿尔贝和吕西安兄弟俩的父亲一样,也参加了朱阿夫兵团。与加缪父亲命运相同的是弗朗辛的父亲也在 1914 年 12 月 17 日在马恩河阵亡。她是在他父亲阵亡前一个星期出生的(取名玛格丽特·费尔南特·弗朗辛·富尔)。费尔南的父亲让·富尔曾是公共工程的承包人。奥兰港口的一部分建筑是他建造的,他还建造了正是以"拱廊式建筑风格"出名的四组拱廊结构的楼群;弗朗辛和她的母亲及两个姐姐就住在其中的一幢位于阿佐路的楼房里。至于弗朗辛的母亲费尔南特(父名阿尔贝),她的外祖父是个柏柏尔犹太人,娶了一位土耳其犹太姑娘为妻。(阿尔贝·加缪夫人不久后,确切地说她的柏柏尔犹太人血统使她成为阿尔及利亚最古老居民的后裔,因为柏柏尔人早于阿拉伯人来到这块土地上;虽然阿拉伯人成为征服者并竭力改变基督教徒和犹太人的信仰,迫使他们信

---

[1]　源自阿尔贝·加缪夫人、路易·贝尼斯蒂和马塞勒·布涅-布朗歇。

[2]　源自个人间的谈话。

奉伊斯兰教,但基督教和犹太人依然存在——即使是在阿尔及利亚独
立之后。)

1914 年,弗朗辛·富尔的父亲阵亡,抛下一贫如洗的妻子和女儿
(祖父让·富尔在临死前已破产,当他的儿子费尔南准备从零开始重
建家业时,第一次世界大战却把他从妻女手中夺走了)。弗朗辛的母
亲因此去邮局找了一份差事,并且在三个女儿完成学业后给她们每人
找了一份工作(她们在校读书时是属于由国家扶养的战争孤儿)。①

有一次回奥兰小住时,弗朗辛高兴地告诉母亲和两位姐姐,说她
准备嫁给一位在阿尔及尔认识的青年,她解释说他患有结核病,但病
情并不严重。此外,他还没从第一次婚姻中解脱出来,客观上,他相信
的是一种丈夫和妻子各自都保留自由的婚姻。

回答她的是一阵哈哈大笑。在三个女儿中,"小女儿"弗朗辛是预
料中最早跨入婚姻殿堂的。看到整天围绕在她身边的那些求婚者,她
的母亲和两位姐姐难以相信她居然会选择这个阿尔及尔人。当弗朗
辛让她们看加缪的照片时,她姐姐克里斯蒂安娜说他长着一对招风
耳,活像一只猴子。弗朗辛和声和气地反击道:"猴子是最接近人类的
动物。"没过多久,她母亲又借用了另一个动物的比喻:这个为自由不
顾一切的瘦长而又神经质的青年人使她想起了沙狐,这是阿尔及利亚
沙漠中的一种小狐狸,同样长着一对大尖耳朵(对加缪来说,富尔夫人
使他想起了莫比·迪克:笨重的身躯,长着一个白色的羽冠)。②

在同一时期,还有一次重要的但与文学无关的会晤。1938 年 7
月,克里斯蒂亚娜·加兰多让加缪看了一封她哥哥皮埃尔给她的信,
她哥哥在她故乡奥兰与别人合作从事谷物出口的生意。信中显示出
与众不同的洞察力和人格,使加缪不由地想认识他。见面的机会不久

---

① 源自阿尔贝·加缪夫人和克里斯蒂安娜·富尔。

② 源自克里斯蒂安娜·富尔。

就到来了，或许是在奥兰，但更可能是在阿尔及尔（加缪当时不可能去奥兰），那一天皮埃尔带着女儿来阿尔及尔治病：他的女儿被一只可能得了狂犬病的猫抓伤了。[①]

皮埃尔身体粗壮，大脑袋，脸色红润，长着一双"西班牙人黑色的眼睛"，看上去好像胡子从来不刮干净。他可以在交谈时连续一刻钟保持沉默，可以用"简练、冷静"来描绘他。他体格健壮犹如拳击手，在水里游泳时像条鱼。他很聪明，但没有文化和社交的才能；他有坏孩子身上的某些特征，比方说总爱给人看一张他圆圆的脸上叼着雪茄的照片，显示他是"天不怕地不怕的硬汉子"。外界流传他参与了一起在沙滩上与阿拉伯人斗殴的事件——这一传闻为他的新朋友阿尔贝在《局外人》的故事中提供了一段插曲。但他很快帮了加缪一个性质截然不同的大忙，他像媒人一样，最终消除了富尔家的女人们对加缪的抵触情绪，因为她们讨厌向弗朗辛求婚的加缪。加兰多兄妹俩认识富尔一家人，皮埃尔·加兰多费尽心思，对加缪称赞有加，说他并不是一个注定让妻子一辈子颠沛流离的穷戏子。

加兰多以后的活动可以在这里提及一下，以便说明这个人的特点：当维希政府统治阿尔及利亚时，他参加了地下抵抗运动；作为外籍军团的军官——他的士兵主要是犹太难民和西班牙共和党人——，他在任职时承担了与美国军事力量的联络任务，亲自带领一部分人夺取了奥兰的拉塞尼阿机场，从而为1942年9月美国军队在阿尔及利亚沿海登陆提供了方便；接着他担任联络官的职务，负责与美国人的联系。[②]

据说加缪也想成为一位像加兰多一样的拳击手，而不是脸色苍白，很少有时间能站直身体让人看出他身高的青年人。不管怎样，他

---

① 　源自克里斯蒂亚娜·达维拉和罗贝尔·若索夫妇。

② 　这些资料主要源自皮埃尔·加兰多、克里斯蒂亚娜·达维拉和若索夫人。对青年加兰多的描述由埃马纽埃尔·罗布莱斯、夏尔·蓬塞、克里斯蒂安娜·富尔和安德烈·贝拉米什提供。

从此成为加兰多身边的朋友。他写了一篇题为《人身牛头怪物或奥兰休息》的长文献给他，并在战争结束后邀请他一起参与《战斗报》的创办和发行。

在气象学院的工作使这位青年技术助理能继续获得时间去从事自己的计划。如同我们所知道的那样，他在那段时间完成了《幸福的死亡》。他的朋友们对手稿十分欣赏，①而他奉为师长的那些作家则持相反看法，他心里没底，也就没有设法发表。

1937 年 12 月，接着又在 1938 年的 5 月，加缪打开了他的日记，写了一些最终导致他第一本真正的小说问世的笔记。"一个看破红尘但此刻坐在一个办公室里工作的家伙⋯⋯"他又写道，"在养老院里的老太婆死了⋯⋯"但这些构思的轮廓无论是在《幸福的死亡》的结尾，还是在替代它的另一部作品中，均未以任何方式表现出来。至少在 1938 年夏末前，在他的日记中出现了有关《幸福的死亡》的其他设想和新的材料。事实是当时在作者的脑海中同时存在着在《幸福的死亡》中精炼出来的浪漫主义的概念和在一个新的和幻灭的基调上收集的新素材。一个沉浸在面对世界的房子里的加缪，正在迅速让位给一个更为自信、但对外部世界不那么肯定的成年加缪。比较轻松的说法是这一变化与他从气象学院转到《阿尔及尔共和报》的工作相吻合。但证据却是矛盾的。《幸福的死亡》给他带来的失望无疑早于这一切。然而，可能正是在他去报社工作的最初几个星期内他才得出结论："真正的艺术作品是寡言少语的。"在艺术家和反映其经验的作品之间存在着一种关系，当作品企图把这种经验全部表达出来，并且加以文学点缀时，这种关系是恶性的。当艺术作品只表达经验的一部分时，关系才是良性的。

在他 1938 年 12 月的一段日记的前面，有一篇未注明日期的短

①　源自玛格丽特·多布朗。

文,这篇短文以后成了《局外人》的开场白,最初几行话与以后出版的
小说完全一样:

> 今天,妈妈死了。也许是昨天,我不知道。我收到养老院的
> 一封电报……

1938 年 6 月,他决定在当年夏天开始写一篇有关荒谬的重要论
文。有关这篇文章所做的笔记此后经常出现。队友剧团眼下不再占
据他的时间,志愿者演员都四处度假去了,似乎也不急着赶回准备下
一演出季节的活动。到了 8 月,加缪告诉让娜·西卡尔,他已无力重
新顾及演戏;尽管与全团业余演员在一起使他感到十分幸福,但他已
准备放弃这种奢侈的享受。①

这一年夏天,他为《婚礼集》画上了最后的句号。然后就把手稿委
托给了夏洛,后者(再一次因为个人的困难)未能在次年春天(1939 年
5 月 23 日)到来之前把书出版。还在 8 月时,加缪已经领悟到这本描
写萨巴蒂、捷米拉、阿尔及尔和佛罗伦萨的小集子代表着已离他远去
的岁月,结束了他的青年时代,从某种意义上说,是这本小集子帮助他
走完了这个时代。他同时也知道,只要小集子一问世,就会有人认为
它标志着一个新时代的开始。②

很快,他紧张的新生活将在战斗着的日报的办公室里展开,《婚礼
集》所描写的世界确实离他越来越远。③

1938 年似乎是命运为他专门安排的重大会晤年,加缪现在将要见
到一位在他的成年生活中最具重要意义的人——帕斯卡尔·皮亚。

---

① 源自玛格丽特·多布朗。
② 源自玛格丽特·多布朗。
③ 源自雅克·厄尔贡。

这位新朋友起的作用可以与加缪青少年时期的导师格勒尼埃相比。这一变化可以说是从 1938 年 7 月格勒尼埃离开阿尔及尔去法国时开始的。帕斯卡尔·皮亚在一种特殊的暧昧之中与加缪建立了关系。他先是加缪的挚友，后来成为他的死敌。作为人民阵线正在准备的日报的主编，他明白别人请他在众多求职申请人中去审阅加缪候选材料的意思，①而事实上报社的工作已经给了加缪，至少后者是这么认为的（他在皮亚夏末抵达阿尔及尔前已辞去了在气象学院的工作）。② 加缪先后当过记者，干过快讯排版，负责过文化艺术新闻的编辑；他每天从 17 点开始工作，至凌晨 1 点下班。1938 年夏天，他甚至想去参观一下《奥兰共和报》，研究他们的操作情况，因为《阿尔及尔共和报》是模仿这份运转良好的报纸创建的。③ 他新担任的工作同时使他有能力租借到一间更为宽敞且带有平台的居室。④

让-皮埃尔·富尔在巴黎与皮亚的会晤，可以说是由乔治·鲍里斯和乔治·阿尔特曼促成的，这是两位与反法西斯主义周刊《光芒》合作的老记者，皮亚也曾在这个杂志社工作过。两人会晤时，皮亚正在《今晚报》报社里担任新闻部主任（皮亚只负责非政治新闻）。这份由路易·阿拉贡和让-里夏尔·布洛克领导的报纸据称是人民阵线的喉舌，而事实上受到共产党控制。在此之前，皮亚已在里昂与重要的地区日报《进步报》合作了两年。但因为他的妻子不喜欢在里昂生活，他们便回到了巴黎。在这之前，他先后在一些报刊和巴黎新闻社的编辑室工作过，每当有新的机会出现，他便更换一个地方，因为他从不喜欢干新闻工作。⑤

就从事报业的经历来看，要物色一个出色的办报人，皮亚自然是

---

① 源自帕斯卡尔·皮亚。

② 加缪在 1938 年 3 月 25 日发电报把辞职之事告知了克里斯蒂亚娜·达维拉。参阅第十三章。

③ 源自玛格丽特·多布朗。

④ 源自布朗什·帕兰、莉莉亚娜·迪隆。

⑤ 源自帕斯卡尔·皮亚。

在法国可找到的理想人选。他1901年8月15日在巴黎出生。他祖父母的家乡在法国南方——普罗旺斯和朗格多克,他全然不知的是,他的祖辈十分穷困,而像皮亚家和加缪家那样的穷人是没有家族史的。同加缪一样,皮亚也是个战争孤儿,因为他的父亲1915年9月死于法军和德军还在巴黎东北面进行生死搏斗的战争第一线,而那时加缪的父亲已经阵亡一年。皮亚在很小的时候就开始务工谋生,生活不容他停下来。①

　　然而,对一个杰出人物进行这样描写是不全面的。在他充满曲折和奇遇的青年时代,他写了许多诗,并常涉足巴黎的文学圈。1920年,他在一份文学杂志的编辑部里遇到了一位未来的作家:安德烈·马尔罗。他的传记作者安德烈·旺德冈认为马尔罗当年最主要的两次会晤便是同皮亚和克拉拉·戈尔德施密特(她以后成了克拉拉·马尔罗)的会晤。凭着"他具有讽刺味的清醒意识、完整的思想独立性和一种对故弄玄虚特别的兴趣",以及他渊博的文化知识和令人佩服的记忆力,皮亚令马尔罗兴奋不已,也激发了后者的文学兴趣。他出版了一本波德莱尔的假日记(《布鲁塞尔的岁月》),马尔罗为此提供了帮助。几年后,他又炮制出一部模仿诗人兰波风格的作品(《精神追踪》),但被他说成一部最新发现的手稿。后来他以家喻户晓的把玫瑰色用作封面的儿童系列读物为掩护,出版了一些色情书,马尔罗和他们共同的朋友弗朗西斯·蓬吉一起去法院旁听了由此引发的诉讼。正是因为和皮亚在一起,并且从某种意义上说也多亏了皮亚,马尔罗才成为我们所认识的一个多脸谱的人物。②

　　服完兵役回来后,皮亚撰写了一篇措辞辛辣但无人敢发表的文章"P.P.C."(《为了告辞》)。他没有固定的工作,到处打小工,靠咖啡和香烟支撑过着夜生活。凭他的才华和学识,他完全会有更大的作为;但

---

①　源自帕斯卡尔·皮亚。

②　安德烈·旺德岗《安德烈·马尔罗的文学青春》,巴黎,1964年。亦源自弗朗西斯·蓬吉。

他更愿意致力于别人的事业——马尔罗、阿拉贡、加缪——随时准备去完成那些不会给他带来任何声誉、虽微不足道但却必不可少的任务。① 这就是皮亚在见到加缪之前的经历,这段经历能为他们俩以后共同走过的一段历史作很好的说明。

当他在8月份的最后几天里抵达阿尔及尔时,离出版第一期《阿尔及尔共和报》的预定日期已不到两个月,皮亚看到的是一个临时工场,放着十来台排字机,一台富尔从法国买来、由他亲手安装的旧旋转印刷机,以及富尔招募来的几位应聘的印刷排字工人。如果早知道面临的是这样一种局面,他肯定不会同意来阿尔及尔接受这一职务。

"您看看他是否对您有用,"富尔在向帕斯卡尔·皮亚介绍加缪时这么说道,"在我认识的所有人当中,他最有能力当记者。"加缪的表现显然是一个最理想的新成员,皮亚也别无选择。他们没有办法从阿尔及尔其他的报社中挖来专业人员,《阿尔及尔共和报》决策层勉强拼凑起来的班子七零八落,着实使身为专业记者的皮亚感到失望。(一位从法国来的老记者,整日酒气冲天,他们把他打发回家了。)②

他们在巴卜韦德的克什兰路上租了一幢大楼,靠近这个工人聚居区的主干道,从阿尔及尔市中心过来,一眼就能看见。富尔让莫里斯·吉拉尔画了一幅宣传画,画面上是一个光着脚、穿着背心、头戴伊斯兰教的小圆帽,在大街小巷散发着《阿尔及尔共和报》的擦皮鞋的儿童。

整个夏天,他们忙于筹集钱款,购买设备,招聘人员。此刻他们已准备就绪,第一期预定在10月1日出版。但由《奥兰共和报》派来帮助《阿尔及尔共和报》的印刷工每周两次在奥兰和阿尔及尔之间穿梭来回(每次单程410公里),因为晚上要在奥兰工作,白天需在阿尔及尔上班,最终他因为汽车撞上大树而死在路上,事故因疲劳所致。《阿尔及尔共和报》第一期终于在10月6日问世。

① 源自弗朗西斯·蓬吉。
② 源自帕斯卡尔·皮亚。

第十五章

《阿尔及尔共和报》

> 因为,如果说殖民征服终能为自己找到一个借口,
> 那就是在一定程度上这种征服帮助殖民地人民保留了
> 他们的人格。
>
> ——《卡比利亚的贫困》(《时论集》)

就这样,除了现有的两份日报:《阿尔及利亚快讯》(前面已提到过,它是右派的报纸)和《阿尔及尔回声报》(激进社会党的机关报,属保守派,代表殖民者利益),出现了第三份晨报,一份坦诚反映左派思想,为社会主义者(乃至共产主义者)就法国国内及各大国际事件发表己见的纸媒。除主编帕斯卡尔·皮亚之外,编辑部基本由业余编辑组成,报纸主要任务是特别介绍阿尔及利亚时事,把人民阵线的思想贯彻到殖民地的事务中去。

报社的办公地点设在巴卜韦德的一座极普通的大楼内。地下层里不仅安装了印刷机,还有一个排字室和一张编辑用来排版的桌子。底楼为行政和发行部门所用,楼上为编辑部办公室。

作为晨报,《阿尔及尔共和报》显然是在晚间印刷的。排字从晚上8点或9点开始。皮亚把阿尔及尔时事新闻的采集工作交给了他的年轻雇员阿尔贝·加缪和另一名新成员,一位五十多岁的原耶稣教牧师。他们每天走访区公署、安全署、法院、市议会和议会机构。这是一

种惯例性的工作,但每当有重要事件发生,如犯罪案或重大官司,乃至毁灭性的火灾,就必须对事件进行深入调查。每天忙碌的程度不一。作为全职雇员,加缪每天16点或17点左右开始工作,一直忙到将近23点,其间只有用餐的空歇。除此之外,他随时要出外勤,比如旁听一桩诉讼案件,亲临凶杀、事故或示威游行现场等;然后回到办公室,迅速写成报道,并于19点左右交稿。一两个小时后他再到报社审阅校样及协助皮亚排版。

皮亚注意到这个年轻人实在健康不佳。他似乎总在发烧,而且咳嗽使他变得十分虚弱,有时还疟病发作,皮亚不用想就能猜到他准没有吃饱。显然,加缪应该多待在阳光下,而不是把自己幽闭在办公室那有害健康的环境中。他穿着简朴——在《阿尔及尔共和报》,穿着当然不可能像花花公子那样。天热时,大家都不穿外套。① 报社总经理富尔也同样发觉加缪"衣着一点也不讲究",而且他还看到加缪在现实生活中活跃的谈吐、反讽的态度和诙谐有趣的风格,而这些在他的文章里都是找不到的。②

加缪的酬劳按照工会工资一览表的计算是最低等级的。③ 据富尔回忆,每个月工资是1800或2000法郎(相当于180至200欧元)。而据报社另一位并不十分了解企业内部某些机密的成员推测,大约在3000至4000法郎之间,即300至400欧元。④ 皮亚认为,加缪的薪水相当于一个低级雇员或一个商店营业员的收入。不过,即便是对来自大都市的皮亚来说,阿尔及尔的物价水平也不低,除了蔬菜、水果、葡萄酒和二等羔羊肉,其余的一切都很贵,因为它们都需要通过海路从法国进口,是当地大量的廉价劳力造成了低廉的工资水平。⑤

---

① 源自帕斯卡尔·皮亚。
② 源自让-皮埃尔·富尔。
③ 源自帕斯卡尔·皮亚。
④ 源自洛朗·布雷兹奥斯。
⑤ 源自帕斯卡尔·皮亚。

与其他报纸一样,当《阿尔及尔共和报》记者完成一次调查,付出了某种特别的努力或者表达了个人观点时,他们的名字会出现在那些重要报道的标题下方的署名栏。报纸在这一方面无疑是慷慨的;加缪的名字很快就出现在报端。皮亚曾告诉他可以写一些图书简评,但没想到他写的却是文学批评。① 10 月 9 日,第一篇署名为"加缪"的文章出现在报纸第四期上,这是一篇题名为《读书沙龙》的报告。加缪开篇就阐明了他的原则:他的阐述不带任何政治观点并完全尊重原著。他的《读书沙龙》相继评述了阿尔托斯·赫青雷的一本新书、萨特的作品(《墙》《恶心》),纪德的小说(《伪币制造者》)、若尔热·阿马多以及让·吉奥杜的新书。他颂扬了蒙泰朗(《九月秋分日》),称他为"提倡一种只有无能者才觉得滑稽可笑的生活方式的当今三四位法国大文豪之一"。不过他也没有忽视他的地中海朋友和同志们,把颂扬献给了由夏洛出版的布朗什·帕兰的诗集《岁月的活力》、让·伊捷的《安德烈·纪德》、埃德蒙·布吕阿的《博努瓦寓言》,以及阿尔芒·吉贝尔的《囚鸟》。在这些文章中,加缪如心所愿自由阐述了他的个人信仰。于是在谈到纪德时,他写道:

> 正是由于判断错误,人们对纪德的政治党派性议论纷纷。因为从社会层面上来说,他的观点并不比其他任何受过教育的、大度的、适度的理想主义的法国人的观点来得重要。②

报社刚起步时在细枝末节上花费了许多精力。皮亚每天亲自花十到十五个小时在拼版台上一行一行地校样,甚至连小启事也不漏过,因为他信不过那些业余校对员。让-皮埃尔·富尔总与印刷工发生争执,因为后者不愿对这份虽然是左翼的报纸做任何让步,要求严

---

① 源自帕斯卡尔·皮亚。
② 源自"七星文库"版加缪文集。

格执行工会规定的工作条件。不过那些低级雇员,如担任搬运工、发行员的西班牙人、犹太人、穆斯林等总的来说更容易合作。[1]

对于重大新闻,《阿尔及尔共和报》采用《奥兰共和报》及其在巴黎的记者们发回的快讯和文章,因为在这两份左翼报纸之间不存在任何竞争。而加缪则负责诸如以下的事故报道:

致命事故

在米什莱大街

一位老妇

被车撞倒

后又被拖行百米

送至医院时已无生命迹象

文章当然不署名。但加缪的朋友玛格丽特·多布朗从最后一行的表述中辨认出是加缪写的报道:

> ……同一地点,事故发生几分钟后,只留下几棵散落的蔬菜,一串葡萄落在引擎盖上,似乎是这场令人悲伤的事故的可怜的见证。

当她后来询问加缪时,加缪承认这篇报道的作者正是自己。[2]

如果说加缪在《阿尔及尔共和报》所从事的仅是此类工作的话,那么这一经历与他以前的工作相比全然不能被看作一种进步。因为他

---

① 源自让-皮埃尔·富尔。根据帕斯卡尔·皮亚的说法,有两名穆斯林雇员可能是由编委中的穆斯林成员推荐的。其中的一位因为耳聋在办公室工作,另一位更年长一些,是伊斯兰教的老法官(当地的宗教权力机构),皮亚怀疑他是警察局的眼线。

② 源自玛格丽特·多布朗。

此前已经写过文学评论,也曾为其他报纸工作过。但他那时所做的一切都是自愿的,不计报酬。"劳动剧团"、"文化之家"、《海岸线》杂志、所撰写的文章,所有这些经历都只能算一个大学生的普通成就,而他用来糊口的工作都是文员。加缪当年正好二十五岁。这是他第一次就职成人的工作。毫无疑问,皮亚也把他视为成人看待;因此,在为自己的文章署名时,加缪承担着一种从未体验过的责任。

他的首篇署名新闻稿题为《反社会法论》(10 月 12 日),文章试图说明人民阵线政府实施的工资增长并没有刺激购买力的提升,因为物价上涨得更快。在以后的不同文章中,他多次谈及这一社会经济主题。他的《内阁总理与月薪 1200 法郎的职员之间的对话》(12 月 3 日)是一份抨击政府工资政策的控诉状。人民阵线时代在那时已近尾声。爱德华·达拉第当权,保罗·雷诺担任财政部长,政府借助于各种法令着手解决已经相当严重的社会问题。1938 年 11 月 30 日,爆发了抗议政府向右转的总罢工,但政府没有因此而动摇。[①] 从此后,右派事实上执掌了法国政权,而诞生于人民阵线鼎盛时期"左倾"的《阿尔及尔共和报》则变成了(非常分裂的)反对派的报纸。在市政府方面,加缪让禁演戏剧《阿斯图里亚斯起义》的奥古斯坦·罗兹市长认识了他的厉害。他在文章中坚持不懈地抨击右派政府统治并站在市政府职员一边。其中一篇文章的标题如下:

用憎恨对加入工会的雇员穷追猛打,
罗兹先生暂停并欲解雇七位市政府职员

---

　　① 乔治·勒弗朗《人民阵线的历史》。参阅加缪针对社会问题研究所撰写的并发表在《阿尔及尔共和报》上的一篇分析文章;亦源自雅克丽娜·莱维-瓦朗西《阿尔及尔社会状况》,载于《现代文学杂志》,巴黎,1972 年第 315—322 期。我们注意到加缪在第一个月(1938 年 10 月)该报发行的报纸上署名发表了七篇文章,11 月份发表了八篇,12 月份发表了八篇,次年 1 月份发表了八篇,2 月份发表了九篇。加缪撰写的文章和社论,而非文学批评和随笔,汇编于《阿尔贝·加缪　手记之三》(《战斗的片段,1938—1940 年》),由雅克丽娜·莱维-瓦朗西和安德烈·阿布整理,巴黎,1978 年。

加缪在文章中写道："我对他的看法可简略为一句话：他是滑稽可笑的、不合法的、可憎的。"

加缪特别理解工人及其家庭的命运；在他的文章中经常出现"苦难"一词，我们充分感受到这不是抽象的概念。当市长因为政府工作人员参与工会活动而将他们解雇时，加缪描述了解雇对他们家庭带来的后果，他补充道："然而，罗兹先生对此一无所知，他不懂苦难是不分党派的。"如果说阿尔及利亚的法籍工人在遭受苦难，那么那些可怜的穆斯林的生活条件则更加糟糕，如同他每年新年时亲眼看见给最穷困的土著发放"古斯古斯"的场景，加缪这样说：

> 我并不认为我们能在一天内消灭贫穷。但我应该说还从没见到过一个与阿拉伯族群一样穷困的欧洲民族……我们必须致力于消灭这种不均衡和极端的贫穷……

如果说加缪终于开始了与这个现实世界的斗争，那么他还可以全力去写作。长久以来，他一直梦想这样生活，但久而久之他开始怀疑是否真有一天能够如愿以偿。在报社工作的最初几个星期里，他不能自由安排自己的时间。① 终于，极有可能受刚在秋季出版的法文版《城堡》的启发，他开始着手写一篇关于卡夫卡的短评；还对《审判》进行了论述。他准备将这篇标题为《卡夫卡的希望和谬误》的文章投给《新法兰西杂志》。② 1939 年年初完稿时（可能是 2 月份），加缪把稿子交给了雅克·厄尔贡，并告知后者这篇稿子可以独立成章，但是他打算将它并入另一篇篇幅更长的评论《哲学和小说》中，作为另一部更长的作品《荒谬》——《西西弗神话》最初的书名——的附录。

---

① 源自玛格丽特·多布朗。

② 源自克里斯蒂亚娜·达维拉（家姓加兰多）。

　　厄尔贡立即将这篇评论寄给了《新法兰西杂志》的文学和德国（俄国）哲学权威贝尔纳·克勒埃蒂森，他曾影响过马尔罗、波朗、纪德，并将卡夫卡引介到法国。[①] 克勒埃蒂森的反应出人意料：他认为加缪用过于基督徒的眼光看待卡夫卡，而与之相比，《旧约》的观点或许更恰如其分。对于加缪没有更多地研究卡夫卡的象征手法，相应减少对克尔凯郭尔或舍斯托夫的哲学研究，克勒埃蒂森感到遗憾。然而他仍答应尽力在杂志上刊登这篇文章（但他没表明是《新法兰西杂志》）。当厄尔贡把克勒埃蒂森的意见反馈给加缪时，年轻的作者承认这些看法虽然让人感到意外，但他很高兴，并且他理解克勒埃蒂森的意思；克勒埃蒂森是公平的。（加缪本该再补充一句）他终于获得了他所崇敬的巴黎文学界的泰斗对他的评价。[②]

　　1938年圣诞节当天，加缪通知克里斯蒂亚娜·加兰多他已经开始《荒谬》的写作。[③] 在这段时期的手记中有一段笔记，似乎与《西西弗神话》及之后他同样花费大量精力创作的小说《局外人》有关。笔记是这样开头的："唯有一种情况下绝望是彻底的。那就是犯人被处以极刑时……"他同时也为他的荒谬三部曲的第三部分：剧本《卡利古拉》做了一些笔记。

　　自那以后，虽然加缪并未在表面上向他的朋友们（也没在日记中）作任何透露，但实际上他不断地在完善他在整个写作过程中所依赖的策略，即对一个确定的主题——目前来说就是"荒谬"——同时展开三种不同体裁的写作：一篇哲学评论，一部小说，一个剧本。《西西弗神话》《局外人》和《卡利古拉》差不多同时动笔，同步进展，可能的话应该同时出版。他知道确定这样的写作计划后，他需付出几年的努力。但

---

　　① 让·拉古杜尔《马尔罗，世纪之生命》，巴黎，1973年。

　　② 源自雅克·厄尔贡。

　　③ 源自克里斯蒂亚娜·达维拉（家姓加兰多）。

只能这样，别无选择。[①] 1938 年底，他的日记中列了排在前几位的作品：《默尔索》（毫无疑问不是指《幸福的死亡》，而是他的新小说《局外人》，尽管他在日记中继续保留《幸福的死亡》的部分章节直到 1939 年 3 月），《卡利古拉》，还有有关戏剧的《海岸线》特刊，这将展示加缪在剧团时所获得的导演经验。1939 年初，他按优先顺序罗列了工作计划：

> 戏剧讲座
> 审阅《荒谬》
> 《卡利古拉》
> 《默尔索》……

5 月 23 日，夏洛出版了开本为 11×17 厘米的薄薄的《婚礼集》。奥迪西奥在《阿尔及利亚新闻消息报》的新闻简报上作了绝对是法国本土唯一的一份出版介绍，高度评价了这部作品："以令人瞩目的精练文笔，（它）为阿尔及利亚的文学和出版业争得了荣誉。我们从中发现了赋予北非作品崭新风格的一种敏感度和思考精神。"但加缪向厄尔贡承认他已发现了作品的不足之处。他曾试图"封笔"，但这绝不是二十五岁的年轻人的作为。下一次他将避免不足之处。当他回头重读两年前写的文章时，他意识到他已经卷入了一场与黑暗徒然的斗争，但从某种意义上来说，他写作是与自己做斗争。从此他明白了一件事：他必须写作。一旦报社的工作给予他更多的时间，他将谋求实现自己的宏伟计划。[②]

在此期间，他还帮老朋友弗雷曼维勒实现了成为出版商的梦想。利用夏洛出版社的暂停运行之际，加缪和弗雷曼维勒合作成立了一个

---

① 源自克里斯蒂亚娜·达维拉（家姓加兰多）。

② 源自雅克·厄尔贡。

昙花一现的出版社,名为"加弗",用的是他们两人名字的第一个音节的组合。在一个旧车库里,他们用弗雷曼维勒的印刷机,印制出版了那些夏洛如果知道的话也必定会出版的图书。[①] 原本他们可以出版《婚礼集》,但加缪已答应该书由夏洛出版,尽管因为种种原因夏洛延迟了半年后才出版。当夏洛恢复运作时,他只是负责发行加缪-弗雷曼维勒出版的书。或许,正是在夏洛职业生涯中的这个动荡时期,《海岸线》的编委会被解散了,取而代之的是出版一本名为《队友手册》的杂志。不过没等加缪开展任何实际工作,战争引起的社会危机,而不能说是《阿尔及尔共和报》的自身危机,使出版新杂志的设想胎死腹中。[②]

在他开始从事报业后不久,《阿尔及尔共和报》的规模和人员素质仍维持原状,加缪开始尝试一般只由经验丰富的职业老手去撰写的新闻报道,如重大刑事审讯的报导、政治和社会问题的调查。后者通常是(但也并不总是)署名的。[③] 加缪意识到他已经快速获得了一定的专业技能,我们可根据他的一句评论来推测。那是在一次《阿尔及尔共和报》股东会议散会后,有一位女记者顺口说:只有她和另一位记者才是"目前仅有的职业记者"。于是加缪大声地对一位朋友"窃语"道:"她有胆量说这个,那么我算什么?"[④]

---

① 参阅第十四章。

② 源自埃德蒙·夏洛、玛格丽特·多布朗、布朗什·帕兰。

③ 阿布教授在考证加缪不署名的文章和报道时,尤其关注加缪的人文和道德伦理及其政治观点,也注意到他经常引用政府在语言上的过度表述。由此,阿布认为加缪对下述诉讼案件的报告没有署名,如 1938 年 12 月至 1939 年 1 月对梅萨里·哈吉的阿尔及利亚人民党成员的诉讼案,以及对左派一个互助小组的两个成员为一位阿尔及利亚穆斯林辩护的诉讼案。这位穆斯林犯了轻罪并逃脱了警察的追捕,再捕后被绑在押解他的警察骑坐的马匹上被强行奔跑了 98 公里。这一事件典型地反映了南部地区的专制司法。加缪在后来的《东道主》一书中借用了这一场景,但奔跑的距离是 3 公里。源自安德烈·阿布《为正义而战》,载于《现代文学杂志》,巴黎,1972 年第 315-322 期。

④ 源自洛朗·布雷兹奥斯。

加缪为之撰写大量署名文章的第一桩重大诉讼案件是复杂的霍登事件，由于当地殖民政权的干涉，这一案件变得更加扑朔迷离，裁决很迅速，并且消息对外封锁。在这桩特殊案件中，加缪谈到了一个即使是诉讼案审理所在地的报纸都不曾阐述过的问题。米歇尔·霍登是一个分发食品的公共事业部门的专员，因提亚雷特地区一名富商指控他偷盗麦子而遭逮捕，与他一起被捕的还有所谓的同谋犯：一位阿尔及利亚法国侨民和六名穆斯林。进步势力立刻从这起指控中察觉到这是一起彻头彻尾由殖民政权、殖民开发者，甚至还有当地的穆斯林领袖参与策划的企图使人民阵线组建的公共事业部门丧失威信的阴谋事件。霍登致信《阿尔及尔共和报》说："我被关在监狱中无人过问已数月之久。"当加缪在《阿尔及尔共和报》发表了一封致阿尔及利亚政府总督的公开信后，霍登在 1939 年 1 月 10 日被保释候审。加缪从阿尔及尔开始了调查，并在开审前，写了一系列关于殖民司法的分析文章。在 3 月 20 日开庭前，加缪又被皮亚派到提亚雷特这个海拔1100 米、距奥兰东南部 255 公里的乡村小镇，进行实地调查。在他开庭前所写的文章及法庭旁听报告中，加缪揭示了那些骗取伪证的手段及法官所属的派系，并明确表示《阿尔及尔共和报》和他本人断定霍登完全清白。如此，《阿尔及尔共和报》伸张了正义，对霍登的判决也不可能再与此相悖。3 月 23 日，加缪以题为《无辜的霍登和仓库保管员马斯最终获胜》一文为此事件发了报道。①

显然，记者加缪在提亚雷特调查期间有一些自由支配的时间，因为他这一时期的日记栩栩如生地写出他对奥兰地区和凯比尔海湾的印象。在提亚雷特，加缪发现自己和一帮无聊的中小学教师为伍，他们教他治疗无聊的良方：去喝醉酒，去逛妓院。他还记述了一次与他们逛妓院的经历："离开时，仍然下着雪。透过雪花间隙，我们看到了原野。一如既往的荒凉广阔，但这一次是白茫茫的一片。"

---

① 安德烈·阿布《为正义而战》。

艾尔-奥克比事件还是更加复杂。1936 年 8 月 2 日,阿尔及尔的主要宗教领袖大穆夫提[1]在卡斯巴附近被暗杀。凶杀发生时恰逢人民阵线和由宗教领袖乌雷玛领导的在穆斯林知识分子中的进步运动不断发展的高潮时期。大穆夫提站在殖民统治和保守的殖民者一边,这可从他发给法国政府告发穆斯林改良主义者,尤其是告发谢克·艾尔-奥克比酋长的告密电报证实。改良派和保守派在 8 月 2 日同一天举行集会,各自提出他们对立的主张:前者要求进行吸收人民阵线思想的改革,后者则要求维持现状。大穆夫提正是在设定集会的那时候被暗杀。进步联谊会(改良派)的领导人艾尔-奥克比酋长和阿巴斯·蒂尔基被逮捕并在三年后被送上法庭。[2] 在此期间,《阿尔及尔共和报》已经创立,进行调研的记者阿尔贝·加缪也已做好充分的准备。他发表于《阿尔及尔共和报》的报道强调这宗起诉证据不足。从其文章的标题可以大致了解事件的进程:

三年来,关于大穆夫提被杀一案

检察官谢诺夫

没有取得任何新的进展

相反,他忘记了许多事情

昨日,多位欧洲及穆斯林知名人士

强烈表示他们坚信

艾尔-奥克比酋长和阿巴斯·蒂尔基先生是无辜的

(1939 年 6 月 25 日)

代理检察长不再坚持

---

① 大穆夫提,伊斯兰教教法说明官,在社会生活中具有崇高的地位。——译注
② 安德烈·阿布《为正义而战》。

对艾尔-奥克比酋长和阿巴斯·蒂尔基的
无理起诉

（6 月 27 日）

刑事法庭承认并宣告
艾尔-奥克比酋长和阿巴斯·蒂尔基无罪

（6 月 29 日）

作为他 6 月 25 日的文章的总结，加缪写道：

> 没有一个证人听到酋长对任何人说过任何怨恨或辱骂的话语。他主张放弃使用暴力，他看出暴力里隐含着软弱的成分。这样一个始终宣扬仁爱和博爱的人，他会做出与其信仰相悖的事吗？此外，他始终是法兰西思想最聪明、最热情的捍卫者。

作为开明的自由主义者，加缪必然会相信艾尔-奥克比酋长在这一恐怖行动中是无辜的。无论他怎样去体验阿尔及利亚穆斯林的生活状况，他不会也不可能了解这个时代民族主义斗争的真正实质；他还没有足够深入穆斯林这个群体。因为真正的事实可能就是艾尔-奥克比是有罪的，他雇用了一名杀手刺杀了大穆夫提。根据这种推测，当局认定艾尔-奥克比是凶杀的主谋，但终因缺乏证据，只能逮捕一个无辜者，让他指证艾尔-奥克比是谋杀的策划者；当假证人的伪证故事被拆穿，艾尔-奥克比被宣告无罪释放。

1970 年，阿尔及利亚抵抗运动法国分部前负责人穆罕默德·莱雅乌伊著书首次披露了艾尔-奥克比事件的真相。莱雅乌伊认为艾尔-奥克比在法庭上的胜利其实意味着他民族领袖生涯的结束，因为大穆夫提被刺杀并没有激起全国性的反抗，相反，艾尔-奥克比的追随者们因为他的逮捕而感到恐惧。① 根据另一位参加阿尔及利亚抵抗运动的民族主义者阿马尔·乌茨卡那透露,他不认为艾尔-奥克比会为了挑起穆斯林的敌对情绪和反抗而派人去刺杀大穆夫提,因为艾尔-奥克比是亲法的改良主义者,是一个(即使是无意识的)法国政权的工具。他还觉得加缪在迫使政府让步并释放艾尔-奥克比的过程中,参与的是一场反殖民的正义斗争,并不是受骗者。②

奥利波纵火案则是一宗败诉的案子。1937 年夏天,十个农工因焚烧茅草屋(诉状中被称为建筑物)而遭逮捕,并被判服劳役 5 至 7 年。《阿尔及尔共和报》在 1939 年 7 月获悉后跟踪报道了这一事件。记者加缪宣称这些人是无罪的,并揭露了他们遭严刑逼供的事实。他警告道:

> 没有一个自由的人能在类似的手段前保持尊严。这些卑鄙的伎俩将那些原已生活在苦难中的可怜人推入了苦役犯监狱。对任何人来说,这都是无法忍受的人格侮辱。

加缪呼吁应当起诉这些酷刑的使用者,并应将农工的劳动报酬体系公布于众。当上诉法院驳回此案要求重新审讯时,加缪反驳说道判决开头所言"以法国人民的名义"的传统惯用语不过是谎言而已。③

不管这些以阿尔及利亚为背景的真实报道起到了怎样的作用(它们确实帮助一些无辜者重新获得了自由),当然加缪关于柏柏尔山区人民的经济状况和社会环境的调查报告具有更大的意义。

---

① 参阅上述引文。但莱维-瓦朗西和阿布对这一"披露"表示怀疑,参阅《阿尔贝·加缪　手记之三》。

② 源自阿马尔·乌茨卡那。

③ 安德烈·阿布《为正义而战》。

在《阿尔及尔回声报》上,一位记者描绘了卡比利亚的快乐。①《婚礼集》五月由夏洛出版社出版后没几天,皮亚就派加缪去采集这个贫瘠地区更真实的情况。6月15日,《阿尔及尔共和报》就开始刊登加缪以《卡比利亚的贫困》为巨大标题的系列报道,图文并茂。第一篇文章题为《衣衫褴褛的希腊》,附以副标题《战争快点走开,我们就会有吃的了……》。加缪的文章在以后的十天中连续发表,极具说服力的描述使报纸的绝大多数城市读者了解到他们此前闻所未闻的贫困生活。(为了反驳那些指责他从不谈及当代阿尔及利亚的言论,近二十年后,这批报道中的部分文章又在《时论之三》上重载,副标题为《阿尔及利亚专栏》。)

这个地区因人口过多而不得不进口小麦,但却无力支付费用;最好的土地都被法国殖民者侵占了。卡比利亚只能靠救济维持。加缪积累了一定的事实和数据,来说明可支配食粮的性质和数量,教育体系的性质及其缺陷。他的调查报告显然是实地考察和与普通的殖民制度受害者交谈的成果。如同在他的法庭报告里那样,他使用第一人称来表达自己的愤慨;他第一次有了一个值得他去做的重要专题。就像在那时,他与一位卡比利亚朋友一起爬上可俯视整个提济-乌祖的小山:

在那里,我们看着黑夜降临。当黑幕逐渐笼罩群山,这片土地上的壮丽景色能使世上最冷酷无情的人动容。而我知道对于山谷那边以粗麦饼为生活中心的人们,日子并不安宁。我还知道,我们本该沉溺于如此令人惊叹、如此壮丽的夜晚,那是多么甜蜜,但我们所面对的被火光映红了的苦难生活已剥夺了我们欣赏这美丽世界的权利。

"我们下山吧,好吗?"我的同伴问道。

难道揭露法国领土上存在的穷困就不是一个好的法国人?他在

---

① 源自埃马纽埃尔·罗布莱斯。

最后一篇文章中提出了这个问题。"只有通过正义的行为才能更好地展现出法国。"他回答道。

　　因为，如果殖民征服以来都能找到一个理由的话，那么这个理由就是在一定程度上它帮助殖民地人民保持他们的人格。

虽然《阿尔及尔共和报》掀起的这些运动让当局头痛，但也没有使报纸的发行量上升；对大部分阿尔及尔人来说，《阿尔及尔共和报》只是一份排在两份大的日报之后他们偶尔会购买的补充性的报纸。而那些股东，至少他们中的大多数，则对报纸狂热的无视传统观念的倾向感到担心。那么《阿尔及尔共和报》坚决支持穆斯林自由运动的立场是否因此赢得了更多的穆斯林读者呢？显然没有。皮亚估计是因为报纸用"先生"来称呼他们，因而使他们有被嘲弄的感觉，这样做不符合本地人的习惯。在两份竞争的大报中，那些每天购买日报的穆斯林更偏爱相对保守的《阿尔及利亚快讯》。广告客户对与左翼报纸的合作犹疑不决；甚至电影院也只有在上映的影片不适合出现在太过正统的《快讯》上时，才在《阿尔及尔共和报》上刊登他们的电影预告。①

当然，《阿尔及尔共和报》留有版面，专门报道加缪和他的朋友们所从事的文化活动。它及时刊文祝贺《海岸线》第一期的面世，全文刊登加缪的"队友剧团"的声明。《阿尔及尔共和报》还在醒目位置上介绍了由他的拉菲朋友们主持的最新几期《阿尔及利亚杂志》。事实上，其中两期杂志都刊登了加缪 1939 年写的文章。1 月份，《阿尔及利亚杂志》刊登了描写季节变换的动人的散文诗《真实的故事》。第一句是这样写的："一月，巴旦杏树开花的季节。"这一期的开篇，是若泽·贝尔加曼的一篇有关戈亚的文章，由让娜·西卡尔翻译，还有一篇皮埃尔-安德烈·埃梅里撰写的有关当地人称之为"在梅诺卡的房子的"

（如此称呼，源于房子的建造者和主人都是来自西班牙的这两个地区）
农舍的文章。在 4 月号上，加缪发表了《青年阿尔及尔人记事》，这篇
文章在稍作修改后，被收入了在同年晚些时候出版的《婚礼集》。该文
使读者联想到《阿尔及利亚快讯》上定期刊登的《老年阿尔及尔人记
事》。[1] 这一期的《阿尔及利亚杂志》预告了"队友剧团"即将上演的剧
目《西方世界的丑角》。

　　因为队友剧团已重新运作，开始排练他们将要演出的（却是一直
热情的组织者们未曾想到的）最后一出戏；尽管做了零星的努力，但战
争爆发前几个月政局的动荡和之后战争的爆发终于迫使他们降下舞
台的帷幕。召集整个剧组来完成这最后的演出显得很困难，加缪只能
通过《阿尔及尔共和报》和《海岸线》杂志来招募志愿者。在 1939 年 3
月 31 日和 4 月 2 日两场演出的前几天，《阿尔及尔共和报》的读者肯定
不会漏过有关演出准备过程的消息。对那些不读报的人，则准备了用
红黑大字书写的海报：

队友剧团

《海岸线》杂志实验剧团

3 月 31 日星期五 21 点
4 月 2 日星期日 16 点
在皮埃尔-博尔德厅

上演《西方世界丑角》

约翰-弥灵顿-桑治的三幕喜剧
（爱尔兰喜剧文学的代表作）

---

[1] 源自埃德蒙·布吕阿。

票价:8 法郎,12.50 法郎,15.50 法郎
订票处:沙拉路 2 号乙,"真正的财富"书店
比若广场"现代作品"馆
剧团朋友 15％优惠

　　排演于星期天早上在画家阿尔芒·阿苏斯的画室进行,画家的两个孩子也是剧团的成员。画室坐落在布莱松广场上一栋楼房的顶层,有一个同时朝向大街、港口和海湾的平台。正是在那里,加缪把一位奥兰姑娘介绍给大家;她对大家微笑示意。显然,弗朗辛希望出演一个角色。当轮到她念台词时,加缪凝视着她,一位朋友把这种凝视描述为带着温柔和"一种对新演员的谦和的认同"。①

　　加缪扮演的自然是那位声称杀死了生父的年轻人克雷斯蒂·马翁。(第一次演出是在他关于霍登事件的文章见报一周后,也正是在一系列有关生活在法国的北非人被指控为社会补助金一案受害者的报告发表之前。)按惯例,埃梅里和米凯尔负责舞台装饰。《阿尔及利亚杂志》的剧评有点吹毛求疵:"间歇出现的不正确的语音语调以及让满怀诚意来观看演出的人们大失所望的大厅音响设备,使观众无法欣赏到优美的高水准的翻译。"但是,如果队友剧团只是单纯将这部作品演示给法国观众看的话,那么它应当已经赢得了我们的认同。评论继续说道:"忠实观众专心的观看证明了这个年轻、活跃、独立的剧团的实验是值得的。"②文章后列了一份预定在战争爆发初期那段时间所要上演的剧目表:

　　11 月 3 日:罗歇·维特拉克的《特拉法尔加的打击》

---

① 夏尔·蓬塞《加缪在阿尔及尔》。
② 源自安德烈·韦亚尔 1939 年 4 月 - 5 月在《阿尔及利亚杂志》上的评论。

　　12 月 29 日：根据马尔罗的小说改编（后由加缪导演）的《人类的境遇》，或哥尔多尼的《酒店》

　　1940 年 4 月初：由雅克·科波翻译的《哈姆雷特》

　　5 月初：用通俗语言重新翻译的阿里斯托芬的一部作品（没有剧名）

　　为了避免在《阿尔及尔共和报》上出现过度赞扬的剧评，加缪问雅克·厄尔贡是否愿意写一篇剧评。原则上，通常是由加缪为报纸写剧评的，但这一次，出于谨慎，他暂且搁笔；皮亚建议他找个朋友来写。加缪自然想到了厄尔贡，并告诉他可以随意写，只要在星期六晚上交稿即可。厄尔贡谢绝了这个提议。[①] 几星期后，加缪终有机会凭借自己的舞台经验来评论另一个业余剧团，即大学戏剧团，该团 5 月 20 日在博尔德厅上演了让·科克托的《爆炸装置》。在评论中他借机提醒他的阿尔及尔同胞，戏剧并不都是通俗喜剧。但他赞许的性情并不妨碍他用戏剧家的眼光来审视这出业余剧团的作品。他为导演不力感到惋惜；在提出好几个技术性建议后，他又提醒读者正是剧院的音效和大而无当的建筑尺寸影响了演员的表演效果。

　　　不管什么情况，该批评就得批评，这是尊重的表示。我们应该祝贺剧团，它证明了并不一定要有钱或有名才能去喜爱和从事戏剧。

　　在同一期《阿尔及尔共和报》（1939 年 5 月 23 日）上，加缪还对后来与其成为朋友的意大利反法西斯作家伊尼亚齐奥·西洛内的翻译作品《面包和酒》进行了评述。加缪认为这是一部真正的革命作品，之所以这么说，是因为这本书提出了最令人苦恼的对革命的怀疑：西洛

<hr>

　　[①]　源自雅克·厄尔贡。

内的主人公自问"那些歪曲他对人民的热爱的理论是否让他远离了人民",这也是加缪用来解释他与共产党人保持距离的理由。没有艺术性也就没有革命作品,在马尔罗所谓的"证实的愿望"和《人类的境遇》之间没有折衷的方法。

　　一天,加缪去拜访埃马纽埃尔·罗布莱斯。后者在部队批准休假后来到阿尔及尔,为了写作,租了一间以前曾是饭店浴室、现堆满杂物的小房间。加缪建议罗布莱斯开设一个双周专栏,报道他在工人阶级邻近地区的亲身经历。他还建议罗布莱斯写一篇小说,以连载的形式登在《共和晚报》上。于是,就在他那由浴室改建的小屋里,罗布莱斯孜孜不倦地完成了《马翁广场》,不久就以《天堂谷》为名成书出版。作为士兵,罗布莱斯无权使用真名,因此他投给《阿尔及尔共和报》的所有文章均以埃马纽埃尔·谢纳斯署名(法语指"橡树",而他的真名在西班牙语里就是指"橡树")。他还用过佩特罗尼的笔名,后被加缪采用。①

　　罗布莱斯还加入了《阿尔及尔共和报》的一个撰写系列侦探小说《米什莱大街的秘密》的编辑部,每位编辑依次撰写一册。其中一位作者将名为吉尔伯特的人物"杀死"了,但其他人都没有注意到这点,于是吉尔伯特在以后的故事中仍然一直出现。读者的抗议信接踵而至。罗布莱斯当时是参谋部里的秘书,但不得上级的赏识。加缪有一次打电话到他办公室,正巧是一位中士接的电话:"我是阿尔及尔共和报。请您问一下士兵罗布莱斯是否读了报纸,他就吉尔伯特女士被杀一事有没有什么需要说明的?"罗布莱斯拿过听筒保证道:"这不是我干的。"接着又补充说他问心无愧。当他挂下电话,他发现所有的军官都目瞪口呆地看着他,据他描述当时是类似军事法庭上的那片肃静。②

————————————

　　①　源自埃马纽埃尔·罗布莱斯。

　　②　埃马纽埃尔·罗布莱斯《阿尔贝·加缪的青春》,选自《向阿尔贝·加缪致敬》,巴黎,1967年。

罗贝尔·纳米亚在西班牙内战中受伤回来后,加入了《阿尔及尔共和报》。每当稿子写完后,他就和加缪一起到大学啤酒坊去见老朋友,然后再在开机印刷前回到报社。有一天,加缪让纳米亚读了《卡利古拉》的手稿。另一次,纳米亚被派去报导渔民罢工。他在拖网渔船边待了五天,带回了应该算是他的第一批重要报道。加缪看完之后,当即表示他会设法把这些文章刊登在《海岸线》上,而不是《阿尔及尔共和报》。

报社的同事们提供了加缪的其他小故事,都是令人开心的回忆,即便他们与加缪只有过短暂的接触。比如阿尔及尔的小学教师洛朗·布雷兹奥斯,他曾因参加一次罢工而被暂停上课。于是《阿尔及尔共和报》雇用了他,工作了六个月他重回教师队伍。在报社工作期间,普雷吉奥斯负责修改通讯社送来的稿件,同时还兼任其他工作。每天晚上,主管富尔交给他一个封好的信封,里面是写有需要印刷的报纸份数的订单。普雷吉奥斯拿着信封到地下室,将它交给印刷工。然后他还负责监督将报纸装上等在一边的卡车。

值得注意的是所有的工人都很敬重加缪,即便他们几乎都是共产党人。而普雷吉奥斯则属于革命左翼,他曾加入了被共产党视为眼中钉的由马索·皮维尔创立的工农社会党。普雷吉奥斯的朋友皮维尔给了他一些工农社会党的党报,让他去分发。某天晚上,普雷吉奥斯来到版台前开始分发《工农社会党报》。他将一份报纸递给正在排《阿尔及尔共和报》定期出版的工会新闻专版的总工会秘书,这位社会党人当面把报纸扔到地上。

加缪正在屋子的另一张台子上工作,他问普雷吉奥斯要了一份报纸。快速浏览了一遍之后,他大声告诉普雷吉奥斯他想订阅这份报纸。普雷吉奥斯递给了他一张表格,加缪随即填好。普雷吉奥斯把加缪的举动视为对思想言论自由的绝对尊重。[1]

---

① 源自洛朗·布雷兹奥斯。

第十六章

1939 年 9 月

> 战争爆发了。可战争在哪里？除了该相信的新闻
> 和该阅读的通告,蓝天碧海,蝉鸣声中,在布满柏树的群
> 山中……哪里找得出这荒诞事件的迹象?
>
> ——《手记》

有时,这个世界——指欧洲——离北非海岸线可能比事实上更遥远。《阿尔及尔共和报》所报道的事件必然是当地发生的。这儿看待欧洲大陆上所爆发的恐怖战争只能说是雾里看花。

实际形势却恰恰相反。阿尔及利亚属法国殖民地,法国是欧洲一线国家,不久之后它再度成为战场。即使没有别的可提供,阿尔及利亚至少应该为即将到来的战争派遣一定数目的步兵。当时的殖民政府,不仅在物质上,而且在个人自由方面,都要比法国本土牺牲更大。比如说在 1939 年 7 月,开战前几星期,政府已经取缔了梅萨里·哈吉的阿尔及利亚人民党和阿尔及利亚共产党,而在法国,共产党只是在开战后才被禁止的。阿尔及利亚与其说是民主法国的一部分,还不如说是一个军事化的管辖区。在《阿尔及尔共和报》上(1939 年 8 月),加缪用如下预见性的文字对阿尔及利亚人民党所遭受的迫害提出抗议:

看到那些迫害他们的人如此盲目轻率真是令人吃惊,因为每次阿尔及利亚人民党遭到打击后,它的威信反而提升了。阿尔及利亚民族主义的高涨就是遭受各种迫害后形成的。我可以说,并非悖论,今天这个政党在人民群众中所赢得的巨大和深厚的威望完全是这个国家高级领导层的杰作……唯一能阻止阿尔及利亚民族主义势力的方法,就是消灭致使它产生的不公平现象。

法国人民阵线自迁往南部后势力已大大减弱。很久以来,对地中海两岸广大关心社会问题的法国人来说,人民阵线已没有任何意义。如果从社会党—共产党联盟的实质内涵来讲,也许它就从没真正存在过。因为共产党从未加入过莱昂·勃鲁姆领导的政府,即使他们在议会中时而会对政府投信任票。另外,虽然莱昂·勃鲁姆内阁进行了一些令人称赞的,可以说是自工业革命以来第一次触及工人阶级生活状况的改革,如社会保险、40 小时工作制、带薪假期等,但因为拒绝陷于围困的天然盟国西班牙共和政府提出的援助请求,它在国际事务上的威信已丧失殆尽,至少他的不少选民是这么认为的。

勃鲁姆已下台,取代他的是达拉第,就在那时,1938 年 10 月,"人民阵线"的《阿尔及尔共和报》诞生了。在报纸首期发行前一个星期,达拉第前往慕尼黑与张伯伦、希特勒和墨索里尼会面,在没有捷克人出席的情况下签订了允许希特勒进入捷克的条约,事实上,这个条约也成了希特勒此后发动的一系列进攻的挡箭牌。

再看这段时期的加缪与他的同伴们,就好似拙劣影片中所描写的那些无忧无虑地生活在火山旁或在地震前夕仍在狂欢的浪漫主义者。因为,尽管处于独裁政府的统治下,阿尔及利亚毕竟远离前线。

比如 1939 年 7 月,加缪仍然相信未来是美好的。他计划与弗朗辛·富尔一起去希腊旅游,这是他的第一次出游。无休止地与警署、法院打交道以及在报社里度过的漫长夜晚已经让他筋疲力尽,他渴望着这三天从阿尔及利亚到希腊的海上生活,宁静的日日夜夜。① 从奥兰弗朗辛家回来后,他还沉浸在计划这次旅游的兴奋中,他又打电话催弗朗辛去买背包。实用主义的一面让他意识到此次去希腊将要历经艰难,②而不现实的一面又让他沉溺于古希腊的文学作品中,尤其是古希腊神话和传说。整个 8 月,他日记中的摘录除了一条,其余都是有关古希腊的。

他明白和这位有教养的年轻姑娘一起去希腊旅游就意味着要和她结婚,于是他开始着手办理与西蒙娜·伊埃协议离婚。

不过他始终坚持工作,只要有可能,他就会待在翡虚院里,趴在那张白木餐桌上工作,陪伴他的(至少)还有那两只叫卡利和古拉的猫,他似乎对在哪里睡觉毫不介意。他有过好几处单身公寓,但每次只要有机会,他也很乐意接受朋友们借给他的条件更舒适的公寓房。8 月份,他离开了最后的一处单身公寓,搬回里昂街他母亲那里,等着出发去希腊。③ 但这次旅游最终没有成行,他搬进了夏洛的小公寓,因为战争爆发,夏洛应征入伍。(当夏洛 9 月份参军后,书店由他太太照管,加缪定期去帮忙,给她提供一些建议,负责订购新书等。夏洛从部队回来后,加缪又开始替他校对书稿,获取一点报酬;当加缪去法国时,把这笔钱留给了他母亲和弗朗辛。④)

在翡虚院的木桌旁,在那几处他先后居住过的单身公寓和借住过的公寓里,或许还在夏洛书店的阳台上,以及在一两个安静的咖啡店中,他一直在致力创作“荒谬”三部曲:《局外人》《西西弗神话》和《卡利古拉》。现在,他的写作有了很大的进展,1939 年 7 月底,他告诉克里斯蒂亚娜·加兰多这三本书将组成他可以大胆称为“著作”的第一部

---

① 源自雅克·厄尔贡。
② 源自阿尔贝·加缪夫人。
③ 源自布朗什·帕兰。
④ 源自埃德蒙·夏洛。

分。在报社给予他的两个星期的假期中,他全身心扑在《卡利古拉》的创作上,剩余的时间就去游泳。1939 年 7 月 25 日,他宣布初稿完成(加缪后来说他是在 1938 年写的这部剧本)。虽然他并不觉得满意——因为他对这部作品的成功十分看重——他还是把稿子重新手抄了一遍,以方便克里斯蒂亚娜打字。但在抄写重读时,他决定还不能把它交给他那忠实的义务打字员。于是在 8 月份,他又对书稿精雕细琢,精简、强化了他称之为透明度和苦涩味的内容。他认为这才是他自身的真实反映。不久,阿尔及尔卷入了战争。他不敢将稿子邮寄给克里斯蒂亚娜,生怕审查官员因为辨认不出他的字体,会将稿子当作斯大林写给希特勒的信。到如今《卡利古拉》手稿显得太珍贵了而不能冒那样的风险。[①]

其实,后来剧本又重写了一遍,并于 1942 年由克里斯蒂亚娜重新打字。在此后的不同版本和演出中,他又不停地进行修改,每一次都反映了他不同阶段的思想以及个人生活、国家和整个世界中所发生的事情。《卡利古拉》的"最终稿"可能就是 1958 年的那一稿,也许只是因为加缪的早亡才没出现真正意义上的最终定稿。

《卡利古拉》中的荒诞是夸张的、讽刺性的。作品的题材取自凯伊乌斯·恺撒(公元 12—41 年)的故事以及经过苏埃托尼乌斯加工的关于这位与朝臣一起玩猫捉老鼠游戏的神奇而又专横的皇帝的传说,现在被一位现代作家将这"荒诞"主题放在现代社会的背景中来表现。这部戏剧应该是三部曲中的第二部分(至少按照编辑的顺序是第二部),它采用现实中的材料,形成现代的风格。其实,这部剧本是美国现代小说的继承,与海明威、斯坦贝克、考德威尔等属一个流派。加缪同样也在他未完成的第一部小说《幸福的死亡》中运用了这种形式,却比他的师友们运用得更加坚定、明确。

那么《局外人》中有多少成分要归因于那个夏季阿尔及尔和奥兰

---

① 源自克里斯蒂亚娜·达维拉(家姓加兰多)。

的热带海滩？有多少成分要归因于同小皮埃尔·加兰多这个说话唐突简短、举止令人讨厌、既是默尔索又是雷蒙的人物的接触？无疑就如加缪向罗布莱斯说的，那篇题为《冷漠人》的小说能适用于加兰多。（1938—1939年冬天，罗布莱斯为借书第一次走进了"真实的财富"书店，看到加缪正在阁楼上伏案疾书；两人同去大学酒吧喝了一杯，期间加缪向他谈及了他正在写作的小说。①）

据说有一天，加缪和路易·贝尼斯蒂坐在一家咖啡馆里，索弗尔·加利罗，一个波希米亚生活方式的散漫的小画家，过来跟他们打招呼。得知加利罗的母亲刚刚去世，他们向他表示了哀悼。加利罗告诉他们，在给母亲落葬后他便与女朋友去看电影了。听罢，加缪悄悄地告诉贝尼斯蒂："现在，我已经有了《局外人》的第二部分。"②

如果加缪真的这样说了，那么他极有可能把加兰多的故事作为第一部分。加兰多夫妇与另一对夫妻在距离奥兰10公里的布伊斯维勒海滩旁租了一套别墅。有一个阿拉伯人与他朋友的妻子搭讪而遭到了朋友的干预。在随后发生的斗殴中，他朋友被刀捅伤了嘴巴。于是他跑到别墅去找加兰多和他的枪，两个人一起回到海滩找到了阿拉伯人，但显然谁都没有开枪。③ 据当时的一位居民说，海滩上常见这样的事。

当然《局外人》表现的并不是加兰多或加利罗，也完全不是默尔索杀了阿拉伯人后将要接受的死刑，因为（在阿尔及利亚的社会政治气候下）这不会是作品中最具现实意义的东西。（加缪笔下的局外人，海

---

① 源自埃马纽埃尔·罗布莱斯。

② 1941年12月，贝尼斯蒂在奥兰确认了这段对话，而《局外人》已在数月前完成。诚如加缪在1938年秋初的日记中所写的那样："今天，妈妈死了"，但没有提及默尔索去了电影院。加利罗在阿尔及尔的卡斯巴有一个破破烂烂、充满怪味的工作室，晚上他就睡在一张行军床上。每次他去奥兰，就在加缪·富尔的住处过夜，睡在一张铺在地上的床垫上（源自克里斯蒂安娜·富尔）。在加利罗服兵役期间，有一份对他的树脂水彩画略作褒扬的评论，作者是保罗·拉菲，载于《阿尔及利亚杂志》，1939年2月。

③ 源自克里斯蒂亚娜·达维拉和皮埃尔·加兰多。

滩琐事后射杀阿拉伯人的行为被审判为动机不足。他被判为死刑的真正原因是他看起来对本该要紧的事情漠不关心，而他也不愿假装认为它们是要紧的。）加缪本人在日记中记道：在《局外人》中有三个人物：皮埃尔·加兰多，克里斯蒂亚娜，即皮埃尔的姐姐，还有他自己。小说是关于"荒谬"主题的。加缪把书稿寄给让·格勒尼埃，格勒尼埃从中察觉到了卡夫卡的影响，但加缪暗示他不需要卡夫卡；在《阿尔及尔共和报》，他积累了丰富的法庭经验。加缪的主人公似乎不明确，几乎一团阴影，然而作者分明赋予了这个人物超过读者倾向性的更高的价值；在为此书的美国版所写的前言（也是他先前试图作的总结）中，加缪写道："在我们的社会中，任何在其母亲的葬礼上不流泪的人都有被判死罪的危险。"

　　默尔索拒绝伪饰，拒绝撒谎。"默尔索对我来说不是落魄的人，他是个穷人，一无所有，但他热爱太阳，拒绝阴影。"他不缺乏敏感性，他心中充满对于绝对和真理的渴望。总的来说，相比加缪其他更为正统的作品，格勒尼埃对这本书的评价更为负面。也许他当初应该与加缪一起在《阿尔及尔共和报》共事，参与他与公共权力和世界的斗争，这样他就能理解加缪笔下的人物，尤其理解 1939—1940 年的加缪。第一次，在格勒尼埃和他的学生之间产生了距离。这次，年轻人没有像当初写完《幸福的死亡》后那样将书稿放进抽屉里。如今他有了充足的自信，孤身前行。①

　　但这是可以预料到的。在阿尔及尔的整个夏季、秋季、冬季，以及在巴黎的 1940 年初春，加缪一直在进行《局外人》的创作，最终在巴黎完稿。三部曲的第三部分《西西弗神话》将会耗费他更多的时间。

　　加缪所持立场的所有矛盾都随着 1939 年 9 月 3 日的战争爆发而显露出来。共产党当时是反对战争的，因为苏联刚与德国达成共同分

---

　　①　源自克里斯蒂安娜·富尔。

割波兰的协议,斯大林希望这样能将苏联置身于冲突之外,他的新盟友希特勒可以肆无忌惮地去攻击西欧国家。加缪的立场却并没有受共产党的影响。他虽然主张非暴力,但并不是教条式的和平主义分子:当他的兄弟和所有朋友都被召至战旗下时,他不顾病弱的身体,也希望参军。在招兵办公室里再一次遭到拒绝后,他只能打消这个念头。① 他在日记中谈到了这一事件:"中尉说:这年轻人病得太重,我们不能收他。"随后,他又补充道,"我已经二十六岁了,这段人生足够让我明白我想要的是什么。"

他曾对格勒尼埃解释说,他想参军并不是因为他接受战争,而是不想拿疾病作为挡箭牌,同时也为了表示对那些奔赴前线的将士的声援。他绝对不赞成战争,他同一些朋友(如德舍泽勒一家)断绝了来往,因为他们以为他是赞同《慕尼黑协定》的。宣战那天,他与若索和埃梅里在米什莱大街的一家酒吧用餐。加缪和若索为了这场战争的含义争论得面红耳赤。加缪反对这场他认为是荒谬的、为不良动机而进行的战争,而若索则反驳说这显而易见是一场反法西斯的战争。在这次争论过后的很长一段时间里,若索和加缪之间没再说过话。② 我们可以通过加缪在经历某次类似的争吵后写的一段日记去体会他苦涩的心情:

> 所有那些坚持抵抗和谈论和平的人都已背信弃义,他们就在周围,那么的俯首帖耳,比其他人更应受到谴责。个人在这制造谎言的机器前已不再孤立无援。他仍然可以表示轻蔑,用轻蔑作为武器。如果他没有权利远远地去表示轻蔑,那么他确实保留了去评判的权利……

---

① 源自军籍簿和阿尔贝·加缪夫人。
② 源自皮埃尔-安德烈·埃梅里和罗贝尔·若索。

"野兽统治的时代开始了",在 9 月 7 日的一段日记中他这样总结道。第二段是这样开始的:"人们已经开始感觉到在每个人身上正在增长的仇恨和暴力。他们的身上已不再有任何纯洁的东西……我们所遇见的都是畜生,是欧洲人野兽般的嘴脸……"

战争也意味着《阿尔及尔共和报》开始走向末路。7 月起开始实行了更为严格的军事审查,这一政令在诸如皮亚和加缪这样的个人主义的记者中引发了意料中的反响。事实上,他们俩无政府主义的倾向是相似的,这也确切地解释了他们那时为何能合作默契。两个人都认为《慕尼黑协定》是荒谬的,而挑起敌对战端的借口也是荒谬的(为什么对波兰宣战,而不是对捷克斯洛伐克或西班牙发动战争?)他们的怀疑和公开地持反对意见自然在审查方面给他们造成了麻烦,而且很大一部分读者、报社董事会、主管或那些没受战争牵连的人都不理解他们。[①]

那个最初创立并一直支撑着这个不稳定的报社的让-皮埃尔·富尔也去了前线。在那个全民动员的时代,让-皮埃尔·富尔原本可以免服兵役留下来继续领导《阿尔及尔共和报》,但他认为他的位置在前线,不管怎样,他意识到《阿尔及尔共和报》的政治方向将不再能坚持它的新闻自由。作为预备役军官,他参军后被派往了突尼斯。[②]

报社的情况已经相当糟糕,可以说是到了可悲的境地。广告量下降,股东们不愿再捐钱。工资还得继续发,但已一拖再拖,上了前线的雇员留下的空缺没人顶上。这时,皮亚本人已不再领取报酬。

不仅审查制度比法国本土更严格,而且这里的记者也比巴黎的同行更孤立无援,因为这里根本不可能进行反对政府的呼吁。每天都有一位官员来报社审阅清样,甚至还要审查根据收音机里播送的新闻编

---

① 源自帕斯卡尔·皮亚和他的《论战斗的阿尔及尔共和报》。

② 源自让-皮埃尔·富尔。1941 年 7 月,在战俘营被关押了 1 年后,他从突尼斯返回。

写的文章——每当通讯社的消息发送受阻时，报社就对广播新闻进行采编。审查官不允许报纸上出现空白，生怕读者知道报纸受过审查，但皮亚不愿屈服。一天，审查官抱怨说报纸几乎只剩空白了，皮亚和加缪就建议他写一篇署名文章来填补这片空白，审查官当然没有接受这个建议。于是皮亚和加缪决定跟审查官们开个玩笑，在报上匿名选登帕斯卡尔、高乃依、狄德罗、雨果等古典作品段落来刺激他们。

然而，战争使印刷和发行的成本增加，《阿尔及尔共和报》由此失去了阿尔及尔市区以外的读者。皮亚决定再出版一份两个版面的晚报，然后在街上叫卖。① 于是9月15日诞生了《共和晚报》，与《阿尔及尔共和报》共存，直至10月28日由于纸张短缺《阿尔及尔共和报》停办。人手少，又要节约用纸，加缪担任了晚报的主编，《共和晚报》成了一份纯舆论性的报纸。皮亚和加缪这一对制造恶作剧的"孪生子"，很快把《共和晚报》变成了无政府主义的喉舌。

实际上，《阿尔及尔共和报》和《共和晚报》的作用，至少对它们的忠实读者来说，是消遣胜于信息的获取。如当日格言（安德烈·莫洛亚所言）："当人骑在马上时，总是马比人聪明。"又如"人们被他们利用的权力所评判，值得注意的是那些卑劣的灵魂总爱滥用偶然的机会或者愚蠢给予他们的那么一丁点儿的权力"（此段语录署名"卡利古拉"）。一直在部队里只是个士兵的埃马纽埃尔·罗布莱斯，每次一有机会就身着便服溜出军营，来到报社"观戏"。"先生们，"加缪对被他晾在办公室角落的军事审查官们说道，"这是蒙田写的。名字已略。你们要删吗？"一天，当审查官审完稿后，一张白纸的正中央只剩下了"《共和晚报》是与众不同的，它总能让您有内容可读"的口号。②

另一次，皮亚和加缪给审查官们出了一个奇怪的谜题。当天的格言来自拉瓦绍儿。这位14世纪被处以断头刑的无政府主义分子的一

---

① 源自帕斯卡尔·皮亚和他的《论战斗的阿尔及尔共和报》。

② 埃马纽埃尔·罗布莱斯《阿尔贝·加缪的青春》。

句口号是："查禁鲭科"（实际上，这个词指的是一种鱼亚目）。审查官问他们要字典查这个字，他们回答说没有。于是当天报上又多了一处空白。①

　　加缪的每一位朋友都有特别偏爱的关于他的轶闻趣事。据皮埃尔-安德烈·埃梅里回忆说，审查官是预备役军官，生活中是个没什么文化的建筑师。加缪与这位官员的争斗令人难忘，可这位审查官实在不是对手。一天加缪试图刊登帕斯卡尔的《外省人》的片段，但没通过审查。加缪同时提交的埃克托尔从让·吉罗杜的《特洛伊战争不会发生》中摘录的演说稿也没通过。加缪愤怒地告诉审查官他无权查禁帕斯卡尔及其上级（因为吉罗杜是法国政府的新闻专员）的文章。他补充道：他不会去插手军队事务，但法国文学是他的领域。最后，他总结说：他不清楚建筑师以前是否建好了房子却没有装楼梯，而他是知道自己正在做什么的。审查官气得满脸通红，把加缪赶出了办公室。后来埃梅里跟加缪解释说，那位官员确实在他建好的房屋内忘记装楼梯，但加缪事先并不了解。②

　　对加缪来说，每天的工作是练习创造性的表述。越来越多的笔名频繁出现：能干的樊尚、让·默尔索、德莫斯、伊雷内。有位研究加缪的学者认为加缪使用这些笔名不仅可以规避检查，而且让读者和对手们相信编辑部的阵容比实际上的要庞大得多。这位学者还潜心研究了加缪在《阿尔及尔共和报》和《共和晚报》上所使用的"武器"：戏仿、讽刺，等等。③

　　1939 年 9 月 17 日的《共和晚报》上，加缪发表了一篇社论，为表示其严肃性，他署了真名，开头是这样的："左派的斗士们或许从未遇到过如此多令人失望的理由。"他写道：如果我们中的很多人以前一直不

---

① 源自帕斯卡尔·皮亚和他的《阿尔贝·加缪的青春》。

② 源自皮埃尔-安德烈·埃梅里。

③ 安德烈·阿布《论战演讲的变化》，载于《现代文学杂志》，巴黎，1972 年第 315 - 322 期。

理解 1914 年的那些人,那么从今以后我们开始理解他们,因为我们现在知道可以去打仗而不赞成战争。"我们知道当绝望达到某种极限时,麻木就会出现,随之而来的还有宿命的意识和滋味……"最后一句中,有一个字或一句话被删除(空白处有"查禁"二字)。11 月 6 日,他又署名发表了一篇题为《我们的立场》的社论,他在文章中表示担心审查官查禁留下的空白有可能导致人们误解报纸的立场。他声明,民族士气一定要取缔自由的想法是错误的;且以英国为例,一位和平主义者可以参加竞选,拒服兵役亦是允许的。他赞同对第一次世界大战结束后所签订的《凡尔赛条约》的谴责,认为施加于德国的苛刻条件及其导致的欧洲分裂最终引发了战争。因此即便战争在进行中,他仍然要求考虑实现和平的方法。他寄希望于国际协定与全面停战,而非希特勒的口头陈词。德国独裁者的要求像是一种合法请求与无理企图的奇怪混合。国际社会拒绝了前者而接受了后者。在表明反希特勒的立场的同时,他不希望德国人民受到侮辱,满足他们的合理的要求而拒绝不合理的。他请求给予捍卫真理的权利,给予不再遭受失望的权利,保存阻止集体自杀的价值观念。

之后,为回击保守舆论的攻击,皮亚和加缪起草了一份共同署名的《公开声明》(曾经遭到查禁,因此从未公开):"我们是彻底的和平主义者,我们不赞成政府的独裁手段和迫害,即使是为对付共产党……"同时他们注意到有一篇攻击《共和晚报》的文章,声称政府和军方要查封报社,而这篇文章没有被查禁。《共和晚报》的编辑们已表明决心,不必遭到侮辱,他们即声明对他们自己的行为和文章负责。

不管发表与否,这些文章对解决问题无济于事。此后,这些文章的作者失去了大部分支持者。夏尔·蓬塞是加缪最忠实的朋友之一,他对这一份用磨难和激情建立起来的报纸因加缪的态度而自沉自灭表示遗憾。如果加缪的态度表现得稍微灵活一点,报纸也许就得救了(并非要成为后来在重整旗鼓后作为共产党的宣传机构)。但是加缪对于原则问题拒绝妥协。蓬塞把这一点归结于加缪的西班牙血统,加缪在警察局的表现，更使蓬塞不由自主想起了唐·吉诃德。当警察念对他行为的指控时，加缪冷冷地回答说还有一些控告尚未在警局备案。①

　　1939 年 12 月 28 日，(根据负责审查的中校回忆)古多军团的中将写信向《共和晚报》主编投诉，说晚报发表了一篇被审查官查禁的文章，而且在 12 月 23 日晚报的主编还写了一封"措辞不当且带威胁性语言"的信(原文如此)。为此中将在信的结尾写道："我对此提出强烈批评，而且并非出于偏见，以后可能对你们做出更严厉的惩罚。"②

　　加布里埃尔·奥迪西奥从巴黎被派往阿尔及利亚服役，确切地说被安排在部队的新闻处工作。他听到军官们都在抱怨这份煽动性的报纸。新闻处的长官谈到加缪时曾说："我们要调教调教这家伙。"因为穿着军服，奥迪西奥不能直接与加缪接触，于是他就托他们俩的朋友带信给加缪，提醒他要提高警惕。③

　　最后的猛烈一击来自更高层。富尔参军以后，他的表兄兼合伙人雅克·雷尼耶接任董事长(大部分股东也都参军奔赴前线，也有的因为报纸成了颠覆性的纸媒而不再愿意合作)。总督将在位的股东们召集起来开了一个"友好"会议，通知他们他即将下令查封报社。"我们正在打仗，还胡扯什么！"他大叫道，"我相信你们是爱国的。"

　　但编辑们并不打算就如此轻易地放弃自由。那些审查官看上去已不再那么气势汹汹，皮亚和加缪知道报纸被查封的日子已经不远了。报纸所用的纸张基本上都是同行前辈《奥兰共和报》提供的，不足部分由当地的另一个印刷商补供。然而，有一天，纸张告罄。如果当局和军方早先对报社所处的困境有所知之的话，就肯定不会再费劲去查封它；但是因为人员简编，当局无法再在报社里安插能给他们通风

---

① 夏尔·蓬塞《加缪在阿尔及尔》。

② 源自路易·米凯尔。

③ 源自加布里埃尔·奥迪西奥。

报信的情报员。皮亚和加缪甚至没有将最后一期报纸交给审查官审查，因为他们知道不管怎样已不可能再出版下一期了。[①]

　　1940 年 1 月 10 日，一纸官方通令放到了《共和晚报》加缪的办公桌上：根据阿尔及尔行政长官的要求，省特警司法警局局长通知身为主编的加缪，报社即日起被查封。按警方要求，加缪在通令上签了自己的名字。[②]

　　不久以后，报社董事会用最简练的方式起草了一份针对加缪的谴责书（或许并未送达其本人）。谴责书写道：自《阿尔及尔共和报》创办以来，加缪从学习当记者起步，一直为该报工作。在《阿尔及尔共和报》停办后，他被留任加入缩编后的《共和晚报》编辑部。可以说加缪一直得益于他人对他的好感和同情。不过他自报纸创办以来一直坚持自己的政见，而这一政见却与联合所有倾向的共和政体的初衷是矛盾的。报社的领导层已经觉察到了销售量的锐减、论战的笔调以及与审查官们每天的争执——版面上的空白处明显地越来越多——对报纸形成的内在困难。董事会（的声明）便通过皮亚向加缪提出了告诫，可是加缪不但没有屈服，反而更加凸显出他的对立态度，从而使局势更趋恶化。对当局采取的两次警告和查封报纸的措施，皮亚和加缪则以信件的方式给予反驳，他们在信中申明将不再理会军方的审查。而董事会则对这一切毫不知情。更有甚者，当政府查封《共和晚报》时，加缪虽然没被授权，却执笔在通告上签了字，仿佛报纸就是他办的似的。董事会抗议对报纸的查封，但被告知除非皮亚和加缪离开，否则报社将永无重启的机会。

　　董事会（的这份没有公开的声明说道）在查阅那些被审查后没有见报的文章时发现，加缪一直在努力赋予晚报一种与报社投资者们的政治观点完全相悖的舆论导向。加缪十分清楚，比如皮亚与他共同署

---

① 　源自帕斯卡尔·皮亚和他的《论战斗的阿尔及尔共和报》。

② 　源自路易·米凯尔。

名发表的《公开声明》一文——这是一份无政府主义声明，谴责"所有的政党都已背信弃义"——是与董事会的观点决然相反的，将使为战争所做的努力功亏一篑。似乎就如一位读者所猜测的，《共和晚报》"想要"销声匿迹。

> 完全相反（声明继续道），在这段艰难时期，报社的管理层直面最大的困难，只希望能将报纸继续办下去。我们可以说，加缪非但没有帮忙，反而给了这项仅靠几个忠诚公民的献身善举而求得生存的事业致命一击；他曾是这项事业的合作者，而他个人的状况也因此得到保证。的确，加缪先生现在已经表示了想去巴黎发展的意图，这说明《共和晚报》的未来已不再与他有关。

董事会不会下结论说是加缪故意让报社停止运作的，但认为他应当对这样的局面负责。尽管这是"严重的失职"，董事会还是准备发给加缪和皮亚（他接受了）在《共和晚报》被查封前那一段时间的所应得的工资。但是加缪还要求追加赔偿。于是，事情要闹上法庭。①

事实上，事件从没真的上法庭。皮亚推测董事会的这一惩戒是他在 1940 年 2 月回法国后颁布的，且是剩下的那三四个身为公务员的董事会成员为不使自己的官员生涯受到影响而制造的杰作。至于皮亚，他在《共和晚报》关闭前就已设法寻找机会回巴黎，因为没有正常的工资收入，他已不能维持生活。他给许多朋友写过信，要求帮助寻找工作，其中就有他的老朋友让·波朗。②

报纸的创办人让-皮埃尔·富尔在报社后期的整个混乱阶段都不在场，他推测这是那些社会党股东与加缪作对的结果，因为他们认为年轻的编辑对他们所有人费了好大努力才保留下来的报社资产过于

① 源自路易·米凯尔。
② 源自帕斯卡尔·皮亚。

无动于衷。比如说那个后来参加抵抗运动反对维希政府的财务当初就是两份报纸的最坚定的捍卫者之一，他肯定反对报纸停办。富尔本人也对报纸还没来得及表明创办者反法西斯的坚决立场就销声匿迹而深感遗憾。不过他认为与其像《奥兰共和报》那样丧失个性地生存，还不如就以坚持无政府主义的立场自行终止生命。不久以后，富尔碰到了原来的几个报社股东，他们大呼上当受骗，还告诉富尔《阿尔及尔共和报》在共产党控制下又重新发行了。

1943 年在阿尔及尔成立的临时政府借贷 100 万法郎让报社重新开业，而报纸的创办人富尔更愿意上前线参战，他将报社的管理权交给了一名股东，就这样报纸最终落到了共产党人的手中。①

这些如暴风雨般接踵袭来的事件并没有伤害到加缪，也没有中断他自己的事业。除了三部重要作品需要同时进行外，他还把部分注意力集中在一些小计划上。例如，在《共和晚报》与审查官们的争斗过程中，好像是在 1939 年的 11 月，他仍常去奥兰看望弗朗辛·富尔（以及皮埃尔·加兰多和其他朋友），在这座完全不同于阿尔及尔的城市里，他发现了新作品的题材。他在那里发现了一种熟悉的景观，但没有阿尔及尔的那些憧憬（和那些天才），这儿是芝加哥，是欧洲的芝加哥。

他整天待在工作台边并不意味着他忘却了外面的广阔世界。他几乎把战争看成对他的人身侮辱，他日记中迅速增加的工作计划好像是为了与战争抗衡。他继续阅读尼采的著作，从中发现一些他愿意接受的行为规则。比如说，11 月 29 日，他发现了完全的贞洁（性和精神

①　源自让-皮埃尔·富尔。富尔走后，他的部分职务由雅克·雷尼耶接任。据后者说，在一天凌晨 2 点的时候，警察闯入了《共和晚报》的办公室，当时印刷机正在运转；他们把雇员推挤到过道上，用铁棍砸坏了机器。但皮亚对此没有印象，他推测事件的发生应该是在报社关闭和他返回法国之后。皮亚也回忆不起董事会与总督一起开会的情况。雷尼耶回忆说，警察频繁干涉报社的事务，常常从报亭、报童，甚至直接来到报社突查报纸的内容。然而，每当警察转身离去，整个团队迅速恢复工作，准备新一期的报纸，然后用大衣裹着去发行。

方面的)和有序工作习惯的价值。大部分时候,他的日记里笼罩着悲观主义的色调。他在日记中提到的一封《致一个绝望者的信》,读上去好像是他为《共和晚报》所写的那些社论的延伸。加缪在信中告诉那个不知名的绝望者他还能做一件事:"……您可以告诉十个、二十个、三十个人,战争过去不是,现在也不是不可避免的,可以尝试停止战争的办法……"

在《共和晚报》工作的最后几天,加缪住在非洲圣母院街区(以该圣母院为街区名)的一所伸向大海的大房子里,那儿是天主教传教士活动的中心。① 这个惬意的住宅区取名领事谷。房子在巴旦杏树的环绕之中,就在那里他落笔开始了题为《巴旦杏树》的短篇随笔,他借用尼采给他的忠告,向人们——首先是向他自己——设想了一条乱世中的和平之路。拿破仑说过:"军刀,终将被精神所战胜。"这篇于 1940 年在法国完稿的随笔,成为当年在精神上反对维希政府的檄文(1941 年首发在《法兰西的突尼斯》上)。1939 年 11 月,当他生活在领事谷的巴旦杏树丛中,将拿破仑的话记录在他的日记中时,加缪的精神状态有了变化,因此这篇文章更多表现的是他对自己国家以及敌人使用武力的谴责和全面否定。② 不过现在说加缪已是反法西斯战士还为时过早。

报社被查封后,皮亚和加缪两人都开始寻找新的工作。2 月份,皮亚在巴黎的一份大众日报《巴黎晚报》找到了当编辑部秘书的工作。关于当时加缪的情况有各种说法。有的说他躲在奥兰,有的说他被驱

---

① 源自莉莉亚娜·迪隆(家姓苏克龙)。

② 发表在 1941 年(5 月 24 日)《法兰西的突尼斯》上的第二篇题名为《怒火》的文章,同样在开头引用他 1939 年 11 月日记中记载的一段(博尔吉阿大主教的)语录,该文是他反战思想的巅峰,他反对法国热衷于战争,而非反对当时还没上台的维希政府。1941 年,当这些文章在突尼斯发表时,同样是法国殖民地的突尼斯正处在维希体制的压迫之下。在这样的背景下,这篇文章折射出了 1939 - 1940 年的加缪及其思想,而不是在 1943 - 1945 年才成为抵抗战士的加缪。

逐回法国——就如那些搞颠覆活动的人被惩罚上前线一样！（真正危险的人，如共产主义战士，都被送往南方人迹罕至的地方拘禁。）还有一种纯属捏造的传言，说加缪很难找到工作（对那些上前线的人来说，这样的说法会更让人相信），当他好不容易找到一份工作，当局立即出面干涉，砸了他的饭碗。

　　有据可查的实情虽然在细节上略有出入，但总的来说，事情的经过是这样的：一位年长的好心人，印刷商埃马纽埃尔·安德烈奥以每月 3000 法郎（差不多 250 欧元）的高工资雇用了加缪。他女儿吉尔贝特一直催着他帮一帮这个年轻人，于是安德烈奥想到了一个权宜之计。他正计划出版一份杂志，让加缪准备一期模仿美国杂志风格的试刊。加缪做了一份草样。但是尽管安德烈奥有意要帮助他，但安德烈奥的维克多·安兹印刷所主要是为政府服务的（比如，印刷彩票和各种官方出版物）。或许是迫于官方的压力，也或许是政府答应收购正在筹划中的杂志，加缪又失业了。[①] 于是 1940 年的 2 月中旬，他又回到奥兰，弗朗辛也正在想方设法替加缪和她自己找工作。"他们应该允许我工作。"他对弗朗辛痛苦地抱怨道。[②] 皮亚也在巴黎替加缪找工作，并定期与他通报努力的结果。加缪对克里斯蒂亚娜·加兰多坦承了自己的想法，说他愿意去任何地方工作，他已没有机会挑三拣四。[③]2 月份的第三个礼拜前后，他开始教授一些特殊的课程，这使他能挣到足够的钱来继续等待，因为皮亚向他保证很快就可以在巴黎给他找到工作。[④]

　　2 月 20 日，传来了另一个好的消息，法院解除了他与西蒙娜的婚

---

　　①　源自埃马纽埃尔·安德烈奥夫人、亨利·凯尔歇夫人和克里斯蒂亚娜·达维拉。也有人说当局在当时，甚至在更早的时候就想"买通"加缪，试图安排他在一家为政府做宣传的杂志社工作，或大量购买他的《婚礼集》一书。

　　②　源自阿尔贝·加缪夫人。

　　③　源自克里斯蒂亚娜·达维拉（家姓加兰多）。

　　④　源自克里斯蒂亚娜·达维拉（家姓加兰多）。

约,判决从 9 月份开始生效——终于,他获得了自由,可以再婚了。当路易·米凯尔第一次遇见弗朗辛时,他觉得她极有魅力。虽然她身上没有西蒙娜的那种光泽,但她独有的那种羞涩(如同她的男友)让米凯尔感觉极具吸引力。[①]

3 月初,也许是对让·格勒尼埃无意识的敬意(《我经常梦想独自到一个陌生的城市》),加缪在日记中这样写道:

> (在这昏暗的房间里)突然被一个完全陌生的城市中的嘈杂声惊醒究竟意味着什么? 一切对我来说都是陌生的……
>
> 陌生的,承认一切对我来说都是陌生的。
>
> 现在,所有的一切都一清二楚,等待,不惜一切。工作至少是为了寂静和创造变得完美。其他的,其他的一切,不管发生什么,对我来说都无所谓了。

---

① 源自路易·米凯尔。

第十七章

《巴黎晚报》

在《巴黎晚报》感受巴黎真实的心跳和它可怜的女店员心态……多愁善感，风景如画，自命不凡，人们在一座城市里借以自卫的这些卑劣的庇护所，对人那么严酷。

——《手记》

1937 年的巴黎留给加缪——一个穷困潦倒且疾病缠身的年轻旅游者——的印象，与 1940 年他作为记者重返这座城市时的感受截然不同。这点只要读一读 1940 年 3 月加缪初到巴黎时写的日记便可一目了然。作为阿尔及尔一代人的领袖，巴黎让年轻的加缪有一种强烈的孤独感。但他坚信"一个人独处陋室一年所学到的要比一百个文学沙龙或四十年巴黎生活教会他的还要多"。无疑这将是艰难可怕的，甚至是一种折磨——近似于发疯。但在巴黎，一个人必须体现他的价值，不然就是毁灭。

这个城市对他来说并不意味着快乐，即使三月的天空不那么阴沉，雨也下得没完了。这是"假战争"时期，暴风雨到来前的宁静，当时的法国蜷缩在马其诺防线后面，德国占领波兰、入侵挪威（1940 年 4 月）之后更嚣张地到处扩张。到了 5 月，德国开始向西侧进攻，先是低地国家，然后是法国，将法国的防卫体系化为乌有。6 月初，他们摧毁了所有的抵抗,14 日攻入巴黎。

《巴黎晚报》社因军事动员造成了人员短缺,皮亚乘机向主编皮埃尔·拉扎勒夫推荐了加缪。皮亚知道加缪可以胜任这份工作,而工作的性质加缪不会太在乎。皮亚本人自离开阿尔及尔回到巴黎后,影响力已不及以前;曾是《阿尔及尔共和报》主编的皮亚很难接受在一家大报社里担任一个次要职位(有时候皮亚好像生来就是干那些在幕后策划的不费力的工作似的)。拉扎勒夫告诉皮亚他不能承担加缪来巴黎的旅费,而如果加缪能及时赶到巴黎,则就能获得这个职位。[①] 3 月 14 日,加缪在奥兰获此消息后,当天就收拾行装上路了。3 月 23 日,他赶到巴黎,开始上班。[②] 他的旅费可能是由《阿尔及尔共和报》的朋友们资助的,就跟当初皮亚回巴黎一样。[③]

在阿尔及尔的经历并未给这位富有经验的年轻记者在《巴黎晚报》的工作带来太大帮助。即便是法国最有经验的记者在这种情况下也需努力才能适应。让·普洛沃斯特,北部一个纺织大家族的继承人,《巴黎晚报》的老板,是法国 20 世纪的报业大亨,大众休闲类报刊的创办人之一,他主张带给读者轻松的享受,而不是严肃的文字编写,而这种“休闲”也描述罪恶或灾难。虽然这样的新闻体裁不为加缪和皮亚欣赏,但战前报纸的发行量达到了每天两百万份。普洛沃斯特同时发行《竞赛报》(战后改为《巴黎竞赛》杂志)和另一份大众女性杂志《玛丽-克莱尔》。他曾在战时的保罗·雷诺政府中担任新闻部长,1940 年,维希政府上台,他继续留任。

在《巴黎晚报》这台庞大的机器里,像加缪这样的新人不过是个微

---

① 源自帕斯卡尔·皮亚。

② 源自克里斯蒂亚娜·达维拉(家姓加兰多)。

③ 源自雅克·雷尼耶和帕斯卡尔·皮亚。

不足道的齿轮。实际上,他永远不用担心为报纸抄稿子而弄脏手,因为从没有人来要求他做这事。普洛沃斯特的报纸设有编辑书记一职,所干的工作介于编辑和版台之间:主要负责排版,即拿着样报,按编辑的意图在版台上完成组版。虽然编辑书记不写任何东西——最多也只是划分章节或润色题目——,这种技术性的工种所得报酬已经比以前在技术岗上的高多了,因为《巴黎晚报》这类日报的主要目的是吸引读者,而编辑书记的任务就是提高版面的视觉冲击力。有两个班组轮流工作,工作时间分别从早上6点到中午12点和从中午12点到晚上6点;编辑书记有时跟上午的班组,有时跟下午的。

　　普洛沃斯特请到了两次大战期间(及“二战”后)最出色的记者之一皮埃尔·拉扎勒夫担任主编。拉扎勒夫的父亲是钻石商,但他从15岁时就开始了报业生涯(加缪入职《巴黎午报》那一年,他33岁)。拉扎勒夫曾是《巴黎午报》的记者,1931年任《巴黎晚报》的编辑部主任(那年他24岁),1937年任主编。他的技术主编,后来成为法国报业史学家的雷蒙·马内维,负责领导报社的编辑书记,其中包括达尼埃尔·勒涅夫和其他六七人,皮亚和加缪也在其列。他们按照美国人的工作方式集中在一间编辑大厅内一起工作。编辑书记的工作循序而进,加缪在版台旁,在打字员或校对员中间结识了一些朋友,他们都是积极的工会会员。在他们看来,加缪干现在的工作是大材小用(没有人怀疑他的潜质)。印刷车间里的气氛让他觉得一切都很顺利,在那里他度过了雇员生活中最灿烂的一段时光。打字员们不无赞赏地注意到他很善于听取最有经验的印刷工的意见。①

　　皮亚为加缪在一家非常简陋的客栈里找到了住处。客栈位于蒙马尔特区的拉维尼昂街,坐落在一个小广场上,两边各是上坡和下坡的道路。对面是一幢取名为水泥洗衣船的外形笨拙的木头建筑物,里面是许多工作室,形似船舱,不少画家,诸如毕加索、蒙迪格力亚尼,甚

---

① 亨利·科格林《献给阿尔贝·加缪和他的书友》,巴黎,1962年。

至还有加缪的笔友马克斯·雅各布都在那里工作过。至于客栈本身，房间里既没有浴室，也没有厕所，楼梯又脏又暗。① 在那儿住了五六个星期后，加缪搬入了位于圣日耳曼-德-普雷教堂对面的麦迪松旅馆，那儿租金虽稍贵一点，但房间舒适多了。②

他曾对让·格勒尼埃吐露：巴黎让他恶心。但目前来说，他需要巴黎；而一旦可能，他就会立即逃离。他那时的日记充满了对巴黎的描写和印象："阴暗的天空，浓黑的树荫，灰色的鸽子。草坪上矗立着的雕像，令人伤感的优雅……"

然而，他碰到了熟人：特拉西尼一家。特拉西尼是带犹太血统的意大利反法西斯战士、记者兼作家；他的妻子出身于阿尔及尔一个犹太贵族家庭，一直是加缪的朋友。她后来为夏洛出版社翻译了她丈夫的一本书；她还翻译过阿尔贝托·莫拉韦亚的一些作品及阿瑟·凯斯特勒的英文著作（《练瑜伽者和警察局长》）。他们住在孔多塞街，他们的公寓已经变成了流亡的意大利人真正的避难所。加缪每天上班都要经过此地，那年春天，下班后的加缪成了他们家的常客。他总是穿过客厅，直奔厨房，叫嚷着："今晚没给我准备什么吗？"然后他随手拿起什么就烧什么吃。特拉西尼一家常陪他去蒙马尔特的小戏院看戏（如夏尔·威尔德拉克的《狼人》）。他经常发表关于布景和导演的长篇评论。事实上，除了大多数人认为重要的东西外，他什么都评论，他的朋友们从来搞不清楚什么时候他是在说反话。他确实开始为特拉西尼正在写的一本书起草序言，序的开头他现在写起来很容易："这种流放的滋味，我们中许多人都感觉到乡愁……"（他的日记中仅有的一段谈及流放的话）战后，特拉西尼回到意大利，发现全家战时被送进集中营，惨遭纳粹杀害。直到退休，他一直是意大利外交部的全权

---

① 源自帕斯卡尔·皮亚和昂里科·特拉西尼。

② 源自帕斯卡尔·皮亚。

公使。①

另一个编辑书记叫亨利·科格林,比加缪小两岁,与加缪这位新同事相处得比较尴尬。一天,在工间休息闲聊时,科格林说——他们正谈到疾病——他不愿与患结核病的人一起吃饭或共事。这时勒涅夫在桌下踢了他一脚,接着又把他拉到一边告诉他不该说这样的蠢话。一小时后,科格林决定迎难而上,去向加缪道歉。加缪告诉他:"你是我在巴黎了解的第一个人。"在这个与他的出生地阿尔及利亚全然不同、地下布满水道的冰冷城市里,他终于找到了真诚的、可以成为朋友的人。自那时起,他们经常一起外出,有时甚至就到科格林家去吃通心粉。加缪从没告诉过科格林他正在写作,也未流露出任何要急着回去写作的念头。②

一天,皮亚带加缪去一家影院观看一部私人场的电影,影片改编自马尔罗以战火中的巴塞罗为背景创作的小说《希望》。皮亚把加缪引见给了马尔罗(但马尔罗根本没在意这位陌生的年轻人)。·

加缪为皮亚的朋友在《光明》杂志上撰写了两篇文章——第一篇用一种全新的眼光来评价莫里斯·巴雷斯,论述了右翼知识分子旨在吸纳他的企图。第二篇是对让·吉罗杜重排的《水精》的评论。对加缪来说,这是他在巴黎观看了几场演出后,第一次有机会评论现代舞台艺术。

他那时正在写作完成《局外人》,在客栈的陋室里他全身心地投入创作。4 月初,他准备将完成的第一部分寄给克里斯蒂亚娜·加兰多,让她用打字机先打出来;5 月,他在日记中宣告小说完稿了。几乎同时,他开始了《西西弗神话》的写作。《神话》的主题之一——也是困扰他一生的论题之一——,唐·璜这位如同生活象征和准则的人物此时浮现出来了,他开始酝酿一部他始终没有完成的作品:

---

① 源自昂里科·特拉西尼和阿尔贝·加缪夫人。
② 源自亨利·科格林。

方济各会神甫:唐·璜,难道你什么也不相信吗?

唐·璜:不,神甫,我相信三样东西。

方济各会神甫:我可以知道是哪三样吗?

唐·璜:我相信勇气、智慧和女人。

正是在这个时期,加缪认识了一位年轻女子,在战争最后几个星期里,她成了他的益友。后来她嫁给米歇尔·伽利玛,她一直是加缪在巴黎最亲近的密友(在导致加缪和她丈夫身亡的车祸发生时,她也在车上)。但那时,在加缪眼里,她还只是他在巴黎晚报社走廊上擦肩而过的令人陶醉的姑娘。

她就是雅尼娜·托马塞。她母亲在巴约讷与她父亲分手后,就带着她和她的妹妹来到了巴黎。那年雅尼娜十七岁。她在一家名为《秩序》的报社找到了一份工作,之后在费尔南·纳唐出版社工作,她父亲曾在那里出版了一些儿童图书,特别是那一套巴斯克地区的传说。随后她父亲决定带她去印度支那,计划在那里拍摄一部电影。于是她辞职离开了纳唐出版社。但电影最终没有拍成,她也失去了工作。

1939 年 1 月的一个下午,雅尼娜来到在巴黎林荫大道参加著名的、所有巴黎人都希望出席的科利瑟姆舞会。她在那里遇到了伽利玛家族的几个成员:加斯东(一家之主),他的妻子让娜,他们的侄子皮埃尔和米歇尔,还有米歇尔的妹妹尼科尔。因为没有工作,雅尼娜便问伽利玛一家是否能够帮助她。但他们只能为她提供一个临时性的替补工作。最后,雅尼娜的父亲让她去见他的朋友皮埃尔·拉扎勒夫,拉扎勒夫聘用了她,让她成了《巴黎晚报》的第三个编辑书记。那是在1939 年的 2 月,11 个月后,加缪来到了《巴黎晚报》。

一年以后,为祝贺一位编辑书记结婚,大家凑份子买礼物,雅尼娜负责收钱。她找到加缪,对这个年轻人,她只有简单的印象:"总是穿着粗呢外套,嘴里叼着用玉米纸卷的香烟。"加缪对她说:"您从不跟我打招呼,现在却来问我要钱。"①

德国人在色当附近发起的进攻结束了"假战争"。5月28日,比利时投降。突然间,从诺曼底到香槟省,德国人好像无处不在。从3月21日起接替达拉第担任总理的保罗·雷诺很快发现手上已没有军队,即便有,也没有武器。民族团结的迫切性又把老元帅贝当请出山,担任参议院副议长,任职日是5月18日。6月14日,当德国部队开进巴黎时,法国政府只能退守图尔,在巴黎南部的卢瓦尔河边。之后又驻扎到波尔多,在这个国家最西南端,因为波尔多大港将来可以提供撤退的出路。6月16日,在贝当的领导下,主战的内阁变成了主和派,并在6月19日撤回中部城市克莱蒙-费朗,又在7月1日迁往维希,自此主和的政府成了德国侵略势力的合作者。

从巴黎撤离虽然是痛苦的,但仍比此前刚发生过的小战役准备得要充分。溃退前几个星期,让·普洛沃斯特就已派人到各省的主要城市考察,看是否有可能将《巴黎晚报》这份全国性的报纸转移到一个安全的地方以便使其发行不会中断。位于布列塔尼大西洋海岸的南特是早期的选择,克莱蒙-费朗也可考虑,在那儿还做了相关安排,借用皮埃尔·赖伐尔的《箴言报》的印刷机继续印制《巴黎晚报》。

6月11日,普洛沃斯特的《巴黎晚报》最后一期在巴黎发行。报社的主要合伙人都已经在撤退的路上。他们在克莱蒙-费朗的住处也已预订。《巴黎晚报》浩浩荡荡的车队,带着司机和特殊设备去接那些滞留在家的职员。例如亨利·科格林,他当时正在俱乐部的游泳池里游泳,突然接到电话通知:一小时后有车到他家接他。他赶紧回家收拾行装,到了约定的时间,司机驾车停在了他家门前。编辑书记显然是普洛沃斯特这部大机器里的一个重要齿轮,所以普洛沃斯特一定要确

---

① 源自雅尼娜·伽利玛夫人(出生姓名为雅尼娜·托马塞)。

认其手下的人在城市沦陷前已经撤离。但帕斯卡尔·皮亚没有加入这一大迁徙的行列，因为 4 月份他已被召回部队，驻扎在距离巴黎不远的地方；一直到 10 月报社搬迁至里昂后，他才回归报社。雅尼娜则和一位朋友驾驶一辆小菲亚特离开。

加缪负责开一辆车，同车的是女校对员里瑞特·梅特朗，还有一位是坐在后排的《巴黎晚报》的一个股东。他们在"阴森"的路上行驶了整整一个晚上，那个股东不停地与加缪说话以免他打瞌睡。当车子终于到达克莱蒙-费朗市中心的若德广场时，散热器不停在冒烟，车子既没汽油，也没机油，连水也用完了。加缪跳出车打开车厢盖；突然间他想起是否把《局外人》的手稿带上了。他的确没有忘记带上这份书稿，但匆忙中，他将其他稿子和一些个人的衣物遗留在了麦迪松旅馆。夏初时，当皮亚联系上他并告诉他将要去巴黎时，加缪托他顺道到旅馆去拿一下他的东西。但看到德国部队已经接管了麦迪松旅馆，皮亚觉得这样走进去以阿尔贝·加缪的名义索要这些稿件，实在冒险。①

加缪在日记中关于这次报社大逃亡只有几行字：

> 克莱蒙。疯人院和它奇怪的大钟。5 点时肮脏的清晨。盲人们——楼里的疯子嚎叫了整整一天——，这片缩小了比例的土地。人们往两极奔散，大海或巴黎。在克莱蒙我们可以认识巴黎。

这个外省的城市看上去并不让人乐观。即便是这群来此避难的人已学会最充分地利用他们所能找到的各种各样的娱乐来享受，而这些娱乐绝大部分都是他们自己发明的。大家混居在一起，同事间出现了一种在巴黎不可能——也没必要——有的友好关系。加缪跟同事达尼埃尔·勒涅夫同住一间双人房。他与雅尼娜一起出去散步，一起

---

① 源自帕斯卡尔·皮亚。

吃饭、喝酒——主要是喝酒——,一起在若德广场闲逛。有一个情景一直留在雅尼娜的记忆中:加缪穿着粗呢外套,盯着橱窗里陈列的其他粗呢外套,他一定很想拥有它们。

随着普洛沃斯特进入政府任职——当时政府还在波尔多,正试图谈判体面的和平条约——,报社全体成员又一次收拾行装,成批迁移到了波尔多。那儿靠近大海,又时值6月中旬,给人感觉好像是在阿尔及尔。也许这只是加缪与雅尼娜一起在码头散步时所产生的感觉。1940年6月的波尔多一片混乱,商店里疯狂的抢购,旅馆和饭店里拥挤的人群,这一切连波尔多市民都感到陌生。市政府甚至没有足够的住房来安置蜂拥来到这座美丽古城的政府官员们。①

新政府首领贝当元帅带着众多随员来到克莱蒙-费朗,于6月29日在那里建立绥靖政府;政府的部长们分散在贝德多姆的首府和邻近的几个水城,在那儿有豪华的旅馆,还有待租的别墅。当地的强权人物皮埃尔·赖伐尔说服了阿尔贝·勒布伦总统辞职,让贝当组建新的维希政府。7月1日,新政府在维希这个水城成立,普洛沃斯特就任宣传部的高级专员,而他的报社仍然留在克莱蒙-费朗。从那时起直到1943年年中,普洛沃斯特的《巴黎晚报》在法国中部及南部的各个城市发行。但在巴黎,德国人因为明白日报具有国家象征的重要意义,便如法炮制了一份《巴黎晚报》的赝品,在整个战争期间一直发行,由一批亲纳粹派和中立派中的混混主持业务。事实上,6月21日,这份报纸的第一期已经开始在报亭售卖,比普洛沃斯特在克莱蒙-费朗开印的第一期《巴黎晚报》早了10天。两份报纸都与德国人合作,只是形式不同:巴黎的那份,由德国人扶持,无克制可言;而普洛沃斯特在自由地区的这份,则追随维希政府的路线(即支持法德"合作"的路线)。

将完稿的《局外人》藏在抽屉里,加缪在报社工作不忙的时候,每

---

① 资料主要来自雅尼娜·伽利玛、亨利·科格林和帕斯卡尔·皮亚;也来自里瑞特·梅特朗和达尼埃尔·勒涅夫等人,收录于《献给阿尔贝·加缪和他的书友》。

天都花半天时间用于《西西弗神话》的创作。9 月份当报社搬离克莱蒙-费朗时，他已经完成了第一部分。

此外，在克莱蒙-费朗的那段时间使加缪对一起工作的同事有了更深的了解。也许是因为他在巴黎的时候很孤独，但在这个人口不足9 万的小城里，《巴黎晚报》庞大的团队不仅一起生活，而且一起消遣娱乐。那时，雅尼娜已经离开。（她从波尔多直接回到巴黎，在那里与后来成为她第一任丈夫的皮埃尔·伽利玛再次相遇，然后陪他去卡尔卡松看望了他的父母，不久后与他结婚。）

由于在克莱蒙只发行一版晚报，所以大家一到下午就有空闲的时间可以结队出游或聚餐。[①] 他们有汽车和足够的汽油，可以到奥弗涅广阔的田野去散步，去呼吸新鲜空气，去发现和品尝新的食谱。一天，加缪与版台组的同事结伴去兜风，来到一个靠近贝德多姆的乡村小栈，小栈坐落在山顶上，他们一直爬到顶峰（1463 米）。加缪扮演各种仪式的主持人，时而变小丑，时而变巫师，时而又很忧伤。他还唱下流歌曲来取悦大家。在这些他唱给同伴听的歌曲中——同伴们也集体伴唱——有一首是由他发现，或者说由他创作的戏仿世纪之交现实主义的歌曲，主题是关于一个流浪儿的：

> 她出生在亡灵节那一天，
> 命运凄惨。
> 她在修道院，被引诱
> 灾难临身。[②]

乔治·阿舒勒是富有经验的法国老记者，担任《巴黎晚报》的外交

---

① 源自亨利·科格林。

② 达尼埃尔·勒涅夫《献给阿尔贝·加缪和他的书友》。根据夏尔·蓬塞的回忆（源自蓬塞《加缪在阿尔及尔》），后两句歌词是：她死于圣三节 命运使然。

事务通讯记者。他注意到加缪常去布拉丁大街的商店采购食品,买回去后便与报社的同事们分享,与大家共进晚餐后,加缪回到自己房间继续写作。阿舒勒回忆说加缪当时正在写作《局外人》。也许他那时是边写《西西弗神话》,便修改《局外人》。但不管怎样,阿舒勒听到过加缪用深沉的声音给报社的其他成员朗读《局外人》的片段。①

这期间,有位名叫皮埃尔·撒拉玛的年轻同乡来拜访过加缪。他是加缪大学女同学米里安(后成为伊夫·德舍泽勒的妻子)的弟弟。他从 6 月中旬至 8 月中旬随军来到克莱蒙-费朗。当他走进加缪这间坐落在破旧街坊老楼里的带家具的房间时,仿佛看到克莱蒙-费朗全城的人都集聚在那里——至少是全城的女性人口。(撒拉玛注意到正在烧饭的全是姑娘。)他对其中一位年轻的女子印象尤为深刻(其他人也一样)。那女孩很壮实,胸部高耸。是她为撒拉玛开的门,并自我介绍道:“我是屁贵族!”(事实上,她有一个表示贵族的姓。)加缪曾告诉另一位朋友,当他刚到这个城市时,这位女子建议他去她家住,而正当他昏昏欲睡时,感觉她那硕大的身躯爬上床紧挨着他。②

这些晚上,谈话也涉及时政。加缪告诉撒拉玛他随时可能因为自己的政见而被解雇,但不希望因此而被捕。③

无疑加缪的处境有了新的讽刺意味。才离开一份由自己大力操持的狂野的无政府主义的报纸没多久,他现在给老朋友写信却要借用皮埃尔·赖伐尔的《箴言报》的回信地址。赖伐尔支持海外和平,但他是法国左翼的攻击目标,现在是影响力日增的官方合作者,之后成为维希政权亲希特勒政策的标志性人物。“二战”结束后,他以叛国罪被判处死刑。对加缪来说,这是一段耻辱的日子,他不愿再待在克莱蒙-费朗。他决定要离开这里——希望在阿尔及尔找到一份工作(通过一

---

①　乔治·阿舒勒《记者加缪》,载于《学校和生活》,巴黎,1960 年 2 月 6 日。

②　源自皮埃尔·撒拉玛和雅尼娜·伽利玛。

③　源自皮埃尔·撒拉玛。

直给他提供帮助的埃马纽埃尔·安德烈奥），但结果让他失望。①

9月，《巴黎晚报》搬到了距克莱蒙-费朗正东面110英里的里昂。没有人会把里昂描述成一座快乐的城市，但与奥维涅首府那座小城相比，里昂显然是个热闹的大都市。里昂拥有50多万人口，是排在巴黎、马赛之后的法国第三大城市。报社设在罗纳河畔自由大道65号的一间货栈里。最妙的是给单身汉们安排的住处是河对岸靠近著名的美苑广场的一家小旅馆，以前是个妓院。那时，普洛沃斯特已经派了一部分人去了图卢兹，另一部分人去了马赛，试图把这份在自由区办的《巴黎晚报》分三个不同的地区版发行，每份都有本地区的专门版面。②

加缪抵达里昂时，时逢秋季。那年秋天特别寒冷。他的日记中关于阅读的摘录很少，但是他提到了有一次去一个小村庄的经历。村庄坐落在高高的河岸上，河面上荒凉，冰冷，天空阴沉，寒风凛冽。他记述了与村民关于战争的对话。他遇到了一位小学教师，从阿尔萨斯逃难而来，没有任何亲人的消息。"先生，您认为战争马上会结束吗？"她儿子在1914年的战争中受伤，她一直寻到马恩河，才在撤退的法国部队中找到儿子。她把儿子带回了家，可儿子还是死了。"我永远忘不了所看到的一切。"在火车站，他在远方火车车轮的滚动声中等了一个小时。傍晚的寒风刮过山谷。

> 如此偏僻，又是如此接近。我们在这里触及自由，但自由却是那么可怕！是相连的，是与世界相连的，这个世界里的花和风不会让人宽恕剩下的一切。

这个孤独的加缪不是快乐的无忧无虑者，不是人见人爱的盛会的

---

① 源自埃马纽埃尔·安德烈奥夫人和马塞尔·波特。

② 源自亨利·科格林。

组织者。在里昂阴暗、冰冷的秋季,战火终于烧及他。他开始想念其他受害者。例如他大学的女同学莉莉亚娜·苏克龙,她被剥夺了教师的资格,因为在贝当政府统治下,一个犹太人不准在公立学校教孩子们法语。(尽管相隔遥远,他给予了她力所能及的全部帮助。)①有传闻说马尔罗被捕了,还有说他失踪了。(事实上,马尔罗和他的装甲部队在 6 月 16 日被俘后,被关到桑斯的一个集中营里,但他越狱后,正逃往蓝色海岸的一处别墅,德国占领时期,他就在那里度过了一段时间。)加缪还获悉他在阿尔及尔的一位老朋友、曾经是共产党青年运动组织成员的马克斯·贝拉,在前线战斗牺牲了。

阿达尔贝特·德·塞贡扎克,与加缪同在《巴黎晚报》工作的同事(后任《巴黎晚报》驻北美通讯记者),表达了想离开被占领的法国,参加自由运动组织的愿望。通过加缪介绍,他来到奥兰,打算借道摩洛哥边境到英国去。但由于加缪不在当地,塞贡扎克找不到离开阿尔及利亚的办法,只能放弃计划。②

帕斯卡尔·皮亚来到里昂,继续从事编辑书记的工作。他有一段战争的经历可以讲述:当德国人占领巴黎地区后,他驻扎在树林里的小分队居然被人遗忘;没有人想到下令让他们撤退。皮亚成功地逃离了那里,才没有被俘,之后他去了阿维尼翁,在那里他脱下了军装;随后从阿维尼翁到巴黎拿他留在那里的物品。(就是在那时候他试图取回加缪遗忘在圣日耳曼街区的麦迪松旅馆的东西)。③

在克莱蒙-费朗的公共集会中有一位常客,名叫吉尔贝·吉尔,战前是个明星,以扮演问题青年而出名。④ 吉尔告诉加缪,他打算将可上演的古典作品搬上巴黎舞台。他计划改编一部 15 世纪的"即兴喜

---

① 源自莉莉亚娜·迪隆夫人(家姓苏克龙)。

② 源自阿达尔贝特·德·塞贡扎克。

③ 源自帕斯卡尔·皮亚。

④ 源自皮埃尔·撒拉玛。

剧",作者叫皮埃·德·拉利维,其父是佛罗伦萨的一个富商和教堂议事司铎。1940 年 11 月 12 日,加缪为"队友剧团"的朋友们拟订了一份很长的计划书。"队友剧团"准备通过特别上演皮兰德娄的《六个寻找作家的剧中人物》来重建业余剧团。加缪着手把拉利维的剧本翻译成现代法语,并把五幕短剧改为三幕剧,每一幕篇幅更长一些。加缪给朋友们提出了可能有关剧本改编、角色分配、舞台表演的建议,甚至还为必需的一个单独的舞台布景画了草图。[1]

他的离婚案已最终判决(自 1940 年 9 月 27 日起生效),他可以再婚了。他的前妻西蒙娜也一样,她很快在 10 月 22 日就嫁给了一个名叫莱昂·科唐索的年轻医生。西蒙娜早在 1938 年的巴黎就认识了这个年轻人,但在德国入侵法国后,她返回了阿尔及尔。1940 年 8 月,科唐索随军被派到阿尔及尔,不久后他们就结婚了。[2]

弗朗辛·富尔 12 月初来到里昂。加缪因为搞错了火车抵达的时间而没去火车站接她。里昂的天气不仅异常阴暗,而且还冷得出奇。弗朗辛刚到的那几天,气温达到零下 15 度,他们举行婚礼的那一天,是零下 5 度。

加缪彻夜工作,直到凌晨三四点才回去;人行道上的雪越积越厚,从没人打扫,他不得不踩着积雪回家。寒风刺骨,他还需穿过一座横跨罗纳河的桥才能回到他们借住的旅店,而每当他走进旅店时,皮肤已冻得发紫。弗朗辛戴着手套一边看书,一边等他,因为房间里没有暖气。

曾经是妓院的旅馆不仅破旧,而且也未有过任何翻修。底楼的客厅里仍然挂着裸体女人的画像,整座楼好像仍由老鸨管理。至于罗纳河对岸的《巴黎晚报》办公室,更是处于红灯区的中心。有一天,小巧

---

[1] 引自"七星文库"版加缪文集,亦源自雷蒙·西戈戴和埃米尔·斯科特-拉维纳。

[2] 源自莱昂·科唐索大夫。

玲珑的弗朗辛冒失地站在报社门口等加缪。一个骑车男子靠近她,问她:"多少钱?"她每天来报社与加缪一起在报社食堂午餐。

12月3日是弗朗辛和加缪结婚的日子,这一天正好是新娘26岁生日前一个礼拜。因为买不起金戒,他们买了两个铜戒指作为结婚戒指。婚礼简朴,在市政厅举行,皮亚和勒涅夫到场祝贺。排版台的四个人也来了,他们很高兴受到邀请。"对我们而言,这是不可比拟的友谊见证!"其中的一位在后来回忆新娘的纯朴和优雅时这样说道。他们送了一束紫罗兰和一首平常的四行诗(诗句忘了)。仪式过后,他们又去喝了一杯。①

对弗朗辛来说,这个城市太过凄凉,但她不得不考虑丈夫的工作。他们开始寻找房子,打算在这儿再待上一段时间。加缪每星期四领工资,但每当到了星期三他们就再没钱买吃的了;新娘觉得这儿的物价——即使是他们毫无舒适可言的陋室——都贵得离谱。她并非无所事事:为保存书稿的备份,她把《西西弗神话》重新手抄了一遍,那时没有人拥有打字机。②

12月底,《巴黎晚报》自撤出巴黎以来第三次裁员。晚报仅剩四页版面,而雇用的人员太多,因此需要削减总开支。再加上1939年应征入伍的人开始退伍回到原单位。因为没有孩子要抚养,加缪成了被解雇的对象。③

让·普洛沃斯特的《巴黎晚报》一直办到1943年春(里昂的办公室在这一年5月关闭)。法国光复后,普洛沃斯特赶回巴黎试图重启晚报;当得知他的报纸被视为战时法奸的机构,将被禁止重新发行时,他显然大为吃惊。1944年9月30日的一项法令将1942年11月26

---

① 源自阿尔贝·加缪夫人和《献给阿尔贝·加缪和他的书友》。
② 源自阿尔贝·加缪夫人。
③ 源自帕斯卡尔·皮亚。

日作为分界线，凡在这个日期之后，即德国人占领"自由区"后，所有未自行停业的报纸都被认定是与敌人合作的报纸，战后不得再继续发行。普洛沃斯特最后被裁定为不予起诉，他很快又重新成为法国报业的巨头。报社战前的主编皮埃尔·拉扎勒夫——战争期间被剥夺法国国籍，财产亦被没收，之后逃亡美国，继续在"大战新闻署"和"美国之音"中战斗——在战后回到法国，担任抵抗运动组织的日报《保卫法兰西》的主编，即后来的《法国晚报》，一份模仿《巴黎晚报》的战后报纸。①

① 菲利普·博爱涅《是，老板……》，巴黎，1976 年和罗贝尔·阿龙《维希的历史》，巴黎，1954 年。

第十八章

奥 兰

是什么让人对那无甚可奉的东西心生向往而充满兴趣？在执拗而又壮丽的天空下，这种空虚、这种丑陋、这种无聊，它们的魅力何在？我可以回答：天造之物。对某一类人来说，天造之物，她无处不成其美，她是一个有着一千个首府的祖国。奥兰是其中之一。

——《手记》

阿尔贝·加缪和妻子弗朗辛在1月初离开里昂，乘坐一列开往马赛的没有暖气的火车，计划再从马赛乘船去阿尔及利亚。然而严酷的冬天一直紧随他们，火车被大雪困在了奥朗日（在普罗旺斯地区这并不常见）。乘客们被迫下车，顶着刺骨的寒风在车站上等着，谁也说不上要等多久。大多数乘客只能在火车站里找地方睡觉。多亏弗朗辛认识一位在奥朗日工作的老师，他们在旅馆里找到了一个房间过夜（旅馆的主人把自己的房间让给了他们）。之后他们继续行程，到了马赛后登上了直达奥兰的船，这样就免去了在阿尔及尔转乘火车的麻烦，下船后直接去弗朗辛的家；当时从阿尔及尔到奥兰，火车需行驶一个通宵。

奥兰一下子就在加缪身上同时激起了迷恋和憎恶之情。在阿尔及尔和奥兰这两个相距250英里的沿海城市之间存在着传统的对峙。

奥兰看上去具有一座城市的所有特征,但甚至没有初期的文化环境,而阿尔及尔恰恰可以在文化上引以为豪。加缪曾经把奥兰看作欧洲的芝加哥,但在把二线城市与首都作比较时谁都可以这样说,比如把里昂与巴黎相比。阿尔及尔拥有大学和许多重要的文化机构,而奥兰人只得满足于物质的繁荣。奥兰是投机的产物,所有秀丽的景区都被可怕的建筑破坏殆尽,连城市的布局都背朝大海。然而,正如1941年1月加缪在奥兰第一个月的日记中所写的那样,奥兰有肥沃的土地,这是奥兰既不能忽视也不能否认的事实;正是由于有了这片沃土,人们才能够战胜烦恼。"奥兰证明了在人的身上有着某种比其所作所为更加强大的东西。"事实上,拥有肥沃土地和丰富水源的奥兰地区就是阿尔及利亚的果园和粮仓。

这座城市在加缪身上产生了交织着魅力和厌恶的混合情感,他在阿尔及利亚时期笔墨最为明快的文章中有大段的抒怀。这部作品是献给一位出色的奥兰人皮埃尔·加兰多的。在加缪看来,奥兰人正在被一个怪兽所吞噬,这个怪兽就是厌倦。

在这一年半中,他大部分时间是在阿尔及尔度过的——既是为看望母亲和其他家人,更为寻找一份能让他和妻子生存的工作——但从1941年1月到1942年8月,奥兰就是他的住地。奥兰的那间套房是富尔家的,位于拱廊连绵的阿尔佐路,现在叫拉尔比·本·姆伊迪路,至今依然是一条十分宜人的居住街。(阿尔佐是距奥兰不远的一座沿海城市的名字。姆伊迪是民族英雄,被逮捕后遭法国人折磨至死。)

富尔家拥有阿尔佐路65号和67号两幢紧靠在一起的公寓房。房子的上层突悬在拱廊之上,后侧通过平台与拱廊相通;这一特别的连接方式是建筑师让·富尔为自家专门设计的(街上其他公寓房的平台,出于对隐私的保护,都是封闭式的)。加缪夫妇从法国回来之后,弗朗辛的姐姐克里斯蒂安娜给他们留了一间套房(67号的),自己与母亲住在65号。那时,弗朗辛的母亲在邮局工作,克里斯蒂安娜在奥兰的一所中学教书；弗朗辛很快找到了一份代课老师的工作，她曾在1939—1940 学年在奥兰教过小学。他们挣钱不多，吃得也不好，因为黑市上的食物奇贵。

尽管加缪请所有相识的人帮忙四处打听，但阿尔及尔似乎不能给他提供任何工作。他甚至和一位朋友一起摆地摊售卖古董和旧货。①奥兰的前景也不美妙。当他在邮局附近的一条马路上碰到在《阿尔及尔共和报》工作的老同事洛朗·布雷兹奥斯时，便托他帮忙找工作，表示干什么活都行。布雷兹奥斯自己只是个售货员，无法给朋友更多的激励。②

当然，他并不缺乏可做之事来打发时间，但是干这些事情并不挣钱。1940 年 7 月，埃德蒙·夏洛退役后立即恢复了报社的工作，并马上与加缪合伙（让加缪从克莱蒙-费朗和里昂发通讯稿）。眼下他回到了阿尔及利亚——在 1942 年 11 月盟军登陆北非之前，他在法国完全与这块土地隔绝——担任夏洛出版社的文学顾问。1942 年 2 月，夏洛在维希当局发动的一次针对左翼知识分子的总行动中被捕，被监管在奥尔朗丝维勒附近的一个偏僻的村庄里。一个月后，在一位朋友的干预下他终于被放了出来。他立即恢复了出版社的工作。当"自由法国人"在阿尔及尔接管权力之后，夏洛参加了临时政府并在其中负责出版事务；战争结束后他去了巴黎任情报部随员。③

作为夏洛的文学顾问，加缪的工作主要是帮助他挑选将被编入"诗歌与戏剧"丛书的书目。第一批选中的五部书分别是《333 首安达卢西亚民歌》（之前由卡弗尔出版社出版），费利克斯·加泰尼奥翻译的加尔西亚·洛尔加的《吉卜赛人的八音节诗》——销量最好的图书之一，一位在当地船东那里工作的诗人路易·布洛吉耶的作品《海之

---

① 源自阿尔贝·加缪夫人和克里斯蒂安娜·富尔。

② 源自洛朗·布雷兹奥斯。

③ 源自埃德蒙·夏洛。

自由》，吉罗·杜克勒翻译的莎士比亚的《十四行诗》，罗布莱斯翻译的加尔西亚·洛尔加的《历史罗曼司》。在"即将出版"的作品中，有加缪根据德·拉利威作品改编的《精灵》，但它直到 1953 年才问世，由巴黎的伽利玛出版社出版。第一本明确编为"诗歌与戏剧"丛书的作品是1941 年 9 月出版的加尔西亚·洛尔加的杰作《吉卜赛人的八音节诗》。加缪的日记表明，他在这个时期积极阅读戏剧方面的书。

　　加缪还负责与这套丛书并不直接关联的书籍。他的朋友罗布莱斯将自己的小说《天堂山谷》交给他后，从手稿到印刷，直至发行，他承担了全部的工作。在需要为罗布莱斯的书写报刊介绍时，又是加缪执笔：

　　　　一座地中海城市，一座宏伟华丽而又衣冠不整的城市，一座被所有满怀希望的悲苦大众当作跳板的城市……

这篇介绍发表时加缪没有署上名字，用于促销的封面纸上也没有：

　　　　因为真正的天堂是我们已经失去的。

　　次年出版了罗布莱斯第二部备受赞扬的小说《人类的劳动》，加缪在所撰写的报刊介绍文上署上名字：

　　　　出走、反抗，自由而又坚强的友谊、山腰上的真相……这一切使这部小说成为当今文坛罕见的成功之作，使埃马纽埃尔·罗布莱斯可与美国几位小说大师相提并论。①

---

① 源自埃马纽埃尔·罗布莱斯。加缪在战后仍然负责"诗歌与散文"丛书的工作。在这一丛书中发表的第二部作品就是罗布莱斯著名的剧本《蒙塞拉特岛》，被翻译成多种语言在全球上演。

　　至于阿尔及尔的"队友剧团"是否恢复一事,至少是有多少现存的见证人就有多少种说法。剧团的原班人马的确真心实意想在加缪的鼓励下继续开展业余戏剧活动,甚至当他还在里昂工作并打算继续待下去的时候。回到阿尔及尔之后,他发现形势有了变化。阿尔及利亚处在亲维希政府的人(及其代表)的统治之下,在某些方面,他们比在法国本土的主子表现得更为灵活(因为他们离维希很远,离巴黎的德国人就更远)。但在其他方面,他们也同样可恶,甚至有过之而无不及,因为极右的种族主义分子现在在阿尔及利亚从官方的处罚中获益。

　　可以肯定的是,加缪和朋友们开始组织排演莫里哀的《唐·璜》。唐·璜是他偏爱并始终要表现的主题之一,在《西西弗神话》中,他把唐·璜视作一种行为模式。莫里哀的这部戏也可以被看作对当局的一种挑战,因为主人公对罪与罚的表现超乎习俗和常规之见。显然,这是他们当时所能够用来表示对当局不满的最大胆的题材,不过全团人员都认为如果冒险地排这部戏的话有可能遭到禁演。① 他们还是组织了一次集体朗读,弗朗辛扮演爱尔维这一角色。"队友剧团"在加缪不在的情况下还试图排练契诃夫的第一部剧本《伊凡诺夫》。该剧的主人公是一个破落地主,被一种无谓的反犹情绪左右,最后感到生存无意义便吞枪自尽了。②

　　另一个老朋友对"队友剧团"演员们当年活动所存的记忆与此截然相反。很显然,恢复队友剧团的活动,是两个年轻女子的主张,旨在为成立一个抵抗运动小组作掩护。但剧团中大多数的老人马因为不了解这一隐秘的动机,投票通过了反对恢复剧团活动的主张。③

---

　　① 源自皮埃尔-安德烈·埃梅里。也有人说演出在向当局申请后遭到了拒绝。

　　② 源自夏尔·蓬塞。

　　③ 源自路易·贝尼斯蒂。夏洛把"队友剧团"的档案以及他自己写的东西和加缪的手稿交与一位名叫弗朗索瓦丝·默雷的姑娘保管,她是贝尼斯蒂所说的这项计划的参与者之一。但在维希统治时期,因为害怕被搜查到,默雷小姐的母亲把这些资料全都烧了(源自埃德蒙·夏洛)。

至于加缪在反对占领军及卖国政权的抵抗运动中的作用,在本章无足轻重。当时加缪没有积极地参加任何一个抵抗组织,即当时在法国整个被占领地区建立的那些组织。1943 年秋天,加缪加入了在法国本土出版的地下刊物《战斗报》的运作。在此之前,加缪只是零星地参加过一些活动而已。作为同情人士,他会偶尔帮助某些组织的朋友甚至那些只有一面之交的人。尽管加缪最初是位和平主义者,也不愿意把这场战争看成自己的事,但很显然从那时起,加缪开始同情抵抗运动,而且从某种方式上说加入了知识界的抵抗运动。后来据说是朋友们想阻止加缪参加,因为他如果被捕的话,肯定难以活过审讯。事实上,阿尔及利亚的抵抗运动只是在他 1942 年去了法国之后才真正形成气候。然而,即使他留下来不走,他也不可能有多大的作为:别的不说,就因为他与人民阵线有过交往,他在维希政权的眼里已是个大大的嫌疑分子。①

当然,他的不少朋友已经是或即将成为抵抗运动的积极分子。皮埃尔·加兰多把所获得的情报(德国人把军需品发往突尼斯前线的运输途径)通过奥兰港的工人传递给美国领事馆在 1940 年 6 月停战后设在奥兰的办事处。加兰多还帮助美国领事掩护那些美国情报人员,等待美国派潜艇来阿尔及利亚海域接走他们。克洛德·德·弗雷曼维勒和另外一位后来创作了《若纳斯》的诗人朋友让-保罗·德·达德尔森也都是在奥兰活动的积极分子。加缪肯定参与或旁听了有关抵抗运动的讨论;有些阿尔及尔的朋友甚至认为他在奥兰组织过一个类似的团体。② 可他能够做的——也是他经常做的——就是为那些想要离开维希政权统治之下的阿尔及利亚前往摩洛哥的人提供帮助,因为

---

① 源自皮埃尔·加兰多。加缪后来声明说他与阿尔及尔和奥兰的一些正在准备盟军登陆的抵抗组织保有联系,但这些组织的活动在当时无法猜测。源自克里斯蒂安娜·富尔。

② 源自夏尔·蓬塞。1941 年年底或 1942 年年初,加缪表达出他对苏维埃部队顽强抵抗的赞美之情。"诚如你们所见,这一切说明苏维埃政权已为人民接受。"

借道摩洛哥他们可以与在伦敦的自由法国力量会合，或者坐船去别的地方，比如美国。

　　阿尔及尔老团体的许多成员都加入了这个非正式的离散路线。准备走的人从夏洛书店出发，在城中的一个朋友家住宿，然后坐火车到奥兰，再从奥兰前往自由港卡萨布兰卡。罗贝尔·纳米亚已接管翡虚院，他安排避难者住在别墅里。他多次掩护了诸如西班牙内战时期国际纵队加里巴尔迪营的营长朗多尔福·巴齐亚迪、①法国记者阿达尔贝特·德·塞贡扎克（加缪是从里昂把他送去那儿的）和意大利反法西斯作家兼评论家尼古拉·基亚罗蒙特等人。

　　基亚罗蒙特先是住在昂里科和让娜·特拉西尼夫妇（加缪在1940年初在巴黎结识的朋友）家，当时他们住在阿尔及尔丘陵上的艾尔·比亚尔别墅。基亚罗蒙特当年四十岁，持的是化名"阿尔贝·马约"的假证件。他和当时所有去特拉西尼夫妇家的意大利避难者一样，带着画家女儿让娜·莫迪格利亚尼写的介绍信。特拉西尼夫妇先是把基亚罗蒙特安顿在房子后面的一个小间。他们后来需要收回小间，便请加缪为基亚罗蒙特另找一个藏身之所，加缪又给他在翡虚院里找了一个临时的栖身之地。②

　　基亚罗蒙特来到翡虚院时，一群青年人正在朗读《哈姆雷特》，加缪演主角，弗朗辛演奥菲莉娅。他们还想着恢复"队友剧团"，而每当加缪夫妇去阿尔及尔，剧团的原班人马就会聚集在一起计划未来的演出。他们很快听说了基亚罗蒙特的故事。他从1934年起就在巴黎避难，曾与马尔罗在西班牙并肩作战，后来又与马尔罗决裂，因为他认为马尔罗对斯大林派的态度过于卑屈。德国人占领巴黎之后，他的岳父

---

　　①　源自罗贝尔·纳米亚。在去美国的希望落空之后，巴齐亚迪与避难者的反法西斯刊物合作，返回意大利后在一个报社干编辑工作，之后分别任职副总理和国防部长。

　　②　源自昂里科·特拉西尼和米利亚姆·基亚罗蒙特。或许是特拉西尼把他带去了翡虚院，他在那里遇见了加缪。

母迫于自己是奥地利犹太人的身份双双自尽；他的妻子在往南逃亡的艰难旅途中患上了肺结核，死于图鲁兹。弗朗辛向基亚罗蒙特承认，一想到他在经历了如此磨难之后却得观看这些年轻人演戏，便感到羞愧不已。基亚罗蒙特请求加缪夫妇帮助他去奥兰，他想从那儿转道卡萨布兰卡，然后再从卡萨布兰卡越过大西洋去美国。①

基亚罗蒙特意识到自己面对的是一位地方名人，而且他显然领导着一群有趣的青年人。自此，只要有可能，他就加入他们的讨论。② 等他后来到了奥兰后，便住在阿尔佐路加缪夫妇的公寓房里。（他想去隔壁弗朗辛母亲和姐姐的房间，为了不被人看见，他把身体紧贴着平台上的隔墙往前走。）③

不过，他们很快就生活得更为自在了。男人们骑着自行车到艾尔克比尔海以外的荒凉沙滩，基亚罗蒙特发现加缪和自己一样热爱大海。这位意大利避难者后来定是先将行李运到卡萨布兰卡，自己再坐上开往阿尔及利亚—摩洛哥边境的火车，半路上他也许换乘火车，也许徒步越过边境，总之他到达了卡萨布兰卡并坐上一艘开往美国的船。所有的战争年头他都是在美国度过的，又在那里结了婚，并与一些自由知识分子办的杂志社合作。他们的友谊一直持续到加缪过世（基亚罗蒙特逝于 1972 年）。

有一天基亚罗蒙特从纽约寄给加缪一封信。不久警察就把加缪叫去审问。警察认为他明知"马约"就是基亚罗蒙特，但加缪不予承认。（他当时旧病复发，还咯血。）④

纳米亚是加缪的朋友，生性鲁莽——自从在国际纵队里与西班牙共和党人并肩作战归来之后，他没有隐匿自己的身份。一天早晨 4

---

① 源自阿尔贝·加缪夫人。

② 尼古拉·基亚罗蒙特《阿尔贝·加缪》，载于《异见》，纽约，1960 年夏。

③ 源自克里斯蒂安娜·富尔。

④ 源自阿尔贝·加缪夫人。

点,他在翡虚院中被捕,仅仅因为被怀疑是反维希分子。但在书桌上有一封短信,是他准备寄给当时正在奥兰的加缪的,通知加缪组织将派一个人到他那儿去。纳米亚试图把信藏起来,但被一个搜查员发现后把信打开,又放进了衣兜。纳米亚被遣送到阿尔及利亚南方,从1942年1月到1943年1月一直被关押在那里。这无疑是加缪在他被捕后不久在奥兰受到审问的另一个原因。①

有一天,戴高乐在伦敦电台号召所有爱国者罢工五分钟以表示对自由法国的支持,弗朗辛的母亲正在邮局上班,听到广播后便放下笔开始化起妆来。在当时法国被占领的特殊氛围里,她立即被同事们检举,并受到停职停薪两个月的处罚。②

曾经有这么一个计划,如果成功的话,很有可能产生更重大、更持久的影响,即帕斯卡尔·皮亚在里昂正在筹办一份面向全国的文学杂志。不管皮亚的为人在表面上多么复杂,他在战争方面的立场却从不含糊。他从一开始就是一个从容而又谨慎的谋反者。后来,他被抵抗运动组织赋予了许多秘密而又危险的任务。皮亚从来没有从中得到任何荣誉,他也从不追求任何荣誉,这在他身上是很典型的,大概也是相当少见的,因为他所从事的活动极为重要,还由此多出很多小麻烦。

帕斯卡尔·皮亚是很早就看透"知识合作"真正本质的法国人之一。一个作家、一个戏剧家、一个评论家、一个诗人或一位艺术家在当时实际上什么都不正常的情况下,如果出力去营造一种一切正常的气氛,那便是在为纳粹侵略势力和贝当政权提供道义上的支持。遏制或镇压任何公开的不同意见,这样的法国对德国来说是更加可靠的基地

---

① 源自罗贝尔·纳米亚。纳米亚后来在盟军战争心理所的新闻办公室担任总编一职,在意大利战役期间被调往法国军队,以后又被调往法国南方和德国。之后,他与克洛德·布尔代的《战斗报》、埃马纽埃尔·达斯捷·德·拉·维热里的《解放报》合作过;也先后与《快报》《年轻非洲》《非洲革命》(阿尔及尔)和《新观察家》杂志合作过。

② 源自阿尔贝·加缪夫人和克里斯蒂安娜·富尔。

和补给中心。例如，为一份将左派和犹太作家排斥在外的杂志写文章，也就可能强化了德法当局强行推行的歧视政策的合法性。因此，反对纳粹的知识分子们不仅很早就拒绝为那些宣扬纳粹意识形态的刊物撰稿，而且拒绝为所有在巴黎或外地出版但屈从于当局检查部门规定和指令的刊物写稿。一些法国人在当时定下的规矩是——至少在 1940 年 6 月至 1942 年 11 月法国被分割为维希政权控制的南方自由区和北方被占领区的这段时期里——可以在所谓的自由区发行刊物，但决不在由纳粹控制的巴黎出版任何刊物。

根据后期对《新法兰西杂志》历史所做的研究披露，这份刊物是在 1940 年问世的，即在巴黎沦陷半年之后，它的文学主编是法西斯文人皮埃尔·德里厄·拉罗歇尔。帕斯卡尔·皮亚希望在"自由区"出版一本高质量的杂志，所发表的作品不可能出现在《新法兰西杂志》上，或者作者本人无法选择在《新法兰西杂志》上发表。（被禁的作家中犹太人有《知识分子们的叛逆》的作者朱利安·邦达、哲学家让·瓦尔，还有著名的反纳粹战士乔治·贝纳诺斯和朱尔·罗曼，众多有名望的作家都参与了合作。）

在加缪回到阿尔及利亚之前，他和皮亚曾在里昂谈起过这个计划。皮亚开始悄悄地收集手稿和征求参加人员的允诺。他很快获得了从原先与《新法兰西杂志》合作的那些作家的支持，如贝尔纳·克勒埃蒂森（研究卡夫卡的专家）、让·瓦尔、雷蒙·凯诺、马尔罗，他还等待着纪德、蒙泰朗和保尔·瓦莱里的赞同回复（差不多在同一时期，德里厄·拉罗歇尔也在等待这些作家的回复）。与此同时，皮亚大概得到了波朗的鼓励，展开攻势，竭力说服一些尚在犹豫之中的作家，比如纪德，不要为德里厄的《新法兰西杂志》写稿。

然而对皮亚这一计划最令人惊讶的支持来自波朗这位《新法兰西杂志》原社长本人。以担任伽利玛出版社——从 20 年代起，包括在 40 年代和 50 年代，是法国主要的出版社——文学社长一职而成为法国文学界风云人物的波朗，处事机敏，在继续为德里厄的《新法兰西杂志》和伽利玛出版社工作的同时,还悄悄地参加了大量其他(不怎么公开)的活动,玩的是微妙的游戏,比如,他帮助皮亚的杂志征集稿子。

在里昂同为《巴黎晚报》工作的那段时间里,皮亚和加缪有过多次交谈。他们选择了一个不可能不使年轻的加缪心动的杂志名称:"普罗米修斯"(或许就是皮亚提出的)。"普罗米修斯"后来就成了加缪反抗的主要象征,而且是他那些反抗主题丛书的非正式题目。他们先是觉得用一份现有的或已停办的杂志的名称或许更好一些,这样能更容易获得维希政府的出版许可。皮亚想把杂志命名为《措施》,这是一份在战前出版的由波朗的美国朋友亨利·丘奇资助的杂志,但这么做须先写信与后者联系,且信件须转道瑞士,过程很复杂。他们也考虑过重新启用《海岸线》这一名称。而采用"普罗米修斯"的设想最终也无可能:在等待了两个月之后他们发现这一名称已为一份药学杂志所用。之后,当皮亚的一位曾在《光明》杂志一起合作过的朋友向维希政权提出申请出版新的文学杂志后,得到的唯一具体结果是皮亚须接受安全警察的监督,在此之前还要到里昂的安全局总部接受盘问。

虽然这一计划最终付诸东流(德国人入侵了南部地区,皮亚转向了更为紧迫的地下活动),但它促使了许多作家澄清了一些涉及与敌合作的思想和道德上的问题,显然增强了波朗参与抵抗的决心,也无疑削弱了德里厄的地位(他将面对重重困难,难以为《新法兰西杂志》征集到高质量的文章)。如果皮亚的杂志问世的话,肯定会刊登两部当时已经完稿的作品,诚如皮亚在1941年4月对波朗所说,一部为皮亚深信不疑波朗必定会在第一时间去阅读的优秀小说《局外人》,另一部是出自同一作者的《卡利古拉》。

加缪最终还是按部就班地安顿在奥兰。他找到了一份家教工作。聘请家教在当时已形成一种特殊的需求。在维希政权统治下,不仅犹太教师被公立学校赶出校门,而且对犹太学生也实行配额制:学校里七个学生中只能有一个犹太人的孩子。如果说这在法国本土算不上问题严重,那么在奥兰就不是那么一回事了。奥兰犹太人口众多,有些班级实际上就被取消了。安德烈·贝尼舒是一所中学的哲学老师,也同样被禁止授课。他的学生们要他继续讲课,他也尽力而为。法律不允许他教授超过五个学生的班级,加之他受到监视——包括上门授课——他不敢公然违反规定。但他把每一堂课重复上五次,如此,他的二十五名学生都上到了课。他还招收其他教师来上其他课程。贝尼舒和富尔两家关系久远;弗朗辛·富尔和玛德莱娜·贝尼舒(即安德烈的妻子)与她们的母亲一样,自童年起就是好朋友。贝尼舒建议加缪教法语。上课地点时而在贝尼舒家,时而在某个建筑师的办公室,或随机而定。加缪每周为一个五人班上四个小时的课,总量是二十小时。他的教学方式很有创意,比如在为学生讲解莫里哀时会让他们表演一段他的戏剧。①

　　在同一时期,加缪也开始在一家名为"法国学校"的私立学校教课。这是一所十分传统的学校(不是犹太人办的,但因为是私立学校可以接收犹太学生,也因此在维希政权时期,学校的大部分学生是犹太人的孩子)。加缪在这所学校教好几门课,其中有法国历史课和地理课,基本上都是高二年级的课。有一张加缪与这所学校的足球队一起合影的照片。②

　　这种在学校里按部就班的工作使他除了暑寒假外不再能到阿尔及尔去逍遥,也意味着一种十分严格的奥兰的生活节奏。"度日如年,压力很大。"他对埃马纽埃尔·罗布莱斯抱怨道。③ 他感到孤独、无助。

----

　　① 　源自玛德莱娜·贝尼舒、阿尔贝·加缪夫人和克里斯蒂安娜·富尔。不久,在加缪离开奥兰和美国人登陆之后,贝尼舒建立了一所私人学校,校名叫笛卡尔学堂,招收的学生不管犹太人与否,战后的学生数达到了 1300 名。克里斯蒂安娜·富尔继续在做家教,帮助犹太学生准备高中毕业的会考,而她的姐姐苏兹则在一所犹太人学校教书。

　　② 　加缪曾告诉维基阿尼他在这所学校教授法语、哲学、文学、历史和地理。源自卡尔·维基阿尼。

　　③ 　源自"七星文库"版加缪文集。

当埃德蒙·布吕阿把自己的一部新作,即用阿尔及尔粗俗的语言戏仿的《熙德》交给他时,他居然找不到一家杂志发书评,因为他离其影响所及的圈子实在太远了。[①]

不过,只要有可能,他就去阿尔及尔。1941年3月的一篇日记写下了他对那里的印象:"阿尔及尔之上的高地长满了春天的花朵……"他对"海滩上如鲜花盛开的姑娘们"欣赏不已。3月21日,他甚至下海体验了一把"春泳之寒水"的感觉。他还有时间对爱情进行了一番痛苦的沉思:

> 人们可以知道什么是爱情的痛苦,却无法知道什么是爱情。在这里它是失落,是悔恨,是两手空空。我将不会有激情;剩下的是苦痛……
>
> 离开,制约,决裂,一颗没有温度的破碎之心,泪水与爱的咸涩之味。

同年7月,他在奥兰附近的沙丘上搭起帐篷生活了一个星期:

> 面对海洋的沙丘——温柔的晨曦以及依然是又黑又苦涩的第一批浪潮前的裸体。

中午的炎热更加灼人:"这阳光将会杀人。"然后又是夜晚,"灿烂星雨之下的夜晚幸福无比"。难以忘怀的时刻。"可以写:在这八天中我是幸福的。"

1941年1月加缪来到奥兰时,他日记里最初的记录是这样的:

---

① 源自埃德蒙·布吕阿。

P(当然是指皮埃尔·加兰多)的故事。小老头从二楼往下扔纸片来吸引猫。然后往下吐口水。每当有一只猫被吐中,老头便哈哈大笑。

这则故事将被用在《鼠疫》里。1941 年至 1942 年的奥兰是这部作品的"出发地"。写作《鼠疫》是他当时的主要工作。从 4 月开始,他已在日记里写道,这一写作计划和正在准备的新剧本《误会》(暂时取名《布杰约维策》,这是他在捷克斯洛伐克旅行时经过的一个城市的名字)将是他的"第二系列",该系列将包括他的《论反抗》,"第一系列"当然是指《局外人》、《西西弗神话》和《卡利古拉》。

由于第一系列的三部作品已经完成,他便可以全身心投入第二系列的创作。《局外人》的手稿无疑与我们现在读到的相差无几,《卡利古拉》第一稿也是如此。至于《神话》,他是在到了奥兰(1941 年 2 月 21 日)不久后写完的,他那一天在日记中写道:"三部'荒诞书'写毕。"并在下面补充道:"自由开始。"这是他在经历了为写作《反抗者》而长期自我约束之后再一次发出的如释重负的宽慰之声。

这些事情值得一提,因为常常有人撰文说《局外人》和另一部作品,甚至第一系列的另外两部作品都是加缪在奥兰期间所写。

他的老朋友埃马纽埃尔·罗布莱斯再次出现了,他和妻子都在特莱姆森附近的以穆斯林人口为主的城镇蒂雷纳里一所学校里教书。罗布莱斯每隔十五天来一次奥兰(一百四十公里的距离)看望母亲,每次来奥兰他都会去拜访加缪。

流行病斑疹伤寒袭击了蒂雷纳城镇,1941 年 4 月罗布莱斯的妻子得了此病。罗布莱斯接种疫苗后得到了一张旅行许可证。加缪自然仔细询问了罗布莱斯有关那些因为疫情而禁止人们出入的隔离区的情形。在罗布莱斯所在的村庄里,塞内加尔步枪兵看管着隔离营地,但家属们总是偷偷地送水给病人,这实际上反而害了他们。疫苗因为需从图鲁兹运来,所以数量有限,许多病人因此而死。

在陪朋友去火车站的路上,加缪仍然不停地在询问。他最后承认自己正在写一部有关某种传染病的书。[①]

不过他并没有透露更多,也从没告诉弗朗辛他在写什么。[②] 他对工作的严谨态度和有条不紊的意识给富尔一家留下很深的印象。当年轻夫妇住回克里斯蒂安娜的房间时,他们看到满地是书的狼藉景象。转眼之间加缪就把房间整理干净,每样东西物归原位。克里斯蒂安娜·富尔从来没有看到过加缪在做什么笔记或读什么书,而实际上他那个时候正在紧张地写作。[③]

另外一位阿尔及尔时期的老朋友马塞勒·布涅-布朗歇也不时地会出现。她常跟加缪夫妇和他们的朋友(其中大多数为犹太人)去加纳斯代尔远游或上馆子,那家馆子的客人们似乎都有些可疑,但馆子里提供的却是战争时期难以品尝到的佳肴。她在阿尔佐路的加缪家里也目睹了他是多么会与朋友共享美食——甚至是弗朗辛好不容易为他找到的唯一一只鸡蛋,连他舅舅从阿尔及尔寄来的肉他也照分不误。她还开心地发现加缪那位楚楚动人的娇妻对烹饪确实不太在行。[④]

---

① 源自埃马纽埃尔·罗布莱斯。罗布莱斯把这一流行病发生的情景放在了他的《城市的高地》一书里,1948 年由夏洛出版社在巴黎出版,同年,小说获妇女文学奖。

② 源自阿尔贝·加缪夫人。

③ 源自克里斯蒂安娜·富尔。安德烈·贝尼舒是个睿智的人,酷爱哲学,崇拜普鲁斯特(他曾写过一本有关普鲁斯特的书,但从未发表),在他眼里加缪是个例外。加缪曾让贝尼舒一家读过《局外人》,根据玛德莱娜·贝尼舒的说法,加缪在奥兰的时候也让安德烈·贝尼舒看过《鼠疫》的章节。后来到了巴黎,加缪同贝尼舒谈论过他当时正在创作的《反抗者》,向后者征求修改建议。贝尼舒逝于 1964 年。

④ 源自马塞勒·布涅-布朗歇。

第十九章

"荒诞"三部曲

献给帕斯卡尔·皮亚

——《西西弗神话》题词

要想搞清《局外人》在第一批读者身上所产生的效果,无疑有必要稍稍回顾一下 20 世纪 30 年代法国文坛的情形。当时,法国文坛完全掌握在《新法兰西杂志》小团体手中,其主要成员均从名牌大学毕业,最大的努力便是摆脱法国资产阶级狭窄界限的羁绊。并不属于同一阶层的塞利纳却能以自身的风格显示出独树一帜的能力,这在法国几乎是绝无仅有的,也并不总被人理解(包括在大学研读古典文学时的阿尔贝·加缪)。安德烈·马尔罗作为巴黎文学圈子的产物,也曾努力通过发动变革,甚至必要时在异域煽动变革来冲破这些羁绊。可是,为了真正的异国情调,为了迎合人们的神游趣味,马尔罗及其同僚不得不转向"二战"期间的美国人(如福克纳,他的《圣殿》从 1933 年起在法国出版,马尔罗作序,他的其他六部作品还出现在了伽利玛出版社"二战"前的出版目录中;斯坦贝克,他的《人鼠之间》1939 年在法国翻译出版;考德威尔,他的《上帝的小块土地》和《烟草路》于 1936 年和 1937 年先后在法国出版;还有詹姆斯·M.凯恩,他的《邮差总敲两次门》1936 年在法国出版)。

谁也不准备去读一部由法国人写的美国小说。读一部模仿之作也许还行。可是《局外人》并非是一部模仿作品。加缪在战后的一次谈话中承认,他在这部书里借用了一些美国人的技巧,因为它们有助于他描写"没有明显觉悟"的人的意图,但是他担心这种手法的滥用会造成一种有可能削弱小说的"自动与本能之气候"。1945 年他曾宣称他情愿用一百个海明威去换一个司汤达或一个邦雅曼·贡斯当。①

　　当然,秘诀就是法属阿尔及利亚这块土壤。在这个与多元世界交汇的大熔炉里,一个工人家庭出身的孩子可以通过窄门进入文坛。《局外人》完全是加缪生活经历的结晶,巴黎读者不可能与之分享。巴黎人所能做的一切,便是承认在其文学领地又增添了一个新的维度,而这一新的维度是由惊人的锣声引出的:"我在不幸之门上短促地敲了四下。"在最初发表的一些有关《局外人》的重要评论中,萨特发现了其中的存在主义特质,一位历史学家从中找到了孤立于穆斯林世界中的阿尔及利亚法国人的象征。很久之后,一位心怀敌意的阿尔及尔人认为,加缪(或其主人公)通过枪杀阿拉伯人,下意识地实现了所有阿尔及利亚的法国侨民的梦想,即一个没有穆斯林的阿尔及利亚。一位芬兰地理学家向作者声称,他在海滩这一场景里,即默尔索在阳光逼射之下扣动扳机的时刻,看到了气候施与人影响的典型例子。

　　或许,《卡利古拉》因其生硬的台词与悖论的内容而更容易与法国背景融合;巴黎观众无疑已习惯在舞台上听到大逆不道的言论。此外,观众不需要知道《卡利古拉》作者的意图是什么,甚至连操这个心的必要都没有。然而,对加缪"荒诞"三部曲中的第三部《西西弗神话》又该怎么看待呢? 可在这方面,没多少知识储备的读者却一下子感到更加自在。40 年代的法国人从中看出了遒劲的笔触,即企图为他们所熟悉的世界赋予意义。然而了解加缪这一时期生平的读者肯定对《西西弗神话》有着不同的读法。作品有时显得像是一部叙实的自传,一

---

　　① 《新文学》,巴黎,1945 年 11 月 15 日。

幅年轻艺术家的肖像。当书一打开,蓦然出现的是这句如今耳熟能详的话:"只有一个哲学问题是真正严肃的,即自杀。判断生活值得还是不值得去过……"这时,人们便可以想象自己是在读加缪的日记。奇怪的是,书中描写行为模式的那一段局限于三个例子:唐·璜主义、演员、征服者。每段描写都包含了一些概念,对了解其生平的那些读者来说其意义一目了然。

> 唐·璜从一个女人到另一个女人并非是缺乏爱情,而是以相等的激情去爱她们,且每一次都是全身心地投入,他必须重复这种天禀和探索……为什么必须爱得少才能爱得好呢?

在这部书里,作者问读者也问自己,面对世界的沉默,是否值得去生活。如果是在清醒的状态之下生活,那就是值得的;创造者(作者)完全可以睁大着眼睛一往无前。西西弗被罚从山下将一块岩石推向山顶,然后再看着它一直跌到山脚,这种荒诞形象地描绘出人类的困境,而他有意识地超越了这种荒诞。加缪总结道:"与山峰做斗争足够让一个人得到满足。应该想象西西弗是幸福的。"

一位对加缪的生平再了解不过的人曾致力于出版这三部书,那就是帕斯卡尔·皮亚。另一位显示出能够通过直觉和才能来理解这一生活经验之作的人,或许因为他本人也有着相同的人生经历,那就是安德烈·马尔罗。皮亚和马尔罗两人都参与了这一历险的过程:把一个孤立无援的奥兰青年的手稿传递到了巴黎文学生活的中心,哪怕巴黎还被敌人占领着。

到底是伽利玛出版社,还是《新法兰西杂志》先存在呢? 历史事实是,先有安德烈·纪德和散文兼小说家让·施伦贝尔格(他和雅克·科克托还创立了老科隆比耶剧团)创建的《新法兰西杂志》。在一位年轻的生意人加斯东·伽利玛加盟后,活跃的《新法兰西杂志》从一个小的出版公司迅速壮大起来。伽利玛出版的第一批书是在第一次世界大战之前,具名为新法兰西杂志出版社。1919 年该出版社变成伽利玛出版社,股东为伽利玛三兄弟:加斯东、雷蒙和雅克。"伽利玛"和"NRF"①名号因此难解难分,两者在 20 世纪上半叶都是法国文学界一切重要现象的代名词。当时,人们只要订有《新法兰西杂志》就可以成为消息灵通的读者;无论对外国文学的重要走向还是对法国当代戏剧(不必在巴黎看过哪怕是一出戏)的主要趋势都可以了如指掌。

《新法兰西杂志》每月出版一次,为作家们提供了一块跳板。他们的书出版时用的都是伽利玛"白色丛书"朴实无华的封面,这一封面很快就享有盛誉。任你是一位像马尔罗这样渴望得到《新法兰西杂志》承认的热血青年,还是像安德烈·布勒东这样的超现实主义者,或者是像路易·阿拉贡那样的共产党人,像蒙泰朗那样的保守者,甚至是像马塞尔·茹汉都那样的反动派或像皮埃尔·德里厄·拉罗歇尔那样的法西斯分子,只要你创作出有一定质量的作品,便可以在博奈路(后来改名为塞巴斯蒂安·博丹路)上的神殿里占有一席之地。这座神殿与最漂亮的一段塞纳河仅隔三条马路,面对卢浮宫,普鲁斯特所在的圣日耳曼路近在咫尺。

伽利玛出版社在第二次世界大战期间的情形反映的不仅是这一时期男女文人的而且也是所有法国人的含糊性。对于那些在观看把这场战争表现得黑白分明(即好人抵抗纳粹分子、坏人卖身投靠)的影片中长大的读者来说,要想理解法国真正发生的一切,肯定会感到困难重重。好人中很少是十全十美的,坏蛋中也不乏藏而不露的道德,有时甚至会有一些为洗刷自己罪恶的小小抵抗举动。马尔罗的例子并非是个别的。在战争开始时,他还居住在蓝色海岸边上一栋阳台朝着大海的别墅里,过着悠闲自在的生活,后来才认识到可以参加游击队的武装活动来做点事情。萨特也同样如此。他起先的计划是在意

---

① NRF:《新法兰西杂志》。——译注

识形态上进行斗争,后来开始写作和出版(甚至写剧本)。这些戏还在被占领的巴黎上演并得到德国批评家的捧场(西蒙娜·德·波伏瓦则在官方电台里做事)。①

当德国人逼近巴黎时,加斯东·伽利玛首先操心的是如何完整地保护好家族出版社。五辆汽车组成的车队将伽利玛家人、档案、《新法兰西杂志》的财库一直运送到诺曼底的一座四周是奶牛牧场的别墅里。在德国人占领了法国北部之后,伽利玛家族又躲到了南方。

伽利玛家族诚然关注自家出版社的生存,可占领军对它的兴趣并不亚于他们。如果说《巴黎晚报》的创办是要告诉老百姓生活一如既往,那么同样有必要让法国文人相信《新法兰西杂志》依然存在着。很快就流传起这样一则故事,即德国大使说:"法国有三支力量:共产主义、高级银行和《新法兰西杂志》。"②故事的另一个版本是,德国人派来统治巴黎的第一任市长的口袋里有一封信,信中特别提醒他有两件非军事的头等大事:巴黎市政府和《新法兰西杂志》。③ 不管哪一种说法准确,即使两种说法都不足为据,显而易见的是让杂志继续开展业务并与熟悉的名家保持合作,将是保持稳定的重要力量;连纳粹分子都理解知识分子的作用。

要了解以后发生的事,必须对当时《新法兰西杂志》社长让·波朗的内在思想有更好的认识,然而我们所知甚少。因为交易很简单,忠诚的波朗无疑参加了最后谈判:如果伽利玛恢复出版《新法兰西杂志》并同意由一位德国占领军认可的人来领导的话,那么他们就可以继续从事出版活动,甚至可以保留像波朗、格诺和克勒埃蒂森这些思想自由人士,否则德国人就要接管出版社并按照自己的意愿行事。

---

① 西蒙娜·德·波伏瓦《岁月的力量》,巴黎,1960年。作者描写了知识分子在占领时期所从事的被允许的活动以及她在巴黎电台的工作。参阅帕斯卡尔·奥里《投敌者》,巴黎,1977年。

② 《小夫人笔记》,《安德烈·纪德笔记之六》,巴黎,1975年。

③ 奥里《投敌者》。

　　于是，对所有相关的人来说，说服那些除了犹太人、共产党人和一些不太可能接受这种妥协的人之外的文学精英去继续为杂志写作就成为至关紧要的事了。他们希望在留住一些一流人物，如纪德、瓦莱里、雅克·奥迪贝尔蒂、茹汉都等，之后就会有更多的自愿合作者。

　　交易内容之一，是录用一位德国人能接受的人来接替让·波朗担任《新法兰西杂志》社长。这样的人选已经唾手可得，那便是杂志的一位长期合作者、伽利玛的老作家和公开的法西斯分子皮埃尔·德里厄·拉罗歇尔，他不久就把《新法兰西杂志》用作吹捧"希特勒及希特勒主义之天才"的工具。德里厄的搭档将是让·波朗本人——不能不令人吃惊——后者代表出版商领导伽利玛出版社审稿委员会。波朗是个反法西斯主义者，思想上完全倾向抵抗运动，只要他那些犹太朋友和反法西斯朋友被排斥在外，他就拒绝为《新法兰西杂志》写稿，所以说他既是亲《新法兰西杂志》的又是反《新法兰西杂志》的。他给杂志的老作者们写信以求与他们的合作，但私下里却希望他们拒绝。他甚至帮助过帕斯卡尔·皮亚组建一份真正的反《新法兰西杂志》的杂志。①

　　波朗不无狡黠地把朱利安·本达这样的犹太人的手稿交给德里厄，并等着德里厄告诉他不能刊登。"为什么呢？"波朗故作天真地问道，就此逼得德里厄说出："因为他是个犹太人。"

　　当德里厄暗示波朗他们俩可以出一份将被占领地区和"自由区"联系在一起的杂志时，波朗反嘲道："如果再加上被禁地区的话，我当然指的是犹太人，那就更加好了。"

　　然而，1941 年 5 月，波朗因参加人类博物馆抵抗小组的活动而遭逮捕后（其中七个领导人被处决），德里厄立即出面干预并使之获释，此外，当他的老朋友安德烈·马尔罗（也是作为地下组织领导）闯入巴黎时，毫无疑问也是由于德里厄的原因才免遭逮捕。在马尔罗逗留巴

———————————

　　① 参阅第十八章。

黎期间,两位老朋友探讨了局势。

双方都遵守了交易协定。加斯东·伽利玛被允许在德国人的审查之下重新经营出版社。负责保证出版社不偏离正道的德国官员表现得相当聪明。他显得比较宽厚,尽管他不可能为犹太作家做什么。不过,《西西弗神话》中有关捷克犹太人卡夫卡的章节在伽利玛出版社出版时还是被删除了。只要德里厄能找到愿意供稿的作者,《新法兰西杂志》就会同时出现通敌者,而伽利玛兄弟和波朗也都提不出双方可接受的替代方案,杂志在 1943 年 6 月号之后停止出版。让·波朗终于大大松了一口气。1945 年 3 月,德里厄在两次自尽未遂之后,第三次自杀身亡。至于《新法兰西杂志》,作为对其在巴黎被占时期继续出版的惩罚,法国解放后被禁止重新出版。①

正是在这样的情况下,伽利玛出版社才能够在纳粹占领时继续出版共产党人路易·阿拉贡、自由分子乔治·巴塔耶的文章,才能够将让·格勒尼埃的《关于正统观念的评论》与德里厄·拉罗歇尔的《反国家的欧洲》编入同一本目录,同时还能出版萨特的《存在与虚无》、加缪的《局外人》和《西西弗神话》。分类如此混乱,以至在德里厄主编的最初一期《新法兰西杂志》(1941 年 2 月号)里竟然包括了保尔·艾吕雅献给波朗的一首诗(这是艾吕雅的名字最后一次出现在杂志里,不久后他就成为著名的共产党人和抵抗运动成员)和纪德的《日记》章节,而封底的目录预告中不仅有阿兰、马塞尔·阿尔朗、阿贝尔·博纳尔、阿尔弗雷德·法布尔-吕斯和纪德的文章,而且还有马尔罗的,当然他从没投过原稿。

①　主要参考资料:《安德烈·纪德笔记之六》;让-克洛德·齐尔贝斯丹《让·波朗的〈地道〉》(瑟里西讨论会),巴黎,1976 年;《新法兰西杂志》,巴黎,1969 年 5 月 1 号(波朗专刊);克洛德·马丁《〈新法兰西杂志〉1940—1943》,里昂,1975 年。《新法兰西杂志》于 1953 年重新问世,取名为《新新法兰西杂志》,添加的"新"字后被取消了。

　　埃德蒙·夏洛出版过加缪的最初几部大作吗？它们的出版在阿尔及尔会产生怎样的影响呢？这些作品如果是由一家在巴黎几乎无人知晓的小出版社出版的话,它们会引起全国瞩目吗？夏洛自己回忆说,1941年加缪去找他,问他能否将"荒诞"三部曲即《局外人》、《西西弗神话》和《卡利古拉》合成一本出版;这样的话他就可以与荒诞问题了结了。夏洛回答说不可能,因为他没有钱来出这么厚的一本书,并且无论如何这些书只有在巴黎出版才能获得最大影响。[①] 不过,夏洛很快就找到了一个对巴黎出版界颇有吸引力的替代办法。战争时期,他的出版目录上有许多像让·吉奥诺、皮埃尔·纽埃尔、皮埃尔·让·茹夫、格特鲁德·斯泰因,甚至纪德一样有名望的大家。他在1945年把出版社迁到巴黎后,每个月发布的书目与伽利玛的一样多,其中包括了像阿瑟·凯斯特勒和阿尔贝托·莫拉韦亚这样重要的新作家;他还为朱尔·鲁瓦、亨利·博斯科和罗布莱斯赢得了文学奖。在纪德的建议下,夏洛还赞助创建了一本新杂志(《方舟》),以填补《新法兰西杂志》停刊后留下的空缺,要不是伽利玛出版社能在战争中生存下来,他有可能成为法国文学的主要出版商。[②]

　　由于帕斯卡尔·皮亚(一直住在里昂)与波朗和马尔罗经常联系,"荒诞"三部曲因此得到了最好的待遇。1941年4月,皮亚收到奥兰寄来的《局外人》手稿。不久,《卡利古拉》手稿也寄到了(但不是后来出版的那本手稿,因为出版日期比预告的晚了一段时间,加缪借此对作品进行了补充和修改)。[③] 皮亚把两部作品拿给他的朋友弗朗西斯·蓬吉看,后者的《对事物之陈见》一书不久就将在伽利玛出版。蓬吉觉得这两部作品非常了不起。6月初,皮亚将两部手稿寄给了马尔罗。马尔罗当时住在位于尼斯和蒙特卡罗之间的圣-让-卡帕-费拉角附近

---

①　源自埃德蒙·夏洛。

②　源自埃马纽埃尔·罗布莱斯。

③　源自克里斯蒂亚娜·达维拉。

阿叶海岬上的一座别墅里。加缪写完《西西弗神话》后,也把手稿寄给了皮亚,由皮亚再转给马尔罗。

这一时期,法国南部(包括里昂和蓝色海岸)和阿尔及利亚都在维希政权的统治之下,所以书信和包裹流通自由。但要从里昂或蓝色海岸往被占领的巴黎通信,则是另一回事了,使用的是跨区域的专门邮卡。皮亚可以通过《巴黎晚报》的信使给巴黎寄长信。可是,为了把稿件从一个区域寄到另一个区域,伽利玛出版社采用了一种特殊的计策:把包裹寄往伽利玛在戛纳的一个地址(即加斯东的兄弟和合伙人雷蒙所住的旅店),再由信使带往巴黎。三部"荒诞"作品就是通过这种方式交到了伽利玛出版社(1941 年 9 月底)。

不过还有其他自愿的中间人。尽管让·格勒尼埃对《局外人》的送达方式有所保留,但他还是提议把手稿托交给他的朋友马塞尔·阿尔朗。可加缪担心这样会给皮亚与马尔罗的联系制造障碍。另一方面,格勒尼埃又热情地把加缪及其作品介绍给了加斯东·伽利玛的顾问波朗。马尔罗则直接将加缪的手稿寄给了波朗,还附上了热情洋溢的评论(据说他还把手稿给同住在南方的罗歇·马丹·杜伽尔看过)。

在由波朗主持的审稿委员会周会上(周会在伽利玛大楼举行,做记录的是雅尼娜·伽利玛),波朗向与会的文学顾问们宣布:"我刚刚读完马尔罗寄来的一份手稿,那是一位住在阿尔及利亚的青年人写的。我先把前面几行给大家读一下。"于是他便朗读起来。然后他放下手稿,总结说道:"自然喽,一号意见。"一号意见便是出版该书。在审稿委员会成员中有雷蒙·格诺、布里斯·帕兰、雅克·勒马尔尚、拉蒙·费尔南德斯、阿尔贝·奥利维耶和贝尔纳·克勒埃蒂森。

加斯东·伽利玛毫无保留地同意波朗的意见。伽利玛的女秘书把手稿送给了当时在宣传部工作的格哈德·黑勒中尉,他也是占领时期法国出版事务的德方主要顾问(格哈德·黑勒从 1940 年 9 月至 1942 年在宣传部工作,之后在德国驻巴黎大使馆担任相同的职务)。女秘书告诉黑勒说,伽利玛出版社很想知道他对这本书的想法,并想了解这样做是否违反了自我审查的要求。黑勒在下午收到书稿后立即读了起来，在次日凌晨 4 点看完之前都没能掩卷。他十分兴奋，因为从中窥见当代文学向前迈出了一大步。他一大早就打电话给伽利玛的女秘书，通知她同意出版，并表示如有困难将提供帮助，而他的帮助曾多次奏效（虽然没能帮助圣埃克絮佩里的《空军飞行员》）。[①] 加斯东·伽利玛准备立即出版《局外人》，并于 11 月通过马尔罗把他的决定告知了加缪。加斯东本人认为该书不同寻常。波朗承认自己也很喜欢《局外人》，但对《西西弗神话》一书则热情稍逊。

然而，加缪并没把《局外人》当作一部孤立的书呈交出去，而是把它作为一个"系列"的组成部分。这一点皮亚曾经明确无误地告诉了波朗，但是他们对是否能这样推荐给巴黎却不那么有把握。无论如何，由于纸张匮乏，出系列显然行不通。1941 年 12 月，伽利玛出版社提出立即出版《局外人》，预付五千法郎（约三百欧元）的版税，出版后一万册内提取百分之十的版税，一万册以上提取百分之十二的版税。与其他法国出版商的做法一样，再版时版税百分之五。尽管如此，马尔罗答应争取让《西西弗神话》与《局外人》同时出版。次年 3 月，他最终确信《西西弗神话》一书将会出版，但须删去有关弗兰茨·卡夫卡的章节（这一章节将在自由区的一本杂志上发表）。至于出版《卡利古拉》，目前还不可能。伽利玛后来建议该书在《西西弗神话》之后再出版，可那时候加缪认为还得修改，宁愿再等上一段时间。《卡利古拉》最终于 1944 年出版。

对加缪来说，要在奥兰跟踪他的手稿，往返传送又是如此复杂，实际上是不可能的。在某段时间，他完全失去了对手稿传送的控制，连皮亚也一样，据说在由皮亚寄出并由雷蒙·伽利玛转交的另一份原稿在路上丢失之后，波朗只同意按马尔罗送来的原稿出版《局外人》。加缪一直担心小说的一份早期原稿已经被送到了伽利玛出版社，所以期

---

① 参阅第二十九章。

盼着（伽利玛出版社的另一位顾问雷蒙·格诺与他）再次确认，将要出版的正是他所期待发表的那份原稿。由于加缪相距遥远，波朗替他校对了清样。

如果说加缪因为身在奥兰，无法控制手稿的命运，但他对法国所发生的一切却了如指掌。1942 年 3 月，德里厄·拉罗歇尔显然因为《新法兰西杂志》的质量下降而泄气，打算辞职并把杂志交给一个非政治的编辑委员会来掌管。他和伽利玛都希望由保尔·瓦莱里、安德烈·纪德和莱昂-保尔·法尔格来领导，以保证杂志的文学质量，另外再设一个由德里厄、波朗、阿尔朗和让·吉奥诺组成的附属委员会来管理，如果德国人同意接受波朗的话。瓦莱里在与格哈德·黑勒谈话时表示愿意加入委员会，但条件是纪德也同意加入，但纪德犹豫不决。整个计划最终显现出这是德国人的一个旨在对伽利玛施加压力，通过出版社来加强自己可信度的阴谋；另一方面，如果人员变动意味着公开承认自己的失败，那么德里厄本人也不一定会继续待下去。

不过，当报社重组的可能还在被论证时——至少在 1942 年 3 月至 5 月间——，波朗再次表现出一个忠实仆人的姿态。他不承认自己有权拒绝杂志社的领导职务，因为伽利玛深信他的拒绝会自然而然地导致出版社关门。（波朗的大部分谈判都以电码字母的方式进行，电码用作者作品的名称替代作者的姓名，如"Eupalinos"就是瓦莱里，"Desqueyroux"是莫里亚克，"Salavin"是乔治·杜阿梅尔。）波朗在 1942 年 3 月 12 日写信给加缪，询问是否可以在《新法兰西杂志》上发表他的《局外人》（恭维之举，因为马尔罗的早期作品也是在该杂志发表的，其中包括《人类的境遇》一书）。波朗还希望加缪能为"司汤达专刊"投稿。

而独自一人在奥兰的加缪得自己决定是否接受这种抬举，尽管这份杂志如今是在纳粹支持下出版，但在其心目中它总是属于文化精英圈。事实上，他早已做出不在战时的《新法兰西杂志》上发表作品的决定，并曾拒绝来自德里厄·拉罗歇尔同样的提议。他对波朗绝对信任,但希望波朗能够理解他的良知。

如果杂志完全重新调整,加缪和波朗将会有怎样的举动,我们不得而知。可以肯定的是,加缪准备好放弃在这份当时名闻天下、至高无上的杂志上发表作品的机会,而当时的他只是一个无名小卒。他的许多同行,其中不乏前辈,立场并非如此坚定。

所有这些事件都发生在加缪在奥兰再次遭到肺结核侵袭之后,[1]当时的他根本无力推进自己的事务,只能躺在床上休息。[2]

伽利玛出版社与1942年2月初开始了《局外人》的制作程序;3月中旬波朗校了第二稿。4月30日加缪收到了《局外人》和《西西弗神话》的预付版税。6月15日《局外人》终于面世,印数为4400册。7月26日马尔罗通知加缪说他在蓝色海岸的书店橱窗里看到了书。伽利玛提出的按小说同样条件出版的《西西弗神话》也于1942年10月16日出版,印数为2750册。[3]

一本书在被占领的法国首都出版,意味着什么? 撇开道德问题不谈,这本书对读者又会产生怎样的影响?

在法国出版史上,巴黎是出版的中心。所有的出版商都云集此地,主要的文学杂志也不例外。作家们可以远离巴黎生活,但唯有在巴黎的沙龙和咖啡馆里口口相传的东西才是最重要的。

----

① 参阅第二十章。

② 资料和信息主要来自:阿尔贝·加缪夫人、帕斯卡尔·皮亚、雅尼娜·伽利玛、波朗的档案(雅克丽娜·波朗夫人);还有让-克洛德·齐尔贝斯朗《让·波朗的〈地道〉》,以及格哈德·黑勒。后者告诉作者,他所在的宣传部门在与法国出版人工会签订了自我审查的协议后,从1941年的前几个月开始,终止了对出版书籍的审查。黑勒的身份改为观察员;他的任务是提供建议,对一些书名显得模棱两可的书籍,他以半官方的名义表示"同意"。他是伽利玛出版社的朋友,波朗的崇拜者,也是思想开明的人,他向纳粹当局承担责任,出版了阿拉贡的一部作品,也同意上演了萨特的一部戏。黑勒认为,他当时的举动完全因为他对法国文化的成果,首先是无知,进而是尊敬。有关《新法兰西杂志》的重组,参阅《安德烈·纪德笔记之六》,也可见马丁《〈新法兰西杂志〉1940—1943》。

③ 源自伽利玛出版社。事实上印刷准备要早一些,因为加缪6月17日就收到了一本样书。这本书很可能是5月中旬印刷的。

　　然而,眼下,他们当中最优秀的离开了巴黎或缄默不语。虽然报纸和杂志还没有完全被纳粹宣传机构掌控,但这些报刊也帮不了大忙,因为留给像文化这种无关紧要的东西的版面少之又少。纸张的匮乏迫使报业不断萎缩。在所谓的自由区,检查机关对分散在外省的文学小杂志的政策显得更灵活些,但它们的读者可谓微不足道。

　　还有那则所谓非政治报纸能够在被占领的巴黎存在的优美动听的故事。1941 年,推出了一份这种性质的以大型日报形式出版的《喜剧》周刊,名义上是恢复一份战前就已存在的刊物,美其名曰,为宣传文学界、戏剧界、音乐界以及其他艺术领域的名人,给人以生活似乎照旧的感觉。第一期的开篇是亨利·德·蒙泰朗的文章、让-保罗·萨特有关海尔曼·梅尔维尔的论文、一篇对保尔·瓦莱里的采访以及让-路易·巴罗和阿蒂尔·奥纳热的文章。在那些被占领的年月里,《喜剧》杂志得到了赫奈格、让·吉罗杜、让·科克托、雅克·科波、夏尔·杜兰、科莱特甚至让·波朗的投稿。每一期还刊登大量的《欧洲》文学篇幅,其不变的主题是德法两国文化的实质性友谊。[1] (萨特很快明白这份杂志远非其主编所宣称的那样独立,他立即停止为其撰稿,并提醒自己:对一个知识分子来说,首要的尺度是不为在占领区出版的杂志写任何东西。[2])

　　不过,《喜剧》还算是人们在巴黎希望能读到的杂志中最好的。在 1942 年 7 月 11 日出版的这一期中,第一页的六栏中有两栏是有关《局外人》的:

一位前程似锦的作家……
阿尔贝·加缪

---

① 奥里《投敌者》。

② 西蒙娜·德·波伏瓦《岁月的力量》。

文章的作者是《喜剧》杂志的固定合作者马塞尔·阿尔朗。这位未来的法兰西学院院士不仅为《新法兰西杂志》工作,而且还担任伽利玛出版社的顾问,让·格勒尼埃曾想把加缪的小说交给他。阿尔朗的评论文章,如同波朗在伽利玛审稿委员会上对手稿所做的不同寻常的介绍一样,开门见山地引用了《局外人》的第一段。他还谈及了夏洛出版社刚刚重印的《婚礼集》,谈及了让·格勒尼埃和萨特的著作,最后他总结道:

> 也许在这种纯洁的概念和这种对"理想"真理的蔑视当中渗入了许多幻想,许多文学的幻想。但是加缪先生的思想与立场同时是一个人、一个国家或一种气候的思想与立场:它是太阳的道德与颂歌,它是有限生命绝望的昂扬……而无论对这种思想有什么保留……重要的是加缪先生的立场是真诚的,他的声音打动了我们,我们在随笔《婚礼集》里已经发现,而这一发现今天在《局外人》里更被强烈地肯定:这是一个名副其实的作家。

在由维希控制的"自由区"里,《南方杂志》是一份无可争辩的中立杂志(反常的是这本在马赛出版的杂志在巴黎被占领期间公开发行,发行人是书商兼出版商的若雷·科尔迪,他把每一期杂志都送交审查官员)。① 1943 年 2 月号上刊登了该杂志长约作者让-保罗·萨特的文章,题为《〈局外人〉之解释》(附有 29 条脚注)。假如当时的萨特已经是一个如他后来那样具有影响力的人物,且杂志的读者面更广的话,仅这篇文章就足以保证加缪作品的成功。萨特完全理解《局外人》与《西西弗神话》之间的关系;他明白《西西弗神话》对荒诞所做的理论阐述有助于读者理解加缪的小说。他写道:"《局外人》是一部经典之作,一部理性之作,论述了荒诞和反荒诞。"他把它看作"一部醒世作家

_____

① 源自若雷·科尔迪。

的短篇小说",令他想起伏尔泰的一篇小说。他拒绝把它看作"海明威写卡夫卡"式小说的观点,因为"加缪先生的思想是接地气的"。萨特认为,虽说加缪运用了美国小说的写作手段,但他并不因此受美国文学左右。他还不乏远见地预言道:"我怀疑他在以后的作品中还会用这样的方式。"

在同一期《南方杂志》上还有让·格勒尼埃的一篇关于《局外人》的简短报道。这一次,小说是以阿尔及利亚为背景加以介绍的:"在这里聚集了各种境遇、各种背景、没有信仰、没有懊悔、没有传统的人,夏天一到他们只想着取乐,显然是粗俗地,但却是直截了当地、没有心机地享受着阳光、大海以及所有一切能使人陶醉的东西。"在马克斯-保尔·富歇主编的《泉水》杂志里,亨利·海尔写道:"加缪以其《局外人》站立在当代小说的最顶端,这条道路由马尔罗开创,由萨特终结,途经塞利纳,它赋予了法国小说新的内容和风格。"海尔认为这部小说过于刻意追求文学化,与萨特的《恶心》如出一辙,其中不仅有卡夫卡的影响,而且还有舍斯托夫和克尔恺郭尔的影响;这部书乃是克尔凯郭尔登陆法国的一种标记。至于风格,海尔发现了一些美国作家,比如多斯·帕索斯的印记,但认为与加缪的作品和谐一致。他在结论中把这部小说排在当代小说的最前列。

在当时,如同在后来一样,难以保证这部作品在法国得到客观的文学评论。阿尔朗为加缪的出版商工作,又是格勒尼埃的朋友;萨特是伽利玛出版社的一位作家;格勒尼埃同时身为伽利玛出版社的作家和加缪的朋友;海尔也是他的朋友。然而,即使排除那些溢美之辞,加缪不容置疑深深地影响了法国文学界。他无法在战争期间成为一位成功的作家,但在那个纸张长期匮乏的年月,谁又能成功? 就在此后不久,当西蒙娜·德·波伏瓦坐火车旅行时,她在车厢里听到人们在讨论《局外人》,并把它与《恶心》加以比较。①

---

① 西蒙娜·德·波伏瓦《岁月的力量》。

第二十章

《鼠疫》

> 海岸边所有的岬角看上去就像一支整装待发的舰队……整个奥兰岬都已蓄势待发,而每天中午总有一阵冒险冲动在它身上掠过。或许在某个上午我们会一块儿出发。
>
> ——《手记》

如果说从那时起荣誉已经搭上了火车,那么火车开得并不快,白天黑夜都很漫长。在那个时期,读书是一种常态,因为其他的消遣方式很少。要是有更多纸张,出版商肯定会增加《局外人》和其他作品的印数。通过出版优秀文学作品,即使印数不大,出版商扩大了他们的书目;而出版像加缪这样的作家作品显然是一项极好的投资。不过,加缪是否意识到自己已经到达了顶峰?在伽利玛出版社及其周围聚集着一批搞文学史的书评家。他们构成了当时的法国文学精英。

加缪收到了一本自己写的书——仅仅一册,因为出版后赠与作者的样书在路上弄丢了;而有关他作品的书评,他等待的时间更长。格勒尼埃告诉他,阿尔朗在《喜剧》杂志上发有文章,但他在很长一段时间里没法读到它,也没法看到其他巴黎评论家的文章。他所能读到的东西,即那些在自由区报纸上发表的文章,一点都不能令他高兴;有人撰文从"道德说教"的角度攻击他。对这种伪道德他反唇相讥:"你们这些愚蠢的人以为否定就是放弃,殊不知这是一种选择。"他在日记中表露了他的痛苦:"三年工夫写就的一本书,被五行字所嘲弄——连引用的内容都是错的。"他给其中的一位评论家写了一封"注定不会寄出的"信。这位无名的评论家不可能意识到全书中有一个实质性的章节,对理解《局外人》有着重要的意义,即主人公或多或少就是作者本人的最后一章。由于加缪选择了"尽可能少说",评论就迫不及待地否定了小说,把主人公视为傻瓜。加缪拒绝承认评论家有权来论定一部书在某一时期有益或无益于国家。

他在这封没有发出的信的末尾大体写道:

> 但愿在我们之间不再有误会;我不是一个不幸的作家,我也不愿意公开这封信。您不常在杂志上看到我的名字,虽然撰文或写书出版在今日已是平常之事。

> 就算无话可说,我也不喜欢为多卖书而牺牲自我。眼下我出版的是花费了我多年心血的作品,唯一的理由是它们已经完成,而我正在忙于继续写作……

他将把在奥兰的所有时间用于写一部新的小说。他在寻找一个有力的象征来支撑主题,聚精会神地阅读《白鲸》,并在日记中记下那些象征运用十分强烈的段落:"情感、图像十倍地增加哲学内涵。"(伽利玛出版社刚在前一年翻译出版了《白鲸》,让·焦诺是三个译者之一。)

但是,人们还想知道更多的有关这一思想产生的根源:运用一个因为鼠疫肆虐而与世隔绝、市民被隔离的城市来作为他所认识的世界局势之模式。当时的世界局势是:战争与占领,纳粹思想猖獗。1941年4月,正值斑疹伤寒在特莱姆森地区蔓延之时,罗布莱斯报道了疫情,加缪的日记里有关于鼠疫的小说《鼠疫或冒险》的第一手详细材料。在首个梗概中,故事明显地与六年后出版的小说相似。不过这部记录稿在日记里有一个古怪的副标题:《具有拯救力量的鼠疫》。人们可以推断,作者的意图从一开始就相当矛盾,因为"具有拯救力量的鼠疫"显然是影射安托南·阿尔托①,阿尔托理解的鼠疫是使人净化和有益的。加缪很可能读过阿尔托把戏剧与鼠疫进行比较的文章。该文先是发表于《新法兰西杂志》(1934 年 10 月),后来又成为《戏剧及其重影》的一部分(伽利玛出版社 1938 年出版)。然而,当让-路易·巴罗后来在导演加缪的《鼠疫》舞台剧本《戒严》时,却遭遇了失败,原因是巴罗想通过演出来印证阿尔托(鼠疫是使人净化的,有益的)的理论,而对加缪来说,疾病就如专制主义一样是万恶的。

从加缪最初的写作计划开始,他就视鼠疫为绝对的恶。我们可以通过研究他 1941 年 10 月做的读书笔记来做这一设想:他发现 1342 年黑死病流行期间,犹太人被处决;1481 年,当鼠疫肆虐于西班牙南部时,宗教裁判所把罪孽归咎于犹太人。

然而,奥兰在遭受鼠疫侵袭之前,已经领略过什么是厌烦和某种现在让加缪感到痛苦的东西;加缪觉得自己是这座物质主义城市的囚徒。当他独自站立在海滩上观潮时,竟会将潮水看作远去的船只,并梦想自己也随之而去。他如此在日记里表达了自己的希望:"与这颗空虚的心一刀两断——拒绝一切令人枯竭的东西。如果活水在别处,为何将我滞留在此?"他坦白道:"在某一时刻,人若再也不能体会到爱的情感,剩下的就只有悲剧。"在奥兰的整个冬天,他心情十分沮丧,有时被动忍受,有时故意苛求自己。"抛弃一切。没有了沙漠,那就是鼠疫或是托尔斯泰的小火车站。"1942 年初的日记中含有他对与纳粹合作的最初评论。他指责维希政权的"仇恨并卑劣地希望看到那些敢于

---

① 安托南·阿尔托(Antonin Artaud, 1896—1948),法国戏剧理论家,演员,诗人。他主张把戏剧比作瘟疫,经受它的残忍之后,观众得以超越它。其见解对热内、尤奈斯库等人的荒诞派戏剧有重大影响。——译注

向已压垮你们自己的力量抗争的人（英国人民）以失败告终"。

1942年1月底的一个夜晚，在阿尔佐路的公寓套房，加缪的阵咳发作。病情急剧恶化，加缪口吐鲜血。弗朗辛十分紧张地冲向屋外——他们的住所没有电话——去找亨利·科恩医生，他是加缪大学女同学莉莉亚娜·苏克龙的小叔。科恩医生接到通知时正在看电影，他立即赶来为加缪做检查。在这第一个漫长的夜晚结束时，弗朗辛穿过阳台，把刚才发生的情况告诉了她的母亲和姐姐。克里斯蒂安娜·富尔心急火燎地赶去，见到加缪躺在床上。他有气无力地对她说道："我还以为我完了。"

这一次，加缪的左肺首次受到侵犯，情形与他十七岁第一次发作时一样严重。他必须再一次接受人工气胸手术，并且一生都要做定期吹气疗法。咯血很快止住了，但医生开了长期静养的医嘱，特别禁止他游泳，但这恰恰是加缪在奥兰的主要娱乐活动。

科恩医生自己也将成为某种"鼠疫"的牺牲品。维希政权在条例中制定了一条"比例规定"，限制获准行医的犹太医生不能超过全行业的2%。律师和由国家控制的其他行业也有类似的限制，犹太教师和学生都已经被开除出学校。加缪夫妇和贝尼舒夫妇在奥兰附近的加纳斯代尔沙滩过春假时，决定邀请科恩医生夫妇和他们一起度假，希望以此来安慰他们，原因是禁令已经开始在奥兰正式生效，他们被迫放弃病人。

即使在形势好的时候，科恩医生也以为人严谨而出名。他不仅为加缪开了一张必须休养的医嘱，而且对患有心脏病的安德烈·贝尼舒也提出了同样严格的要求。然而在加纳斯代尔5月的迷人气候里，好医生竟然很快忘了自己的医嘱，与病人加缪和贝尼舒投入了令人消耗体力的滚球比赛。他们看到科恩医生竭尽全力地瞄准和投掷铁球的样子狂喜不已，也许，如此这般，能使他暂时忘却令他深受其害的种族歧视法律。

然而，等他们回去之后，从来都是急于贯彻纳粹法律的维希政府

弗朗辛和加缪（照片由让娜·贝尼舒女士提供）

代表早已在科恩医生诊所的门上贴上了封条。这位医生只好在连襟莫里斯·帕里安特那里接待加缪。作为第一次世界大战的老兵,帕里安特名字列在获准行医的犹太医生名册榜首。[①]

所以,加缪是在床上关注着自己的手稿在帕斯卡尔·皮亚和伽利玛兄弟之间传递。他也是在病床上、在远离文学界的情况下决定不让作品在《新法兰西杂志》上发表。在相当长的一段时间内,他的活动仅限于阅读和记笔记;在最初的三个星期里,他甚至都下不了床。也是在这个时候,他开始听到一些有关《局外人》的评论。当阿尔朗在《喜剧》第一页上对这部书所作的盛赞终于寄到时,他兴致勃勃地看了这篇评论。至于其他评论家,他觉得无论是赞扬他还是攻击他的人,谁都没能理解他。

现在面临的问题是他将如何生活下去。长久以来,"疗养院"这个词第一次被提及——并将长期出现。至少他希望能逃避北非夏天之前的潮湿天气。5月份,加缪夫妇申请了一张能让他们去法国山区的安全通行证。因为弗朗辛在教书,希望到学年结束时,即7月1日出发。申请书还附上了一张急诊医疗证明。[②] 在等待批准的这段时间里,他们到离奥兰西部十五公里的安艾尔土克附近的海边度过了远离城市喧嚣的两个星期,生活在一个属于玛格丽特·多布朗家庭的农庄里,那儿有许多朋友。由于加缪不能游泳,因此弗朗辛也不下水。不过,加缪可以下厨,有一天还为大家做了一大锅普罗旺斯鱼汤,把厨房里所有能找到的佐料都用上了。

当安全通行证终于在8月拿到后,加缪夫妇急忙打点行李,跳上了一辆开往阿尔及尔的火车,接着从阿尔及尔坐船去马赛。加缪夫妇经过阿尔及尔时,与他们在一起午餐的朋友中有埃马纽埃尔·罗布莱

---

① 　源自阿尔贝·加缪夫人、克里斯蒂安娜·富尔、玛德莱娜·贝尼舒、莉莉亚娜·迪隆。

② 　源自雅克·厄尔贡。

斯,他注意到加缪午餐时一直大汗淋漓,几乎一言不发。①

　　选择让加缪去山区疗养是由他们有限的收入决定的。幸运的是富尔家正好拥有适宜于他们的地方:偏僻的小村庄就如同他们的私家度假地。弗朗辛·加缪父亲的姐姐,即她的姑妈,嫁给了演员保罗-艾米勒(大家简称他保罗)·奥特利。奥特利的母亲在勒帕奈利耶小村落开了一家家庭式膳宿公寓。小村落实际上是一小组农舍,距离利尼翁河畔尚邦市不远,海拔九百六十米,位于圣艾蒂安市以南六十二公里外的维瓦莱山区。山的一边为锯齿状的层峦,另一边为葱茏的缓坡。当然加缪并不知道这块土地原先属于自己外祖母支系的本家产业(西亚克在尚邦市东南,就在几公里之外②)。富尔一家从幼年起就在勒帕奈利耶过暑假。很快就将成为加缪朋友的诗人弗朗西斯·蓬吉偶尔也到奥特利夫人开设的旅馆里做客;当年,他与弗朗辛的姐姐克里斯蒂安娜谈论文学时,常见小弗朗辛在院子里玩耍。某一天,蓬吉在尚邦邂逅了一位年轻女郎,之后娶其为妻。

　　他们的主人萨拉·奥特利,是一个刚中带柔的女人,一位广受尊敬的女性。她总是徒步走到四公里之外的尚邦市去购物,然后再带着东西徒步返回。③

　　这个孤立的小镇当时的人口不足一千(不到现今人口的三分之一),但却是法国新教的重镇。自16世纪宗教改革以来,尚邦及其附近村庄马寨-圣-沃阿的居民与当地占多数的天主教抗争,但常常成为迫害和强迫改教的对象。因为通往城里的唯一通道山峦重叠,尚邦和马寨的居民很会进行抵抗。这个地区至今还是一个新教堡垒,而随着旅游业的发展,它已经成为新教家庭消夏的首选之地(战前,新教徒避

---

① 源自阿尔贝·加缪夫人、埃马纽埃尔·罗布莱斯。
② 参阅第一章。
③ 源自弗朗西斯·蓬吉。

暑客中包括纪德和蓬吉家族）。萨拉·奥特利客栈由普通民房改建而成，为一组十分坚实的方石建筑群中的一部分，是 18 世纪一个新教公证人家族的领地。锯齿状的大门和塔楼构成了当地的一个旅游热点。①

为了躲避雷雨，加缪夫妇乘坐的开往马赛的汽船沿着西班牙海岸绕了一个大圈子。由于战时的煤炭质量低劣，所以船无法对付海上风暴。船舱里人满为患，不过天气好的时候可以在甲板上睡觉。加缪夫妇一上船后就忙着找人，因为雅克·厄尔贡跟他们说过有一位朋友也乘坐同一条船。那就是历史学家达尼埃尔·阿莱维的女婿、历史教师路易·若克斯。若克斯在法国度过了秋天之后，在阿尔及尔一所中学谋到了一个职位，同时还在大学开课。他不是一个闲得住的人。他的许多朋友都投入到了反对占领军和维希政权的积极的抵抗运动中，他决定联络他们。他的朋友中包括皮埃尔·布罗索莱特，也是一位历史老师，属于人类博物馆地下抵抗组织成员，组织后被摧毁，导致波朗被捕；后来他成为戴高乐将军的顾问，负责抵抗运动事务，并为创立抵抗运动国家委员会起过关键作用；他被盖世太保逮捕之后，宁愿自尽也不愿泄露任何秘密。另一位朋友是让·穆兰，他被戴高乐派往法国去统一地下抵抗运动。他被捕后惨遭虐待，死在开往德国集中营的火车上。还有一位朋友叫乔治·比杜，他在让·穆兰死后成为抵抗运动国家委员会主席。

若克斯也在寻找加缪，但认不出他来，他原以为加缪是独自一人旅行。不过当他看到一个年轻人正读着伽利玛用白色新封面出版的路易·吉约的小说《梦想的面包》时，心想他是否就是加缪。阿尔贝和弗朗辛两人都觉得这个手里拿着泰奥菲勒·戈蒂叶的书、样子十分博

---

① 源自弗朗西斯·蓬吉和罗杰·德·达尔西萨克，参阅罗杰·德·拉伊萨克《利尼翁河畔的尚邦》，科尔马-安热塞姆出版社，1974 年。

学的小先生就是他们要找的人。从这个时刻开始,加缪夫妇和若克斯形影不离,共同体验战时旅行中的千辛万苦。举例而言:每个旅客都得脱下衣服接受检查,看看是否有虱子。检查完毕后发一张证,上面写着:"某某经检查没有发现……"他们在马赛又一起登上了开往里昂的火车,分手时他们热情相约,来日重逢,甚至约定一起导演戏剧——不管怎样,六个月后,当战争结束时,他们真的在维也纳的金字塔饭店再相会,而这家饭店在当时的《米其林指南》里已经有了三颗星。

若克斯在法国与抵抗运动的领导人接上了头,他们能够让他联系上那些回到阿尔及尔准备盟军登陆的人员。当戴高乐及其自由法国的军队来到阿尔及尔后,若克斯便当上了临时政府的秘书长,法国解放之后他在巴黎继续担任此职。再后来,他先后被任命为法国驻莫斯科和波恩大使。作为戴高乐将军的贴身顾问,他在最终导致阿尔及利亚独立的谈判中起了决定性作用。[①]

要去勒帕奈利耶,得先坐火车到圣艾蒂安——一座可怕的工业化城镇,外观上没有多少优雅所剩,那时大约有 17 万人口。然后再转乘另一列窄轨火车,到利尼翁河畔尚邦站下车。从尚邦出发,走一条穿过小河的乡村小道。河床狭窄,加之崩塌的石块掉入河中,河水经常变成激流。然后沿着陡坡先上后下,融入一条笔直的大道,路边长着参天大树;勒帕奈利耶的农场城堡就隐匿在大道的后面。满山松树的山丘景色常常淹没在迷雾之中。松树的那种不变的深绿色更营造出一种抑郁的气氛,当地人乐意把他们的周边环境形容为"阴森森的"。加缪到达后不久在日记里最初描写道:

> 旦复旦兮,泉水淙淙。泉水在我周围流淌,穿过阳光下的草地,流近我,近在咫尺;泉水之声顷刻进入了我的身体,心中的泉

---

① 源自雅克·厄尔贡和路易·若克斯。

水和潺潺的泉水声将陪伴我所有的思考。这就是忘我。

他还记录了窗外的晨曦：

> 太阳从高高的山丘上升起来之前，松树与支撑它们的起伏的
> 土地浑然一体——每一位来此山村的游客都会认可这一观察。
> ……随着太阳慢慢上升和天空放晴，松树也渐渐变高变大，
> 蛮族的部队仿佛在向前推进……这显然是向着山谷的一场野蛮
> 冲锋，一场短促而又悲惨的搏斗开始了，白天的蛮人以此将夜间
> 的思想赶走。

1942年8月的第三个星期，加缪夫妇在勒帕奈利耶安顿了下来。
他们很快发现，他们在尚邦要比在阿尔及利亚吃得好（在阿尔及利亚，
他们的一切都依赖法国本土，不仅是制成品，还有肉和蔬菜，甚至食用
油脂）。加缪立即安排自己每十二天去圣艾蒂安接受注气治疗。他回
来时，弗朗辛去尚邦火车站接他，之后两人步行回到固如堡垒一般的
农庄。至少有一次，他居然骑着自行车上坡下坡地兜了六十公里，而
医生是不允许他这样做的。

他的日记中，有很长一段提及他在去圣艾蒂安的火车上所见到的
法国在被占领时所遭受的种种苦难："整个法国在等待中过着绝望和
沉默的生活……"，还有"某个工业化山谷的龌龊景象"，雨更加重了这
一凄凉的气氛。不过，一回到与文明甚至与尚邦隔绝的勒帕奈利耶，
虽然仅有的消遣是聆听耳畔的潺潺泉水声，呼吸着有益健康的清新空
气，享受着1942年一个收入有限的法国人所能期望的最好的饮食调
理，加缪便觉得自己因此可以恢复体力，所有一切也将会成为可能。
当然，"一切"指的是返回阿尔及利亚，但不是回奥兰；在这一点上，他
和弗朗辛是一致的。他的梦想是在远离市中心的阿尔及尔海湾小山
顶上的布扎莱阿找到一间房子。中学时代，他曾经和马克斯-保尔·

富歇以及他们的朋友一起骑自行车去过那里(但必须有一条公交线,因为他希望再去夏洛出版社工作)。他请住在布扎莱阿的埃马纽埃尔·罗布莱斯为他找一幢面向大海的房子。[①]

然而他并没有耽搁,马上恢复了工作,主要是创作《鼠疫》。他意识到要写完这部书并不容易。他自我警戒道:"必须与思想紧密贴近。《局外人》描写人赤裸裸地面对荒诞。《鼠疫》描写的是面对同样的荒诞个人更深刻的观点。这是一种进步,它将在其他作品中进一步明确。"他考虑是否要把题目"鼠疫"改掉,比如改成"囚徒"。在重新浏览有关《局外人》的评论之后,他发现批评家注意的是"冷漠"(而他们更应该看到的是"善意"),他决心在《鼠疫》中把意图更明白无误地表现出来。

他同时还十分投入地开始了《布德求维斯》(后来改名为《误会》)剧本的创作,素材是一则老套的故事。他在一份日报上看到相关的报道:儿子用假身份回到母亲和姐姐所开设的客栈里,结果被她们杀害。因为在他离家之后,母女俩采取这种方法来谋生。

同时他开始为第二"系列"的第三本书,即后来的《反抗者》准备笔记。

在难以入眠的漫长夜晚,他阅读乔伊斯的作品。他认为打动他的并非是作品,而是乔伊斯的创作之举。他还读普鲁斯特,认为《追忆逝水年华》雄浑有力,具有阳刚之气,因为它表现了"一以贯之的创作意志"和"一名病人为这部作品所付出的努力"。

阿尔及尔传来消息说,夏洛计划出版的《弥诺陶洛斯》,即他所写的有关奥兰的这本书,本应已经出样,但至今还没有拿到审查机关必不可少的同意批文;加缪原指望靠卖书的收入来维持生活,支撑到春天。让·格勒尼埃为《南方杂志》约过加缪写一篇关于让·吉东的《普热先生的肖像》的评论文章,那是有关一位天主教传统教士虔诚生活

---

① 源自阿尔贝·加缪夫人和埃马纽埃尔·罗布莱斯。

的叙述(加缪认为该传教士的良智能够为教会以外的人士所接受)。加缪是在奥兰写就这篇书评的,由忠心耿耿的克里斯蒂亚娜·加兰多打印成稿。他现在要把书稿寄给格勒尼埃,但在书稿上加了一个按语,表示他要与吉东在战争期间的立场保持距离:"《普热先生的肖像》写于战前。自停战以来,吉东先生发表了一些观点相反的文章和作品,而对这些东西我是不表赞同的。"文章以及这一在当时不失为壮举的按语一起发表在《南方杂志》1943 年的 4 月号上。杂志在马赛出版,当时包括马赛在内的所谓"自由法国"已经被德国人占领。①

弗朗辛离开丈夫返回阿尔及利亚的时候到了。根据他们的计划,她将在阿尔及尔为两人寻找当教师的工作,当然还要寻找住房;加缪则尽量在勒帕奈利耶多住些日子,可以呼吸新鲜空气。中途,她在里昂短暂停留,为去看望皮亚一家,并给他们送去了勒帕奈利耶的肉糜。之后她又在德龙省某个山村里的一位朋友家里待了一个星期,大约在10 月中旬抵达阿尔及尔。

秋色渐渐浸染上卢瓦河地区,加缪留在那里观赏"红色之美"。他得忍受必要的长期疗程和苦行的生活:他每天只抽四支烟,并且把酒戒了。② 他在日记里好几次提到洁身自好。他写道:"将性生活赐予人,也许是为了将其引入歧途。这是鸦片……没有性生活,事物都复归正常。"妻子走了,无人听他说自己,说工作,他只能在日记里跟自己交谈,进行自我说教:"面对创作,作家不应谈论自己的怀疑……永远不要谈论怀疑——不管是什么样的怀疑。"

10 月 23 日的日记中有一段的标题为"开始",这无疑表示他开始

---

① 吉东后来写道,1943 年身为战俘的他收到了加缪寄给他的一张明信片,加缪告诉他很喜欢《肖像》一书。吉东当时并不认识加缪,很吃惊在集中营里广为传阅的《局外人》,其作者居然欣赏他在作品里描写的神甫。见吉东《日记摘录》,载于《圆桌》,巴黎,1960 年 2 月。让·格勒尼埃在《喜剧》1942 年 6 月 27 日的这一期里介绍了吉东的《肖像》——格勒尼埃为该份周刊写了许多稿子,这是其中之一。

② 源自阿尔贝·加缪夫人和埃马纽埃尔·罗布莱斯。

写作《鼠疫》,他重复写道:"性行为不会有任何结果。它并非不道德,
而是无收获。"

他去里昂逗留了几天,或许是为了预订船票,返程日期已定在 11
月 21 日。[①] 他在里昂还见到了格勒尼埃。他希望能够得到一张安全
通行证,好到被占领区去,并到巴黎的图书馆查阅和收集有关鼠疫的
研究。在巴黎,伽利玛刚刚出版了《西西弗神话》。他在日记中抱
怨说:

　　　　并不是我抛弃了人和物(我做不到这一点),而是物和人抛弃
　　了我。我的青春正离我而去,这就是患病。

这段话大约写于 1942 年 11 月 7 日,那一天他 29 岁。

就在这天夜里,"火炬行动"在阿尔及利亚海岸开始了。凌晨 1
点,富兰克林·罗斯福总统通过电台对法国人民发表讲话,向他们保
证同盟军对他们的领土绝无觊觎之心,与此同时英美军队在阿尔及尔
的东部和西部登陆。这是第二次世界大战期间同盟军第一次登陆,行
动将在七十二小时之内控制两千多公里长的马格里布海岸,目标是将
敌军从北非赶出,并在欧洲南部准备好一个干预行动的基地。这次登
陆事先绝对保密,使得轴心国措手不及;六万名士兵被分布在六百艘
船舰上,此举扭转了局势:从这一时刻开始,西方同盟军从胜利走向胜
利,直到解放全法国、全意大利和整个西欧。

正如人们所预料到的那样,由于维希政权在北非和法国本土所表
现出的模棱两可的态度及其自相矛盾的效忠誓言,同盟军所遇见的政
治问题至少与军事问题一样复杂。指挥登陆的是一个在法国抵抗运
动中久经考验的领袖们组成的小组。主持谈判的是美国外交官罗伯

① 源自布朗什·帕兰。

特·墨菲,他当时是美国驻维希大使,之后是夜晚坐潜艇来会见阿尔及利亚法国人的马克·W.克拉克将军,地点在一幢位于地中海海岸的房子里。然而,就在北非登陆发起的那天,维希政权的追随者在阿尔及尔海湾发起了猛烈的炮击,击沉了几艘盟军的船只,而忠于维希的法国人与美国步兵之间的交战,则一直持续到 11 月 11 日。在阿尔及尔,盟军的目标是从维希政权的代表让·达朗海军元帅那里获得正式停火的命令(这位元帅不久就被暗杀了),同时树立亨利·吉罗将军的权威。(戴高乐怀疑这么做是要把他从法国抵抗运动领袖的位置上赶下来。)然而在法国本土,德国军队自 11 月 11 日清晨起就继续向南方推进,并在当天结束了自由区的存在。从此以后,整个法国都处在德国军队的控制之下,刚刚解放的北非由此与本土完全隔绝。

加缪在 11 月 11 日的日记里草草写道:"简直就是老鼠!"人们认为这句话意指三天前的盟军登陆对他而言是个陷阱。可以说这是他对当天所获消息的反应:他所生活的维希管辖区被德国人占领了。结果便是,由于法国和阿尔及利亚从此被战争隔绝,他既不能登上他(在里昂)预订了船票的邮船,更无法与弗朗辛团聚(甚至不能跟她通信)。

早些时候,有人提醒过他尽早离开,但话语含糊,他没有明白。[1]弗朗辛回到阿尔及尔后,一直住在阿库夫妇那里。很快她就对时局有了预感:显然,同盟军不久就会登陆,她的丈夫再也回不来了。可是如何让他明白呢?她知道他会听从埃马纽埃尔·罗布莱斯的话,便到布扎莱阿去找罗布莱斯,发现他正忙着在一家师范学校上课。于是她给加缪发了一份电报,催促他早日返回阿尔及利亚,但为时已晚。后来他们听说加缪要坐的那艘船半路上被维希巡逻部队拦截并被护送回了马赛。[2]

身无分文,冬天将至,不难想象加缪当时是怎样的心情。失望伴

---

[1] 源自布朗什·帕兰。

[2] 源自阿尔贝·加缪夫人和埃马纽埃尔·罗布莱斯。

随着对家人命运的焦虑,因为他认为德国人将会轰炸已经成为首要目标的阿尔及尔。在这种个人的焦虑中,第一次出现了一种对国家的强烈情感;而这样的情感,全然源于德国军队的侵略。[1]

其时,清晨的勒帕奈利耶已经披满了白霜。他坐在两条小溪交汇之处、状如船首的土墩上写道:

> 我在这无动于衷的国度里继续这个静止的航程。不亚于冬天带给那些过于热烈的心灵的整个自然和这白色的宁静——为的是熨平这颗被苦涩的爱情所吞噬的心灵……
>
> 肺呀,安静下来吧!吸足这苍白冰冷的空气,它是你的食粮。平息下来。再也不要强迫我倾听你缓慢的腐烂声——让我最终转向……[2]

---

①　源自布朗什·帕兰。

②　文字到此结束。

第二部分
流 亡

第二十一章

"这位局外人是谁?……"

> 那些为鼠疫所惊吓并因此滞留在城市里的旅客,既
> 远离了他们所难以团聚的亲人,又远离了他们自己的故
> 土……为此,他们承受的分离之苦便强烈许多。对于他
> 们,人们是不应该忘记的……在所有的流放当中,他们
> 是最为痛苦的流放者,那是因为,如果时间在他们身上
> 和在众人身上所引起的是特有的焦虑的话,他们还与空
> 间绑在了一起,在那堵将失落的故乡与鼠患之地分隔开
> 来的墙上,他们在不断地撞击。
>
> ——《鼠疫·流放者》

　　加缪一有机会,便会驱车前往里昂,小憩数日。开私家车的话,这段路并不算长,但对被占领的法国来说,这段路程倘若坐火车,便意味着众多的变化,以及在车站上长时间等待。他的恩人帕斯卡尔·皮亚当时还在里昂。在德国人入侵了法国南部这一先前所谓的"自由区"时,皮亚已经离开了《巴黎晚报》,积极地投入了抵抗运动,并成为马塞尔·贝克的副手。贝克是被称作"战斗"的地下抵抗运动组织罗讷-阿尔卑斯山大区的负责人。这个区域包含汝拉省、索恩-卢瓦尔省、安省、罗讷省、卢瓦尔省、上卢瓦尔省、阿尔代什省、德龙省、伊泽尔省、萨瓦省、上萨瓦省。皮亚当时的笔名是"雷诺阿"。贝克后来应该是被

捕,随后就永远消失了。①

　　加缪眼下没有任何收入,他靠从夏洛那儿得到的几笔小钱生活着。他以前一直都能找到工作,但德国人占领法国南部之后他再无可能与任何报社合作。好心的皮亚于是决定承担起加缪的生活之需。皮亚深知加缪是个宁死也不愿乞求别人帮助的人,便写信给马尔罗和波朗,向他们说明加缪的困境。伽利玛出版社那边能否每月支付2000法郎(合90多欧元)帮助他? 或许就算他下一部小说的预付版税? 马尔罗即刻表示同意,伽利玛出版社把加缪列入了发放薪水的审稿人名单。

　　这样的安排让加缪感到尴尬。他承认自己不太喜欢为了钱写作,但处境不允许他拒绝。他真正希望的是在巴黎找一份工作,于是他向波朗打听工作机会。②

　　皮亚也关心加缪的精神需求。圣诞节快到了,他把保罗-亨利·缇索翻译的印数有限的好几卷克尔凯郭尔的作品赠送给加缪。(这些作品后来在克尔凯郭尔的全集里再版。)并不是加缪多么崇拜克尔凯郭尔,而是因为他在受到萨特有关海德格尔的论文启示后,曾表示要更深入地了解存在主义者。

　　也许就在那时,或者是后来一次到里昂造访时,加缪认识了皮亚的几个朋友。其中有一位是态度严肃的诗人,一位介于《新法兰西杂志》和20年代以来超现实主义运动之间的人物,还是一位秘密共产党员。他刚刚(当然是在伽利玛出版社)出版了一本会保证其文坛留名的诗集,题为《对事物之陈见》,一本歌咏物体之物质特性的散文诗小册子,诗集风格或精练,或嘲讽,或悲怆,并将激发战后一代“新小说家”。他就是四十三岁的弗朗西斯·蓬吉,不过当时还没有成名。当皮亚写信告诉蓬吉,说他想出一本题为《普罗米修斯》的“自由的《新法

----

　　①　源自帕斯卡尔·皮亚和亨利·弗勒奈《黑夜终将完结》,巴黎,1973年。

　　②　源自波朗档案(雅克丽娜·波朗夫人)和伽利玛出版社。

兰西杂志》"专集时,蓬吉还在距离里昂大约五十英里的罗昂小镇为一家保险公司当经纪人;皮亚希望这位《新法兰西杂志》的资深撰稿人为这本集子写点东西。蓬吉回复皮亚说手头没有一篇稿子,不过,可以帮他干点实际的事情(他想到了给信封写地址)。两个人便在罗昂和里昂之间的塔拉尔会面,不知疲倦的皮亚问蓬吉是否愿意到里昂《进步日报》工作,他认识报社所有的人。蓬吉在提交了几篇试作之后,便被录用为日报在布岗布莱斯的地区负责人。

蓬吉去里昂时,住在勒内·莱诺妹妹的一间房子里,莱诺也在《进步日报》工作。房子有时也用作莱诺以及一些负有任务的抵抗运动人士的避身之地;加缪到里昂时也在那里借住。蓬吉读过三篇《论荒诞》的手稿,那是皮亚1941年8月给他看的,远在结识加缪之前。而他们各自与奥特利夫妇和勒帕奈利耶的关系更是加固了两人的友谊。不过,蓬吉在罗昂充当从事抵抗运动的共产党人之间的联络员(蓬吉接到正式通知,出于联络工作的安全需要,不暴露他党员的身份至关重要,因而他需要以一个无政治身份的普通人形象出现)。他要求党交给他一些更为积极的任务,所以自此以后他便在记者当中物色对象;作为共产党全国阵线的密使,他今后的任务是联系他所走动城市的新闻界人士,做到及时通告他们,帮助他们准备在全国起义时接管各自的报纸。[1]

加缪不久也结识了莱诺。莱诺时年三十三岁,虽然还没有诗作发表过,但也是一位诗人。他们之间的友情立即热络起来,互相交换书籍和手稿。战后,加缪在莱诺诗集遗作出版时所作的序言中叙述了他们交往的其他琐事:莱诺如何在他到里昂时,把他安顿在维耶叶莫奈路(今天的勒内·莱诺路)上的一间小房间里;莱诺如何在外出过夜之前,边抽着烟斗边与他长谈到宵禁。"被占领之夜的沉重静寂严实地包围着我们。里昂这座巨大而又阴暗的密谋之城,渐渐空却……"不

---

[1] 源自弗朗西斯·蓬吉。

过,他们俩不是在密谋,除非绝对必要,莱诺很少提及他的工作。他们谈得更多的是两人共同的朋友、体育、游泳,有时也谈论书籍。房间里到处都是诗集。

不过,莱诺已经不再写诗了。他告诉加缪说将来再写。战争一爆发,他就加入了法国军队,参加了敦刻尔克大撤退,渡过英吉利海峡,后来又以一情报小组组长的身份回来参加抵抗运动,接受战区首长佩克的领导。1944 年 5 月他在里昂贝勒古广场被捕,在企图逃跑时被打伤了腿。德国人把他关押了起来,在撤离里昂时把他枪杀了。

在这一切之前,加缪在去圣艾蒂安接受肺内吹气疗法前设法见到了莱诺。两人在这座"令人绝望的城市"里度过几个小时。加缪警告莱诺说,要在圣艾蒂安开展哪怕是微不足道的抵抗运动都将十分困难;在加缪看来,如果有地狱的话,圣艾蒂安就是一座地狱,"灰暗的马路没完没了,人人都身穿黑色"。加缪深信自己要是参加抵抗运动也是个百无一用的活动分子,"因为从来就只有最毫无理性的昏沉和麻木"。莱诺说他夸大其辞了。他们约好在圣艾蒂安见面(即 1943 年 9 月),到时加缪将介绍莱诺认识一位朋友。"这人是个多明我会修士,精力充沛,具有反叛精神,自称憎恶天主教民主党,梦中的理想是尼采式的天主教。"(此人即雷蒙-莱奥波德·布吕克贝热,为法国教会的一位强人,显然与加缪所描写的特征相符。)布吕克贝热和加缪在火车站的快餐店里等莱诺,可他到吃甜点时才露面,拖着病身,连开口说话都不行;五分钟后布吕克贝热要去坐火车。莱诺和加缪的火车要到傍晚才开,两人"被热量与烦恼所困,信步走着,每隔一段时间就要在杳无人气、苍蝇乱飞的咖啡店坐下喝一杯糖精柠檬水"。两位朋友分手时,脸上都带着傻笑,加缪说道:"您明白了吧,这里什么事也做不好。"还有一次,加缪和莱诺在里昂散步,两人在贝勒古广场上的孩子们和鸽子中间随意漫游(那时鸽子还没有被人吃掉)。他们一言不发地整整走了半个小时,但加缪感到两人想的是同样的事情。

1944 年春他们最后一次在巴黎见面,两人是如此融洽,以至于他们决定法国解放后在一起工作。

事实上，在利尼翁河畔尚邦市也有抵抗活动，不过，也许是因为加缪与当地之间只不过维系一种短暂的关系，所以他对此一无所知，或者说所知甚少。这未免有点讽刺。尚邦及其附近地区由于偏僻，便成了那些必须躲避纳粹或维希政权的人士的一个好去处。来此避难的大多数为犹太人。抵抗运动的领导者有爱德华·泰伊斯和安德烈·特罗克梅两位牧师，尚邦市长，塞文学校校长。这所镇上的新教学校1938 年有学生 18 名，1939 年 40 名，1940 年 150 名，1941 年 250 名，1943 年 300 名，1944 年 350 名；今天它是全国知名的塞文中学，拥有大约 500 名学生。那时学校老师包括特罗克梅牧师和一些著名的在俗新教徒，如哲学家保尔·里柯尔和后来成为伦敦戴高乐政府内务特派员的安德烈·菲利浦。此外还有一些犹太人教师，如亨利四世中学文学教师达尼埃尔·伊萨克，他是按种族法律被开除出学校的。

牧师们在布道时抨击维希当局。尚邦居民们则进行一些非暴力抵抗活动，其中一项为拒绝向国家元首贝当元帅宣誓。1942 年 8 月15 日，维希政府青年部长在省长和副省长陪同下，访问该市，全市没有挂一面旗帜来欢迎他们。塞文学校的研究神学的学生把一封抗议虐待犹太人的请愿书递交给部长。有一天，省警察局长突然到来，要求得到犹太居民的名单，大客车也已经准备好，立即把他们送往集中营，可是他一无所获。特洛克梅和泰伊斯两位牧师和公立学校校长罗杰·德·达尔西萨克被逮捕并送往拘留所。他们回来之后，由于不断受到盖世太保的骚扰，便转入了地下。

由于加缪对这一地区不熟悉，所以也不认识这些好人；而他们也更是没有机会结识他。不过加缪还是遇到了一位阿尔及利亚来的老朋友安德烈·舒拉基。舒拉基由于种族配额制而被克莱蒙费郎大学开除，一位新教医生将自己在尚邦附近一个村子里的房子借给他住。加缪经常去看舒拉基，他们一边吃着古斯古斯一边谈论加缪的工作；

加缪就这样和一位同乡人在一起，苦闷便部分地得以减轻。舒拉基当时正在研究《圣经》（他后来完成了一部在北非犹太人中影响力极大的著作，并在此之后把《圣经》翻译成了法文），他把《圣经》中谈到鼠疫的地方指给加缪看，加缪则十分细心地做了笔记。

然而，在那个时期，大家闭口不谈抵抗运动，甚至和老朋友在一起时也是如此。舒拉基有一天获悉自己每天照面的邻居实际上是他本人那条地下联络网的头脑，可他一直只知道他的代号。①

冬天加剧了加缪的忧伤和对阿尔及利亚的怀念。他的日记反映出他想在孤独中生活的意愿。寓意之语：“除了爱的时候，女人是令人讨厌的。必须与一个女人生活并闭口无言，否则便和所有女人睡觉并做爱。最为重要的在此之外。”这是一个北非法国人、一个地中海人在表述或在努力为自己寻找一条具有勒帕奈利耶色彩的理由。他再一次转向了写作，想从中得到一点安慰。在离开勒帕奈利耶之前，他写完了《布德求维斯》，并易名《流放者》。无疑，他觉得自己是位流放者，而没有任何地方能比尚邦这个孤独而又寒冷的村庄更让他产生一种被遣送至中欧的感觉。比方说，他在奥勒莫兹度过的几个漫长的星期，还有他与西蒙娜和依夫·布儒瓦夫妇一起在死气沉沉的摩拉维等待那从阿尔及利亚寄来的钱。让《误会》的第一批观众感到不安的冷峻单调的布景，既来自战时的尚邦，也来自莫拉维和奥勒莫兹。

他同时还在写作新的有关反抗的随笔，还有他所谓的《鼠疫》第二稿，一稿已经在前一年冬天完成。在小说的最后一稿中，主要人物菲利浦·斯特凡彻底销声匿迹。尚邦的一位居民后来注意到加缪书中的许多人物借取了当地名字：帕奈利尤神父来自“勒帕奈利耶”，利厄大夫取自尚邦的“利尤”大夫，还有约瑟夫·格朗（这个姓氏来自一邻

①　源自罗杰·德·拉伊萨克《利尼翁河畔的尚邦》、爱德华·泰伊斯牧师、安德烈·特罗克梅夫人、罗杰·德·达尔西萨克，安德烈·舒拉基。舒拉基之后成为耶路撒冷的副市长。

居的家庭)。① 加缪在《鼠疫》第二版的详尽笔记里，曾预备纳入一章有关疾病的介绍。那些关在隔离室的奥兰人"再次发现身体上的疾病从来不是单独而至，相反总是伴随着精神上的痛苦(如家庭、失落的爱情等)，正是这些因素加剧了疾病的痛苦······"他还写道："鼠疫之寓意——它对谁都没有好处。"

到了1月中旬，他终于去了巴黎。他先前去过两次：1937年那次，尚在恢复之中的他囊中羞涩；1940年，他待了三个月，身份为《巴黎晚报》的新录用职员和在遥远外省发表了一些微不足道的作品的作家。而这一次，他要在到处都饰有纳粹旗帜的可悲的巴黎待两个星期，尽管身上依然没几个钱，但他已经成为某种名人，一位前途远大的年轻作家，不仅作品受到前辈的欢呼，而且还与《新法兰西杂志》的重要人物们(除了那个鼓吹法西斯主义的社长)过从甚密，安德烈·马尔罗还出面为他说过好话。他终于结识了让·波朗，两人相处融洽。他还见到了《新法兰西杂志》的另一位作家，即他当时正在写作的对象——哲学家布里斯·帕兰。他很有可能也是在这一次遇到了伽利玛出版社的第三位人物，让·布朗扎，当时在场的有贝尔纳·克勒埃蒂森和波朗。布朗扎是如此描写加缪的："他又黄又瘦，穿的风衣皱皱巴巴······他的神色有点含糊，略显疲惫，我们立即敏锐地认出了这些'地下人员'的特征，尽管他在那时大概还不是其中一员。"他好几个月前就已经听说过这位年轻作家，而这一次他是当面观察着他的目光："直接，敏锐，极为认真地注意着你本人，同时又闪烁着快活、狡黠的神采，充满着也许邪恶的嘲讽，不过看上去宽容而心不在焉。"②

在位于塞巴斯蒂安-博丹路的伽利玛出版社的院子里，他和雅尼娜·托马塞拥抱在一起。她嫁给加斯东的侄子皮埃尔之后便成了雅

① 源自罗杰·德·达尔西萨克。
② 让·布朗扎《首次会面》，选自《向阿尔贝·加缪致敬》。

尼娜·伽利玛。她为他找了一家蒙帕纳斯附近的旅馆,即位于沃吉拉尔路十分朴实的"阿维亚蒂克"旅馆。他也见到了加斯东另一个兄弟的儿子、皮埃尔的堂兄及难分难舍的朋友米歇尔·伽利玛。有一天晚上,雅尼娜带着加缪去马杜兰剧院,看巴黎全城都在议论的约翰·密林顿·辛格创作的戏剧《悲伤女神狄德丽》。戏是11月份开始上演的,一位身材纤细、情感丰富的女演员(与让·马尔沙、米歇尔·奥克莱同时登台)脱颖而出。她就是流亡的西班牙总理的女儿、当时还是戏剧学院学生的玛莉亚·卡萨雷斯。这部戏根据爱尔兰的一则传说写就,讲的是一对命中注定无法修成正果的情侣的故事,结尾是小伙子被害,姑娘自尽。评论家对此戏无动于衷,但却为卡萨雷斯神魂颠倒。其中一位评论家说:"她像一头被捕获的牝鹿。"《南方杂志》载文:"一台具有惊人力量的戏剧牵引机。"雅尼娜在首演那天已经和伽利玛一家人看过这出戏,并认识了马杜兰剧院经理兼演员马塞尔·埃朗及其合伙人让·马尔沙。散戏之后,她把加缪带到后台为他介绍上述人员,当然也同时向玛莉亚·卡萨雷斯祝贺了一番。一年之后,马杜兰剧院将上演加缪的《误会》,卡萨雷斯也将在其中扮演角色。①

在米歇尔·伽利玛的介绍下,加缪还结识了奇异的多明我会神父布吕克贝热。他既是作家、记者、电影导演(《加尔默罗会修女对话》改编者之一),又是风格独特的为抵抗运动募捐者。法国解放后他还到巴黎圣母院去迎接戴高乐。布吕克贝热当时年仅三十五岁,看上去就像人们在故事里所遇见的那种既贪杯又好色的快乐僧人的现实翻版。他在巴黎和法国南部圣马克西曼多明我会修道院以及两地之间的城市和乡镇之间穿梭来回。那次在圣艾蒂安火车站快餐店,与莱诺短暂会面时,突然离开的就是他;在这以后的一年中,他还会遇到加缪,有时时间更长些,先是在尚邦,然后是在圣马克西曼。加缪和这位朋友

---

① 源自雅尼娜·伽利玛和杜萨纳(贝娅特丽克·库仑-杜萨纳)《玛莉亚·卡萨雷斯》,巴黎,1953年。

们称为"布吕克"的修士有一次甚至坐上了同一列火车；加缪后来描写过这次旅行，一路上这位与众不同的多明我会修士不停地发表反纳粹、反贝当的言论，而车厢里坐满了他们不认识的人。布吕克有一天交给加缪一本格特鲁德·冯·勒福尔于1934年写的《断头台上的最后一女人》、乔治·贝尔纳诺斯正是从这本书演绎出《加尔默罗会修女对话》的。加缪很喜欢这本书。① 布吕克贝热和加缪这次在巴黎相识之后，保持了长期的通信往来，正像加缪将继续以书信的方式与波朗对话。

在勒帕奈利耶，加缪意识到，自己诚然有了更多的信要写给新朋友们，但他更得为那些生活用品包裹书写标签，包裹是寄给大城市的朋友们的，他们无法搞到新鲜食物和脂肪食品，而在尚邦地区这些东西却不稀罕，相反，线和纸在尚邦无处可觅。他因此要求正汇钱给他预订食物包裹的让·格勒尼埃把所有能弄到手的包装纸和线都保存起来，把这些东西交给当时家住巴黎特拉贡路的保尔·奥特利，等他今后到巴黎拜访时再把这些不可或缺的珍贵物品带回勒帕奈利耶。他在能够找到的纸头上写信，常常是在他用来写手稿的草稿纸上。

让·格勒尼埃反过来向加缪提了个要求：告诉他确切的生日，他的朋友马克斯·雅各布想为加缪算一下星相。雅各布拖拉或犹豫了许多时间，才将结果告知加缪，因为差不多过去了一年，他才告诉加缪，恐怕他将死于非命。②

与弗朗西斯·蓬吉以书信为主要形式的对话构成了加缪在勒帕奈利耶的一项主要活动。蓬吉不仅认真对待词语及其意义，而且认真对待这位新朋友。蓬吉、莱诺和第三位朋友，即后来被纳粹杀害的犹太人米歇尔·蓬特雷莫利曾经在莱诺的房间里听过一次《误会》的朗读。1943年1月27日，加缪在重读了《对事物之陈见》之后写了一封

---

① 源自雷蒙-莱奥波德·布吕克贝热。
② 源自阿尔贝·加缪夫人。

长信给蓬吉,承认这是一部"纯粹的荒诞作品",因为它证明了"世界的无意义"(这封信后来成为加缪"七星文库"版作品集的一部分)。最令他佩服的是蓬吉所掌握的表达能力,使得他那所谓无法找到任何意义的论断更加具有说服力。

不过,他们的讨论也包括蓬吉对《西西弗神话》的读后感。蓬吉在1941 年 8 月的日记里谈及此事,记录了他的一些看法,这些看法表露出他对事物非常实用的认识观:

> 西西弗是幸福的,对,不仅因为他正视着自己的命运,而且,还因为他的努力获得的相对结果十分重要。诚然,他无法做到让岩石在高处停住,也达不到绝对(原本就不可企及的),但他在各种学科里能够得到积极的结果,尤其是在政治学科里(人类世界的组织,人类社会的组织,统治人的历史,个体与社会悖论的掌控)。①

加缪坚持在自己的随笔里,确定的立场具有临时性。他很希望能更进一步,着手"一项巨大、全面而又富有远见的价值修正工程",然而,他有这种才能或力量吗? 他在 1 月 27 日的信中总结道:"您当然可以强调说,西西弗是懒惰的。可是呢,正是懒汉们在推动世界,其他人没有时间。"

不久以后,蓬吉决定执行一项为全国阵线招募人员的秘密任务,他将在利尼翁河畔尚邦市作停留,当然很乐意在勒帕奈利耶造访他的新朋友。2 月 1 日,他在火车上草草地给加缪写了一封回信,也许是用来口头回答的。蓬吉提了下面的问题:

> 如果您在完全不认识我的情况下,天真地读了《对事物之陈

---

① 《对事物之陈见》,收于伽利玛出版社诗集版本,巴黎,1960 年。

见》的话，您认为您会重视甚至会读这部书吗？如果您的答复是肯定的话，对我来说就没有任何义务另做解释了……

还有，他在另一篇笔记中写道：

> 只有文学——更确切地说唯有在文学中的描写文字（与解释文字相对）：陈见，现象学词典，宇宙进化论——可以让人大展身手：重新创造世界。由于重新创造这个动词既具体又抽象，既有内涵又有外延，又由于这个动词语义学上的丰富性，我们可从各个方面去理解它的意义。
>
> 加缪和我在这一点上，与波朗观点一致。[1]

蓬吉来到勒帕奈利耶，找到了奥特利夫人那荒凉的家庭客栈，而在战前的暑假，他看到这里人满为患的景象。萨拉·奥特利一般在冬天关闭客栈，但这一年，她为了加缪而把门开着。不过，她还是把他安顿在农庄里的一栋小房子里，那儿更容易取暖些。[2] 蓬吉发现，尽管加缪有一条叫作"小雪茄"的猎狐小狗到处跟着，他还是由于孤独显得萎靡不振。[3]

与波朗的书信对话并非如此注重精神，尽管波朗也是一个完美主义者。他不久刚发表了倾注了十年心血的《达尔布之花》。1931 年波朗在一封致阿尔托的信中写道：

> 我正在写作，希望这部《达尔布之花》脱稿后，它能令您满意。这部书带给我的幸福让我认为它可能是真实的，并以那我希望是

---

[1] 《对事物之陈见》，收于伽利玛出版社诗集版本。

[2] 源自阿尔贝·加缪夫人。

[3] 源自弗朗西斯·蓬吉。

数学般的精确来勾勒出这个我们实际生活的次等世界。

1936 年,他写信告诉茹汉都,他得从头重新写这部书。于是,当书终于在 1941 年问世时,人们可以容易地想见它对波朗来说有多么重要。加缪因此在为该书作评时也理所当然地十分谨慎。①

巴黎、里昂以及许多其他各地之间的书信频繁往来,让人以为邮件在被占领的法国流通迅速。人们自然可以说,当时的邮政比起今日来,有时还要运转得更灵活些。不过,如果此时整个法国已经成为完整一块的话,对阿尔及利亚依然是鞭长莫及。加缪自有一条辗转的道路与妻子保持通信。曾经在突尼斯住过的小学教师阿尔芒·吉贝尔眼下住在葡萄牙。加缪写信问他是否愿意从中立的葡萄牙为他把信转到阿尔及利亚;于是,在次年,加缪便可以这样给弗朗辛写信,信封在途中被检查官敲上纳粹印记。这并不妨碍加缪在一封信的封面上给吉贝尔写下这些短小的词句:"要坚持到示威之时。"②

3 月底,加缪收到了弗朗辛通过里斯本转来的第一封回信。她在阿库家中住了一段时间之后,搬进了特莱米大街的一个套间,那是路易·米凯尔一家留给让娜·西卡尔和玛格丽特·多布朗的房子。她在一家私立学校找到了一份教数学的工作,天真地希望留在阿尔及尔会比回到奥兰有更多的机会与丈夫团聚。她以为总有一天她会逆难民逃亡的路线,经过西班牙回到法国,可她又担心,一不小心会招惹别人注意到她认为处境危险的丈夫。弗朗辛还认为找到了给他钱的办法:她把部分工资给一个当地人,再让那人在法国的家属定期将相应的钱款交给加缪。可加缪只是在解放之后,才拿到这些钱。最后弗朗

---

① 源自波朗档案(雅克丽娜·波朗夫人)和《新法兰西杂志》,巴黎,1969 年 5 月 1 日波朗特刊。

② 阿尔芒·吉贝尔《明晰与毁灭》,《圆桌》,巴黎,1960 年 2 月。

辛还是回奥兰去了。在教了一段时间的书后,她参加了同盟军,先是作为钢琴师为驻扎在海边的部队助兴,后在奥兰的心理行为服务总部参与战时宣传材料的制作准备工作,这些材料是针对当地居民的。她的姐姐克里斯蒂安娜在家里帮她构想反对维希政权的口号。不过,当她看见美国人对穆斯林表现出巨大兴趣时,便越来越感到不自在。所以,当与他们一起渡海过来的老友路易·若克斯为她在戴高乐临时政府里找到一份工作时,她轻松了许多。①

加缪还经常得到加布利埃·奥迪西奥的帮助。作为援助北非人委员会主席,奥迪西奥为加缪争取到了一笔信用贷款,并让玛丽·维顿通知他,以免伤害有可能不愿接受官方慈善的加缪。②

加缪在 2 月 10 日的日记中写道:"四个月艰难而又孤独的生活。意志、精神从中得到了磨炼。可是情感呢?"他明白自己还是让想象占了上风,一种他刚刚发现的、无拘无束的,并且渗透进了他的思考以及创作所必需的自律之中的想象。有时在火车上,有时在公共汽车上,他任凭想象驰骋,懒得去约束。

这个时期的《鼠疫》手稿完全像一部内心日记,因为他写的是遭到隔离的不幸人群,他们在努力从新闻中寻找相信疫情很快就会解除的理由,想象一些没有根据的希望,研究某个记者匆忙之中草草写下的胡言乱语。有一天他总结道:"这样就把分离这一主题变成了小说的重大主题。"不过他又向蓬吉倾诉:"流放让我感到压抑。"

不过,作为他本人孤独的反映,《鼠疫》日益严重的个性化又是与反抗主题的非个性化表达并行不悖的。显然,"关于反抗的随笔",正如他自己在日记中所称呼的那样,将是对这一主题的概述,可是在最后定稿时,他再一次感觉到需要把自传性哲理倾吐出来。

3 月初,他收到了《南方杂志》2 月号,其中包括萨特对《局外人》的

---

① 源自阿尔贝·加缪夫人。

② 源自加布里埃尔·奥迪西奥。

评论文章。萨特认为文章过分强调了清醒意识，又过分忽视了创作的直觉成分。他顺便提到，萨特其实并不真正欣赏《西西弗神话》。

其间，他又为一部有关无意义的文集起草了一份序言，似乎是从他与蓬吉的讨论中显露出来的。为什么编这个文集？因为它"实际上不仅在描写生存最为重要的部分，即不足道的动作、不足道的思想、不足道的性情部分，还描写了我们的共同未来"（因为即使是恢宏的思想和行动，最终也会变得微不足道）。序文后来又重写了一遍，并于 50 年代末发表在文学杂志《四季》上。

3 月份，天还老下着雪。可是，从 9 日起就出现了最初的长春花，因而值得在日记里特别提一笔。他还写道，结核病并不总是伴随着痛苦的。疼痛使病人维持在现在，并要求调动起精神来与之斗争。"然而，一看到溅满鲜血的手帕，就不由自主地预感到死亡，这是头昏目眩地重新沉浸到时间里，即对未来的恐惧。"所以他对自己的身体就像对季节一样保持着高度的警惕。

通过蓬吉和莱诺的介绍，他还与勒内·塔韦尼埃有了来往。塔韦尼埃是里昂一家文学杂志的主编。由于这份杂志不是政治刊物，所以还能继续出版，但实际上其中的文章和作者都直率地表达着他们的政治倾向。塔韦尼埃的这份杂志，由于发表了一首阿拉贡的诗，就被禁止出版了一段时间，停刊了好几期。他编辑和发行的《交汇》达十万份，主要是在法国南部，同时，也通过经过选择的巴黎书店来发行。

在阿拉贡的建议下，加缪得为《交汇》的"小说专号"写一篇文章。日记表明他当年春天在写这篇文章。《智慧和断头台》试图定义法国小说的古典精神，这种精神的主要体现便是拉法耶特夫人的小说《克莱芙王妃》。加缪的文章从叙述路易十六上断头台开始，当他向将他押到断头台去的一名卫兵请求给王后传递消息时，得到的答复是："我在这里不是给你送信，而是把你送上断头台。"加缪想揭示的是古典小说家也拒绝帮别人传话，而坚持自己的主题。不过他还是提到了蓬吉

的《对事物之陈见》是"当代仅有的古典作品之一"。这篇文章于 1943
年 7 月发表在塔韦尼埃的杂志上。

这段时间，塔韦尼埃的住所兼办公室在里昂东部的郊区，这是一
栋孤零零地建在山丘上的房子，要通过一条台阶窄小的长梯道才能到
达，梯道两侧还有许多通往四面八方的道口，因而十分有利于地下会
议。这栋房子当时也是最著名的法国共产党员作家路易·阿拉贡及
其俄裔妻子埃尔莎·特里奥莱的临时住所和避难地。阿拉贡是最初
的达达主义和超现实主义运动成员，1927 年加入共产党并从此成为一
名公开的斯大林的苏联的拥护者。在法国被占领期间，阿拉贡在塔韦
尼埃家里住了一年多时间。他在此组织知识分子抵抗小组——全国
作家委员会会议，他是该委员会南方分会负责人。

在由阿拉贡在塔韦尼埃家里召集的一次全国作家委员会会议上，
加缪将布吕克贝热带了过来，布吕克立即加入了委员会。加缪自己可
能也是在上一次会议上加入的。[①]　在这些会议中，阿拉贡与加缪的接
触很少，而他的妻子埃尔莎对加缪却不无兴趣，并与他交谈了多次。
她出版过一篇题为《那个不是本地的陌生人是谁？》的简短文章，为了
表示对书籍检查制度的蔑视，小册子的装帧相当引人注目。

> "那个不是本地的陌生人是谁？"勒帕奈利耶的居民们暗自纳
> 闷。加缪从阿尔及尔来到这里避难，在美国人登陆之后，突然发
> 现自己是在法国。这些直觉敏锐有力的人也许预感到《局外人》
> 是一个神奇的神话，一种哲学上的贡献，一种智力上的刺激。

对那些只是在电影里见过战争的人来说，阿拉贡能够在里昂生活
并接待名人或至少是睿智之士的来访，其作品能够在巴黎由伽利玛出
版，塔韦尼埃能够为了全国作家委员会的事从里昂跑到巴黎，马尔罗

---

① 源自路易·阿拉贡、勒内·塔韦尼埃、布吕克贝热神父。

能够自由地来来往往,萨特能够既是一位公众人物,同时又参加全国作家委员会会议,等等,这一切简直不可思议。事实上,盖世太保一般都不去干扰那些最受关注的人物;在某种程度上,这是侵略者与《新法兰西杂志》达成的交易。认识从莫里亚克到茹汉都每一位法国作家的海勒中尉和德·利本特洛大使、巴黎的投降主义思想代言人奥托·阿贝兹等人都以其"中庸"立场而闻名。如果德国人对这些德高望重的法国作家,就向对普通公民一样粗暴的话,也就不可能存在什么全国作家委员会,那些文学杂志享有的相对自由,也就难以想象,而像马尔罗这样在表明立场之后,也就不可能活在人世。[①] 当有些法国人(尤其是法国犹太人)必须越过分界线以躲避纳粹分子时,萨特和西蒙娜·德·波伏瓦却能够忙里偷闲地度假,悄然无声地走掉,然后又如法炮制地返回。[②]

至于加缪积极参与抵抗运动一事,同样存在着含糊不清之处。有关他在法国被占领时期所起作用的书,比比皆是,包括那些最具权威的著作里也都有记载。事实上,加缪在勒帕奈利耶期间并没有积极参加过任何一个抵抗小组的运动,既没有收集过情报,也没有从事过破坏或宣传活动。1943 年年底,当他最终在巴黎定居时,他受雇于地下运动报纸《战斗报》编辑小组,该组织的名称也是"战斗"。加缪参与了这份将在巴黎解放之后公开发行的报纸的创建工作。

不过,加缪在勒帕奈利耶为一些地下杂志撰过稿,比如最初的两篇题为《致一位德国友人》的文章;他还接触过一些抵抗运动积极分子,如皮亚、蓬吉、莱诺等。

意味深长的是,加缪针对抗击轴心国强权势力的战争,持的是否定观点,这主要体现在《共和国晚报》和《阿尔及尔共和报》两报的社论内容里,而这些观点之后已经完全消失。他或许仍然是个反对杀戮原

---

① 源自居伊·杜缪尔。

② 西蒙娜·德·波伏瓦《岁月的力量》。

则的和平主义者，而这并不总是与积极抵抗德国占领军和维希政权的行动协调的。此外，地下活动确实也意味着活动分子在其生活圈子里工作得如鱼得水；然而加缪在法国并没有自己的圈子。

他曾试图为自己营造一个圈子。雅尼娜曾经将伽利玛家族中的一些成员带到勒帕奈利耶。布吕克贝热神父也企图将他带到气氛更为宽松的普罗旺斯地区。因为加缪的阿尔及尔女友布朗什·帕兰当时在法国南部，他便要求布吕克贝热神父在海滨山区里为他找一个住处。他的这项计划最终没有结果，而布朗什回到了她的故乡阿内龙，那里与德龙省交界。两人在对双方来说都方便的瓦朗斯见过一面，还有一次见面是在圣艾蒂安。（瓦朗斯小聚唯一的纪念是加缪在他们的旅馆偷听到的隔壁房间传来的戏剧化的对话，大概持续了一个半小时，加缪把它写进了日记。在圣艾蒂安会面时加缪被布朗什的言论逗乐了，并把它记在日记里："没有人意识到有些人花了九牛二虎之力只是为了变得平常。"）

布朗什·帕兰为他的消瘦深感震惊，所以在她一回到家之后就开始给他寄鸡蛋和奶酪，因为尚邦的生活资源有限。可她在圣艾蒂安发现他对当地了如指掌，尤其是黑市饭店。这些饭店往往设在房子的最高一层，外行人无从知晓。他们在饭店里肆意挥霍，靠的是他刚从伽利玛那里得到的一笔钱。[1] 钱是用来开销的，他在日记里写道："任何为了钱的生活便是死亡。"他对圣艾蒂安及其附近是这样描写的：

> 如此的景象是对使之问世的文明的谴责。一个没有生命、快乐和积极消闲方式的世界是一个必须死去的世界。

他开始感到文思受阻将至，并怀疑是否有话要说。在 4 月底他

---

[1] 源自布朗什·帕兰。

给蓬吉写道："如果我不为不能回家而自责的话,一切就会好起来的。"①

眼下他就要失去一位里昂的可靠朋友,因为领导地下组织"战斗"的"雷诺阿"遭到维希警察和盖世太保的追捕,被迫逃到瑞士避难。皮亚成功地穿越了国境线,但当他想 8 月秘密返回法国时,遇到了麻烦,瑞士人不让他走。在此期间,夏尔·戴高乐的代表,让·穆兰运用各种方法施压,使三派主要抵抗组织"战斗"、"南方解放"和"自由射手"联合起来,组成了"联合抵抗运动"。"联合抵抗运动"的任务之一就是保持与法国铁路的联系,以获得情报和破坏纳粹的行动。"联合抵抗运动"总部迁到了巴黎,皮亚被派去当了总书记。②

加缪到离布岗布莱斯不远的小村庄高利涅去看蓬吉,一起长时间讨论《鼠疫》;加缪的情绪起了变化。他在 1943 年 5 月 20 日的一段日记中毫不掩饰他的兴奋:

> 第一次有了满足和完美的奇异感觉。在又闷又热的夜晚,躺在草地上我问自己:"如果这些是最后的日子……"回答:内心平静一笑。然而没有任何值得骄傲的东西:什么也没有解决,行为也不是那么坚决。是结束一场经历的冷漠心肠,还是夜晚的温柔,或相反是一种不再否认什么的智慧的开始?

当然是气候。我们的气候学家毫不迟疑地如此作了肯定。不过还有另外一件事:加缪要回巴黎了。

---

① 加缪写给蓬吉信件的部分片段曾出版于"七星文库"版加缪文集。

② 源自帕斯卡尔·皮亚。

第二十二章

被占领的巴黎

> 诚然,人们来到欧洲城市所寻找的正是这种孤独
> 感⋯⋯几个世纪以来的历史与美,那些一去不复返的千
> 姿百态的生命的热情见证,沿着塞纳河畔陪伴着他们,
> 与他们同时谈论着传统与征服。但青春逼迫着他们召
> 唤这一陪伴。但也会有这么一个时刻,一些时期这种陪
> 伴不合时宜。"让我们俩来拼一下!"拉斯蒂涅面对巴黎
> 这座腐朽不堪的城市喊道。是的,是两个,但还是嫌多!
>
> ——《弥诺陶洛斯》

加缪 6 月 1 日来到巴黎,这一次稍微相信巴黎有点属于他了。有几个人知道了他来的消息,如让·格勒尼埃,加缪过去一直从勒帕奈利耶寄食品包裹给他;还有好心的加布利埃·奥迪西奥;这两位他都将去拜访。

由于伽利玛兄弟的缘故,立即发生了一桩至关紧要的事件。让-保罗·萨特的《苍蝇》首演那天,加缪遇见了作者。从此以后,萨特将在他的生活中发挥重要的作用,既是通过其几乎无处不在的、居高临下的存在,又是通过他因此而造成的同样无处不在的虚无来影响他。在那时,萨特几乎已经成名,尽管他从未成为《新法兰西杂志》唯美主义团体的一员,但他已经是伽利玛出版社的一位作者。实际上,他至

少在内心深处更接近加缪，远远超过波朗、帕兰或格诺在任何一个时候与其接近的程度，因为他的哲学与重大政治立场都是积极的。他既是一位教授，又是一位百姓；他要求人们和谐一致。如果说波朗难以捉摸，那是因为他躲躲闪闪；而萨特呢，他表现出来的困难是另一类的，因为他始终不停地在行动。即使萨特完全搞错，他总是正在做或说些什么，人们也明白他的思想。

当然，他也同样具有那个时代的模糊不清之处。萨特的新戏在萨拉·贝尔纳剧院上演，由于萨拉·贝尔纳是犹太人，其时剧院已更名为"城市剧院"。对此，导演夏尔·杜兰和萨特看起来都不介意，除了在法奸报纸上得到好评之外他们不期望其他任何东西。西蒙娜·德·波伏瓦认为人们不可能对剧本的真正含义产生误会，因为剧本里包含有奥瑞斯特对自由的呼唤。但她在回忆录里叙述说，占领军队的报纸《巴黎日报》突出地刊登了一份褒扬的报道。这就是当时巴黎的公众生活。西蒙娜·德·波伏瓦没有在首演那天见到加缪。她回忆说《苍蝇》的首演是在（6 月 2 日）下午，因为晚上常常断电。当时萨特站在大厅检票处附近，一位年轻人迎上前，自我介绍是阿尔贝·加缪。[1] 下一次见面要等到秋天，即加缪正式定居巴黎之际。

加缪与波朗相处融洽至极。他们发现两人有着爱动物的共同喜好，加缪告诉波朗在勒帕奈利耶他的狗和一只暹罗猫还等着他。相反，没有任何迹象表明他们谈及了当时令伽利玛出版社首先是波朗本人头疼的话题，即皮埃尔·德里厄·拉罗歇尔终于决定辞去《新法兰西杂志》社长一职，虽然伽利玛有了另一位接替他的人选，德国人还是决心关闭这家对他们来说已经毫无用处的企业。1943 年 6 月号将是最后一期。

波朗表明自己是加缪忠实的支持者，而且不仅仅是当着加缪的面

---

① 　西蒙娜·德·波伏瓦《岁月的力量》。后来，马尔罗说道："我在盖世太保那里受迫害时，萨特在巴黎顶着德国人审查的压力让他的戏剧上演。"（拉古杜尔《马尔罗，世纪之生命》）

才这样。在一次与弗朗索瓦·莫里亚克谈及法兰西学院文学大奖人选时，波朗开门见山地表示倾向于《局外人》，认为这是最近两年来唯一一部表现出高超艺术的小说。他向莫里亚克肯定了加缪的勇敢正直和值得信赖，可是莫里亚克却无动于衷。后来，莫里亚克便成为加缪主编的《战斗报》讨伐的洪水猛兽，老是与他作对，而且无缘无故（因为加缪不能像莫里亚克享受自我思考那样远离莫里亚克的观点——他的政治观点）。好像波尔多的这位天主教小说家本能地不喜欢这位来自阿尔及尔的年轻作家；可是，假如他知道加缪老家正是波尔多的话，那又会怎样想呢？

波朗向这位院士保证，《局外人》与莫里亚克的天主教框架完全契合，因为书的主题是："如果我不爱天主的话，我又如何会爱母亲（或妻子）呢？"莫里亚克反驳说他不喜欢的，便是小说的这种造作和对美国小说的借鉴。波朗指出小说更接近于伏尔泰的《老实人》，远甚接近于任何一部美国小说。① 最终，法兰西学院的大奖颁发给了左派哲学小说家让·普雷沃，他于次年在韦科尔与德国人作战发时牺牲，年仅四十三岁。

加缪在巴黎逗留期间曾经将正在写作的小说《鼠疫》一部分给波朗看过，波朗觉得必须交给他的朋友让·雷斯屈尔。雷斯屈尔早已着手在 1941 年出版自己的杂志，名为《消息》，还得到了《新法兰西杂志》要人波朗的支持。显然，波朗支持《消息》就像他以前一面留在伽利玛出版社的皮埃尔·德里厄·拉罗歇尔身边，一面支持皮亚试图创办的《普罗米修斯》一样，就像他可能还支持过其他反《新法兰西杂志》计划一样。有人说波朗要求他的朋友们把稿子交给《新法兰西杂志》，然后把这些稿子锁在柜子里，好等到战后发表。这当然是在讲笑话，但是，波朗难道没有把他的那些胆大朋友的文学杂志设想当作"柜子"来利

---

① 源自波朗档案（雅克丽娜·波朗夫人）和让-克洛德·齐尔贝斯丹，《新法兰西杂志》，1969年 5 月 1 日。

用吗？在德里厄主持的最后一期《新法兰西杂志》出版之后，波朗写信给一位朋友说，如果杂志还要再出的话，"只要（由他来掌管）杂志，它要么立即消亡，要么从第一期开始就与之前完全决裂，而且反差要达到跃然纸上的程度"[①]。

德国人起初允许雷斯屈尔和他的朋友在巴黎出版《消息》，部分原因是他要了点小聪明。一篇没什么意义的文章获得了许可之后，他便在同一题目下发表内容不同的文章。在德国人同意出版法西斯分子罗贝尔·布拉齐亚克的《握住欲望之尾》之后，他出的却是毕加索的同名文章。等德国人发现之后，雷斯屈尔还在布鲁塞尔出了另外一期（名称为《沉默》）。之后，他决定把文章汇总起来，拿到瑞士让他的朋友弗朗索瓦·拉舍纳尔印成厚厚的一本。这位朋友经营着"三丘岭"出版社。雷斯屈尔秘密地通过拉舍纳尔本人把稿子送到瑞士，因为拉舍纳尔为瑞士驻维希公使团成员，并负责瑞士在国外（包括美国）的某些利益。有文章被雷斯屈尔收入文集的作者们被告知，序言将会牵连到他们。事实上，雷斯屈尔的文章以其姓名首字母署名，日期和地点为1943年8月和巴黎。他把重点放在这部名为《法国领地》的大部头书蕴含的颠覆性意图上：

> 几个月来表明，一切法国声音在法国都被打成哑巴。然而幸运的是，人们相当早就开始坚决拒绝服从，并高声宣扬人的尊严概念，尽管一场军事与政治事件压力如此之大，但这种尊严也不足以被嘲弄。

他继续写道，这本文集致力于"将围绕着人与自由骤然产生的友爱集聚起来"，并补充道："他们相聚在一起的事实本身显示了人对自

---

① 源自波朗档案（雅克丽娜·波朗夫人）和让-克洛德·齐尔贝斯丹，《新法兰西杂志》，1969年5月1日。

由的深切呼唤。"

《法国领地》第一页刊登了惠特曼的一首诗,最后一页是"1940 年遇刺身亡"的超现实主义者圣-保尔-罗的一首诗。作家当中有路易·阿拉贡、埃尔莎·特里奥莱、保尔·艾吕雅、夏尔·维尔德拉克、克洛德·摩根(均为左派),还有萨特、莫里亚克、保尔·瓦莱里、保尔·克洛岱尔、亨利·米肖、雷蒙·格诺、弗朗西斯·蓬吉、波朗和雷斯屈尔。所印三千本书被秘密地运回法国,分送出去或以匿名的方式通过邮局包好寄出(但没有出售)。①

在将《鼠疫》中的一章交给雷斯屈尔之前,加缪有些犹豫,因为他拿不准脱离背景这本书能否被读者理解;格诺告诉他说,他觉得书有些晦涩,建议他不要以这种形式发表。加缪把书交给波朗,波朗十分明智地认为必须发表。② 因为《鼠疫·流放者》(小说早期版本第二部分的第一章)不仅反映了加缪在这个灾难时期的孤独,而且也是他自己选择的隐喻,用于表达祖国的遭遇所造成的分离。其发表在《法国领地》上的文章开头如此写道:"总之,瘟疫流行之时,便是流放之时。"这是他自身与家庭、与祖国的"临时"分离,转眼之间变为没完没了的分隔。他文章结束时不同寻常地发现分离又变成了一种消遣,保护流放者远离围绕在他们周围的普遍性的悲痛,也远离恐慌。即使其中某个隔离者染上了如此可怕的疾病,这种消遣也还是可以阻止他产生自己即将死去的想法。

加缪曾经同意校对《尼采文选》并为之作序,这是拉舍纳尔想在其瑞士的"三丘岭"出版社出版的名为"自由经典丛书"中的一本。可是加缪事情实在太多,当拉舍纳尔 1945 年向他重提这一许诺时,他回答道:"战争结束了,也就不再有必要了。"③

---

① 源自让·雷斯屈尔。

② 源自波朗档案(雅克丽娜·波朗夫人)。

③ 源自让·雷斯屈尔。

有一次他不在勒帕奈利耶时,奥特利夫人家里来了一位名叫"雷诺阿"的客人,他就是帕斯卡尔·皮亚。皮亚想起了加缪曾打算秘密穿越比利牛斯山,进入西班牙再回阿尔及利亚,所以为他带来了用得着的外汇瑞士法郎和美元,他把钱都交给了奥特利夫人,以备加缪随时想试一试运气时之需。①

回到勒帕奈利耶后,加缪整理了与"布吕克"的一次谈话记录并记下了一些感想。在谈到 G(也许是指加斯东·伽利玛)时,布吕克贝热说:"G 完全像个神父,某个主持圣事的人。而像这样的人,即使是大主教我都会忍受不了。"加缪对他说:"年轻时,我认为所有的神父都是幸福的。"布吕克又说:"由于害怕丧失信仰,他们的敏感被压抑了。这已不过是个反面事业而已。他们并没有正视生活。"加缪补充说,他的梦想是"成为一个征服世界的大教徒,但同时又是个贫穷而又勇敢的伟人"。他们后来在对话中又"讨论了被诅咒的尼采"。②

加缪给蓬吉写了一封信,再一次抱怨自己感到厌烦。不过他写到他正在修改《卡利古拉》中的一幕:"不,我的最后一个词不是绝望……就目前而言,那是耐心。"他还告诉蓬吉自己不得不背着患病的狗去看兽医。③

他同时还开始了另一份工作,但即使在写给像蓬吉这样值得信任的朋友的信中也闭口不提。他在撰写《致我的一位德国朋友》,这封没有署名的信将在 1944 年 2 月号的《自由杂志》上发表。该杂志为"自由射手"组织的地下刊物,"在法国某地"(低廉地)印刷。这也是四封信中的第一封,这些信后来汇集成册,名为《致一位德国朋友的信》。加缪在信里终于立场鲜明地谈论抵抗运动了。但他并没有因此放弃

---

① 源自帕斯卡尔·皮亚。

② 在 20 世纪 70 年代时,布吕克贝热曾有反正统的职业倾向,他反对梵蒂冈的改革,为传统的礼拜仪式辩护。他受到了多明我会教派主教的谴责,因为"他对教皇和法国主教们令人难以接受的攻击行为"。(参见《世界报》,巴黎,1976 年 10 月 26 日)

③ 参照"七星文库"版加缪文集,引用了他写给蓬吉的信件。

其心深处的和平主义情感："相反,当我们默然而又清醒地明白仇恨和暴力本身都无济于事时,迈向折磨和死亡那就太过分了。互相争斗却又蔑视战争太过分了……"这篇文章论证思路严密,通过给一位老战友写信的形式,作者似乎想把这位战友给说服。可到结尾时,如此说理的加缪开始为抵抗运动申辩,并预言抵抗必胜。另一封信将在地下报刊《解放杂志》上发表,最后两封只是在法国解放后才问世。战后,一家意大利出版社出版了包括四封信在内的小册子,加缪在序言中解释说这些信的"目的在于澄清我们身处其中的这场盲目战争,并以此使得这场战争更加有效"。

第二封信日期为 1943 年 12 月,但发表于 1944 年,其思路与前一封信保持了一致:这是善于思考之人的新思想范畴,但却不太可能煽动大众。最后一封,写于 1944 年 7 月,它的开头是这样的:"你们失败的时候来到了。我从一座举世闻名的城市、一座为反对你们而正在为明天的自由做准备的城市给你写信。"原因是自此之后,阿尔贝·加缪住在了巴黎:他参加了一个小组,为《战斗报》伴随巴黎起义的第一声枪响立即出版做准备。

《误会》终于写完,至少是初稿,因为加缪打算修改完《卡利古拉》之后,立即重写。和以往一样,他把稿子寄给了恩师让·格勒尼埃,这一位又像以往一样作了眉批。(他将提出异议,尤其针对加缪这部剧本的结尾方式。)现在《误会》将和《卡利古拉》一起被交给伽利玛出版社(这两部没能上演的剧本将被一同出版。)格勒尼埃正在准备一部有关"存在"主题的文集,他本人的文章将与布里斯·帕兰、艾蒂安·吉尔松等人的编在一起,他还询问加缪是否愿意参与。加缪便提议将自己正在写的有关反抗的随笔的部分章节寄给他。《关于反抗的思索》将于 1945 年 10 月由伽利玛出版社发表在格勒尼埃的文集里。

在仲夏期间,加缪从勒帕奈利耶出发,一直远游到梅真克州山。"在梅真克高原上,空中呼啸着利剑般的阵阵大风。"他在 8 月 11 日告诉蓬吉说,一阵风就足以将他吹到患感冒去卧床。不过,15 日他还能和阿尔及尔的老友路易·米凯尔一起骑车去圣艾蒂安。米凯尔十分惊奇地看到清晨的大地上覆盖着白霜,对一位北非法国人来说这是了不起的景象。同样,了不起的还有早餐上涂着黄油的面饼和骑车出发的那天,奥特利太太摆在桌上的巨大无比的黄油块。①

再说布吕克贝热,他一直在为加缪寻找一个更快活的住处。在他想到的可能性中,有一个为安排加缪去离卢尔德不远的一家疗养院。布吕克现在邀请他去圣-马克西敏的一家多明我会修道院。加缪在 8月 30 日向蓬吉解释说:"我有些天主教朋友,而对那些名副其实的教徒,我不止出于同情,还感到与之部分相连,因为他们和我有着共同的兴趣,尽管对他们来讲解决问题的方法是绝对的而对我来说却并不是这样……"加缪暗示的是,天主教和共产党人都相信一种绝对,不管是在现世还是在来世,而蓬吉就是其中之一。但对这一思想,蓬吉竭力否认。加缪在 9 月 1 日的日记里写道:"对新闻报导感到绝望的是懦夫,可对人类境遇抱有希望的是疯子。"

9 月初他到了圣-马克西敏,那真是个心旷神怡的地方。温柔的普罗旺斯与他熟悉的世界更加接近。古老的多明我会修道院是十四世纪和十五世纪遗留下的建筑,它巨大的长方形教堂,不远处的桑特博姆山,在沐浴于日光的葡萄藤和橄榄树的映衬下,交相辉映。加缪住在修道院的旅店里。他喜欢神父甚于牧师,至少在普罗旺斯这一阳光天堂里是如此。他在这里找到了真切向往的"内心宁静",至少他对蓬吉是这么说的。9 月 20 日他回到了勒帕奈利耶之后,他虽然并未皈依基督教,不过他已经准备好与蓬吉的唯理主义做斗争了。"用抽象的偶像崇拜来取得永治在我看来没有丝毫益处……有时人类和世界本身一样沉重难负。"虽然基督教不是他的宗教,但至少他不同意人们指责该教用心不良。或许有人恶意地利用了它,但它诞生的目的并不是让人恶意利用它的。"不应该根据其副产品,而应该根据其最高成果

---

① 源自路易·米凯尔。

来评价这一宗教。"他总结道,"与基督教义相对立的,便是叫作正义的令人震惊的人类发明。"对他来说,他将置身于布吕克的基督教义与蓬吉的马克思主义之外,拒绝一切形式的宗教教义,"满足于赋予一切事物以相对的形式"。①

加缪在此后的一生中都将被人邀请或劝说站到基督教一边,但他从没有让步。在他死后,一些信徒将十字架放在他的墓上(要不然他的墓就太过简朴了)。有些文章甚至书籍都在讨论作为基督徒的加缪;这些文章书写起来应该不难,因为制造这些歧义的人就是加缪自己。他通常克制住不去攻击基督教或教会,虽然他也批评天主教的政治,如在佛朗哥统治时期的天主教。尽管加缪与弗朗索瓦·莫里亚克这位本来可以成为其政治盟友的人之间有着天然的敌意,但加缪与天主教这一在经常去教堂的法国人中信徒绝对最多的宗教还是毫无困难地共处着。

如果真正存在某种"误会"的话,那它首先是由加缪的小说造成的:这些小说暗示了一种空虚,而让基督徒费心的正是如何去填补这一空虚;或者它们留下的含糊之处正是他们早就准备着去澄清的。不过,将这一点加以指出也是有意思的,即《鼠疫》写作之时,他与布吕克贝热来往密切,却在书中描写了一位拿不出好答案的巴奈洛神父的形象。

夏天的旅游使加缪精疲力竭;他的肺结核还没有痊愈。9月29日,他告诉蓬吉说:"我没有足够的财力。我累极了……我与天使已经斗争了一年多了。"这一次他已经决心在冬天开始之前离开勒帕奈利耶,或者到一个真正的山区乡村,比如布里昂松,或者(在希望的形势终于出现时)去巴黎,即使那时巴黎还被敌人占领着,食物和燃料还得配给。②

①　参照"七星文库"版加缪文集,引用了他写给蓬吉的信件。

②　参照"七星文库"版加缪文集,引用了他写给蓬吉的信件。

无论如何,该与勒帕奈利耶和绝对的孤独告别了! 这一年对他印象很深,他将留下深刻的记忆。它是又一个"转折点",将一个益发玩世不恭的年轻而又聪明的享乐主义者与一个长大成熟的加缪截然分开的界线。[①]

决定是由他伽利玛出版社的那些朋友做出的,因为自 1943 年 11 月 1 日起他有了一份工作。加缪在萨巴斯蒂安-博丹路安定下来,他被安排在一间与几乎都是当时法国文学界头面人物为邻的房间里。而他那间总体上一点也不差,是这幢古老的房子里少有的带阳台的一间;在此之前它曾经属于马尔罗和波朗。加缪与雅克·勒马尔尚两人合用这间办公室。如果《新法兰西杂志》在德里厄之后还出版的话,勒马尔尚这位作家兼评论家将会接手掌管杂志社。

在当时,伽利玛家族避免任何形式上的论资排辈。在长老加斯东·伽利玛之下,既没有文学主管,也没有这样那样的其他主管,大家都是审阅者,经验最丰富的进入审稿委员会。这群精英人物对法国文学发生的影响远在法兰西学院或任何其他机构之上;波朗是其中的首席。当然,出版社里充斥了伽利玛家族的人。1943 年已经六十二岁的加斯东负责出版社的出版事务,他的兄弟、合伙人雷蒙则掌管财务大权。(第三个兄弟雅克与出版社没有任何关系。)加斯东和雷蒙分别由各自的儿子克洛德和米歇尔做助手;后来,两位父亲与两个儿子合用那间朝着漂亮花园的大椭圆形办公室,加斯东和克洛德共用一张办公桌,雷蒙和米歇尔另有一张。米歇尔的妹妹尼科尔及其丈夫,还有不参与出版社事务的兄弟雅克的三个孩子皮埃尔、罗贝尔和玛丽也都在出版社工作。皮埃尔与加缪在《巴黎晚报》时期认识的女友雅尼娜结为伉俪。雅尼娜的妹妹勒妮则嫁给了罗贝尔·伽利玛。

加缪来此一年之后,伽利玛又在大学路购置了一幢大房子,房子后面与塞巴斯蒂安-博丹路的房子连在一起。合并为他们扩大蜂窝状

---

① 源自玛莉亚·卡萨雷斯。

的工作场所(已经成了一座迷宫)提供了必不可少的地方,同时,还为伽利玛儿女们布置了几间可以俯瞰光亮整齐的花园的合宜的套间。新置的房子建于 17 世纪初,起先是一位诗人的居所,后来又寄宿了一名小散文家(雷奥镇的热代翁·塔勒芒)。伽利玛兄弟是向出版商莱翁·巴伊比购置的。

　　加缪在拉谢兹路上的一家旅馆里开了一个房间,旅馆在拉斯大道拐角,步行十分钟就能到达他的办公室。这家名叫"密涅瓦"的旅馆更像住家,主人为一位古怪的老妪,曾经接待过抵抗运动分子。加缪的一些朋友如克洛德·德·弗雷曼维勒都会到这家旅馆住宿。夏洛到巴黎后,租下了其底层弃置不用的饭店,并第一时间把他的巴黎出版社安在里面。条件当然相当艰苦:加缪房间里有只洗脸池,但没有卫生间和浴室。当年冬天,加布利埃·奥迪西奥来看望他时,两人随便吃了点晚饭之后,都冷得把头缩在大衣领子里度过晚饭后的时光,加缪还朗读了他写的东西。① 到巴黎后不久,加缪自然就开始工作:他脚刚跨进办公室,伽利玛就把《卡利古拉》的清样交给了他。

　　11 月 7 日那天他三十岁。这令他在日记里进行了一番严肃的思考:"人的第一能力便是遗忘。说他甚至忘记了所做的好事也是非常公正的。"他在自问是否应该在《鼠疫》里附上《被隔离者日记》。他向蓬吉抱怨说:"我奇怪地感到才思枯竭,充满怀疑和忧郁。"②他开始为自认为将会成为一部力作的书即《文明世界》做笔记,而流传下来的稿子看上去只不过是一系列展示人对人施以非人折磨的恐怖故事。

　　尽管这份新工作给加缪带来了消遣,但他却是在 20 世纪最不幸的阶段来到巴黎的。在德国占领的最后一个冬季里,一切都比以往更糟糕。德国人开始完全感受到盟军进攻意大利的严重后果,法国与美国军队、英国军队一起从意大利向北方推进。在东部,苏联军队在各

---

① 　源自加布里埃尔·奥迪西奥和埃德蒙·夏洛。
② 　参照"七星文库"版加缪文集,引用了他写给蓬吉的信件。

个战线发动进攻,将德国人赶到了边境。而在被占领的法国,食物和燃料日益稀少;镇压变得更加野蛮,维希政府更加屈从于德国人,不遗余力地要法国人相信德国的胜利势不可挡。

　　然而,在这个到处都是德国巡逻兵、一切都要配给的暗无天日的巴黎,不仅生活照常进行,而且还照常写作、出版、排戏。骑着自行车或步行去上班或看戏,一切按部就班;伽利玛出版社和密涅瓦旅馆附近的小饭店里挤满了作家和艺术家、演员和歌唱家、导演,挤满了这些将在战后年代创造赫赫有名的圣日耳曼-德-普雷区文化的人。当时巴黎缺煤,经常断电,因而像"花神"这样烧着火炉的咖啡馆,温暖着整整一代作家的手。西蒙娜·德·波伏瓦在回忆录里描绘了花神咖啡馆里的群像,人们可以看到在那里抵抗分子与法奸分子混在一起:巴布罗·毕加索坐在一张桌旁,另一个导演坐在另一张桌旁,而萨特和波伏瓦则在某个角落里写着将影响整整一代人的作品。(加缪更加谦卑地在"密涅瓦"旅馆自己的房间里招待阿尔及尔同乡路易·米凯尔。加缪把水龙头里的热水浇在宝贵的巧克力粉上,为他做了杯热巧克力。①)

　　在伽利玛出版社,加缪立即感到如鱼得水,可同时,又时常感到处于边缘地位。由于初来乍到,他只能充当其仰慕与敬重的大圣人波朗的小徒弟。由于他的教育与天性,他的世界也和《新法兰西杂志》内部存在的文人帮派或文学组织完全不搭,如超现实主义者与前超现实主义者(和乔治·巴塔耶、米歇尔·莱里斯、莫里斯·布朗肖、雷蒙·格诺),又如那些加缪与之几乎毫无共同点的过气知识分子,还有比他年长的所谓"蓬蒂尼"小组(保尔·瓦莱里、保尔·克洛岱尔、安德烈·纪德、让·施伦贝格尔和比他们年纪轻的成员波朗、克勒埃蒂森、马尔罗)。加缪出生在另一片天空下,远离索邦大学或高等师范学院,甚至

---

① 源自路易·米凯尔。

远离必须读过的巴黎中学,对首都的沙龙和咖啡馆也十分陌生,但他为伽利玛出版社带来了一种新颖的文学;这是一种负有道德责任感的文学,但各种各样的审美学家都乐意对这样的抱负加以嘲笑。[①] 对波朗或克勒埃蒂森,甚至对帕兰来说,加缪永远也不可能与己为伍。因而产生了一些流言,证实了《新法兰西杂志》的审美学家对他的蔑视。波朗在评论《局外人》稿件的时候是否真的说过加缪的小说令他想起蓬松·迪·泰拉伊? 另外一次在谈到加缪时,他是否说过"这是我们的阿纳托尔·法朗士"? 这些话要是出自波朗之口,显得更加背信弃义。

可是,当时波朗的碎嘴远近闻名,对任何人,不管朋友还是敌人,他都有话好说且机智诙谐。安德烈·皮埃莱·德·芒迪亚克在提及这位不可捉摸的人时写道:"谁也不能保证没有从让·波朗所说的话中漏掉点什么,或让·波朗所说的并没有你听到的那样多的信息……"行为奇特是他"卖弄"的一部分。也许,这种迂回曲折过于高雅,使得加缪难以承受。但伽利玛出版社却为他提供了许多方便,加缪可以在波朗办公室的另一头,被一条长长的走廊分开的房间里工作,而相互之间有时甚至可以为对方带去短暂的开心一刻。

至于加缪,他拥有青春,拥有由其第一批作品所营造的轰动,这不仅亮在《新法兰西杂志》那群小神仙的面前,而且也流入他们的神性里,加缪也得到了他们的帮助和支持。在最初时期,他尽其所能待在自己的位置上,以免有过分炫耀的嫌疑。但是,如果在曾经哺育了几代文学巨匠的伽利玛兄弟眼里,他代表了未来的话,那难道是他的错吗? 从 1925 年直到战争,波朗一直都是加斯东·伽利玛的心腹,比其他两个宠人即德里厄·拉罗歇尔和莱昂-保尔·法尔格更加贴心。现在来的这位年轻人加缪,其作品的重要性已经超过了波朗、德里厄和法尔格的所有作品,再加上所获得的文学评价也相当可观。波朗一代

---

① 　源自让·雷斯屈尔。

人如果真的表现出嘲笑或轻视的话,也许其中不乏嫉妒之意。[1]

　　几乎从一开始,加缪就被邀请参加审稿委员会。他与办公室同仁雅克·勒马尔尚搭档,选择了布里斯·帕兰做精神向导,而后者研究语言问题的专著由伽利玛出版社出版。[2] 帕兰出生于 1897 年,拥有哲学教师资格证书,但他也学习过俄语,在 1927 年来到伽利玛出版社之前,曾在法国驻莫斯科大使馆任文化随员。加缪对他的语言哲学很入迷。(加缪在勒帕奈利耶读完《关于柏拉图的逻格斯随笔》之后的日记中写道:"他视语言问题为形而上学而非社会与心理学问题。")加缪为发表在那年冬天《诗歌 44》里的一篇长文开始广泛阅读帕兰的书籍。《诗歌》是战争初期由皮埃尔·塞热在维物纳夫-莱兹-阿维尼翁创办的杂志,并在不久之后将《诗歌 40》、《诗歌 41》等变成了抵抗运动知识分子(如阿拉贡与艾吕雅,还有纪德、马尔罗、莫里亚克等)的集合地。由于德国人在法国南方的存在不那么明显,所以,加缪在那儿发表并坚持了他直到法国解放都没有放弃的原则。当伽利玛圈子里的一位年轻后辈居伊·杜缪尔给他看其为巴黎杂志《喜剧》撰写的一篇论加缪的文章时,他建议不要在那家杂志上发表。

　　加缪一下子又在伽利玛家族里有了另一个砝码:由于雅尼娜的关系,他获得了这个家庭中年轻一代的友情。在这场战争的最后一个年头里,加缪与加斯东的侄子米歇尔·伽利玛结成了亲密朋友。米歇尔生于 1918 年,在阿尔萨斯学院接受了细致的教育,后来又跟随伽利玛的一位作家、才华横溢的勒内·埃蒂安布勒教授学习。在伽利玛的另一位作家安托万·德·圣埃克絮佩里的介绍下,米歇尔与堂兄皮埃尔两个都开始对飞行感兴趣。米歇尔让祖母(加斯东之母)送给自己一架敞篷式雏鹰飞机;解放之后,他驾起了一架四人座封闭式北方 1100 机。米歇尔的妻子在一次骑自行车时被卡车撞倒,就在他眼皮底下,

---

[1]　源自让-克洛德·齐尔贝斯丹和居伊·杜缪尔。

[2]　源自雅尼娜·伽利玛。

加缪和米歇尔·伽利玛（照片由法国罗国杰-维奥莱摄影事务所提供）

命归黄泉。

米歇尔对加斯东及其所代表的一切都十分着迷:心中明白书籍将是他愿意生活的世界。这个年轻人十分热情,长着如埃蒂安布勒所说的"一张永不衰老的红彤彤的小脸"。米歇尔很早就与作家们发展了一种一般法国出版商所没有(而且也不争取有)的关系。文学界令他着迷,尽管他本人没有丝毫的文学创作欲望。"获得天才的方法数不胜数,最困难的是将之投入爱情生活或友谊。众多的人依靠自己的天才成功地丰富了科学或艺术,为此不惜牺牲生活,常常生活得很糟糕。米歇尔·伽利玛则具有友谊的天才。"①他也在出版商务方面自我提高,将许多卷宗带到家中研究,而他很早就开始担任文学顾问的工作了。后来,他患了肺结核,放松了业务,在家族出版社中退居到了次要位置。四十二岁那年,他与朋友阿尔贝一同死于车祸。

多亏了米歇尔、雅尼娜和其他同辈,刚进伽利玛出版社的加缪的地位远远不只是审稿者兼作者。

西蒙娜·德·波伏瓦在回忆录里描写了她在花神咖啡馆里与加缪的第一次会面。当时萨特也在场,不过他与加缪已经在《苍蝇》首演时有过短暂的接触。持续长久的三人系列谈就此打开了序幕,使得他们至少在外界看来是如此接近,就像从来不分离一样。在这第一次会面时,谈话进展缓慢。他们谈论书籍,萨特和加缪都对蓬吉的《对事物之陈见》表示赞叹。当萨特谈起他的新剧本时,坚冰打破了。

萨特是应一家药厂老板的要求创作《禁闭》的。这个老板自掏腰包出版了一份典雅的杂志,印刷也是自己负责(即"弩弓出版社",它曾出版了《西西弗神话》中被伽利玛出版社删除的有关卡夫卡的章节)。这位工业家要为他那位在念戏剧的新婚妻子,也是萨特和西蒙娜·德·波伏瓦的朋友找一本剧本,意在排一部花费不大的戏拿到整个法

---

① 勒内·埃蒂安布勒《关于一份友谊》,选自《向阿尔贝·加缪致敬》。

国去上演,好让他那年轻妻子的才能显露出来。在这次花神咖啡馆的谈话中,萨特建议加缪来担任《禁闭》的导演,甚至来扮演主角。加缪犹豫一阵之后同意了。不久排练就开始了,是在塞纳河路上的路易斯安那旅馆里的那间西蒙娜·德·波伏瓦的房间里进行的。但由于工业家妻子在去看望抵抗运动的朋友们时被逮捕,所以巡演计划也就取消了。后来老鸽棚剧院对萨特的这部戏表示有兴趣,加缪自认为没有资格指导专业演员,更没有资格在巴黎舞台上表演,便退出了。

　　然而,从此以后,萨特、波伏瓦两口子及其圈内亲朋好友与加缪如影随形:在街区内的各家酒店里以及米歇尔·莱里家里常举行的小型聚会上。或者是西蒙娜·德·波伏瓦邀请大家(莱里夫妇、格诺夫妇和加缪)一起在路易斯安那旅馆房间里吃晚餐。她可以一次邀请八个人就餐。莱里的妻子泽特带肉来,她自己提供葡萄酒。在喜欢烹饪的萨特的学生雅克-洛朗·博斯特的帮助下,她做嵌猪油牛肉或扁豆什锦砂锅。加缪注意到"质量并不怎么高超,但数量是足够的"。西蒙娜·德·波伏瓦很喜欢招待朋友,可在此之前她从来没有这样做过。

　　在萨特和加缪令人吃惊地绝交很久之后出版的回忆录里,她对这个时期的加缪印象是这样的:

> 他的青春与独立将他与我们贴近在一起:我们没有任何流派联系,各自为政地联结在一起;我们没有家庭,也没有所谓的背景……他快活地迎接成就、名誉,并不加掩饰……他身上偶尔也会流露出一点拉斯蒂涅的为人,但似乎并不对自己过分在意。他朴实,快乐。他的好性情使他不拘开些小玩笑:花神咖啡馆的名叫帕斯卡尔的伙计被他喊作笛卡尔;不过他可以这样做;他拥有一种魅力,来源于漫不经心和热情似火的完美结合,这使得加缪永远不会落入俗套。

西蒙娜·德·波伏瓦认为,相同的境遇促进了加缪与他们这一组人之间友谊的发展,并不是仅仅以兴趣与见解就足够解释的。他们都收听 BBC 的所有广播节目,相互交换战争的消息,对所发生的事件分享着共同的感情。他们相互之间保证永远团结起来针对他们反对的体制、思想和人员。他们在一起做了一些事,比如他们的小组着手撰写了伽利玛准备放在"七星文库百科全书"版的哲学卷里的"民族"章节。加缪开始阅读萨特刚刚在伽利玛出版社出版的巨著《存在与虚无》。

　　萨特与加缪两人都是由伽利玛出版社新创立的"七星文库"文学奖评委会成员。评委中还有波朗、马尔罗、保尔·艾吕雅以及格诺、布朗肖和阿尔朗等《新法兰西杂志》的追随者;评委会秘书为勒马尔尚。第一届大奖于 1944 年 2 月颁发给柏柏尔人演员兼歌唱家马塞尔·莫鲁齐的作品《恩里可》;萨特与加缪两人都为他投了赞成票。[①] 加缪提议由北非"同乡"邀请获奖者到亲王爷路上的"好加尔"饭店吃"古斯古斯"午餐,加布里埃尔·奥迪西奥自告奋勇地来组织安排。[②] 西蒙娜·德·波伏瓦与萨特一起也被邀请参加这群怀乡人的聚会,她回忆说当时吃的是羊排,可她却失望地发现自己的那块只是包了点肥肉的骨头而已。

　　不久,米歇尔·莱里邀请小组成员进行一次公开朗读会,内容为毕加索在 20 世纪 20 年代用超现实主义风格写作的《握住欲望之尾》。组织活动交给了加缪。他手里拿着一根粗棍子,按照法国戏剧由来已久的传统敲着地板以告示场景的变化;同时他还担任叙述人,描述布景,介绍演员,并对由莱里挑选的演员(其中包括萨特和波伏瓦)加以指导。演出在莱里夫妇的沙龙里进行,但观众得站着,有部分人还是在隔壁房间里看戏。据西蒙娜·德·波伏瓦回忆,萨特、加缪和她本人都是以一种开心的眼光,看着如此认真的这一小群老超现实主义

---

① 西蒙娜·德·波伏瓦《岁月的力量》。

② 源自加布里埃尔·奥迪西奥。

加布里埃尔·奥迪西奥和加缪在巴黎（照片由米歇尔·奥迪西奥博士提供）

者。毕加索、乔治·布拉克、乔治·巴塔耶和让-路易·巴罗都来了。朗读会于 19 点钟开始;到了 23 点,多数人都走了,莱里夫妇坚持要演员和好朋友们度过午夜宵禁。他们喝着葡萄酒,听着爵士乐,但碍于邻居没有跳舞。莫鲁齐唱歌,莱里和加缪读了一段情节剧。外面呢,西蒙娜·德·波伏瓦想到巴黎只是一个巨大的集中营乡,但他们正在为这个巴黎驱邪。他们于上午 5 点宵禁解除之后才分手。①

　　这是这类活动中的第一次,莱里称之为"聚会";在罗昂大院的乔治·巴塔耶家里还有着另一种类型的聚会,音乐家勒奈莱伯维兹夫妇在那里藏身。在这些晚会上,他们打破了当时的节约习俗,放任地消费平时慢慢系统地贮藏起来的食物和饮料。这只是友情上的放纵,没有丝毫的纵欲,催化剂为大量的酒。然后,各人尽情地施展自己的醉酒才能,萨特在一个壁橱里指挥着想象中的乐队;加缪和勒马尔尚用锅碗瓢盆表演军队行进……加缪也是跳舞高手。②

---

① 西蒙娜·德·波伏瓦《岁月的力量》。不久之后,加缪和其他人去了位于大奥古斯丁路上的毕加索家,在那里,毕加索向加缪展示了阿尔弗雷德·雅里作品的手稿。当时在场的人中包括毕加索、萨特、波伏瓦、加缪,布拉萨伊为他们拍过一张照片。源自布拉萨伊《与毕加索的对话》,巴黎,1964 年。

② 西蒙娜·德·波伏瓦《岁月的力量》。

第二十三章

《战斗报》

行动起来吧，你们并不会冒更多的险，可至少心里会得到安宁，我们的人民中最优秀的人甚至将这种心情带进了监狱……

——1944 年 3 月地下报纸《战斗报》文章

《战斗报》在成为一家地下报纸或者说一份著名的巴黎日报之前，原来是一支地下抵抗运动组织。它成立于 1942 年，目的在于收集德国占领军情报，破坏德军设施，并伺机武力打击敌人。1943 年，这个组织的创始人之一亨利·弗勒奈离开法国，企图去说服自由法国武装统帅戴高乐，让他与艾伦·杜勒斯在瑞士领导的"战略服务处办公室"的美国情报人员合作。弗勒奈在法国的位置便由克洛德·布尔代接替。在此之前，布尔代一直负责"战斗"组织的宣传活动，包括出版抵抗运动的刊物和传单。克洛德·布尔代是两战之间著名剧作家爱德华·布尔代的儿子，在战争结束之后仍然从事政治和记者活动。1943 年的最后几个月里，负责报纸及其他宣传工具的是热内·塞尔夫-弗里耶尔和一个叫作雅克丽娜·贝尔纳的年轻姑娘，她是"战斗"运动领导人之一、专事破坏火车的"铁路抵抗"小组负责人让-吉·贝尔纳的妹妹。让-吉·贝尔纳后来被捕，并在被转往奥斯维辛集中营的途中死去。贝尔纳一家是原籍阿尔萨斯的犹太人，兄妹的父亲是法国军队军官；

有一位叔叔曾在捍卫德雷弗斯事件中起过重要作用。

　　代号为"小牛皮"和"硬纸板"的安德烈·博利耶负责印刷与发送工作。他们的地下报纸《战斗报》第一期印了一万份。1944 年 5 月,在盟军登陆诺曼底海滩前夕,印数增加到二十五万份。除了动用里昂的一家印刷厂外,博利耶还负责分散在"自由区"十四个城市的十四架印刷机。博利耶向每一家印刷厂寄去报纸样张,这样既可保证在当地印刷和分送,又能减少危险。为了能够获得官方的纸张额度,他创办了一家子虚乌有的公司,这样整车厢的纸就从德国运到了里昂。

　　博利耶同时还制造假身份证和假警察证件来帮助抵抗运动成员和避难者,他还伪造官方的橡皮图章来以假乱真。法国警察抓了他两次,但每次都一放了之。1944 年 3 月,盖世太保在里昂将他逮捕,折磨了两个月,但他咬紧了牙关(没有一位抵抗运动成员被捕)。他逃出之后,又以大地测量学和地质物理学研究所的名义,恢复活动。1944 年 6 月 17 日,警察包围了他的住所,将枪口对准了窗口。博利耶立即把百叶窗关上,警察开枪打死了他手下的一个人;博利耶立即用手枪还击,并与一位女助手走到了院子里,但他们被围住了。在身中冲锋枪无数子弹后他用手枪自尽,口中说道:"他们捉不了活的。"他的女助手也受了伤,但几个星期之后,朋友们帮她逃出了医院。①

　　帕斯卡尔·皮亚原先为里昂地区战斗小组组长马塞尔·佩克的助手,1943 年 8 月来到巴黎后,日报的总编一职似乎非他莫属。而且似乎必须有人来接替前往阿尔及尔与戴高乐派会合的塞尔夫-弗里耶尔,因为负责印刷的博利耶与《战斗报》编辑部书记雅克丽娜·贝尔纳关系不和。可是皮亚在抵抗运动中,还担任着其他任务,他现在已经是"战斗"、"南方解放"和"自由射手"合并起来的新抵抗运动组织的总书记。

　　皮亚又一次想到了加缪。他十分谨慎地跑去看望了他,因为他知

---

① 亨利·弗勒奈《黑夜终将完结》。

道盖世太保一直在搜捕他,必须避开圣日耳曼-德-普雷区以及伽利玛大楼。①

雅克丽娜·贝尔纳结识了一个女门房,她同意地下小组在她的后间碰头。这当然不是最好的方式,因为那些走进门房取邮件的房客能够看到他们;这至少也表明要找到可靠的地方并不容易。大概是加缪到巴黎后不久,即11月初,皮亚把他带去开会。在场的其他人有雅克丽娜·贝尔纳和安德烈·博利耶。姑娘很快发现这个身穿皱巴巴风衣的年轻人没有吃饱,可是当时又有多少人半饥不饱和衣衫褴褛!她还发现在他的谈吐中有着爱打趣和奇异的东西,但她完全愿意相信他是个好人。皮亚告诉她说:"他可以帮助你,我下个星期就走。"她问加缪:"你叫什么?""波夏尔。"他又告诉她他能排版和写文章。

他们准备的正是巴黎的头几期;第一期也许是1943年10月15日出的第49期。这一期里刊登了戴高乐的一封信和一篇有关解放科西嘉岛的文章。每一期的排版在寄给印刷商之前都得完美无缺:这种工作几乎得一字不漏地进行。应用的方法是先把文章写好、排版编妥,再用照相制版制成小规格,然后制成样张给法国各地的印刷商各寄一份。雅克丽娜·贝尔纳当时在一间极小的佣人房间里工作,一位女秘书打字并把稿子送出去。消息都是由收听BBC和其他外国电台的通信员收集的,也有通信员从瑞士或其他外国电台收集的情报。资金由自由法国武装力量总部提供,从伦敦"空投"过来,上面写着由"战斗"运动组织收。他们还招募志愿人员帮助运输物资和分送印好的东西。后来他们给合作人员配备了自行车,因为巴黎地铁在当时实在不可靠。有一天,托一位联络员的关系,雅克丽娜·贝尔纳为加缪的自行车搞到了轮胎。

在共同面对困难的过程中,她发现加缪除非在表现抒情和激动时动作多之外,身上没有一点地中海人的气息。相反,他更像"英国人",

---

① 源自帕斯卡尔·皮亚。

因为他避免谈及真正令他痛苦的东西。有一天,他告诉她不能参加会议,因为要接受吹气治疗。除此之外,他从不谈自己的身体状况。他拒绝接受用"战斗抵抗运动"的资金或配给票的名义做的午餐邀请。

他们互相之间都用化名,但一段时间之后,小圈子里的成员认为有必要以真名相识,好在发生紧急情况时,到住所或工作地点相互转告。雅克丽娜打电话到伽利玛出版社找加缪,当总机话务员问她是谁时,她说出一个化名。一天,加缪问她:"我该怎么办呢?有人要我到巴黎电台讲话。"她对他还会考虑到法奸电台讲话的可能性感到吃惊。他向她解释说:"要知道,这是让我妻子和家人知道我还活着的唯一办法。"这是他第一次提起他的家庭,雅克丽娜·贝尔纳也是第一次知道他有妻子和家人。她提议另外通过地下途径,给她们捎封信去。

加缪对新招来的人员表现出好奇,询问促使他们加入组织的动机是什么。有一天他自己把一对化名夫妇带来开会。小个子男人表示愿意干任何事情,包括编写社会新闻。事实上他确实有求必应。后来雅克丽娜·贝尔纳去看《禁闭》,才发现这对志愿者男女,实际上是让-保尔·萨特和西蒙娜·德·波伏瓦。① 加缪后来又招募了另一个朋友,亨利·科格林,他曾经写信到伽利玛出版社给他在《巴黎晚报》时的老友加缪,告诉他自己正在寻找工作。加缪为他找了一份工作,这样,既为他解决了生计,同时又为他帮助加缪及其朋友出版《战斗报》提供了掩护。有一次,库克兰出席了在马塞尔·波特家的会议,他不耐烦地听着一位大家称之为"米洛"的小个子男人讲话,后来索性打断了他,认为"米洛"讲话完全没有逻辑。加缪驳斥道:"好极了,你自己来写文章吧。"然后又把库克兰拉向一旁,对他解释:"你知道你是在说谁没有逻辑吗?那是让-保尔·萨特。"②

当帕斯卡尔·皮亚把加缪介绍进组织时，他肯定让他会见过战斗运动领导人克洛德·布尔代。有关加缪进《战斗报》的背景引起的各种说法十分矛盾。布吕克贝热神父记得是他把加缪介绍给布尔代的，为什么不呢？布尔代很可能从各方面听到过对加缪的议论。今天看来，似乎是加缪先开始为《战斗报》工作，后被介绍给克洛德·布尔代：这也是地下行动的特性，尤其是像帕斯卡尔·皮亚这样真正的秘密人员的行动更是如此。当布尔代第一次与加缪见面时，他认为事件发生在 1944 年 1 月或 2 月——其印象是这样的："我读过《局外人》，我发现在一张有点忧郁和嘲讽的笑脸上低垂的眼睛，同时，也发现了这是一张坚定的面庞，正是这种令人揪心和动人的对照，使我爱上了加缪的第一本书。"

布尔代还应记得加缪曾经被分配一项任务，即有可能由抵抗组织在《战斗报》之外再出一份杂志。这份杂志将刊登更长更细致的文章；他想起名为《黑色杂志》。[①] 布尔代甚至还为这一未来的杂志选好了总编辑马克西米廉·沃克斯，目标是面向比地下报纸更广的读者群众。事实上，有人联系过加缪，让他参加这一工作，但他与《黑色杂志》的合作时间很短，而且近乎是令人惋惜的。作者、编辑部和印刷商之间的联络工作由马克西米廉·沃克斯的儿子弗拉维安·莫诺担任，他的职务是编辑部书记。他就住在父亲家对面那条狭窄的维斯孔蒂路上。加缪同意担任《黑色杂志》编辑部与印刷商之间的联络。

有一天，约在 1944 年 3 月 10 日至 20 日之间，马克西米廉·沃克斯通知儿子下午将有一位"自己人"来取一包其中有沃克斯、弗拉维安·莫诺、莫里斯·克拉维尔、依夫·冈东等人不署名的手稿。拜访者必须使用口令才能通过。到了预定的时间，门被敲响了。弗拉维安·莫诺打开门，面前出现了一位穿着相当破旧、脸色微黄且不太悦

---

① 源自克洛德·布尔代和他的文章载于《法兰西观察家》，巴黎，1960 年 1 月 17 日；还有布吕克贝热神父、雅克丽娜·贝尔纳。

目的人。此人身披一件旧风衣,弗拉维安·莫诺看上去觉得更像个警察。这个可疑人物要拿手稿,却不能提供口令。莫诺于是声称根本不知道这档子事。此人在楼道上,转身就从三楼往下走,空手而归。莫诺赶紧通知父亲,把能烧的都付之一炬,又和父亲一起把所有他们认为有牵连的东西都藏在地窖里。

加缪这个可疑人物就此与《黑色杂志》彻底脱离了关系。唯一出的一期编号为0,出版日期为1944年3月,但只是在巴黎解放之后才付梓。马克西米廉·沃克斯在这一期的社论里隐约提到了这一事件:

> 《黑色杂志》为1943年12月至1944年3月间由一组战士和作家编排的,大多数人与"战斗"组织有关。在部分地克服了重重困难之后,正当人们准备印刷的时候,由于战争时期,常可预料的一件意外事件的发生,这个小组便分散了。
>
> 在与他们的朋友们隔绝、没有音讯的情况下,总编辑和编辑部书记,没有能完成好交给他们的这一任务,他们为此感到抱歉。①

加缪为这份地下《战斗报》,也许就写了两篇可以正式确定的文章。第一篇发于1944年3月,题为《以全面抵抗对付全面战争》,号召人们与惰性和缺乏战斗精神做斗争。"因为作为同情者的你们会与战斗者一样遭到杀害、遣送或折磨。"第二篇文章发于5月,题为《连续三个小时,他们枪杀法国人》,叙述德国人在一辆火车出轨后(并未造成伤亡)为了报复将同一个村里的86名男子枪毙的事。还有两篇文章被认为也是加缪写的,1944年4月发表的那篇谈的是为德国占领军充当爪牙的民兵组织,其中写道:"斯嘎纳莱勒想超过唐·璜,仆人比主人走得更远。"另一篇文章发表于7月,议论的也是民兵组织的活

---

① 源自弗拉维安·莫诺和西尔维尔·莫诺,《黑色杂志》,巴黎,1944年3月第0号。

动,引用了马尔罗的话来证明不可能把火焰喷射器对准正面看着你的敌人。①

加缪有一天找到雅克丽娜·贝尔纳,告诉她听人说"雷诺阿"(即帕斯卡尔·皮亚)在里昂被捕了。她已经听说了,但不相信。他催她快去证实,"因为像他这样的人,是没有人可以代替的"。他表示,如果逮捕一事属实的话,他将去里昂组织营救皮亚的工作;她坚决要和他一起去。实际上被逮捕的不是皮亚,而是另一个有着相同化名的人。②战斗组织的负责人克洛德·布尔代于 1944 年 3 月 25 日被捕,并被押送到布痕瓦尔德集中营,1945 年 4 月获得解放。

如何将印好的报纸——一张小开张的单页纸——从印刷厂送到读者手中,这对"战斗"小组来说是一个十分严重的问题。即使想购置带锁的大行李箱在战时也很困难。通常的办法是在里昂火车站把装有《战斗报》的行李托运掉,再由人在巴黎取出来,好像他本人也坐了同一辆火车似的。可是,随着行李越来越笨重,"战斗"小组便开始以假公司的名义,使用运输公司服务部的箱子。他们在箱子上填上诸如"维修零件"的字样,寄给一家子虚乌有的商店。不过他们有一天写上了一家真的五金商店的名字,因为单子最终会到达一位战斗小组成员手中,等箱子到站后他可以去取。一般情况下,铁路部门在战争时期并不送货上门,可这一次他们却送了。箱子送到了商店,毫不知情的店主打开了箱子,发现了一捆捆《战斗报》,立即报警。店主被抓了起来。雅克丽娜·贝尔纳从他们打入警察局内部的人员中得知这一事件之后,不无担心地告诉了加缪,因为她怕加缪发脾气:和所有那些为加缪的魅力所征服的人一样,她一想到他会在她身后大喊大叫就感到

---

① 诺曼·斯托克勒《阿尔贝·加缪的斗争》(魁北克,1970 年)中提出,补充文章是由加缪主笔这一观点。而雅克丽娜·贝尔纳则认为在当时的编纂和分工条件下,不可能确定谁写了这些文章。

② 源自雅克丽娜·贝尔纳。

害怕。

然而,加缪只是一笑而已。"你瞧,不抵抗和抵抗可能同样有危险。"后来她在《鼠疫》里也读到了相近的东西:鼠疫是每个人的事。这也是地下报纸《战斗报》上那两篇肯定为加缪所写的文章所谈的主题。[①]

这份报纸在当时,不过沧海一粟而已。报社人员时刻冒着被逮捕、关押、折磨或枪决的危险出版的这份报纸,只能鼓舞一点士气而已,丝毫改变不了战争的进程。然而,它是否能在战后参与改造世界呢? 因为像"战斗"组织成员之类的抵抗运动活动分子的目标并不仅仅在于将敌人军队以及与其合作的政府从国土上赶走;他们为自由法国献身的目的还在于希望解放之后建设一个更美好的法国。所有的抵抗组织都有自己的战后计划,"战斗"也不例外。1944 年春天,尽管结束战争还杳无希望,地下组织"战斗"已经准备在法国从占领者手中解放出来的那天出一份自由报纸,一份日报。

在巴黎一次短暂的逗留期间与战斗小组成员见面时,帕斯卡尔·皮亚提醒他们说,要在巴黎出日报就少不了专业记者。加缪和雅克丽娜·贝尔纳因此开始寻找记者。皮亚自己带来了《巴黎晚报》的外交记者乔治·阿舒勒,他在加入战斗小组之前曾在法国南方的一个情报小组里工作过。阿舒勒在战后与加缪、雅克丽娜·贝尔纳和皮亚共同出席过一次日报组织委员会的首批会议,地点在肖蒙高地对面的马塞尔和苏珊娜·波特(化名为吉蒙)夫妇的房间里。印刷商莫里斯·勒鲁瓦也曾将他在阿布基路上的房间借给委员会开过一次会,参加会议的除了上述人物之外还有亨利·科格林和阿尔贝·奥利维耶;看门人为他们放哨。[②] 加缪带来了萨特及其学生博斯特,还有狄奥尼斯·马

1944年在《战斗报》的办公室，左起依次为加缪、雅克·布梅勒·马尔罗和安德烈，坐着的阿尔贝·奥利维那（照片由勒内·圣-保尔提供）

斯科洛。每一位新招来的人都被告知目前还不需要他们，但必须准备好随时招之即来。代表整个抵抗运动的地下报纸特别委员会制定了现有的报纸印刷厂分配方案。规定雷奥米尔路的那家大印刷厂属于《战斗报》和其他两份抵抗运动的报纸，那是当时法奸报纸（包括用德文出版的占领军日报《巴黎日报》）的印刷中心。可是，假如德国人坚守印刷厂呢？雅克丽娜·贝尔纳接到的任务是与抵抗运动的行动小组联络，以便得到他们的帮助及对雷奥米尔路上的大楼进行保护，不过她得到的回答是巴黎解放的那天，他们有更为紧迫的任务要执行。

她通过地下通讯组织渠道获得了一笔二十万法郎的款子，注明这笔钱用于支付《战斗报》班子的工资。他们请求米歇尔·伽利玛把这笔钱放在他的保险柜里。他们把这笔钱忘掉了好长一段时间（因为有售报所得来支付工资）。[①]

在巴黎生活的这最初几个月里，加缪就这样从感兴趣但被动的"联络员"（仅比抵抗运动的同情者稍好一些）变成了一个积极的活动分子并冒着生命危险。他还不知道他所从事的这项任务，在战争一结束之后，就给他带来了回报，比给任何一位《战斗报》的合作者带来的荣誉都更大。不过在目前，这对他来说意味着危险，意味着在遥远的、难以企及的地方与人进行阴森可怖的相会，还意味着耗尽所有的精力。然而，这种双重生活（即在伽利玛办公室的生活和地下生活）肯定为他带来了一样好处：白天和夜晚都有事可做，保证他在整个巴黎流亡期间都不至于孤独。

他为自己搞了一套名为"阿尔贝·马特"的假证件，身份为编辑，1911 年 5 月生于巴黎郊区舒瓦西勒鲁瓦。他的住址为奥吉河上艾皮奈，就在附近。在这张显然是在 1943 年 5 月办的身份证上有他的照片、指纹、假签名，还有税票和当地市镇政府的官印，下有市镇长的签

---

① 　源自雅克丽娜·贝尔纳。

字。他还在"马特"的名下拥有一张配给卡、各种票证和德国军队证明,用以证明他从德国俘虏营释放出来的"法国士兵"身份。① 这些假证件可能是在里昂伪造的,为"战斗"运动小组干这一行的那位被大家称作"假证皮埃尔"。②

1944 年初,安德烈·马尔罗得到临时批准,从道尔道涅军营来巴黎,他在那里指挥着自己组建的盟军协调参谋部。皮埃尔和雅尼娜·伽利玛夫妇邀请他在位于圣拉撒尔路的家里吃晚餐,并安排加缪一同参加。这是两个人第一次真正见面,似乎是一见如故。他们一起离开伽利玛家,互相陪伴对方,到了之后,又掉转身来陪另一方往回走,一直到宵禁。第二天,伽利玛夫妇询问加缪是否能够与马尔罗谈上话,他回答说是的,而且谈得很好。③

在此之间,加缪继续在伽利玛出版社工作,同事中有年轻人,也有年纪稍长一些的;有在思想上和行为上和他一致的,也有一些在另一阵营、属于法奸文人的。他和萨特两口子、莱里夫妇一起聚会,又与圣日耳曼-德-普雷区的文学家们泡在花神咖啡馆里。他先是在旅店房间里,后来在借来的地方写作。《鼠疫》写完了,至少他是这么认为的。他又投入了《论反抗随笔》,并为其他作品记录构想(他在构思一部小说,讲的是一个人一年之前,就定下他自杀的日期,主题是他对死亡渐渐无所谓而获得的一种超脱感)。

然而,就在伽利玛出版社里也有从事抵抗运动的机会。至少他有一次让雅尼娜·伽利玛打印一些似乎有关德国军队的情报,并交给她藏好。④

有一天他走进自己的办公室时,四下探望,似乎在搜寻谁。他看

---

① 归加缪家族所有。
② 源自雅克丽娜·贝尔纳。
③ 源自雅尼娜·伽利玛。
④ 源自雅尼娜·伽利玛。

见的是那位出版《消息》报的让·雷斯屈尔,加缪低声问他,是否能在
他家中留宿一个人。雷斯屈尔当时与妻子和他们的小孩住在一间丁
点儿大的房间里,所以他回复加缪说这对他来讲似乎不大可能。加缪
于是开始在出版社里转了一圈,显然是向别人问同样的问题。雷斯屈
尔注意到他好像因为没有结果而有些沮丧,于是问他:"很重要吗?"
"非常重要。"加缪回答。雷斯屈尔就表示他将尽其所能。加缪把他拽
到楼梯,又把他带到马路上。雷斯屈尔认出是马尔罗,身旁是一个脸
色极红的金发高个子。(马尔罗在巴黎的正常接头人是帕斯卡尔·皮
亚,当时皮亚不在;马尔罗在路上凑巧碰上加缪,便要他帮忙,避免自
己直接冒险闯进伽利玛大楼。)①

雷斯屈尔将金黄色高个子一直带到自己的小房间,他们两人同睡
一张床,他妻子则睡在放置在地上的床垫上,旁边是摇篮。他没多久
就发现自己保护的是一位英国军官。

就在这位军官睡在这里的当晚,盟军轰炸了维勒奈夫圣乔治火车
编组站,也就意味着他不能按事先估计的那样回到道尔道涅军营。军
官因此不得不在雷斯屈尔家中待了一段时间。有一天,他带回来一条
大狗:他在路过一家宠物店时,经不住诱惑就把它买下了。雷斯屈尔
的房间就更加拥挤不堪了。马尔罗来后怒不可遏地把狗送回商店。
后来马尔罗告诉雷斯屈尔说他留宿的是少将乔治·希勒。② 在道尔道
涅,由马尔罗协调指挥,希勒——别称"英国人乔治"——等人帮助他
一起组织了战争期间发生在敌占区的最大一次空降。时间是在 1944
年 7 月。在当月稍后,马尔罗、希勒和其他成员粗心大意地走上一条
国家公路,遭到一队德国摩托巡逻队的袭击。希勒严重受伤,马尔罗
被俘。③

---

① 源自安德烈·马尔罗。

② 源自让·雷斯屈尔。

③ 让·拉古杜尔《马尔罗,世纪之生命》。

伽利玛出版社有一位年轻人叫狄奥尼斯·马斯科洛,原来是米歇尔·伽利玛在阿尔萨斯学院的老同学。加缪建议他参加地下《战斗报》的编辑工作,但他回答说对行动更感兴趣,并要求与战斗组织的军事小组联络,但他从来没有联络上。战后,加缪承认他当时认为马斯科洛不是打仗的料。不过,马斯科洛还是另辟蹊径,找到了弗朗索瓦·密特朗领导的一个叫作"全国战俘与遣离人员运动"的武装抵抗组织。有段时间,他在伽利玛出版社还保存着一支手枪,可谁也没有发觉。

加缪难以想象马斯科洛参加武装战斗,而他的朋友们则留心不让他卷入危险的活动,担心他挺不过被捕和受审。不过,马斯科洛有两次与加缪合伙从事了有可能变得危险的活动。在 1944 年初春,马斯科洛被指派转移一家地下报纸。加缪坐在巴贝斯洛须舒阿地铁站附近的一家咖啡馆的露台上看着马斯科洛,如果他被抓到或是发现什么可疑情况的话,将随时通知小组的其他成员。

伽利玛出版社有位罗贝尔·安泰尔姆,他在 6 月份被捕后,马斯科洛与他的那位刚刚开始其先锋小说生涯的女友玛格丽特·杜拉斯必须立即将在离花神咖啡馆不远处圣伯诺瓦大街上他家中那些有牵连内容的纸张尽可能地转移。这一次也是加缪在雅各布路与圣伯诺瓦路的拐角上放哨,准备在一有可疑现象时立即通知其他朋友。[①]

弗朗西斯·蓬吉一到巴黎之后,也被拖进了同一家出版社共事,跟抵抗运动成员一样,与处在同一世界、走在相同马路上的亲纳粹分子进行猫与老鼠的游戏。他与加缪一起到蒙帕纳斯去看望一位新法兰西杂志社老朋友、反纳粹人士贝尔纳·克勒埃蒂森,可等他们靠近克勒埃蒂森住的康巴涅普罗米埃路时,加缪突然停下,声称这个地方对他有危险,原因是不远处就有一个盖世太保中心。

又有一次,蓬吉和加缪在伽利玛出版社那间与雅克·勒马尔尚合

---

① 源自狄奥尼斯·马斯科洛。

用的办公室谈话，当时里面挤满了客人；加缪叫他等其他人走后留下来。这时米歇尔·伽利玛来了。蓬吉陪着加缪和米歇尔·伽利玛走到在同一楼面的德里厄·拉罗歇尔的办公室。时间已经不早，大家都走了，德里厄也不在。他们打开他办公室里的一只壁橱，并在文件下找到了他们要的东西：装有马尔罗在西班牙根据其小说《希望》拍摄的影片的大盒子。他们把胶片带到了纳依，在那里有一幢朝着布洛涅森林、属于伽利玛原来的一位合伙人的大房子，他们见到了马尔罗的儿子们和马尔罗的妻子约瑟特·克洛蒂斯；马尔罗考虑到安全把他们送到这里，自己则在南方指挥一个抵抗运动小组。看到加缪抽出一张典雅的椅子，一屁股坐上去并把双脚放在同样典雅的桌子上，蓬吉感到一阵难堪。加缪说道："这里真是不错呀。"为人正直的蓬吉认为加缪的这一举止完全像那种不择手段往上爬的人，真正的拉斯蒂涅行为。①

当然，思考一下为什么到德里厄办公室去拿电影《希望》也是有意思的。这难道是唯一的拷贝吗？（德国人竭力要销毁《希望》，而他们找到的以为是该影片的胶片被放在一只盒子里，上面贴着制片人伊德瓦·科尔尼永-莫里尼的名字。但事实上他们销毁的只是同一制片人的另一部电影的一张——而且不是仅有的一张——胶片拷贝，片名叫《有趣的悲剧》，由马尔塞·加尔奈执导，路易·茹韦主演。）②德里厄知不知道这些带子在他办公室？他这个得宠的法奸是不是在保护他那个反法西斯老朋友的东西？在被占领法国的这种奇怪的气氛下，这样的可能性并非不存在。尽管德里厄在1942年写道，假如他在打仗时遇到马尔罗的话就得把他杀死，还说在某些场合下他得让别人来杀他，两位朋友在占领期间还是经常见面，马尔罗甚至选择德里厄做第二个儿子的教父，约瑟特·克洛蒂斯生他时，马尔罗还在抵抗前线

---

① 源自弗朗西斯·蓬吉。

② 让·拉古杜尔《马尔罗，世纪之生命》。

打仗。①

　　几乎所有的爱国作家都参加了地下的全国作家委员会。他们当中最积极的,同时还加入了共产党或其相应组织,但这并不妨碍像波朗和莫里亚克这样坚定的非共产党人,在法国最黑暗的被占领时期加入这个委员会。共产党人对全国作家委员会的控制,以及日益严重地利用其为自己的政治目的服务只是以后才显露出来的。在战争的最后一年里,全国作家委员会更多地表现为一个德高望重的文人与精英荟萃之所,某种地下的法兰西学院,甚至是文人的最高仲裁机构。比如,正是全国作家委员会通知西蒙娜·德·波伏瓦如果她的第一部小说《女宾》获龚古尔文学奖的话,她就可以被吸收入会。② 全国作家委员会的地下报纸是《法兰西文学》。其 1946 年 1 月的领导委员会成员中不仅有加缪,还有让·波朗、让·雷斯屈尔和保尔·艾吕雅。③ 总编辑一职由全国作家委员会的克洛德·摩根担任,这是一位多产的左派作家,父亲是法兰西学院院士。摩根的真名为勒孔特,他在卢浮宫博物馆自己的办公室里编这份地下月刊。

　　正是在这个时期,加缪开始卷入其在法国生涯里的第一次严肃争论,且是一位熟悉的对手。阿尔及利亚的临时政府刚刚处决了一位重要的与纳粹合作的维希政府成员。皮埃尔·皮舍在战争之前就是个法西斯分子,在维希时期担任内政部长,手上沾满了由德国人扣为人质的那些人的鲜血。可是在盟军登陆北非之后,皮舍去了阿尔及尔,意在改换门庭,把枪口掉转对准其昔日的德国朋友。戴高乐派并不欣赏这样的人,判他犯有叛国罪并处以极刑。

　　阿尔贝·加缪虽然如今积极投入了抵抗运动,但他反对死刑的一

---

① 让·拉古杜尔《马尔罗,世纪之生命》。

② 西蒙娜·德·波伏瓦《岁月的力量》。

③ 源自让·雷斯屈尔。

贯思想在他与反纳粹的同志们之间形成了一道障碍。他便着手写一篇有关他自己也许认为是经过深思熟虑的不同意见的文章。这篇文章没有署名，但加缪的影子却再清楚不过。开头是这样的：

> 没有一位作家不知道生命的价值，我想这是生命的体面定义之一。也许正因为这我才对正在执行的人类法律一直十分反感。

作者面对死刑表达了他的"恶心"和"反抗"，但他认为皮舍以虚无缥缈的原则处决人的罪行，更多的是缺乏想象的结果。然而，法奸现在应该明白，抽象的时代已经一去不复返了；假如罪犯们被处决，那并不是以一个阶级或一种意识形态的名义，而是作为"四年来，我们所有这些罪人的报复……"

这并不是在为皮舍辩护，也不是在为一般的法奸们辩护。但以艾吕雅为首的全国作家委员会领导层认为，加缪的这篇文章将皮舍的罪行说成是缺乏想象未免过于轻描淡写。艾吕雅有着老好人的名声，但对那些他认为负有纳粹罪行的人却毫不留情。委员会的多数人反对让加缪的文章放在社论版，但同意当作一般的文章发表，同时发一篇艾吕雅要求附上的反驳文章。摩根受托另写一篇社论，解释全国作家委员会有关处决皮舍的立场。摩根的社论刊登在 1944 年 4 月号的《法兰西文学》第一页的左栏。摩根这篇题为《法国的正义》是这样开始的。

> 皮舍被判死刑，因为与敌人勾结而被枪决。压倒一切的情感是：正义在法国得到了伸张……

他指出，全国作家委员会本身以及其他抵抗运动组织，都曾以1942 年被纳粹枪杀的《法兰西文学》杂志创始人雅克·德古以及许多在被交给德国人之前受到皮舍的警察迫害人员的名义，特别向戴高乐的临时政府要求审判和处决皮舍。

加缪那篇题为《并不能解决一切问题》的没有署名的文章发表在
1944 年 5 月号上。在加缪的文章下面刊登了艾吕雅同样也未署名的
文章：

> 在你们可以在本期读到的《并不能解决一切问题》这篇文章
> 面前，我们的许多朋友对作者的总的论点表示同意，但还需要强
> 调指出，他所说的如此轻便的缺乏想象这一观点，在他们看来，尤
> 其是在皮舍的案子里，是自愿……①

这一事件没有立即引起加缪与全国作家委员会强硬派的决裂，因
为加缪直到 1944 年底都还是委员会成员。在巴黎解放之后，由于委
员会采取了接近共产党的政治立场，加缪辞职离去，自此之后拒绝为
《法兰西文学》写稿。② 然而这不正是在一场不怎么引人瞩目却具有决
定意义的结局，即加缪与共产党人第二次发生争吵的前夕吗？

因为，就在加缪在那些地下会议上，陈述他与全国作家委员会的
不同意见时，在巴黎传阅着一张匿名传单，攻击存在主义作家，称他们
为"伪抵抗分子"。四位被点名从而引起法国警察和德国军队警觉的
作家是萨特、加缪、雷斯屈尔和诗人安德烈·弗雷诺。涉及的这些作
家中，至少有一位有理由认为这份传单是由共产党撰写并秘密散发
的，他们利用这种告密手段来清除潜在的、有可能为他们带来麻烦的
对手。③

---

① 源自让·雷斯屈尔和克洛德·摩根。

② 源自波朗档案（雅克丽娜·波朗夫人）和克洛德·摩根。摩根本人在 1956 年苏联镇压匈牙
利革命之后便与他的共产主义朋友分道扬镳了。

③ 源自让·雷斯屈尔。

第二十四章

《误会》

> 如今人们还在要我解释创作《误会》一剧的深层意图，此事足以表明当初人们对这部剧作的接受并不怎么美妙。我这么说并不是为了抱怨，而是为了道出真相。而真相便是，尽管《误会》有着为数不少的观众，但大多数观众并不欢迎。说白了，就是失败。

> ——《费加罗报》，1944 年 10 月 15 日

读完以上叙述之后，读者难以想象，这个时期的加缪在参加地下报纸《战斗报》的编辑工作，并准备于巴黎从占领者铁蹄下解放出来的那一天出版该报的同时，他的剧作家生涯也在巴黎舞台上开始了。在由伽利玛出版社 1944 年出版的《误会》和《卡利古拉》合订本中，加缪写了一篇没有署名的导论。文中他将两部剧本与荒诞哲学联系在一起，而这一哲学已经在《局外人》和《西西弗神话》里得到了体现。尽管这两部戏并不因此成为"说理剧"，但还是代表了一种"不可能之戏剧"。

通过一种不可能的情景（《误会》）或人物（《卡利古拉》），这两部戏试图赋予表面上不可解决的冲突以生命，任何人在获取仅有的有价值答案之前都得首先面对这些冲突。这种戏剧让人明白，

　　每个人身上都存在着一部分必须摧毁的幻想和误会……

　　这些剧本是否也是无法上演的呢？误会是否还包括了观众对作者意图的反应？而这是立刻就表现出来的。

　　正如人们在前面所能读到的那样，在德国占领时期，巴黎戏剧一如既往地存在着。不管是投降变节的，不持立场的，还是像萨特那样公开抗敌的都在开始或继续他们的制作人、导演、剧作家或演员的生涯。巴黎演艺界的所有重要（或不太重要的）人物都照样在工作，比如夏尔·杜兰（为当时新闻界的红人之一）、让-路易·巴罗（他在法兰西喜剧院演出《哈姆雷特》，也在那里上演克洛岱尔的《缎子鞋》，这引起了萨特和波伏瓦的不安，因为克洛岱尔也是颂诗《贝当元帅》的作者）、让·科克托、雷蒙·鲁洛；像让·马雷和塞尔日·雷贾尼这样的演员，则在这个时候开始登上舞台。加缪认识新一代戏剧家中的某些人，如杜兰的弟子、萨特的朋友、演员兼导演让·维拉尔。此人在 60 年代成为法国最伟大的叙事剧导演，也是战后巴黎唯一的革新家。然而，当加缪在被占领的巴黎结识维拉尔时，他还只是初出茅庐。在圣日耳曼-德-普雷区的一家咖啡馆里，维拉尔双手伏在桌上，向加缪表示有意将《卡利古拉》搬上舞台，不过他缺少必要的资金。①

　　巴罗当时还只是法兰西喜剧院的见习演员。他也十分希望喜剧院能够在某种试验剧场里上演《卡利古拉》。他为此与伽利玛出版社商谈，但最终也没有谈出结果。② 这些商谈进行之时，也正是加缪刚刚在地下报纸《战斗报》工作、开始举行各种秘密会议、与地下组织全国作家协会保持联系之时。

　　最后，接受《误会》的并不是某个年轻导演，而是当时最负盛名的剧院之一，即马德琳街区的马杜兰剧院。1943 年 1 月，雅尼娜·伽利

---

① 源自居伊·杜缪尔。

② 源自让-路易·巴罗。

玛曾经带着加缪前来观看过玛莉亚·卡萨雷斯在辛格戏中的表演。马杜兰剧院建于 19 世纪末,原是林荫道戏剧大本营,上演的均是如萨沙·吉特利之流的通俗而又浅显易懂的剧作,由经验丰富的演员,如雷米·哈利·鲍尔等人演绎。自从来了原籍俄罗斯的庇托耶夫夫妇之后,这家剧院的风格便有了改变。这对夫妇为巴黎带来了当代戏剧的范式。在剧院正面的大墙上钉着一块纪念他们经营十五年的牌子。他们的继任为颇具创新精神、相当聪明的马塞尔·埃朗,埃朗为达吕斯·米约、阿尔图尔·奥奈吉以及超现实主义作家安德烈·布勒东和保尔·艾吕雅的朋友,20 岁时曾经在阿波利奈尔的《蒂蕾齐娅的乳房》里参加过表演,后又被科波的老鸽棚剧院录用。他在日内瓦遇到庇托耶夫夫妇,并在马杜兰剧院里与柳德米拉·庇托耶夫同台演过科克托的《奥尔菲》。埃朗还出演过电影《夜客》和《天堂里的孩子》,又曾与其合伙人让·马沙尔为巴黎观众介绍过一些不太知名的戏剧作品和新人之作。在当时的巴黎戏剧体制下,剧院的主人或经理上演剧作必须承担几乎所有的风险,从而导致他们在剧目的选择上呈现出某种一致性,剧团也相对稳定,不过演出的数量和质量也常常受到限制。

　　在战时的巴黎,一部演员不多和舞台效果十分简单的剧作并不会构成多大风险。五十二岁的埃朗已经发现了玛莉亚·卡萨雷斯的巨大潜力,玛莉亚是让·马沙尔在戏剧学院的考试中相中的。在出演《迪尔德莉》之后,她于 1943 年 4 月开始在重新上演的易卜生剧作《索尔尼斯》中扮演希尔达。8 月她和埃朗一同与让-路易·巴罗一起出演加尔奈的影片《天堂里的孩子》,其形象便从此留存在银幕上,也使我们能够看到她与加缪相识时的相貌,听到其时说话的声音。在当年秋天她与埃朗和马沙尔一起同台演出乔治·内沃的《泰蕾丝的旅行》。有关她在这台戏中的表演,另一名初入此道的年轻评论家克洛德·鲁瓦在《交汇》里写道:

　　　　这声音在情感的作用下,好像总是要破碎、要断裂——这表演中的肢体在颤抖在摇动,又总是如此和谐如此纯净……真是一位伟大的悲剧女演员。而她只有 20 岁。①

在埃朗这位导演行家的指导下,加缪于 1944 年初开始修改剧本。3 月份进入排练。玛莉亚·卡萨雷斯被分配主演玛尔塔一角。玛尔塔和她母亲一起在那简陋的小客栈里杀害了一位陌生客人,而这位客人恰巧就是玛尔塔本人的兄弟让。埃朗不顾自身的年纪主演让这个角色(同时担任导演)。莎拉的儿子保尔·奥特利扮演老仆人。

在为期三个月的排练过程中(那是当时法国戏剧排练时间的惯例),加缪把时间用于戏剧与其他活动。比如,他应让·格勒尼埃之邀为其论述存在的文集写文章。1944 年 3 月,加缪写完这篇题为《关于反抗之我见》的文章之后,又在夜晚"兴味索然"地对《鼠疫》进行返工。② 他开始与一位名叫居伊·杜缪尔的新朋友通信。这是一个心怀大志的作家,也来自北非,也身患结核,当时正在山间疗养。加缪不久前还在巴黎见过热内·莱诺,可他 5 月 16 日被捕;后来莱诺没有能够从德国人手里生还。所有这些事件都恰好与那顿古斯古斯午餐、伽利玛出版《误会》和《卡利古拉》撞在一起。午餐是为了庆贺"七星文库"奖的,作陪的是萨特和西蒙娜·德·波伏瓦。

尽管加缪当时还没有见过安德烈·纪德,但由于他与伽利玛的关系使他与纪德的小圈子早已有往来,也正是这个缘故他才受邀搬出那阴森森的旅店,住到了离伽利玛出版社仅有几步之遥的瓦努路一号七楼上的一个单套间,恰与纪德的套房相通。在这间单套间里曾经住过纪德的年轻伙伴马克·阿莱格雷和纪德的女儿卡特琳娜。当时,住在主套房里的有一位名叫玛莉亚·凡·利塞尔贝格的聪明而又敏感的老太太,时年六十八岁。纪德把她叫作"小夫人"。她曾发表了一本题

---

① 杜萨纳《玛莉亚·卡萨雷斯》。

② 引用"七星文库"版加缪文集中写给蓬吉的信件。

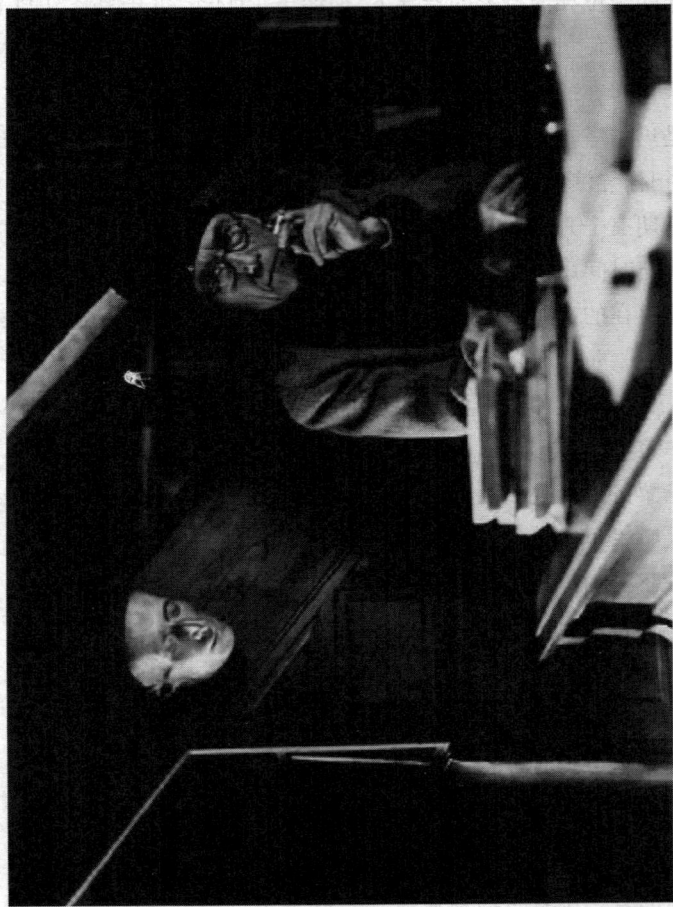

在巴黎瓦努路的公寓里，安德烈·纪德和贾科莫·莱奥帕尔迪（意大利浪漫主义文学的重要代表）的死亡面具（照片由法国罗杰—维奥莱摄影事务所提供）

为《小夫人笔记》的日记,日记以一种吸引人并且十分坦率的方式记录了她与纪德在一起的生活,为纪德的那本神秘难懂的《日记》带来了不无启迪的纠正。大套房里还生活着玛莉亚的女儿伊丽莎白、纪德女儿卡特琳娜的母亲、伊丽莎白的丈夫皮埃尔·埃尔巴。他是纪德圈子里的一位作家,当时十分热心于抵抗运动。[1] 加缪要入住的那个套间里搭有一个凉廊,天花板高高的,中间还吊着一根横杆。加缪在回忆纪德的文章里写道,他后来叫人把横杆给拆掉了,因为"讨厌那些来访的知识分子都要把身子吊在上面"。房间里还有一架钢琴,纪德很喜欢去弹奏。[2]

西班牙内战爆发时,玛莉亚·卡萨雷斯还只是一个十三岁的孱弱孩子。她随即申请参加保卫西班牙共和国的战斗。在身为总理和战争部长的父亲的支持下,她到一家医院做志愿人员。不过她有时会晕倒过去。战争逼近马德里时,父亲便把她和母亲一起送到了法国,自己则在佛朗哥获胜后与她们团聚。德国人入侵法国时,卡萨雷斯·基洛加与妻女打算前往波尔多,欲乘船渡海去英国。可是那条船上没有女人座位,玛莉亚的父亲就只身去了英国,母女俩则返回了巴黎。第二年,玛莉亚在热爱戏剧的母亲鼓励下经常去戏剧学院。当然她还得学法语,既是为了当演员,也是为了参加毕业会考。1942 年,当她开始演出《迪尔德莉》时,正在准备"哲学会考"。她考完的那年同时也离开了戏剧学院。从此以后,她再也不需要上戏剧课了,因为埃朗和马沙尔不会让她失业。

后来,她似乎不记得曾经遇到加缪时的情景了。那时是雅尼娜·伽利玛把从疗养地勒帕奈利耶来巴黎做短暂逗留的阿尔贝·加缪带到剧院后台。可是,毕加索的《握住欲望之尾》在莱里家演出时,朗读

---

[1] 《小夫人笔记》,《安德烈·纪德笔记之六》。

[2] 源自雅尼娜·伽利玛。

舞台指示的是加缪,当时玛莉亚也在场。她觉得他还算是个好演员。他们下一次见面是在马杜兰剧院,亦即演员们第一次朗读剧本之时。

她当时并非剧团里唯一的年轻演员。所有的男女演员都是年轻人,都对埃朗热衷于发现演员和作家的劲头印象深刻。对玛莉亚来说,气氛无疑是十分令人陶醉的。剧团里的集体精神极为强烈。有时,一位置景工会对演员说:"今天你演得很好。"有时则是:"不太好。"而在德军占领期间的悲惨日子里,人们团结得更加紧密了。埃朗十分善于交际,也许可以算是"最后一批风流才子"之辈,他住在剧院上面。在他的房间里聚集着画家、作家和其他艺术家,包括戏剧家。马杜兰剧院的彩排吸引着整个巴黎的知识界。

加缪完全被这位选作扮演玛尔塔的女演员给迷住了。(另外,玛尔塔也是他为第一部小说《幸福的死亡》年轻女主人公起的名字,她得为西蒙娜·伊埃承担部分罪孽。)他确信玛莉亚·卡萨雷斯是巴黎最有前途的女演员之一。不久,他就私下对雅克丽娜·贝尔纳说卡萨雷斯"不需要别人一句解释就全部理解了",而且她"身上的一切都讨人喜欢"。在加缪看来,她的一大优势,便是她从性情到血统都是个地道的西班牙人,而且在政治上也属于那种无可挑剔的西班牙人。

打这以后,直到其生命的最后几个月里,玛莉亚·卡萨雷斯与加缪始终保持着亲近的关系。在他们分开的日子里,他便把所思所为详尽地记下作为弥补。把他们联结在一起的是一根精神远甚于世俗的纽带,却又不尽是避开尘世及其烦恼的港湾:卡萨雷斯从来都不是那种坐在壁炉旁,等待着战士归来,把头搁在自己肩膀上的温驯女子。也许,她会唤起加缪身上的秘而不宣的一面,唤起那些由于羞耻心和男性规章的阻碍,而不能公开表达出来的情感,在私下里尽情奔放。他可以叫喊,可以呻吟,甚至可以哭泣和谈论死亡。卡萨雷斯的任性偏激,她在舞台上下的那种无拘无束,正好弥补了加缪在那种灰暗无光的公众生活中所受到的束缚。她体现了加缪身上的西班牙血统和与此而来的对西班牙不仅是政治形势方面的,而且还是文学与戏剧方面的兴趣；对他来说，她是他与地中海保持亲密接触的一种方式。

6月5日，离彩排还不到三个星期，加缪在一次由萨特和波伏瓦组织的聚会上将玛莉亚介绍给了他的朋友们。这次聚会安排在杜兰和卡米耶在杜尔·都威尔涅路上的套房里，房间里摆满了鲜花、彩条和花环。朝花园的那边有一间圆形大沙龙。据说从前在这间套房里住过维克多·雨果的情妇朱丽叶·德鲁埃。萨特一帮人中又增添了几位《新法兰西杂志》的常客，他们常来这里朗诵诗歌、跳舞和听唱片，往往从宵禁开始一直闹到黎明。这一次，加缪带来了玛莉亚，她"身穿一条'罗夏氏'牌深浅紫色相间的条纹裙子，将一头黑发梳往脑后；略显尖细的笑声中露出了两排青春皓齿，显得十分美丽"。①

在这场聚会还在进行时——确切地讲是午夜过后九十分钟——，美国伞兵开始在诺曼底犹他海滩从天而降。盟军猛烈轰炸之后，第一批部队开始在早晨6点30分向海滩发起冲锋。在这个标志着战争决定性转折的整个夜晚，加缪和卡萨雷斯都形影不离。他们永远也不会忘记6月6日这个纪念日。

如果说盟军登陆标志了德国军队对法国占领结束的开始，那么，其即刻的影响却是占领变得更加强硬，对地下运动监视得更加严密，因为这些运动对德国后方构成了直接危险。6月中旬，印刷《战斗报》的里昂人安德烈·博利耶被捕。此后，加缪、雅克丽娜·贝尔纳及其小组成员便在不同的住所里秘密碰头，并正儿八经地投入了为巴黎解放后印发首期日报的准备工作。

在这个阶段的某个时候，因新剧作即将在巴黎舞台上演几乎就要功成名就的这位年轻人被迫离开了"左岸"的纪德家的单间套房，躲到了在阿尔及尔结识的老朋友保尔·拉菲的家里。那间套房位于夏格兰路，从窗户可以看到凯旋门。拉菲是在去伽利玛出版社看他时告诉

---

① 西蒙娜·德·波伏瓦《岁月的力量》。

他自己到了巴黎的，以后两人时常见面。可是很少有人了解他们俩的友谊，所以加缪能够藏身在拉菲家中而无人知晓。作为回报，拉菲有机会遇到玛莉亚·卡萨雷斯。

1944 年 6 月 24 日，各家报纸的大标题都是瑟堡战役，当晚《误会》在马杜兰剧院里进行了彩排。原彩排日期由于限制用电而被推迟。

这天夜晚，一场暴风骤雨降临了——甚至剧院里面都漏雨了——，任何一个在场的人都不太可能忘记。知识精英们不愿意接受这部形式单一的剧本里矫揉造作的忧伤、行动不可避免地朝着连最天真的观众都能预见到的悲剧结局发展，以及毫不掩饰其人为痕迹的象征手法。玛莉亚·卡萨雷斯的朋友和老师杜萨纳是一位性情随和的人，可也被剧中的气氛搞得心烦意乱，同时，也由于她过着当时所有人都不得不承受的那种"异乎寻常"的生活，已经筋疲力尽，所以她在第二幕结束后就起身离开了剧场。杜萨纳后来寻思在这场失败中是否也有演员们的部分责任；此外，当时人人都是如此神经脆弱，以至于"一部戏的轮廓稍稍有点晦涩便会令我们难以容忍。没有一个人还保持着平衡和足够的能力来理解或进行联想"。然而，卡萨雷斯仍和往常一样十分出色。"这位每次演出都令人赞不绝口、头发卷曲、身材纤弱、令人心颤的女人，这位将格雷斯或阿利克斯的宽大裙子摆弄得如此自如的女人，此次出场时扮成中欧某个偏僻村落的一个野蛮而又贫穷的客栈侍女，头发梳得笔直，动作粗暴，脸色绷得紧紧的……"她不仅要演活角色，而且还得与乱成一团的观众作战"。

卡萨雷斯的战斗女性的一面便这样显示出来了（她还如此年轻，而且看上去总是那么弱不禁风）。尽管喧嚣如雷，可是她一个人就控制住了局面。她说出的话掷地有声，余音绕梁。不过，面对这样连有经验的老演员都有些不知所措的场面时，首先需要表现出一种无与伦比的精神力量……卡萨雷斯却勇敢地挺了过来，一直到最后一句台词。之后，也只是在大幕落下来之后，她才情不自禁地泪流满面,表现出疲倦和悲伤来。①

在这次彩排中,只有一位评论家公开站出来批评观众的这种态度。他就是本身也是剧作家的亨利-热内·勒诺尔芒。他写道:

> 彩排那天的观众,硬是不让我们忘记他们有时做得出来的那种难以名状的粗野。他们的哄笑多次成为《误会》的台词衬垫。要求这帮观众等落幕之后再跳出来难道过分了吗?尽管演出表面上是写实的,但他们并不是在看一部侦探戏而是一部悲剧。要求他们明白这一点难道过分了吗?要求他们去预感到其中超越现实、提升日常生活的成分难道过分了吗?要求他们在两个小时里克制一下其卑劣的情感需要难道过分了吗?……
>
> 不过,年轻的文人们也出现在那个战斗的夜晚,他们的高声叫好勇敢地回答了巴黎苟且主义的种种表现。

勒诺尔芒预言道:"20年后,《误会》也许会因其现有的完美和壮丽而为人们所接受。"

加缪的朋友们当中有人认为,观众的敌意是因为加缪有反对纳粹观点的名声在外,又被怀疑积极地参与了抵抗运动。② 玛莉亚·卡萨雷斯当然不明白观众的这种反应为何,因而在想其中是否有政治因素。不过,在以后的演出中再也没有出现过类似的敌意场面。然而巴黎仍被占领着。③ 据说,萨特也体验过相同的敌意。事实上,萨特和西蒙娜·德·波伏瓦也出席了这场有名的彩排,然而是带着偏见而来

---

① 杜萨纳《玛莉亚·卡萨雷斯》。

② 源自居伊·杜缪尔。同时可参阅杜萨纳《玛莉亚·卡萨雷斯》:"最终,他低声自言自语道——或许是猜测——,加缪在抵抗运动中扮演着重要角色,这就足以使彩排大厅中超过三分之一的人对他抱有先入为主的敌意了。"

③ 源自玛莉亚·卡萨雷斯。

的。他们事先已经读过剧本,认为不如《卡利古拉》。所以,他们看到该剧虽然有天才的卡萨雷斯却"不能演好"丝毫不觉惊讶。他们也不认为这场失败是件什么了不起的事,而且西蒙娜·德·波伏瓦在其回忆录里奇怪地写着"我们对加缪的友谊并不为之动摇"。然而,由于法奸报纸的那些评论家明知加缪身在何处,却幸灾乐祸,所以,萨特和波伏瓦对此感到怒不可遏。当看到这些评论家煞有其事地离开剧场时,萨特和西蒙娜·德·波伏瓦也大笑起来:"这可能是他们能够报道的最后一次彩排,总有一天,他们会被未来的法国和报界开除,而他们也明白这一点。"①

诚然,造成该剧失败的有风格新颖和过于僵硬这两个因素,但也有人们怀疑加缪不赞同法奸的意识形态的原因。不过,政治因素也许不像加缪朋友所愿意想象的那样重要。如果"大家"都知道加缪倾向于抵抗运动、反对投降合作的话,那又为什么没有把他抓起来?

至于剧本本身,伽利玛家族的年轻人当晚在马杜兰剧院看舞台上的演出时,也颇感不安。米歇尔、皮埃尔和雅尼娜还观看过排练,觉得对茶杯(里面投了毒,哥哥让喝了之后中毒死亡)的多次暗示未免有些拙劣。在彩排那晚,当玛尔特(由玛莉亚扮演)提起这只茶杯时,笑声果然四起……每当观众起哄的时候,坐在正厅前部后面几排的加斯东·伽利玛与妻子让娜以及比耶尔、米歇尔、雅尼娜·伽利玛、让·马沙尔便忠实地鼓起掌来。然而,混入观众当中的法奸和当时任何一场演出比起来都是既不多也不少。

加缪明白牵涉的只是其剧本,对挑动了观众感到某种快感;而一切的一切则是他遇上了玛莉亚。②

玛莉亚呢,她十分喜欢剧本,对其中情调简朴的"超现实主义"颇为欣赏。她还发现加缪很激动,几乎被这群心怀敌意的观众刺激起

---

① 西蒙娜·德·波伏瓦《岁月的力量》。
② 源自雅尼娜·伽利玛。

来，因为说到底是他故意挑动他们来着。①

也许正如加缪在日记中平静地记录的那样："我花了十年工夫来征服我眼中的无价之物：没有苦涩之心。"人们由此可以想见从事地下活动有助于保护他不受外界的侵扰，甚至是感情方面的侵扰：

> 人们不可能介入所有方面。至少可以选择某一个能够介入的方面去生活。生活得体面荣耀，仅此而已。在某些情况下，这会导致远离人群，即使（尤其）对有一颗热爱人群之心的人也是如此。

巴黎解放之后，加缪没有坚持其公众的政治倾向，而是转向其剧本中所呈现的艺术问题。他明白这部戏在某种程度上是失败之作。

> 细节上的笨拙，更严重的冗长，儿子这个人物的某种不确定，所有这一切都理所当然地会引起观众的不快。不过，从某个方面来讲，又何必隐讳呢，我觉得在我的语言里有些东西没有被观众理解，而这只是观众的问题。

他也清醒地明白作品对人类境遇表达了一种悲观观点。"可这能够与对人所持有的相对乐观主义的观点相调和。"他还明白，从现代戏剧人物的口中讲出悲剧语言必然会令人震惊，但又认为观众需要习惯起来。"戏剧不是一场游戏。"再说：

> 我个人在这部戏中体会到了一个作者所能得到的最大快乐，即听到一位奇妙无比的女演员以其灵魂与声音来说出自己的语言，与自己所梦想的完全一致地回荡着。我把这一快乐归功于玛

---

① 源自玛莉亚·卡萨雷斯。

莉亚·卡萨雷斯,它对我来说完全足够了。①

读一读法奸报纸在这场一波三折的彩排之后所做的报道,所谓纳粹及其一伙有可能了解加缪同情抵抗运动的看法便不攻自破。德军报纸《巴黎日报》如果怀疑剧作家明里暗地反对德国军队的战争努力的话,必定会极其敏感地表露出来。然而,《巴黎日报》评论家,某个叫作阿尔贝·比埃斯的,在1944年7月2日的法文每周增刊上评论萨特的《禁闭》时,说他尽管在哲学观点上有些保留,但还是称之为戏剧界的"一个重大事件"。阿尔贝·比埃斯对加缪的这部戏表现得已十分宽容。评论家在指出了情节上的一些弱点之后认为,加缪应是希望用象征的方式来表达这个时代的注定命运;他表示加缪应该表达得更清楚些,而演员们的表演损害了剧本;而由雷蒙·鲁洛导演的《禁闭》较为上乘。因此,他对玛莉亚·卡萨雷斯毫不欣赏。她"无疑有表演姑娘角色的天赋……但她最终采取的是一种造作的粗暴,久而久之便令人难以接受"。扮演让的马塞尔·埃朗"让人感觉不到"。

> 至于剧本,其舞台特性或文学价值不能令人满意。不过,剧本充满了极其深刻的思想,从而唤起了我们的容忍之心。

这位《巴黎日报》的评论家还指出《误会》为本季演出的最后一场。他丝毫没有提起德国的占领也已经走到了尽头。这份报纸的法文增刊最后一期与8月15日的日报一起出版。不过评论家还是看到了一些变化:

> 加缪的《误会》属于这类具有预言意义的作品。其中形式与

---

① 《费加罗报》,巴黎,1944年10月15日。之后,加缪又重新对《误会》进行了较大的修改;我们现在看到的文本就是经过这次修改后的。

思想奇特地交织在一起,然而要旨是清楚的。《误会》比任何其他剧本都更触及了包围着我们的恶之本质以及人的全部精神与道德的存在。它似乎断定今人只有懂得更新其生存基础本身方能奢望未来。①

文化周刊《喜剧》在其封面上刊登了玛莉亚·卡萨雷斯和马塞尔·埃朗的剧照。一位名叫罗朗·皮尔纳的评论家觉得剧本"极其奇异",并把它与加缪对荒谬的反抗联系了起来。不过,他接着写道,加缪是位容不得留情的优秀作家,所以必须承认剧本是部失败之作。也许这比过多的成功要好些。而有极具争议的法西斯政论家罗贝尔·布拉齐亚克大显身手的反犹文学与文化周刊《花束》则发表了安德烈·卡斯泰洛的报道。这一位先前曾经暗示,萨特的《禁闭》被禁演"不是因为其平庸,而是因为其消极的丑恶",他还告诫所有剧作家必须向治安委员会申请创作的资格,然后又对加缪的戏嘲笑了一番,指出有些台词无意中引来了哄笑。他还把《误会》确定为"大木偶"戏。

戏于次日即 6 月 25 日晚再次上演,以后又于 7 月 2 日至 23 日连续上演,与此同时盟军在诺曼底和南方强行打开一条通往巴黎的道路……之后,演出一直中断到巴黎解放之后,才于 10 月 18 日到 31 日恢复上演。② 这一阶段限制用电,剧团为了补偿取消的前几场演出,在周末一天要演三场。③

---

① 《巴黎日报》,巴黎,1944 年 7 月 16 日。

② 根据法国戏剧作家和作曲家协会(它保留着公众须付门票进场的戏剧表演记录)的说法。实际上,根据《战斗报》上刊登的消息,这部戏上演直到 11 月 6 日。考虑到历史的准确性,需要补充说明的是在 6 月 23 日应该进行了一次免费表演,这次表演是一场发请柬邀请观众的彩排,可能就是在这场彩排上不少人喝了倒彩。这种说法看起来至少被刊登在《新时代》日报上的广告所支持。日报报道了 6 月 23 日该戏剧上演,并在 24 日发出一则广告称售票柜台已开启。不同的关于加缪的记录将此事件分别定位到 5 月、6 月甚至 7 月,因而很难准确断定该事件发生的具体时间。

③ 源自玛莉亚·卡萨雷斯。

1944 年 7 月 11 日,雅克丽娜·贝尔纳——她是地下报纸的写作、编辑、印刷和发行等各个小组的主要联络人——与一位实际上是个德国人眼线的人一起参加了一个会议。盖世太保盯上了她并将她逮捕了。必须迅速应变,因为她当晚与加缪在马杜兰剧院附近有个约会,为的是结识想加入《战斗报》小组当传信人的玛莉亚·卡萨雷斯。雅克丽娜·贝尔纳不可能去赴约了,她想这事足以警示朋友们她已经被捕,而他们还会通知其他人的。因为事关重大,不仅牵涉他们目前的工作以及为此冒着生命危险的男男女女,而且影响到《战斗报》运动本身,而这一运动是想在战后的法国表达其具有决定性意义的声音的。在她被捕前不久,曾经在纪德的单人套房里举行过一次会议,为的是准备《战斗报》公开后首期报纸的编辑事宜,并把其中要发表的文章分配给了每一位。

在位于庞贝路的盖世太保总部里,就在雅克丽娜被捕不久之后接受审问时,她竟有了警告战友们的机会。德国人发现了那本写满了密码化电话号码的地址簿。密码十分简单,只是从前两个号码中提取三个单位,并把它们加在第二个号码里。她担心德国人会马上破译出密码来。她时常给伽利玛出版社的加缪打电话,当接电话的人问她姓名时便告以假证件上的名字。德国人有了出版社的号码后自会马上知道这位"阿贝斯小姐"老往伽利玛打电话找的人是谁……

所以她提出要交一封信给一位联系人,以召集一次会议,德国人(很希望这样)可以借此抓获小组其余人员。她清楚这一举动不会伤害任何人:"联系人"实际上是一位目前与运动没有任何联系的同志。这样一来,在德国人隐蔽在外边时,雅克丽娜·贝尔纳就可以独自进入场所,并在交那封没有实际内容的信时,轻声让人告知加缪。

审问者并不知道雅克丽娜·贝尔纳是犹太人。结果她被判处在拉文斯布洛克集中营强制劳动。[1]

---

① 源自雅克丽娜·贝尔纳。

当加缪知道或者猜到她被捕的消息时，他正在往圣拉撒尔街的伽利玛出版社走去。他和雅尼娜在阳台上看着皮埃尔和米歇尔骑着自行车往瓦诺路方向过去，两人是去拿他留在纪德住处的衣服的。雅尼娜深信，德国士兵随时随地会出现在下面的马路上，并把枪口瞄准他们。第二天，皮埃尔、米歇尔和加缪各骑一辆自行车离开了巴黎，雅尼娜轮流坐在三人的车架上。实际上皮埃尔和米歇尔因为害怕雅尼娜拖累身子有病的加缪，而不愿她跟他走。他们去了东部位于小莫兰河畔的韦尔德洛小镇，距巴黎有九十公里。伽利玛出版社的作者和校对人布里斯·帕兰在那儿有幢房子。布里斯·帕兰的一位亲戚在镇上也有一幢房子，由伽利玛兄弟和与他们一起逃难的人使用。①

在此之间，加缪已经通知了《战斗报》的秘密朋友萨特和波伏瓦，他们也采取了防范措施。西蒙娜·德·波伏瓦在回忆录里对他们为了预防不测所做的忙碌举动做了描述：先是到莱里家中住了几天；后来又是骑自行车又是坐火车离开巴黎去了乡下，躲在一家杂货铺兼客栈里，三个星期来他们在那间公共大厅里写作和接待来访的莱里夫妇和雅克-洛朗·博斯特，村民们则在玩牌和打弹子球。当听说美国部队已经靠近沙特尔时，他们便骑着自行车通过小路回到巴黎。在香地宜回到巴黎的一段路上他们坐了火车，但盟军的轰炸机对火车进行了轰炸。他们回到巴黎后立即换了旅馆，离开了路易斯安那旅馆住进了十米开外的威尔康旅馆。②

在韦尔德洛，伽利玛一家和加缪过的是度假人的生活，不过并非没有操心之事。借给他们的那幢房子损害十分严重，有的窗子甚至连玻璃都没有。屋里的床不够所有人睡，所以米歇尔在附近的旅馆里租了一间房。他们收听 BBC 里的有关盟军推进的消息，中午在一家小酒店吃便饭，晚餐则在家里吃。雅尼娜和阿尔贝发现两人有着爱好菜羹

---

① 源自雅尼娜·伽利玛。

② 西蒙娜·德·波伏瓦《岁月的力量》。

的共同口味。白天,他们与帕兰夫妇一起散步或在小莫兰河里游泳。他们是如此放松,以至于有一天到了一家酒店门口,把自行车靠在墙上准备进去吃午餐时,伽利玛兄弟中有一人竟脱口叫加缪,根本没有注意到不远处德国士兵正在检查行人证件。他们曾经答应只叫他"阿尔贝",因为这是他假证件上的名字。幸亏德国人不知道谁是加缪,说不定也没有听见。

然而,如果想投身于正在酝酿中的重大事件的话,现在就必须返回巴黎。他们又像来的时候那样,四人骑着三辆自行车沿着老路回去了。一路上他们见到飞机狂轰滥炸,德国人纷纷往路边的树木里躲。可他们却"傻乎乎地"坚信炸弹不会落在他们头上。

不久之后,雅尼娜便离婚嫁给米歇尔,和他一起生活在伽利玛兄弟购买的一幢位于大学路的新房子里。他们晚上与加缪及玛莉亚·卡萨雷斯一起外出。① 萨特和西蒙娜·德·波伏瓦则与加缪在花神咖啡馆门口重新聚在了一起。加缪告诉他们全体抵抗运动领导人都认为巴黎必须自己解放自己。地铁关闭了,断电越来越频繁,煤气也断了,整个首都几乎没有任何吃的了。德国人开始逃跑了。②

---

① 源自雅尼娜·伽利玛。
② 西蒙娜·德·波伏瓦《岁月的力量》。

第二十五章

解　放

　　8月的夜晚,巴黎枪声大作。在这张巨大的石与水
的背景里,环绕着这条流淌着沉重历史的河流,自由的
街垒再一次筑起。正义再一次得付出鲜血的代价才能
获得。

——1944 年 8 月 24 日《战斗报》

　　历史是由小事构成的。如果住在韦尔德洛小村里伽利玛家族的
年轻人和加缪没有突然决定卷起行李回巴黎去的话,那么,在解放的
那一时刻,阿尔贝·加缪肯定不会在巴黎,也不会以令人吃惊的方式
与其地下《战斗报》的朋友们一起出现,并给期待着变化的读者们献上
一份新闻手法迥异的崭新报纸,来告诉长期遭受苦难的法国人自由战
士们将有能力改造法国。在以后的一段时间,加缪及其团队对许多人
来说,代表着法国解放之后的最佳前途,代表着一种新的政治道德,代
表着一种战败噩梦永远不可能卷土重来的希望。

　　事实上,《战斗报》的勇敢推出乃是整个这一混乱时期最为明晰、
最少含糊的事件之一。

　　盟军在拿下沙特尔之后,几乎已经掌握了整个法国北方地区,美
军第三军已经包围了巴黎。计划是围而不攻,迫使德国军队或撤出或
投降,避免流血或破坏;当然,与盟军并肩作战的法国军队将优先进入

巴黎接受德国投降。但对地下抵抗运动来说，他们也在解放着自己的
首都，收复着一座又一座官方大楼、历史建筑、公共设施等，而这才是
最为根本的……然而由此却产生了一些混乱——尽管不无光荣，却毫
无疑问——因为各种各样的组织（共产党的、戴高乐分子的）各自为政
地发出了行动命令。当抵抗运动在巴黎终于动员起来时，德国人已经
准备撤离。但他们仍然拥有相当强大的军力，还是可以让巴黎起义的
反叛者付出沉重的代价。正是因此，当巴黎发出构筑街垒的号召时，艾
森豪威尔将军被迫改变作战计划，让勒克莱尔将军的部队赶紧开进首都
中心。也不能排除在最后一名德国人放弃之前，他们摧毁巴黎这座灯光
之城的可能性。

　　1944 年 8 月 18 日开始的这一周，简直就是在几乎已经战败的德
国人那惊恐不已的眼皮底下，各种各样的英勇行为、个人行动、象征着
巴黎和法兰西共和国之品行的无政府行为可谓层出不穷。与此同时，
一位瑞典领事和德国部队司令在为不流血撤退竭尽全力，德军驻巴黎
司令没有按照希特勒的命令炸毁巴黎。8 月 21 日，解放巴黎委员会号
召人们拿起武器：

　　　　巴黎同胞们：
　　　　起义的巴黎人民已经解放了首都的许多公共建筑……
　　　　斗争在继续。直到将敌人从巴黎地区赶出之前，斗争必须坚
　　　持到底……
　　　　要使用一切手段来阻止敌人的交通。
　　　　把树砍倒，挖起反装甲车的壕沟，筑起街垒。
　　　　迎接盟军的将是一个获胜的民族。

　　起义的标志包括射击手们躲在窗后或在屋顶上放枪、向公共建筑
发动进攻以及在巴黎人常去的地方进行小规模袭击，包括圣日耳曼-
德-普雷街区的那些狭窄小路，一直到 8 月 25 日勒克莱尔将军率领军

队进入巴黎的那一天。大约有 1500 人死于战斗,其中有 901 位法国
国内武装力量战士、582 位平民。[1]

西蒙娜·德·波伏瓦在回忆录里描写了她在左岸见到的巴黎起
义时的气氛。在民众们夺回市政厅、警察分局和公共建筑的同时,法
国国内武装力量在街头向德国车队发动攻击。她在旅馆的窗口可以
看到纳粹旗帜还在卢森堡宫顶上飘摇着。此时各种相互矛盾的谣言
四起,因为即使是真实的事件,也是通过朋友打电话或通过行人和骑
车人的叫喊声中听来的。男人们都与自己的抵抗组织会合了;萨特在
法兰西喜剧院几乎与戏剧界的抵抗人士在不停地开会。妇女们则为
法国国内武装力量备饭。萨特和西蒙娜·德·波伏瓦准备穿越巴黎,
去见在《战斗报》报社的加缪,可是到了塞纳河边时,他们发现空无一
人,耳边呼啸着子弹。他们在桥身的掩护之下,猫腰穿过桥去。等他
们来到雷奥米尔路的《战斗报》总部时,他们发现门口有手持冲锋枪的
青年人在站岗。在里面,整个房子都是"一片混乱,但人人脸上都写着
莫大的欣喜"。加缪要萨特就巴黎解放写一系列文章,这些文章发表
后便成为现存的最好的见证之一。[2]

根据地下报刊委员会的决定,抵抗运动准备夺回法奸的新闻机
构。三支地下小组即"保卫法兰西"、"自由射手"和"战斗"及其报社将
占领雷奥米尔路的那幢在战前属于《坚定报》报社的大楼,它在占领时
期为《巴黎日报》的出版基地。"占领"是个恰当的词汇,因为根据起义
者与德国指挥官的停火协议,抵抗运动的报纸在起义之初就安置在里
面,可当时德国军队还在巴黎,甚至还占据着这些大楼。他们开始在
德国人的最后一批部队的眼皮底下出报并在依然危险的大街小巷卖

① 罗贝尔·阿龙《法国解放史》,巴黎,1959 年。
② 西蒙娜·德·波伏瓦《岁月的力量》。

报。① 雷奥米尔路上的那幢大楼至今还屹立在那儿,由"保卫法兰西"的继承者《法兰西晚报》占用着,地下室里安放着印刷机,三家报社在楼上,门面均是大理石。

帕斯卡尔·皮亚离开了"统一抵抗运动"的工作后,成为最早到达这幢大楼的先行者之一,时间大概是 6 月 18 日星期五。他在办公室里发现了一些德国军装,一些胆小鬼为了逃跑宁愿穿上平民衣衫。虽然,乔治·阿舒勒还在一支武装小组里参加解放巴黎的战斗,但他已经开始为《战斗报》写稿。他目睹了德军最高司令的投降,其总部在位于歌剧院大道与九月四日路拐角上的一家银行里。《战斗报》人员还在办公室里发现了整箱整箱的手榴弹,无疑是德国人放在那儿用来保卫《巴黎日报》的。曾经一起合作出版过地下报纸《战斗报》的亨利·库克兰也被加缪召到这里。他将这些箱子一直拖到最高一层的阳台上,准备在德国坦克开近大楼时把它们扔过去。阿舒勒在得知正与德国人抵抗的法国警察缺少军火时,便在一个司机的帮助下冒着德国人的枪林弹雨把它们一直运到了西岱岛上的警察局。②

另一位新来《战斗报》的是让·布洛克-米歇尔。1942 年在尼斯,加入战斗小组之前,他曾在一个情报小组里干过。他被盖世太保逮捕过、拷打过,又在《战斗报》上以"维莱特"的名义写过一些文章。他到达雷奥米尔路时,报社的正门口还有德国士兵,他只得与小组同志们绕过大楼,在大捆大捆的纸团中间曲折而行。皮亚见到他后立即让他负责纸的问题。布洛克-米歇尔拒绝说:"我这方面没有一点经验。""你会比任何懂行的人处理得更好。"全体成员,除了皮亚、阿舒勒、库克兰和布洛克-米歇尔之外,还包括阿尔贝·奥利维耶和马塞尔·波特(吉蒙),在最初几天都睡在办公室里的旧报纸堆上,吃的是德国人留在大楼食堂里的配额食品。

---

① 源自帕斯卡尔·皮亚和雅克丽娜·贝尔纳。
② 源自乔治·阿舒勒和亨利·利格林。

布洛克-米歇尔被介绍给日报的一位主要编辑"波夏尔",这位瘦弱苍白的年轻人似乎很有魅力。当时谁也没有叫他的真名;获得自由的《战斗报》最初几期也像当时的地下报纸一样不署名。①

就在加缪第一次或是最初几次到雷奥米尔路探访时,在一次大搜捕中被抓住,当时他身上带着《战斗报》报首图案模型,不过,他在被搜身之前成功地将它甩掉了。②

抵抗运动的记者们占据了《巴黎日报》所在地后,他们发现得到的纸张还可以使用一阵子。起初,谁也没有报酬。报贩子把钱交过来之后,由于没有找到保险柜的钥匙,钱就被扔在纸篓里。社长皮亚和行政主管布洛克-米歇尔制定了工资标准,然后把纸篓里的钱搜出来支付工资。"波夏尔"不久就恢复为阿尔贝·加缪,负责起草社论,阿舒勒当国内政治部主任,马塞尔·波特任国外政治部主任。

8月19日星期六,《战斗报》已经准备好出第一张公开的日报。然而,书籍联盟下的排版工会坚持要遵守以"塞拉"为巴黎代表的戴高乐临时政府的命令。而"塞拉"是亚历山大·帕罗迪的化名,由于担心引起德国人重新占领报社所在地,希望推迟抵抗运动报纸的自由出版时机。抵抗运动报纸的社长们——其中就有《战斗报》的社长皮亚——不得不对帕罗迪施加压力,迫使他最终在8月21日星期一签署了出版许可证。③

第一期出版和发行日期为8月21日,但为纪念其之前编辑的地下报纸,编号为"第四年,第五十九期",为39×42厘米的大版面纸张,正反两页。根据事先制定的计划,《战斗报》在周围地区以沿街叫卖的渠道售出;一个小时里所有的报纸全部卖光。④ 第一版的最左端是一

---

① 源自让·布洛克-米歇尔、雅克丽娜·贝尔纳、帕斯卡尔·皮亚。可能加缪被介绍为"波夏尔",与贝尔纳初次见面时一样。

② 源自阿尔贝·加缪夫人。

③ 源自帕斯卡尔·皮亚。

④ 源自帕斯卡尔·皮亚。

篇不署名的社论（由加缪撰写），占据了八个专栏中的首要位置，后来成为一种固定做法：

> 今天，8 月 21 日，正当我们出报时，巴黎的解放正进行到尾声。在经历了五十个月的占领、斗争与牺牲之后，尽管突然之间炮火四起，巴黎在自由的感觉中新生了。

社论作者宣称自由是靠征服得来的：

> 法国国内力量部队是依靠与侵略者和叛徒的斗争，来恢复我国共和制的……

　　解放巴黎只是解放法国的一个阶段。接下来的是另一场战斗。因为解放了的法国，不应该成为一个金钱的法国。盟军使法国的解放成为可能，但要征服自由还得靠法国人自己。于是："战争并未停止。"[1]

　　在同一版面上，另一篇没有署名的文章题为《从抵抗到革命》，重复了报头上每天都出现的报纸格言。这篇社论没有收入加缪作品集，加缪的一位朋友回忆说是他"启发了"加缪，[2]但语言明显是加缪的。皮亚肯定插手过，因为他多次参与那些分配给加缪完成的最初一批社论。可是加缪在自由电台上以一种悲怆的语调朗读《从抵抗到革命》，背景音乐为《战斗者之歌》，[3]如果他不是社论作者或至少是主要作者的话，那他肯定是不会这样做的。

---

① 这篇社论的全文以及其他几篇加缪为《战斗报》撰写的社论和普通文章收于"七星文库"版加缪文集。

② 让·达尼埃尔《加缪的斗争》，选自《加缪》（"天才与现实"丛书），巴黎，1964 年。

③ 歌曲录音可参见阿代唱片集《阿尔贝·加缪在场》。

为了保证这篇文章有人读,第二天又把它刊登了一遍。文章的开头是这样的:

> 为了使这份诞生自抵抗精神,冒着地下活动的所有危险,并且从不间断地出版的一份报纸,终于能够在洗尽了屈辱的巴黎,光明磊落地问世,整整进行了五年坚持不懈和沉默无声的斗争。

下述文字可能描述了加缪自己的精神历程:

> 这些年功夫没有白费。那些仅仅带着荣誉受损感觉开始迎接这五年的法国人,走出这五年的阴影时却拥有了一门使得他们感到超越了任何理解力、勇气和人类心灵真实的高超学问。他们明白,这些表面上如此宽泛的要求,却每天都在道德上和政治上让他们承担责任。一句话,1940年他们有的只是一种信仰,1944年他们却有了一种高贵意义上的政治。他们从抵抗开始,却要以革命结束。

作者许诺,在未来的日子里,《战斗报》将在行动上和言论上来给它的革命下定义。该报同时还要求建立一种"民众的和工人的民主",制定一部保障自由的新宪法,进行国家结构改革,呼吁结束托拉斯和金钱的权力,执行建立在没有例外的忠实于盟军的对外政策。"在目前状态下,这就叫作革命。"

《战斗报》战后的政治纲领就这样得到了阐明。在当时,这个纲领显然与左派和中左派的重要派别的思想互相吻合。

巴黎依然是一个战场。德国大部队撤出市区之后,巴黎的一些街道在夜晚便成为空袭目标,但德国地面部队再也没有出现。8月21日的《战斗报》有这么一个标题:

起义使得共和精神在巴黎光大
盟军队伍距离首都六公里

　　不过,加缪还是不紧不慢地穿过市区,或许是坐着抵抗运动组织分给他们的一辆汽车,还配了司机。他是去结核病大专家乔治·布鲁埃医生那里接受两周一次的吸气治疗的。布鲁埃医生的诊所位于离瓦格拉姆大街不远的泰奥多尔德邦维勒路上。加缪还在医生诊所时,就听到了外面的枪声,他们于是走到阳台上寻找这些零星枪声发自何处。加缪转向医生,用一种伤感的声音对着布鲁埃医生说道:"您瞧,困难只是从现在才开始。"①加缪暗指的大概是共产党与非共产党在解放斗争中观念上的分歧,这些分歧体现在巴黎街头那些指导斗争的命令的相互矛盾上。

　　加缪及其报纸的同志们在言行中未免以真理掌握在自己手中自居,似乎法国是与他们一起获得新生的。第二期报纸刊登了那些因地下活动或"爱国"态度而获准出版的日报名单;其中有共产党的《人道报》,社会党的《大众报》、《费加罗报》、《解放了的巴黎人报》以及那些诞生于地下活动的新报刊。至于那些与敌人合作的,《战斗报》表示,人们"既不应该忘记,也不应该宽容"。

　　首都周围的战斗仍在继续。加缪派遣阿舒勒执行任务,搜寻正在向巴黎推进的美国部队,不光是为了报道他们的推进,也是为了说服他们前来参加解放巴黎。阿舒勒骑着一辆自行车,带着充当摄影师的皮埃尔·伽利玛。他们相当容易地就穿过了德军军事线,但在凡尔赛附近被轰炸挡住,最后是在巴黎西南部的舍弗洛兹山谷遇上了美国部队。彼埃尔·伽利玛拍照,阿舒勒对一支美国装甲部队的某军官作采访,之后便重新返回首都。在奥尔良门,正在撤退的德国"非洲军团"

---

　　① 源自乔治·布鲁埃医生。

没收了他们的自行车,他们只好徒步回去。[①] 文章于第二天 8 月 24 日发表,题目是:

与厄特巴克少将在一起的两小时

阿舒勒引述了厄特巴克的话:"我们正在赶来。"实际上,阿舒勒和加缪,甚至还有少将本人都无法知道美国人已经保证首先让法国士兵进入巴黎。

8 月 22 日晚上,加缪在为将于次日清晨出版的社论写道:"在起义的第四天,在敌人第一次后退之后,在法国人经过被暗杀中断的假停火一天之后,巴黎人将继续战斗和筑立街垒。"

他接着又号召人们起来战斗:

> 围困在城里的敌人不得逃走。撤退的敌人甭想再进来。他们不能通过。

加缪解释说:"一个渴望生活的人民不应该等待别人给他带来自由。他得自己争取自由。"他写道,更好的是,"从巴黎少逃出去一个德国人,盟军战士和我们东部的法国同志就少射一粒子弹"。8 月 21 日开始的战斗是一场事关"自由或是死亡"的战斗。

8 月 24 日,加缪的笔调更加高亢,这一天那篇没有署名的社论是他在这些峥嵘岁月里写得最为激昂的:

> 8 月的巴黎夜晚,枪声四起……时间将证明法国的男女老少并不想厮杀,他们双手干净,不得不被卷入一场他们没有选择的战争……

---

① 源自乔治·阿舒勒和亨利·利格林。

　　　　是的,他们的理由极其充足,他们的理想极其宏大,他们的反
抗发自内心深处……

又一次,道德哲理出现了:

　　　　对那些四年来无数个日日夜夜在沉默之中、在破碎的天空和
枪口下斗争的人,不能指望他们愿意看到战败的不义之师以任何
形式卷土重来……"

8 月 25 日为解放巴黎之战的最后一天,题为《真理之夜》的社论如
此开始:

　　　　当自由的子弹还在市区呼啸的时候,解放的大炮正在欢呼声
和鲜花丛中越过巴黎的城门。在这个 8 月最为美好、最为热烈的
夜晚,巴黎的夜空永恒的星星混合着飞逝而过的子弹、大火的烟
雾和充满大众欢乐的彩色烟火……

　　这显然是无比欢快的时刻,《战斗报》时期的加缪成为这种几近疯
狂的热情的吹鼓手。必然是乐观主义的起义者们应当在由加缪及其
战友们在最初几期《战斗报》里所刻画的抵抗运动形象中认出了自己:
他们是战斗得筋疲力尽的英雄,具有政治和社会意识,对于占领岁月
的可耻历史,对于促使这一时代到来的腐败社会有着清醒的认识,决
心改造国家使此类事件永不重演。如果没有这种变革愿望,甚至不相
信这种变革是可能的话,那他就很难参与某一抵抗组织或自由法国
政府。

　　不管人们的政治观念如何,人们都可以在这份新报纸所宣扬的理
想主义中发现自己。西蒙娜·德·波伏瓦注意到了加缪在《战斗报》
里的这种呼吁:"政治不再与个人分离。它是人与人之间的直接沟

通。"是呀,她承认道:"与他人沟通也是我们作家的作用。"①

加缪在 8 月 25 日的社论里继续写道:

> 更为艰巨的战斗正等待着我们。不过,和平已经回到了这片被蹂躏的大地,回到了这些被希望和回忆折磨着的内心。人不能永远靠着谋杀和暴力谋生。幸福、正义的温情将会来到。不过和平并不会使我们健忘。对我们中间的一些人来说,同胞们那被子弹扭曲的脸、这些年来充满男子汉气概的伟大博爱永远不会离开我们⋯⋯

报纸的标题是:

经过四年的盼望与斗争
法国军队进入被解放了的首都

在这一版上,其他文章报道了当天戴高乐进入巴黎、解放里昂波尔多,德国人将贝当及其内阁安顿在一座城堡,萨沙·吉特、热罗姆·卡尔科皮诺等一批被占领时期的法国名人被逮捕的消息。一位战地记者报道了装甲部队朝巴黎开进的消息,一则由边框圈起来的文章呼吁巴黎人装点起来庆祝解放,另一条消息则警告人们小心用气取暖或做饭,以免火灾或爆炸。

从此以后,《战斗报》更像是一份和平时期的报纸。8 月 27 日,第一次登出了全体报社人员的名单:"阿尔贝·加缪、亨利·弗雷里克、马塞尔·吉蒙、阿尔贝·奥利维耶和帕斯卡尔·皮亚目前为《战斗报》的撰稿人,此前曾经在地下为本报编写过。"读者还要再等几个星期之后才能了解到领导委员会的排名;皮亚是社长,加缪是总编辑;委员会的其他成员有吉蒙(马塞尔·波特的化名,他一直使用这个化名)和奥

---

① 西蒙娜·德·波伏瓦《势所必然》,巴黎,1963 年。

利维耶。8 月 28 日的那一期报纸终于在其仅有的两版里(一正一反)刊登了几则体育新闻。8 月 29 日,有一则关于恩斯特·海明威在巴黎的报道。9 月 9 日,报道了马尔罗健在的消息;9 月 22 日记叙了他前一天在《战斗报》的访问,配有一张以后经常见到的纪念照片:瘦弱的加缪身穿短袖衬衫,颈系深色领带,带着某种敬佩的神情注视着同样消瘦的马尔罗。马尔罗身穿制服,头戴军人贝雷帽,嘴上叼着香烟,也在端详着加缪。

加缪的大姨子克里斯蒂安娜也回到了巴黎。她坐的是第二艘政府人员专用船,船从设在阿尔及尔的"自由法国"总部起锚,穿过直布罗陀海峡后沿着大西洋海岸一直开到瑟堡,然后全体乘客坐火车去巴黎。她打电话到报社找加缪,加缪派了一辆汽车到火车站接人,并把她送到纪德在瓦努路的单人套房,他现在又搬回去住了。他在那儿与她碰头,然后一起出去。在大学路上,一位骑自行车的年轻人见到加缪突然停下,向他打听最新消息。加缪告诉他正在消灭德军在巴黎地区的最后一个抵抗阵地,仗基本上已经打完,骑自行车的小伙子喊道:"那我又可以回学校去了。"又说,"现在一切都已经结束,能不能告诉我你的名字?"加缪告诉了他。小伙的脸色突然苍白,显然为发现这位地下朋友就是他如此钦佩的作家而激动,他问道:"您就是《局外人》的作者?"①

加缪主编的《战斗报》——或者说是皮亚、阿舒勒、吉蒙、奥利维耶以及他们的同志们的《战斗报》——的道德倾向是这份报纸的唯一与众不同的特征,它将青年一代(实际上是抵抗运动的青年一代)的模糊而又常常没有表达出来的希望具体化了。在巴黎解放之后最初几个月发生的权力争斗过程中,它避免了任何道德真空的出现。加缪及其《战斗报》应当成为一种新道德的代表,否则一切都将付诸东流。这是一种相当苛刻的道德,但报社工作的男男女女却不折不扣地遵守着,

---

① 源自克里斯蒂安娜·富尔。

心甘情愿地选择了一种斯巴达式的生活方式,拒绝利益的诱惑。当然,并非人人都赞赏《战斗报》的道德主义。克洛德·布尔代只是在1945 年 4 月 18 日从集中营解放出来之后才得以重新读到《战斗报》的,很快便对报纸在加缪影响下形成的风格表示赏识,但同时又担心这种道德主义会产生一种不太合时宜的"超越纠纷"的态度,原因是抵抗运动会卷入日常的政治斗争并因此难以保持自身的纯洁。[1]《战斗报》并没有提出一条真正的政治路线,其编辑们宁愿站在更为超越的水平上,只不过心向着左派。然而他们还想保留批评社会党人、戴高乐派或任何其他派别的自由。[2]

　　8 月 31 日,加缪就新闻报刊问题写了系列文章中的第一篇《新报刊论》。他重温了地下记者们的愿望,认为抵抗运动可以为战后法国带来一种恰好与战前模式相反的更加高尚的新闻报刊,在战前"对金钱的欲望和对崇高事物的冷漠"造就了一些强人,但同时又起着"削弱众人道德"的作用。这类报刊变成了卖国求荣的工具和民族的耻辱。然而,解放后报刊并没有遵守诺言;许多报纸仅满足于像从前一样出版,煽起的是"某种轻浮少女的感觉"。

　　他在以后几天里继续探讨报刊的作用、责任与成败。[3] 实际上,这些似乎又重新回到战前那种以耸人听闻为目的的新报纸中,有一家就与《战斗报》在同一个屋檐之下。因为那家诞生于抵抗运动的《保卫法兰西》不久就更名为《法兰西晚报》,恰恰成为加缪所谴责的那类报纸。该报从性质到发行对象上都完全恢复到了从前的《巴黎晚报》的样子。《保卫法兰西》甚至在《巴黎晚报》总编辑皮埃尔·拉扎雷夫 9 月份一回法国就雇用他。加缪对这一切都难以接受,所以,当拉扎雷夫邀请他和皮亚到他办公室握手叙旧时,他们的答复是宁愿不去。加缪并不

---

① 源自克洛德·布尔代。

② 源自乔治·阿舒勒和亨利·科格林。

③ "七星文库"版加缪文集中收录了 8 月 31 日、9 月 8 日以及 11 月 22 日的社论。

反对他的旧老板,但一想到把他雇去就为了把一份抵抗运动的报纸改变成他所憎恨的《法兰西晚报》之翻版时,他就难免反感。①

　　也许加缪在撰写 8 月 31 日社论时,想到的例子便是《保卫法兰西》《法兰西晚报》。12 月 1 日他再次写道:"那些不喜欢世界改变的人们,今天也许会有被蒙骗的感觉。"然后他解释道:

> 　　法国的解放对他们来说,仅仅意味着回到传统的菜单,回到汽车和《巴黎晚报》。但愿自由快点来到,但愿我们终于能够随心所欲地平庸而又不可一世!

　　后来,每周画报《巴黎竞赛报》复刊时,《战斗报》上有一篇署名"苏埃道奈"的文章,"祝贺"政府同意调拨纸张,给这么一份充斥被摧残的景象和裸体舞女照片的杂志,"一份为法兰西增添光彩的刊物"。

　　《战斗报》无疑是一份青年人的报纸;除了个别例外,均是新面孔。一位还在服兵役的大学生让-皮埃尔·维威经过一位共同朋友的介绍来《战斗报》看望加缪,告诉他自己刚刚写完高等学位的论文——在论文中,他受到萨特的启发,将《局外人》与《西西弗神话》做了比较——加缪希望他在退役后再来。果然,维威退役回来后便被录用为记者。②

　　在天主教民主党的报纸《曙光报》攻击萨特和加缪时,当时仅二十岁的罗歇·格勒尼埃在抵抗运动的《自由》杂志上载文捍卫加缪。该杂志的编辑部设在雷奥米尔路。格勒尼埃听说加缪想见他以表示感谢。在谈话中,加缪问他是否乐意为《战斗报》撰写戏剧评论,格勒尼埃回答说他更愿意当记者。几个星期之后,加缪给了他一个职位。③

---

　　①　源自雅克丽娜·贝尔纳。事件的另一种说法是拉扎雷夫邀请加缪去拜访自己,而加缪却让他等了整整一天(源自让-皮埃尔·维威)。

　　②　源自让-皮埃尔·维威,作家,记者,后来成为该刊职业杂志《书报》的编辑。

　　③　源自罗歇·格勒尼埃。在离开《战斗报》之后,格勒尼埃又跟皮亚一起到《快报》工作,后来还去过《巴黎晚报》,最终成为伽利玛出版社的小说作家和文学顾问。

巴黎刚解放不久,萨特的学生和朋友雅克-洛朗·博斯特在路上遇见加缪时,表示十分希望成为战地记者。加缪立即录用了他,并把他派赴多个反德战争仍在继续的前线。①

也是在这个时期,加缪针对全国作家委员会及其《法兰西文学》杂志的立场才开始明确。全国作家委员会及其刊物对左派法国人士进行了一场规模庞大的重组活动——范围之广,竟也波及了波朗和莫里亚克。不过,从此以后,除了那些最为天真的支持者外,全国作家委员会的共产党性质已经路人皆知。

要把当时真正发生的一切重新理清是困难的。加缪肯定没有原谅《法兰西文学》对他那篇有关处决皮埃尔·皮舍一文的否定。② 根据他本人对共产党活动的经验,他可能认为是盖世太保和法奸警察制作并流传了那些揭发他的匿名传单以及其他一些不愿意向共产党路线低头弯腰的匿名传单。

人们所知道的,便是在与当时身为全国作家委员会和《法兰西文学》要人的克洛德·摩根意见分歧之后,加缪向让·波朗表示要脱离全国作家委员会,并要求把他的决定向全体会员公开。他认为作家委员会与其说在发扬客观性和思想独立,不如说是在要求人们服从于一条既定路线。这次争论留给他的是苦涩;他自问是否还要继续参加公众生活。③ 当摩根打电话问他是否愿意为《法兰西文学》写稿时,加缪回绝了。④ 至于《法兰西文学》杂志,它还继续存在了二十四年,在路易·阿拉贡和皮埃尔·戴克斯表示反对苏军入侵捷克斯洛伐克,并支持苏联持不同政见人士后,共产党便中断了资助,杂志也就停止出版了。

---

① 源自雅克-洛朗·博斯特。

② 参阅第二十三章。

③ 波朗档案(源自雅克丽娜·波朗夫人)。

④ 源自克洛德·摩根。加缪说明的原因是他不为部分依靠广告作为收入来源的报纸写文章。

第二十六章

最初的战斗

> ……我们的选择是,承担起人类的正义来,尽管我
> 们还有很多可怕的缺陷。我们一心关注的只是拼命地
> 保持着诚实并以此来纠正其缺点。
>
> ——1944 年 10 月 25 日《战斗报》

　　加缪主编的《战斗报》对法奸们没有半点的容忍之心,法奸并不是像让·波朗所认为的那样代表了一种误入歧途的热情,而是代表了战前法国那种机会主义和贪婪、在贝当和拉瓦尔统治之下的法国争权夺利;在他们那里,从语言变成政策导致的结果是成为折磨关押者、处决人质、建造集中营的同谋犯。尽管加缪的道德观念极其高尚,有时甚至十分抽象,但他与所有"战斗"小组牺牲(像博利耶和不久之后的莱诺)或仍被关押在集中营的成员(像雅克丽娜·贝尔纳和布尔代)一样,觉得与自己更接近的是敌人的炮火,而不是像弗朗索瓦·莫里亚克那样的虽不乏勇气却缺少直接经验的天主教道学家。加缪在《战斗报》最初的几期(1944 年 8 月 30 日)里问道:"谁胆敢在这里提什么原谅?"

　　既然人们终于明白只能以剑胜剑,既然人们已经拿起了武器并取得了胜利,谁愿意要求他们忘却? 未来我们需要的并不是憎

恨,而是建立在记忆之上的正义本身。①

　　这是法国知识分子在解放后最初几个月里最为关心的问题,加缪在社论里也多次阐述了这一思想。他甚至对在恶面前采取合作或保持沉默态度的宗教当局提出了批评,认为天主教本应将"那些只把宗教当作一种职业的人"毫不容忍地抛弃(9月16日)。他强调,对法奸的惩罚——我们常说的"清洗"——是一种必要。"问题不在于大量清除,而在于清除得当。"这就意味着要把制裁跳出政府圈子,扩大到银行、工业和其他机构,并在经济上或职业上惩罚罪犯。比如,将萨沙·吉特里赶出舞台(10月18日)。加缪拒绝对贝当实行任何宽恕:"法国人头落地都是因为他签署的那些法律。"对贝当,他要求采取"最铁面无情和最为坚决的正义手段"(11月2日)。

　　弗朗索瓦·莫里亚克在《费加罗报》里占据着和加缪在《战斗报》里一样的精神地位,而且明显地和加缪在自己报纸里负责一样的版面。他开始回应加缪了。莫里亚克对他所认为的"清除"过滥表示不同看法,把它归因于抵抗运动的狂热。自1944年10月开始莫里亚克在《费加罗报》上发表了一系列文章,将自己的立场确定为"慈善为先"。而加缪则在《战斗报》上经常针对这些文章进行反驳。莫里亚克在10月19日发表于《费加罗报》头版头条的一篇文章中宣称法国希望的是和解,并表示支持宽恕法奸。

　　加缪在第二天的《战斗报》上立即反驳说:"我们不同意弗朗索·莫里亚克先生的看法。我们可以没有任何顾虑地这么说,因为我们在每一次需要的时候都曾经支持过弗朗索瓦·莫里亚克先生。"加缪写道,如果有人害怕的话,这也不会伤害他们。在10月22日的《答〈战

　　① 发表在"七星文库"版加缪文集中。让·波朗当时反对建立曾为合作政府工作的作家黑名单,他甚至因此从全国作家委员会辞职。他后来发表了《致抵抗运动领导人的一封信》,指出那些在占领时期持合作态度的作家也是在以他们的方式表现诚意。

斗报〉》一文里,莫里亚克嘲笑加缪使用天主教神学词汇来鼓动人们惩办法奸。10 月 25 日,加缪回敬道:

> 我们虽然不是基督徒,确切地说正因为我们不是基督徒,我们才决定还是要谈一谈这个问题。

> 一个基督徒可能以为人的正义总被神的正义所补偿,结果宽容为上。可还是让莫里亚克先生思考一下人类所处的冲突吧,在这种冲突当中,人并不知晓神的判决,但却保留着人的趣味及其宏伟的愿望。他们不是得永远地沉默就是得皈依人类的正义。这当然不是一件轻松的事情。可是,在经历了二十五年的平庸又面临了四年的共同痛苦之后,再也不可能犹豫了。我们的选择是,承担起人类的正义来,尽管我们还有很多可怕的缺陷。我们一心关注的只是拼命地保持着诚实并以此来纠正其缺点。

加缪在 12 月 5 日的《战斗报》上写道:"我们和莫里亚克先生之间有着某种默契,即互相为对方的社论出题目。"他还友好地补充说这也许正是他们行动中有着一致的缘故,而这种公开的讨论是再健康不过的了。

终于,在 1 月 7 日至 8 日《费加罗报》上题为《对慈善的蔑视》一文里,莫里亚克露出了凶相。他对"我们的年轻大师"进行了指责,认为被加缪攻击的一位法奸作家的作品"比我设想中他本人未来的作品都要高出许多许多"。加缪被这一人身攻击所刺痛,1 月 11 日反唇相讥,称莫里亚克"既不正义,也不慈善"。后来,加缪承认"双方都说了一些蠢话"。可自此以后(1945 年 9 月 1 日),莫里亚克行文的笔调关闭了今后重新对话的大门。

加缪有可能没有理解——我们也找不到任何可以表明加缪对此有所意识的迹象——莫里亚克针对自己的强烈的个人仇恨,这在莫里

亚克与其他人谈话时对加缪的评价中都有表露。这些人把这归咎于
妒忌。加缪代表了一种既不是天主教的，也不是莫里亚克的道德立
场，但终究也是一种道德立场，且不仅他的先前经历比莫里亚克本人
的更有价值，而且他还拥有青春和莫里亚克无以企及的读者群，虽然
他掌握着《费加罗报》的第一版。无论是出于何种原因，莫里亚克从不
放过任何攻击加缪的机会。

　　至于加缪有关通敌罪判处死刑的立场，也将随着解放初几个月狂
热渐息而发生变化；过不了多久，他对死刑的终身反感就占据了上风。

　　加缪并非一定想加剧论战，似乎也乐意恢复对话，但他总希望双
方都能出于诚意。他的开诚布公不仅吸引着那些常常是初次在《战斗
报》工作的年轻人，而且吸引了许多资深记者。新近加盟报社的除了
维威、格勒尼埃、博斯特外，还包括保尔·博丹、加缪原伽利玛出版社
的同事雅克·勒马尔尚、亚历山大·阿斯特吕克、莫里斯·纳多，偶然
参加报社工作的则有萨特和莫里斯·梅洛-庞蒂。

　　加缪不久养成了一种习惯。他先是为写社论做些笔记，然后坐在
一位女秘书身旁向她口授文章，也不再校阅。[①] 不过在他写作社论之
前，皮亚和编辑部主要成员总要聚在一起开会，加缪鼓励他们自己写
社论。相互间这种关系使得后来要将社论和其他文章是谁写的这个
问题搞清楚变得困难甚至不可能。因此，加缪本人也写过其他一些专
栏，作者署名"苏埃道奈"。除了他自己写作之外，加缪还让其他人就
一些题目写文稿。但是负责排版的是皮亚，助手为罗歇·格勒尼埃。[②]

　　丝毫不令人奇怪的是，加缪反对刊登那种充斥着新闻界的"女店
员"之类的轰动性的犯罪故事。有一天他要求编辑部不要报道一桩极

---

① 源自乔治·阿舒勒。
② 源自罗歇·格勒尼埃。

其血腥的事件。①《战斗报》的文章质量很高,风格简练,是日报当中少有的。用达尼埃尔的话来说,由于重视了语言,《战斗报》成为"法国报刊有史以来文笔最好的报纸之一"②。

1944 年 12 月,埃德蒙·夏洛来到巴黎时,他发现读者们在各报亭里,争先恐后地抢购《战斗报》,如饥似渴地阅读加缪的社论:加缪的文章已经到了全城都在讨论的程度。③

巴黎的所有精英人物即使还阅读其他东西,每天总少不了要读《战斗报》。

1944 年 10 月 4 日,《战斗报》发表了一篇没有署名的有关玛莉亚·卡萨雷斯的文章:

> "这位从佛朗哥的西班牙逃离出来的小姑娘有着多么奇特的命运啊!她初次踏上这座陌生都市的时候,连一句法国话都不会说,可是在激情之下她已经成为巴黎舞台上的最令人震撼的明星之一……"

另一部新剧马上就会让她有机会"证明自己拥有一位伟大演员的灵魂"。

> 从今以后,她具有热情、智慧和无与伦比的美貌。并不是几个发音出错和激情的过度发挥就会妨碍人们承认她在我们舞台上发自肺腑的声音具有真切之情……

---

① 源自亨利·科格林。
② 让·达尼埃尔《加缪的斗争》。
③ 源自埃德蒙·夏洛。

　　这篇文章的风格与语言都不能表明它出自加缪之手。但不久加缪就有机会在《费加罗报》①而不是在《战斗报》上解释了他创作《误会》一剧的意图，因为他的这部戏 10 月 18 日在马杜兰剧院重新上演了。次日的《战斗报》没有报道演出情况，因为加缪不愿意利用自己在报社的地位。可《战斗报》报道了有玛莉亚·卡萨雷斯参加的一场慈善庆祝活动，这次活动是为了援助为解放法国而捐躯的西班牙人的遗属而举行的。

　　不久后，临时政府将其政府部门接回如今已经解放的国土，又有一艘专运政府人员的船只即将从阿尔及尔抵达法国。弗朗辛·加缪也在这条船上，她是 10 月 14 日离开阿尔及尔的。这是一场漫长的旅途，由于在船上发现了一例伤寒病人就更显得漫长。不过在 10 月底之前，她还是在瓦努路的套房里与加缪重逢了。

　　加缪在经过一阵动荡不安的生活，即下午和傍晚在雷奥米尔路的报社，晚上在圣日耳曼-德-普雷区的咖啡馆、俱乐部和萨特家宴的生活结束之后，又重新过上了家庭生活；玛莉亚·卡萨雷斯跟他约定不再见面。

　　加缪在其日记中的一部分记录可以让人揣测到他当时的思想状态。在《战斗报》推出的最初几个月里，他没有时间花费在个人写作上——比如完成《鼠疫》或撰写关于反抗的重要随笔。不过他可以去想象他未来的作品。正因如此他在日记里记下了写作计划、纷乱无绪的或意想不到的想法：

　　　　1944 年 9 月 24 日。写信。

　　　　小说。"爱情、眼泪和亲吻之夜。被哭泣、汗水、爱情浸透了的床。到达痛苦的顶点。"

----

　　①　在第二十四章中引用。

小说。一个美人。因而得原谅一切。

那些爱所有女人的人也是走向抽象之路的人。不管这个世界表现为怎样，他们都超越了这个世界。因为他们绕过了个别，绕过了独特的情况。那逃离一切思想和一切抽象的人、真正绝望的人是只有一个女人的人。固执地守着这一张独特而不能满足一切的脸。

12月。这颗充满泪水和黑暗的心。

虽然弗朗辛·加缪怀上了孩子，夫妇俩还是过着一种十分热闹和丰富的社交生活。加缪又重新开始写作。他的家庭生活，在其空间许可的情况下，是其办公室生活的延续；他在圣日耳曼-德-普雷街区与《战斗报》同事以及其他朋友一起过的夜生活也同样如此。以后，他的办公室又成了圣日耳曼-德-普雷区的延续。那些即将成为法国历史上知识界的巨人们纷纷来到报社：马尔罗，那是自然的，还有萨特。在报社里举办"令人眼花缭乱的"晚会，名副其实的辩论，当着他们大部分人的面就报纸内容进行自我批评。[1] 或者是众人围坐在一张有着墨迹和烟蒂烫痕的大白木桌旁，一位编辑以钦佩的语调高声朗读一篇写得特别好的文章。[2]《战斗报》中所有的重要文章都是匿名写的，这充分体现了报社成员的友情与团结，而精明的巴黎人只能努力根据风格来猜测某篇社论出自谁的手笔，是加缪、奥利维耶，或是纪德的朋友皮埃尔·埃巴尔。[3]

---

① 源自乔治·阿舒勒。
② 根据加缪的一次谈话。源自阿尔贝·加缪夫人。
③ 源自让·布洛克-米歇尔和让·达尼埃尔《剩下的时间》。

安德烈·马尔罗和帕斯卡尔·皮亚在《战斗报》报社楼顶（照片由勒内·圣-保尔提供）

1944 年 12 月 8 日那一期有则公告：

> 为了减轻我报常设社论作家的负担，社论将根据日期由两三位报社编辑来撰写。社论将继续表达《战斗报》全体人员的共同思想。

对外界的一些头脑机灵的人来说，报社内部的这种组合，不久便被称为"奥加皮亚"，即奥利维耶、加缪和皮亚。[①]

1944 年 10 月 28 日，加缪就其朋友热内·莱诺的逝世写了一篇社论。莱诺较早的时候被杀害，但尸体却刚刚被辨认出来。他抓住这一机会谈论了因过于被动而得以生存下来的人之责任。他补充说："用不着有任何担心，我们不会利用他，就像他从来没有利用过任何人一样。"他于是克制住了自己：

> 而我们一直在这里努力地驱赶痛苦，他将原谅我们，又让痛苦重新袭来，并让我们这样想，一些法国人四年来，在他们的行动和作品中表现出来的勇气和牺牲，如果是为了给予其他人忘却这种价值之权利的话，那么，像这样一位人物的死去的代价实在太大了。

因为战争还在继续。8 月以来，当《战斗报》开始每天出版时，西方盟军和苏联军队正在继续向柏林推进。《战斗报》的社论也紧跟着双方的战斗。加缪在 9 月 20 日预言说希特勒的灭亡将是"戏剧性和血腥的"。甚至还在反纳粹德国战争结束之前，加缪对西班牙那种不可

---

① 让·艾尔杰《幻觉的共和国》，巴黎，1965 年。但健在的原《战斗报》班子成员都不记得这个称谓了，甚至活着的"奥加皮亚"成员帕斯卡尔·皮亚也不记得了。

遏制的兴趣又重新表现了出来。他在 11 月 21 日写道："读者们会问，我们为什么在西班牙事件中采取立场。那是因为在某些情况下必须采取立场，如果法国在今天被迫展开反法西斯战争的话，那么它就必须要么全面展开斗争，要么一点也不斗争。"

他确信，法国的西方盟国对源自抵抗运动的法国政府持怀疑态度。他在 9 月 30 日写道：

> 今天的法国组成了一个整体。必须将它视为包括戴高乐将军和共产党人在内的一个整体……我们并非一定要不断支持戴高乐将军，也并不总要赞同共产党的观点。甚至可以发生这样的情况，即在某一点上，我们会针锋相对。但在今天只有一个法国，即希望与危险共存的法国……如果我们的美国朋友希望一个团结坚强的法国的话，那么只是想从外部来分裂法国，并不是一种有助于此的好方法。

尽管他后来由于赞同那些左派朋友对戴高乐这位"天意之人"战后的政治野心的怀疑，而疏远了他《战斗报》里的戴高乐分子，可在此刻，他还是拥护"法国优先"这一口号的，而那时的法国就是戴高乐。难道戴高乐政府不是人民选举出来的吗？而盟国承认的佛朗哥政权又是从哪儿来的呢？加缪在 10 月 14 日写道，美国外交处在一种自相矛盾的位置上，一方面它在与法西斯作战，另一方面，却与最为专制的政权保持正式关系，又拒绝承认一个在与希特勒斗争中诞生的政权，即戴高乐政权。他发出这样的警告：法国及其政府"可以在没有人承认的情况下生活得很好"。（10 月 17 日）

在戴高乐出访莫斯科期间，加缪这样写道，如果美国对法国与苏联的友谊感到担心的话，不应该忘记美国人在战前的集体安全体系失败方面是负有责任的。"今天，一切都必须从零开始。法俄联盟是第一步。"（12 月 18 日）此后，即 1945 年 4 月 10 日，他对在法国人们仍然对苏联持有误会表示遗憾,而在那里"正进行着一种令人惊讶的经历"。1939 年 8 月德苏和约的道德悲剧甚至可以从先前的慕尼黑协定得到解释。他补充说,由于我们不是共产党人,所以就更加自由地认为苏联人和美国人一样创造了一种新文明。"反苏主义就与系统地反对英国或美国一样,既愚蠢又可怕。"

显然,加缪都是在合适的时候说了一些应该说的话,且以如此自然的方式,轻松而得体地说了出来。就好像他天生就是为了这份报纸似的,就好像这个时代就是为了这份报纸和加缪而开创的,而不是相反。他似乎对自己所产生的影响也是心知肚明的。11 月 22 日的《战斗报》包含了这样的"自我批评":"……我们并不确定自己是否总能避免这样的危险,即让人觉得我们自以为有着那些从不出错者的英明远见和高人一等。"不过他有意实行一些道德上的规则。无论如何,"我们没有忘记有责任思考和谨慎,而这应是所有记者的义务。"他最后写道,"总而言之,我们不会忘记努力多作自我批评,此时这对我们来说很有必要。"

加缪在一份名为《工人抵抗运动》的杂志上有机会进一步阐发了他的个人哲学。在 1944 年 12 月 14 日这一期的一篇文章中,他尽兴阐发了一种"左派社会党"和工会的阶级斗争观点,以及作为其立场出发点的那些简单的道德原则。"我们的工人不应像在其他地方所发生的那样去向往资产阶级的生活",他把这种生活定义为一种阴暗的郊区生活,充斥着大商场里的廉价家具、星期天下午的消遣电影。因为工人阶级在明天将要领导法国。"为了使等待着他们的这种提升获得意义,法国工人们必须对这种伟大和这种焦虑保持一种清醒的意识。"总之,他所期望的是一个高尚的工人阶级,认为"在人的身上可赞叹的东西要多于可蔑视的东西"。

他在雷奥米尔路的报社里恰恰已经遇上了这类工人(他已经在《巴黎晚报》上了解到这一点),因为书报业工人主要是独立的左派工会人士，常常是既有绰绰有余的智慧来拒绝接受共产党的口号，又富有足够的想象力来超越书本上的社会主义。在法国解放时期，这些工人中的一部分表达了想组织某种工人合作社来代替常见工会的愿望。加缪表示赞同他们。但一小部分人反对这一意愿，因而这种合作社始终没有成立。不过，那位负责向领导层介绍工人观点的代表有机会发现，加缪作为领导层代表，能够迅速而又有效地答复他们的要求，并为此运用了他们的方法与语言。《战斗报》的排版工人与报社的编辑一样，都全身心地投入《战斗报》的工作中，吃睡都在报社，对自己到底得到怎样的报酬却不甚了了。加缪在《巴黎晚报》时的同事达尼埃尔·勒尼耶夫此时已经加盟《战斗报》，他认为，加缪是个好老板：他总是说行，他的行政社长让·布洛克-米歇尔总是积极支持加缪。①

　　1944 年 12 月初，加缪当年在阿尔及利亚的另一位老朋友重新出现了。埃德蒙·夏洛在阿尔及尔替临时政府工作结束之后，被派到巴黎的信息情报部。他着手重新组织其出版社事务，先是住在加缪曾经住过的拉雪兹路的原密涅瓦旅店废弃不用的一层，后又从那儿搬到了维尔纽叶路的一家店铺，离伽利玛出版社只有几百米的距离。夏洛成为《战斗报》的常客。这两个阿尔及利亚人早早地用完晚餐，之后，加缪返回办公室去写社论。加缪让夏洛结识了一些用得着的人，自然他不能像以往那样去照管出版社了。

　　由于夏洛在战争期间在阿尔及尔做了极其周密的出版计划，所以他很快就成为一个不可忽视的出版家。他在阿尔及尔与许多重要的当代作家签了合同，还能够靠他在政府内部的关系得到纸张。在《新法兰西杂志》(它在战争期间业务没有中断)被禁止出版、整个伽利玛出版社暂时停业之后——波朗成为《新法兰西杂志》的法定清算人，他

———————————

① 　主要来自皮埃尔·布兰、乔治·鲁瓦、达尼埃尔·勒尼耶夫等人《献给阿尔贝·加缪和他的书友》。

非常怀疑这项任命目的是为伽利玛家族在战争期间继续出书开脱罪责——,夏洛就乘虚而入了。在纪德的建议下,他创办了杂志《弩弓》以取代《新法兰西杂志》,编辑委员会成员包括加缪(初期)、纪德、罗贝尔·阿龙和让·安鲁什。不久,他在巴黎的出版量就达到了伽利玛的同等水平。1946 年他的出版目录长达 48 页,其中有 1945 年勒诺多大奖得主亨利·博斯科的《马斯·泰奥蒂姆》,以及次年该奖得主朱尔·鲁瓦的作品《幸福山谷》。加缪的名字是作为"诗歌与戏剧"丛书主编出现的,马克斯-波尔·富歇为"泉"(与其杂志同名)丛书的主编;目录里还有格特鲁德·斯泰因的《法国巴黎》。夏洛还印数有限地出版了加尔西亚·洛尔加的作品、纪德的《两次想象的访谈录》和洛特雷阿蒙的全集作品。出现在其目录里的还有简·奥斯汀、亨利·詹姆斯、伊尼亚齐奥·西洛内、D. H. 劳伦斯、阿尔贝托·摩拉维亚和阿瑟·凯斯特勒(《瑜伽信奉者与人民委员会委员》)。当然还包括阿尔及尔的原班人马:罗布莱斯、弗雷曼维勒、布朗什·帕兰和埃德蒙·布吕阿。[1]

　　团聚后的加缪夫妇如今住在纪德的单套间,这里成了解放后知识精英和阿尔及利亚旧友的聚会场所。在罗贝尔·若索来的那一阵,天气十分寒冷,能找到的取暖材料都烧了。若索拥有一辆官车,便帮这两个朋友运来了诗人勒内·夏尔借给他们的火炉。[2] 后来罗贝尔·纳米亚也出现了,在瓦努路住了两个星期,他在那儿常常忍饥受寒。他躺在一间狭小房间里的一张铁床上,加缪对他说:"你不是一直梦想见到纪德吗,你现在睡的就是他的床。"[3]西蒙娜·德·波伏瓦在《势所必然》里集中记录了这段时间的回忆,她在其中描写了她和萨特在加缪

①　源自埃德蒙·夏洛、让-克洛德·齐尔贝斯丹、布朗什·帕兰。

②　源自罗贝尔·若索。

③　源自罗贝尔·纳米亚。

家,也就是纪德的那个小套间里度过的第一个自由圣诞节的情形。这使他们有机会结识了从阿尔及尔来的弗朗辛·加缪,"金发生辉,清新亮丽,一袭岩蓝色衣衫楚楚动人"。还有许多是萨特、波伏瓦不认识的客人。加缪对他们指着一位整个晚会上没有开口说过一句话的人说道:"他就是'局外人'的原型。"那肯定是皮埃尔·加兰多,因为他刚刚被《战斗报》录用为布洛克-米歇尔的助手。不过西蒙娜·德·波伏瓦觉得晚会缺少"亲密"气氛。大约两点左右,弗朗辛弹奏起巴赫的乐曲来。谁也没有过量饮酒,只有萨特是个例外,因为他认为这次晚会与不久前的那些晚会没什么两样,又因为已经有些醉意,所以无法意识到自己的错误了。萨特正准备动身去美国,他受《战斗报》派遣接受了美国政府的邀请,美国政府希望让欧洲人能够更好地了解美国为战争做出的努力。他将为《费加罗报》写新闻,而为《战斗报》写带有深度的文章。(加缪痛苦地发现竞争对手《费加罗报》得到的是萨特关于美国诸多城市充满活力的报道,而他的《战斗报》收到的是关于田纳西流域管理局的经济研究。)

　　几乎在巴黎刚解放之后,萨特就开始着手实现在战争时期产生的梦想:出版自己的刊物。身在《战斗报》的加缪实在太忙无法参与这一工作,而马尔罗则拒绝了。最初的编委会包括雷蒙·阿隆、米歇尔·莱里、莫里斯·梅洛-庞蒂、阿尔贝·奥利维耶和让·波朗(在某种意义上他代表了被清算的《新法兰西杂志》的道德遗产)。于是,《现代》杂志诞生了。

　　不过,加缪虽然没有与萨特的杂志合作,他与其成员还是保持了密切的联系,而且也不光是为了聚会。在之后的至少五年时间里,他们还维持了良好的工作与朋友关系。加缪除了把萨特派遣到美国之外,还向到葡萄牙去的西蒙娜·德·波伏瓦约了一系列的文章。萨特和波伏瓦赞同加缪在有关审理法奸案件方面的立场,她认为这种立场介于宽大与共产党的严办之间,是"公正的中间"立场。萨特在其文风清晰明快之际谈起加缪总带着迁就。而加缪也同样如此。① 当萨特的朋友向他求助时,他总给他们点事做;而他在伽利玛出版社编一套青年作家作品丛书时,他总尽其所能地出书。在紧随着战后的这段时间里,加缪的报纸几乎成了他们这一组人的喉舌。据西蒙娜·德·波伏瓦回忆:"《战斗报》对所有从我们嘴里说出来的或笔下写出来的都热情地加以评说。"

不久之后,他们那些偶尔为谈话打断的纵饮的传奇夜晚将在所有参与者的生活中显示出足够的重要性,这些才华横溢的人足以被载入法国文化史。

加缪是不能适应如此节奏的,他本该早就明白这一点。集体作社论是一帖不错的缓解药,但并不是真正的解决方案。已经与加缪十分亲近的布洛克-米歇尔发现他的行为越来越奇怪;可由于对加缪的病史几乎一无所知,他也无从理解个中原因。终于,米歇尔突然冲进加缪的办公室,单刀直入地问道:"出什么事啦?"加缪终于坚持不住,承认他已经完全垮了。布洛克-米歇尔明白他已经精疲力竭、疾病缠身。② 他不可能知道——当时《战斗报》或伽利玛出版社里任何一个接近他的人可能也都不知道——加缪职业生活出现深刻的内部变化对他影响是多么之大。

无论他的病情出于何种原因,他都必须立即离开工作。1月18日,《战斗报》上刊登了加缪的一条简短告示:

> 我感谢所有那些写信给我表达他们友情的读者,并为自己不能单独地给每一位读者回信表示歉意。我因严重的健康问题离开《战斗报》,但并不妨碍我与该报保持团结。我唯一的愿望是一

---

① 源自皮埃尔-安德烈·埃梅里。

② 源自让·布洛克-米歇尔。

有可能就重返岗位。不管怎样,《战斗报》更是一桩集体的事业。其中的一员暂时缺席并不会妨碍它继续行动,我还要感谢我们的读者对这一行动必要性的理解和支持。①

皮埃尔·埃巴尔告诉玛莉亚·利塞尔贝格(即纪德的"小夫人")说,加缪的医生把他的身体状况归因于劳累过度。将加缪的社论工作部分接了过来的埃巴尔在 1 月 28 日通知其岳母说,加缪的健康状况十分糟糕,很可能活不了多久。② 这可能言过其实了,但它出自加缪的一位亲近人士之口,因为埃巴尔无论在其家里还是在办公室里都是与加缪过从甚密的。

加缪肯定想利用这次隐退来写作。自从他离开勒帕奈利耶以来,还没有真正写作过。他的日记里写满了有关《鼠疫》的笔记,觉得这本书实在难写,另外还记满了以正义为主题的另一部小说,这部书将阐述他近来获取的大部分政治经验。有一则讨论"宽赦"的笔记这样写道:

> 我们必须为公平而尽责,因为我们的境况有欠公允;我们必须增添幸福和快乐,因为这个世界多灾多难。同样,我们不应该判处别人死刑,因为我们已被判过死刑。

极刑问题直到他隐退都萦绕着他,比迄今为止其他所有使他与政敌发生争论的问题都要引起更具个性化的反应。因为 1 月 19 日被指控为与敌人勾结的作家罗贝尔·布拉齐亚克的案子开庭了;此人对抵抗运动人士无情的攻击曾经引起巴黎知识界强烈的反应。才华横溢

---

① "七星文库"版的加缪传记中无法看出加缪在《战斗报》中缺席的这一段时间,但是正如罗歇·格勒尼埃所证,署名"苏埃道奈"的文章至少在这一时期肯定不都是加缪所写。

② 《小夫人笔记》,《安德烈·纪德笔记之六》。

的布拉齐亚克曾经被视为前途无量的年轻评论家,可也是他竟把法西斯主义说成是"二十世纪真正的诗歌"。而他的法西斯主义并不只是知识方面的;他在法奸报纸《我无处不在》上发表的反犹太、亲纳粹言论对受难者是极其危险的。① 布拉齐亚克被判有罪和死刑。一些法国知识分子,其中有许多并未被其在被占领期间的所作所为困扰的活跃法奸,聚在一起要求宽宥布拉齐亚克。最为积极的不是一个法奸,而是慈善的弗朗索瓦·莫里亚克,他在当时十分卖力,以致布拉齐亚克委托他的律师在以后出版的总集中将攻击莫里亚克的内容全部删除。②

莫里亚克自己当然不敢要求加缪支持他声援布拉齐亚克的运动。这项任务交给了本身也曾是《我无处不在》报和其他在被占领时期出版杂志的合作人马塞尔·埃梅。③ 埃梅于1945年1月25日写信给加缪,要求他在向戴高乐请求赦免布拉齐亚克的请愿书上签名。这信使得加缪对自己有关惩办那些造成同志们被逮捕、被折磨和杀害的罪人方面的立场有了重新认识。

加缪的亲人可能还记得,那天夜里,他在房间里踱来踱去一直到黎明。④ 1月27日他肯定地答复了布拉齐亚克的律师,但明确指出,他只是以个人的名义,而不是以《战斗报》总编的身份在请愿书上签名。他还告知埃梅,他在赦免请愿书上签名的原因与其他人并不一样。加缪对这位曾经煽动暴力并造成他的朋友们受伤害,而又从来没有替像雅克·德库尔等抵抗运动作家呼吁过宽大处理的布拉齐亚克是蔑视的。如果加缪反对处决布拉齐亚克,那是因为他反对任何情形下的死刑。

---

① 奥里《投敌者》。
② 雅克·伊索尔尼《罗贝尔·布拉齐亚克的审判》,巴黎,1946年。
③ 奥里《投敌者》。
④ 源自克里斯蒂安娜·富尔。

一旦他采取了这一立场，就坚持不变。后来他还要求赦免吕安·勒巴泰和其他被判罪的《我无处不在》的合作者。他承认在布拉齐亚克被处决之后，赦免勒巴泰是有失公正的，但放过曾经包庇过布拉齐亚克的政客们也是不公正的。① 尽管加缪曾经呼吁过"无情的正义"，《战斗报》后来还是反对判处贝当元帅死刑：

> 首先是因为必须明确说出事物真相，即任何死刑都与道德相悖，其次是因为在这一特殊的案件中，死刑只会给这个狂妄的老头增添一个殉难者的声誉，甚至在其敌人的头脑里也会为其赢得一些好感。（1945 年 8 月 2 日）

送达戴高乐手中的为布拉齐亚克说情的请愿书上有五十九个签名，为首的有保尔·瓦莱里、乔治·杜阿梅尔和莫里亚克，此外还有波朗、雅克·科波、让·施伦贝格尔、让·阿努依、让-路易·巴罗、让·科克托、让·艾菲尔、莫里斯·德·弗拉曼克、科莱特、加布里埃尔·马塞尔、马塞尔·埃梅，当然还有加缪。布拉齐亚克向签名的人发了一封感谢信，尤其对他以往反对过的那些人表示了敬意。戴高乐接见了莫里亚克、布拉齐亚克的律师，阅读了案卷，还是让判决生效了。布拉齐亚克于 1945 年 2 月 6 日在蒙汝日要塞被枪决，离他三十六岁的生日还有一个月。

---

① 源自阿尔贝·加缪夫人。

第二十七章

停 战

> 我们必须为公平而尽责，因为我们的境况有失公
> 允；我们必须增添幸福和快乐，因为这个世界多灾多
> 难……
>
> ——《手记》

阿尔贝·加缪在《战斗报》获得了如此的认同，以至于他的缺席，哪怕是暂时的，也难免不引起外界对这家事实上已经成为全国性机构的报纸的种种猜测。"看来《战斗报》改变了方向。"加缪在一篇短文中写道。这篇他作为第一署名人的文章，大约一个月前发表在2月9日那期的《战斗报》上。他在那篇文章中强调报社的方针之前从没有发生任何变化，因为报纸社论的撰稿人紧密团结，精诚合作。接着，他又明确了这个集体的政治目标：工业国有化，经济上的民主，还要建立原料、商品、货币流通日趋国际化的世界经济秩序，最终建立一个真正的世界联邦。有人指责加缪反对戴高乐将军的临时政府。他却反驳道，确切地说，是政府偏离了政纲。

事实上，《战斗报》的同仁们一如既往地和睦团结，法国分裂成各个派别，但这种分裂并没有在雷奥米尔路得到反映。后来，皮亚和奥利维耶还是转向了戴高乐派，而青年萨特分子则转向了另一派别，也远离了加缪。当时，报社同仁之间的团结表现为另一种形式：经历了

编辑部各成员姓名的开头字母署名社论文章这一时期后,社论不再署撰稿人的姓名发表。人人代表大家发表观点,而大家发表的观点代表每个人。

当加缪身体健康,在报社上班时,他是同仁中的首席代表,阿尔贝·奥利维耶则是他最忠实的替补。无论是加缪患病期间,还是在其他什么时候,无疑是帕斯卡尔·皮亚天天负责报纸的正常运转。皮亚是一位幕后英雄、《战斗报》的智囊人物,就如同他曾经是《阿尔及尔共和报》的智囊,当然也是加缪作家生涯起步时的智囊。皮亚似乎从不想要获得公众的承认和荣誉,而他的工作——校审、改稿、拼版极其细致认真,只会引起人们的赞赏,即使是那些指责他过着地狱般生活的人。报社开张的头几个星期过后,加缪在报社度过的时间越来越少,却不断受到为报纸做出了贡献的更多赞誉;而皮亚的情况恰恰相反,他的责任则似乎在不断扩大,他无疑是报社最伟大的无名英雄。两人在这次办报经历方面的最终决裂,往往归咎于皮亚的嫉妒。然而,皮亚显然只是心甘情愿地维护人们认为他所嫉妒的那个人的声誉。如果愿意的话,皮亚完全可以自己撰文在《战斗报》上发表,并且用黑体字印上自己的署名。不过,人们记忆中曾看到的以他姓名署名在报纸上发表的文字,只有一篇电影评论的附言,用于引证一种不同的观点。①

显然,皮亚感觉到了加缪身上正在发生的变化,尽管加缪向来就不忽视荣誉的归属。他认为,加缪过于自信,过快地做出判断,就像他的思维和写作速度。刚好在《战斗报》创刊号出版前夕,他们俩在塞纳河左岸的一家饭店吃午饭。皮亚看见《巴黎晚报》的一位前负责人在另一张桌上就餐,于是就热情地向他招呼。加缪则声称,这位记者对《巴黎晚报》的领导层奴颜婢膝。皮亚解释说,他妻子患有精神病,还有一个残疾的孩子,因此他那种在工作中的顺从行为是可以理解的。

---

①　源自乔治·阿舒勒、让·布洛克-米歇尔、罗歇·格勒尼埃。

加缪则不以为然,脸色十分难看。① 加缪这种得理不饶人的性格,被让·格勒尼埃称作"非洲人性格",后来遇上了同样倔脾气的皮亚,结果可想而知。

不过,这是后来发生的事。目前,加缪、皮亚和其他同事继续为日报的出版而工作。这份日报为首都各界的讨论提供素材,并且象征着战后法国的希望和智慧。1945 年 3 月 15 日,当加缪向互助会——一个基督教学生团体发问时,他就是法国智慧和希望的代言人。他说,德国人曾经怪罪智慧,而维希政府也把战争和失败算在了智慧的账上。"农民们读普鲁斯特的书读得太多了,"加缪嘲讽道,"众所周知,《巴黎晚报》、费南代尔和联谊宴会都是智慧的标志。置法兰西于死地的精英的平庸,看来也可以在书中找到其根据。"②

在那个时期他很少署名的几篇社论之一(一个月他写的五篇中的一篇)中,加缪惋惜地说,在一次向巴黎人民发表的演讲中,戴高乐在赞扬巴黎的历史时竟然没有提到 1830 年和 1848 年革命,以及巴黎公社。"无视它的革命传统,就不可能使这个国家走向强盛,"他公开声明说,"这是通过四年默默无闻的斗争才总结出来的一条真理,理应反映在这个国家的政策中。明天我们的成功全在于新思想的力量和奋起反抗的勇气。"在一个能很好地体现加缪和戴高乐将军之间分歧的结论中,他写道:"如果戴高乐将军能够在某一时候让他经常孤立无助的声音与支持他的人民的呼声相呼应,这才是本该表达出的希望。"

在前抵抗运动成员,包括共产党人的支持下,戴高乐又在联合政府中留任了八个月。他退出政府(在 1946 年 1 月 20 日)是因为与战后法国第一届议会发生了分歧。

加缪终于得以重返阿尔及尔看望他的母亲和留在那里的朋友,重

---

① 源自帕斯卡尔·皮亚。
② 收录于"七星文库"版加缪文集。

游阔别快三年的熟悉街道和海滩。他不是去那里度假的,而是为了采写他自定的报道,他要写一组系列报道。

此行在他朋友们的记忆中没有留下任何印象,我们所知的一点情况摘自一本私人日记——纪德的"小夫人"的日记,因为加缪此行在阿尔及尔见过纪德。加缪本人后来也把这次见面给忘了,因为在专为纪念纪德而写的发表在《新法兰西杂志》上题名为《安德烈·纪德的会面》的回忆文章中,谈到第一次见到纪德是在瓦努路的公寓里。

马利亚·凡·利塞尔贝格的说法更加有趣,而且肯定是真实的。1945 年 4 月的一天,纪德在阿尔及尔要求她:"尽量给我谈谈加缪,我对他一无所知。"她努力地做了,因为她在巴黎常常见到加缪。不过,她觉得这可是一个相当艰巨的任务。"这个人的口音很特殊,但相貌极其一般。"纪德最后问她,加缪像他们朋友中的哪一位。玛利亚·冯·利塞尔贝格回答说,他有点像《新法兰西杂志》主编波朗的前任,1925 年去世年仅 39 岁的雅克·里维耶。第二天 4 月 24 日,纪德高兴地接到了加缪在阿尔及尔打来的电话,向他建议当天约个时间见面。纪德送给他的红粉知己一本在雅克·厄尔贡书橱里找到的《婚礼集》——因为他在厄尔贡家住过——并且说,他喜欢该书的风格:加缪很有语言天赋。说着,加缪就到了,拜访可以说是"完美无缺",证实了凡·利塞尔贝格夫人对他的印象:"毫无隔阂,没有误解,只有一种真挚朴素的热情。"加缪向他们解释说,他是来采写报道的,第二天就要动身去南方,并且许诺一回到阿尔及尔就来电话。(但到那时纪德和他的"小夫人"已经前往巴黎了。)[1]

至于纪德,他觉得没有必要把与加缪的几次见面写入自己的日记。在他的日记中,搜寻到的有关他对加缪的评价倒也没有什么诋毁之词,只是无关痛痒、不偏不倚而已。加缪对纪德的仰慕——1942 年,

---

[1] 《小夫人笔记》,《安德烈·纪德笔记之六》。

加缪对厄尔贡说,他想念纪德,就像想念一位老朋友①——既没有受到德国占领时期纪德暧昧立场的影响,也没有因为纪德没有利用他的精神权威为反法西斯事业效力而打折扣。相反,加缪极力为纪德辩护,回击共产党人的攻击。他认为,纪德的态度还是可圈可点的,而且他的年龄也能为他的不介入立场开脱。

当纪德到达瓦努路时,弗朗辛·加缪和她的姐姐苏兹在门口迎候。弗朗辛知道将来要借住纪德的单间套房,所以早在离开阿尔及尔前就拜访过纪德。她和姐姐走下楼来帮纪德搬行李,进来递茶给他。而纪德先进了自己的套房换衣服,穿着得体地回来喝茶——纪德式的讲究。②

加缪动身去阿尔及利亚时不可能知道,他将目睹法国统治下阿尔及利亚历史上的一起悲剧,一起预示着不到 10 年以后将要起义的事件。民族主义运动风起云涌、蓬勃发展,梅萨里·哈吉的影响已经发展到了登峰造极的地步。1945 年 3 月,在自由与宣言之友协会的首届大会上——宣言指的是一份由费尔哈·阿巴起草的反映穆斯林人民要求的宪章——梅萨里被誉为"阿尔及利亚无可争议的领袖"。4 月25 日,加缪拜访纪德的第二天,总督府流放了梅萨里。民族主义狂热又掀起了新的高潮,5 月 1 日游行证明了这一点。5 月 8 日是战胜德国纪念日,这一天在塞蒂夫和盖尔马两个阿尔及利亚城市发生了流血骚乱,接着很快又在乡村爆发了起义。镇压是毫不留情的:上百欧洲人的死亡用数千穆斯林的生命来偿还。

加缪的八篇文章——其中六篇收入了他的《时论之三》,旨在对阿尔及利亚的形势进行长远的透视。加缪在完成了长达三个星期的阿尔及利亚调查之后写下了这八篇文章。在这三个星期里,他长途跋涉

①　源自雅克·厄尔贡。
②　源自阿尔贝·加缪夫人。

行程 2500 公里,走遍了阿尔及利亚的山山水水,包括南部沙漠地区。他要求读者不要急于评判,并着手介绍阿尔及利亚的总体形势,好像没有发生过塞蒂夫的骚乱和镇压。他描绘了一幅阿尔及利亚饥荒肆虐的黯淡画卷,使人回想起战前他刊登在《阿尔及利亚共和报》上的关于卡皮里的报道。不但分配给当地居民的官方粮食低于欧洲人的定量,而且阿拉伯人实际得到的粮食比官方定量还少。他指出,"阿拉伯人"——仍沿用该词称呼当地的穆斯林居民——不愿继续做法兰西公民。他描述了《勃鲁姆-维奥莱特议案》(该计划倾向于赋予小部分穆斯林选举权),并分析了这项议案在 30 年代失败的原因。今天,世界在变化,阿尔及利亚人民能够看到世界其他地方,尤其是阿拉伯世界其他地方发生的变化,而且同化政策不再受欢迎。在另一篇文章中,他同情地论述了团结在费尔哈·阿巴周围的民族主义运动。而在最后一篇文章中,他为将法国民主应用在阿尔及利亚的主张辩护。最后,他总结说:"唯有正义的微薄力量,方能帮助我们重新赢得阿尔及利亚及其人民。"

反对他的人马上惊呼,这个人是谁? 只在阿尔及利亚待了三个星期,就居然自称找到问题的全部答案。5 月 25 日,《战斗报》即予以反驳:加缪在阿尔及利亚土生土长。直到 1940 年 6 月停战,他一直只关心着阿尔及利亚。加缪不会对阿尔及利亚的法国死难者麻木不仁(批评家的又一立场),他的全家人还留在那里,受到起义行动的威胁。"他之所以呼吁:不要用仇恨来对付仇恨,而应该用正义来化解仇恨,极有可能那不是轻率的呼吁,而是经过了深思熟虑。"

这时,他的为政府工作的朋友若索陪同内政部长阿德里安·蒂克西埃赴阿尔及利亚视察。蒂克西埃建议若索去说服加缪,参加政府工作,以帮助解决阿尔及利亚问题,但没有提及任何具体的任务和工作。当时正在酝酿一些改革措施,旨在整治领土,使阿尔及利亚更加接近法国,也许还要取消总督府这个中介角色。

若索把这个建议转告加缪。加缪回答说,他很乐意去阿尔及利

亚，与阿尔及利亚的人民一起工作，而且最好是在文化部门。他答应
与蒂克西埃见面，这主要是出于礼貌，两人讨论了许多问题，但没有重
点谈任何一个问题。部长的建议也毫无结果。加缪答应对他的建议
再予以考虑，说完就起身告辞。[①] 加缪把此事告诉了罗歇·格勒尼埃，
并明确表示他拒绝了任何官方的职务。向内政部长的解释是，他是个
记者，不具备政治才干。[②] 事实上，加缪并不真要反对那时领导法国的
由共产党人、社会党人以及戴派成员组成的临时政府，但是他本能地
对使他想起阿尔及利亚总督府——他的宿敌——的一切感到反感。
对于加缪来说，总督府是当地保守势力的俘虏，并不代表"法兰西的精
华"。一天，加布里埃尔·奥迪西奥要求加缪接受政府出版物《阿尔及
利亚》的采访。加缪的第一反应是勃然大怒："接受这帮混蛋的采访？"
接着，他平息了怒气说，"看在你的份上，就答应了吧。"奥迪西奥把加
缪恢复理智的行为解释为与统治阿尔及利亚的法国当局和解的表
现。[③] 但是，加缪以后对类似要求的反应倒使人相信，这是一种过于乐
观的解释。

　　加缪总是认为，真正的改革能使法国保住阿尔及利亚。他把这希
望寄托在给予穆斯林选举权的基础之上。当举行选举时，民族主义者
抵制了选举，读过加缪发表在 1945 年《战斗报》上的文章的细心读者
理应预见到这一种情况。其实，在 800 万穆斯林中只有 8 万人享有选
举权。

　　雅克丽娜·贝尔纳从集中营出来，现在回到了法国。她重新回到
《战斗报》开始工作，而此时《战斗报》已经公开出版。在那里她重新找
到了熟悉的气氛、同志般的友谊，以及与排字工那种亲密的关系，这些

---

① 源自罗贝尔·若索。
② 源自罗歇·格勒尼埃。
③ 源自加布里埃尔·奥迪西奥，参阅《阿尔及利亚》杂志，1948 年 10 月号。

只有在忠于战斗运动做出的社会承诺的班子里才能企盼到。加缪与基层员工的关系总是一成不变的晴天，但人们可以发现，真正的老板是皮亚。每天下午 5 点到 6 点，全体编辑在皮亚的办公室集体开会。皮亚给每人分配快讯写作任务，推荐文章的题材并指定撰稿人，决定每篇文章的篇幅。加缪当然也出席会议，他和阿尔贝·奥利维耶负责撰写一般性文章和社论。与过去一样，创作仍主要集体进行，各人提出自己的观点。纸张依然匮乏，有一段时间甚至发生了纸荒，报纸不得不缩小开本，使人想起地下月刊的开样。这样，当然就不能写冗长的文章。①

雅克丽娜·贝尔纳给加缪讲述她被关在集中营的故事，给加缪留下了深刻的印象。他在有关纳粹暴行的其他证据中，又添上了贝尔纳的证据，并以奇特的题名《建立校正》写入了他的私人日记。就好像他有意想运用这些素材写一本书。两年以后，他在一则日记中写道，《建立校正》——有时也叫作《体系》——将成为一组重要作品的素材：又是一部由小说、随笔和剧本组成的三部曲。他记述的一则故事是有关给盖世太保在巴黎的一家机关看门的一个法国女人的。她每天早晨在受刑者的周围清洗地面。这位看门人说她从不过问她房客的闲事。加缪在国外演说时，就以这个事例来说明德国占领时期法国的一个侧面。他记述的另一则故事，是关于一名从集中营释放出来的妇女的，她的身上刺着"在某党卫队集中营服役一年"的文身。

"整个社会令人深恶痛绝。"他在那时的日记中写道。

真想逃避，干脆接受时代的堕落。孤独使我感到欣慰，但是情感同堕落一样，是从接受那一刻开始的。人们不图进取……想使人类停滞不前……但对同流合污又深恶痛绝。

---

① 源自雅克丽娜·贝尔纳。

　　加缪被要求为一本反映抵抗运动的书作序。他回答该书的读者说，如果有空，他对此毫不拒绝，但他看不出他的序会给读者带来什么好处。"是不是因为我在抵抗运动时期的各种头衔？"他回答说，"我经历的风险要比你书中的主人公少得多。你是不是冲着我作家的身份来的？如是这样，我总觉得，一部著作，特别是像你这部提供证据的著作，应该以一种展示的方式写就而不加评论。"然而，如果作者真的坚持的话，他还是答应写一点东西。最终，该书用这封信作为它的序言。① 这表明，加缪的文字，对于一本书的出版发行是一种有效的支持。

　　从和平后的第一个月开始，"战斗"运动前全国领导人亨利·弗勒奈在《战斗报》的地位就受到了威胁。弗勒奈当上了战俘事务部部长。共产党机关报《人道报》谴责他履行职务带有偏见，他要驳斥《人道报》的诽谤行径。于是，弗勒奈撰写了关于这一冲突的系列文章，打算在《战斗报》上发表。皮亚回答说，他个人做不了主，得征求全体编辑的意见。第二天，弗勒奈收到了友好但是否定的答复。② 事实上，编辑部的这一决定是一致通过的。③

　　弗勒奈很是恼火。"不要搞错，《战斗报》是我创办的。"他提醒《战斗报》的编辑们。④ 甚至是他起的报名，设计的报头。弗勒奈离开被德寇占领的法国时，克洛德·布尔代继承了战斗运动，并接过了《战斗报》。他和弗勒奈都认为，目前的报社班子无权拒绝弗勒奈在报上发表文章。以弗勒奈和布尔代为一方，与以皮亚、加缪报社班子为另一方都决定诉诸法院仲裁。⑤

　　当弗勒奈发现报社的管事让·布洛克-米歇尔是以他自己的名义

---

① 安德烈·萨尔维《安静地战斗》的序言，收录于"七星文库"版加缪文集。
② 弗勒奈《黑夜终将完结》。
③ 源自乔治·阿舒勒。
④ 源自雅克丽娜·贝尔纳。
⑤ 源自乔治·阿舒勒。

登记的报纸时，又十分恼火。[①] 有关的解释非常简单：《战斗报》创办初期，报社的编辑都是"业余的"。在那种宽松的工作气氛中，编辑部被告知必须按法律规定对报纸进行登记。由于不存在什么公司可以以它的名义注册，布洛克-米歇尔就在表格里填上了自己的姓名，就这样把问题给解决了，因为，他毫不在乎在他看来是官僚主义的手续。公司成立时，报社的业主包括皮亚、布洛克-米歇尔、阿舒勒、波特和阿尔贝·奥利维耶。[②]

仲裁委托前抵抗运动战士、全国新闻记者委员会主席路易·马丁-肖菲耶负责。他的裁决是：报纸归弗勒奈和布尔代所有。但是，报社的地下编辑完全有理由在解放以后继续出版报纸；《战斗报》目前取得的成绩主要归功于目前的编辑班子。

第二年冬天发给他们的裁决书如下：

> 无可争议，《战斗报》、忠于该报的读者群、报社的管理体制和分销体系等目前的价值大部分是解放以来由皮亚、布洛克-米歇尔班子成员的努力工作和个人能力所创造的。如果人为地将报纸与为保证报纸的管理而设立的企业相分离，势必使他们的大部分努力付诸东流……

因此，决定报纸为共有财产，不但属于弗勒奈、布尔代和目前的编辑班子，而且还属于在地下活动年代为报纸的出版、发行做出过贡献的所有人士。由于对峙双方无法达成协议，因此，公正、合理的做法是：报纸的专用权属于德国占领时期出版报纸的人们及"为这份伟大的报纸正常运转克服过物质上的困难和冒过风险的人们"。万一现报社领导决定清算公司，前报社经理和战时参加过报社工作的人士重新

---

① 源自雅克丽娜·贝尔纳。
② 源自让·布洛克-米歇尔。

成为报纸的所有人。① 不管怎么说，必须向弗勒奈和布尔代支付经济赔偿。[那时据说《战斗报》以支付总资产 1500 万法郎的 10% 即 150 万法郎（相当于 30500 欧元）来处理赔偿事务。如果金额属实，那是一笔相当大的款项。]

布尔代和弗勒奈利用这笔赔款创办了一份左翼周刊《十月》，该刊只维持了六个月就匆匆倒闭了：鉴于其反对法国在印度支那发动的殖民战争，政府取消了一切纸张补贴。布尔代和弗勒奈的合作另一方面导致了其与加缪的决裂，还为后来布尔代希望获得加缪支持增加了难度。②

加缪和弗勒奈之间没有任何政治分歧，在弗勒奈和共产党人之间发生纠纷的时期，加缪为《战斗报》撰写的社论可以作证。加缪说道，也许正是因为弗勒奈曾经是他们当中一名志同道合的战友，这份报纸便没有表示一点对他的赞扬或辩护，况且弗勒奈也从未请求他们这样做。"但是，事情不能做得太过分。否则，我们最终会授人以造谣的把柄，而且同时会出卖友谊和真理。"面对回国战俘的要求，弗勒奈很想让人们听到自己为他们做的辩护，也应该祝贺他面对示威游行者这么做了。《战斗报》以法兰西民族为之奋斗的自由的名义，呼吁人们倾听弗勒奈的声音。

仲裁导致的另一个后果是，开始支付赔偿金时，正值《战斗报》发行量下降、财务拮据。③

抗德战争已经结束，加缪利用一次机会赴现场采写关于军事占领战败国的报道。这是他平生第一次像所有的战地记者一样，身穿军装去参观法军占领的德国地区。他走遍了被战争蹂躏的田野和村庄。

---

① 　1950 年 12 月 20 日波瓦萨里女士关于克洛德·布尔代案子所做的辩护。

② 　源自克洛德·布尔代。

③ 　西蒙娜·德·波伏瓦《势所必然》。

"我喜欢阳光明媚的南方。但即使在和平时期，在这里生活，我也会感到难受。"加缪在 1945 年 6 月 30 日《战斗报》周末增刊上写道。但是，与来这里时经过的满目疮痍的法国地区相比，他觉得德国莱茵地区还有一点繁荣气氛。拿面黄肌瘦、弱不禁风的法国孩子与脸庞红润、营养充分的德国青年相比，结果证明德国"在生物学角度赢得了战争"。

他觉得法军的占领是严厉的，但符合规定，"没有超出一个战胜者主持正义的极限"。他凭住房券被安排住在一座单独的小楼里。"我受到了热情的接待，还有人前来祝我晚安。他们告诉我，战争不是什么好东西，和平比战争好，尤其是永恒的和平。"法国士兵都在那里交上了女朋友，这更平添了在康斯坦茨湖畔度假的特殊感觉。

这只是他对那里的初步印象，但十分深刻并使他迷惑。（文章《被占领的德国印象》）当善良的房东老大爷与这位写出《致一位德国朋友的信》的作者谈起基督式的永恒和平时，加缪想到了那个被流放到德国的法国妇女，纳粹党卫军士兵把她奸污后，身上还刺上了"在某党卫队集中营服役一年"的文身。这个故事已记入加缪的日记中。

纪德和他全家，包括"小夫人"回到了法国。他们邀请仍住在隔壁单套房的加缪全家和马尔罗吃晚饭，加缪迟到了，"小夫人"在她的日记中写道，从德国回来后，他讨厌"军人"生活。"小夫人"对这次聚会没有记录其他任何东西，因为"加缪的嗓音嘶哑，而马尔罗口若悬河，滔滔不绝，觉得什么也听不清"。[①]

在有关纪德的回忆中，加缪提到了与自己青少年时期的精神导师比邻而居的那几个月。他们之间根本谈不上什么过从甚密，因为纪德厌恶"世人把喧嚣的寒暄当作友谊"。毕竟，他们俩年龄相差了 40 岁。

不过，纪德的微笑是真诚的。他有时会来敲开书房工作室与主套间之间的双层隔门，把从屋顶蹿到他那里的那只加缪家养的猫萨拉抱回来。有时，隔壁传来的悠扬的钢琴声深深地把他吸引住。签署欧洲

---

① 《小夫人笔记》，《安德烈·纪德笔记之六》。

战争停火协定的那天,他和加缪一起收听新闻。除此之外,加缪只熟悉纪德在门那边的踱步声和"思考问题或陷入沉思不经意发出的声响"。

西蒙娜·德·波伏瓦对停战庆祝会的说法迥然不同,是一个"欢庆之夜"。参加的人有加缪、女演员洛勒·贝隆、男演员米歇尔·维托尔和一个"名叫维奥拉的迷人的葡萄牙女子"。当他们聚会的酒吧夜间关门后,他们又从蒙帕纳斯步行走到西蒙娜·德·波伏瓦下榻的旅馆。洛勒·贝隆光着脚丫,嘴里不断重复地喊着:"今天是我生日,我20岁了。"他们从酒吧带回几瓶酒,在圆形的房间里继续他们的晚会。窗户敞开着,不时吹来阵阵温馨的微风,而过路的行人不时用欢乐的呼声向他们致意。"巴黎人亲密得像小村庄里的乡亲一样。我觉得与那些跟我有过相同经历的陌生人有着千丝万缕的联系,我和他们一起为我们的解放激动不已。"她在回忆那个时光时写道。①

不久,加缪就当上了父亲。而且他和弗朗辛6月就知道,他们就要有一对双胞胎。医生嘱咐孕妇要多安心静养,应该换一个比纪德家的工作室舒适的住所。他们在狼谷南面的奥尔奈小村里找到了一所供疗养的小别墅。它曾经是弗朗索瓦-勒内·德·夏多布里昂的寓所。这是一所美丽的别墅,坐落在一个大花园中央,花园里的许多树木还是夏多布里昂亲手种植的。可惜,因战时食品匮乏,花园迫不得已被改成菜园。(加缪向米歇尔·伽利玛抱怨他们就住在煮熟的蔬菜上。②)夏多布里昂在1807至1808年由于挑战拿破仑的权威,只得迁出巴黎,他就住在这栋房子里并在这里开始了他《墓畔回忆录》的写作。后来他写道,在所有事情中最后悔的是搬离了狼谷。7月和8月,加缪夫妇在万谢纳租下了另一处住所,因为临产前弗朗辛的母亲要来

① 西蒙娜·德·波伏瓦《势所必然》。
② 源自雅尼娜·米歇尔。

和他们一起住。①

加缪 1945 年 7 月 30 日写下的日记表明，他已经意识到自己的责任：

> 30 岁时（他快 32 岁了），一个男人应该掌握自己的命运，了解自己的品质和缺点，明白自己的局限，并预见到自己的衰退。自己就是自己，要学会接纳自己……保持天性，但要戴上面具。我已经是曾经沧海难为水，唯一不能放弃的是每时每刻的顽强努力。对一切都看得非常淡泊，不要抱过多希望也不要悲伤，不要再否定任何事物，一切都会真相大白，要傲视痛苦。

他继续把自己的思想和决心写入日记，有时也记一些苦恼的思索。比如，"名望，一些庸人把它给了你，而你得与庸人或卑鄙小人共同分享"。他经常想，他所从事的事业其"意义"在于做基督徒未曾做过的事："关心受苦的人。"

8 月，他们住进了万谢纳别墅，家具少得可怜。加缪重新动笔写他的小说《鼠疫》，下午和晚上去《战斗报》工作。小说的写作进度很慢。一次，他对米歇尔·伽利玛说："我真担心被《鼠疫》累死。"②不过，天边出现了曙光。《卡利古拉》终于要排演了。排练从 8 月 16 日开始，彩排预定在初秋进行。期间，夏洛的出版社在巴黎和阿尔及尔再版了《婚礼集》。9 月，加缪重新不间断地写他的《鼠疫》，将《战斗报》的一切常规工作弃之不顾，而且他已经考虑重新回伽利玛出版社供职。伽利玛建议他担任一套丛书的主编工作，书名由他决定。加缪选择了他最喜欢的书名《普罗米修斯》③。（事实上应该叫"希望"。）9 月 1 日起他

---

① 源自阿尔贝·加缪夫人。
② 源自雅尼娜·伽利玛。
③ 源自雅尼娜·伽利玛。

又在出版社恢复了一份领薪工作。

他在《战斗报》最后完成的任务之一使他又一次被迫去接触"二战"时期法奸投敌这个棘手的问题。当乔治·贝尔纳诺斯在巴西生活了七年回到法国时,《战斗报》(1945 年 6 月 30 日)像报道一件全国大事一样在第一版发布了他回国的消息。布吕克贝热神父带着贝尔纳诺斯和他的一个儿子来米歇尔·伽利玛夫妇位于大学路的新公寓,与加缪和马尔罗共进午餐。这幢公寓楼的屋顶一直延伸到了伽利玛圆形办公楼上面,窗外是一个法式大花园。据雅尼娜·伽利玛回忆,贝尔纳诺斯英俊的脸庞线条十分匀称,满头灰发,蓝色的双眼微微隆凸,显得非常活跃,谈到自己的经历时甚至有些暴躁。但没过多久,伽利玛夫妇用他们的"墨丘利"敞篷车送贝尔纳诺斯和布吕克贝热回他们的乡间别墅时,雅尼娜在夏日凉风的吹拂下进入了梦乡,而贝尔纳诺斯仍在滔滔不绝地讲述着什么……①

加缪请贝尔纳诺斯为《战斗报》写稿,贝尔纳诺斯答应写点有关贝当元帅诉讼案的东西。他寄来的第一篇稿子在《战斗报》上发表了。接着,他又写了一篇文章,描绘法国战俘在停战时的种种表现,读了令人生气,而且有些措辞为法奸约瑟夫·达尔南开脱。加缪拒绝刊登这篇文章,9 月 29 日他写信给贝尔纳诺斯指出其对法国战俘的看法特别使他反感。至于达尔南,"不该由我来起草这个人或世界上任何人的公诉状,因为我不赞成判处死刑的原则"。不过,他不同意把达尔南的"勇敢"作为减刑的情节,因为德国人也都是些好样的士兵……最后,他补充说,应该由贝尔纳诺斯决定是否愿意继续为《战斗报》撰稿。②

第二天《战斗报》上刊登了一篇由加缪执笔、内容不同的社论。加

---

①　源自雅尼娜·伽利玛。

②　《乔治·贝尔纳诺斯社交朋友简报》,巴黎,1962 年 3 月。在《阿尔及尔共和报》1939 年 7 月 4 日刊文中,加缪捍卫了贝尔纳诺斯作为君主派成员的权利。应该注意的是,我们经常看到一张 1945 年 7 月—8 月加缪参加贝当审判的照片,在这次审判中,贝当被判处死刑,减刑为终身监禁。

缪在社论中抗议那些带有清洗性质的诉讼案件,把政治和司法混为一谈。因此,一名和平主义人士因为曾替一份敌伪报纸文学专栏撰稿而被定为有罪,被判处八年劳役,而对一个为法国志愿军团招兵买马的罪人却只判了五年。加缪声明道,如果一个社会不能惩治真正的罪犯,却把爱好和平的人士送去服劳役的话,那么它也将受到审判。

同月早些时候,当原子弹在广岛爆炸的消息传来时,加缪正在报社。加缪认为,"机器时代文明的野蛮行径已经发展到了史无前例的地步。必须在集体自杀和理性利用科学成果之间进行选择"。庆祝一项发明成果用于破坏或有组织的谋杀是有失体面的。

> 我们要说,如果日本人在广岛被摧毁以后,因威慑作用而投降,那么我们为此而感到高兴。但是,除了更加有力地为建设一个名副其实的国际社会而辩护以外,我们拒绝从如此严重的事件中得出其他结论……

在战争结束之时,加缪离开了《战斗报》,也许应该把这看作一种巧合。事实上,他离开了一家经营仍然健全的报纸,而且它拥有一个足以重振其事业的领导班子。加缪被政治争斗耗得精疲力竭?这是肯定的。与《战斗报》的政治路线发生了分歧?有人这么认为。[①] 不过,加缪仍可以自由发表观点,撰写反映其观点的社论。

人们可以想象,在第一次离开《战斗报》之前,加缪还写了最后一篇社论。这篇社论于9月1日发表,是他利用在报社办公室度过的最后一晚写成的。社论概述了一年的办报经验。《战斗报》的雄心是与过去决裂,而不是像某些信奉者或其他人所担心的那样,要与马克思主义者或基督徒对着干。"我们既不想与共产党人,也不愿与基督徒对着干,我们只是想让对话成为可能,指出我们的不同点,强调我们的

---

① 源自乔治·阿舒勒。

相似之处。"

　　9 月 5 日,加缪的两个孪生孩子让和卡特琳娜在圣克卢门外的贝尔韦代雷诊所出生。一辆救护车把他们送到了布吉瓦尔。在那里,舍勒夫妇借给他们一处住所(吉·舍勒是米歇尔·伽利玛童年时期的朋友)。加缪挽着弗朗辛上了救护车,接着把行李搬上了车,然后自己也上了救护车,并发令"开车"。这时,弗朗辛提醒他,两个孩子还留在诊所呢! 于是,他又赶紧下车去抱两个婴儿,一脸窘相。[1]

---

① 源自阿尔贝·加缪夫人。

第二十八章

圣日耳曼-德-普雷区

> 11月——32岁……谁都不能说自己已到做人的极限,刚刚过去的五年使我明白了这一点……我们每一个人都应该在自己身上挖掘做人的潜力,人类的终极美德。当人的极限有了意义那一天,上帝问题就会应运而生,但不是在这之前,这种可能性只有到最终之时才会显现。所有的伟大行动只有一个目的,那就是人类的繁衍,不过首先得主宰自己。
>
> ——《手记》

可以说,《卡利古拉》这个剧本是作者投入毕生心血的作品,如果有人还记得,这是加缪最早期的计划之一,至少在它出版时是作者最早实现的计划之一。自1945年首次公演以后,该剧本经过了反复修改,1944年头版版本与1947年的版本相比,已经做了重大的改动,为参加1957年昂热戏剧节和次年巴黎戏剧节,加缪重新对文本进行了重大修改。在接下来的版本中,这部剧如同为数众多、论据充分的大学论文那样,戏中的次要人物都做了修改,但对于卡利古拉皇帝,这部既难以琢磨又令人扫兴的剧本中的核心人物,无论是他的行为、性格,还是动机,几乎未做任何改动。《卡利古拉》在加缪作家生涯的每个阶段都占有一席之地,这一事实证明在他的眼里,这个剧本的重要意义在于它是一种象征(人类和世界荒谬的象征)。

只有反复阅读这个剧本才能体会到这一点。

剧院经理雅克·埃贝尔托推选了一位戏剧学院的青年学生钱拉·菲力普担任主角。菲力普曾经一边上学,一边在埃贝尔托剧院由吉罗杜执导的《索道姆与戈莫雷》一戏中扮演过一个小角色,很受欢迎。"与大家一样,我们注意到一位名叫钱拉·菲力普的天使从天而降。"西蒙娜·德·波伏瓦在她的日记中这样写道。① 后来 1945 年 5 月,人们又在马蒂兰剧院一位青年剧作家勒内·拉波尔图创作的戏剧《费代里科》中见过他短暂的露面。这出戏因玛莉亚·卡萨雷斯扮演了主角而引人注目。

> "关于玛莉亚·卡萨雷斯小姐,我们能够说些什么呢? 这次演出,她达到了某种尽善尽美的境界。"评论家菲利普·埃里亚如是说。"一名优秀演员应有的优点,她都具备了:美丽而富有个性,即便是做一个很小的表演动作也能表现出优雅的风格,长着一副令人羡慕的身段,尤其是,她充满热情,富有诗意,信念坚定,而且如果她愿意的话,戏路也很宽……"

在《卡利古拉》一戏中,玛莉亚·卡萨雷斯没有担任角色。在一段无法解释的事业中断之后,她暂别舞台,到别处谋生去了。"眼下,玛莉亚·卡萨雷斯好像很累,或是得了流感?"12月份一次《卡拉马佐夫兄弟》演出结束后,她的老师兼朋友这么寻思。② 1 月份,玛莉亚·卡萨雷斯失去了母亲,她非常悲伤,加缪只能在远方聊表安慰。③(那个

---

① 西蒙娜·德·波伏瓦《岁月的力量》。
② 杜萨纳《玛莉亚·卡萨雷斯》。
③ 源自玛莉亚·卡萨雷斯。

月还发生了一件伤心事,她青少年时期的恩人居斯塔夫·阿科大叔去世了。)

菲力普那年只有23岁,显得非常年轻。他来扮演卡利古拉是否足够成熟?加缪在25岁时曾经亲自向剧组成员解释戏剧中的角色。埃贝尔托原先挑选了一位生于1888年的年纪大许多的演员,他1917年进入法兰西喜剧院。然而那时候这个演员生病了,埃贝尔托建议道:"为什么不让菲力普试试,让这个角色变得年轻些?"他们之所以选菲力普,是因为他们觉得这位年轻人在天使般的外表下面,隐藏着某种神秘的东西。为体验菲力普在舞台上的表演效果,加缪列席参加了在奥代翁剧院举行的三天选拔赛暨戏剧学院学生毕业考试。加缪告诉米歇尔·伽利玛和雅尼娜·伽利玛,菲力普使他欢欣鼓舞。① 他还同时注意到另外一名年轻演员米歇尔·布凯(当时才19岁),并向他建议也在《卡利古拉》一戏中担任角色。布凯对他解释说,秋天他已经有约。加缪回答说,这不是羁绊。他想把西皮翁这个角色交给他扮演,哪怕只演三十来场。布凯很是感激,对加缪颇有好感。他们俩后来成了朋友,同时又都是埃贝尔托剧院的合作人。

这次,导演由波纳利维旅馆女老板萨拉·奥特利的儿子保尔·奥特利担任。8月中旬开始排练。奥特利拥有无可争议的权威,由他决定演员的表演和舞台布景,而加缪似乎对舞台布景和导演技巧一窍不通,待在一旁观看排练,只是遇到台词问题才出来说话。② 这次舞台布景是加缪在阿尔及尔时的老朋友路易·米凯尔的杰作,而服装则由加缪的另一位老朋友玛丽·维顿负责。然而,米凯尔却认为,加缪虽然待在一旁无声无息,但他才是真正的导演,他固执地坚持全场舞台灯光都要亮,这使米凯尔感到惊讶不已。③

---

① 源自雅尼娜·伽利玛。
② 源自米歇尔·布凯。
③ 源自路易·米凯尔。

1945 年在巴黎埃贝尔托剧院上演的加缪创作的戏剧《卡利古拉》里,演员米歇尔·布凯和扮演卡利古拉的钱拉·菲力普(照片由法国罗杰-维奥莱摄影事务所提供)

1945 年 9 月 26 日,《卡利古拉》举行彩排,观众的反应毁誉参半。在恶意的批评中,数克莱贝尔·埃当的评论最为典型。埃当是一位炮兵上校的儿子,右翼作家,他在"二战"期间为各类法奸期刊发表过文章。他在《时代》杂志上写道:"是一些幽灵在思想,一些平淡无奇的躯壳在千方百计地将一些散乱的构件拼凑成一种哲理。"不过,菲力普在这部戏中脱颖而出,一举成名。"关于这部戏的评论文章多达 30 篇。"加缪在日记中写道。

　　褒奖和批评同样地根据不足。勉强只有一两个声音是真实或受感动的。名誉,从最好的方面说,是一种误解。我不想装作高人一等,蔑视名誉,它也是人性的一种表现,既不比冷漠、友谊和憎恨重要,也不比这些情感次要。

他把这种"误解"当作一种"解脱"。如果加缪有什么志向的话,肯定不在这方面。

让·格勒尼埃编纂的关于存在的文集于 10 月出版,收入了加缪的《关于反抗之我见》——首版《反抗者》的开卷篇和非常简要的全书内容介绍。这部作品出版时正逢格勒尼埃刚离开法国赴开罗大学和亚历山大大学任教,引发了关于此书的评论大战。从报纸上可以发现种种迹象。格勒尼埃的这部文集虽然抽象了一点——存在主义的色彩浓于政治色彩,请大家注意这一点——但加缪同苏联革命的战后辩护士们也保持着一定的距离。西蒙娜·德·波伏瓦谈起了加缪与萨特集团之间首次发生分歧的原因。那是 1945 年 11 月,加缪驱车送她回家。在车上,他替戴高乐辩解,对法共总书记莫利斯·托雷斯进行了谴责。临分手时,加缪把头伸出车窗外,对她大声嚷道:"戴高乐将军与雅克·迪克洛毕竟是有区别的。"[1]他在日记中思索,一个共产党

---

[1]　西蒙娜·德·波伏瓦《势所必然》。

西蒙娜·德·波伏瓦,摄于 1945 年(照片由法国罗杰-维奥莱摄影事务所提供)

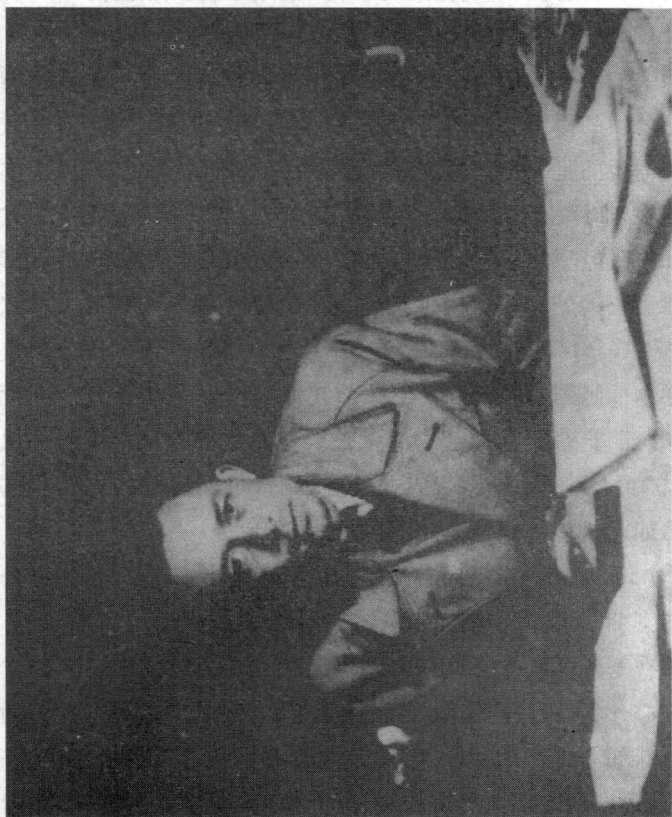

"为纠正自然产生的麻木不仁，我把自己置于贫穷与阳光之间。贫穷使我不相信在阳光底下，在历史的长河中一切都是美好的，阳光使我道历史知道历史并非一切。" ——加缪

人或一个基督徒凭什么指责他的悲观主义，不应该由他们来评判不信
上帝的迷途者，或向其同类证明马克思主义者们所表现的这种怀疑。
基督教对人的看法是悲观的，对人类的命运则十分乐观；而马克思主
义对人类的命运和人的本性的观点是悲观的，对历史进程则非常乐
观。"而我则对人类的境况持悲观态度，对人类却是乐观的。"

　　加缪夫妇和他们的两个孪生孩子仍然居住在布吉瓦尔铁路街一
栋占地一公顷的楼里。他们非常需要一名保姆，可是雇不起。① 不过，
他们真正需要的是一套在巴黎市区的公寓。这样取暖也容易，工作也
方便。现在，加缪又回伽利玛出版社工作了，而且就像去年在《战斗
报》工作时那样正常。至于舍勒夫妇的那栋房子，也只是个权宜之计。
老朋友伽利玛夫妇又一次向他们伸出了援助之手。伽利玛夫妇在圣
日耳曼-德-普雷区附近的塞吉耶街 18 号有一栋楼。伽利玛公司负责
出版大卷本插画图书的子公司不久前在那里设立了办公室。18 世纪
时，哲学家亨利-弗朗索瓦·达加索曾居住在这栋楼里。楼的平顶很
高，宽大的窗户十分通风，改成办公楼以后，每间房子的比例非常奇
怪。尽管如此，加缪一家在这里一住就是四年。
　　2 月中旬，加缪一家从布吉瓦尔的住所搬了出来，在等待把办公室
装修成居室期间，暂时借宿在米歇尔·伽利玛家。②
　　加缪在塞吉耶街的公寓和伽利玛出版社离当时的知识界和文学
界活动中心——圣日耳曼-德-普雷区很近。两个世纪以前，这里的普
罗科珀咖啡馆曾经吸引过狄德罗、伏尔泰和卢梭等百科全书派人士。
稍后，博马舍也是这家咖啡馆的常客（当他的《费加罗的婚礼》在附近
的奥代翁剧院上演时）。后来，泰奥菲勒·戈蒂埃、缪塞、乔治·桑、巴
尔扎克、左拉、于斯曼斯和莫泊桑等人都成了这家咖啡馆的常客。雷

---

① 源自吉·舍勒和雅克·舍勒。
② 源自雅尼娜·伽利玛。

米·德·古尔蒙和于斯曼斯经常出入第二帝国末期才开张的花神咖啡馆。后来,夏尔·莫拉领导的法兰西行动小组把大本营设在了这家咖啡馆。阿波利奈尔就住在离这里两条街的地方,他也在花神咖啡馆与朋友聚会。[1]

起先,许多文豪和他们的朋友早年被圣日耳曼-德-普雷区吸引,因为这里不是蒙帕纳斯(这里缺乏蒙帕纳斯的诱人的玩意儿,但房租更便宜,饭馆、咖啡店消费也更低)。在第二次世界大战和法国被占领时期,萨特和西蒙娜·德·波伏瓦在花神咖啡馆工作过,这里就好比是他们的家。萨特的弟子们常在这里聚会,与加缪和凯斯特勒展开讨论。离这里几步之遥,就是双偶咖啡馆。而在圣日耳曼大街的另一侧,里普啤酒坊是加缪生命将尽时期最喜欢的场所之一。除了其他知名人士、成功的作家和他们的出版商,以及电影导演、政界人士也常在这里聚会。

当然是存在主义的风靡造就了战后的圣日耳曼-德-普雷区。对于阅读大众报刊的广大读者来说,这里是朱丽叶·格雷戈唱歌和作家兼翻译家、作曲家鲍里斯·维安吹奏长笛的地下歌舞厅的所在地。(加缪自己会针对圣日耳曼-德-普雷区的类型写个指南。)[2]圣日耳曼-德-普雷区因轰动一时的周刊《星期六晚报》而受到大众的注意。该刊1947年5月3日这一期封面刊登了一幅朱丽叶·格雷戈和罗歇·瓦迪姆"在一家存在主义分子出没的地下歌舞厅门口唇枪舌剑"的照片。《星期六晚报》载文直言不讳地指出,该区的生活就发生在存在主义分子出没的地下歌舞厅里。"从此以后,他们在那里歌唱,豪饮,相爱,睡觉,也许还等待着他们所珍爱的原子弹。"原先,他们十分贫穷,现在,文章声称,萨特、德·波伏瓦和加缪靠文学富了起来,还有的靠电影或无产阶级现实主义等发了财。王妃街的勒塔布夜总会成了一代新人

---

① 　埃尔贝·R.洛特曼《文学咖啡馆的华丽与悲伤》,《星期六评论》,纽约,1965年3月13日。

② 　纪尧姆·阿诺图《圣日耳曼-德-普雷区的黄金岁月》,巴黎,1965年。

的圣地。晚报上刊登了一张详细的时刻表和一幅地图,告诉读者何时何地可找到那些身无分文的存在主义分子(例如在花神咖啡馆,从上午11点到下午1点,从下午3点到6点,从晚上6点半到8点;会在雅各布路的"刺客"饭店吃午餐;从晚上8点到午夜他们会坐在"绿色"酒吧,午夜之后则待在同一条街的勒塔布俱乐部)。存在主义分子每晚6点至6点半在自己的房间或某一位朋友的房间工作,星期天就穿梭于花神咖啡馆和双偶咖啡馆。①

　　这篇夸张的讽刺文章,是在该区的一位或几位常客的帮助下写成的,相当真实地描绘了战后圣日耳曼-德-普雷区的情景和大众报刊眼里的存在主义,或至少是大众舆论所想象的存在主义。真正的圣日耳曼-德-普雷区,对萨特和加缪这样在那里生活和工作的人来说,肯定是迥然不同的。不过,这是一个杂乱纷繁的地方,也是一个杂乱纷繁的时代,坐在咖啡馆的露天座或店堂里,接着到路边小酒吧和地下歌舞厅泡上几小时,确实反映了战后头几年这些人一天生活或全部生活的一个重要部分。加缪是他们中的一员,西蒙娜·德·波伏瓦这一时期所编排的日程(在《势所必然》里),很有说服力地证实了加缪经常参加这样的晚会。晚会上,大家高谈阔论,豪饮狂舞,最后喝得酩酊大醉才善罢甘休。在伽利玛出版社工作了一天之后,加缪从办公室出来,有时还邀上女秘书苏珊娜·拉比什做伴一起去参加晚会。他们在圣日耳曼-德-普雷区的某一家咖啡馆里与萨特和波伏瓦等人聚会;接着一起去一家路边小酒店共进晚餐;然后就在圣日耳曼大街的勒塔布或靡菲斯特夜总会与朋友们碰头,或者去圣伯努瓦街上的圣日耳曼-德-普雷区地下歌舞厅,也可能去红玫瑰歌舞厅为朱丽叶·格雷戈和鲍里斯·维安捧场;最后,到香榭丽舍大街上某家咖啡馆的露天座最后喝上一杯。整个晚上,他们会遇到阿瑟·凯斯特勒、马奈斯·斯佩尔波,

---

① 埃尔贝·R.洛特曼《继布鲁姆斯伯里团体和格林威治村之后——圣日耳曼-德-普雷区》,《纽约时报书评》,纽约,1967年6月4日。

或者是像梅洛-庞蒂、罗曼·加里、让-皮埃尔·维埃、让·考等年轻人。萨特喝酒过量以后，会吹嘘自己长得如何英俊，而且变得十分好斗，尤其当别人把他塞进轿车送他回家时，或当他觉得另一位男人，如加缪，在一个他喜欢的年轻女子跟前有可能成为其竞争对手时。有一天，加缪就眼睛青肿着去伽利玛出版社上班。①

加缪本人喝酒过量以后，脸色苍白，变得非常易怒，甚至咄咄逼人。西蒙娜·德·波伏瓦总夹在加缪和萨特的中间，她明显地对加缪感兴趣，而加缪却告诉一位朋友，他故意与她保持一定距离，因为担心她上床后，会变得非常啰唆。她在回忆录中刻薄地议论加缪，有时是因恼恨所致。同样，萨特也明显地嫉妒这位比自己年轻的男人，因为他无须动用他的智慧和名望就能吸引所有的女人。事实上，波伏瓦在回忆录中对加缪的议论也并非都是刻薄的，读者也能从中感受到一点柔情。

据一则广为流传的传闻，加缪曾向一位体面的女文人说："亲爱的朋友，我们度过了一个美好的夜晚，在一起探讨一些高雅的问题。不过，你是否明白，如果有一个丑老婆子经过的话，那么我将抛弃你，随她而去。"②

一天晚上——事情发生在萨特逗留美国期间（从 1945 年 12 月中旬到次年 3 月），西蒙娜·德·波伏瓦单独一人与加缪在里普啤酒坊共进晚餐。饭后，他们俩在（沿着伽利玛大楼所在的大街往下的）皇桥酒吧一直聊到酒吧关门。然后，两人又买了一瓶香槟酒带回西蒙娜·德·波伏瓦下榻的路易斯安那旅馆，一直聊到凌晨 3 点。由于她是一个女人，因此不可能完全与这位封建的男子平起平坐（西蒙娜·德·

---

① 源自苏珊娜·阿涅莉（家姓拉比什）。来自瑟伊出版社的保尔·弗拉蒙有一天跟加缪约会去吃午餐，他看到加缪青肿着眼来赴约。加缪向他解释道是凯斯特勒在下出租车关门时把车门打到他的脸上了。

② 纪尧姆·阿诺图《圣日耳曼-德-普雷区的黄金岁月》。

波伏瓦在她的回忆录中写道),他跟她说了许多心里话,给她读了自己的几则日记,谈了一些个人问题。他经常重复一个萦绕脑际的话题:总有一天,他要在作品中讲真话。他要讲真话,在波伏瓦看来,是因为"在加缪的生活和作品之间存在一条比别人更深的鸿沟"。只要他们俩晚上一起出门,喝啊,聊啊,笑啊一直到夜深人静,他就显得滑稽有趣,毫无顾忌,"有点混账,而且非常放纵"。他倾诉自己的感情,放任自己的冲动。下雪天,他会在人行道上坐到凌晨两点,为爱情而苦思冥想:"必须在持久的爱情和炽热的爱情之间进行选择;可悲的是,人类的爱情不可能持久又炽热!"但是,在进行严肃的讨论时,他又变得很不开明,一副盛气凌人的样子,高谈阔论,发表一些格言式的言论;手中挥舞着蘸水笔,俨然一位道学家,简直令她感到陌生。加缪本人——她下结论说——也明白,他的公众形象与他的真我不相吻合。[1]

　　这就是加缪的其他好友必须识别,或因此要忍受的面具。"保持天性,但要戴上面具。"加缪在日记中解释说。[2] 不过,西蒙娜·德·波伏瓦有机会谈到在圣日耳曼-德-普雷区度过的狂热年代时,几乎不愿意寻找角色背后的动机。

　　让·达尼埃尔,一名出生在阿尔及利亚、受加缪的影响成长起来的青年人觉得他心目中的英雄"长得特别帅",如同大名鼎鼎的电影明星亨弗莱·鲍嘉,不过年纪更轻,"脸上的日本式面具更浓一点,生活情趣更多一些"。一天,他去伽利玛出版社看望加缪。加缪请他稍等片刻,他要回一封急信,劝告一名素昧平生的来信者放弃自杀的念头。"这个星期,已经是第十个了。"加缪告诉达尼埃尔。达尼埃尔听说加缪身边围着一群向他献媚的青年人。他们并不是同性恋者,不过确实十分嫉妒。加缪还在《战斗报》工作时,有一位青年影评人在一家夜总会砸碎了一瓶威士忌和许多玻璃杯,然后跳到吧台上叫嚷:"我要告诉

---

① 西蒙娜·德·波伏瓦《势所必然》。
② 参阅第二十七章。

你们一件不公平的事,这可比我们在报上为知识精英连篇累牍地揭露的不公平之事有过之而无不及。他是活生生的,而且就在我们跟前,他就是加缪。他拥有诱惑别人、名扬四海、获得幸福所需的一切;另外,这个傲慢的人具有各种资质和才能! 而对于这种不公平的事,我们却无能为力。"在勒塔布或靡菲斯特夜总会时,达尼埃尔对此也并非一无所知,有些人在萨特和加缪之间更喜欢后者。尽管他们知道萨特是一位更重要的作家,但加缪"长得更帅,而且更加自爱"。(有一天让·达尼埃尔陪加缪跳舞,加缪自诩为"一个美丽的清教徒"。)

达尼埃尔在伽利玛出版社见到加缪,觉得他太讲究礼节。"再等一会儿,行吗?"每次办公室的门被打开时,他就轻声细语地问。加缪仍是一个说话带着阿尔及利亚口音的外乡人。达尼埃尔觉得,他与还在阿尔及尔时相比并没有什么变化。当加缪让来访者参观办公室外面的小露台时,他说:"我是仅有的拥有小露台的几个人之一。"[1]达尼埃尔惊讶地从他的声音中听到了一丝自鸣得意。

加缪喜欢穿具有地中海风格的花格子套装,经常在外面披一件风衣,开着一辆陈旧的前驱动黑色轿车,穿梭于圣日耳曼-德-普雷区。他的朋友们见了就喊道:"唉,阿尔贝!"但他并不作声回答,而只是向他们招手致意。在当时的人看来,他似乎是在这部仍在上演的影片里扮演他自己这个角色。[2]

加缪和萨特这帮人在一起聚会,也许比他的言论和文字更容易让公众和新闻界把他列为"存在主义者"——这样的分类,他既不希望,也不欣赏,但却陪伴他终身,尤其是那些不看书的人和外国新闻界的人士。"不,我不是存在主义者。"他在接受《文学新闻报》的一次采访(1945年11月15日)时申辩道,"我和萨特看到我们俩的姓名被并列在一起,总感到惊讶不已,我们甚至考虑哪天在报上刊登一则启事,声

---

①　让·达尼埃尔《剩下的时间》。

②　多米尼克·奥利《两个空位》,选自《向阿尔贝·加缪致敬》。

明我们俩毫无共同之处，并且拒绝担保各自可能欠下的债务。"他和萨特出版的"所有"著作都在他俩相识之前，而他们俩的相识只是加深了他们之间的差异。萨特是一名存在主义者——加缪解释说——而他自己发表的唯一一部反映其观点的作品《西西弗神话》，锋芒是针对所谓的存在主义哲学家们的。诚然，他和萨特都不信上帝。但是，马尔罗、司汤达、萨德、大仲马、蒙田或莫里哀等都不信上帝，难道他们都因此而属于同一个思想流派吗？他对自己的荒谬哲学的解释显得更有说服力，而且透露了一些他对未来的打算和关心的问题。

> 接受我们周围一切事物的荒谬性是一个阶段，是一种必要的经验：它不应该成为一条毫无结果的死胡同。它激发能具有生产性的反抗。对反抗这一概念进行分析可能有助于发现一些可重新赋予存在以相对意义的理念。

在一个月以后公开发表的一篇访谈录中，加缪阐述了自己与存在主义者的区别，无论是信教的克尔凯郭尔和雅斯贝斯，还是无神论者胡塞尔、海德格尔和萨特。[①] 在1946年1月发表的给《圣殿》杂志社社长的一封信中（也收入了他的"七星文库"版文集中），他再次对亨利·特洛亚在这本杂志上发表的关于《卡利古拉》的评论进行了回击。加缪强调指出《卡利古拉》完成于1938年。那时，法国的存在主义还未曾以无神论的形式存在过，撰写《西西弗神话》就是要反对存在主义哲学，而他本人还没有足够的信心参加任何一个哲学体系。因此，发表在《现代》创刊号上的《萨特宣言》，在他看来是不能接受的。"请你注意，我本人对《卡里古拉》的价值并不抱太大的幻想，"他下结论说，"不过，最好对它进行客观的评论。"

---

① 这两次采访的摘要收录于"七星文库"版加缪文集。

圣诞节那天,加缪破天荒地与米歇尔·伽利玛夫妇一起动身去了他最喜欢的地方之一——戛纳。在那里,他们进行了一种最喜欢的休闲运动——帆板。[①] 现在,加缪在伽利玛出版社忙于准备他负责主编的丛书,同时还担任出版社的文学顾问。自那以后,他的余生中(除了有一年生病),不管撰写什么或创作什么,他在伽利玛一直拥有一间办公室,而且总是那间有一个小露台、朝向塞巴斯蒂安-博丹路的办公室。因此,加缪的所有信件都是从伽利玛发出的(大部分信件不管主题是什么,用的都是伽利玛出版社的信纸),先是利用出版社秘书处,后来由专门为他配备的私人秘书寄发。他的私人朋友也向出版社打电话找他,许多青年人出入他的办公室向他求教,请他审阅书稿,或来找他谈心。很快就形成了这么一个惯例:上午,加缪在家里工作;午后,到办公室阅读信件,口述回信,回复电话,审阅书稿,接待预约的来访。[②]

从此,审稿委员会就在一间宽敞的半圆形会议室里举行会议。会议室的玻璃窗户正朝着花园。伽利玛出版社聘请了法国最负盛名的文人,并赋予其各种头衔的职位。他们每星期来伽利玛先生的办公室参加一次会议(加缪的座位是从右数起第六把椅子,面朝花园)。轮到加缪发言,谈他要推荐的书稿时,他身体前倾,说话简明扼要,有时会补充一句:"太精彩了。"米歇尔·伽利玛在这种会议上从不发言,坐在办公室的另一侧,背对着窗户。[③]

一名文学顾问受托负责主编一套丛书,就意味着他的尊姓大名是使丛书畅销的一张王牌。加缪可以按自己的意愿决定发行量,但有一个默契:他不会坚持出版一本其他审稿人强烈反对的书。[④] 丛书的主

---

① 源自加布里埃尔·奥迪西奥。

② 源自苏珊娜·阿涅莉。

③ 多米尼克·奥利《两个空位》。

④ 源自狄奥尼斯·马斯科洛。

编一般可提取一部分稿酬,但加缪拒不接受。因此,他只领取一份薪水和一份丛书主编的特别酬劳。

在当时饱受战争蹂躏,战后复兴缓慢、艰难的法国,有钱也好没钱也好,人们不可能大幅度改善生活。2 月份,加缪告诉让·格勒尼埃,半个冬季他都忙于为自己的孩子解决温饱问题;有了孩子更加深了"为生活而奋斗"的体会。不过,这些并不能阻止加缪做一个关爱孩子的父亲,尽管他做事一点都不灵巧。他永远也无法忍受孩子的啼哭,尤其是劳累了一整天或一整夜以后回到家里时。但是,只要看到两个幼小的孩子,马上就会变得慈祥和蔼,给他们唱西班牙摇篮曲,或至少唱西班牙歌曲让他们进入梦乡。①

配给制仍在实行,为孩子们购买鞋子这么简单的事,也要费九牛二虎之力。在帮助他们的人中间有尼古拉·基亚罗蒙特,他从纽约给加缪一家寄来了装有食品、尿布和肥皂的邮包,甚至还给弗朗辛寄来了袜子。也许就是在这一时期,让·伊捷(在阿尔及尔担任过《海岸线》编委的教授)在奥代翁街的阿德里安娜·莫尼埃书店(位于阿德里安娜·莫尼埃的女友西尔维亚·贝旭开的莎士比亚书店对面)遇到了加缪。加缪常来这里领取阿根廷人民寄给法国作家的食品包裹。②

加缪的朋友们经常取笑他主编的"希望"丛书出版的第一部名为《窒息》的书(作者是萨特和西蒙娜·德·波伏瓦的朋友维奥莱特·勒迪克)。③ 事实上,这套丛书头几部书的书名都令人感到沉重,如雅克-洛朗·博斯特的《最后的职业》和科莱特·奥德利的《我演失败者》。这套丛书的封面采用灰色,以区别伽利玛主编的白皮丛书,封面设计也欠妥当。每本装订好的书的封面上都印有:

---

① 源自阿尔贝·加缪夫人。
② 源自让·伊捷。
③ 源自居伊·杜缪尔。

"希望"丛书
《新法兰西杂志》
主编
阿尔贝·加缪

虽然《新法兰西杂志》几乎只是一种回忆，该刊仍然被查封，但NRF(《新法兰西杂志》)这几个缩写字母继续出现在伽利玛的每一种出版物上。"希望"丛书每册书的封底上都印着加缪写的但未署名的后记：

> 我们处在虚无主义盛行的时代……对时弊视而不见或决定采取否认的态度并不能使我们摆脱它。相反，唯一的希望在于揭露弊端，并且逐一加以针砭以便找到根除弊端的方法。因此，我们应该认识到，这是一个有希望的时代，即便是很难实现的希望……

这套丛书既有散文，又有小说。加缪在丛书中发表了许多朋友的作品，如博斯特、布洛克-米歇尔、罗杰·格勒尼埃，一位名叫让·塞纳克的阿尔及利亚同志，后来成为加缪挚友的诗人勒内·夏尔以及伽利玛的同事布里斯·帕兰。后来，多亏帕兰，"希望"丛书才有机会发表了西蒙娜·韦伊的遗稿《扎根》。加缪第一遍阅读该书手稿时(1948年3月)，就如获至宝，爱不释手。该作品肯定帮助他最终形成了有关非暴力甚至反历史的思想。[①] 在每月新书目录上刊登的对该书的介绍中，加缪写道这部作品是一份反映1940年法国道德状况的真实报告，是"二战"以来出版的最重要的书籍之一。他还引用了作品中的两句

---

① 源自居伊·杜缪尔。

话:"官方版本的历史就是言之凿凿地让人相信谋杀者"以及"一个没有高贵灵魂的人怎么可能全心全意地崇拜亚历山大大帝?"。加缪又补充道:"就让我们想想在两次大战期间居住在法国的这样一位人物的孤独。"

像许多丛书一样,"希望"也只是一套短命的丛书。但是,西蒙娜·韦伊的某些作品即使在加缪去世以后,仍然以"希望"这个标识出版。加缪和帕兰两人负责与韦伊的继承人解决版权问题。

不过,加缪不仅仅为自己主编的丛书收罗书稿,而且审阅一些知名或不知名的作者寄给出版社的书稿。他不但带来了维奥莱特·勒迪克这样的新作者,而且与路易·吉尤这样著作等身的老作家合作。这些老作家早在加缪来巴黎之前就已经通过伽利玛发表作品了。吉尤完成了他的书稿《耐心游戏》后,是通过他的朋友加缪提交审稿委员会审阅的。[①] 加缪总偏爱来自北非的作品,而且年轻作家也能得到他的特别关照。对于他认为有发展前途的新人,他总是亲自写信答复。起初,他努力把青年作家的好作品收录在他主编的丛书中。[②] 后来他承认,这样做几乎帮不了作者什么忙。[③] 丛书没有获得任何成功。除了西蒙娜·韦伊的作品以外,收入丛书的其他作品既没有得到评论家的好评,也没有获得公众的青睐。

伽利玛文学顾问的工作不同于其他出版社。在其他出版社,文学顾问要对从收到书稿到图书发行的全过程负责,还要监督印刷、装订、促销和广告等。伽利玛的资深审稿人从不过问商业问题。不过,加缪却真的很关心每本书稿的编辑问题。当一位阿尔及利亚青年作者马塞尔·穆西把第一部小说交给加缪,并被告知书稿已经采纳时,他和加缪详细讨论了书稿可修改的地方。加缪向他指出,1945年的一首探

---

① 源自罗歇·格勒尼埃。

② 源自苏珊娜·阿涅莉。

③ 源自雅尼娜·伽利玛。

戈舞曲曲名可能有误。为了说服穆西证明自己是对的，他还哼起了这首曲子。加缪还向他指出了一个阿尔及利亚法语词汇在法国有可能没人理解，他们一起为这个词找到了替代词。工作完毕，加缪换了一副模样，两眼盯着穆西，用一种严肃的口吻对他说道："请记住，你必须胸怀大志。"①

在出版事业高度发达的今天，这些也许不能算作最为严谨的编辑工作。但是，在当时的伽利玛出版社，这可算是体现了一种超乎寻常的献身精神。另一位青年作家回忆说，加缪的建议是要你把最美好的东西表达出来，而不是替你越俎代庖。②

①　马塞尔·穆西《遭遇》，《西蒙风》，奥兰，第31期。

②　源自居伊·杜缪尔。

第二十九章

纽　约

> 我热爱纽约，爱得如此强烈，有时让人觉得没有把
> 握，甚至发恨。人有时也需要侨居他乡。
>
> ——《纽约的雨》

"暂时离别劳心伤神的巴黎生活，我并不感到遗憾。"[1]加缪在给他从前在贝尔库小学的老师路易·热尔曼的信中这么写道。

在法国政府的赞助下，加缪作为法国抵抗运动的代表人物、文化界和社会活动的新星赴美国，尤其是美国大学巡回考察。加缪此行由法国外交部文化关系处负责组织。在美国逗留期间，他的身份是法兰西共和国临时政府的官方代表。此类出访对于委派的政府来说是一次极好的公关活动，而对于功绩卓著的公民来说是一种奖励——带薪假期。

加缪在勒阿弗尔登上了从事客货两运的法国大西洋运输公司的奥尔贡号轮。他惊奇地发现，这其实是一艘货轮，而且全船的旅客都挤在一个很小的餐厅里就餐。船上的起居条件与艰苦的战争时期相比基本上没有什么改善。加缪与另外三位旅客住在一个客舱里，其中有一位医生，后来成了加缪的朋友。

---

① 　源自"七星文库"版加缪文集。

皮埃尔·吕贝大夫是一名精神病医生。战争初期,他在一列军车上担任军医。他参加了 1940 年的大逃亡,几次试图离开法国,没有成功。那时,他加入了一个地下情报网,在一名西班牙共和派向导的帮助下,终于越过了比利牛斯山脉。他在巴塞罗那被捕后,在一个集中营里被关押了六个月,后来被送到了北非。在北非他又在勒克莱尔师里参加作战,接着又跟随部队打到了诺曼底、巴黎和斯特拉斯堡,并且参加了解放达绍集中营的战役。然后,他又回到了巴黎,情绪如此沮丧,只要看到法奸就会感到恶心。当时,一位朋友为他争取到了赴美学习群体精神病学——一个他特别感兴趣的专业——的机会。在为此行办理例行手续时,他遇到了同样前来办理出国手续的加缪,吕贝前不久刚在埃贝尔托剧院观看了《卡利古拉》,被该戏深深感动。他向加缪作了自我介绍,并表达了对该戏的赞赏。天下起了雪,他们要去美国领事馆申请签证,加缪建议吕贝搭他的黑色雪铁龙轿车一起去美国领事馆。

在奥尔贡号轮上,他们发现船上的娱乐设施同起居设备一样有限,既没有电影又没有文艺演出。不过,加缪极其幽默风趣,他与每一位旅客说笑逗乐,而且还与年轻的女性旅客调情求欢。吕贝在新朋友身上看到了地中海沿岸男人常见的特点:在他们看来,先于一位女性进门或出门是挺正常的事。

他们可以随意淋浴,但与他们同舱的领事馆专员从来不洗澡,加缪和吕贝设法强迫他洗澡。最终,吕贝想出了一个主意。他塞了点小费给一名侍者,叫他第二天早上来敲他们的舱门,并且大声叫喊:"领事先生,淋浴给您准备好了。"这名侍者还大献殷勤,特地为他准备了肥皂和毛巾。他们的计谋大获成功。[1]

1946 年 3 月 25 日,他们乘坐的轮船停靠码头后,移民局的官员就上来盘问外国旅客,特别是讯问他们是否曾参加共产党或有朋友是共

---

[1] 源自皮埃尔·吕贝大夫。

产党员。加缪显然拒绝回答这两个问题。轮到他们时,旅客被逐个盘问。吕贝和法国代表团的其他成员在等加缪从盘问室出来,可他就是不出来。一小时过去了,又过去了半小时,团里的一名成员最后决定回去找他,看看到底发生了什么事。加缪怒气冲天,对他说,他有许多共产党朋友,但拒绝说出他们的姓名。最终,团里的其他成员去法国文化处报告,一位密使帮助加缪摆脱了这一麻烦。①

加缪记得被移民局的警察扣了起来。他们似乎已经掌握了秘密的情报来源,但后来又向他表示歉意,耽搁了他许多时间。②

法国驻纽约文化处的文化参赞,碰巧是人类学家克洛德·莱维-斯特劳斯(他后来对这一事件完全不记得了)。③ 可以肯定的是,莱维-斯特劳斯参赞知道法国驻美国文化使团的另一名官员、建筑师皮埃尔-安德烈·埃梅里是加缪的朋友,便请他去迎接加缪。莱维-斯特劳斯得知加缪被扣在了移民局才这么做的。不管怎么说,埃梅里到达码头时,加缪看上去极其激动,并且声称他是被作为共产党人士扣起来的。④ 还有一位朋友到码头来迎接加缪,那就是意大利避难者、反法西斯人士尼古拉·基亚罗蒙特,他娶了一位美国姑娘;加缪在纽约旅居期间经常与他们在一起。⑤ 最后,加缪终于获得了自由,但他意识到自己已经精疲力竭,而且又得了流感。他步履踉跄地平生第一次踏上了曼哈顿的街区。

到达纽约的第二天,加缪在第五大道法国文化处的宽敞接待室里举行了一次记者招待会。莱维-斯特劳斯介绍了他的客人加缪。加缪毫不迟疑地对移民局警察向他提出的问题的抽象性感到震惊。"然而,有人曾经告诉我,美国人喜欢具体的问题。"他指出。当有记者问

---

① 源自皮埃尔·吕贝大夫。
② 源自阿尔贝·加缪夫人。
③ 源自克洛德·莱维-斯特劳斯。
④ 源自皮埃尔-安德烈·埃梅里。
⑤ 源自米利亚姆·基亚罗蒙特。

及他的哲学立场时,他回答说,目前,他的哲学充满了怀疑和不确定性。"我太年轻了,还没有形成'体系'。"而且他再次重申,他不认为存在主义是一个流行的学派,并已经形成体系。

有记者问他对美国是物质文明中心之说的看法时,他回答说:"今天,人类到处在接受一种物质主义文明,生活在贫穷和饥饿中的欧洲人是物质主义者,但他们在这种条件下还能是别的什么主义者?"在他看来,真正的问题在于:在目前的条件下,人类是否还能行动起来? 他认为回答是肯定的。关于他的事业,他解释说,"由于人生的意外",必须像演员一样谋生,他已经成为一名剧作家。他的下一部作品将是一部关于鼠疫的长篇小说。在回答另一个问题时,他声明说,他曾读过从多斯·帕索斯到福尔纳的所有美国长篇小说,肯定受了美国小说写作技巧的影响。"不过,我在想这种小说技巧是否会导致文学表达手段的贫乏。再说,美国小说作家自己也在摆脱这种定式。"除了尤金·奥尼尔的作品外,他对美国戏剧知之甚少。

当被问及他从事过的抵抗活动时,他回答说,他更愿意谈论他的战友们,他们的表现远比他积极。

加缪反复阅读过卡夫卡的作品,觉得他的作品很有预见性,也是当前最有价值的作品之一。纽约的法语周刊《胜利》的特派记者写道,加缪是"我们这个时代不抱幻想的卡夫卡"[①]。

《纽约先驱者论坛报》"每周书评"专栏3月4日以整版的篇幅刊登了一篇题名为《当今法国最具胆识的作家》的文章,报道了加缪的美国之行。哥伦比亚大学罗曼语族语言系主任贾斯汀·奥布里安在文章中告诉美国读者,加缪是"法国最有前途的两三名青年作家之一……萨特为他开辟了道路,而韦科尔则在纽约、芝加哥和旧金山为他的青年朋友大唱赞歌。我们的一些文学小报在提到他的名字时开始采用某种尊敬的口吻。他的新剧正在巴黎上演,《纽约客》为此刊登

---

① 《胜利》,纽约,1946年3月30日。5月11日之后,该周报与《美洲法兰西报》合并。

了许多充满激情的评论文章"。奥布里安的这篇文章也许是加缪在纽约逗留期间人们所能读到的关于他的最透彻的介绍。

3月27日,加缪到达纽约的第三天,就去拜访《纽约客》的著名专栏作家 A.J.利埃布林。这次见面尤其对于 A.J.利埃布林来说是关键性的。他再也没有忘记他的朋友加缪,1963年弥留之际嘴里还念叨着加缪的名字。晚些时候,在《加缪日记》美国版发行之际,1964年2月8日《纽约客》上发表了利埃布林的最后一篇文章,作者回忆道:

> 战后不久,加缪32岁那年第一次(原文如此)到纽约。那时,我曾写过,他使我想起哈罗德·蒂恩连环画中的一个人物,他那身令人发笑的穿着更加深了这种印象。那是一件出自一位法国裁缝之手的杰作,是战前甚至1929年大危机前的款式。(他那正在出版《局外人》的纽约出版商,没有给他未来的作品预付版税,而他已经花完了《局外人》的预付版税,所以提升衣着没法在他的生活中占一席之地。)

1946年,利埃布林在第70号西街加缪下榻的旅馆里回访了加缪。① 事后,他描述说,"这张脸上的鼻子更像是西班牙人的鼻子而不是法国人的",并且介绍了可能是加缪告诉他的家世(加缪曾告诉利埃布林:他的母系来自西班牙,父系来自阿尔萨斯)。"他的出生赋予他一种特殊的点金术,因为,北非各欧洲风格的城市与伯明翰和底特律一样新兴,一样被无情地商业化。"在法国使加缪发窘的是——这位记者继续说——过多的历史和文学底蕴。他援引加缪的话说:"有时心

---

① 在这篇4月20日载于《纽约客》的文章中写道,利埃布林谈到了加缪"来到美国的前五天",这让人猜测采访可能发生于29日或30日而不是他们第一次会面时的27日。这也与皮埃尔·基德耐教授的回忆相吻合,那时基德耐教授还是法国大使馆的副文化参赞,他让利埃布林赞助了28日于哥伦比亚大学举办的晚会。

里所需的真是那些毫无诗意的场所。"最后，他说道："第 70 号西街也许是加缪的幸福所在。"

利埃布林是一个热烈的法国迷，会讲一口流利的法语，作为记者显然对加缪很感兴趣。访谈是从"撇开一切办报乐趣以后（加缪）对报纸的看法"开始的。加缪回答说，也许是"办一份评论性报纸，比其他报纸晚一小时出版，每天早晚各出一期。这份报纸应根据编辑方针和各记者、通讯员以往的业绩，对其他报纸重要文章所包含的真实性比重进行评估。一旦掌握了全部记者的索引卡片，一份评论性报纸就能迅速运转起来。几个星期以后，报纸的笔调就会更加贴近生活，如同一家国际服务部"。利埃布林还谈到了《卡利古拉》将在纽约上演。在介绍了加缪的作品和人生哲学，并且再次引用了注定要把石头推到山顶的西西弗的象征性之后，这位记者指出："对于一位做出如此悲观结论的人来说，加缪先生与几个星期前在此间逗留的萨特一样，表现得惊人地乐观。""不能因为你有悲观思想，就应该做出悲观的行动，"他援引加缪的话说，"日子还得以某种方式来过，请看看唐·璜。"

3 月 28 日，加缪进行了最重要的公开露面活动。由其他两位抵抗运动作家作陪，他要去哥伦比亚大学出席一个演讲会。演讲会组织人贾斯汀·奥布利安头天与三位来宾碰过头，为演讲会做了必要的安排。他去过加缪那里。"在百老汇大街一家破旧的旅馆里，"他回忆说，"另外两位来宾是韦科尔和蒂姆雷。韦科尔是让·布吕莱的笔名，他的作品有法国一家地下出版社出版的《大海的沉默》，现已发行英译本。蒂姆雷（莱昂·莫查纳）在美国毫不知名，他交由地下出版社'午夜'出版的散文集还没有在大洋彼岸面世。"奥布利安特地指出"加缪的微笑非常纯朴"，使他联想起"巴黎街头的顽童"。加缪是团里最年轻的成员，在电梯里受到一位漂亮姑娘的青睐。他们一进加缪的房间，就看到"这位强健的年轻人躺在床上，旁边胡乱地摊着几本笔记簿。自然，在团里他是最引人注目的"。

　　奥布利安是这么看的。其实,第二天,加缪花了整整一天时间准备他的讲稿,而且来到哥伦比亚大学的礼堂时,他有些怯场。当晚,会场里至少有1200名听众(在纽约没有人能回忆起哪场法语演讲会曾吸引超过300名听众)。根据奥布利安的回忆,加缪显然征服了他的听众。"他没有对二次大战的战胜者和战败者进行区分,而是粗线条地勾勒了人类极其可耻的形象。"他说这是"二战"的产物,当他向我们指出,"作为20世纪还活着的人,我们对这场战争,甚至对那些我们曾反对的暴行都负有责任……"时,我们在这个宽敞的大礼堂里的所有人都觉得有一种负罪感。接着,加缪对我们解释,我们如何才能为恢复人类的善良和尊严做出贡献,哪怕是微薄的贡献。① 加缪这次演讲的题目是《人类的危机》,法语原稿已经丢失,然而原稿的英文翻译留存了下来,并得以发表。②

　　加缪先是提请大家注意,他还没到发表演讲的年纪;好在有人对他说过,重要的不是发表自己的观点,而是介绍有关法国的基本情况。加缪没有谈论戏剧或文学,而是描绘了他那一代人的精神面貌。这一代人正好出生在第一次世界大战之前或战争时期,青少年时期正逢经济危机,希特勒掌权时正好二十来岁。在完成学业的同时,他们经历了西班牙战争、慕尼黑事件、1939年爆发的第二次世界大战、战败、四年被占领时期和地下斗争。他讲述了四个小故事,用以阐述"人类危机":

　　——在一套盖世太保租赁的公寓里,一名看门女工在打扫公寓时,看见两个手脚被捆绑起来的人还在流血,却不闻不问。面对其中一个受刑者的指责,这位女工回答说:"我从来不管房客的所作所为。"

---

　　① 贾斯汀·利埃布林《作为战斗者的阿尔贝·加缪》,《哥伦比亚大学论坛选集》,纽约,1968年。一份缩减过的法语版本收录于《向阿尔贝·加缪致敬》。

　　② 载于《两年一度》,纽约,秋冬季刊1946—1947年,同时载于《现代文学杂志》,巴黎,315—322号,1972年。

（这个故事在加缪的日记里已被评述过。）

——一名德国军官在里昂审讯加缪的一名战友。在上次审讯时，这位战俘的耳朵被撕裂了。德国军官以充满关爱的口吻问道："今天，你的耳朵好些了吗？"

——在希腊，一名德国军官问一名妇女，在她三个被扣作人质的儿子中，她想让哪个儿子免于判罚。她回答说大儿子，因为他已经成家，其他两个因此可以判罚。

——在一群被流放的妇女中，有一位是加缪的朋友，她们重新返回法国时，途经瑞士，看到一队送葬的人群不时发出歇斯底里般的大笑："在那里，他们是这样为死者送行的！"（也来自他的日记。）

这些故事使加缪肯定，确实存在人类危机，因为在我们这个世界上，人们对别人的死亡或被折磨漠不关心，甚至是麻木不仁。他概括了在这种"被描述为追求效率、迷信抽象的倾向"中最丑陋的东西。问题的关键在于黑格尔的那条"可恨的原理"。根据这一原理，人是为历史而创造的。一切服务于历史的东西都应该被视为有用的。人的行为是否合理，不是用其本身的价值，而是根据其效率来评判。加缪那一代人试图相信，毫无真理可言，或者历史宿命是唯一的真理。他们的反抗表现为抛弃世人的荒谬行为和一切空想，同时又要肯定我们的本能会拒绝一切冒犯别人的行为，而且不会无限制地任人凌辱。

我们应该做些什么呢？加缪设问道。"我们应该直言不讳，而且必须承认，每当我们对某些思想表示容忍，就会杀害数以百万计的人。"我们应该让世界摆脱恐怖，令政治回到次要的位置，从否定一切转向提倡积极的价值标准，转向承认一切。"今天，法国和欧洲有这么一代人，在他们看来，任何对人类境况充满信心的人都是疯子，而任何对结果失望的人一定是懦夫……如果有人用实力来评判法国或任何其他国家，那么就是在加强一种会从逻辑上导致人类损毁的观念，并使之永久化。"

奥布利安的一位学生递上来了一张纸条，告诉大会主持人，演讲会为法国战争孤儿募捐的钱款被窃贼席卷一空。加缪讲完后，奥布利安接着发言，他提醒大家注意"人类危机"就在大家面前。与会者中间有人站起来建议散会时每人再付一次入场券。两位银箱被撬的姑娘重新站在了收银台前。第二次的门票收入多于第一次，无疑多亏了加缪很有说服力的发言——奥布利安这么认为。三位来宾中，有一位将钱款被盗事件与《费加罗报》的编辑相联系，以说明在美国也有好人和坏人之分。① 加缪对这一事件颇感兴趣，从中看到了美国社会也是五花八门，良莠不齐。②

4月6日这一期的法语周刊《胜利》把在哥伦比亚大学举行的演讲会吹捧成"一个盛大的法兰西节日"，并且向读者担保，这次演讲会必将在美国法侨历史上占据特殊的位置。演讲完毕是否有人提问？法国文化处的一名官员记得与会者中有人提出了这样一个问题：有多少法国人参加了抵抗运动？加缪挖苦地用一个像"360728"这样的数字回答，以说明在这样的场合，统计数据并不重要。③

加缪主持了由哥伦比亚大学法国之家组织的一次辩论会，有五十多名学生和几名教师参加。当他走进宽敞的会议室时，面对他那种青年人的微笑，大家立刻就有一种自由自在、毫不拘束的感觉。他建议与会者席地而坐，接着开始提问。他说，他到过好几个欧洲国家的首都，在街上总见到有男人目不转睛地盯着女人看，而在纽约没有发现类似的情况，他想知道这是为什么。迎接这一问题的是一阵难堪的沉默。过后，有一位教师回答说："加缪先生，在这个国家里，我们相信每件事情都有它发生的时间和地点。"加缪惊讶地盯着他看了一会儿，接着大笑说，他承认这是一个绝妙的回答，但他从来没有从这个角度去

---

① 贾斯汀·利埃布林《作为战斗者的阿尔贝·加缪》。

② 源自皮埃尔·吕贝大夫。

③ 源自安娜·米诺-贾福隆斯基。

考虑问题。①

　　加缪的朋友埃梅里在吕德维格·艾德尔贝格大夫家为加缪举行了一个招待会。艾德尔贝格大夫的夫人马尔特出生在法国,曾经年轻守寡,1938 年遇上了艾德尔贝格。艾德尔贝格大夫在维也纳开了一家神经科诊所,并且在精神分析学院任教。他的英国和美国朋友帮助他从纳粹统治的奥地利逃了出来。当马尔特在巴黎遇上他时,他在牛津执教。结婚以后,他们俩便移居美国。在美国,艾德尔贝格大夫还是开了一家诊所,同时又在精神分析学院任教。后来,他在 1968 年出版了第一部精神分析百科全书,于 1971 年去世。

　　艾德尔贝格夫妇住在中央公园上面的一套小公寓里。他们举行的晚餐会规模不大,只有 12 人参加,而且艾德尔贝格夫人觉得,那天她是个不称职的女主人,因为整个晚上她只顾和加缪聊天。离开法国已经七年了,她觉得自己是个离乡背井的人,忽然一下子坐在一个同胞身旁,而且是一名大作家和抵抗运动的英雄。埃梅里在一家旧书店买到了一本《致一位德国朋友的信》的二手书。加缪在这本书上给女主人题上了这一献词:"……因为我们有许多共同的兴趣……"

　　埃梅里还带来了一盘加缪写的关于巴黎解放的讲稿的录音。可惜,这篇讲稿是由一个嗓音过分女性化的男子朗读的。尽管加缪忙于和女主人聊天,但他仍抽空与女主人的丈夫交谈,一起谈论精神分析和《卡利古拉》,甚至声称他知道一名维也纳精神分析家出了一本不为人知的关于这位罗马皇帝的书。加缪对艾德尔贝格夫人说,他觉得纽约有点难以忍受;晚上,当华灯齐放时,整座城市像着了火似的,他感到恐惧。②

　　几天以后,马尔特·艾德尔贝格陪同加缪参加一个由法语学院为他举行的鸡尾酒会。她非常明白大部分旅美法侨是反对自由法国的,一般都是贝当或吉罗将军的支持者。不过,出席酒会的人都想与这位体面的客人握手,因为他们都热爱自己的祖国。每当艾德尔贝格夫人发现一位公认的维希政权的支持者时,就低声对加缪说:"这是个坏蛋!"他们以此自娱,十分愉快。① 也许,这次酒会是趁加缪来法语学院作题为《今日的巴黎戏剧》演讲的机会举行的,除了学院记事簿上的简单记录以外,没有留下任何痕迹。记事簿上记录了"有 294 人出席了酒会,天气晴朗"。当出席人数与天气有关时,总要详细地记载天气情况。接待室最多可容纳 300 人。② 加缪还去了法语中学,和学生们聊天,并且回答了他们的提问。

　　到美国后不久,加缪就得以离开他下榻的破旅馆,搬进一套位于中央公园西侧的双层公寓,而且不用支付房租。行善人是一个名叫扎阿罗的皮货商,祖上大概是波兰人。他父亲是个目不识丁的移民,靠做皮货生意发迹。显然,扎阿罗听过加缪的演讲,并为之倾倒。他打电话到加缪下榻的旅馆,告诉加缪,他要外出离开纽约,并盛情邀请加缪搬到他的公寓来住。③ 开始,加缪没有接受,扎阿罗请求加缪别马上拒绝,他过会儿再打电话来,也许加缪会改变主意。加缪患了感冒,当扎阿罗再来电话时,他就接受了邀请。回国以后,加缪大概跟弗朗辛讲述过一个关于扎阿罗的故事:他的父亲双目失明,他经常给父亲读书。一天,扎阿罗给他读了一篇柏拉图写的关于苏格拉底之死的故事。他父亲要求说:"从现在起,你每天给我读这个故事,直到我死。"儿子满足了父亲的要求。④

　　这套公寓不能算很豪华,底层是一间起居室和厨房,上层有两间

---

① 源自马尔特·艾德尔贝格。
② 源自让·瓦里埃,法语学院主任,纽约。
③ 源自阿尔贝·加缪夫人。
④ 源自阿尔贝·加缪夫人。

不大的卧室和一间浴室。加缪每天在街口的杂货店吃早点，美式早餐：橙汁、鸡蛋炒熏肉、烤面包片和咖啡。[①]

没过多久，加缪就在纽约结识了一批朋友、酒友或至少是散步的同伴。他和皮埃尔·吕贝保持着密切的联系。当他觉得体温升高——这对他来说是经常发生的事情——时，就打电话给当医生的吕贝，以求安心。吕贝发现，加缪经常渴望或需要有人做伴，不管是男人还是女人。他们俩常常一起去一些小餐馆或快餐店，或者去哈莱姆的某家夜总会听爵士音乐。显然，在这座和他所熟悉的城市相比如此迥异的城市里，加缪感到孤独。吕贝还写道，像他这样比加缪稍微年长的男士，对加缪有一种父亲般的感情，而比他年长的女性对他的情感，确切地说，是慈母般的。加缪经常为美国女性的美貌惊叹不已。不过，他同样也感到了被他称之为"可怕的不可接近性"。吕贝知道一些法国男士的遭遇，他们后来都向他承认，同美国女人在一起都患上了阳痿。但是，只有在博韦里这条隐蔽在高架轻轨阴影下的阴暗大街上，与一些满脸皱纹的上了年纪的妇女在一起时，加缪才真正感到轻松。[②]克洛德·莱维-斯特劳斯在加缪逗留美国的三个月里很少见到加缪。一天晚上，他带加缪到中国城去吃饭，饭后又来到博韦里街的一个下等咖啡馆。那里的女歌手"一般来说打扮得奇形怪状、令人讨厌"，莱维是否想让加缪了解"美国大兵在博韦里的荒唐事"（一家与这一描述很相符的平民咖啡馆）？这种想法倒是挺有趣的。

一天，加缪甚至要求法国之家的欧仁·谢菲陪他去"美国大兵在博韦里的荒唐事"咖啡馆。谢菲记得加缪对他解释说，这家夜总会的广告已经把他的好奇心激发到了何等的程度。不知谢菲是否参与了加缪对曼哈顿附近贫民区夜生活的发现？谢菲回忆起了一场不可思

---

①　源自帕特丽西亚·布拉克和雅尼娜·伽利玛。

②　源自皮埃尔·吕贝大夫。

议的演出,所有的女演员看起来都是诙谐可笑的古代王后,但年纪普遍偏大。看到这些憔悴、肥胖的女人蹦蹦跳跳、故作媚态的样子,他觉得这种表演虽然惹人发笑,但有失体面。不过,他发现加缪对此颇感兴趣。[①] 正如加缪在日记中所说的那样,他觉得,这才是"具体的东西"。

加缪想整理一下关于这座使他想起奥兰的城市的零乱印象——用上述方式获得的印象。他写给米歇尔·伽利玛夫妇的信非常长,也非常有趣,有关他在美国的所见所闻和感受描写得十分详尽。加缪的妻子暂住在伽利玛在大学路的住所。加缪知道,他的这些信也一定会被他的妻子看到。后来,加缪回到巴黎以后,借用了这些书信,以此为素材写下了《纽约的雨》[②],并且收录在他的"七星文库"版文集中。加缪首先是为他的朋友们和家人记下了这些印象,因此有理由认为它们是最接近于他在实地的真实感受。而且,这样的印象在他的英文版和法文版出版物中信手可得,几乎无须在此重新摘录。现仅摘录有关《博韦里荒唐事》的片段如下:

> 我明白,那些夜晚在博韦里等待着我们的是什么。离开连绵半公里的金碧辉煌的婚纱店(没有一尊蜡像新娘在微笑)几步之遥的地方,生活着一些被遗忘的男人,他们在这个到处是银行家的城市里贫困潦倒。这里是纽约城最凄惨的居住区。在这里,你见不到一个女人,三个男人中必有一个喝得酩酊大醉,不省人事。在一家稀奇古怪的咖啡馆,只有在西部片里才能见到,一些粗俗的上了年纪的女戏子在表演节目,她们哀叹着失意的生活,歌唱着无私的母爱,在回旋曲声中踩着双脚,在观众的叫喊声中费劲地晃动着岁月在她们身上留下的满身肥肉。敲打打击乐器的也

---

① 源自欧仁·谢菲。
② 源自雅尼娜·伽利玛。

是一个老年妇女，她活像一只猫头鹰。某些夜晚，你也很想了解她的生活。在那些罕见的片刻，地域差别完全消失，孤独成为有些凌乱的真理。

也许，我们还可以在这部作品上多耽搁一点时间，从中找出加缪对纽约留下的美好印象。而他却说对纽约仍然一无所知，尽管他在那里感受到了"短暂而又强烈的激动、焦急的思乡之情和撕心裂肺的瞬间"。纽约的清晨和夜晚使加缪心旷神怡。

4 月 16 日，加缪在法语学院的演讲结束后，与会者中有一位年轻的姑娘在母亲的陪伴下被介绍给加缪。她的名字叫帕特丽西亚·布拉克，在《时尚》杂志社工作。她年方 19 岁，美貌绝伦，聪明伶俐，又会讲一口流利的法语，是阿尔贝·加缪外出游览再合适不过的伴侣了。加缪很快就同她定好了约会。白天，她要工作，但他们俩还是在一起吃午饭，晚上游览城市、拜访朋友或者干脆就在一块散步聊天。加缪外出做报告时，她也陪着一同去。加缪随身带去了《鼠疫》的手稿，在纽约期间叫她打了一部分。他们俩也进行过一些严肃的交谈，她以前同情共产主义，听加缪讲述了斯大林主义的罪行之后，改变了对苏联的看法（她后来成了苏联和共产主义问题专家）。加缪回法国后，仍然通信与她保持友谊，而且帕特丽西亚·布拉克去法国逗留过几次。她和作曲家尼古拉·纳博科夫结婚时，还在巴黎住了一段时间。

她很为加缪的健康担心，因为她猜到了加缪对别人隐瞒的病情：每天发烧。如果他实在觉得病得厉害，便请她让他一人休息，这种情况曾发生过四五次。（她感到他那时在咯血，但不能肯定。）他对未来的态度就是一个不准备活得太久的男人特有的那种态度。他从来不跟她说起他的病可能是致命的，但她预感到了这一点。她知道，他经常去看一位医生，但不清楚是哪一位。（但她确实曾和皮埃尔·吕贝一起陪加缪郊游。）

他常常毫无顾忌地谈论生命，发挥他的黑色幽默，讲述一些令人毛骨悚然的笑话。譬如，阿尔弗雷德·雅里临终前，对围在病榻四周的亲朋好友说的最后一句话。他咬着牙齿说："给我一根牙签。"说完，便撒手而去。安格尔奄奄一息，他妻子请来了一位神父，尽管死者生前一直公开声明是无神论者。神父面对死者祈祷说："你立即就要面对上帝。"而安格尔插话说："总是面对，从来不会侧对上帝。"纽约的葬礼令加缪很感兴趣，他叫帕特丽西亚替他找几本殡仪馆出的专门杂志，其中有一本名叫《朝阳》。

她很快就发现，加缪很喜欢纽约的民风民俗：中国城、博韦里、大众舞厅、粗俗吵闹的夜总会。由于他略微只能听懂一点英语，几乎不会讲，所以他经常要求年轻的女同伴仔细听邻桌的谈话，然后译给他听。（即使他不能用英语自如地交谈，那他还可以阅读英语，有时也会给她写一些英语句子。）他们俩偶尔也上餐馆吃饭，如"牛排炸土豆条"餐馆，而且经常去看戏。（当老维克正和劳伦斯·奥利维尔一起访问纽约时，他们观看了谢里丹写的《评论家》和同一节目单上的索福克勒斯的《俄狄浦斯王》。）由于加缪对音乐几乎没有兴趣，他们俩没有听过一次音乐会，却去过那时在曼哈顿一座桥下面的中国戏院，而且演出时置景工在戏台上置换布景的场面使他着迷。

加缪也很喜欢中央公园的动物园，不厌其烦地去观察猴群。帕特丽西亚发现，他讨厌逛商店，以至于她得经常代劳去商店买他所需要的物品。（这导致过误会：有一次，皮埃尔·吕贝和加缪、布拉克一起在闹市区散步，他们在一家可能位于第 57 街的巧克力商店的橱窗前驻足。吕贝听到加缪叫年轻的布拉克进去买一些他指定的巧克力。吕贝以为这是加缪以高高在上的态度对待女性的实例，[1]而事实上它是布拉克已经见识过的加缪对买东西恐惧的一个例子。）

加缪带着帕特丽西亚这位青年崇拜者去拜访他要在纽约拜见的

---

① 源自皮埃尔·吕贝医生。

人,而她则陪他到 NBC 制作室去接受一次乔治·戴的采访(4 月 27 日向法国播送)。① 采访开始了,乔治·戴告诉加缪,他不喜欢客套话,想听听加缪对"我们国家"的印象。加缪回答说,他可以谈一些印象,但不是评价,而且他所能观察到的细节不一定具有意义,譬如说,清洁工戴着手套,婚纱店里的蜡像新娘显得很凄惨然而其他任何广告里的人物都在向你微笑……

至于总体评价,他来美国,与其他欧洲人一样,怀着一种朦胧的希望,期盼能在美国寻觅到一种当时欧洲人反复寻求的模式或生活方式。关于他在美国的所见所闻,他几乎不能发表意见。

4 月 6 日,他到瓦萨尔女子中学作关于当今法国戏剧的演讲。15 日,他在曼哈顿社会研究新学校参加了一个关于"人类危机"的座谈会。16 日,他在法语学院演讲时认识了帕特丽西亚·布拉克。29 日,他在威尔斯莱大学做了题为《当今法国文学》的演讲。② 去布兰·莫尔大学演讲时,他在福尔夫妇的童年朋友热尔梅娜·布雷家里小住了几天,而布雷之后则成了研究加缪作品的专家。他与大学生们断断续续地谈论除思想体系和玄学以外的当代一般性问题,③还谈了第二次世界大战和战争对开始在美国知名的法国作家的影响。这次,又有人问他为什么离开存在主义运动。对此,他不耐烦地予以反驳,他从来就不是存在主义分子,接着,又罗列了自己和萨特的分歧。当有人问他对普鲁斯特的看法时,他回答说:"无可奉告。"有人看见加缪在不停地抽烟。白天,帕特丽西亚·布拉克来接他,他们又在费城稍作停留,回纽约前加缪在费城也得作一次演讲(费城演讲的赞助方和听众都没有被记录下来)。④

---

① 源自帕特丽西亚·布拉克。
② 源自《威尔斯莱新闻》,1946 年 4 月 25 日、乔治·斯丹波利安教授、热尔梅娜·布雷。
③ 源自帕特丽西亚·布拉克和热尔梅娜·布雷。
④ 源自帕特丽西亚·布拉克。

　　回到纽约,他在布鲁克林学院结束了在东海岸各大学的巡回演讲。加缪在概述他对美国青年的印象时声称,他原先期待美国青年更富激情,可惜美国青年与世界其他国家的青年没有什么不同。惰性是人类最大的欲念,他说,青年人仅仅满足于完成自己的工作是不够的,他们尤其应该表现得积极主动,因为世界的兴旺和衰败全系于新的一代。他指出了"灾难连带性"的概念:如果我们承认有强权,那么我们必须奋斗。对于欧洲人的悲观情绪(人生是一场悲剧)和美国人的乐观情绪(人生美好无比),他认为有必要加以综合。"应该在情感上把美国打造成一个我们在法律上无法实现的世界。"他呼吁为法国大学生募捐食品,通过通信开始交流,并筹划互访。会议在德彪西的奏鸣曲声中结束。① 临结束时,又有人问他是不是存在主义者。

　　他有机会参观了华盛顿。如同在曼哈顿的哈得逊河畔一样,华盛顿的秀丽景致使他浮想联翩。在这里,多元性似乎没有影响某种温馨,某种在他看来是美国特色的无拘无束。② 他在科德角的沙滩上逗留了两天,首次品尝了龙虾的鲜美。

　　他与居伊的弟弟、米歇尔·伽利玛的朋友雅克·舍勒很早就保持着友谊。雅克·舍勒在泽德出版社为加斯东·伽利玛工作过,该出版社出版如《侦探》等低质量的杂志。后来他又为伽利玛创办了一家广告社。战时,他从北非的一个战俘营逃了出来,去了墨西哥并在那里创建了一家广播电台。他很熟悉纽约,带加缪到哈莱姆、蹄兔岛和布鲁克林去散步,出入夜总会和第 52 号街的老溜冰场。那里有管风琴音乐伴奏的溜冰表演等杂技节目。舍勒觉得加缪有点天真和害羞,缺乏自信,他对事物的新鲜感有点像孩子。加缪要是没有与帕丽特西亚·布拉克在一起,或者没有文化活动方面的应酬时,就打电话给舍

---

① 《美洲法兰西》,纽约,1946 年 5 月 19 日,参阅了法美新闻机构设在纽约的法国文化部门资料。

② 此处及其他一些个人感受可参见以"旅行日记"(巴黎,1978 年)为题的加缪日记。

1946 年，加缪在纽约。舍西尔·比顿拍摄（照片由苏富比拍卖行提供）

勒继续进行他的新发现。①

　　4 月 11 日,英译本《局外人》由阿尔弗雷德・A.克诺夫出版社出版发行,《纽约时报》刊登了夏尔・普尔撰写的一篇评论文章,把《局外人》说成一本"描写罪行和惩罚的小说,必将引发对法国青年作家新一轮的兴趣大爆炸。目前,法国青年作家比任何其他国家的青年作家更具文学创新意识"。

　　6 月 1 日,《时尚》杂志在版面中央刊登了一幅由摄影师舍西尔・比顿拍摄的加缪的半身像。相片下面的文字说明把加缪说成一个"32 岁的柔弱法国人"。确实,那时加缪非常瘦弱,显出疲惫病态。由于衣服不合身,常在身体周围晃荡,这就加深了别人对他的赢弱的印象。②然而,《时尚》杂志的青年女性读者们却在加缪身上看到了一种年轻的亨弗莱・鲍嘉的形象,这样的看法当然使加缪心醉神迷。③

　　6 月 5 日,《纽约邮报》文化版以整版的篇幅刊登了多罗西・诺曼对加缪的采访报道:"加缪是抵抗运动时期脱颖而出的最有才华的法国作家,在此地受到了热烈欢迎。"当有人问加缪是不是存在主义者时,诺曼注意到了加缪的气愤。"运用若干原理或意识形态并不能说明任何问题。"他说,他认为"反抗"通常是隐喻一种拜伦式的浪漫的叛逆,或者某种形式的马克思主义。"但是,反抗也可以比其含义更加适度。"他援引了《局外人》中的男主人公作为例子。"一个拒绝说谎的男人……如果一个人敢说他的真实感受,如果他对说谎的必要性进行反抗,那么他终究会被社会毁灭。"诺曼这名女记者认为,加缪的评判,包括对纽约的印象,还是比较克制的。他再次声称,纽约的摩天大楼对他的触动不及博韦里。他喜欢梅尔维尔和亨利・詹姆斯,胜过 20 世

---

①　源自雅克・舍勒。

②　源自帕特丽西亚・布拉克。

③　源自雅尼娜・伽利玛。

纪的任何作家。他穿着朴素,表达思想简单明了(穿粗花呢,不讲套话)。对于能在美国旅行无须身份证件,他惊叹不已。但是,美国人对黑人的态度令他感到震惊。加缪解释说,他在法国请人翻译并出版理查德·赖特的作品时,表达了他本人的情感。他认为,欧洲也可以给美国带来某些忧患意识。

在谈到对未来的设想时,他介绍说,关于"荒谬"的作品系列已经出齐,下一个系列是论述反抗的,最终也许是关于"我们是"这个命题的小说、随笔和剧本系列。再以后呢?"再以后,第四阶段,我就要写一部关于爱情的作品。"他微笑着回答。他放弃了报社的工作,以便全身心地投入文学创作。但是,在当时的法国,一个丈夫要养活妻子和两个孩子不是件容易的事,何况他拒不妥协和顺从。

加缪在纽约期间,他的朋友伽利玛夫妇委托给他一项重要使命。事实上,伽利玛出版社在1929年与安托万·德·圣埃克絮佩里签订过一份保留后者未来作品出版权的合同(在那时,出版商可以得到作者未来作品的选择权,直到1957年法国才有相应法律禁止这种协议)。可是,当圣埃克絮佩里1938年去美国时,他已经就《人的大地》出版事宜与雷纳尔 & 希区科克出版社签订了一份合同;后来战争期间,他又撰写并交由雷纳尔 & 希区科克出版社出版了《空军飞行员》和《小王子》。圣埃克絮佩里业已去世,伽利玛于是就在纽约对美国出版商提起诉讼。① 加斯东的弟弟、米歇尔的父亲雷蒙·伽利玛专程到美国处理这个案子。而纽约法语周刊《胜利》对他进行了无情的攻击:

> 他此行是可笑而又可耻地来向美国出版商兴师问罪的?在暗无天日的德国占领时期,在《新法兰西杂志》被皮埃尔·德里厄·拉罗歇尔控制期间,美国出版商犯下了帮助法国作家出书的罪行?或恰恰相反,他此行是来终止一项曾使整个法国出版界信

---

① 《出版商周报》,纽约,1946年4月13日。

誉扫地的政策？

圣埃克絮佩里的遗孀那时生活在纽约，曾请求法语新闻界在伽利玛到达纽约之前不要报道此事，而现在法语新闻界却想打听更多的有关细节。① 加缪主要是充当调停人，与圣埃克絮佩里的遗孀见面，并给予雷蒙·伽利玛以安慰。加缪深信，伽利玛一家在道义上享有权利，战时美国出版界，尤其是对法国作家的行为，是不光彩的。至少，这是他用来安慰伽利玛一家的话。② 此事的解决倒也没有兵刃相见，双方在一定程度上对判决结果都感到满意。

《卡利古拉》准备由一位名叫阿拉尔德·布隆莱的青年导演改编成舞台戏，但计划最终并没成功。然而，在这两个男人（加缪和布隆莱）之间发展起一种强烈的同情心。5 月底，当加缪要去加拿大法语区进行巡回演讲时，布隆莱毛遂自荐，驾车送加缪去加拿大，甚至特地为此行买了一辆二手车。③ 他们俩 5 月 25 日离开纽约，途经阿迪隆达克山时，加缪一度真想永远留在这个宁静的环境中，与他所熟悉的世界断绝任何联系。④

5 月 26 日，他们俩抵达蒙特利尔。自此，加缪在外面看得已经够多的了，只想着返回法国。他甚至尝试过更改蒙特利尔演讲会的日期，但加拿大方面的有关人士告诉他说，演讲会可以推迟，但几乎无法提前举行。加缪对加拿大之行印象不是很好，尽管总的来说，对此次大洋彼岸之行他还是比较满意的。此行对他并非无益：他发现自己的演讲口才不错，身体状况也有所好转，有好久没有这样了。热水浴和维生素使他的体重有所增加。不过，应该回国了。⑤

---

① 《胜利》，纽约，1946 年 4 月 13 日。
② 源自雅尼娜·伽利玛。
③ 源自皮埃尔·吕贝大夫。
④ 《旅行日记》，巴黎，1978 年。
⑤ 源自雅尼娜·伽利玛。

　　他想到寄一些食品回家。事实上，一个 80 公斤重的包裹里装了 3 公斤糖、3 公斤咖啡、1.5 公斤鸡蛋粉、3 公斤面粉、2 公斤大米、3 公斤巧克力、15 公斤婴儿食品、14 公斤肥皂和其他物品。这还不算他随身携带的行李（总价值合 160 美元）。6 月 21 日，经过十天的海上航行，他在波尔多下船。他的妻子和米歇尔·伽利玛夫妇已经在那里迎候他的到来。他们乘米歇尔·伽利玛的小车回到巴黎。①

　　在邮轮上，旅行又让他感到了厌倦，不过倒有时间思考回国后应该做些什么。

　　　　再过 25 年，我就 57 岁了（他在日记中写道）。用 25 年的时间来完成我的事业，并实现我的追求。然后，就是晚年和死亡。我明白对我来说最重要的是什么。我还有可能满足一下自己的小小欲望，聊天、闲逛浪费一点时间。我控制住了自己的两三件事。可惜，我远没有这种驾驭自己的能力，而我又是多么地需要它啊。②

---

① 源自阿尔贝·加缪夫人。
② 《旅行日记》，巴黎，1978 年。

第三部分
成　名

第三十章

《既不当受害者，也不做刽子手》

毫无疑问，我们大家都知道，我们所谋求的新秩序
不能仅限于一个国家或一个大洲，更不能局限于西方或
东方的范畴。它必须包罗万象。

——《既不当受害者，也不做刽子手》

回到巴黎，加缪发现自己已经被授予了一枚抵抗运动勋章。这是
他获得的第一枚勋章。此后，他又接连获得了许多勋章。他从来没有
主动要求过，而且每次都是尽可能地推却。不过，这次是一种政府的
官方行为，以法令的形式在 1946 年 7 月 11 日的政府公报中颁布。再
说，这是一枚玫瑰勋章，等级高于普通勋章。当时总共只颁发了 4345
枚玫瑰勋章和 42902 枚抵抗运动的普通勋章。[①] 加缪在写给自己以前
的小学教师路易·热耳曼的回信中，明确阐述了自己的观点："我没有
索要，也不会佩戴勋章。我所做的实在是微不足道，而在我身旁牺牲
的战友们却没有获得勋章。"[②]

毫无疑问，加缪已成为一位名人，尽管他没有追求荣誉。再说，荣
誉的标志具有多种形式。当他在美国时，弗朗辛和两个孩子借住在米

---

① 抵抗运动勋章国家委员会。
② 源自"七星文库"版加缪文集。

歇尔·伽利玛和雅尼娜·伽利玛那里。弗朗辛在报上刊登了一则招聘保姆的启事。有一个青年女子前来应聘，马上就被录用了。不过，她干起活来十分别扭。雅尼娜·伽利玛家的保姆告诉弗朗辛，新来的保姆缺乏经验。比如，她把要洗的衣服放在炉子上煮，而且向来访的人问个不停。加缪回国后，就请《战斗报》的撰稿人亚历山大·阿斯特吕克来伽利玛夫妇家做客。当弗朗辛·加缪雇佣的保姆给客人端上咖啡时，阿斯特吕克的脸一下子沉了下来。他打电话提醒雅尼娜，这个保姆其实是一名记者，雅尼娜把此事告诉了弗朗辛。"保姆"正端着孩子的尿壶从房间出来去卫生间，被弗朗辛一把揪住，对她厉声下令说："你必须马上离开这里。""至少等我把尿壶倒了吧？""保姆"回答说。她承认自己是一名靠挣稿酬谋生的记者，想为一份专登丑闻的周报写一篇报道。加缪警告这家杂志不准刊登有关他的任何文章。①（波伏瓦在她的小说《名士风流》结尾处描写了这个事件，但把萨特作为受害者。）

　　矛盾的是，加缪还不是一名在物质上获得成功的作家，这不合情理。虽然加缪作为《战斗报》的记者已成为知名人士；《卡利古拉》也已经搬上舞台，而且已为公众所接受；《局外人》一书开始畅销。但是，他靠写书和其他工作挣到的钱非常之少，经济仍然拮据。解放后，在法国所处的严酷条件下，他甚至在靠伽利玛的帮助来解决栖身之处。更糟糕的是，以后的工作进展也不顺利，他动笔写《鼠疫》已有数年，从在奥兰时就已经开始，后又在勒帕奈利耶、巴黎和纽约继续撰写。法兰西历史写成的速度也要比这部迁徙性小说快。一个像他这样急于求成的人懂得，正在进行的工作比任何其他事情都更重要。事实上，为完成《鼠疫》，他又埋头苦干了整整一年，没有消遣过一天。"在我的一生中还从未有过这样的失败感。"他在日记中写道，"是否能完成这部

---

　　① 源自雅尼娜·伽利玛。同样被亚历山大·阿斯特吕克在《从头开始》中提到，巴黎，1975年，也被让·格勒尼埃《阿尔贝·加缪》提及。

作品,就连我自己也心中无数。然而,有些时候……"

他跟帕特丽西亚·布拉克谈起过对自己的怀疑。从此,她常常可以听到许多肺腑之言,因为她聪明,而且又对这类艺术问题颇有兴趣,更不用说她富有同情心。他决心要完成这部作品,哪怕是当作一次失败——一部失败的作品。不过,他肯定这本书能够出版。他经常思路枯竭,在屋里急得团团转,对自己的写作生涯心灰意懒。他寻思,到乡下去,思路也许会流畅一些。① 于是,加缪一家请人在首都郊外布里的圣卢德诺德租了一处房子。这次是画家克莱兰借给他们的。后来,他们一家又搬到了离莫蒂埃不远的旺代地区布雷夫斯,米歇尔·伽利玛的母亲在那里住。事实上,这是一座坐落在松树林中的小城堡。在那里,加缪白天要工作很长时间,傍晚在晚霞的余晖下骑马散步。但是,他们的住所没有通电,他只能在屋里点煤油灯。

在旺代生活期间,加缪去过一次巴黎,回来时同米歇尔·伽利玛一起驾驶他父亲送给他的小飞机。(第二年冬天,当米歇尔向加缪提出带他去突尼斯度假时,弗朗辛明确反对。最后是因为米歇尔确诊患上结核病,使得这次旅行不了了之。)②

9月,加缪重返巴黎时已经完成了《鼠疫》的手稿,他没有勇气将小说重读一遍。③ "《鼠疫》是一部抨击性作品。"他在日记中写道。这是出于无奈?

9月底,他又去旅行了一趟。加缪的朋友朱尔·鲁瓦接受了亨利·博斯科的邀请,由他作陪,加缪去了外省卢马兰,这可是博斯科最后的住所。他们与让·安鲁什和奥迪勒·德·拉莱纳(而后成为奥迪尔·特维迪夫人)同行,乘车的是三等车厢。加缪看上去很迷恋卢马

---

① 源自帕特丽西亚·布拉克。
② 源自阿尔贝·加缪夫人。
③ 源自帕特丽西亚·布拉克。

兰。① 他的这几位朋友似乎不知道他曾经来过这里。加缪在日记中写道:"这是多少年以后的第一个晚上。"他同时又写道:

> 万籁俱寂,柏树梢微微晃动,我感到疲惫。这是一个庄严朴素的地方,尽管这里的美景十分迷人。

关于加缪与勒内·夏尔在阿维翁首次见面的时间有待考证。在"七星文库"版加缪文集中,与勒内·夏尔的首次见面被证实发生在这次旅行期间,但其他有关资料表明这次见面发生在翌年。

1946 年秋天,度假回来重新工作的这段时间对于加缪来说尤其重要。在美国作了长期逗留和经过夏季长时间休养之后,加缪必须认真地投入工作。当然,要完成《鼠疫》的写作,而且还要动笔撰写关于反抗的随笔,如果可能的话,完成这部随笔。初夏,刚回到巴黎,加缪已经在日记中拟好了这部随笔的开场白:"唯一真正严重的道德问题是谋杀……"除了用"谋杀"取代了"自杀"以外,这几乎是《西西弗神话》开场白一字不差的翻版,且不乏讽刺味。用"谋杀"取代"自杀"这一变化,体现了加缪思想上的变化(从斯大林主义角度看):从对某个人与世界关系的检讨发展到了对人类与历史必然性、制度性谋杀的检讨。即使这些词语不会真正用作《反抗者》的开场白,至少会写入《反抗者》的引言部分。

回到巴黎以后,加缪目睹了《战斗报》发生的一切变故,他所目睹的一切都令他不快。首先,抵抗运动年代形成的"一致行动"早已烟消云散。报社里共产党人的势力很强,极力把报纸引向他们所主张的方向;在戴高乐派人士中间盛行一种反共产党但又具有严重民族主义倾向的思潮,他们想让报纸与共产党背道而驰。在国际舞台上,美苏两

————————

① 源自朱尔·鲁瓦。

勒内·夏尔,摄于 1943 年(照片由法国罗杰-维奥莱摄影事务所提供)

个大国的联盟以失败而告终,两国都想对法国产生一种引力,把法国引向某一方向(美国),或另一方向(苏联)。这种分裂严重扰乱了抵抗运动的各种理想,甚至影响到了铁杆理想主义者内部,波及了支持抵抗运动的报纸——《战斗报》。加缪一到雷奥米尔路,就感受到了这一点。加缪在美国逗留期间,雷蒙·阿隆作为社论撰稿人进入《战斗报》工作。阿隆是萨特的老朋友(是他将萨特最初几篇手稿带给马尔罗和伽利玛)、一名国际知名的大学学者,战时曾在伦敦担任过《自由法兰西》的主编。

　　然而,阿隆来编辑部工作后,被认为把《战斗报》引向了右翼,对此并非皆大欢喜。早在 5 月份,博斯特就跟萨特和西蒙娜·德·波伏瓦说起过"皮亚的狂热在毁掉自己的同时也给《战斗报》带来了毁灭性的灾难;大家都讨厌奥利维耶,而且他自己也清楚这一点;而阿隆太了解《战斗报》,而且他自己也这么说,会引起别人的反感"(当时阿隆认为《战斗报》情况有所好转)。西蒙娜·德·波伏瓦在她的回忆录中援引了博斯特的谈话,并写道,从美国回来,加缪对美国表示的好感似乎不及萨特,而他的美国之行,也没有能驱散他对苏联的敌视。她解释说,加缪不在报社时,阿隆和奥利维耶支持过主要代表小资产阶级利益的社会党。而加缪也未加指责。加缪回报社后不久,在办公室接待了博斯特。阿隆正从办公室出来,嘴里大声嚷道:"我得去写右倾社论。"由于加缪对此表示惊愕不解,博斯特向他介绍了自己对报社现行方针的看法。"如果你不满的话,可以走人。"加缪可能是这么回答的。"这正是我要做的。"博斯特申辩说。加缪试图提醒他注意:"好了,你自己也同意了!"①按波伏瓦的说法,由于阿隆在《战斗报》的影响不断扩大,加缪早就不再为该报撰稿了。"他不喜欢政治。"②

　　事实上,加缪走了好长时间以后,阿隆才进《战斗报》工作。不过,

---

① 　西蒙娜·德·波伏瓦《势所必然》。事件被雅克-洛朗·博斯特证实。

② 　西蒙娜·德·波伏瓦《势所必然》。

加缪回来以后，他和阿隆之间的关系确实不妙。阿隆嘲讽有这么多的知识分子在《战斗报》工作而《战斗报》的领导变动太频繁。有些工人对他说："一定要有一个老板。"因为皮亚显然对这个角色不感兴趣。《战斗报》有一批不错的读者，可惜人数有限，而且在不断减少。阿隆讽刺说："当然，大家都在看我们的报纸。可惜，这个'大家'只有四万名读者。"[1]后来，到了1946年5月，在全民投票表决已由制宪会议通过的新宪法之际（共产党人支持，而戴高乐反对，因为他需要让权给议会），《战斗报》因阿隆和奥利维耶撰文支持反对意见而经历了前所未有的分歧（正如博斯特给波伏瓦汇报的），其他撰稿人则撰文表示支持新宪法。"报社的全体同仁似乎是因为皮亚的个人魅力而留下不走的。"西蒙娜·德·波伏瓦写道，"他的反共产党立场使他忘了自己常以左翼人士自居。"[2]

那时，加缪还没有重返《战斗报》，尽管他与博斯特的谈话好像是已经在那里工作了。从名义上讲，他仍然是报社的编辑和负责人之一，因此有义务为报纸的生存尽力。其次，他也应该对自己关于政治和道德的思考进行整理，理清思路，以便撰写一组以《既不当受害者，也不做刽子手》为总题名的系列文章。这组文章后来刊登在1946年11月19日到30日的《战斗报》上。为了这组系列文章，加缪经历了战后巴黎的政治酝酿，整夜整夜地与萨特进行激烈的辩论，现在又同斯大林主义罪行的见证人凯斯特勒展开热烈的讨论，他在日记中记录了与凯斯特勒的一次谈话："只有在相互间数量级关系合理的前提下，目的才能解释手段。"我们可以派遣圣埃克絮佩里去完成一项会造成伤亡的任务，以拯救一个团的士兵，但我们不能为了创造美好的未来而流放数百万人和禁止一切自由。

然而，在撰写《既不当受害者，也不做刽子手》的过程中，加缪的内

---

① 源自雷蒙·阿隆。

② 西蒙娜·德·波伏瓦《势所必然》。

心也充满了彷徨,他在日记中谈到了分裂。10 月 22 日,他参加了一个辩论会。会上,他三言两语地扼要介绍了《反抗者》的主要内容和他今后的政治观点:

> 在我看来,无可争议,我们生活在一个恐怖的世界上,尽管有人认为进步是不可避免的,尽管有人相信某种不可避免的历史必然性。从绝对理性主义出发,有人把历史价值观凌驾于我们因教育或偏见习惯地认为行之有效的社会价值观之上。因此,基于绝对理性主义或任何进步思想,我们接受了"目的解释手段"的原则……①

按西蒙娜·德·波伏瓦的话说,"阿瑟·凯斯特勒是一位性格复杂的新来者"。在这一年的 10 月,他闯进了他们的生活。他到巴黎时,正在上演他的一个剧本。西蒙娜·德·波伏瓦在她的回忆录中,以一种克制的崇拜心情详细地描绘了这个人的复杂性格。说她克制地崇拜凯斯特勒,也许是因为他的政治主张与萨特的政治主张相对立。不过,波伏瓦和凯斯特勒之间的关系几乎不能再亲密了,也许是因为《名士风流》中以西蒙娜·德·波伏瓦为原型的人物和以凯斯特勒为原型的人物之间有一段短暂的恋情而使整个圣日耳曼-德-普雷区都相信他们俩是一对情人。不管怎么说,在巴黎逗留的几个星期里,凯斯特勒和萨特、加缪集团建立了亲密的友谊。(在《名士风流》中有一段故事,讲述了在一家富丽堂皇的俄罗斯夜总会里举行的一次难忘的吉卜赛音乐晚会。《势所必然》一书也讲到了这次音乐晚会。)在醉意中,凯斯特勒指责萨特甚至加缪对苏联表现得太幼稚。西蒙娜·德·波伏瓦援引了加缪可能对她本人以及萨特说过的话:"我和你们之间的共同之处在于,对我们来说,个体是第一重要的;我们喜欢具

---

① 源自"七星文库"版加缪文集。

体,胜过抽象;我们喜欢人,胜过他们的学说;我们视友谊高于政治。"长时间的喝酒和争论终于使萨特和西蒙娜·德·波伏瓦接受了这一观点,因为萨特和波伏瓦仍然认为他们与加缪之间只存在细微的差异。波伏瓦又援引了加缪的话,"如果大家都能讲真话那该有多好啊!"——这是加缪最依恋的话题。

他们在巴黎中央菜市场的一间小酒吧里继续他们的酒会。在过塞纳河时,他们又为人类的命运而伤感不已。"几小时以后,我将就作家的责任发表看法。"萨特说。他是在指那天他要在巴黎大学发表一次演讲,而加缪却哈哈大笑。①

10月29日,凯斯特勒试图以马尔罗在布洛涅-比杨库尔的住所召开一次会议的形式提出一种更严肃的世界演进方式。由于人权联盟处于共产党的影响之下,凯斯特勒认为有必要创建一个新的组织,只有知识分子才能完成这项使命。马尔罗当然参加了这次会议。(会议在他的公寓举行,而他就在自己的寓所工作;还因为凯斯特勒认为由他参与这项事业十分重要。)参加会议的还有马尔罗的一位老朋友马奈斯·斯佩尔波,一个德国犹太人。他逃离了希特勒统治下的德国,曾当过共产国际的密使。在莫斯科大清洗时期,共产国际与斯大林断绝了关系。马奈斯·斯佩尔波早在30年代就认识了凯斯特勒。萨特和加缪也出席了这次会议。会上,凯斯特勒阐述了召开这次碰头会的目的,接着,斯佩尔波介绍了凯斯特勒的计划。加缪表示支持,马尔罗持怀疑态度,而萨特则表示反对。得不到萨特的支持等于一下子就宣判了该计划的破产,因为萨特主办的刊物《现代》对舆论具有一定的影响;而马尔罗的怀疑态度也使其他与会者泄气。②

加缪在他自己对这次会议(他坐在"皮埃罗·德里·弗朗塞斯科

---

① 西蒙娜·德·波伏瓦《势所必然》。

② 源自马奈斯·斯佩尔波。

和迪比费中间")的记述中陈述了每一位与会者的立场。凯斯特勒希望制定一个政治道德的最低标准,组织一次特别行动;马尔罗考虑到有可能殃及无产阶级而缺乏信心——那么,无产阶级是否就是"最高的历史价值标准"?而加缪自己则努力使会议保持哲学色彩。萨特声称:"我不能仅仅因为反对苏联而改变我的价值标准。"凯斯特勒警告他们说,作为作家,如果他们不去揭露应该揭露的行为,那么他们将毫无例外地成为历史的叛逆。在整个会议期间,不可能确定每个人的发言中哪些话是出于恐惧,哪些是真话。

后来,再也没有召开过任何其他会议,凯斯特勒的计划也没有任何结果。①

此后不久,鲍里斯·维昂夫妇组织了一次聚会,被邀请的客人中有莫里斯·梅洛-庞蒂。加缪晚上11点到达,据西蒙娜·德·波伏瓦说,他情绪非常不好。他指责梅洛-庞蒂撰写《瑜伽信奉者与无产者》攻击凯斯特勒。这显然是影射凯斯特勒的著作《瑜伽信奉者与人民委员会委员》。加缪谴责梅洛-庞蒂想为莫斯科大清洗开脱,而萨特却为梅洛-庞蒂辩护。"加缪满脸怒色,把门关得砰砰作响。"萨特和博斯特一直跑到街上才追上他,但他拒不回去。这次决裂大概一直延续到1947年3月。西蒙娜·德·波伏瓦在评论加缪的行为时,把它归因于:他担心自己黄金时代的结束。在取得成功的岁月里,他受到了大家的爱戴。他陶醉在荣誉之中,在获得了《局外人》的成功和抵抗运动的胜利之后,他深信自己所从事的一切必将取得成功。

---

① 让·拉古杜尔在为马尔罗写的传记中则用不同方式详述了在马尔罗家中的会议;他认为会议是由马尔罗发起,目的是为了吸引进步主义作家加入戴高乐派阵营。拉古杜尔将其与凯斯特勒的谈话作为故事依据,斯凯特将波伏瓦加进了在马尔罗家组成的团队。拉古杜尔在书中让加缪和马尔罗形成鲜明对比,加缪是那位传达无产主义思想的人,而马尔罗是傲慢反驳他的人:"这说的是什么啊?"——这激怒了加缪,惹恼萨特,叫停了计划。(拉古杜尔《马尔罗,世纪之生命》)然而拉古杜尔向作者保证说斯佩尔波的报告无疑是最为详尽的,因此这也是我们采用的版本。

波伏瓦援引了加缪自己在《堕落》中描绘的一个踌躇满志的男人的画像:"人们觉得我颇有魅力。请想象一下,你们应该明白何为魅力。不需要提出任何明示的问题,便能听到肯定的回答!"

她还讲述了一次加缪由一名青年女歌手作陪参加一个音乐会,他是如何指着风雅的观众声称:"没准明天我们也会令观众接受这位女歌手。"他劝告西蒙娜·德·波伏瓦说,当被一个问题问到发窘时,可以用另一个问题来回答。而且不止一次——她说——大学生们为他不知所云的回答感到失望。他看书只是浏览一番,而不是细读;他不想明白历史与他标榜的个人主义是格格不入的,也不愿搅乱他的旧梦。他对批评和矛盾的反应是一声令人讨厌的叫喊。① 事实上,西蒙娜·德·波伏瓦是在 1963 年发表这些看法的,在萨特和加缪之间的最终决裂(1952 年)发生后又过了好长时间,也是在加缪去世之后。

其他资料来源,包括加缪在日记中记载的他为理解这个动荡世界所作出的努力,广而言之,包括加缪对自己的怀疑,使人觉得西蒙娜·德·波伏瓦没有完全理解她昔日的朋友。"显然,只要没有这个能力,我就应该停止一切创作活动。"他在同一时期的日记写道:

> 我的书能获得成功,全仰仗因它们而对我进行的诽谤。其实,我只是比平常人多了一个要求。今天,我必须辩护和阐明的价值标准是一些普通的价值标准。为此,需要一种何等朴实无华的才能,以至于我怀疑自己不具备这种才能。

加缪对 11 月份在《战斗报》上发表的题名为《既不当受害者,也不做刽子手》的那组系列文章给予了极大的重视。翌年,他又在让·达尼埃尔主编的刊物《卡利邦》上重新发表了这组文章,以强调它们的深远意义及有关信息的紧迫性。1950 年,加缪在其第一卷政治文集《时

---

① 西蒙娜·德·波伏瓦《势所必然》。

论》中再次发表了这组系列文章。

他从 11 月 19 日发表的第一篇文章《恐怖的世纪》开始，就一针见血地触及了问题的要害。在这个充满恐怖的时代，像这样既拒苏联和美国的制度，又反对一个将杀人合法化的世界的人是一些没有国籍的人。不愿杀人或不愿被人杀害的人们自然会遭遇一系列的后果，而他的系列文章正是旨在阐明其中的某些后果。他在第二篇文章中否认了他的目的是要为乌托邦歌功颂德的说法。他明白，杀人仍将继续，但他决不会让它合法化。社会党人被迫对"只要目的正确，可以不择手段和将杀人合法化"、可以否定马克思主义（除了将其作为批判工具）的学说做出抉择。如果社会党人同意这一点，那么就说明，我们所处的时代标志着意识形态斗争的结束。"在历史上形形色色的乌托邦以它们最终需付出的代价而自我毁灭。"

意识形态斗争的结束标志着一个受列强统治的世界的到来。阻止流血事件发生的唯一替代办法是"相对乌托邦"，即在一个较长时期内，不是通过战争而是通过互相协商来建立一种世界性的秩序，因为如果爆发战争，由于现代武器的使用，可能会涂炭数以亿万计的生灵。这不仅需要在国际范围内寻找政治上的解决方法，而且还必须找到经济方面的解决途径：共同配置资源。在各现存国家内部，人们必须团结起来签署一份新的社会契约；在全世界范围内，应该签订一份国际公约以取缔死刑。加缪指出，每个国家都存在由个体组成的不同群体，他们并不是为某种乌托邦而奋斗，而是因抱有适度的现实主义而变得成熟。至于他本人——他在该组系列文章的最后一篇中写道——他认为已经做出了选择：向沉默和恐怖宣战，主张对话。"在我看来，现在可以企盼的是，在这个杀机四伏的世界上，人们终究会下决心对杀人行为进行反思，并做出选择。"于是，世界将分成两大派：一派是同意在必要时杀人的人们；另一派则是竭尽全力反对杀人的人们。他肯定地说，在未来的岁月里，这一纷争将在世界各大洲持续下去。对人类境况过于乐观而犯错误的是疯子；而悲观失望的人则是懦夫。

在那个时期,没有一人支持他的立场——他苦涩地对一位朋友说——而来自各方的攻击却非常密集。当他的系列文章在《卡利邦》再次发表时,攻击变得更加密集。加缪在全国作家委员会的昔日战友们在《法兰西文学》中披露了这一点。现在,克洛德·摩根寻思:"面对这样的无情反应,加缪、马尔罗和凯斯特勒三人谁的表现最出色?"

加缪离开了政治舞台,重新开始修改《鼠疫》的手稿。他已经无心再看这部书的手稿了,正准备把它交给出版商,仅仅只是为了避免再读一遍手稿。① 圣诞节过了两天,印刷商拿到了这部书的书稿。他向让·格勒尼埃吐露了对这部书的疑虑。让·格勒尼埃远在埃及,真的是鞭长莫及,爱莫能助。事实上,这是第一次加缪的作品不经格勒尼埃审阅而付梓。

32 岁生日前的一个月,这位被他的某些朋友认定过分自信的人却在日记中埋怨,自己的记忆力在衰退,他不得不在日记中记录越来越多的细节,"即使是一些个人琐事,真倒霉"。他患了感冒。

加缪一家终于要搬进塞吉耶街的公寓了。这处先被改作办公室、现又改成公寓的住所,面积是比加缪一家以前的住所大了一点,但没有什么使用价值。这种旧式府邸"贵族式"的楼层很高,由大客厅隔成的小房间由于狭小,楼层就显得出奇的高。这么大的空间无法完全隔开,所以给取暖带来了困难。加缪一家的公寓在这个旧式府邸的侧旁,朝向庭院(另一侧临街)。公寓门的右侧有一间餐厅(但最早时候,加缪一家人连张桌子都没有,加缪曾提醒尼古拉·基亚罗蒙特如果他来吃饭只能站着吃);然后是一间客厅(朝向塞吉耶街),放上一张书桌,就当加缪的工作室。公寓门进来的左边是一条走廊,通向加缪夫妇的卧室、两个孩子的卧室、一间很小的盥洗室和一间十分狭小的厨房。在很有特点的中篇小说《若纳斯》中,对这所公寓的描写相当详

---

① 源自尼古拉·基亚罗蒙特。

细,虽然加缪在书中添加了一条临时凉廊,其实在塞吉耶街的公寓里并不存在。①

刚搬进塞吉耶街公寓的头几个月里,物质方面的问题——添置家具和取暖设施(战后那段时期还是用火炉烧木头或煤炭取暖)、一家人的食品和衣着——占去了他们好多时间。只有从未到过塞吉耶街、在《若纳斯》喜剧般描绘的毫无可羡慕之处的气氛中看到两个嗷嗷待哺的婴儿的人,才会说加缪家没有物质方面的问题。除了与萨特那伙人、《战斗报》的同仁、他的好友和青年崇拜者一起度过的发疯般的夜晚以外,加缪过着粗茶淡饭的生活。外出旅行,他总是乘二等车厢,那时车厢分三个等级。他依旧把自己的稿酬存在伽利玛出版社,只领取他所需的钱款。他从不过问自己的账户里还剩多少钱。②

不过,那时候甚至在以后的许多年里,能在巴黎拥有一套住宅(如果不是在巴黎土生土长的话),这就是天大的好事了。(他曾尝试帮他第一任妻子西蒙娜和她丈夫科唐索医生找房子,他也不得不向他前岳母解释在巴黎没有比有房子更难得的了。)③

住进塞吉耶街的第一个冬天,加缪忙于解决生活问题,把妻子和孩子都送到了奥兰的富尔家。(无论如何,他们再也不能住在米歇尔·伽利玛家了。为了娶雅尼娜,米歇尔去做婚前体检,被告知患了结核病,医生嘱咐必须卧床休息一年。)④

《鼠疫》终于付印了。加缪有较多的时间用来着手实现其他计划。他在巴黎多米尼加人修道院作了一次题为《无宗教信仰者与基督教徒》的演讲。演讲的内容经反复审阅以检查里面是否有——或缺

---

① 源自阿尔贝·加缪夫人。
② 源自让·格勒尼埃《阿尔贝·加缪》和苏珊娜·阿涅莉、雅尼娜·伽利玛。
③ 源自莱昂·科唐索医生。
④ 源自雅尼娜·伽利玛。

乏——基督教味道(对他来说,在《时论》上发表部分演讲内容也无愧于心)。演讲会上,他明确表示,他是作为一个"不能分享你们宗教信仰"的人跟天主教徒进行对话。他不认为,基督教真理是一种幻想,而只是不能分享基督教真理。他承认,在对与莫里亚克关于法奸诉讼案的争论进行了认真的思考后,他最终认为莫里亚克是对的,这证明了信教者和非信教者之间进行对话的作用。但是,他谴责教皇面对纳粹恐怖保持沉默,基督徒应该提高自己的呼声。否则,基督徒将继续生活下去,而基督教则行将就木。

会后,离开拉图尔-莫堡大街的修道院时,加缪遇到了一位"战斗运动"时期的战友。他在日记中说,此人显得十分谨慎,且不说是否怀有敌意。

"你现在成了革命者?"加缪开口问道。

"是的。"

"那么,你也会成为杀人凶手的。"

"我早就是了。"

"我过去也是,但现在不愿再继续下去了。"

"你是我的介绍人。"那人提醒加缪,是他介绍他参加地下活动的。加缪知道,这都是事实。

"听我说,"加缪回答道,"问题的关键在于:无论发生什么事,我总会保护你而反对执行死刑的;而你却会被迫赞成别人枪毙我。对于这个问题,请你好好考虑考虑。"

"我会考虑的。"

加缪的立场是难以坚持的。"难以忍受的孤独,我既不能相信,又心有不甘。"事后不久,他就写下了这段话。

从此以后,加缪感到极其孤独,他必须维护和巩固这种越来越不为别人理解的立场,由于不被理解或太被别人理解,他受到的攻击也越来越多。

不久,他阐明了他赞成莫里亚克的观点所要表达的意思。12月5

日,他写信给司法部长,要求大赦敌伪报纸《我无处不在》的所有编辑。他认定他们是有罪的,他也无意为他们减轻罪名。但是,这些人每天早晨等待着被处决,他觉得这种惩罚已经足够了。长期以来,他一直相信独立的司法权,而现在也感到了独立司法权的局限性。同时,他觉得法国需要怜悯。① 在日记中,他建议自己把关于贝尔·布拉齐亚克诉讼案和处决的系列材料整理出版。

他仍然很关心西班牙。他给一本反映西班牙解放事业的文选《自由西班牙》作序。"在此,也许我有进行选择的个人理由。从血缘关系上来说,西班牙是我的第二祖国。"在一个缺乏记忆力的世界上,应该有人始终不渝地拒绝与西班牙经商,比如说,不买从这个国家进口的甜橙,这么做是对的。

为改变形象,加缪答应参加一个由名叫"现在俱乐部"集团赞助的为北非法语作家举行的晚会。地点在丹东街一个奇特的学会小礼堂。晚会的主题是"北非对现代文学的贡献"。主讲人是加布里埃尔·奥迪西奥,并安排加缪、安鲁什、阿尔芒·吉贝尔、弗雷曼维勒、拉乌尔·塞利和朱尔·鲁瓦在会上发言(排名按会议宣传材料上的顺序)。奥迪西奥后来回忆说,当时,他真想让加缪主持会议,但加缪用浓重的阿尔及尔口音谦让道:"好啦! 就由你主持吧。原因很简单,你最年长,几乎可以做我们大家的父亲了。"(那时,奥迪西奥 47 岁,而加缪刚满33 岁)②事实上,奥迪西奥要比晚会组织者或在北非报刊上报道加缪的记者们更加清楚加缪在法国文学界的准确地位,因为加缪只是作为一名普通出席者参加这次会议的,而且受到的关注还不及某些人。

12 月 11 日晚上,天气很冷,但仍有一百来人前来参加了这次由"现在俱乐部"赞助的会议。阿尔及尔的一家杂志刊登的一篇会议综述(一开始就强调罗布莱斯的缺席。那时,他正在阿尔及利亚)指出,

---

① 源自"七星文库"版加缪文集。
② 源自加布里埃尔·奥迪西奥。

与会者力图阐明北非对法国文学的贡献。北非人的特点之一就是谦逊,不善于谈论自己。法国本土的公众也为与会者把自己看作某一团体成员迟疑不决的态度感到困惑。① 每个与会者都自问:是否有一个阿尔及利亚流派存在? 与会者最终没能达成一致,而奥迪西奥大声说道:"你们面前是一群非洲猛兽。"②一位听众留下了令人激动的回忆,他听到柏柏尔人安鲁什用既谦逊又自豪的语气提醒大家说:"我们不是外国人,我们的老师是法国人……我们的雄心是要写出经典作品。"

加缪肯定地说,北非作家的才华来源于他们所接受的法国文化。他们的特殊贡献"既表现为朴实无华和谦逊,又重视友谊和人类博爱"③。

当有人问加缪,感觉到自己是阿尔及利亚人意味着什么时,他用描绘对巴黎地铁的厌恶来回答。当有人进一步逼问,为什么不能更详细地回答问题时,他冷冷地反驳道:"也许是谦逊,先生。"奥迪西奥觉得,巴黎人不能理解他说这话的用意,而加缪的阿尔及利亚同事们无疑能领会他的意图。④

那一年,加缪写了一个用于阅读而不是上演的剧本。在这个剧本中,他阐述了对圣日耳曼-德-普雷区那帮朋友的评价,以戏剧形式来表现这群人的大众形象。他的这部《哲学家即兴剧》,似乎使人联想起莫里哀的独幕喜剧《凡尔赛即兴剧》。莫里哀在《凡尔赛即兴剧》中回击了对他的批评(批评中也不乏对他《贵人迷》剧的回忆)。有关这个剧本的完成日期有好几种说法,但现在的手稿上注明的日期是 1946年。这个剧本很可能是在梅洛-庞蒂攻击凯斯特勒之际、加缪与萨特

---

① 《铸造》,阿尔及尔,1947 年 2 月—3 月(G. A.阿斯特)。这篇以及其他报告皆由加布里埃尔·奥迪西奥热情提供。

② 《新文学》,巴黎,1946 年 12 月 19 日;《当下法国》,雷恩,1947 年 1 月 4 日。

③ 《阿尔及尔晚报》,阿尔及尔,1946 年 12 月 17 日。

④ 源自加布里埃尔·奥迪西奥。

集团发生争吵以后完稿的。这只是一个用来在朋友中间传阅的抨击性本子。但是，加缪对打字稿的多次修改又让人想到这个剧本对他的重要性。（但为什么他要用"安托万·贝利"署名？）

剧中的人物之一内昂先生是一名存在主义者。戏中，还有维涅先生、他的女儿索菲、索菲的求婚者梅吕辛先生和校长。内昂先生后来当了这个学校的住校老师。当梅吕辛向维涅提出要娶他女儿时，维涅问梅吕辛是否与自己的亲生母亲睡过觉，是否与索菲睡过觉。如果他没有与索菲上过床，那么应该上床，让她怀上孩子。维涅从内昂教授那里学会了现代生活方式。内昂深信焦虑是"世上最好的东西"。对梅吕辛说，他根本不是梅吕辛，要到生命终了时才会成为梅吕辛。①

---

① 源自阿尔贝·加缪夫人和克里斯蒂安娜·富尔。似乎这部剧从未上演。

第三十一章

《战斗报》的末日

在报界,有许多发财的途径。而对于我们,我需要说的只是,进这家报社工作时,我们很穷;离开它时,我们依旧很穷。

——《致本报读者·战斗报》

加缪的医生替他做了非常仔细的检查,决定停止加缪已经定期接受了四年多的输氧疗法。同时,加缪也不宜在巴黎潮湿的气候和塞吉耶街没有取暖设备的公寓里过冬(米歇尔·伽利玛也陪不下去了)。于是,他启程去医生特别推荐的疗养胜地、海拔 1326 米的布里昂松。不过,布里昂松离巴黎路途遥远,加缪如果知道路途需要 16 个小时,说什么也不会去那里。1947 年 1 月 17 日,他下榻在空无一人的大饭店里。外面下着雪,饭店里既不通电又无热水。这次经历很快就加深了他对高山的厌恶。他告诉朋友说,他刚到布里昂松就想离开。在这令人厌倦的景色和这家门可罗雀的饭店里,他无法静心休养,不过倒可以做一些他非常想做的事:写他的书。"在寒冷的高山上,夜幕降临,寒气袭人,我们的心都要结冰了。"加缪在日记中写道(后面的一段作为他书的第一章,也许是在他漫漫旅途中完成的),"除了在普罗旺斯和地中海海滨,我永远也不能忍受夜晚这段时光"。

认真撰写三部曲第二部的机会终于来到了。这部关于"反抗的随笔"还没有书名,但他已经为这本书积累了多年的素材。他开始提笔写作。他每晚睡 10 小时,一日三餐营养丰富,每天中午小睡片刻,体重有所增加。早上,他 9 点起床,阅读(黑格尔)并做笔记到 11 点,散步到 12 点半;接着是吃午饭,然后休息到下午 2 点半;下午写一些回信,并做一些别的事到 4 点,然后伏案工作到晚上 8 点;晚饭后继续写作到 10 点半。在床上读一会儿蒙田的书。有人在他的日记中发现,他也读乔治·奥威尔的书。但是,孤独生活了一个星期以后,他开始怀疑自己完成这部作品的能力,而他曾经是那样的雄心勃勃。他甚至产生了"放弃的念头"。他觉得要赢得这场与比自我更强大的真理而展开的长期争辩,需要"更加坦荡的胸怀"和更多的智慧。不过,他依然毫不松懈,在三个星期的疗养期间更发奋工作。他离开布里昂松时,正好能去迎接弗朗辛和两个孪生孩子 2 月 10 日从阿尔及利亚回来。①

在阿尔卑斯山疗养胜地宁静而又忧郁的氛围中,他记录下了其他一些想法:将来要写一本 1500 页厚的书(很可能就是《文明世界》,讲述集中营里的恐怖故事),书名就叫《体系》。他还想写一个关于由女人组成的政府的剧本。在离开巴黎之前,加缪曾经与他昔日在《战斗报》的同事们进行了一次严肃讨论。这份报纸的处境每况愈下。首先,纸张匮乏,他们不得不削减新闻报道和评论的篇幅,从而削弱了报纸对读者的吸引力——而新闻报道和评论性文章显然是《战斗报》在其知识界读者眼中最主要的魅力。纸张的匮乏还迫使减少报纸的印数,从而影响发行量。虽然估算数据参差不齐,据编辑部的一名主要成员估计,在解放后的头几个月里,《战斗报》发行 20 万份,在巴黎各家报纸中处于领先地位。不管怎么说,《战斗报》肯定列入主要的严肃报纸之列。后来,当原来的库存纸张用完以后,纸张配给量是按印数减去滞销数计算的,因此,必须把报纸的销售量维持在一个高水平,才

---

① 源自雅尼娜·伽利玛。

有可能保住全部的纸张配给量。(《战斗报》的员工——至少其中一部分人——会去想加缪作为日报编辑,伪造数据,在清点完之后,将一些《战斗报》的报纸放在他自己报刊未卖出的那一摞上。)

　　《战斗报》的印数减少了,销量也就更少。后来,当教师放暑假时,报纸的销量又减少了。到了1949年,报纸的销量已经跌到了不足10万份。① 要维持报纸的印数而又不影响其质量,可不是一件容易的事。据说,曾把一份抵抗运动报纸《保卫法兰西》改成一份大众报纸《法兰西晚报》的皮埃尔·拉扎雷夫一本正经地告诉一位朋友说:"今天多卖了七份报纸,《战斗报》上下都高兴得像疯了似的。"②

　　加缪的缺席,再加上报社里戴高乐将军的支持者与赞成戴高乐充当法兰西荣誉象征的角色,但并不支持回到没有强大领导者特权的议会制度的群体之间的分歧,导致了某种飘忽不定的状况,从而削弱了报纸的影响。在报纸由创办人团队掌管的最后几个月里,当排字工人罢工一个月后报纸重新出现在各书报亭时,还需要对报纸将要停刊或将被一个报业大亨购并的传闻进行辟谣。

　　在动身去布里昂松之前,加缪参加了一次《战斗报》创办人会议。皮亚、布洛克·米歇尔、雅克丽娜·贝尔纳、乔治·阿舒勒等人都出席了会议。加缪被由他出山挽救报纸的绝对必要性所说服,他答应回报社工作。这样,至少在一段时间里,他必须放弃在伽利玛出版社的工作和"希望"丛书。于是,他把此事告诉了伽利玛一家。接着,经与报社的朋友谈判商定,履职期间,他可以重新在报纸上使用自己的姓名署名;他只需每晚来报社工作两个小时。这个结果令他满意,因为这说明他的出山是暂时的。这样,他可以继续保留在伽利玛的职位,利用自己的时间到报社工作,而且仍可利用业余时间写作。他打算开始

---

　　① 源自乔治·阿舒勒。但让·布洛克-米歇尔回忆起《自由射手报》和《解放报》,而避免提及《巴黎解放报》,前两者皆有更为可观的销量。他估算自1945年起销量开始下滑。

　　② 源自皮埃尔·加兰多。

实行新的作息时间,直到 3 月 15 日为止。[1]

　　加缪的承诺是毫无保留的,至少在一位朋友的记忆中,他回报社干起了全职工作。[2] 从此以后,一个重要的问题就是凝聚力量和恢复信心,以保持《战斗报》的独立性,因为各种政治团体提出了种种诱人的赞助方案。直到那时为止,所有的赞助方案全部被拒绝了。大概是在 1946 年末的几个星期里,或翌年年初,报社接到了一个非常重要的赞助方案。乔治·卡特鲁将军的侄子、戴高乐将军的亲信迪奥梅德·卡特鲁来找《战斗报》的董事让·布洛克-米歇尔。卡特鲁本人也曾参加过抵抗运动,并与戴高乐将军政府中有影响力的大人物共过事。后来,他负责领导戴高乐主义运动——法国人民联盟的新闻宣传部门。年轻的卡特鲁对布洛克-米歇尔说,戴高乐将军非常尊敬《战斗报》领导成员。他建议,让《战斗报》成为戴高乐主义运动的机关报,并且表示戴高乐派人士会负责筹措为报纸生存所必需的资金。布洛克-米歇尔回答说,《战斗报》是一份独立的报纸,但他可以征求报社其他负责人的意见。他确实征询了其他负责人的意见,尽管阿尔贝·奥利维耶(社论中尽是推崇戴高乐主义)的意见与众人明显相左,但其他人商定对卡特鲁的提议不予理睬。[3]

　　然而,采取这种立场并不能反映大家对戴高乐将军的态度。对于大多数战时或战后的戴高乐派人士来说,将军傲慢的态度(无论是对法国国民还是对法国的盟国)是要在经历了战败和被德国占领的严重耻辱以后表现出一种重新恢复尊严的力量。如果说加缪既不支持也不反对戴高乐主义——事实上,他可以说是一位温和的社会党人,主张改革和社会进步——那么报社里事事插手的皮亚则是一名虔诚的戴高乐主义分子,尽管他从来不把自己的观点强加于报纸。也多亏了

---

①　源自雅尼娜·伽利玛。

②　源自乔治·阿舒勒。

③　源自让·布洛克-米歇尔。

皮亚,《战斗报》得以早于法国所有其他新闻媒体,在1946年1月报道了戴高乐将军离开临时政府的消息。星期天上午,戴高乐要主持一个部长会议。星期六晚上,马尔罗打电话给他的朋友皮亚,告诉他戴高乐将离开政府。为了防止《战斗报》的竞争对手《自由射手报》窃取消息(两家报纸合用一张拼版桌,该报发行人乔治·阿尔特曼有可能看到《战斗报》的拼版清样),于是将这条消息登在了第二版的《战斗报》上,以至于早晨在去参加部长会议的途中,各位政府部长都看到了这条消息。①

不久,又遇到了一次为《战斗报》筹集资金的机会。这次是采用与《北方之声》报结盟的形式,因此对《战斗报》声誉的影响较小。《北方之声》也是一份创刊于抵抗运动时期的报纸,在里尔地区发行。与其他地区性报纸一样,该报面临的竞争没有巴黎报纸那样激烈,因此取得了很大的成功。最终,这项提议也被回绝了,因为这家里尔地区的报纸想把《战斗报》作为一种谋利手段,这样就必将改变《战斗报》的形式和内容。对于《战斗报》的全体编辑人员来说,这是无法接受的。②后来,皮埃尔·加兰多的一位奥兰老朋友马塞尔·舒瓦基告诉加兰多,有一个共济会团体表示如果加缪主持报社工作的话,愿意提供赞助。加缪知道此事后回答说,《战斗报》不属于他个人,而是集体努力的成果。③

雷蒙·阿隆试图挽救《战斗报》。他与几位银行家磋商假如由他本人主持报社工作请他们资助《战斗报》的可能性。但是,他所接触的银行家各人都有自己的政见,而阿隆也明白,由于他有明确的政治立场,《战斗报》的编辑们也不会接受他的领导。④

---

① 源自乔治·阿舒勒。

② 源自让·布洛克-米歇尔。

③ 源自马塞尔·舒瓦基。

④ 源自雷蒙·阿隆。

因为缺乏经验,《战斗报》的窘境继续恶化。倘若有一个精明的领导班子来经营的话,《战斗报》本可以存活下来,跟《世界报》一样作为晚报让读者接受。皮亚是一个悲观主义者,他认为一份有思想性的报纸不可能长期生存下去,最好的解决办法是停刊。可是,他的同事们心里盘算,要是赞成这样的解决办法,他们就得失业。(本来应该给员工们发放一笔可观的补贴)。①

大概就在这一时期,皮亚和加缪之间的关系出现了裂痕。有关此事的原因众说纷纭,莫衷一是。说得最多的原因是嫉妒——皮亚的嫉妒。从 1944 年 8 月第一期《战斗报》自由发行以来,皮亚就一直在报社工作,而加缪想干就来,不想干就走人,一度为发表他的系列文章《既不当受害者,也不做刽子手》与报社有过短暂的合作,后来 1947 年 2 月像一位骑士英勇救国似的回报社工作。皮亚对此颇有微词,有人听到他对加缪说:"你让我们难堪。"②

不过,也总是皮亚作为马尔罗、加缪和其他人的朋友或智囊人物,心甘情愿、默默无闻地工作,为《阿尔及尔共和报》确定基调,把自己写好的文章请加缪署名,在《巴黎晚报》帮他灰心丧气的朋友找工作,还为加缪作品,特别是《局外人》的出版到处奔波。毫无疑问,他们的报纸之所以能在战争年代问世,正是因为有了皮亚这样默默无闻、辛勤耕耘的编辑,而加缪则是一位明星作家。倘若嫉妒真是导致这次一直延续到加缪去世的分道扬镳的原因之一,那么肯定是皮亚变了。

在《战斗报》工作时,皮亚曾表示过对加缪的仰慕。他曾告诉阿舒勒,他是如何派加缪——当时他还是刚到《阿尔及尔共和报》工作不久的记者——去卡比利亚作现场报道,当加缪写好报道交差时,就连一个标点也不用改。

---

① 　源自雅克丽娜·贝尔纳。
② 　源自皮埃尔·加兰多(皮亚对其意见提出异议)。

　　自然,即便皮亚不会嫉妒加缪,但仍苦涩地感受着外界对加缪在《战斗报》的作用的渲染。而事实上,每天出版的《战斗报》——除了署名社论外——字字句句都由皮亚负责把关。加缪周围总有一大群崇拜者,尤其是迷人的女性崇拜者,他毫不掩饰由此产生的得意。加缪的名声越显赫,皮亚就越显得默默无闻。[1] 然而,1938—1939 年,加缪虽然年纪很轻,已经以自己的方式成了一位名人,一种唐·璜式的新人,皮亚在加缪出生的城市里与他共事,两人关系非常融洽。因此,加缪对皮亚可能产生的吸引——排斥作用早该有所体现。

　　他们俩关系破裂的深层次原因是政治方面的? 皮亚在工作中几乎从不流露对戴高乐的偏爱。不过,离开《战斗报》以后,皮亚也确实立刻就去了戴高乐派的新闻社"快讯社"。该社的编辑还负责戴高乐派的周刊《联盟》的出版工作,皮亚和奥利维耶都在那里谋职。然而,一位认真研究导致他们俩关系破裂原因的观察家则认为,他们俩的分歧不可能是政治方面的原因造成的,因为皮亚没有任何信仰,除了在停刊这一点上与希望保住员工工作而主张把报纸维持下去的加缪意见相左。

　　"他回来了,俨然是一位救世主。"加缪回报社时,皮亚嘲讽说。自《战斗报》创刊以来,他破天荒地请长假外出度假,声称:"太累了!"后来,他发来了一份电报,说他不再回报社了。

　　帕斯卡尔·皮亚其实是一个非常复杂、多面性的人,因此,他和加缪分道扬镳不可能仅归咎于一个原因。[2] 皮亚把此归因于是否应该停止出版处于亏损、没有希望的报纸这个问题上的意见分歧,编辑部内有人攻击皮亚,而加缪没有发表任何意见,这又加剧了两人之间的分

---

　　① 源自布洛克-米歇尔、阿舒勒以及《战斗报》其他成员们;同样包括弗朗西斯·蓬吉。阿舒勒发觉加缪和皮亚在《战斗报》领取等额工资,也就是在 1944 年每月收入 18000 法郎(即约合 760 欧元)。

　　② 源自罗歇·格勒尼埃和让·布洛克-米歇尔。

歧。加缪没有站出来袒护皮亚,皮亚对此很生气。[1] 事实上,他们的一位同事曾听到皮亚提起过外界关于他的传闻,说他在离开《战斗报》之前,接受了戴高乐派人士的提议。他似乎是指责加缪在造他的谣。雅克丽娜·贝尔纳想劝皮亚同加缪和其他人重归于好,但被他一口回绝:"谈点别的吧。"[2]此后,他们俩的其他朋友也想方设法让他们和好,但皮亚断然予以拒绝。他们生活在两个不同的天地,两人都是记者,其实都不真正关心新闻事业。他们是在工作中相识的,不在一起工作以后,就没有再见面的必要了。[3]

　　在回《战斗报》之前,加缪曾以接受记者采访的形式在《战斗报》上发表过一篇关于美国文学的文章(刊登在 1 月 17 日的报上,当时他正在赶往布里昂松的路上)。他否定了当代美国小说,把它说成"低级文学",通过运用简便的手法使之大众化。他拿斯坦贝克同梅尔维尔比较,认为 19 世纪的伟大已经让位于报章体写作风格,完全忽视了"内心"刻画,对人物只是做简单的描绘,而从不进行深入刻画。他指出,更糟糕的是,阅读美国小说法译本的读者误以为从这种写作手法中发现了一种根本就不存在的意义。"我们以阅读《克莱芙王妃》的相同意图来阅读《人鼠之间》,"他回答采访他的记者说,"但是,美国小说中的人物与克莱芙亲王截然不同,确实是一些'低级'的人。"美国小说的写作手法可用来描写明显没有内心活动的人物。加缪承认曾经借用过这些手法,但是,普遍运用的话,只会导致某种贫乏,"艺术和生活的多样性"十有八九将因此而消失殆尽。他补充说,除了福克纳或另外一

---

　　① 源自帕斯卡尔·皮亚。皮亚日后同右派杂志合作,这做法更让他与加缪日行渐远,并且他对加缪的公开声明都保持一如既往的消极态度,比如我们可以从颁发诺贝尔奖时看出。十年之后,加缪在校对员工会会议上承认,在报社的工作从未让他得到满足。他从不将快写作为义务而忽略了重读所写的文章,而且他厌恶笔战。(《献给阿尔贝·加缪和他的书友》)

　　② 源自雅克丽娜·贝尔纳。

　　③ 源自帕斯卡尔·皮亚。

两位像福克纳一样在美国没有获得成功的作家以外,我们所读的美国文学倒是可以用作资料,但没有多大的艺术价值。

他把美国小说的低水平归咎于文学的商业化、广告和通过写作发家致富的可能性。他以为,欧洲作家如果能够在成为百万富翁和继续做不为人知的天才之间进行选择的话,自然也会这样做。

然而,加缪也承认,倘若美国存在大作家,也很可能不为人知,梅尔维尔当时的情况就是如此。爱伦·坡被欧洲人所发现,福克纳的作品只有很小的发行量,而《琥珀》销量则高达数百万册;海明威的《太阳照常升起》在加缪看来是一本好书;不过,《丧钟为谁而鸣?》只是一个童话故事;与马尔罗的《希望》相比,《麦德龙·戈德文·梅耶》是一个不错的爱情故事。

那么,加缪是否从根本上否定美国小说呢?当然不是。

> 我在美国看到了这种文学存在的理由和它必将被超越的许诺,如果现在还没有被超越的话。我支持其中的一些理由(在我的故乡北非,人们也是这样简单而又热烈地生活),就如同超越的许诺一样,美国将迸发出新的力量,终将会让世界为之震惊。

他认为,鼓励大洋彼岸的严肃艺术,而不是平庸的作品,是能扭转这种局面的。"艺术是诚实和苛求有时能得到回报的唯一领域。"

排字工人复工以后,加缪又开始为《战斗报》撰稿,每月基本上写两三篇社论,但总能在报社见到他的身影,他的朋友们希望就此能挽救报纸。1947年3月22日,一些神父被指控战时与保安队有染,而且左派舆论在私下议论,教会曾与法奸同流合污。加缪提笔否定了一切集体责任的概念,并指出了教会内部有人参加过抵抗运动的历史事实。加缪很清楚,自己将因替天主教徒辩护而受到指责。但是,"我们这些非教徒只应憎恨该恨的……"。4 月 22 日,他在一篇题名为《抉择》的署名社论中阐述了戴高乐主义。"看来已经到抉择的时候了。"他开门见山地说,必须旗帜鲜明,或支持或反对人民联盟。他在《战斗报》这座大厦的墙根上发现了一个滑稽的问题:大厦会燃烧吗?创办《战斗报》不是要让它成为某一党派的工具,而是要进行自由批评。戴高乐将军缔造的法国人民联盟只是许多政党中的一个,因此必须"与其他所有的政党平等相处"。加缪认为,戴高乐派人士所表现的自爱和容不得其他党派的态度同样都是幼稚和不成熟的表现。

戴高乐不会受到《战斗报》的辱骂,"至少,我们是有记忆的"。但是,如同将军的行为受到《战斗报》的评判一样,法国人民联盟也将根据其行为,而不是其模糊不清的原则而接受评判。

《战斗报》的主要戴高乐派人士阿尔贝·奥利维耶想撰文回击加缪,以证明加缪是编辑部里唯一做出他所说的抉择的编辑。为了或所谓为了挽救《战斗报》,加缪扣压了奥利维耶的公开信。[1]

5 月,加缪又写了两篇社论:一篇是攻击法国种族主义的,如对一位被认定犯有谋杀罪的马达加斯加人表现出来的种族主义,对犹太人的敌视,以及在阿尔及利亚对穆斯林民族主义分子的粗暴行径;另一篇呼吁重新与战后德国进行对话。

每天晚上工作结束后,编辑部的老同事就和排字工一起喝上一杯。[2] 有时,他们成群结队地去靡菲斯特夜总会。这是圣日耳曼-德-普雷区最热闹的夜总会,朱丽叶·格雷戈和她的伙伴们经常出没于此。夜总会里有一架钢琴,他们的朋友勒内·莱伯维兹(作曲家,之后成为指挥家)有时也会乘兴弹几首曲子。莱伯维兹在萨特的《现代》杂志中发表了几篇关于音乐的文章;他也是歌剧故事作者。在《战斗报》停刊前的最后几天里,他们用报社微薄的小金库支付酒账,这又引起

---

① 源自"七星文库"版加缪文集。

② 源自雅克丽娜·贝尔纳。

了一些猜测。① 有人说，加缪在离开《战斗报》时卷走了报社的金库。有时，从靡菲斯特夜总会出来，加缪邀大伙到塞吉耶街的公寓朝街的客厅里最后再喝上一杯，离他们几间房子之遥的地方睡着加缪的孪生孩子。②

一个晴朗的日子，克洛德·布尔代以报社股东的身份打电话给雅克丽娜·贝尔纳："你们不能把《战斗报》给毁了，我找到了一个出资人。"她回答说，她要征求其他负责人的意见。布尔代反驳说，报纸不属于报社的员工，他们没有任何权利清算报纸。③（当他从集中营回来时——纳粹军曾把他关在诺因加默、萨克森豪森、布痕瓦尔德集中营中，最后躺在担架上回来的——他被选为制宪会议副主席，而后也领导过一段时间法国电台。）

布尔代回报社时，不但领来《战斗报》的创始人亨利·弗勒奈，而且带来了一位愿意提供资助的金融家亨利·斯马迪亚。斯马迪亚1897年出生在奥兰，后来侨居突尼斯。在那里，他成了一个富有的橄榄生产商，而且在政界和新闻界也是位有影响力的人物。斯马迪亚建议由他出钱弥补《战斗报》的全部亏损，换取《战斗报》50％的股权（据布尔代估算亏损高达1700万法郎，约合23万欧元）。他负责印刷和经营，任由编辑部制定办报方针。这是一个再好不过的建议：斯马迪亚无条件地保证了抵抗运动报刊最宝贵的遗产得以生存，而且答应报纸的政治方向由曾经是抵抗运动一分子的布尔代本人决策。④

布尔代后来回忆说，当《战斗报》的情况开始恶化时，皮亚首先想到把报纸交给布尔代经营。根据布尔代的回忆，加缪却宁可报纸停刊。布尔代开始与皮亚讨论此事，接着，布洛克-米歇尔也插手此事。

---

① 源自让·布洛克-米歇尔。
② 源自阿尔贝·加缪夫人。
③ 源自雅克丽娜·贝尔纳。
④ 源自克洛德·布尔代。斯马迪亚用30000法郎（约460欧元）购得《战斗报》一半股权。

布尔代对加缪解释说，从道义上讲，他觉得应该把弗勒奈和他的战友们作为合伙人。据布尔代说，加缪反驳道，他不能这样做，因为《战斗报》已经完全不同于"二战"时期的报纸；他甚至补充说："我们把全部股份都交给你，你想怎么干就怎么干。你要干什么，我不想知道。"

阿舒勒和波特留了下来，布尔代劝他们别离开《战斗报》，他们是在为一个机构工作。① 布尔代请来了弗勒奈和战斗运动的其他老战士，其中有一个叫雅克·东特的。后来，这些新股东勾结斯马迪亚合伙反对布尔代。弗勒奈在政治上比布尔代更加右倾，因殖民主义的问题也转而反对布尔代。最终，布尔代被他自己请来的合伙人排挤出了《战斗报》。②

根据 1947 年 6 月 2 日签署的一份议定书，《战斗报》六名股东中的五人——加缪、皮亚、雅克丽娜·贝尔纳、布洛克-米歇尔和奥利维耶——正式按面值将他们的股份转让给克洛德·布尔代（每人 100 股），并说定除了他本人以外，布尔代还代表着一批朋友。转让合同中没有出现斯马迪亚的姓名。下面是转让合同的一段摘录：

> 鉴于报刊业目前所面临的处境，面对妨碍本报维持下去的财务困难，他们（本届股东）认为最有资格接管报纸的人选首推克洛德·布尔代。

而布尔代则表示将保持报社本届股东自解放以来形成的风格，其本人也受到一批抵抗运动老战士、《战斗报》联谊会成员的支持。联谊会主席是东特，副主席由布尔代担任。③

---

① 源自乔治·阿舒勒。

② 源自克洛德·布尔代。

③ 源自《克洛德·布尔代反对亨利·斯马迪亚》，波瓦萨里辩护词，1950 年 12 月 20 日。

执意离开报社的员工可享受"抚慰"条款。（根据这一条款，报纸更换业主，雇员申请辞职，而不是为新业主或新的政治路线服务，可领取一笔津贴。）

印刷厂的一名雇员注意到，加缪看到布尔代和斯马迪亚接替了他曾经想——无疑是个实现不了的愿望——但未能将之改造成自由论坛的报纸，总算松了口气。大概一年以后，加缪又写信给报社的一位排字工在谈到他们的希望破灭时说："我们缺乏经费，因为我们太诚实了。新闻界，我们曾希望它能够自尊、称职，可如今却成了这个不幸国家的耻辱……"①

1947 年 6 月 3 日，加缪署名撰写了一篇题名为《致本报读者》的社论，以两栏的篇幅刊登在报纸的头版，并用黑线加框。他在社论中宣布，报社的各位董事辞职引退，而报纸将继续出版。这条消息自然需要更详细的解释，加缪试着罗列了各种原因。尽管《战斗报》拥有足够的读者以维持一家胸无大志的企业，但是，一份报纸需要很大的发行量才有希望收支平衡。虽然报社目前出现了赤字，但是，繁荣年代积累的盈余本来可以使《战斗报》再坚持一年，以重振旗鼓。可惜，排字工人的罢工耗尽了报社的积蓄。

当然，我们不能向外界乞讨化缘，甚至还不能接受外界的资助。我们不乏这方面的提议，这出乎我们的意料（其中，许多建议既体面又大方）。

鉴于报纸的处境，董事会不认为可以接受这些资助。在几个星期里，他们靠有限的经费继续出版报纸，避免员工失业。现在，已难以维持下去。由于报纸的报名不仅仅属于他们，多半它还属于在地下出版

———————

① 《献给阿尔贝·加缪和他的书友》。

时期为《战斗报》撰过稿，为报纸的印刷、发行出过力的所有人士。因此，从此以后，他们将把报纸交给"战斗"运动老同志。"经与《战斗报》联谊会达成协议，我们的克洛德·布尔代同志，地下《战斗报》创始人之一，决定接管本报。克洛德在地下《战斗报》履职期间曾被逮捕和流放，其一贯的政治倾向与本报接近。"

　　　　加缪想说明，报社的领导班子更换了。"我们最真诚地祝愿，我曾如此珍视的事业能取得成功，"他继续说，"但是，就像明天接管报纸的同志不应该承担我们所负的责任一样，我们的离去也同样使我们解脱今后的一切责任……"

布尔代当然注意到了这份声明的冷漠态度。后来，他把自己所有的困难部分责任归咎于加缪，因为加缪没有更热情地支持他，甚至没有投身于他们的事业。①

在加缪署名的社论下面，刊登了布尔代的署名社论。布尔代解释说，本届董事会在报纸濒临停刊的困难处境下，请他提供帮助。他使报社的编辑队伍紧密团结。他列举了继续留下来工作的编辑名单，一共27人，其中有吉蒙、阿舒勒、罗歇·格勒尼埃（后来去了"快讯社"，与皮亚共事，后又去了《法兰西晚报》）②、让·塞纳尔、让-皮埃尔·维韦、莫里斯·纳多、雅克·勒马尔尚、塞尔日·卡尔斯基、朱尔·鲁瓦、亨利·科格林、达尼埃尔·勒尼耶夫。布尔代许诺说，报纸的各栏目仍将向加缪和其他董事开放。他将"重新肩负起因盖世太保的干预1949年3月25日不得不交给帕斯卡尔的任务"，他最后说："我向《战斗报》的读者保证，尽量不让你们失望。"

最后一天，编辑部成员在塞吉耶街聚会。加缪送给每个人一册下

---

①　源自克洛德·布尔代。
②　源自罗歇·格勒尼埃。

星期将要发行的《鼠疫》赠本,然后一起去王子殿下街的一家餐馆——
也许是奥加尔餐馆——吃古斯古斯。大家都非常难受,办《战斗报》对
他们来说是一次不可多得的经历,他们曾想出一份好报纸。从某种程
度上说,皮亚认为一份有质量的报纸是维持不下去的看法是正确的。
他们也感到,这次失败的部分原因是他们的认真态度和实业界严酷的
现实。不过,倒全然没有悲伤和抱怨的情绪。与布尔代谈判时,他们
坚持要求全体员工都能享受"抚慰"条款,这表明他们并没有因失败而
抱怨报社的管理层。①

　　加缪的离去引来了各个阶层和各个层次读者的来信,或对加缪的
决定表示抗议,或表示遗憾,也有表示惋惜的。② 加缪在《巴黎晚报》的
老朋友亨利·科格林正为他的离去表示惋惜时,震惊地听到加缪说,
他没有时间浪费,他还有事业要完成。③

　　《战斗报》以后的故事与加缪没有直接关系,不过一件与布尔代个
人积怨有关的事除外。作为患难之交,布尔代和加缪只有一些无关紧
要的政治分歧。布尔代认为,在他被逼上绝路时,理应得到加缪的全
力支持。布尔代声称,加缪及其班子的成员本该提醒他,与斯马迪亚
的合同使他处于不利的地位。另外,由加缪执笔的最后一篇社论《致
本报读者》如此缺乏热情,以至于许多读者误以为加缪是因为《战斗
报》改变办报方针而离开的。他曾希望加缪能写几篇文章,至少能有
一篇文章,支持报纸新的开端,但加缪辜负了他的希望。

　　布尔代决定将自己那部分股份分一些给弗勒奈,把另一些股份不
但分给了波特和阿舒勒,而且分给了《战斗报》联谊会的一些成员,结
果把事情搞复杂化了,使斯马迪亚得以从中作梗。斯马迪亚自己持有

① 源自雅克丽娜·贝尔纳。
② 源自克里斯蒂安娜·富尔。
③ 源自亨利·科格林。

报社 50％的股份，只需再赢得弗勒奈或《战斗报》联谊会的几个老会员的支持就可独揽大权。（布尔代甚至获悉，斯马迪亚许诺等摆脱他以后，就任命联谊会会长为报社经理。）后来，斯马迪亚在布尔代的老朋友们的帮助下成功地赶走了布尔代以后，意味深长地对布尔代大声说道："布尔代先生，你肯定非常恨我。不过，无论如何，我要为你做一件事：我要教训那些背叛了你的无耻朋友，替你报仇。"（他是指由布尔代引荐为《战斗报》股东的那些人，因为他们伙同斯马迪亚投票反对布尔代。）①

　　布尔代很快就发现，斯马迪亚入股《战斗报》，与其说是慈善之举，倒不如说是巧妙安排的财务计谋。因为斯马迪亚虽然弥补了报社的赤字，但也获得了许多好处。《战斗报》在他开的印刷厂里印刷。印刷厂的生产和盈利就有了保证。而且多亏了他在《战斗报》的利益，斯马迪亚得以低价进口现代印刷设备和购买一宗物业。接着，他又着手削减一般经营费用和裁减员工，有人给他起了个绰号叫"怕发工资"。正当布尔代想方设法阻止斯马迪亚的阴谋时，自己却被 1950 年 2 月 27日的股东大会解除了职务。

　　在给予布尔代解职处分的理由中，有人借口说他薪水太高。由于报社的其他股东拒绝接替布尔代的职位，斯马迪亚就取而代之，但法庭判令斯马迪亚让一部分雇员按"抚慰"条款的规定离职。② 布尔代对斯马迪亚提出了诉讼，并且争取到了萨特以及布洛克-米歇尔和皮埃尔·埃尔巴等《战斗报》前领导成员出庭作证。1950 年 3 月 20 日，加缪也到庭作证说：

----

　　① 斯马迪亚与布尔代皆持有 300 份股权，布尔代将其 300 份股权分了 12 份给波特，12 份给阿舒勒，12 份给他律师朋友安德烈·哈阿斯，然后于 1947 年 9 月，分别给弗勒奈、东特以及其他《战斗报》的友好协会成员。后来，当他再次分给弗勒奈 102 份股权时（弗勒奈共持有 114 份股权），形式如下：斯马迪亚 300 份；布尔代-哈阿斯-波特-阿舒勒共 150 份；弗勒奈及其他三名《战斗报》元老共 150 份。

　　② 源自克洛德·布尔代。

　　　　布尔代保持了《战斗报》的传统……《战斗报》现任经理（斯马

　　迪亚）从道义上说没有任何权利来领导一份由观点完全不同的人

　　创办的报纸……①

　　布尔代打赢了这场官司。也就是说，他得到了一笔 30 万法郎的

补偿金（1952 年）。② 但是，《战斗报》从此就落入了斯马迪亚的手中，

一直到 1974 年闭刊（主编换了好几轮）。

　　布尔代和加缪之间发生或所谓发生的事件，其真相仍然不得而

知，大部分关键人物已经不在了，无法对此事进行回顾。据布尔代的

回忆，在与斯马迪亚关系最紧张的时候，他曾多次打电话给加缪，希望

他能写几篇文章或以其他方式支持他，但都毫无结果。1950 年初，只

要能筹到资金，布尔代就有机会买下斯马迪亚的全部股份。他通过加

缪的朋友借到了所需的资金，但这位贷款人提出的条件是，报社要由

布尔代和加缪共同主持。布尔代马上答应了这个条件，并请加缪也答

应下来，甚至自愿在重新改组的报社里担任加缪的副手，把全部权力

都交给加缪。加缪拒绝了。布尔代知道，加缪身体状况是他拒绝的一

个重要原因。（事实上，如果时间上准确的话，加缪正因结核病复发在

南部康复治疗，他因病疗养了一年多。）不过，他也感觉到，加缪也不想

与这份不再属于他的报纸发生任何纠葛。③ 这大概是真的。加缪不想

再以他的名义说话和做事，在没有绝对控制权的情况下中途接手。这

倒不是因为他不喜欢布尔代，而是他对新闻工作已经厌倦了。④ 不管

---

　　① 《克洛德·布尔代反对亨利·斯马迪亚》。

　　② 源自克洛德·布尔代。

　　③ 源自克洛德·布尔代。加缪-布尔代的《战斗报》有两次潜在资金出租现象：加缪的朋友

让·达尼埃尔作为中间人（源自让·达尼埃尔）。

　　④ 源自让·达尼埃尔。

怎么说，1950 年或 1951 年，加缪是不可能到任何一家报社正常工作的。

然而，这也许是一种简单化的看法。以后发生的事情表明加缪和布尔代之间，存在着不可调和的深刻矛盾。此外，斯马迪亚本人肯定也想请加缪出山挽救报纸，他曾经同让-皮埃尔·维韦推心置腹地谈过——维韦是加缪刚来报社时就招聘的员工。维韦回答斯马迪亚："别忘了，你还欠他钱呢。"对此，斯马迪亚叫嚷道："请别对我说，加缪是个只认钱的人！"[①]

---

① 源自维韦向让·布洛克-米歇尔的讲述。而后，维韦自己声称记不清对话具体细节，但这"有可能是真的"。或许斯马迪亚欠加缪的钱已经由他以抚慰条款补助的方式分发给了离开《战斗报》的人。

第三十二章

成　功

> 成功的悲哀,事物的对立是必然的。如果一切对于
> 我还是像从前那样困难,那么我就更有权利说我要说的
> 话。反正,我可以帮助许多人——机会会有的。
>
> ——《手记》

显然,加缪还能够同与他不再有关的人和事保持距离。过去的已经真正地过去。他离开《战斗报》已久,几乎没有理由认为,他对该报还抱有任何希望,即使在他重回报社挽救报纸的最后几个星期里也是如此。在他的日记中,找不到任何有关该报的记载,而记录下的都是对自己现在和未来创作活动的思考。

现在《鼠疫》将成为他的过去。虽然之前加缪艰难地熬过了数月,但小说后来大卖,几乎成了近代史上一个脍炙人口的象征,很容易引起共鸣,并不仅仅是因为其艺术性。

在《鼠疫》正式发行(1947年6月10日)之前,《七星手册》曾以《鼠疫档案》为名刊载过《鼠疫》的节录。《七星手册》是一份高雅的年刊,主编是让·波朗,版面设计是画家让·福特里耶。该刊是已经停刊的《新法兰西杂志》的另一替代物。在这期《七星手册》中刊载了纪德、亨利·米肖、罗歇·凯卢瓦、勒内·夏尔、莫里斯·布朗肖、马塞尔·阿

尔朗、马尔罗、雅克·奥迪贝尔蒂、马塞尔·茹汉都和让·吉奥诺的作品——这也是波朗要以《七星手册》取代《新法兰西杂志》的用意的又一证明。① 在以"档案"的名义发表的节选中,加缪得以比在小说的严格限制下更自由地进行讽刺。6 月 10 日《战斗报》告别社论发表后一星期,《鼠疫》正式发行,首版发行 22000 册。这个发行量在当时算是很高的,而且这是一本题材严肃的小说。伽利玛出版社还是低估了这部小说的影响力。

一本反映艰苦岁月,但又不直接隐喻战败、德国占领和残酷暴行的作品,显然是读者盼望已久的书。一切都在寓意之中。不管怎么说,此书寓意深远。发表在下一期《七星手册》(1948 年冬季)上有关加缪小说的评论中,马塞尔·阿尔朗甚至写道:"虽然有许多理由使我喜欢加缪的新作《鼠疫》,不过我不能肯定它所表现的意识形态,不管是多么慷慨大方,都不会分散或削弱作品的影响力。"(回顾一下阿尔朗,他是举足轻重的作家,也同意将《局外人》发表在《高莫迪亚》报上——在德国占领时期发行的文化周报。)

加缪的前几部作品都发表在战争年代和战后不久的严峻时期。现在,各大报纸不再缺乏版面来登载有关文学作品的评论文章。于是,加缪很快就陷入了报刊的包围之中。

小说发表后没几天,加缪就获得了名为"文学评论奖"的文学奖。这次,他没有那么幸运,第三轮才获得这一奖项。评选结果是:加缪获得七票;保尔·加登两票;朱利安·勃朗、亨利·托马斯、皮埃尔·克劳索斯基各得一票。有人说,倘若所有评委能早点读到加缪的书,那么他在第一轮就能获得所有的选票。好几位评委是在表决前两天才

---

① 波朗先前就请教过加缪如何看待茹汉都《七星手册》中扮演的角色,后者因为对战争所持态度而威信扫地。他自己也踌躇不定,依他看来法国需要来自各方面的声音。现在已经没有了加缪答复的记录。(源自让-克洛德·齐尔贝斯丹)

拿到书的。①

各种名目的文学奖由法国主要出版商赞助,甚至组织评选,其评选方法是一种"你帮我搔痒,我替你搔痒"的不光彩交易。当然,加缪本人没有参与这类交易。加缪知道,"文学评论奖"的评委主要由伽利玛出版社他的同事们担任(其中有波朗)。一家报纸暗示说,该奖项是在伽利玛的干预之下才颁给加缪的;要不然一位值得称道的青年作家就该获得这一奖项。这家报纸的暗示让加缪感到很不快,更何况他从未领取 10 万法郎(约 1500 欧元)的奖金。他还辞去了另一文学奖——"七星文库"文学奖的评委职务。"七星文库"文学奖的评委全部由伽利玛出版社的员工组成。那年的"七星文库"文学奖颁给了一名为伽利玛出版社撰稿的作家,名叫让·热内。

不过,加缪后来同样拒绝了伽利玛出版社无法左右的荣誉称号——荣誉勋位。

无论得奖与否,《鼠疫》的销售势头十分旺盛,到秋天就售出了近 10 万册。加缪跟伽利玛夫妇打趣说,以后每次上餐馆吃饭,他得为大家买单;他已经负债累累,预计得多缴两倍的税金;与此同时,弗朗辛趁机给孩子们添置衣服。他预计自己很快就会贫困潦倒。② 尽管如此,加缪仍有理由为《鼠疫》的畅销而高兴:他与出版商签署了一份条件优惠的合同。第一版按销售额的 15% 支取版税。(之前一年他收取《致一位德国朋友的信》12% 版税。再之前他战时写的书前一万本版税 10%,之后版税 12%。)

在纽约《党派评论》发表的一封"巴黎来信"中,加缪的朋友尼古拉·基亚罗蒙特强调指出,加缪的小说在"买一本书被看作奢侈的年代"里获得了成功。《鼠疫》"既不是一部没有缺点的作品,也不是一本为取悦于人而写的书",基亚罗蒙特写道,"但是,读者在这本书中显然

_____

① 《世界报》,巴黎,1947 年 6 月 14 日。

② 源自雅尼娜·伽利玛。

得到了对朴素的人性和理性需要的满足"。①

在战后10年法国最畅销的书排名榜上,《鼠疫》名列第七,正好排在圣埃克絮佩里的《小王子》之后;排名第一的是《唐卡米罗的小小世界》。②

《鼠疫》刚发行不久,加缪和家人就离开巴黎去了勒帕奈利耶。"二战"时期,加缪被流放在那里。这次奥特利夫人把他们安顿在一座位于城堡式农庄中央被称作城堡主塔的楼里。加缪把工作室设在了顶层的一间房子里,因为重回这个宁静的地方显然是为了工作。旅途劳顿使他疲惫不堪:可以想象他和两个才21个月的婴儿是怎样在火车上度过这个难熬的夜晚的。两个孩子得了病。两个星期后,弗朗辛的母亲从奥兰赶来。他们的宁静生活又被一家专门刊登绯闻的周报《星期六晚报》一名记者的到访而搅乱。他专程从巴黎赶来采访最新畅销书的作者。所有的评论充满了赞誉之词,加缪被淹没在鲜花丛中。

不过,勒帕奈利耶倒没有变化,天总是阴沉沉的,白天阴雨连绵,还是他被流放时的那种阴郁景色。然而,他喜欢这种景色。他来这里是为了休息疗养,当然也是来工作的。"绝妙的一天"——他(6月17日)的日记这么开头。不过,读以后几天的日记,就能发现美景在渐渐消失:"现代癌症同样在侵蚀我。"

他阅读《墓畔回忆录》,不时把有关叛逆的想法记录下来,有时却思考将来要做的事,为自己明确方向。他想改变生活,但除了旅行之外,却想不出别的方法。③

---

① 《党派评论》,纽约,1948年9月。基亚罗蒙特注意到不论是共产主义者抑或其敌人都认为《鼠疫》是对反对共产主义的进攻。事实上,公众舆论却认为加缪描述的是战争和占领时期。加缪亲手签了一本《鼠疫》送给他演出剧组的好友雷蒙·西戈戴,以"纪念鼠疫前的美好时光"。

② 《新文学》,巴黎,1955年4月7日。加缪将一份文章存放在夏纳莱伊街房子的抽屉里。

③ 源自雅尼娜·伽利玛。

从此以后,他不但有时间——作为完成一部艰巨作品后对他的补偿——考虑自己眼前的生活,而且可以为未来的作品进行构思。他在日记中写道,《荒谬》(过去的作品)和《叛逆》(正在完成的作品)之间的环节是怜悯:《爱情与诗歌》——不过,写这个题材需要纯洁的情感,而这种情感对于他已经不可能失而复得。他不得已只能满足于通过想象达到这一目标的途径,并等待"纯洁时代的到来"。他最后写道:"至少在死亡之前能看到纯洁时代。"

在勒帕奈利耶,加缪再次对自己过去、现在和未来的作品周期或系列(他是这么称谓的)进行了回顾和展望,基本上都是三部曲:

第一系列"荒谬":《局外人》——《西西弗神话》——《卡利古拉》和《误会》。

第二系列"反抗":《鼠疫》(及其附属品)——《反抗者》——《卡利亚埃夫》。

第三系列:撕心裂肺的爱:《焚尸的柴堆》——《论爱情》——《迷恋》。

第四系列:文明世界或制度——长篇力作+长篇沉思录+未上演的剧本。

后来,在重新整理日记出版时,第二系列和第三系列之间又加上了《审判》和《第一个人》。这样给人的感觉是这两部作品自1947年夏季就已经考虑好了,而事实上都是后来的想法。《审判》大概就是以《最后的判决》为暂定名的《堕落》。

要是加缪在这部分日记——1947年6月17日至25日——中提到的所有篇名确实是在勒帕奈利耶定下的,那么应该肯定除《堕落》和《第一个人》(以及若干中篇以外),所有的作品早已计划好了。(在第二系列中,《卡利亚埃夫》改为《正义者》;其中伊万·卡利亚埃夫是主人公;从那刻起,他的日记中写满了标注和对话片段,这部剧将于1949

年在巴黎上演。)

7月15日,加缪一家回到了巴黎。大概就是在这个时期,他和朱尔·鲁瓦在舒瓦塞尔合租了一处位于谢弗勒斯山谷的住所。那是一栋漂亮的旧式别墅,坐落在一个四周长满树木的林中空地上,隐没在荆棘丛中。这里有足够的地方来安顿加缪全家(也包括加缪的岳母)。当加缪回塞吉耶街居住时,鲁瓦就留下来看守房子。加缪和鲁瓦是文学同仁,又是亲密的朋友。夏洛出版社出版了鲁瓦的《幸福山谷》一书。书中,鲁瓦以小说的形式描写了他在自由法兰西武装力量中当飞行员的经历。在为夏洛出版社刊物《方舟》撰写的综述中,加缪把这本书列为"我们已经忘记其品位的谦逊的力作之一"(之前提到他获得了享有盛誉的雷诺多奖)。

等全家人妥善安顿好后,加缪陪让·格勒尼埃去了他的故乡布列塔尼。8月4日,他们驾驶加缪刚买的黑色雪铁龙车离开了巴黎(法国战前电影中常见的雪铁龙CV11型车,既适合警察,又适合暴匪;在一段时期里,这既是盖世太保公用车,也是法国国内武装部队用车)。路上,他们一边赶路,一边旅游,两天行驶400公里。他们游览了冈堡,那里有夏多布里昂的城堡(加缪刚读过的《墓畔回忆录》中有对这座城堡的描写),还参观了圣马诺(被炸毁后还没有重建)和圣布里厄。[1] 在冈堡,加缪告诉格勒尼埃,他非常想在不放弃司汤达风格的同时,吸收夏多布里昂的写作风格。[2]

在圣布里厄,他们拜访了格勒尼埃儿时的朋友、伽利玛出版社作曲家路易·吉尤。他仍然生活在圣布里厄郊区一幢简陋的两层小楼里。由吉尤作陪,他们去特雷吉耶参观了埃内斯特·勒南诞生的故居并游览了修道院及其内院。加缪记下了他和格勒尼埃讨论的若干问题,以及对这位哲学家进行研究的想法——"作为马尔罗思想对立

---

① 源自雅尼娜·伽利玛。

② 让·格勒尼埃《阿尔贝·加缪》。

面的 G"（G 是格勒尼埃法语姓名的第一个字母），当今世界被看作这两位哲学家之间的对话。

路易·吉尤还带加缪去了位于圣布里厄城出口处的圣-米歇尔公墓，加缪的父亲安葬在军人墓区。吉尤陪加缪来到一块按规定统一制作的墓碑前，墓碑上刻着他父亲的姓名。随后，他们就离开了墓地，让死者安息。此时此刻，加缪在想些什么呢？只有他自己知道。只是看到这块刻着他父亲生辰和忌日的普通石碑，想到吕西安·奥古斯特·加缪英年早逝，而他的儿子已经比父亲的寿命长了许多年时，加缪才流露出激动的表情。①

不久，加缪出生在北非的战友让·达尼埃尔创办了一本杂志《卡利邦》，每期都要刊登一篇不大出名的作品。加缪便向他建议转摘描述吉尤贫苦童年的小说《人民之家》。达尼埃尔答应采纳加缪的建议，条件是由他写序。加缪接受了这个条件，②他的序言是这样写的：

> 今天想以无产阶级的名义说话的所有法国作家几乎都出生在优裕或富有的家庭。这并不是什么缺点，也许是一种巧合。我觉得，这也无所谓好坏。我只是想向社会学家指出一种异常现象，并提出一个研究课题。

这个序言非常重要，因为加缪在此强调了只有经历过贫穷，才能够谈论贫穷的必要性。如此的强调，似乎想为他自己过去和将来的作品解释，而且也是在控诉贫穷，因为他显然不想暗示贫穷能为艺术服务。"过分贫穷会使人的记忆衰退，而且减弱对友谊和爱情的冲动。"他又补充说，"靠在作坊打工每月挣 15000 法郎谋生的话，特里斯坦对

---

① 源自路易·吉尤。
② 让·达尼埃尔《剩下的时间》。

伊瑟就没有那么多的情话可说。"

　　6月和7月,加缪没有在巴黎上班。8月份整个出版行业都去度假时,他得去伽利玛出版社上班。全公司基本上就剩下他一人。他对米歇尔和雅尼娜诙谐地说,伽利玛这个庞然大物整个由他一人顶着。根据不同内容的来电,他得以文学部、销售部、制作部、杂志编辑部等名义给予应答。晚上,他按时赶回舒瓦塞尔美美地洗上一个澡。① 但是,他的两个孪生孩子得了百日咳以后,由于加缪从未患过此病,他不得不离家借宿在朋友家里。② 9月份,他去了沃克吕兹省。到阿维尼翁时,勒内•夏尔已经在火车站迎候,并把他安顿在欧洲饭店。在饭店里,加缪与几位朋友久别重逢。后来,又去拜访《催眠板》的作者。③ "大房间里秋意盎然。"他在日记中写道。后来,他对夏尔的了解进一步加深。以前,就像同其他许多作者一样,只是在伽利玛出版社的走廊里遇上时寒暄一番。这次见面至关重要,打这以后,加缪把这个柔中带刚的强人作为自己生活中的楷模,而且从夏尔那里学会了离群索居,回避文学生涯中一些鸡毛蒜皮的小事。这位成了诗人的前橄榄球运动员的生活,使他想起了自己的生活或可能成为他生活的生活:当一个具有男子气概的好作家。④

　　他在日记中记下了夏尔讲述的一件事。1944年5月,夏尔离开抵抗运动小组去北非时,曾在飞机上看到杜朗斯山沿线都是战友们为他送行而点燃的熊熊大火。

　　10月回到巴黎以后,加缪在日记中叙述了一个离奇的小插曲。他

---

　　①　源自雅尼娜•伽利玛。

　　②　源自雅尼娜•伽利玛。

　　③　勒内•夏尔《太阳的子孙》,日内瓦,1965年。

　　④　源自让•布洛克-米歇尔。因回忆的不确定性以及缺乏合适文献资料,如今很难确认加缪第一次访问夏尔的日期是否是1947年9月中旬,在弗朗辛的陪同下到阿维尼翁,抑或比这个旅行日期更晚。

去"病孩"医院也许是探望自己的孩子。在那间低矮、密不透气的病房里，闷热难熬，满屋飘溢着荤汤和敷料气味，他被熏得昏了过去。

11月，加缪乘飞机去了阿尔及尔（他在日记中把飞机说成"现代抽象和否定的因素之一"）。但没过多久，他就后悔根本不该回年幼时生活过的地方：姑娘们成了体态臃肿的妈妈，男人们已经去世。这座他曾经那么想了解的城市现在只是向自己家人，年迈的启蒙老师，中学、大学老师，以及从前就读的小学、中学和大学等进行礼节性拜访的地点……①

这年秋天，斯德哥尔摩瑞典科学院曾考虑把诺贝尔文学奖颁发给加缪。他后来又多次获得提名。要是那年瑞典科学院真的推选加缪为文学奖得主，那时他才34岁，那么就成了历史上最年轻的诺贝尔奖获得者（1957年，加缪获得诺贝尔文学奖时，除拉迪亚德·吉卜林外，依然是最年轻的得主）。②

虽然加缪那年没有获奖，但至少在"圣-克莱先生"——纪德的"小夫人"玛莉亚·凡·利塞尔贝格的笔名——的"私人肖像画廊"中占据了一席之地。在她的名为《私人画廊》的书中，她记述了所有她熟悉的特殊人物：

> ……性感的嘴唇常带着几分微笑（她对加缪是这样描写的），那是一种亲切而又嘲讽的微笑，也许还不乏俏皮。他脸上哪个部位最能体现他坚毅的性格呢？大概就是那双紧闭的嘴唇。这种坚毅是刚中有柔，而且更被他对正义的执着追求而柔化。

---

① 源自雅尼娜·伽利玛。

② 谢尔·斯特朗博格《阿尔贝·加缪—温斯顿·丘吉尔》（诺贝尔奖图书馆），纽约，1971年。

说到关键之处,她也提到了加缪的魅力:

加缪的魅力是巨大的,不但有密度,而且非常自然,不带任何
矫揉造作……①

为让加缪履行不断增加的义务,回避那些影响其工作和生活的崇
拜者,伽利玛出版社给加缪配备了一名秘书。那是一位性格泼辣、做
事果断的年轻姑娘。打这以后,加缪的私人和工作电话都要经过出版
社的总机转接,所有的私人和工作信件都用伽利玛的信笺书写。现在
他可以外出旅行,改变住所或干脆就是隐蔽起来,至少出版社的电话
和地址是固定不变的。如果有人想跟加缪通话,先得通过拉比什
小姐。

苏珊娜·拉比什曾经是一位结核病患者,并且在伊泽尔省的圣伊
莱尔杜图凡大学生疗养院治疗过一段时间(30 年代初,马克斯-波尔·
富歇也在这里疗养过)。一天,戏剧艺术教授贝娅特丽克·杜萨纳来
疗养院给病人举办讲座。苏珊娜·拉比什是剧作家欧仁·拉比什的
后代,就这样有机会遇到了杜萨纳。杜萨纳答应等她回巴黎后帮助寻
找工作。1946 年,苏珊娜回巴黎后便与杜萨纳联系。杜萨纳是玛莉
亚·卡萨雷斯的好友,因此也认识加缪。受人之托,加缪替她找了一
份给一位哲学教授当助手的工作,但最终还是没成功。拉比什本人倒
很愿意教书,而且在疗养期间拿到了法学学士学位,可她的身体不允
许她当教师。于是,加缪又替她在书店找到一份差使。一次,加缪来
这家书店举办讲座,她第一次见到了加缪。讲座结束后,她向加缪作
了自我介绍。加缪对她说,她应该找一份比这轻松,但更有意义的工
作。三天以后,加缪打电话给她,建议她做他的秘书。

开始时,她每天在加缪这里上半天班。其余时间在出版社另一间

① 圣-克莱先生《私人画廊》,巴黎,1947 年。

办公室协助那时负责《特洛伊木马》志杂的布吕克贝尔格老头的工作（加缪曾在这本杂志第二期中提及琼·马拉加利·格利纳——加泰罗尼亚 20 世纪初浪漫主义诗人——翻译的几首诗歌）。拉比什到出版社的第一项任务就是将《鼠疫》的定稿本用打字机打出来。加缪试用她三个月，看她是否有能力单独处理来往信件。加缪离开《战斗报》回伽利玛上班以后，拉比什也就成了他的全日制秘书。她为能与一位伟人密切相处而欢欣鼓舞，并且开始写日记。加缪发现此事以后，拿走了她的日记本。在把日记本还给她时，加缪警告她说，如果她继续这样写日记，就不能留在他身边工作，并且划了根火柴把她的日记本付之一炬。她答应下不为例。关于记日记的事，他经常盘问她。后来，拉比什在加缪身边工作了 13 年，矢志不渝地信守诺言。①

拉比什长得非常迷人，而且对加缪忠心耿耿。加缪总称呼她"拉比什"②。她很快就制定了一套办法以保护加缪不受崇拜他的不速之客的种种干扰，如要求约见加缪、采访、邀请加缪作演讲稿、拉赞助、邀请参加公共和私人庆典仪式等。她在抽屉里准备一大沓表示拒绝的标准信：

> ……因身体不适，阿尔贝·加缪先生必须根据医嘱显著减少各种活动。

> 本人已定规矩一条：不接受任何荣誉称号，而献身于本人所全力以赴的事业。

> 因不堪重负，原则上，对任何调查、采访之约一律不予答复，并且一般拒绝参加任何新活动和一切作序之稿约。因为，倘若接

---

① 源自苏珊娜·阿涅莉。

② 源自雅尼娜·伽利玛。

受一次邀请或稿约，那么就会有 20 份请柬和稿约接踵而至，而后还得加以拒绝。①

　　遭到加缪拒绝的人中后来还有亨利·基辛格。基辛格曾多次想请加缪为他当时主编的哈佛国际评论《汇合》撰稿。加缪总是谢绝基辛格的稿约，而在基辛格来巴黎期间就设法离开巴黎。但是，1953 年，他们俩终于在巴黎有了一次被基辛格喻为"愉快"的交谈。② 在加缪成名之初答应写的序中有一篇措辞有力的短文是为一部揭露纳粹暴行的著作——雅克·梅里的《放了我国的人民》作的序，还有一篇是介绍他的一位里昂籍抵抗运动战友勒内·莱诺的《遗诗》。勒内·莱诺是一名记者兼诗人，被德寇杀害（这两篇文章又重新在他全集中出版）。

　　阿尔贝·加缪是否被成功冲昏了头脑？对此，也是仁者见仁、智者见智。当然，随着美国式促销方式通过新的媒体传入法国，信息的传播范围无限扩大，人物的知名速度大大加快。而加缪由于圣日耳曼-德-普雷区根深蒂固的神秘色彩，以及他自身暴露在外的缺点和被掩盖起来的美德，很快就成了一个令人垂涎三尺的猎物，他为保护自己私生活而做出的不懈努力几乎只能加剧别人的好奇心。荣誉不可避免地对他的私生活或他想保持不公开的生活产生了影响。拉比什可以回绝各种见面和采访的要求。不过，加缪是个"夜游神"，喜欢外出晚餐、喝酒、跳舞。他最近的成名使他外出聚会不可能不为人知，他不止一次地怒斥爱打探他隐私的记者。

　　当然，他的成名又使他得以不断增强与出版商讨价还价的实力。稿酬多了，他可以过上较为舒适的生活，人们对他也更加尊敬。讽刺的是，加缪清楚地意识到这种待遇背后的各种目的性，但无论如何他

_____

① 源自苏珊娜·阿涅莉。
② 源自阿尔贝·加缪夫人。

很享受这种待遇。

吊诡的是,加缪的成名改变了他的行为举止,而他的工作和对自己的怀疑却没有发生任何变化。

加缪应邀参加的社会活动越来越多,不得不经常在各种义务之间进行周旋。由于他总是优先考虑北非的老战友或《战斗报》的邀请,因此接受别人邀请的可能性就减少了,从而得罪了一些人。苏珊娜·拉比什觉得,受到加缪怠慢的人其行为有失公允,他们不愿了解时间对于加缪有多么宝贵。[①] 至于让·格勒尼埃,由于不在巴黎生活——在加缪获得荣誉的最初几年,他不经常见到加缪——他坚持认为加缪是一个无私的人,总是亲自回复大部分来信,特别是那些有求于他的来信。格勒尼埃注意到加缪从来不锁车门,他的解释是:"如果有人偷我的车,那是因为他们需要它。"不过,格勒尼埃觉得,加缪很清楚自己的确切价值,而且一直等待着自己的价值得到别人的承认。他是从社会底层开始奋斗的,所以比别人更需要成功。当成功来临时,格勒尼埃认为它对加缪产生了有益的影响:得以淋漓尽致地表现自己的慷慨大方。不过,格勒尼埃也谈到了加缪对"伟大的向往和对高贵的留恋"。[②]

渐渐地,又有一些人指责加缪开始变得过于自重,甚至自命不凡;措辞考究,总爱反复推敲(之后相同措辞在他文章或书中出现);加缪的许多好友认为过分的夸张是"北非人"的特点。加缪出生在北非的战友让·达尼埃尔也有同样的毛病。每次发言,加缪总感觉自己的话会被别人重复,因此遣词造句极其谨慎。即使他的朋友们也注意到他现在特别郑重其事。有一位朋友埋怨说,现在很难对他进行反驳,因为他表达准确,不留破绽。[③] 而加缪觉得自己受到密切的关注:知识阶层在等待他的新作问世,这倒也不为过。同时,有人把他当作大师向

①　源自苏珊娜·阿涅莉。

②　让·格勒尼埃《阿尔贝·加缪》。

③　源自与加缪诸多好友谈话。

他求教，到处冒出一些弟子来，而他的新作尚未成熟。①

成名的长期效应和加缪的真实反应，这一切到后来，尤其是获得诺尔奖以后就变得明朗了。加缪不时发出一些小小的暗示，被他的朋友们当作警示信号。其中，有一篇题名为《谜语》、1950 年发表在《夏天》上的散文提到了在文学上取得成功的便利性：

> 要想在文学界树碑立传，没有必要著书立说。只要让别人相信你写过一本书，再加上各家晚报的渲染，那么从此就可以躺在这本书上。

另外，还有一篇收录在《流放与王国》里的中篇小说《若纳斯》。这个中篇和《堕落》无疑是加缪最典型的自传体著作。这些自传体作品，对于不了解加缪的人来说，颇具喜剧色彩；而对于他的朋友来说，却令人心碎。

加缪并没有因《战斗报》经历的结束而停止参加社会活动。有关加缪对冷战初期世界政治的真实想法，人们可以在当时由他起草的一篇文章或社论（似乎没有发表）中窥见一斑。在文章中，加缪对哈里·杜鲁门总统关于自由世界国家协调一致，反对共产主义集团威胁的呼吁进行了评论。不久以前，美国总统发表了后来被称作"杜鲁门学说"的观点，美国向地中海沿岸国家提供援助，以抵御苏联扩张主义的压力。当杜鲁门把这项新政策扩展到整个西方世界时，加缪在这篇文章中揭露了这项新政策有可能是"一项为战争开路的营垒政策"；并指出必须反对战争，因为战争就意味着欧洲被苏军占领或摧毁，而法国和欧洲都不可能从战争中获得振兴。在这篇文章或社论中，加缪接着声明，他不认为一项营垒政策能够实现列强之间的均衡：武装的和平不

---

① 狄奥尼斯·马斯科洛《两个死去的朋友》，选自《向阿尔贝·加缪致敬》。

是和平,战争或备战必将毁灭各阵营鼓吹要捍卫的理想。这说明,苏联实行的不是真正的社会主义,美国政治上的自由也在减少。战争并非不可避免。但是,拒绝战争是要放弃我们所处的这个时代。相反,加缪自诩是一个摒弃主权之神话世界社会的支持者。最后,他呼吁欧洲人民和全世界人民团结起来,一致行动,反对战争。①

《卡利邦》在1947年11月号上刊登了加缪的系列文章《既不当受害者,也不做刽子手》,并由让·达尼埃尔作序。在序言中,达尼埃尔强调了政治的重要性。

《卡利邦》是一本外表奇特的杂志。它是1947年2月推出的袖珍本,采用廉价的纸张(接近《读者文摘》的开本)。创刊时定为周刊,暂时每月发行两期,但不久就改为月刊(而且封面上常常不注明月份)。虽然以"大众化"的形式(封面的色彩非常俗丽)发行,但这本刊物的内容极其严肃。加缪的作品非常适合在这本刊物上发表,与其他著名左翼知识分子的作品配伍。因此,由另一阵营的杰出代言人物埃马纽埃尔·达斯捷·德·拉·维热里回应《既不当受害者,也不做刽子手》的文章也发表在《卡利邦》上几乎就不足为奇了。战前,达斯捷男爵是一个右翼人士,在德国占领时期参加了抵抗运动。战后,他不但是戴高乐派的盟友,而且还在冷战时期甚至冷战后,支持他办的报纸《解放报》的共产党人的朋友(当达斯捷流露独立的迹象时,共产党人就放弃了对这份亏损报纸的支持)。达斯捷是戴高乐将军和斯大林的挚友。在第二次世界大战时期,他帮助戴高乐(尤其是去华盛顿)完成了多项使命,战争结束后,就在戴高乐政府中担任内政部长。但是,他同时又是受苏联人支持的世界和平大会的副主席,而且获得过专门颁给为苏维埃事业做出过杰出贡献的外国人的列宁勋章。

达斯捷致加缪的信发表在1948年4月的《卡利邦》上,文章的题目为《从刽子手手中救出受害者》。文章开宗明义,指出抵抗运动战士

---

① 根据"七星文库"版加缪文集改编。

参加抵抗运动的动机各不相同：生性傲慢的人是因为不能接受失败；真正的抵抗运动战士始终站在受压迫者一边；而革命者觉察到了法西斯主义和资本主义之间的关系。他把自己列入第三类人。当前，有三种可能性：共产主义革命、资本主义和第三力量。达斯捷假定加缪是清楚这一点的：第三种选择不可避免地服务于第二种可能性。因此，选择最终只有两种。但是，加缪拒绝做出选择。"你逃避政治，"达斯捷在信中写道，"躲在了'道德'的怀里。自《鼠疫》以来，又取得了多少进步！"加缪把和平作为目标本身，而达斯捷宁可消除引发战争的原因，因为杀人的不仅仅是断头台，还有饥饿。

"我是和平主义者，"达斯捷明确表示，"你也是和平主义者。"但是，加缪关于组织一次和平运动的建议，就好比他理应主张发起一场防治结核病运动，但又以预防手段太苛刻为借口拒绝各种必要的预防手段。他赞同目的正确也不能不择手段的观点，但是，想达到目的的人必须接受某些手段的"可怕必要性"，奴隶们必须奋起反抗他们的主人。加缪居然拿资本主义与共产主义相提并论，他感到震惊。加缪这位"世俗圣人"在拒绝做出选择，试图"拯救人类肉体"的同时，无意识地充当了资本主义的帮凶。

战后欧洲所面临的选择从未被这样明确地表述过。不可思议的是，加缪以为通过选择"道德"之路，对各执政集团敬而远之，就可以避开因为支持"美国"立场而可能妨碍他坚决反对"斯大林主义"。现在，有人说他拒绝承认合法的谋杀——这是《既不当受害者，也不做刽子手》的基本观点，因此倒成了其中一个阵营的帮凶。对此，加缪迅速进行了回击，他在 6 月 15 日—7 月 15 日出版的《卡利邦》上发表了一篇题名为《骗局在何处》的文章（之后他重新发表在《时论》中）。加缪在文章中反驳了把他说成非暴力论者的说法。他认为暴力是不可避免的，这是他在纳粹占领时期明白的一个道理。但是，他同样认为必须反对把一切暴力合法化的观点，无论是对于来自专制国家的暴力，还是对极权哲学所主张的暴力。达斯捷想知道加缪为何要参加抵抗运动阵营。"这个问题对某些人来说毫无意义,而我就是其中的一个。"他反驳道,"这对于我来说是理所当然的,这就是本人参加抵抗运动阵营的全部原因。"加缪发现,与暴力相比,他更憎恨暴力机构。参加抵抗运动的人有权抗议希腊政府镇压共产党人,但并不因此可以杀害非共产党人。加缪承认,他没在马克思主义中发现自由,却在"苦难"中发现了自由。他并不想反资本主义或社会主义,而是要反对"帝国-自由主义"和"马克思主义"。他比世界上任何人都更倾向于反对在原子武器时代发动战争。至于马克思主义,加缪比起现在同志们来说更谦逊。他重视活着的人,而非将来的人(受控于活着的人)。加缪在受到有意或无意充当了资产阶级社会帮凶的指控以后,提醒达斯捷注意,他自己又做了谁的帮凶:

那些自称无所不知、无所不能的人最终还是靠大开杀戒来解决问题。总会有那么一天,除了杀人,他们没有其他规则可循;除了用来为杀人开脱的可怜的经院哲学以外,没有其他科学可言。

《反抗者》要传递的信息在此得到了淋漓尽致的阐述。事实上,加缪正在撰写《反抗者》。1947 年 10 月 17 日,加缪在日记中简要地写下了一段"开场白",大概是该作品第一稿的"开场白"(至少在《正义者》剧中与他三部曲第二本中使用了相同主题)。加缪下决心:"一切顺其自然地写。"——关于随笔的评论。

几天之前,10 月 14 日,他催促自己说:"时间紧迫。"他的日记凌乱地留下阅读法国、俄国哲学家、革命哲学家的笔记,以及短篇、长篇小说(比如说《正义者》)的设想。8 月份,他对米歇尔·伽利玛谈起一部戏,让钱拉·菲力普和玛莉亚·卡萨雷斯分别担任角色,这出戏也许是《正义者》。①

---

① 源自雅尼娜·伽利玛。

　　玛莉亚·卡萨雷斯曾经与加缪过从甚密,后来似乎逐渐疏远。她和钱拉·菲力普主演了一个很有争议的本子,由年轻作家亨利·皮歇特编剧的《三王来朝》(人们不认同他的剧,因为有几幕很出格)。有一位朋友问加缪是否看过此戏,他冷冷地回答说:"噢,你应该知道,我是个背时的人。"那时,加缪大概不愿观看由玛莉亚·卡萨雷斯担任角色的戏。只是到了晚些时候,1948 年春末——6 月 6 日"最长的一天"四周年纪念日和迪兰夫妇举办的"节庆"晚会上——两人才面对面地相聚在圣日耳曼-德-普雷区。①

---

　　①　源自玛莉亚·卡萨雷斯。

第三十三章

唐·吉诃德

> 多亏了构成这个国家耻辱的新闻界,我们整天靠谎言度日。任何可能补充或充实谎言的思想和定义在今天都是不可饶恕的。对一些关键词进行定义,今天使它们的词义充分明了,以使它们明天变得有效。我们就是在为解放事业而工作,我们在尽我们的职责,这已经是言过其实了。
>
> ——《民主,谦虚的训练》

对于知识分子来说,在这个依然是自由的西欧,选择已经是迫在眉睫的事。如果说面对核威胁的加剧,和平的呼声显得更加必要,那么危险在东欧则更明显地加剧。随着捷克斯洛伐克推翻民主政府政变的发生(1948年2月),斯大林主义很快将发展到空前绝后的地步。六月柏林开始封锁;七月铁托的南斯拉夫被排斥出共产主义阵营。当时还是存在第三条道路的可能性的(既不受苏联影响也不处在美国的保护伞下)。在法国左派政党中,包括那些反对法国社会党(法国国际工会)的官方说法,法国社会党人提出发起左派共同宣言支持和平、中立的欧洲,社会党的欧洲。萨特的朋友们(其中包括梅洛-庞蒂)、安德烈·布勒东、克洛德·布尔代的《战斗报》和左派天主教的《精神》杂志于1947年12月发起了同样的提议。队伍急需拟定一个具体可行的计划才能继续。按照这一时期一位历史学家的说法,西蒙娜·德·波伏瓦、加缪和布勒东曾想发起一场旨在废除对政治犯罪判处死刑的运动。西蒙娜·德·波伏瓦后来回忆说:"我们当中的大多数人却认为,唯有政治犯罪才应该判处死罪。"该团体发生了分歧,没能达成一致。

西蒙娜·德·波伏瓦讲述了萨特和加缪之间发生的其他几次分歧,而与此同时他们在许多方面仍持相同的政治观点:加缪和萨特分子一样对戴高乐主义运动表示反感,因为这个原因,加缪断绝了与阿尔贝·奥利维耶的一切往来。虽然关系没有以前密切和随便,但萨特——加缪联盟依然存在。然而,那年冬天一个值得注意的夜晚,当着加缪的面,萨特和西蒙娜·德·波伏瓦与粗暴的反斯大林分子阿瑟·凯斯特勒发生了争执,从此断绝了来往。

开始是一次相当坦诚的聚会。1947年秋天的一个上午,西蒙娜·德·波伏瓦在花神咖啡馆工作。她陪凯斯特勒及其夫人去参观"网球场"博物馆举办的印象派画展。凯斯特勒说,大画家、萨特和他本人都长着一个小脑袋。在西蒙娜·德·波伏瓦眼里,这是多么可怜的自命不凡。忽然,她又听到自己的同伴问道:"《鼠疫》发行了多少册? 8 万册? 很不错了。"接着,他又提醒说,他自己的小说《零与无穷大》销售了 20 万册。稍后,凯斯特勒想在一家俄罗斯酒吧重新举行一次疯狂的晚会。凯斯特勒夫妇、加缪、萨特和西蒙娜·德·波伏瓦都参加了这次晚会。凯斯特勒迫不及待地对酒吧领班说,他很幸运,能有机会为加缪、萨特和他本人服务。接着,他又开始发表他最喜欢的宏论:不存在没有政治默契的友谊。这时候,他们都喝醉了,萨特与凯斯特勒的娇妻调起情来。突然,凯斯特勒抓起一个酒瓶朝萨特的脑袋扔去,还好瓶子砸在了墙上。其他人都站起身来,而凯斯特勒仍不想走,萨特在人行道上摇摇晃晃地直打转。最后,凯斯特勒也决定离开酒吧,四肢匍匐地爬下楼梯来到街上,准备再与萨特打架。"走,我们回去吧。"加缪一手搭在凯斯特勒的肩膀上,神情愉快地说。凯斯特勒猛地甩开加缪的手，举手就打。加缪也想扑过去揍他，但被别人劝住了。

　　把凯斯特勒交给他的娇妻扶着，其他人钻进了加缪的车里。加缪喝了不少伏特加和香槟，两眼挂泪："我的朋友，他打我！"说着，他伏倒在方向盘上，由着汽车左右打晃。萨特和西蒙娜·德·波伏瓦赶紧把加缪的头扶了起来。

　　在以后的许多天里，他们多次谈起那个不寻常的晚上。加缪局促不安地问他们："你们以为，还能继续这样喝酒和工作吗？"西蒙娜·德·波伏瓦回答说不能。她强调在她的记忆中这种事很少发生。在一个大家拒不承认有人窃取了他们胜利果实的时期，他们在替自己辩解，但从此，他们将生活在失望之中。凯斯特勒是戴高乐主义的支持者，他声称萨特暗中也支持戴高乐。他们俩的关系就这么结束了，至少西蒙娜·德·波伏瓦也是这么说的。①

　　那年春天，萨特和其他非共产党左翼人士创建了革命民主联盟，旨在联合所有与共产党和其他任何政党没有联系，并认为欧洲可充当两大列强调解人的知识分子。萨特当了两年革命民主联盟领导人（在与联盟内部的亲美倾向进行了斗争以后，于 1949 年 10 月辞职）。加缪从未加入这一组织，但多次参加他们组织的活动。

　　1948 年 1 月，加缪在一本新杂志《圆桌》的创刊号上发表了一部题名为《微妙杀手》的作品——《反抗者》第一种版本中的一个章节②，引起了一场不大不小的风波。这篇试验作品包含了他同月开始动笔的剧本《正义者》的主要内容：卡利亚埃夫是一个革命青年团体的成员。该团体决定，等塞尔日大公的豪华马车经过莫斯科街头时，投掷炸弹杀死大公（1905 年 2 月）。卡利亚埃夫临时改变主意，决定不向马车投掷炸弹，因为车中坐着几个孩子。

---

　　①　西蒙娜·德·波伏瓦《势所必然》。

　　②　选录于《圆桌》中的版本而后经改编，出版于"七星文库"版加缪文集。

事实上,倒不是《微妙杀手》的内容——在这部作品中可以找到《反抗者》的影子——而是刊载这部作品的杂志本身导致了这场风波,因为在创刊号中,这家杂志同时刊登了马塞尔·茹昂多——一个颇有争议的作者的作品。他在德寇占领时期的表现曾遭到许多指责。此外,该期杂志还预告了发表其他如亨利·德·蒙泰朗等有争议人士文章的消息。该杂志的编委成员有加缪和他的宿敌弗朗索瓦·莫里亚克,以及雷蒙·阿隆、安德烈·马尔罗、让·波朗。西蒙娜·德·波伏瓦事后在日记中写道,《圆桌》兄弟般地向前法奸及其朋友敞开大门,而且注意到加缪在该刊第一期上发表了作品,在以后各期中再也没见到他的文章——说明加缪后来明白了其中的问题。①

全国作家委员会很快就做出了开除莫里亚克的决定,因为他为《圆桌》的创刊帮了不少忙。②《圆桌》在第一期上还预告了第二期的目录,其中还有加缪的作品。事实上,第二期并未刊载加缪的作品,尽管加缪的姓名仍出现在编委名单中。后来,干脆隐去了编委成员名单。

1月19日,加缪启程赴瑞士,去看望米歇尔·伽利玛夫妇。伽利玛夫妇住在莱赞的一家旅馆式疗养院。米歇尔经一年卧床修养仍未治愈他的结核病,由于缺乏有效的药物,还要在瑞士疗养八个月。③ 加缪在"从山谷到山峰都是雪和云的景色"中,与他的朋友一起将近度过了三个星期,灵感使他在日记中写下了这么一段文字:

> 我从这个世界上隐退,倒不是因为那里有我的敌人,而是因为那里有我的朋友;也不是因为他们照例说我的坏话,而是因为他们把我看得过于高大。这是我无法忍受的谎言。

---

① 西蒙娜·德·波伏瓦《势所必然》。
② 《战斗报》,巴黎,1948年1月30日。
③ 源自雅尼娜·伽利玛。

加缪真的从这个世界上隐退了吗？如果按字面理解上面这段话，也许他是在说，在《鼠疫》取得成功之后，他应该跟文学界和崇拜他的人保持必要的距离。不过，他的政治活动、演讲和论战檄文并未因此而停止。莱赞的宁静生活使他得以完成《戒严》的手稿——至少他认为已经完成。让-路易·巴罗想把《鼠疫》改编成一部相同题材的剧本。德国占领时期，巴罗在法兰西喜剧院当领薪演员，他曾试图把《卡利古拉》搬上舞台，但没有成功。从此以后，巴罗一直注意着加缪作品的问世，总想把一部以鼠疫为中心题材的剧本搬上舞台。战前，他曾考虑改编达尼埃尔·德福尔的《鼠疫年志》，并与安托南·阿尔托商量过此事。战后，巴罗仍对该题材颇感兴趣。加缪的小说正好在那时出版。巴罗喜欢集体创作，于是就建议加缪和他一起对小说进行改编。

从一开始，他们之间就产生了误会，事情的结局在今天看来真是令人难以置信。巴罗把鼠疫这一现象看作一种催化剂，一种"涤罪的恶行"。不知他为何要去征求加缪的意见？在加缪看来，鼠疫是一种绝对的邪恶，象征着法西斯、纳粹时代和法国被占领时期。巴罗的解释是他们合著《戒严》时，加缪和他本人都没有看到其中的矛盾。他们俩谁也没有想到会弄出一个双头怪物。巴罗把此事归因于他们俩的幼稚。[①]

当时，总的来说，情况似乎不错。加缪在瑞士打好腹稿后，开始动笔撰写《正义者》的头几幕戏。就在这一时期，加缪和米歇尔·伽利玛的医生勒内·莱曼建立起了友谊。每次莱曼来巴黎小住，加缪总要去看望他。在加缪一生的最后几年里，他们俩一直保持着友谊，加缪时常请莱曼大夫治病。

然而，加缪最担心的是米歇尔·伽利玛。加缪觉得他总是心灰意冷，萎靡不振。为了尽可能地安慰米歇尔，加缪用歌德的话为他打气：只有执拗的人才配抱有希望。——这句话也有这样的意思：白痴才对

---

① 源自让-路易·巴罗。

任何事情都逆来顺受。加缪也向米歇尔承认，很少有人像他年幼时了解疾病性质以后那样害怕他们俩所患的病。这种恐惧心很能说明加缪长大成人以后的某些性格。

这倒不是说，加缪对自己的形象十分满意。加缪还讲述了陀思妥耶夫斯基笔下视死如归的新人。人之所以要活着，因为他们热爱生活，但这倒并非是说，一定要荒淫无度，狂歌滥舞，以150公里的时速飙车。①

1月初，弗朗辛就带着一对双胞胎去了奥兰。加缪去那里与他们相聚。他一边听孩子们牙牙学语，一边满脑子想着"鼠疫"。他告诉基亚罗蒙特，他教两个孩子学说话，问他们："谁是鼠疫?"他的儿子让回答说："卡蒂是鼠疫。"接着，他又问："谁是霍乱?"这回，卡特琳娜回答说："让是霍乱。""谁是受害者?"最后，加缪问道。两个孩子异口同声地叫喊："爸爸!"

加缪夫妇把两个孩子托付给弗朗辛的母亲后，去了西迪-马达尼。在阿尔及尔西南拉希法峡谷的陡峭处，有一家旧旅馆被改成了青年教育和体育中心。加缪的大姨子克里斯蒂安娜·富尔是这个中心的主任，由她负责把这个中心临时改成文化旅游中心，邀请一些作家到这里来度假，为期两个星期或更长一些时间。她就邀请作家的名单征询过加缪的意见。加缪本人和他的朋友弗朗西斯·蓬吉、布里斯·帕兰、路易·吉尤、埃马纽埃尔·罗布莱斯和《战斗报》的撰稿人兼记者亨利·卡莱，以及几位穆斯林作家——其中包括穆罕默德·迪布都受到了邀请。

每位来宾单住一个房间，并由自己支配时间，没有安排研讨会。不过，各位来宾可以周游阿尔及利亚，到各地作巡回演讲，吉尤这么做

---

① 源自雅尼娜·伽利玛。

了。① 加缪只是与当地教师一起开了几次座谈会。② 在这个旧式的豪华旅馆里,加缪打乒乓球的技术大有长进,这里的伙食也堪称上乘。他觉得这里的生活胜过去疗养院休养。③

加缪夫妇在西迪-马达尼住了两个星期。在从奥兰回阿尔及尔的途中,他们游览了空无一人的沙滩。一天,他们停下来在 3 月阳光下晒日光浴。完了,他们发现一扇车窗的玻璃被砸碎了,车内的物品和他们的衣服已经无影无踪。于是,他们到警察署报了案,倒不是想找回被窃的衣物,而是希望补上遗失的证件,因为他们的证件也被偷走了。

在特纳,他发现一座大山的山脚下有一个海湾,形成了一个完美的半圆。他在日记中写道:

> 暮色降临,一种极度的惆怅笼罩在静静的海面上。现在,我明白希腊人为什么总是通过美和美中包含的令人抑郁的东西来制造绝望和悲剧。这是一种最崇高的悲剧。而现代精神则从丑陋和平庸出发制造绝望。这也许就是夏尔所想表达的,在希腊人看来,美丽是起因;而对欧洲人来说,美丽是一个很少能实现的目的。我不是一个现代派人士。

当然,在路易·吉尤的陪同下,加缪重游了蒂帕萨。吉尤因只见到清一色的蔚蓝色天空,却没有布列塔尼薄雾笼罩的废墟而感到失望。④ 在阿尔及尔,加缪趁便看望了自己的家人,接着又去了布扎雷亚,拜访罗布莱斯夫妇。在罗布莱斯家里,加缪几乎是一整天都在埋

---

① 源自克里斯蒂安娜·富尔。
② 源自夏尔·蓬塞。
③ 源自雅尼娜·伽利玛。
④ 源自阿尔贝·加缪夫人。

头撰写他的剧本《正义者》第一场第四幕。然后,罗布莱斯代表阿尔及利亚广播电台采访了加缪,加缪作了书面回答。罗布莱斯事后告诉加缪,他非常高兴地看到"幸运"一词——加缪在书面回答中把阿尔及尔说成一个"幸运的城市",而不是经常在他的作品中出现的"失望"两字。加缪对他的书面回答作了修改,并且补充了下面几行文字:

> 的确,我们这一代人阅历太丰富,不可能把今天这个世界想象成"玫瑰色的书屋"。我们明白,在这个世界上还存在着监狱和执行死刑的早晨……不过,这倒不是失望,而是说明我们保持着清醒的头脑。①

站在布扎雷亚悬凸在马蒂福岬之上的山崖顶上,加缪感到自己对这座阳光明媚的海滨城市的依恋之情油然而生,尽管他来这里并不想重返故乡。由此,塞吉耶街毫无舒适可言的公寓,推而广之,战后的巴黎生活显得更加凄惨了。在巴黎时,加缪已经向罗布莱斯流露过想回阿尔及利亚的愿望。现在,他手头有钱了,可以考虑在他所钟爱的阿尔及尔湾海滨购置一栋别墅,在那里继续他的文学生涯。罗布莱斯夫人替他在布扎雷亚找到了一栋房子。冬天,她写信给加缪叫他自己拿主意。当时,加缪正急着去莱赞看望伽利玛夫妇,答应一回巴黎就给予答复。事后,罗布莱斯不得不告诉加缪,有人已经抢先一步买下了那栋房子。这次在布扎雷亚逗留期间,罗布莱斯带加缪去参观了这栋没有买成的房子。加缪拜托他再帮助找一栋类似的房子。② 加缪也曾问过夏尔·蓬塞是否能帮助他在蒂帕萨物色一栋房子。蓬塞知道,加缪是在寻找一处绿洲,一个能躲避巴黎生活的避风港,而不是一个永

---

① 埃马纽埃尔·罗布莱斯《多面阿尔贝·加缪》,选自《西蒙风》,奥兰,第 31 期,1960 年 7 月。
② 源自埃马纽埃尔·罗布莱斯。

久住所。他向朋友四处打听,但毫无结果。①

1948 年晚些时候,加缪对加布里埃尔·奥迪西奥说,倘若不是种种由不得他的原因羁绊,他早就回阿尔及利亚定居了。在巴黎,他觉得被围得"水泄不通"。②

因此,他把回巴黎看作一种义务,毫无乐趣可言。他在奥兰上的飞机,他的妻子和两个孩子还要在阿尔及利亚逗留三个星期。飞机刚起飞不久,四个发动机中有一个发生了故障。机长宣布返回塞尼亚机场作必要抢修。这时,加缪的幽闭恐惧症又复发了——在封闭的空间里,他经常犯此病。于是,他昏迷了过去。③

回到巴黎后,他继续考虑着离开塞吉耶街的办法。在这里,加缪对日常生活总是抱着临时观念,从未做过认真安排。他们应该继续留在巴黎,还是去北非定居或到普罗旺斯去?④

埃马纽埃尔·罗布莱斯曾经写过一个剧本,名叫《蒙塞拉特岛》,反映 1812 年西蒙·玻利瓦尔在委内瑞拉组织的反对西班牙占领者的斗争,尽管作者在序言中指出,该剧本的题材可适用于古罗马、菲利普二世统治下的西班牙和德国占领时期的法国等。该戏的首场公演 4 月 23 日在巴黎蒙帕纳斯大戏院举行,而且同日在阿尔及尔同时进行。该戏大获成功,剧本被译成 22 种语言。加缪在《战斗报》撰文评论这部"不同凡响"的戏说:"《蒙塞拉特岛》不是发生在美洲,而是发生在介于人迹罕至的沙漠和海洋之间的毛里塔尼亚。"("毛里塔尼亚"取其罗马文的意思,意指整个北非)

弗朗辛回巴黎不久,加缪夫妇又动身外出旅行,这次是去伦敦和

①　源自夏尔·蓬塞。

②　《阿尔及利亚》,阿尔及尔,1948 年 10 月。

③　源自雅尼娜·伽利玛。

④　源自雅尼娜·伽利玛。

爱丁堡进行正式访问。5月4日,他们搭渡轮抵达英国,参加了法语学院为他们举行的招待会,然后又去法国大使馆参加晚宴。他们奥兰的老朋友让-保尔·德·达德尔森也在伦敦,是他驾着自己的旧车送他们去大使馆的。加缪要求他在到大使馆之前让他们下车,以免让别人看见他们是搭这么一辆车来的。①

> 我记得伦敦曾是一座花园城市,每天早晨小鸟的歌声把我唤醒(他在日记中写道)。可是,现在伦敦已是面目全非,而我的记忆不会出错。满街是卖花的小车,码头上一派繁忙景象。

在国立美术馆,他赞叹皮埃罗·德拉·弗朗塞斯卡和委拉斯开兹的作品"妙不可言"。

他们去了牛津,住在麦德伦学院——"牛津的寂静,世界对它奈何"。接着,又去了格拉斯哥和爱丁堡。

> 清晨,在苏格兰的海岸边,天鹅停栖在爱丁堡运河上。城市坐落在一座神秘、云雾缭绕的假卫城周围。公主街上到处是华人和马来人。这是一个海港。

要使《戒严》成为一部能上演的剧本,还得对它做大量的修改。该戏的公演预定在秋季举行。加缪为巴罗写的剧本其内容和精髓已经与《鼠疫》相去甚远。故事不再是发生在阿尔及利亚的奥兰,而是西班牙的卡迪克斯。"鼠疫"具有讽刺性地由一名身材高大的男子来代表。"鼠疫"夺取了城池,并且以卡利古拉的专制残暴来统治这座城市。一位名叫迭戈的大学生对恐怖奋起反抗,将卡迪克斯的人民组织起来反对"鼠疫"。"鼠疫"诱劝迭戈和他的未婚妻,只要让他永久地维持其恐

---

① 源自阿尔贝·加缪夫人和克里斯蒂安娜·富尔。

怖统治,他就可以放他们平安地逃离。迭戈拒绝了"鼠疫"的威胁和诱劝,不幸被害,但卡迪克斯得救了。

加缪带着要修改的剧本去了普罗旺斯,由勒内·夏尔作陪,在普罗旺斯的索尔格岛整整工作了一个夏季。夏尔替加缪找了一栋名叫"帕莱姆"的与世隔绝的大房子。[①] 这栋房子有许多缺点——偏僻,夏天炎热(加缪一家刚巧感觉到),紧靠一条运河,而且没有篱笆阻拦孩子们到河边戏水——而夏尔和加缪出于他们的浪漫却没有觉察到。加缪看中的就是这栋房子偏僻的位置,当然不会想到他的家人会感到寂寞,因为他们在这里住的时间更长。[②]

加缪和夏尔离开了巴黎,他们缓慢、艰难地开始了漫长的环法旅行。汽车的油路不大畅通,加缪埋怨巴黎的修车商工作太粗心。当他们终于停下来过夜时,两人已经肮脏不堪。加缪肯定,他们像两个歹徒,旅店老板接待他们的那副小心翼翼的样子更加证实了这一点。旅店老板让他们俩在登记卡上随便填个姓名就行了,当然没有要他们出示证件。夏尔身材魁梧,他在登记卡职业一栏里写了"工业家",而加缪自称是记者。"这样填行吗?"填完,他们问旅店老板。"怎么都行,只要不填疯子皮埃罗。"[③]

在离开巴黎之前,加缪看过埃马纽埃尔·达斯捷·德·拉·维热里攻击《既不当受害者,也不做刽子手》的长篇大论。他得进行反击,但忘了把达斯捷的第一篇攻击文章带在身边,因此打电话给米歇尔·伽利玛,请他帮忙找到后寄来。达斯捷第二篇文章《刽子手行列中的蓬斯·皮拉特》发表在亲共产党的报纸《行动》上。这回没有其他渠道,加缪把反驳文章发表在革命民主联盟的机关报《左翼》月刊上。

达斯捷指责加缪提到了他贫苦的童年。于是,加缪解释说,他不

---

① 勒内·夏尔《太阳的子孙》。

② 源自阿尔贝·加缪夫人和克里斯蒂安娜·富尔。

③ 源自雅尼娜·伽利玛。

加缪和勒内·夏尔在普罗旺斯（照片由法国罗杰-维奥莱摄影事务所提供）

得已要纠正一个谬误,因为亲共产党的报刊经常把他当作资产阶级的
孝子贤孙对待。

> ……你们大多数人,共产党知识分子,毫无无产阶级生活经
> 验……而且你们认为我们是不顾现实的空想者,这样的看法是不
> 适当的。

然而,加缪承认自己在抵抗运动中的作用不及达斯捷重要,他仅
仅是一个"普通的二流分子"。

达斯捷要求加缪解释"为极权者暴力开脱"的意图;加缪则以揭露
纳粹和苏维埃集中营以及对政治犯实行强制劳动来加以反击。

达斯捷建议加缪向美国新闻界发表一封公开信,以抗议美国在希
腊(右翼)政府处决政治犯一事中充当了帮凶。加缪则指出,达斯捷对
他的真正立场一无所知,他在英国逗留期间和 1946 年在美国的几次
公开演讲中都谈到过这个问题。尽管如此,他已经做好准备,把这样
一封抗议信递到达斯捷的手中,如果达斯捷本人对苏联的集中营制度
和强制劳动的做法提出抗议,并要求无条件释放关押在苏联集中营里
的西班牙共和党人的话。(而达斯捷从未对此提议穷追到底。)

在文章的结尾部分,加缪告诉达斯捷,并通过达斯捷向全法国左
派声明:

> 我的作用……不是改造世界,也不是改造人类……也许是为
> 建立若干价值标准而努力。没有这些价值标准,即使是经过改造
> 的世界,也没有存在的必要……

马克思主义者不需要道德心? 如果不需要,谁也不能为他们做任
何事情,欧洲也将在腥风血雨中毁灭。然而:

　　如果他们需要道德心,有人会给他们,不然这些人,没有脱离历史,清楚他们的能力限度,会尽可能地力求明确表达欧洲的不幸和希望。

　　孤独者!你们蔑视地说。也许是吧,只是当下而已。但没有这些孤独者,你们就太寂寞了。

　　加缪把自己比作有自由意识、受孤立的人。其实,加缪和他的朋友们为自己画就了一条非常孤独的生活轨迹。他们拒绝接受这个或那个阵营所犯下的反自由和反人类尊严的恶劣行径,更何况这是发生在几乎每人都归属于某一阵营的冷战时期。

　　在索尔格岛有一件事让加缪很高兴:他的母亲来看望他。加缪在"帕莱姆"的顶层为自己挑选了一间安静的房间,朝向吕贝翁山脉。在这间屋子里,他一天要度过好几个小时,不停地抽烟,时而苦思冥想,时而奋笔疾书。晚上,他孤身一人带着一只老狗去远足。

　　不过,写作变得越来越困难。为巴罗写的那个剧本使他感到难受。① 他的日记变成了反映情绪的曲线,记下了情绪高涨时的峰值和情绪低落时的低谷,也记下了他的读书心得、对自然的观察,以及夏尔或夏尔的朋友们与他的谈话内容。夏尔的一位朋友对加缪说:"到40岁时,我们将死于自己20岁时射入自己心脏的子弹。"

　　在"帕莱姆"记下的另一段思考是:

　　　　我一生中最大的幸运就是,我所遇到、喜欢(和使他们失望)的都是一些不寻常的人。我在别人身上看到了美德、尊严、朴实和崇高,令人羡慕而又忧伤。

_____

① 源自雅尼娜·伽利玛。

　　他嘲讽 10 年前青年时期的他,把自己准备要写的书列成了清单。尽管如此,他还是掌握了他所钟爱的写作艺术。

　　他在思索:为一个人采取行动,一定会伤害他人;如果不会摆脱任何人,那么就会生活得乏味枯燥。"最终,爱一个人,就会伤害其他人。"

　　完全写不下去了。尽管如此,加缪还是写了一篇关于地中海和有分寸的短文《海伦的流放生活》,引出了结束《反抗者》的话题。他把这篇短文献给了勒内·夏尔,完稿日期是 1948 年 8 月 3 日。这篇短文似乎仍然证明了夏尔对加缪未来论述反抗的随笔的影响。

　　回到巴黎那套过于狭小零乱、阴暗龌龊的公寓里,加缪觉得自己有生以来从来也没有这样委屈过。他为完成《戒严》这个剧本已累得筋疲力尽。他向格勒尼埃诉苦说,五个星期以来,他每天从下午 3 点一直写到第二天凌晨 2 点,为的是及时把一个令人满意的剧本交给巴罗,以免耽搁排演。加缪不但一直干到排练前的最后一刻,而且排练开始后仍在赶剧本。① 剧中的角色现在已经分配下去。"鼠疫"的年轻对手迭戈这个角色将由巴罗本人扮演,而玛莉亚·卡萨雷斯则扮演迭戈的未婚妻(迭戈的死挽救了她)。至于"鼠疫"一角由皮埃尔·贝尔坦扮演,巴罗的妻子马德莱娜·雷诺扮演"鼠疫"的女秘书,皮埃尔·布拉瑟尔则扮演纳达这个角色。在这个豪华阵容里,哑剧演员马塞尔·马索扮演送尸人。

　　为了给这部戏取一个响亮的名字,加缪和巴罗终于想出了一个办法。他们俩中的一个说:"亲爱的,请换上晚礼服,我们去看⋯⋯"并且尽量使这句话以最佳的方式连贯下去。因此,不能说:"亲爱的,请换上晚礼服,我们去看《鼠疫》。"也不能说是去看"黑股沟腮腺炎病"或

---

　　①　源自玛莉亚·卡萨雷斯。

"白色瘟疫"。而《戒严》这个名字叫得响。①

　　1948年9月,加缪在美国盖瑞·戴维斯身上发现了势单力薄的个人反对实力强大的两大阵营的西西弗式人物的新形象。加缪重读了《唐·吉诃德》以后,对让·格勒尼埃说,他在戴维斯身上找到了"瘦子桑丘式的风格和他主人身上的那股疯劲"②。9月12日,戴维斯在联合国临时总部夏乐宫静坐,并且放弃自己的美国国籍,声明自己是世界公民。在被警察赶出联合国总部的围墙后,他获得了一个声援委员会的支持,加缪、布勒东、埃马纽埃尔、莫尼埃、理查德·怀特也参加了这个声援委员会。11月29日,当戴维斯在联合国大会上站起来发言时,又引起了新的事端。加缪坚决站在戴维斯一边,在附近的一家咖啡馆举行了一次记者招待会,以表示支持。12月3日,有3000人参加了在普莱叶尔厅举行的集会,另外有2000人在外面通过广播聆听了加缪、布勒东、韦科尔和波朗支持盖瑞·戴维斯的发言。12月9日,他们租借了一个更大的会场——冬季自行车赛厅,戴维斯也出现在加缪、布勒东和波朗中间。③（加缪因萨特拒绝参与运动而感到不快,也自豪地宣布冬季自行车赛厅会议吸引了2万人。但萨特以及共产党,反而认为戴维斯现象只是吹牛,美国遍地是鼓吹简单口号的怪人。这事件意义深远,西蒙娜·德·波伏瓦记录在她的回忆录中,在欧洲,戴维斯只被左派知识分子重视。）④

　　"我们为什么要在这里集会?"加缪在普莱叶尔厅发言时一开始就这么发问。接着,自己回答说:"尽我们所能表示声援!""我们这样做有什么用呢?""那么,联合国又有什么用?""戴维斯为什么不去苏联?"

---

① 　源自让-路易·巴罗。

② 　让·格勒尼埃《阿尔贝·加缪》。

③ 　《战斗报》,巴黎,1948年12月9日；波伏瓦《势所必然》。

④ 　西蒙娜·德·波伏瓦《势所必然》。

加缪继续一问一答，"因为有人不许他入境。他向苏联代表和其他人士说起过此事，现在还在等待。"

加缪向与会者解释说，戴维斯在放弃美国护照的同时，也放弃了许多特权。现在，加缪也在自问："我为什么不放弃法国籍？""因为，一个法国人责任多于权利，而且当祖国有困难时，我们不能抛弃她。戴维斯的行动是否很具戏剧性？苏格拉底也经常在市场广场做出惊世骇俗之举。"

"你们难道没有看见，戴维斯在为美帝国主义服务？"加缪又发问道。接着又回答说：

> 戴维斯在放弃美国国籍时就脱离了美帝国主义和其他形形色色的帝国主义。这样，他就有权利声讨美帝国主义。这种权利在我看来，很难赋予那些主张限制一切主权而苏联除外的人们。

那么，苏联帝国主义呢？加缪指出，苏联帝国主义和美帝国主义就像是一对孪生兄弟，他们相辅相成，相依为命。也许有人会申辩说，主权是一种现实存在，同样也会患癌症。加缪向诽谤他的人发问：他们就那么肯定自己的信仰或政治说教不会出错，以至于，可以不加审视地拒绝别人提醒他们的警告：

> 数百万生灵惨遭不幸，无辜的人们的反战呼声？……他们就那么肯定自己有充分的理由，去冒接近原子战争的危险，哪怕这只有千分之一的可能？[①]

"引人注目，入木三分。"《世界报》的记者在关于加缪演讲的述评

---

① 再版收录于"七星文库"版加缪文集，选自《全球国家》，1948 年 12 月。参阅《世界报》，巴黎，1948 年 12 月 5—6 日。

中如是说。当戴维斯被介绍给全体与会者时，会场欢声雷动，人们向他欢呼，经久不息的掌声打断了加缪的发言。西班牙工会运动报纸《秘密团结报》在报道中强调了这次集会所具有的伟大和平意义及其潜在的影响。在《精神》杂志上，一位名叫埃马纽埃尔·莫尼埃的与会者热情赞扬戴维斯具有象征意义的行动，并且肯定地说，戴维斯的支持者们并不是什么英雄，但他们愿意履行自己的义务。

　　加缪的朋友们在加缪对盖瑞·戴维斯的支持中看到了他本人幼稚的理想主义的反应。这倒不是加缪认为戴维斯的事业能获得成功，而是戴维斯的"十字军东征"行动向加缪提供了传递信息的机会。而且这一信息对加缪来说是何等的珍贵。[①] 在捍卫其他理想主义事业的斗争中与加缪结成联盟的法国无政府主义者莫里斯·茹瓦耶回忆说，当戴维斯在夏乐宫的阶梯上或在谢尔什-米迪监狱前躺在睡袋里过夜时，"他的举动受到了反对战争、赞成和平的青年一代的热烈欢迎……"形形色色的无政府主义者站在童子军轰炸机飞行员戴维斯这一边，希望他能创造奇迹。无政府主义报纸《极端自由主义者》声称："这仅仅是个开端，是迈向我们历来捍卫的人类和世界解放的第一步。"但是，该报又补充说，"这一和平主义倾向必须向鲜明的革命立场演变"。[②]

　　是否因为加缪支持戴维斯而应该对他进行嘲讽或蔑视？12 月 25日《战斗报》发表了加缪致其宿敌弗朗索瓦·莫里亚克的公开信。在信中，加缪对所有以讥讽来对待戴维斯行为（和加缪等知识分子给予的支持）的人进行了反击：

　　　　我和几名作家早有准备，要保护一个孤身一人做出意义深远的大胆举动的人。而他得到的回报却是不失时机地为这个国家

---

①　源自让·布洛克-米歇尔。

②　莫里斯·儒瓦耶《无政府与年轻人的反抗》，图尔奈，1970 年。

争取荣誉的新闻界的冷嘲热讽。

重要的是支持戴维斯，反对官僚主义，让公众对戴维斯的行动引起注意。加缪因此而被当作懦夫或法西斯分子，遭到了社会党人和戴高乐主义分子的攻击。反对苏联的人似乎在说，既然戴维斯只能在西方宣扬他的思想，他会导致自由世界缴械，而让苏联帝国主义取得胜利。如此一来，唯一的选择只能是支持美国和戴高乐主义。加缪接着说："我认为，还必须尽力把欧洲和我们国家从一个特大的灾难中解救出来。"最后，他说道，

> 戴维斯和支持戴维斯的人们都没有说要向世人揭示真理。他们都明白，他们的出路最终是做好自己的本职工作。他们仅仅是发出警告……

莫里亚克在《圆桌》(1949 年 2 月)上撰文答复了加缪。他指出说，也许加缪是一个"不信神者"，也许他屈服于精神痛苦，所以拒绝了基督，却宁愿跟随一个"小人物"。莫里亚克还说，他每次遇到加缪，一起共进晚餐，大家总能和睦相处，但到了第二天，加缪对他又敬而远之。莫里亚克猜想这是代沟的缘故，并且断言，从今以后，他们俩之间的对话仅限于唇枪舌剑。然而，他又肯定地说，照圣奥古斯丁的说法——生灵皆属基督——加缪是一个天生的基督徒。他拒绝任由别人把他禁闭在加缪向他推荐的选择之中，他决不相信一个盖瑞·戴维斯能有效地解决世界上的各种问题。

利昂内尔·阿贝尔在纽约刊物《党派评论》上发表了《来自巴黎的信》。他在信中说：

> ……接着，又发生了盖瑞·戴维斯这出喜剧。众所周知，这位青年人想交还他的护照，放弃美国国籍，然后宣布自己是第一

位世界公民……加缪、布勒东和布尔代以巨人的脚步步其后尘，他们似乎看到了个人干预政治新方式的雏形。我非常震惊地阅读和聆听了他们写下的关于盖瑞·戴维斯的文字和在集会上发表的言论。他们无疑都是一些消息灵通、聪明绝顶的人士，怎么会相信历史的进程会受到一位幼稚青年奥尔森·韦莱式行动的影响？何况，加缪和布勒东并不希望戴维斯的举动被大量模仿，因为当一位易受影响的青年诗人皮谢特听了普莱叶尔厅集会上的演讲后，把他本人的护照、身份证等所有的法国证件寄到了战斗报社时，加缪、布勒东和布尔代迫使这位青年诗人取回他的所有证件，并向他解释说，这一举动有可能损害盖瑞·戴维斯行动的象征意义……

阿贝尔在"信"中对加缪还作了更普遍意义上的批评：

在我看来加缪的政论又变得废话连篇，苍白无力，而且笼罩着一层朦胧的崇高色彩……到了后期，他常常把在道德上向往的东西作为政治上行之有效的东西。……加缪只支持所有美好和善良的……

第三十四章

欧洲—美国

> 倒不是要加剧世界上的仇恨情绪，也不是要在两个社会中进行选择，尽管我们都知道美国社会是个小恶。我们没有必要去选择邪恶，即便是较小的邪恶。我们只是想起草一篇檄书，旨在声讨使人类不堪重负的行径和维护应该维持的秩序，而且希望有朝一日由振兴世界的创造者来取代我们。

> ——《国际联络小组宣言》

《戒严》终于于1948年10月27日由马德莱娜·雷诺—让-路易·巴罗剧团在马尼里剧院举行首场公演。该戏由巴罗执导，布景和服装是阿尔托的朋友、法国最著名的现代派画家之一巴尔蒂负责，音乐是阿蒂尔·奥纳热创作。有如此豪华的职员阵容和如此著名的表演艺术家参加，这部戏理应大获成功。然而，事与愿违。评论家们想在这部戏中寻找生活原型，却没有找到。故事情节又十分刻板、公式化，人物安排也缺乏说服力。把一个编造痕迹明显的神话故事改编成巴罗因袭风格的戏剧，把一个方块（作为极权专制象征的鼠疫）放入一个圆孔（阿尔托笔下有益的小精灵），他们制造了一个不伦不类的混合物，不能令任何人满意。《费加罗报》挑剔但颇具影响的评论员让-雅克·戈蒂埃在承认剧本的诗歌价值和演员杰出的表演才华之同时，又声称对华丽的词藻不敢恭维,编剧和观众之间没有任何沟通可言。"自从我开始看戏以来,"勒内·巴雅沃在《十字路口》撰文说,"我觉得从来没有这么难受过。"罗贝尔·肯普在《世界报》上把这部戏的剧本说成是一幅"夸张的讽刺漫画",寓意简单、幼稚。"令人失望! 苦涩的忧伤,沉闷的厌倦……"即使加缪在《战斗报》和伽利玛出版社的朋友雅克·勒马尔尚也不得不在加缪昔日主编的报纸上撰文抨击此戏,他主要指责巴罗的导演风格不适合当代编剧。

玛莉亚·卡萨雷斯的朋友杜萨纳也把这部戏的失败归咎于与巴罗违情悖理的"联姻"。加缪只是创作了一部适合巴罗的作品,而玛莉亚在这部作品中没有合适的位置,却要同很少扮这类角色的巴罗演爱情对手戏。[①]

"彩排那晚,"巴罗事后说,"巴黎人看到我们失败了,掩饰不住内心的喜悦,我因此却感到刺心的疼痛,现在(1954年)身上还带着累累伤痕。"巴罗说,这是他首次尝到失败的苦果。他担心,他所从事的戏剧事业,将因此永远失去加缪。不过,也有一小部分观众对该戏表示好感。巴罗想利用他们,尽量多演几场,但全剧组百来口人的负担压得他不堪重负。[②] 有人认为,巴罗本可以挽救这部戏,如果把它作为保留剧目(不管怎样,他也不会每晚都演这部剧),与其他剧目轮换上演的话。然而,演出了17场后,巴罗终止了一切费用开支。[③] 有好几次,加缪表示有兴趣对《戒严》进行修改:他可能是要把它改成露天剧(这是在昂热戏剧节成功之后),但不是与巴罗合作。不知为了什么,两人的关系出现了裂痕,已经无法再愉快地进行合作。[④]

在该剧本美国版的引言中,加缪特地强调《戒严》曾毫不费力地受

---

①　杜萨纳《马莉亚·卡萨雷斯》。

②　让-路易·巴罗,选自《玛德莱娜·雷诺-让-路易·巴罗陪同手册》,再版收录于《圆桌》,巴黎,1960年2月。

③　源自玛莉亚·卡萨雷斯。

④　源自让-路易·巴罗。

到了评论界的一致批评，很少有作品能遭到"如此完整的批评"。更遗憾的是，他一直把这部剧本看作"最具其个人风格的作品之一"。他强调指出，这个剧本不是由他的小说改编而来，而是一部寓意深刻的道德教育作品。"我的初衷是要使戏剧艺术摆脱心理投机，能在怨声载道的舞台上留住观众的叫好声。"

加缪还有一个问题需要澄清。天主教哲学家兼剧作家加布里埃尔·马塞尔在《新文学》杂志上撰文发问，是不是勇气驱使把西班牙作为故事的发生地点，而不是选择理由绝对充分的东欧。加缪在《战斗报》上以公开信的形式发表了《为什么西班牙》予以答复。不是巴罗，而是加缪本人决定选择西班牙作为故事的发生地。这样，加缪就把加布里埃尔·马塞尔关于机会主义倾向和不真实的指控揽在了自己的身上。如今，邪恶源于国家机器，源于官僚主义严重的国家或警察国家。为什么选择西班牙？因为在那里"我的同龄人破天荒地遭遇了空前的不公正待遇"。他列举了最近被判处死刑的五名反佛朗哥制度人士一案，以及佛朗哥过去和现在犯下的罪行。他谴责自己的国家与西班牙独裁者同流合污。他决不会就此善罢甘休。他在剧本中之所以抨击天主教会，那是因为西班牙天主教会与佛朗哥犯罪分子狼狈为奸、沆瀣一气。加缪在文章中写道，加布里埃尔·马塞尔宁可对西班牙保持沉默，而他本人及其朋友们对任何事、任何人都不愿保持沉默。

事实上，加缪将加大支持共和西班牙的力度。玛莉亚·卡萨雷斯也许对此起到了一定的作用，但其他人也功不可没。西班牙政治犯联合会秘书若泽·埃斯泰·博拉主动与加缪接近。西班牙政治犯联合会和无政府主义工会，全国劳动者联合会是两个驻留法国的西班牙难民组织。前者曾发起运动，设法营救战时被送往苏联、被斯大林关押在集中营的西班牙共和党人。他们中的许多人当时仅仅是些为躲避轰炸而撤退的孩子，还有的是到苏联接受训练的大学生、飞行员和水兵。当他们要回国时，只准回到佛朗哥统治下的西班牙，而不准去像法国这样的自由国家。加缪在答埃马纽埃尔·达斯捷·德·拉·维热里的第二封信中提到过此事,从此以后,加缪通过埃斯泰和西班牙全国劳动者联合会在法国出版、发行的《秘密团结报》社长费尔南多·戈梅·佩拉埃等人定期给予西班牙政治犯联盟以支持。

在联盟的支持下,加缪即着手起草一份旨在创建西班牙共和党避难者支持委员会的呼吁书,并负责争取法国著名知识分子的签名。1949 年 8 月 20 日,加缪起草的呼吁书在《秘密团结报》上发表时已经争取到了纪德、莫里亚克、萨特、夏尔、伊尼亚齐奥·西洛内、卡尔罗·列维、布尔代、布勒东、奥韦尔和巴勃罗·卡沙斯的签名。[①] 西班牙难民"左翼工会运动"坚决反斯大林的方向自然对加缪很有吸引力,他们的斗争证明,不投入斯大林极权分子的怀抱,照样能从事反对法西斯的斗争;同时也证明,不加入共产党,也可以是左翼人士。

1949 年 2 月 2 日,西班牙流亡政府接纳加缪为解放勋章荣誉团成员。在有西班牙共和党总统和总理出席的位于福煦大街流亡政府所在地举行的授勋仪式上,荣誉勋位管理委员会总管、流亡政府司法大臣费尔南多·瓦勒拉强调说,加缪不大喜欢勋章,他之所以接受这枚勋章,是因为接受它就意味着要做出牺牲,而不是对虚荣心的满足。瓦勒拉对加缪支持西班牙解放事业的行动表示了感谢。加缪也回谢了"西班牙的唯一合法政府"。加缪表示,他永远也不会将这一荣誉和其他国家政府一直要慷慨地授予他的各种荣誉混为一谈:"我只是为真理和自由西班牙尽了我的微薄之力。"而且他将继续下去。[②]

在《戒严》公演后不久,加缪在一次由革命民主联盟组织的国际知识分子和平大会上发表了讲话,大会上也有像卡尔罗·列维(意大利反法西斯主义者)和理查德·怀特(西蒙娜·德·波伏瓦为他翻译)这

---

　　① 　源自费尔南多·戈梅·佩拉埃。

　　② 　阿尔贝·加缪《自由西班牙》,墨西哥,1966 年。

样的人物。① 加缪的发言内容十分重要，他自己也这么认为，并把这篇发言稿收入他第一套政论集《时论》中公开发表。"在我们所处的这个时代，人们为各种平庸而又残酷的意识形态所迫，已习惯于对一切都感到耻辱。"他一开始就这么大声疾呼，人们强迫作家觉得自己对世界上的不幸负有责任，但他本人没有任何负罪感，而只想对自己所从事的职业表示感激和自豪。他描绘了一个笼罩在恐怖中的世界，并肯定地说，艺术与这个世界是格格不入的。"在征服者必然会成为行刑者和警察的时代，艺术家被迫当不服从命令的逃兵。"他接着说，"面对当代政治社会，艺术家唯一恰当的态度……就是毫不妥协地加以回避。"因此，要求艺术家进行辩解和承诺是毫无意义的。他本人已经做出承诺，即便是违心的。"由他们的职业本身决定，艺术家是自由的见证人……"真正的艺术家应该贴近生活，除了刽子手以外，他们不与任何人为敌。

1948 年 12 月底，加缪不得不暂时告别政治舞台，紧急飞赴阿尔及尔。因为他最心爱的姨妈、他的恩人安托瓦妮特·阿库住进了医院，接受手术治疗。他搭乘夜间航班，在飞机里无法入睡，凝视着星空，然后是"巴利亚里群岛的灯光"，他在日记中写道："犹如盛开在海洋上的鲜花。"次日，整个白天，他都在医院守在年迈的姨妈的病榻前。他的姨妈还没有意识到死神就要降临。加缪的母亲也陪在一旁。他发现，她的仁慈——和冷漠——使她摆脱了悲伤。从医院出来，加缪想在自己出生的城市里散散步，可是，天公不作美，突然下起了暴雨。他独自一人站在街上，觉得自己已到了世界的尽头。第二天，一觉醒来，已是阳光明媚。

他暗思，至少要在这里待上十天，他的姨妈还得做第二次手术。自战争以来，加缪第一次有时间自由自在地重游昔日住过的老屋，拜访旧时的朋友。"我犹豫了好一阵子才认出的面孔已经苍老了许多。"

---

① 西蒙娜·德·波伏瓦《势所必然》。

他在日记里写道,

> 这是在盖尔曼特举行的晚会上,盛大的规模就像一座使我迷
> 失方向的城市。我已经身不由己,随着一股滚滚向前的巨大人流
> 滑向一个无底的深渊,人流的后浪盖过了前浪,而后浪又被……

一天晚上,加缪在学院啤酒屋与罗布莱斯、埃德蒙·布吕阿聚会,
也许还有穆斯林作家埃尔-布达里·萨菲尔和其他几名老相识参加,
一起筹划创建一家新的出版公司,专门出版法国—阿尔及利亚文学作
品,也为庆祝他们的聚会。那时候,出版商埃德蒙·夏洛的生意不好,
打算放弃。他们的计划是将战前创刊的刊物《海岸线》与埃德蒙·布
吕阿已有的仙人掌出版公司合并,由他们的朋友、印刷商埃马纽埃
尔·安德烈奥负责印刷和装订(因此,由他出大部分资金)。加缪表示
要把皮埃尔·德·拉里韦的《精神》改编后作为丛书书目出版。他们
出版的第一本书——也是唯一的一本书——是罗布莱斯研究加尔西
亚·洛尔加的专著,4月份发行2000册。一本图书目录上预告了加缪
的《精神》,以及穆罕默德·迪布、卡洛·勒维、阿蒂罗·塞拉诺·普莱
亚、萨菲尔、布吕阿和奥迪西奥等人的作品。但是,事后不久,安德烈
奥就病倒了,他的去世对新生的《海岸线》来说是致命的一击。这件事
主要体现了加缪难以割舍的阿尔及利亚情结。[①]

加缪参观了昔日住过的贝尔库公寓。一天,只有他和母亲两人在
一起时,他正想把自己的个人生活告诉母亲——后来还是决定缄口不
说。他不敢肯定,她是否能理解自己的境况,虽然他知道她会理解他
的,因为母亲总热爱自己的孩子。

在这次逗留期间,一种莫名其妙的惆怅与他形影不离。他决意尽
可能少回阿尔及利亚。最后,对姨妈的身体状况感到放心后,他才得

---

① 源自埃德蒙·布吕阿。

以离去。①

在 1949 年这新的一年里，作为文化交流，加缪又出国作了一次长途旅行，这次是到拉丁美洲。尽管他订的是 6 月底的船票，但从 1 月 1 日开始就着手为此次旅行进行准备，或更确切地说，是安排启程前的工作日程。他最关心的是完成《正义者》和《反抗者》这两部作品。实现这一目的的唯一办法是：从 1 月到 7 月完成前与世隔绝，足不出户。2 月，加缪开列一张在 6 月之前得优先完成的事情清单，其中首先提到了剧本（《正义者》当时题为《绳索》），然后是随笔，再后是由小说、评论和政论集三部文学作品组成的系列。他打算，2 月份完成剧本；3 月和 4 月拿出随笔《反抗者》的第一稿；5 月将自己所有的随笔整理成集；6 月份将剧本和随笔集再修改一遍。这张令人难以置信的日程表还附上了他的"决心"：

> 早起。早餐前冲个淋浴。
> 中午前不得抽烟。
> 顽强工作，克服虚弱。

他写道，他的所有作品从《婚礼集》到正在构思的剧本和随笔，每一部都隐去了自己的个性。"以后，我可以以自己的名义说话。"他对米歇尔·伽利玛夫妇更详细地解释说，在重新投入引他步入天国——至少，他经常在朋友面前如此戏言——的工作循环中之前，他希望能完成多年来积压在书桌上的所有计划，然后去度假，即去拉美旅行。

然而，加缪永远也不可能退出社会活动，他那短暂的一生，还将打上众多的战斗烙印。尽管他保持沉默，但总是在为某一事业奋斗，而且常常是在幕后（他喜欢这样）。每次，他都尽量以个人或私人干预的

① 源自玛莉亚·卡萨雷斯。

形式进行,而不是采用当时流行的政治行动方式(集会、请愿、发表宣言)。随着他在请愿书上签名的作用的增大,他越来越提防那些想方设法骗取他签名的人,他担心被人欺骗,宁愿一人孤身行动,不惜因退出或突然拒绝参加朋友们倡导的各种运动而得罪他们。

不过,这条规矩有一个明显的例外——尽管这个例外通常被遗忘。那就是被加缪及其朋友们称为国际联络小组所组织的活动。在离开纽约回欧洲之前,尼古拉·基亚罗蒙特和他在纽约的朋友一起设想了一个计划,向受到围攻的欧洲知识分子和极权国家政治流放者(无论是共产主义者还是法西斯主义者)提供道义和物质上的帮助。1947—1948 年冬季(或春季)基亚罗蒙特与参加讨论的两位同志玛丽·麦卡锡和阿尔弗雷德·卡赞为他们决定命名为"欧洲—美国小组"的组织起草一份宣言。他们在宣言中宣告,创建一个声援和支持被孤立的欧洲知识分子的中心(如同美国签署者一样被孤立,这两个集团不仅分割世界,也互相分裂着)。他们认为,希望在于真正的国际主义、公平分配财富和充分尊重个人。他们的宗旨是制止猖獗于欧洲的失望倾向,并在物质上帮助有需要的人。

在美国的宣言签名人看来,斯大林主义是欧洲的头号敌人,但不是唯一的敌人。他们认定了其他形式的警察国家:西班牙的佛朗哥、南斯拉夫的铁托,他们甚至还反对被他们称作专制主义的法国戴高乐主义和意大利的基督教民主党政府。他们明确指出,所有这些观点决不代表美国国务院。他们拒绝对美国资本主义加以认同,他们不是和平主义者,但认为用纯军事手段反对共产主义是错误的。

具体地说,他们开始帮助一些法国、德国和意大利的个人和团体,以他们的微薄之力提供一些书籍、报刊和其他信息来源,并且希望将来能增加他们的援助。

宣言签名人士自己募捐了一些钱,但也组织了一次义卖,募集到1000 美元。各种集会的门票收入(如玛丽·麦卡锡和西德尼·胡克组织的关于亨利·华莱士总统候选人提名的辩论会)也增加了他们的资金。基亚罗蒙特穿梭于美国和欧洲之间，既充当信使，又带钱到巴黎（1947 年年初、1948 年春天和 1949 年 2 月三次来巴黎）。[1]《美国宣言》发表在法国左翼反斯大林月刊《无产阶级革命》上。

欧洲方面，在美国反共产主义左翼分子所提供的物质和道义的支持下，加缪和他的朋友们很快就在巴黎创立了一个对等的团体。除了基亚罗蒙特给他们带来的资金以外，他们在物质方面（办公场所）还得到社会主义工会提供的帮助。经验丰富的工会运动分子罗歇·拉佩尔在一次声援西班牙共和党人的会议上遇到了加缪，于是便建议加缪帮助他起草一份援助极权制度受害者的具体纲领（归根到底，他们最早帮助的两个受害者是美国托洛茨基分子，通过他们找到工作和房子，以便留在法国）。在拉佩尔的帮助下，加缪在伽利玛出版社的办公室里，为新成立的组织——国际联络小组——起草了一份宣言。宣言的格调与欧洲—美国小组的呼吁书相似：

> 我们是一个与美国、意大利、非洲和其他国家的朋友保持联络的小组，我们决定集中我们的力量和智慧以捍卫我们赖以生存的某些理由。
>
> 今天，这些理由受到许多可怕的偶像，尤其是极权制度的威胁……
>
> 这些理由尤其受到了斯大林意识形态的威胁……
>
> 这些理由同样也受到美国技术崇拜的威胁，尽管程度确实要轻一些。美国的技术崇拜并不极权，然而，它也以自己的方式表现得淋漓尽致，它通过电影、报刊和广播从心理上使人们离不开它，然后让人们去喜欢它。

加缪团体提出了一种"具体的国际友谊"，并辅之以非官僚化物质

---

① 　源自玛丽·麦卡锡和米利亚姆·基亚罗蒙特。

援助,还要成立一个用于披露事实的新闻处——让欧洲人知道,美国也有"不愿随波逐流的人"和苏联也存在持不同政见者,帮助美国人区分苏联人民和苏联领导人。

　　除了加缪和罗歇·拉佩尔(在宣言书中作为交通劳动力监督员,这是除他在工作责任外的行政工作),在宣言书上签名的,包括罗贝尔·若索、让·布洛克-米歇尔、米谢勒·阿尔方(出生时姓布苏托,"一战"飞行员及政治人物之女),都是加缪的好友。在宣言上签名的,还有作家吉尔贝·西戈,退休校对员、无政府主义者尼古拉·拉扎雷维奇,外科医生达尼埃尔·马蒂纳,以及教师、左翼工会运动分子吉尔贝·瓦吕辛斯基。① 该团体的成员大都参加过由《无产阶级革命》杂志鼓动的坚决反对共产党的革命工会运动。拉佩尔的父亲曾经是一名被称为"革命工会运动分子"的人士,拉佩尔早在 20 世纪 20 年代就加入了这一运动。同托洛茨基分子一样,左翼工会运动积极分子也很难定义,他们反对较温和的主张改良的社会党,同时认为共产党只是用自己的老板取代了资本主义的老板。二战以后,该刊突然向法国工会运动的各种倾向开放,包括改良主义。加缪本人一直是《无产阶级革命》的朋友,甚至从这一时期到他去世为止始终为该刊提供资助,但又没有真正赞成过某一确切的主张或加入过任何特殊的组织。②

　　这个非正式的友人团体定期在社会主义工会"工人力量"的总部——位于大学街 78 号的旧式私人邸宅里召开会议,以便使用他们的资金和关系对引起他们关注的个案进行帮助。许多要求帮助的政治避难者是西班牙共和党人。若索利用在政府部门工作之便,帮助他们申领工作许可证。米谢勒·阿尔方通过其在省政府的关系负责为他们申办居住证。如果避难者是一名知识分子,加缪有时就证明雇用他做秘书,全然不管若索的反对。若索提醒加缪,同一个人不可能同

---

① 罗歇·拉佩尔提供法国及美国宣言样本。
② 源自罗歇·拉佩尔和吉尔贝·瓦吕辛斯基。

时雇用这么多秘书。不过，若索并不真正为此担忧：他们都能享受战后法国的宽容态度，理由正当还能设法弄到假证件。若索在这方面遇到的一些问题，都是为来自苏联集团的难民申请证件。他所在部门的共产党人乐意帮助西班牙共和党人，但不愿帮助反共产主义分子。①

可以肯定，加缪-拉佩尔国际联络小组是从 1948 年 8 月开始活动的，正值《美国宣言》在法国发表。那时，加缪住在索尔格岛，他请米歇尔·伽利玛以一个极权制度受害者和难民援助国际组织的名义，给一个西班牙难民寄去一笔款子。② 然而，国际联络小组的第一期《新闻简报》直到 1949 年 3 月才出版。国际联络小组在其第一期《新闻简报》的引言中解释说，该组织将不发起任何运动，但本着"抵抗运动"的精神努力提供信息和帮助，而不是灌输观点和思想。这期刊物首先刊登了德怀特·麦克唐纳的文章，他在《政治》杂志上的关于对苏联和平态度问题上的节选：如果还支持和平主义，那不应该幼稚盲目，麦克唐纳断言。第二篇文章由乔治·奥威尔署名，选自纽约《评论》杂志。第三篇是克劳德·摩根的文章，全面选举委员会和《法国文学报》成员，在苏维埃《文学报》中出现了相当于非共产党法国人的宣言。同样也在蒙古人民共和国宪法公报节选中出现，指出了民主政体体系的失调。这第一刊是油印的，之后就出版印刷版了，目的是为了揭露斯大林主义的罪行。③

加缪和联络小组的其他成员经常在用督政府时期条状墙纸糊的宽敞的办公室里开会。办公室面朝这家已经改成"工人力量"总部的私邸花园。他们不顾在宣言中许下的诺言，花费许多时间来研究策略，以期（他们简报则作为另一有力手段）对工会领导人和其他有影响的负责人产生影响。在拉佩尔的思想里，向难民提供援助意在证明，

---

① 源自罗贝尔·若索。

② 源自雅尼娜·伽利玛。

③ 源自罗歇·拉佩尔。

联络小组不仅仅是一个抽象讨论的论坛。没过多久,加缪就为此事而丧失信心。《新闻简报》每期向一百来位工会运动领导送发,但联络小组的影响仍然非常有限。

之后他又注意到了另一个问题,某些参会者似乎只对集体会议组织的论坛感兴趣;这些论坛成为他们加入组织的理由。因此尼古拉·拉扎雷维奇——1905 年俄国革命传统的无政府主义者——在每次会议中都夸夸其谈。他是一位虚无主义者,跟他的羊住在郊外小木屋里。拉扎雷维奇惹其他人恼怒。加缪不得不缩短会议时间,因为他们没有时间可以浪费,但拉扎雷维奇却总在继续他的独白。① 在一次会议上,这位老无政府主义者对加缪、布洛赫·米歇尔说,他们必须解释为什么参加战时抵抗运动——一场资本主义战争,而良心却没有受到丝毫谴责。② 另一次,加缪对组织成员声明萨特支持他们的主张,而且他把自己的戏剧《魔鬼与上帝》的收入捐献了出来,但最终事与愿违。也许是拉扎雷维奇不同意接受萨特及其同僚的资助。③

在一次会议中,一位曾在苏联居住过的瑞士人描述了自己的经历。在 20 世纪 30 年代肃清时,他被流放到西伯利亚。雅克·莫诺,杰出的科学家和未来诺贝尔奖的得主,有时也会出席会议,加缪对他的共产主义经历很感兴趣。

加缪对联络小组丧失了信心,主要表现在他以事情太多为借口推托与会者要求他完成的任务。加缪对瓦吕辛斯基吐露了真情,他们所表现出的盲目狂热使他沮丧。加缪 1949 年夏季动身去了南美,接着 1949 年末到 1950 年秋季加缪发病治疗期间,联络小组仍继续开展活动。加缪托付瓦吕辛斯基不要放弃联络小组,希望等他经过长期休养重新工作时,他们能够共同找到新的行动基础——很可能是摆脱了阻

---

① 源自罗歇·拉佩尔。

② 源自让·布洛克-米歇尔。

③ 源自吉尔贝·瓦吕辛斯基。

止他们行动的捣乱分子以后。加缪真的回来了,但主要是主持联络小组的解散工作。加缪宣布了合乎逻辑的结局,提议解散国际联络小组,并获得了一致通过。① 加缪认为自愿、果断的解散可避免任何人为地维持联络小组的企图,是结束一种已完成历史使命的经历的最好办法。②

"我们互敬互爱,这是事实,"加缪在日记中,援引了拉扎雷维奇的话写道,"难道我们连为自己关爱的事出点力都不行? 不是的,我们并非无能之辈,但是,我们拒绝做力所能及的事。如果天下雨了,如果反目成仇了,那么一次聚会也是多余的。"

然而,为了在联络小组内工作而走到一起的人并没有因此而互不往来。至于加缪,只要有人要他给政治避难者提供帮助,他总是有求必应。③

在同一时期,加缪参与发起了一次文学运动,但几乎与国际联络小组一样短命。他联络夏尔、阿尔贝·贝甘(将接替埃马纽埃尔·穆尼埃管理左派天主教《精神》杂志)和作家让·瓦涅一起创办了一份月刊《昂佩多克勒》。1949 年 1 月出版的第一期上刊登了加缪的《谋杀与荒谬》,作为他正在撰写的随笔《反抗者》的引子。这一期中收录了诸多加缪朋友的文章:让·格勒尼埃、夏尔、吉尤,以及加缪在革命民主同盟组织的与知识分子会面中的演讲稿(题为《自由的证人》)。加缪及其好友的作品将持续占据杂志半壁江山,似乎他终于拥有了梦想的杂志,而后几期中西蒙娜·德·波伏瓦、韦伊、布洛赫·米歇尔、蓬吉、帕兰也发了许多文章——另外也收录了一篇安德烈·贝拉米什翻译梅尔维尔的文章。《昂佩多克勒》一直持续到 1950 年夏天,这本刊物最著名的贡献则是收录了年轻作家朱利安·格拉克的文章《肚里的文学》,当时他还不在加缪的交际圈内,这篇文章成为战后揭露和批判法

① 源自吉尔贝·瓦吕辛斯基。
② 达尼埃尔·马蒂纳《见证人》,苏黎世,1960 年 5 月。
③ 达尼埃尔·马蒂纳《见证人》,苏黎世,1960 年 5 月。

国文学奖体系最具代表的文章。

1950 年 1 月,《昂佩多克勒》刊载了分析法国作家的苏联评论文章。该文提到了发表在(1947 年 8 月)《诺维米尔》上攻击加缪的文章,把加缪说成"堕落的个人主义鼓吹者"。苏联评论员这样写道:

> 加缪以他的坚忍不拔赢得了欧美评论界的关注,他像一个官吏那样毫无表情但又坚忍不拔地重复着,存在是荒谬的。加缪是靠滑稽地模仿埃德加·波寓言里乌鸦阴森森的怪叫,钻进了欧洲文学界。他担心,人们宁愿选择斗争和英勇的行为,而不要象牙塔和枯燥单调的生活……

这篇评论还有许多地方是攻击加缪的"虚无主义诡辩"。不过,《昂佩多克勒》后来载文证明,萨特和西蒙娜·德·波伏瓦也没有被当代苏联评论界另眼相看。

对加缪的攻击不仅仅来自苏联阵营。弗朗索瓦·莫里亚克的独生子、虔诚的戴高乐主义者克洛德于 1949 年 2 月推出了一本面向青年知识分子的月刊《思想自由》。该刊第一期除了有马尔罗、马克斯-波尔·富歇、让·安鲁什和让·雷斯屈尔的文章以外,还刊登了右翼青年笔战专家罗歇·尼米耶(23 岁)恶毒攻击左翼作家和讥讽加缪崇高情感的文章。他指责说,加缪反对死刑,但对布拉齐亚克被执行死刑并没有表示极大的愤慨。他还批评加缪在清洗与维希政权狼狈为奸的知识分子时,保持沉默。"在普遍的沉默中,加缪的沉默没有任何值得注意的地方,"他说,"如果同一个作家(雄辩道)对于黑种人、巴勒斯坦人(大概是指犹太人时期)或黄种人不能一视同仁,那么……"尼米耶担心,法国会重新陷入战争,但是,"我们既不能依靠萨特先生的肩膀,也不能仰仗加缪先生的肺脏来进行战争"。

挑衅地议论加缪的肺脏,无论如何都是不应该的——至少对于论战的一方来说,他显然对加缪身患肺结核一无所知。在与莫里亚克这帮戴高乐主义知识分子并肩战斗的作家中间,至少有一位作家决定不放过此事。让·雷斯屈尔在战争年代曾与加缪一起在知识界的抵抗运动组织(《法国领地》和《法兰西文学》)共过事,他答应为《思想自由》撰稿,是因为他的朋友马尔罗派克洛德·莫里亚克来求他帮忙。于是,他就给这家新杂志的编辑部写了一封公开信。他在信中指出,萨特的肩膀和加缪的肺脏不久以前确实参加过抵抗运动。在发表雷斯屈尔公开信的那期《思想自由》上,尼米耶也发表了一则启事:在写那篇文章时,他确实对加缪的身体状况一无所知。但是,加缪永远也不会原谅他。[①]

3月6日,加缪乘飞机去伦敦参加新编《卡利古拉》的首场公演仪式。根据他对好友所说,短暂的访问期间的所见所闻几乎无一能使他兴奋。那是一个星期日,他来到一座白雪皑皑的空城,(应英国导演之邀)在一家希腊餐馆吃饭,吃得非常糟糕。然而,如果说餐馆,接着是巴西尔街的旅店使他失望的话,那么对这台戏,他不知该作何反应。他既不喜欢参加演出的演员,也不欣赏他们所谓的演出。戏中插入的芭蕾舞表演更令加缪啼笑皆非。他离开排演大厅,想找个地方喝点威士忌,但又不是时候,酒吧都关着门。他不得已来到一家咖啡馆喝咖啡——这杯咖啡使他上半夜没合上眼,那晚吃的希腊菜又使他下半夜也无法入睡。首场演出于3月8日举行,观众都是外国驻伦敦使馆和上流社会的贵夫人。一想到观众以为这就是巴黎戏剧的代表作时,加缪就不寒而栗,直打寒颤,干脆心里盘算起回巴黎的日期(自首映式第二天起)。[②]

在巴黎时,加缪曾与别人讨论过一项更使他挂念的计划。在去伦敦之前,他跟加布里埃尔·奥迪西奥、演员皮埃尔·布朗夏尔和另外

① 源自《思想自由》,巴黎,1949年2月和4月和让·雷斯屈尔、苏珊娜·阿涅莉。尼米耶于1962年9月车祸去世。

② 源自玛莉亚·卡萨雷斯。

几个北非朋友聚会时,谈起过筹拍一部反映阿尔及利亚的影片,从不
同的角度来展现这个风景秀丽、有假东方之誉的国度。"应该讲述体
现友情的故事。"加缪对皮埃尔·布朗夏尔解释说。在这次聚会上,加
缪给他留下了非常深刻的印象:

> 加缪脸上过早出现的皱纹表明他表情丰富、多变,进而说明
> 他容易激动;他的"冷漠"常授人以口舌,无疑是用来斗智的,而不
> 会在生活中对待自己和别人⋯⋯

布朗夏尔还说:"加缪双眸的颜色在我们国家十分少见:青绿
色——用蓝绿色来形容也不够贴切——表露了异国的痕迹。"

如何在一部影片中讲述阿尔及利亚的真实故事呢?他们自己也
心中无数。不过,他们相信拍这样一部影片有益于法国统治下的阿尔
及利亚,例如,能够促进旅游。3月9日,加缪从伦敦回来这一天,向阿
尔及利亚知识分子发出了一封由加缪、布朗夏尔、奥迪西奥、安鲁什和
拉乌尔·塞利签名的信,以向他们征询如何拍摄这部影片。加缪等各
个签名人认为,商业片自称揭示了阿尔及利亚的真实形象,最终却毁灭
了摄制一部"正义、健康的电影作品,让我们所热爱的国家受益"的
希望。

这种离奇而又幼稚的想法,当然不会有任何结果。加缪的老朋友
布吕阿在一篇发表于阿尔及利亚某报的文章中否定了这个想法。他
设问道,这样一部影片能帮助阿尔及利亚解决什么问题?艺术作品都
是靠个人创作的,一个集体创作的项目怎样获得成功?一部影片怎样
来反映阿尔及利亚的全貌?30部书也未必能做到这一点。布吕阿担
心这样一项拍摄计划会招致"伟大的幻想"的名声。[1]

---

[1]　源自加布里埃尔·奥迪西奥和皮埃尔·布朗夏尔《阿尔贝·加缪,戏剧家》,收录于《西蒙
风》,奥兰,第三十一期,1960年7月;《君士坦丁快讯》,君士坦丁,1949年3月24日。

那年冬天,加缪投入了另一项计划的实施,即制作一部反映德国占领时期的广播剧,名叫《沉默的巴黎》。该剧 4 月 30 日在法国电台播出。加缪让对话的主要内容出自一个旧书商之口。在这位旧书商的记忆中,德国占领时期是一段奇特的岁月:"说不上好坏,而是时间上的缺位,或者是一段既无色彩又无日期的时光,一段人们每晚都要调好闹钟,但在日历上寻找不到的时光。"

广播剧还配上了 1940 年 6 月大逃亡时的汽车轰鸣声,贝当和丘吉尔讲话的片段,食品店前(加缪设想它们重新营业)排长队的人们的议论声,以及空袭和轰炸声。旧书商收听英国电台的广播节目。"到头来,我还挺喜欢这段时光的,在这座被占领的城市里,我听到了帮凶者沆瀣一气的沉默……孩子们在校园里的嬉闹声,或者美人……一位漂亮的姑娘说服你与别人重归于好……"[①]

这些努力——或这项无须努力就能完成的工作——以及一个文化人偶尔应约而写的文字——为《时论》写序,《卡利邦》的稿约,伽利玛出版社每月书讯的稿约,接待采访,给报社编辑部回信,为一位出生在阿布德埃尔蒂夫的艺术家里夏尔·马盖的身后油画展写引言,所有这些额外工作耽误了加缪本来打算在去拉美之前完成的重要作品。"6 月 1 日完成,无疑是指剧本《正义者》,"他在日记中对自己下令道,"然后去旅行,写好私人日记。不断进取,永不消沉。"

---

① 　源自阿尔贝·加缪夫人和安娜·奥腾编《法国无线电广播最美片段》,纽约,1968 年。

第三十五章

复　发

> 两次，脑海里浮现出自杀的念头……我想，现在我
> 明白了人是怎样自杀的。
>
> ——《手记》

　　加缪第二次，也是最后一次出国进行文化交流的日子日益临近。
这次是 1948 年 6 月底至 8 月底出访主要拉美国家。

　　他先把家人送往索尔格岛，又重新租下了"帕莱姆"别墅，好让家
人在此度夏。加缪很快就见到了邻居勒内·夏尔（他们一同写信给
《战斗报》，反对法国军事法庭在阿尔及利亚宣判参与 1940 年德国军
的伊斯兰军人死刑，而有两百万法国军被俘虏。继而加缪常奔波于各
部长办公室间，目的是为了打探这些军人的命运，从而获知宣判最终
没有执行）。[①]

　　拉美之行本该让加缪辛苦了一年之后获得放松和消遣，但此行一
开始就不怎么顺利，他自己也说不清是怎么回事。朋友罗伯特·若索
来"帕莱姆"小住，驱车送加缪夫妇到马赛为加缪送行。加缪从马赛搭
乘开往里约热内卢的"康帕纳"号邮轮。若索发现加缪的神色举止有
点特别，以为是太疲惫的缘故。加缪告诉他，他觉得自己中了邪，不应

---

　　① 源自埃米尔·维朗。

该接受这次出访。若索从没见过自己的朋友如此优柔寡断，多愁善感。① 加缪希望自己也只是疲惫而已，等邮轮起航以后就会好的。他为自己如此软弱无力、缺乏勇气而感到羞愧。当邮轮鸣笛起锚，驶离码头时，加缪不得不强忍住夺眶而出的眼泪。②

邮轮刚起航，他就开始动笔写旅行日记，每晚认真地把当天的所见所闻、所思所想点滴不漏地记录下来。在这么单调乏味的海上长途旅行中，他无法驱走沮丧的情绪。"两次，脑海里浮现出自杀的念头，"他毫无隐瞒地在日记里写道，"第二次，我双眼盯住大海发愣，太阳穴烫得吓人。我想，现在我明白了人是怎样自杀的。"③

邮轮穿过直布罗陀海峡后，就沿着非洲海岸向南驶去，到了达喀尔才在港口停泊。加缪下船去达喀尔城里步行闲走了数小时，凌晨 4 点重新登上了邮轮。一觉醒来，邮轮已经在远海里航行。这不是一艘豪华邮轮，加缪住在一个四壁空空的最简单的船舱里。他发现自己倒挺喜欢这种僧侣式的简朴。还好，船上有一个游泳池。每天早上用过早餐，在伏案工作之前，他都要在南大西洋和煦的阳光下游一会儿泳。午饭过后，他凝视着大海，稍事午休，便继续伏案工作。但是，他预感到，在将要访问的国家里的一切活动和见闻都不足以消除他的沮丧。

邮轮驶抵巴西海岸时，天气变了。7 月 15 日，加缪抵达里约热内卢的船还没有靠岸，他已经成了当地新闻记者和摄影记者的目标。他不得不再次面对关于与存在主义关系这样的老问题，并用"毫无关系"这类回答加以否定。他被带去参加一个午餐会，接着又赴一个招待会（在那里他结识了几位黑人演员，希望参与《卡利古拉》的排练）。他还与一位信奉天主教的诗人共进晚餐，这位诗人还是个有钱的商人。他坐在由司机驾驶的克利斯勒牌轿车里对加缪说："我们是一个贫穷、苦

① 源自罗贝尔·若索。
② 源自玛莉亚·卡萨雷斯。
③ 加缪《旅行日记》。

难深重的国家,在巴西没有豪华可言。"热带人的懒散和美国式的发展并行不悖,这始终是加缪感兴趣的话题。

在一次文学午餐会上,加缪又一次发现自己是多么厌倦这样的生活,并发誓以后再也不能任由别人摆布。

加缪的法国政府主人先把他安排在一家美国风格的酒店里,他并不喜欢。于是,在法国使馆驻地侧翼空着的房子里给他腾出一个房间,阳台面朝海湾。加缪终于有了行动自由。在一位黑人演员的陪同下,他们俩去一家舞厅跳桑巴舞。还是在这位演员的陪同下,他们驱车 40 多公里来到一个小村子,在一间茅草屋里见到了当地居民。他们是去那里观看"马甘姆巴"的歌舞仪式。当地的宗教仪式受罗马天主教的影响,上帝会降临附身于每一个参加仪式的人。加缪对此印象深刻,在日记上密密麻麻地写了好几页。

其中的一位舞蹈者请加缪放下交叉在胸前的双臂,这个姿势会阻止神灵降临到他们中间。加缪顺从地放下了双臂。舞跳得更加激烈,一些年轻的黑人姑娘被鬼魂附身,跌倒在地:

> 有人把她们搀扶起来,在她们的额头上按摩几下,她们又开始狂蹦乱跳,直到再跌倒为止。当大家用嘶哑、奇特的嗓音犬吠般的乱吼时,仪式达到了高潮。有人告诉我,仪式要一成不变地继续到黎明。此时已是凌晨两点。炎热、尘埃、雪茄的烟雾和人身上散发出的气味使屋里的空气变得浑浊不堪,令人窒息。我跟跄地走出茅屋,到外面大口大口贪婪地呼吸新鲜空气。我爱夜晚和天空,胜过人类的上帝。[1]

早晨,加缪很早就起床写他的旅行日记;中午,与某个知名人士共进午餐,下午到四处走走看看;晚上,再与另一位知名人士共进晚餐,

---

[1]　阿尔贝·加缪《巴西的马库姆巴》,选自《法兰西之书》,巴黎,1951 年 11 月。

然后再去参观个什么地方；夜晚，他从不在午夜前躺下睡觉，总是埋头阅读《唐·吉诃德》，直到倦意袭人。

7月20日，他首次在里约发表正式演讲。他不敢肯定，听他演讲的人，是否真的对他谈论的欧洲文化和政治等问题感兴趣。加缪的身体状况非但没有好转，反而恶化。他开始怀疑，疲劳感后面是否隐藏着什么：旧病复发。从表面看，潮湿、闷热的气候耗得他疲惫不堪，这是唯一能解释他目前生理和心理状况的原因。不管怎么说，他对自己做的事几乎提不起兴致，参观时也经常走神。

7月25日，从巴伊亚州回来，他以为自己得了流感，第二天浑身无力，连拿笔的力气都没有，白天只能卧床休息。后来，起床去举办一个关于尚福的讲座，这是加缪最喜欢的题材之一。加缪历来很欣赏这位作家的生活风格和他的我行我素，当然也赞赏他的作品。（他1944年给尚福的《马克西姆》作了题序，劝他提出对几个观点的质疑，例如"优越感招引敌人"以及"天才都是孤独的"。他同样也认为尚福对女人的厌恶是没有道理的。而如今，他却面对着戴着羽毛礼帽的女士们高谈尚福。）8月3日，他便动身去一半像纽约一半似奥兰的圣保罗发表演讲。圣保罗闪电般的发展速度使他惊讶不已。

在接受一家巴西报纸《日报》采访时，加缪长时间地发表了关于战争、和平和诗歌的看法，而且又得面对关于存在主义的提问。这些演讲的内容收入了"七星文库"版文集。

　　如此轻率地对待像存在主义这样严肃的哲学研究，是一种严重的错误。存在主义的渊源可追溯到奥古斯丁，而它对认识论的主要贡献无疑是其在方法上的多样性。存在主义首先是一种方法。人们在萨特著作和本人作品之间普遍发现的相似之处，自然是因为我们有幸或不幸地生活在同一时代，而且面临共同的问题和忧虑。

　　加缪忽略了自己的身体,参加了一次令人困乏的旅行,在非常糟糕的公路上连续驱车行驶 12 小时,搭乘临时渡船横渡三条大河,将近半夜时分才到达一个叫伊加普的小城。他和旅伴们在一家"美好回忆"的医院里过的夜。这家医院连自来水也没有。第二天早晨,加缪不得不用瓶里带来的水剃胡须。他们要去参加一个宗教节日,最精彩的是一种仪式行列,走在前排的人抬着基督的雕像(人们相信基督是由波涛带来的)。各种肤色、人种和阶层的朝圣者聚集在一起,他们中有人整整赶了五天的路。

　　后来,加缪在一篇名为《生长的石头》的中篇小说里描述了这次远征,包括"美好回忆"医院的许多细节。这几乎是此次南美之行写入他作品的全部内容。

　　返回圣保罗的路途跟去时一样漫长和艰难。次日,星期一上午,他与几位巴西哲学家一起参加了一个圆桌会议;会毕,他出席了圣保罗市法国侨民举行的午餐会。下午 2 点 30 分,在法语协会发表演讲,4 点钟观看斗蛇,晚上 8 点钟还有一个讲座。

　　星期二,他要起程去智利。但是,当加缪抵达阿雷格里港时才发现,巴黎方面没有办理申领签证的有关手续,于是不得不改道去蒙特维德里。在蒙特维德里,加缪住进了一家旅馆的斗室,等候机会经阿根廷去智利。8 月 14 日,星期天,他在布宜诺斯艾利斯机场等候飞机。

　　6 月,玛加里塔·西尔居剧团在布宜诺斯艾利斯上演了《误会》。尽管演出获得了成功,但是,庇隆政府还是以该戏宣扬无神论为理由而予以查禁。抵达巴西时,加缪曾发表声明,揭露阿根廷查禁该戏的行径(但我们可以想象在独裁者统治下阿根廷媒体的反应)。他在声明中说,他非常遗憾,不能在阿根廷与朋友们相聚,但一个自由作家的尊严不允许他毫无反应地容忍庇隆军人政权的暴虐行径。① 现在,加缪到了这个国家,法国使馆很想请他在阿根廷发表几次演讲。加缪回

---

　　① 《秘密团结报》,巴黎,1949 年 8 月 13 日。

答说,他也很乐意这么做,如果在演讲时可以谴责查禁之事。如此一来,法国使馆觉得还是到其他国家发表演讲为好。[①] 外界传闻,加缪在布宜诺斯艾利斯作短暂停留时,是查禁之事打消了加缪与当地新闻界见面的念头,这大概是真的。不过,他还是见到了几位人士,如作家拉法埃尔·阿尔贝蒂。申请签证的麻烦,加上这次旅途中遇到的其他麻烦事,相互交织在一起,更加剧了加缪的疲惫和沮丧。他非常想念自己的祖国,他多么需要有朋友在身边。

8 月 14 日—18 日,加缪下榻在智利圣地亚哥的克里永酒店。这是一个令人愉快的惊喜,这次漫长的南美之行,智利是第一个能让加缪赏识的国家。在太平洋汹涌的波涛和安第斯山雪峰之间,圣地亚哥坐落在到处是盛开着鲜花的杏仁树和橙树的山坡上。虽然他没有在日记里这么写,也没有对朋友们这么说,但这儿难道不是让他想起阿尔及尔? 在智利的日程安排依然非常紧张。

8 月 15 日,加缪在智—法文化学院发表了关于当代法国文学的演讲,法国大使出席了这次演讲会。会毕,法国大使馆与智—法文化学院共同做东举办了一个招待会。第二天,他又在智利大学的荣誉厅发表了题为《杀手时代》的演讲,描绘了一个酷刑已成为国家需要、人类已经堕落为卑贱畜生的世界。加缪讲述了一个发生在德国占领时期的小故事。在一家餐馆里,几名德国军官听到一群法国青年讨论哲学。一名法国青年声称,没有一种思想值得为它去死。德国军官把这名法国青年叫到他们的桌前,其中一个掏出手枪指着法国青年的太阳穴,要他重复一遍刚才说的话。法国青年把刚才自己说的话重复了一遍。那位德国军官向他"祝贺"说:"我想,你已经证明了自己说的话是错误的,某些思想是值得为它们去死的。"

加缪在一群崇拜者的簇拥下步行返回他下榻的酒店,途中差点卷入一场街头斗殴。他们不得不加快步伐,警察驱散了一支大学生游行

①　源自阿尔贝·加缪夫人。

队伍。

　　8月17日,加缪又来到智利大学,这次演讲主要是谈法国醒世作家,尤其是"一位反抗文学的醒世作家尚福",尽管演讲会的主题是《小说与反抗》。这是加缪正在撰写的著作《反抗者》中的一个章节。也许,加缪随身带来了好几份演讲稿,根据听众对象(或他本人的情绪)而临时变更。中午,加缪和智利国民教育部长共进午餐,之后作为嘉宾参加了在法语图书馆地下室举行的一个招待会。

　　在智利,加缪受到了新闻界的热烈欢迎。有关他的头几篇报道显然把加缪当成了"存在主义的第二号人物",紧随其后的是加缪的辟谣申明《现在不是将来也不做存在主义者》。然后,一家大众报纸旧事重提,为加缪辩解,并刊登了一幅青年女子的照片,她浑身上下只裹着一条印有萨特名字的头巾。加缪在演讲时赞扬了萨特,声称《墙》是他本人最喜欢的萨特作品。他拿萨特与狄德罗进行比较,当有人问及美国文学时,加缪在一连串的当代作家姓名中首先提到了福克纳。他声称,夏尔是自兰波以来法国最伟大的诗人,但他不了解法国当代的大小说家。在离开智利之前,他观看了由纳夫塔艺术剧院演出的《误会》。

　　8月20日,他又回到里约热内卢,被紧张的日程和失眠症搅得疲惫不堪。为了防止精神崩溃,加缪没能回绝那些要求见面、向他提问或强迫他做这做那的人。加缪毫无快意地寻思,他和费尔南代尔或马尔莱纳·迪埃特里克一样都已成了名人,如果他们现在处于他的位置,情况会怎么样。加缪从来就不能忍受同时有四五人以上作陪。他认为,再没有什么比强迫自己扮演不能胜任的角色更累人了。在他的所见所闻中(除了智利的某些地点和时间以外),很少有能让加缪真正提起兴致的人或事。然而,他一生中的两个月却就这样白白地浪费了。他清楚,回到法国以后,这次经历永远也不会忘记。[①] 他甚至还自

---

　　① 这段主要源自玛莉亚·卡萨雷斯。

问,他的病不会比流感更严重吧。①

　　加缪乘飞机回到巴黎,向玛莉亚·卡萨雷斯讲述了这次南美之行的所见所闻和感受。然后,又从巴黎赶到普罗旺斯去接他的家人。他们冒着瓢泼大雨往巴黎赶路。加缪在正常天气条件下是一个驾车好手,这次突然驶离了公路,幸亏没人受伤。当他们到达巴黎时,他的妻子发觉他浑身发烫。

　　他们几乎又马不停蹄地动身去了尚邦。在勒帕奈利耶孤独的日子里,加缪回想起德国占领时期在这里度过的与世隔绝的艰难生活,曾利用在这里度过的几个月忙着赶写《误会》。这回,他对新剧本《正义者》进行最后的润饰,并且采纳了让·格勒尼埃的一些建议。格勒尼埃还劝他把剧本更名为《无辜者》,加缪却觉得这个剧名有点贬义。

　　读了下面一则日记,就能轻而易举地猜出加缪当时的精神状态:

　　　　我一生的唯一追求,绝对是过一个普通人的生活,其余都是天赐予我(不能引起我兴趣的财物除外)。我不愿做一个经历坎坷的人。执着的追求毫无结果,随着时间的推移,事业上非但没能日臻成功,却发现自己离毁灭越来越近。

　　加缪无法驱赶疲惫和沮丧的感觉(事实上,他复发的前几个阶段无疑是来年冬季及之后几年变严重的)。勒帕奈利耶的宁静生活没能恢复加缪的身体,他带着忧郁回到了巴黎。加缪总觉得,他们的公寓太拥挤了。他依旧不停地工作,《正义者》的文字修饰一直持续到开始排练,然后又动笔撰写《反抗者》和实施其他计划。加缪把自己的一本名言录取名为《忠于大地》,赠给了玛莉亚·卡萨雷斯。名言录的扉页上是荷尔德林的一段语录,还被用作《反抗者》的题献(我的心谨献给饱经沧桑的大地……)。

---

①　加缪《旅行日记》。

第一段名言特别感人,摘自加缪自己的日记:

> 克莱斯特两次焚烧了自己的手稿……皮埃罗·德拉·弗朗
> 塞斯卡到了晚年双目失明……易卜生最终丧失了记忆,又重新开
> 始识字读书……勇气! 多么伟大的勇气!

加缪在斯德哥尔摩又一次获得诺贝尔奖提名,应瑞典科学院诺贝尔奖评委的要求,该科学院法国文学专家霍尔格·阿尔纽斯(也征求过候选人纪德的看法)起草了第一份有关阿尔贝·加缪的正式报告。这一年最有希望获奖的候选人是福克纳,可惜他的提名没有获得一致通过(15/18 票),该年度诺贝尔文学奖缺额。① 要获得诺贝尔奖,加缪还年轻了些。尽管如此,加缪仍意识到时间在流逝:

> 他生于 1828 年,1863 年至 1869 年完成《战争与和平》,当时
> 年龄在 35 岁至 41 岁之间。

关于托尔斯泰,加缪在日记中这样写道。加缪马上就要过 36 岁的生日了。当正式告诉他结核病复发时,他替自己找到了一个文学上的患难兄弟:梅尔维尔,35 岁那年正是身心交瘁的最暗淡时期。加缪向帕特丽西亚·布拉克吐露说:他的前途"石沉大海,不复存在"。

加缪病得很重,而且已经病了很久,甚至在登上去拉美的邮轮之前就生病了,但他本人并没有觉察到。事实上,流感症状和疲惫感掩盖了一次很严重的结核病复发。由于依旧缺乏治愈这种疾病的任何

---

① 斯特朗博格《阿尔贝·加缪—温斯顿·丘吉尔》;约瑟夫·布罗特纳《福克纳》,纽约,1974 年。

有效方法,加缪一直是一名病毒携带者。① 1949 年 10 月底,他在日记中写下了有关这次发病的思考:

> 这么长时间以来总以为已经治愈,这次复发定会把我压垮,事实上已经压得我不堪重负。不过,经历了持续不断的病痛折磨,倒使我能够笑对病魔。我终于解脱了,发疯也是一种解脱。

这次复发,从一切症状来看,情况可能更糟。他的私生活——这种动荡不定的生活,不能与自己喜欢的人一起想度过多久就多久的现实——已经同疾病一样压得他喘不过气来(在日记中,他对自己感受到的焦虑进行思考时拿精神痛苦和肉体痛苦相比较)。他开始闭门谢客,他的外表——甚至又患了湿疹——使他宁愿避开自己最好的朋友。但是,一天晚上,他和让·布洛克-米歇尔一起去歌剧院看戏。散场后,他希望能继续聊到深夜。布洛克-米歇尔明白,加缪处于极度的精神疲惫状态,他没有一夜能连续睡上一个安稳觉。②

加缪又搬回到米歇尔·伽利玛夫妇家去住,图个清静。链霉素终于发明了,尽管因可能引起耳聋等副作用而必须慎用。医生最好的处方就是使用这种药和嘱咐病人完全卧床静养,再加上"前链霉素"时代的幸存药——对氨基水杨酸。不过,对氨基水杨酸不能真正治愈结核病。加缪的日记中有一段关于他治疗用药的记载:11 月 6 日—12 月 5 日,40 克链霉素;11 月 13 日—次年 1 月 2 日,360 克对氨基水杨酸,再加用 20 克链霉素。

即便链霉素因其杀杆菌能力成为抗结核病的巨大飞跃——当时还没有药物可以做到——,但没有异烟肼那么有效,它仅在 1951 年起进行试验,1952 年 5 月成为普通处方药。这种异烟肼(名为雷米封)无

---

① 　源自乔治·布鲁埃医生。

② 　源自让·布洛克-米歇尔。

须注气即可治愈；医生常把它与对氨基水杨酸一同开药，为了抑制抗异烟肼的杆菌继续扩散。[1]

于是，加缪又卧床静养，医生要他完全卧床静养两个月。他可以躺在床上阅读和写书，有时下午也能去埃贝尔托剧院。保尔·奥埃特里在那里排演他的《正义者》。首场公演定在12月中旬。由玛莉亚·卡萨雷斯扮演年轻的恐怖分子多拉，塞尔日·雷贾尼扮演卡里亚埃夫，米歇尔·布凯扮演费多罗夫。

加缪错过了彩排前的最后一次排练，便在电话里要他的大姨克里斯蒂安娜把排练的情况告诉他。不过，他离开病榻去观看了《正义者》的彩排。西蒙娜·德·波伏瓦也到场观摩，她觉得他神态疲惫，但对她和萨特的欢迎非常热烈，这使她回想起了他们友好相处的美好时光。他们觉得戏演得很好，可惜剧本相当程式化。加缪看上去脸带微笑，但仍存有"戒心"，毫无拘束地接受来宾的祝贺和恭维。当一位女子欢叫着疾步向加缪走来并说"我喜欢这部戏，胜过《肮脏的手》"——并没有发现萨特就在一旁时，加缪对萨特会心地微笑，并打趣说："一箭双雕！"（西蒙娜·德·波伏瓦深知，加缪对人们把他看作萨特门徒而反感。）[2]

玛莉亚·卡萨雷斯登台演出完全是为了加缪这位重病缠身的朋友，是疾病疏远了他们俩的关系。[3] 不过，别人都为此而感动不已。就连《费加罗报》百般挑剔的让-雅克·戈蒂埃也不例外：

> 人们惊叹她消瘦的腰身，细长眼角提拉至太阳穴，细长的眉毛，尖下巴，隆起的脑门，泪痕闪烁在脸颊……她用她那激情四射、收放有度的表演惊艳全场。

---

[1]　源自乔治·布鲁埃医生。
[2]　西蒙娜·德·波伏瓦《势所必然》。
[3]　源自玛莉亚·卡萨雷斯。

1949 年 12 月在巴黎埃贝尔托剧院上演的加缪创作的戏剧《正义者》里，
演员玛莉亚·卡萨雷斯(照片由法国罗杰-维奥莱摄影事务所提供)

此外,戈蒂埃嫌找不到充分尖刻的词来评论剧本。在他看来,很难集中更多的悲观、气馁和否定成分来更加贴切地体现虚无。这位评论员在戏中看不到一丝柔情:

> 这难道是一部戏?不,是一堂思想教育课!这是一些有血有肉的人?不。……竟有人称写出这类剧本的人为思想大师。我把他们叫作自杀大师,自杀狂……

其他报纸的评论员对这部戏思想内容的看法褒贬不一。社会党机关报《大众报》说,这是一部"激动人心的力作";而《人道报》对这部戏的看法却截然不同,甚至对立:"戏的内容岂止是冷漠,而是冰冷,人物是捏造的,台词俗不可耐,剧情虚假离奇。"

杜萨纳将这部剧的毁誉参半归咎于它迫使人们进行比标题更深入的思考,从而引起极大不安。左派不接受这不守规矩的恐怖分子,敢于质疑自己的行为;右派反对这投掷炸弹的理想主义者。[①] 6 个月以后,《正义者》仍在上演。基亚罗蒙特对《党派评论》的纽约读者说:"《正义者》作为一部剧本虽然存在着人们指出的种种不足,但仍不失为一部值得重视的文学作品;即使称不上是一部真正的戏剧作品,至少也是一出动人的戏。"在援引了几名观众的话"五幕戏就能决定该不该杀死车中的孩子"以后,基亚罗蒙特继续说道:

> 促使巴黎观众为《正义者》拍手叫好,甚至泣不成声的原因不是由几句台词粗线条地勾勒出的关于革命的争辩,而是该戏所蕴含的寓意——对抵抗运动的回忆。

基亚罗蒙特承认,加缪回避了革命恐怖主义的有效性问题。但

---

① 杜萨纳《玛莉亚·卡萨雷斯》。

是,在他看来,加缪首先追求的是:从艺术的角度"唤醒西方人关于人和个人的概念中所蕴含的情感力量"。最后,他总结说,戏中的用语都是"一些刚从虚无主义那里脱胎而来的新词,但重新揭示了人道主义的基本规范"。

当被加缪视作欧洲最佳报纸之一的《曼彻斯特护卫者报》从比巴黎观众更广阔的视角赞扬他的剧本时,加缪感到非常荣幸。他特别喜欢《曼彻斯特护卫者报》上的文章的结尾:"长期以来,我们第一次重新听到了,在某些人心中回荡的真正的上帝之声,而且不用求助于任何神仙。"①

虽然采取了各种治疗措施,但是,无论在塞吉耶街的公寓里,还是在房间简朴、明亮、四壁是书、面朝花园,而且花园里还有喷水池点缀的伽利玛夫妇住所,要想在巴黎治愈加缪的病已是不可能的了。医生决定把加缪送往有一定海拔高度、气候干燥的地方去疗养。在卡布里伸向地中海的山坡上具备所有这些条件,而且有两处住所可供加缪选择:一处是与世隔绝的宽敞住所,一座维多利亚时代的哥特式城堡,周围景色秀丽,但起居设施简陋(由玛利亚·冯·赖塞尔贝格的一位好友所建,而后成为文人之家);另一处是皮埃尔和伊丽莎白·埃尔巴(我们还记得她是玛利亚·冯·赖塞尔贝格之女)的度假别墅,坐落在半山坡上,离村庄近。②

从夏纳到卡布里,先要沿蜿蜒曲折的公路行驶 17 公里到格拉斯,然后往西拐入一条狭窄的公路,再行驶 6 公里,卡布里位于海拔 545米的山坡上,居高临下,俯瞰地中海,这里是纪德最喜欢的居住地之一(伊丽莎白·埃尔巴跟纪德有一私生女)。

①　源自玛莉亚·卡萨雷斯。
②　卡布里时期资料主要源自玛莉亚·卡萨雷斯和雅尼娜·伽利玛。

　　加缪向伽利玛出版社请了一年病假（这样，就可以领取全薪）。弗朗辛去了奥兰把两个孪生孩子——他们刚过 4 岁生日——寄养在她母亲那里，加缪独自一人先去了卡布里熟悉一下地方。他先是在村口十字路旁的一家设施简陋的小旅馆"金山羊"停了车，突然意识到不能入住维多利亚风格的城堡——那里冰冷难熬，而且需要一大帮佣人伺候。至于埃尔巴夫妇名曰"奥迪德"的度假别墅，光线明亮，倒是挺讨人喜欢的，而且取暖也比较容易，不需很富有就可以在这里生活。穿过村子中央的一条公路直通别墅。这是一栋传统风格的普罗旺斯小屋，只有两层楼的瓦房。从阳台极目远望，把地中海和卡布里一分为二的山丘尽收眼底。小屋坐落在海滨阿尔卑斯山脉最后一个山峰的南端，四周都是橄榄树和柏树林，以及种满庄稼的层层梯田。

　　小屋的底层是一间客厅、一间厨房和一间小卧室，以及一个用作配膳室的小间；二楼有三个卧室，一间浴室与最东面的卧室相通，加缪立刻选中了这间卧室。这间卧室的两个大窗户朝向南边的山丘和村庄。其实，从三间卧室的窗户望出去都可以看到村庄、左边峭壁上的公路和星罗棋布的橄榄园：

> 下午，阳光慷慨地照进我的卧室，天空时而晴朗，时而多云。村里不时传来孩子们的嬉闹声和花园里喷泉发出的潺潺水声……阿尔及尔的美好时光又回到了我的身边。20 年前……

　　他在日记中这样抒发着自己的情感。可以说，他在卡布里远离与自己有关的人和事，觉得心情十分舒坦。加缪只能在远方关心他的戏剧作品在巴黎的命运，对它能否获得成功不抱任何幻想。他深信，《正义者》不可能比自己的其他任何作品获得更大的成功，尽管这部戏眼下似乎——令人惊讶地——受到了观众的青睐。加缪甚至对演员阵容也发生了兴趣，他一度想到由钱拉·菲力普来替代雷贾尼。1950 年2 月，《正义者》仍然每晚演出，但上座率只占三分之一，想到应该对剧本进行修改使之更加完善，但自"流放"到卡布里以来，几乎无法做到这一点，为此，加缪感到失望。他之所以眼看着这部戏"苟延残喘"而忧心忡忡，那是出于对玛莉亚的考虑。不过，加缪有可能与剧院的老板兼经理雅克·埃贝尔托断绝一切来往。埃贝尔托大声叫嚷道，早知道加缪不肯把这部剧本献给他，他决不会把它搬上舞台。加缪非常恼怒，于是向埃贝尔托（他仍建议重新上演《卡利古拉》）声明说，他宁肯看到自己的剧本不能上演，也决不做违心之事。当《正义者》由伽利玛出版时，书上没有任何题献。

　　2月，玛莉亚的父亲去世，接下去的两场演出被迫取消。加缪真想乘飞机飞到她的身边。不过，他知道这是不现实的。

　　当让·达尼埃尔把《正义者》中一场戏的剧本刊登在《卡利邦》上，并同时转载了几篇已经发表过的评论时，加缪给他写了一封信。后来，这封信也在《卡利邦》上发表了（而后被加缪收入了《时论之二》）。达尼埃尔提出的问题可表述为：为了越狱，是否可以把拖家带眷的狱警杀死？加缪认为，问题应该以不同的方式提出：是否应该把狱警的孩子也杀了，以便解救所有的在押犯？任何事物都有自己的极限，狱警的孩子只是其中的一个，但不是唯一的极限。你能以正义的名义杀死狱警，但是你也得做好死的准备；加缪认为目前的答复是：没有界限；你可以正义的名义为了大家把所有的人都杀了，而且还可以去申请荣誉勋章。

　　　　1905年的革命社会党不是唱诗班的孩子，而且他们的正义主张要比今天各种报刊书籍晦涩地标榜的正义要严肃许多。他们对正义的热爱是非常强烈的，所以决定不做令人憎恨的加害人。他们选择了战斗和恐怖，为正义而斗争。但同时，他们又选择了献身，用生命来换取生命，以使正义永葆活力。

　　这就是《反抗者》要传递的主要信息。加缪还要为这部作品顽强地工作一年半。

　　从到卡布里的头几天起,加缪就每天伏案工作 10 小时。他对几位朋友说,他决心已定,不完成《反抗者》这部作品就不离开卡布里。早上 8 点起床,吃一顿丰盛的早餐:几个鸡蛋、烤面包片和燕麦片粥;9 点—11 点写作;到中午这段时间,处理信件,然后散步到吃午饭。午饭后,休息到 4 点,然后工作到 7 点。晚饭后,和妻子一起学习西班牙语;9 点上床,躺在床上阅读。

　　这可是一种强制性的生活节奏。不过,加缪决心好好治病,对自己负责,把病彻底治好。在过去的一年里,他心灰意懒,放任自流,该遇到的事,包括发病,都遇到了。从此以后,他要重新掌握他认为已经丧失的自制力。为了完成他必须完成的事业,即使是为了继续生存下去,他也必须走一条艰巨而又漫长的道路,重新恢复自己的意志和健康。

　　来这里不久,加缪觉得身体有所好转。他认为,这是因为对生活做了严格的安排,而且强迫自己认真执行的缘故。以前,他总是毫不在乎,因此,只要强制自己过有规律的生活,就能收到奇迹般的效果。"有规律地工作到 4 月份,"他在 1950 年 2 月的一篇日记中自律道,"然后,加紧工作,保持沉默,多听少说。"

　　当然,加缪得定期去格拉斯看医生,拍 X 光片,测体重(他的体重有所增加)。开始时,他不得不强迫自己进食,现在恢复了食欲——这太重要了,睡眠也恢复正常。最难的是克制自己不去想还有多少天要熬,因为离开巴黎的时间和距离把他与幸福也分隔了开来。

　　加缪发现躺在床上也能很好地工作。于是,他就在床上工作,只是到吃饭(在底层厨房就餐)和偶尔外出时才起来,当家里的人都去了格拉斯采购物品或办其他事时,他就起来外出散步,他喜欢独自一人坐在山坡上,在冬末的阳光下晒太阳。加缪为弗朗辛租了一架钢琴。

在他看来，她要是能下功夫，本可成为一名不错的钢琴合奏演员。加缪的哥哥吕西安因手术康复休养来这里和他们一起度过了一个月。米歇尔·伽利玛夫妇来看望过他们。若索，还有布洛克-米歇尔也来过。萨特也来了，他发现每次有人来访总使加缪十分疲惫。任何意外的活动都会影响加缪康复期间有规律的生活。不过，刚来疗养时，罗歇·马丁·杜·加尔来卡布里与皮埃尔·埃尔巴一起修改一部影片的剧本。加缪经常去拜访这位老作家。一直因这位老作家朴实的思想和生活风格而表示崇敬。

加缪通过书信与外界保持联系，必要时还写信与伽利玛出版社的作者取得联系。加缪一直关注自己剧本的命运（《卡利古拉》在蒙特维代奥获得了成功）。他阅读的书包括司汤达的《爱情论》、兰波的书信集和德拉克鲁瓦的日记。他觉得，德拉克鲁瓦说得对，"没有日记的日子就像是不曾存在过的日子"。加缪的记忆力在逐渐衰退，他埋怨是对氨基水杨酸的副作用，并觉得本该把日记写得更详细一点。

加缪曾写过一部关于奥兰的作品，名叫《弥诺陶洛斯》，由夏洛出版公司出版（但现在由公司的继任者印制）。他在校对这本书的清样。加缪来卡布里以后完成的真正作品是为《时论之一》作序，这帮助他理清写作《反抗者》的思路。这几集《时论》收录了加缪的政论文、杂文（有些是很早以前写的）、替《战斗报》撰写的社论和文章（包括《既不当受害者，也不做刽子手》系列）、与达斯捷·德·拉·维热里和加布雷埃尔·马塞尔的笔战文章，以及访谈录和讲演稿。回过头来，为这本集子定调作序还真是一件难事。开始动笔时进展很慢，渐渐地，思路开始变得流畅起来。这可是加缪久违了的好时光，他非常希望到动笔写《反抗者》时能够重新找回这种感觉。

第三十六章

《反抗者》

> 1950 年 5 月 27 日。
>
> 孤独。爱情之火燃遍整个世界。值得为此承受出
> 生和成长的痛苦。但接下来还应该活下去吗? 人的一
> 生找到了存在的理由。可是人的来世呢?
>
> ——《手记》

春天一步步走近这块得天独厚的土地,草木日益葱茏茂盛。如
今,湛蓝的天空映衬出柏树的雄姿。北风呼啸,刮得天空"面目一新",
加缪在日记中写道。

> 鸟雀啁啾,来自四面八方,带着一种力量,透着一股狂喜,夹
> 杂一丝欢乐的不谐音,送来一片无尽的陶醉。时光流逝,光彩
> 熠熠。

百里香盛开着。"橄榄树脚下,紫罗兰花冠。"一天,他同当时住在
家里的让·布洛克-米歇尔从戛纳回来。他们取道佩戈马斯路,那是
一条有名的"金合欢路",要穿过开满黄花的山坡。

《反抗者》的写作进展很顺利。有时候,他甚至觉得能够在卡布里
把书写完,于是制定了未来几周的写作计划。他的日记里充满自我勉

励的语句：

> 3月1日
>
> 一个月的绝对支配权——在各个方面。然后重新开始。
>
> ......
>
> 全部写完后，再通盘考虑……

他希望至少能在 4 月 1 日完成初稿；他对让·格勒尼埃说，他需要帮助。[1] 他准备在 1950 年 6 月份完稿[2]，然后一路跟进，直到 10 月份付梓。[3]

结果他的计划几乎逾期一年才完成。

那么他在这部构思近十年的评论中准备写些什么？为了写这部作品，他十年来不停地读书、记笔记，甚至 1950 年的冬天和春天在卡布里也没间断（因为他需要通读、做笔记，直到完成作品最后的写作和润色）。那么他将致力于完成怎样的一部作品？说来简单，那就是以史为纲，深入地研究反抗的各种理论和形式，以期发现理想最终蜕变堕落的原因——反抗成了谋杀（普罗米修斯成为恺撒），然后刻画出对命运进行必要反抗的真正轨迹，因此罪恶——甚至是合法的，或受到国家认可的罪恶——将严格排除在外。

这就意味着必须通晓有关反抗的各种哲学思想，包括曾激发俄国革命的那些理论，而且还得了解从古至今这些理论的实际应用。

战争期间，他在勒帕奈利耶就开始为撰写这部作品读书和做笔记。他阅读俄国革命及恐怖主义的哲学思想，是为写作《反抗者》做准

---

[1] 源自阿尔贝·加缪夫人。

[2] 源自阿尔贝·加缪夫人。

[3] 源自夏尔·蓬塞。

备。他的日记中满是黑格尔、卢卡、罗萨·卢森堡、亚历山大·布洛克的语录。但是从这本日记中还可以看到陀思妥耶夫斯基、尼采、戈宾诺、西蒙娜·韦伊这些名字。他阅读马克思、贝尔迪厄夫的文章,欧洲与法国社会主义的历史。

显然,作家也不得不研究反抗在艺术领域的表现形式;当然,他以地中海人的眼光做总结。因此,书从初稿到出版整整用了 9 年时间就不足为奇了,在最后几年里,他拿出了全副精力。有时,他减慢节奏,他甚至弄不明白自己怎么会一次次投入创作。艺术家们有时不正是突然停下来,并就此永远放弃吗?[①]

2 月中旬的时候,他觉得准备就绪,可以重写此书。进展十分缓慢。他总抱怨受打扰,连下雨都会令他沮丧,但是他又再三请朋友们上门,以减轻他的孤独感。

3 月底,在卡布里的初次逗留临近尾声,书远远没有完成,但健康却有了起色。他体重达到 65 公斤,觉得已经恢复元气,不过也意识到自己不再年轻,这从脸上就能看出来。返回巴黎之前,他去格拉斯做了最后一次检查。医生宣布肺部透视的结果很好,但是相当一段时间内还需要谨慎。医生建议他在南方疗养,但加缪认为自己不能远离巴黎。他马上得回到比他离开时更加混乱的首都,这时候《正义者》因演员人选变动而一再重排,在加缪看来成了一件苦不堪言的差使。他决定处处谨慎,确保自己的健康,因为这已经不仅仅关系到他个人了。

然而,有一天在卡布里的蒙蒙细雨中散步时,他做出几个与他的心愿明显相悖的决定。他决定从那一时刻起活一天算一天。不再闭门索居,而是走出家门,更多地关注别人。他认为即使身处逆境,疾病缠身,也能够慷慨地生活。

然而,他没有时间体验这种新生活。医生被迫发出警告,他的疾

病还没有痊愈。尽管他在卡布里生活极度孤单、心烦意乱，他必须再回去；医生命令他在普罗旺斯山区继续休养三个月。他于 4 月的最后一周返回卡布里，他闻讯一位朋友自杀，随手在日记中写道：

> 我深感震惊，那自然是因为我非常爱他，但也是由于我忽然意识到自己想和他干一样的事。

他又一次远离巴黎，远离那些在他生活中举足轻重的人。在绝望情绪的笼罩下，他对玛莉亚·卡萨雷斯坦言，如果在未来的几个月中，不能恢复正常的生活——如果病痛继续威胁他的生命——他必须当机立断。他没有说是怎样的决定，不过他立刻向她保证：他会尽力活下去。①

在重返卡布里在此逗留的日子里，埃巴尔家的房子不能住了，不过他租到了另一所房子（位于奥迪德一家和乡村之间）。开头十几天，连日阴雨。最糟糕的是他没有丝毫创作的灵感，痛苦了好几周，连给好友写封信都很困难。万般无奈下他只能读书做笔记，因为这不需要任何灵感，情绪最低落的日子都可以做。

然而他还是打开日记本，开始考虑日后可以重新开始的自由创作。他认为自己前两类作品刻画"绝对不说谎的人，因此是不真实的人"。这样的人在这个世界上是不存在的，由此可见他不是一个通常意义上的小说家，而是一位"根据自己的激情和焦虑来（创造）神话"的艺术家。因此那些"曾（使他）激动不已"的人，总是充满这种神话的力量，独自占有这种神话。对以往作品的分析以及作者的表态，其实为未来作品中的人物，拟定了详细提纲。

不过眼下的问题，还是度过这难熬的几周。

————————————

① 源自玛莉亚·卡萨雷斯。

爱情的疯狂之处,在于人们总奢望加快节奏,摒弃等待。期
盼快些接近结局。从这一点上看,爱情与死亡是相一致的。

6月底,他得短期去巴黎,为《时论》的清样定稿。他有机会见到一
位见解独特的医生:这位医生的许多病人(其中有伽利玛家亲信)对他
言听计从,他就是梅内特里耶医生,这一回他看到一个精疲力竭、神色
绝望的病人。常给加缪看病的医生断定他并无生命之虞,但留在南
方、减少活动会使他更快康复,然而这样的生活对他毫无意义。加缪
告诉梅内特里耶医生,自己在各个方面——物质上、家庭上、创作上都
陷入走投无路的境地;自己没法结束那本写了那么多年的书。医生明
白,眼前是一位真正绝望的病人。

卡雷尔的门徒(之后作为艾利克斯·卡雷尔基金会总秘书长),创
立了自己的生物研究中心,雅克·梅内特里耶的疗法与众不同:主要
运用悬浮状态的矿物质,加强人体的自身免疫能力。这是一种调节、
补偿的治疗方法,它把地球物质——植物,动物——中必不可少的金
属元素当作催化剂,用来激发生物体内的离子变化。梅内特里耶为每
一种病开出专门的药方:锰、铜、钴、锌、银或金,单独或混合使用。许
多病人也是文学艺术界的名流;在他行医晚期,他出版了十几本书,阐
述他的医学理论,书中分析了"几万个"病例,他宣布成功地实现了防
痛治病,并致力于研究人为的或过早的衰老。[1]

加缪同米歇尔和雅尼娜·伽利玛开玩笑,提到了医生开给他的
锰、铁和铜的混合药方。但是他不想放弃任何根治结核病的机会。[2]
他的瑞士医生也是他的朋友勒内·莱曼平静地说:"矿物质不会对你
有什么坏处。"加缪理解莱曼医生的意思,后者知道,不管怎么样加缪

---

① 源自雅克·梅内特里耶医生。对其方法的简洁介绍:雅克·梅内特里耶《变化中的医学》,
图尔奈,1970年。

② 源自雅尼娜·伽利玛。

会回到布鲁埃医生的诊所,他是巴黎最好的专科医生之一。①

回到卡布里,他马上使用梅内特里耶的治疗方法,X 光片显示病情有所好转,他立刻归功于新疗法。7 月初他感觉逐渐开始好转,对伽利玛夫妇说,多亏梅内特里耶医生妙手回春。② 三个月后,他再次见到梅内特里耶,医生告诉他治疗还得持续两个月。加缪显得半信半疑,但事实上是他再也没感到肺部有任何特别的不适,似乎也恢复了生活的欲望。梅内特里耶甚至坚信,显然与前面章节脱节的《反抗者》的结尾部分,是真正的生活礼赞,是一个劫后余生、再次拥抱生活的病人写下的作品。③

加缪趁自己在巴黎,与米歇尔讨论自己在伽利玛出版社的身份,后者是加缪的挚友,很自然成为加缪和加斯东·伽利玛的中间人。加缪觉得自己不该领整份工资,希望伽利玛出版社暂时只发一半工资(由社会保险偿还雇主)。他说,到 10 月份再决定自己同出版社的关系;目前,他不打算在这儿继续干下去。

他做出了不可更改的决定:离开塞吉尔街的公寓,那儿改由米歇尔·伽利玛的妹妹尼科尔居住,加缪一家休假之后将另觅住处(他请求米歇尔·伽利玛帮忙关注《费加罗文学报》上的小广告)。

他等待出现"梅内特里耶奇迹",尽管夏日炎炎,他发现自己忽然又能写作了。如果自己有才华,他心里想,《反抗者》将是"一本奇特的书"。④

8 月份,他去孚日山继续疗养。⑤ 他发现一个名叫大瓦尔坦的可

---

① 源自勒内·莱曼医生。乔治·布鲁埃医生声称加缪从未提过梅内特里耶疗法。
② 源自雅尼娜·伽利玛。
③ 源自雅克·梅内特里耶医生。
④ 源自雅尼娜·伽利玛。
⑤ 源自雅尼娜·伽利玛。

能是荒无人烟的小村子,在海拔 850 米处。那里有一家很简朴的小旅馆,坐落在山野丛林之中,缺乏现代化的舒适条件,但十分僻静(这里没有自来水,厕所在一个四面透风、摇摇欲坠的小木棚里)。感到无聊时,他当然可以跳上那辆老雪铁龙,去当地的各处文明中心逛逛,找个好餐馆美美地吃顿饭。他发现在那儿反而能够写东西,三天两头下雨,气温偏低,这无疑是促使他埋头笔耕的原因之一。休息丝毫不用费心,因为一到晚上 10 点就断电了。

在日记里,他列出的作品篇章都冠以希腊名:

　　　　Ⅰ.西西弗神话(荒谬)——Ⅱ.普罗米修斯的神话(反抗)——Ⅲ.复仇女神的神话。

两件事干扰了这个恢复健康和重新工作的夏季。一件是国际性的:6 月 25 日爆发朝鲜战争;他有所警觉,但是希望这场危机不会造成太严重的后果。像他这样的艺术家不参与创造历史,他对来信听取意见的日本作家团这样回答:“我们力所能及的,只是在别人从事毁灭的同时,尽可能多地去创造。正是这种漫长、耐心、默默无闻的努力真正促进了人类历史的进步。”①

另一件是私事:与他政治随笔的出版有关。他本希望这部作品获得广泛的读者。但这一次,读者或至少说报界似乎以一种“朝圣般的静默”迎接他。他不无苦涩地注意到中肯的评论都来自国外——特别是瑞士。(他在私人文件中保留着一条好评语,不过出自一位保守派记者之笔:“与其说这是一部文学作品的出版,不如说是法兰西意识的觉醒。接下来,一篇姗姗来迟的评论更让他高兴,发表在倾向无政府主义的报纸《极端自由主义者》上:“阿尔贝·加缪文笔超凡,思想崇高,同纪德刻板呆滞的风格形成鲜明对比,因此迅速对当代青年产生

---

① 源自“七星文库”版加缪文集。

了刚劲挺拔、充满阳刚之气的影响……")

他在大瓦尔坦读列宁的作品——"消化"列宁的思想——同时他向朋友们坦言这并不是出于兴趣。一个月深居简出,写作进展神速,尽管要做的事还很多。"我急于了结眼前的一切,您知道,"他在9月19日给勒内·夏尔去信,"我傻乎乎地想象,从此生活将重新开始"。①

9月份回到巴黎以后,他还记录一些小说、戏剧的设想;在他整个写作生涯中,似乎每次殚精竭虑地写书的时候,都使他萌发各种各样的设想,他将这些想法老老实实、一点一滴地记在日记上(这一时期的日记中有一条有关纳粹分子如何对待被拘捕的知识分子的笔记,也许准备收入那部神秘,但从未动笔的作品,书名叫《体系》或《文明世界》。这则笔记后来成为《堕落》中的一个细节:囚犯被关进极窄小的牢房,狱卒从牢房前经过,张口就可以唾他的脸)。

加缪一家终于找到了住处,但不能马上安顿下来。他暂时住在博若莱大街的一家小旅馆中。米歇尔·伽利玛的父亲住在附近,就在家喻户晓的女作家科莱特家的楼上,窗对面是王宫花园。加缪喜欢这个地段,而且他以后每次想与朋友圈子保持距离时就住到王宫饭店来。"我能够写作,这是关键,"他在给夏尔的信中这样写道,"我觉得体力和精神都有所恢复……这一年很艰难,对我来说特别不容易,无论从哪方面看,都是如此。"②

接着加缪在玛达姆大街安顿下来,离圣日耳曼-德-普雷广场五分钟的路程,离伽利玛出版社十分钟——他考虑再三,终于没有辞去出版社的工作。在这条普通的大街上他找到了一套"舒适的"房子,相当宽敞,住得下孩子和妻子,还可以接待客人。

那一年,瑞典文学院一致同意将诺贝尔文学奖授予威廉·福克纳。在日记中,加缪记下了这位美国作家答记者问的回答,这些回答

---

① 源自"七星文库"版加缪文集。

② 源自"七星文库"版加缪文集。

威廉·福克纳(照片由法国罗杰-维奥莱摄影事务所提供)

表达了他对年轻一代作家的怀疑态度：他们不懂得写作永恒的主题，如自尊、荣誉、痛苦。福克纳将现代虚无主义归因于恐惧：当人类不再感到害怕的时候，他们就又能够写作流传于世的作品了。《哈佛导报》请求他写一篇评论福克纳的文章，加缪只是简明地表明自己的观点：福克纳是最伟大的美国作家，唯一能与 19 世纪美国著名作家相提并论的当代作家，他像梅尔维尔、陀思妥耶夫斯基和普鲁斯特一样创造了自己的世界，《圣殿》和《塔门》在加缪看来是福克纳的代表作品。①

　　从此他避免参加有组织的政治活动——萨特派所喜欢的会议，马尔罗积极参与的政坛，传统宣言，传统左派请愿书——而越来越深入地投入一种更为有效的行动方式（其实也是徒劳无益的，他后来才意识到）。他利用自己的声望，给那些掌握生杀予夺大权的政要，发出私人的、谨慎的、机密的信件。例如，他特别关心希腊的局势；那里共产党与保守党之间的战争，造成了滥捕和随意监禁，波及许多左翼知识分子。从 1950 年起直至去世，加缪就这样通过私人渠道与希腊当局交涉，请求他们手下留情（然而在 1950 年 12 月，他与萨特、布勒东、莫里亚克、勒·科尔比西耶等重要人物一同签署请愿书，为了解放监禁在营房里的年轻的希腊知识分子）。在去世前几年，他还写信给希腊首相，提出"二战"抵抗运动时期的英雄、共产党人马农里斯·格莱佐兹应受到公正的待遇，并保证对首相的干预绝对保密。②

　　加缪发觉他的天然盟友多数是非斯大林派的左翼人士：无政府主义者、革命工联主义者、因道义或宗教的原因拒服兵役者，事实上，他的斡旋大多是为了减轻无政府主义者或拒服兵役者表明立场之后造成的后果。这些人认为《反抗者》反映了他们自身的哲学：反抗运动源于个人的愿望，而不是马克思主义的教条，而且并非一定导致行刑队

---

①　源自"七星文库"版加缪文集。

②　源自阿尔贝·加缪夫人。

或斯大林主义者的集中营世界。① 个人奋起反抗 20 世纪专制政府的荒谬和专断统治构成了《反抗者》的关键之一，这本书也部分地揭示了 50 年代加缪的扑朔迷离：作家根据他的良心和正义感独立地行动。

1951 年 1 月到 7 月，当《反抗者》的写作进行到最后的阶段，加缪不断听到令人担心的消息。从 1950 年 11 月开始中国人参与朝鲜战争，1 月份又发生了汉城撤退。法国笼罩在战争的紧张气氛中。

法国的知识分子认为苏联可能入侵并占领他们的国家。西蒙娜·德·波伏瓦记述与弗朗辛·加缪一起听完巴托克音乐会，走出音乐厅时弗朗辛同她说的话："我么，俄国人侵占巴黎的那一天，我将同两个孩子一起自杀。"在一个高中班级里，西蒙娜·德·波伏瓦又写道，学生们之间达成了一个"红色入侵"时集体自杀的协议。

当他们在索邦大学附近的巴尔扎尔咖啡馆谈话时，加缪问萨特，一旦俄国人入侵怎么做。他添了一句（根据西蒙娜·德·波伏瓦的转述）："千万别留下！"于是萨特问加缪是否也准备离开；加缪回答说他将同纳粹占领时期一样。萨特派没有将加缪的建议当作疯话：西蒙娜·德·波伏瓦也证实了这一点，承认这次谈话后的几天中她也同意加缪的观点。她认为如果萨特保持缄默，苏联人是不会碰他的，但她知道萨特无法沉默；而斯大林对那些不听话的知识分子如何处置是人所共知的。另一位作家，也是萨特的朋友，恳求加缪即使留下来也千万别招认……值得指出的是，尽管西蒙娜·德·波伏瓦希望萨特在苏联人占领时逃亡，而不是继续留在法国，他们两人都不愿意去他们厌恶的美国。战争也许是北朝鲜人挑起的，但他们认为麦克阿瑟将军事先设下了圈套。

那年春天，加缪与萨特的友谊在《魔鬼与上帝》的排演中暂时恢复

---

① 儒瓦耶《无政府与年轻人的反抗》。谨慎原则最主要的特例即为西班牙共和运动。即便在《反抗者》快完工的几个星期里，加缪在公开会议上向西班牙共和运动之友发言。（加缪《自由西班牙》）

了,玛莉亚·卡萨雷斯从中起了重要作用:加缪每次去接她时,途中都会去同萨特喝一杯。彩排的晚上,加缪和卡萨雷斯与萨特派一起去吃夜宵,但西蒙娜·德·波伏瓦说:"战火又起了。"①

他又一次离开了巴黎潮湿的冬季,躲往卡布里。他是驾车去的,并在瓦朗斯稍事停留。他又开始记日记,在日记中坦言在 37 岁的年纪他不得不重新学会独自生活。1951 年 2 月份他"一刻不停地工作"。他在给夏尔的信中这样写道:"彻底的孤独和想赶紧结束的愿望使我每天工作 10 小时。"他希望 3 月 15 日写完草稿,但不知道对筋疲力尽赶出来的东西是否满意。② 然后他回到巴黎对整部作品进行修改,这回准备在 5 月份最终交给出版商。③

他在普罗旺斯逗留期间,天不停地下雨;天放晴时又很冷,但他至少可以远眺山谷那边的柏树。他将玛莉亚·卡萨雷斯和年轻的俄国恐怖分子卡里亚耶夫的照片摆在案头。

但他如今感到精神极其疲惫。他急迫地等待着春天给他带来解脱,那将是他人生中最重要的春天,一个摆脱了历年的紧张、重新找回一度缺乏的活力的春天。有些日子里,他觉得很满意,因为自己细腻的笔迹写满了一沓沓大稿纸,似乎写作计划已提前完成。他每写完一沓稿纸,大约有三四十页,他就寄给忠实的女秘书伽利玛出版社的苏珊娜·拉比什。秘书打完再寄给他,请他修改复校。④

在日记中,他自由地发挥想象,记下了许多新的计划,例如一篇有关命运的随笔《复仇女神》。他还准备就大海写一篇文章(《最近的海》),收入题为《节日》(或《夏天》)的文集;为他的剧本和随笔的美国版写序,翻译《雅典的政权》、莎士比亚的作品,还有其他一些作品,如

---

① 西蒙娜·德·波伏瓦《势所必然》。
② 源自"七星文库"版加缪文集。
③ 源自夏尔·蓬塞。
④ 源自玛莉亚·卡萨雷斯。

《遥远的爱》《永恒的声音》。有一点是肯定的:完成《反抗者》之后,他将"挑衅性地、顽固地抗拒体制",他将摆脱一切枷锁,"从今以后的格言"。

与此相矛盾的是,加缪勾勒自己的文学前景时,不时露出一丝淡淡的悲哀。他在卡布里写道:"我长久寻求的最终出现了,默认死亡。"2月5日,他又写道:"扔下所有问题,一死了之。可是,谁又能了结所有问题之后再死呢? ……但至少与我们所爱的人和睦相处……"

他继续写道,他在《反抗者》中希望做到"既讲真话,又保持宽宏大度的态度"。到了3月7日他不无自豪地写道,他已完成了作品的初稿。他作品的两大系列因此临近尾声。"37岁了。现在可以自由创作了吗?"①

热尔曼娜·布雷研究了加缪的作品,她指出,大部分在《西西弗神话》一书之后写的随笔稍加修改,收进了《反抗者》一书,这说明加缪在此书中阐述了这个主题的几个不同侧面。从1943年起,他的政论性文章和社论——例如《既不当受害者,也不做刽子手》——几乎都汇入这部重要的作品中,书中阐述的内容是在1945年随《论反抗》一文的发表而展现在读者面前的。② 无论从哪个方面来讲,《反抗者》反映了个人的观点,尽管它以政治哲学论著的形式出现。它既公开阐明加缪的文学倾向,同时也陈述了他的政治立场;他可以在这个讲坛上公开支持文学界和政界的朋友(如夏尔),揭露敌人的错误。如今,这部论作终于要面世了。"某些地方还得修改。"他对夏尔这样说。虽说这本书是献给让·格勒尼埃的,但夏尔实际上成了此书的精神之父。这封信(日期为6月26日)接着写道:

---

① 加缪最后一篇发表的日记笔记追溯到1951年3月。即使加缪一生始终保持着写日记的习惯,他的子孙们决定之后的篇章不予发表,原因是自《手记之七》开始记录私生活的部分越来越多,包括《反抗者》出版后的岁月、与萨特决裂以及《堕落》雏形。

② 热尔曼娜·布雷《加缪》,新不伦瑞克,新泽西州,1972年。

> 最终，我带着焦虑与作品分开。我本想做到既真实又有效，但这就意味着一刻不停地倾囊付出。在这部作品的整个写作期间，我感到十分孤独。[1]

然后书完成了，我们认为是 7 月 10 日，他在那一天给夏尔去信："现在需要等待。"第二天他见到了夏尔，和他一起重读手稿，又过了一天，他交给夏尔一本打印的清样及一封信：

> 这是历尽千辛万苦写成的作品，但愿它在形式上与我们的共同思想吻合。总之，我怀着由衷的喜悦把它交给您，尽管，我承认，免不了有些忧虑。[2]

接下来的时间他都花在自己的西班牙朋友身上，参加卡塔韦尼亚在雷卡米埃小剧院（属于教育联盟的财产）的集会，纪念 1936 年 7 月 19 日西班牙内战爆发 15 周年。发言者还有墨西哥作家奥克塔维沃·帕兹和流亡的西班牙政治部长费尔南多·瓦勒拉（加缪同意他无政府主义工会朋友们在他们的报纸《秘密团结报》中转载演讲稿，但必须以法语原版文章出版，他们之前从来不这样做——但是，这次他们必须遵守）。[3] 加缪向听众宣布，西班牙起义是第二次世界大战的真正开端，而"二战"在世界各地都已经结束了，唯独西班牙是例外。但是不应该绝望：消亡的并不是欧洲，而是意识形态。最后他概述刚刚脱稿的新作，但并未直说书名，指出西班牙、法国和意大利都拥有一种介于资产阶级哲学和专制的社会主义之间的意识形态。他则站在"另一种

---

① 源自"七星文库"版加缪文集。

② 源自"七星文库"版加缪文集。

③ 《秘密团结报》，巴黎，1951 年 8 月 4 日。1954 年重新出版时改编收录于"七星文库"版加缪文集。

人"那一边：

> 他们是在众人的自由和幸福中找到自身的存在和自由，并从失败中汲取生活和爱的理由的人。这些人即使遭到失败，也绝不会孤独。

他将玛莉亚·卡萨雷斯留在了布里弗，然后去尚邦同家里人团聚。离开巴黎前，他见到了让·格勒尼埃，后者在里尔大学教学，一年后到巴黎度假。他同格勒尼埃谈到准备写第三本重要论著，作为对《西西弗神话》和《反抗者》的补充，书名可能为《复仇女神神话》。它将论述基督教和古希腊文化（正如他当年为了获得大学文凭，为普瓦里耶教授所写的论文一样），并将阐明两者之间的演变。他对昔日的老师解释道："从个人角度来讲，我觉得自己更贴近古希腊文化。在基督教中，我更倾向于天主教而不是新教。"由于他的"反自然主义"思想，他觉得《圣经》没有什么吸引力。他认为人们反抗是为了获得人间的幸福，而不仅仅为了废除不公平，"应该具备眼前的而非遥远的生活智慧……"①

在去尚邦的途中，他那辆雪铁龙旧车总是不听使唤，终于在离目的地75公里的圣弗洛尔熄火了。他在一家小旅馆中过了一夜，第二天早上，开到离尚邦8公里的地方，车子又熄火了。最终到达目的地的时候，他已经精疲力竭了。②

这次，加缪一家没有住在勒帕奈利耶而是住在尚邦城里，在离市中心不远的莫尔路，他们租下了一座有着仿大理石外墙的别墅的顶层，名叫"法国梧桐"的别墅坐落在一个大花园内，花园尽头有一片松树林。他的卧室正对一大片稀疏的松林，加缪打算把住在这里的大部

---

① 让·格勒尼埃《阿尔贝·加缪》。

② 源自玛莉亚·卡萨雷斯。

分时间用来睡觉、思考或者眺望树林。

首先要完成《反抗者》的最后一道工序:修改清样。他从 7 月 30 日起投入工作,埋头苦干一周之后还不能完工。不过,他也睡足了觉,因为已有很长时间没有好好睡觉了。这儿景色单调,没有什么供他消遣,而且他特别讨厌山区景色;当地人也引不起他的兴趣,只能读圣伯夫的作品,同 5 岁半的女儿逗乐,想方设法同伺机反扑的消沉抗争。他十分明白,每次写完一部作品都会情绪低落。他工作愈投入,这种消沉就愈严重,一念及此他便忧心忡忡。一天晚饭后在花园中散步,他正抽着烟凝望着天空,突然感到一阵晕眩便昏了过去。他好不容易站起来,挣扎着回家,踉踉跄跄走进卧室,一头倒在床上。但过不了多久,他又"情绪饱满,活蹦乱跳"起来。

此时的天气风雨交加,谁见了都会心情沮丧。加缪早早起床,步行 5 公里去勒帕奈利耶找保尔·奥特利,并由他陪着去钓鳟鱼。要么早上修改清样,下午散步。在勒帕奈利耶或周围地区,他不断回想起"二战"纳粹占领时期度过的漫长而艰难的岁月,那时来自阿尔及尔的年轻的加缪热衷于上流社会的生活,有些放浪形骸,不出色却很尖刻,如今的他已成长为一个有前途的作家,清醒地意识到该走怎样的道路,因而变得谦虚起来。加缪现在意识到 1942—1943 年间在勒帕奈利耶度过的隐居生活是一次必要的考验。

从某种意义上来说,这次尚邦旅行也可算是一个转折点。《反抗者》结束后,作家一直等待着这一时期,等待恢复创作自由的能力。

到了 8 月底,妻子去了意大利,他去西南部同住在大西洋海边的玛莉亚·卡萨雷斯会面。[1]

11 月份他还出乎意料地旅行了一次。母亲因为骨折得动手术。他一听到消息就飞往阿尔及尔,于 11 月 19 日到达。母亲已住在医院里了。当天晚上,子夜时分,他来到母亲身边,哥哥吕西安坐在病床另

---

　　① 　源自玛莉亚·卡萨雷斯。

一头。听到母亲轻轻地呻吟,他感觉正守护着自己生病的女儿。手术于次日上午进行,医生宣布手术进行得很成功,几天后病人就可以出院。他留了下来,阿尔及尔潮湿的气候令他消沉、窒息,但可以肯定长期以来他的身体状况从未如此好过;他继续接受梅内特里耶的治疗方法,同时又为以后的新作品万般焦虑,因为这一部大作品已经成为历史。某些时候,他突然希望不再做事,也不再写作——一种对自己职业选择的恐惧,以前从未有过。也许这样的焦虑是由于精疲力竭的缘故;长期以来他过度疲劳。然而,没有这样的努力,他也明白,他就会一事无成,他的作品也将一文不值。但想到未来有时使他头晕目眩。

他很高兴来到阿尔及尔,回到母亲身边。他明白自己的到来,对母亲是个安慰。[1] 听到他说:"您想想,我被邀请见总统(当时是樊尚·奥里奥尔)而我没去。"母亲笑了,说:"你做得好,我的孩子。他们和我们不是一路人。"[2]

回巴黎之前,他又去了蒂巴萨,好让这次旅行至少带回些美好的东西。他同老朋友们一起吃晚饭。将这些平和的、懂得享受简单生活的人和矫揉造作的巴黎人相比,他感受到一种强烈的反差。他离开以前,天气转晴。他又看到了孩提时的阿尔及尔,小径上弥漫着橘树的芳香。不过他明白自己再也不可能在那里生活了,至少不能在那个城市里生活。[3]

在阿尔及尔时,夏尔·蓬塞告诉他,他们的朋友,为公民权奋斗的律师伊夫·德舍泽勒需要他帮助,为一群穆斯林民族党人辩护,他们因为参与梅萨里·哈吉的争取民主自由胜利的运动而在布莱达出庭受审。加缪于是起草了一份声明,准备在法庭上宣读为他们辩护。[4]

---

① 源自玛莉亚·卡萨雷斯。
② 源自马塞勒·布涅-布朗歇。
③ 源自玛莉亚·卡萨雷斯。
④ 源自夏尔·蓬塞。

第三十七章

萨特抨击加缪

> 《现代》杂志。他们接受罪恶但是拒绝宽容……
>
> ——《手记》

其实,《反抗者》尚未出版,论战就已经开始。1951 年初,《南方杂志》发表该书的一章《洛特雷阿蒙与平庸》。加缪在文章中严厉批评了《马尔多罗之歌》(1869)的作者,谴责他因循守旧和思想保守。安德烈·布勒东自认为是超现实主义运动的喉舌,理应捍卫这位超现实主义的先驱。他于 1951 年 10 月 12 日在《艺术》周刊上撰文,愤怒驳斥加缪。"身孚众望的作家居然如此诋毁比他们强大一千倍的力量,"布勒东写道,"我们怒不可遏。"

加缪立即在下一期给予答复。他称布勒东没读过他的作品,其论点纯属意气用事。加缪完全可以义正词严地还击,但是他决定克制,只是建议布勒东重读一遍洛特雷阿蒙的作品。紧接着,11 月 16 日出版的《艺术》杂志发表布勒东与埃梅·帕特里的谈话录。布勒东谈到对加缪的评价,在他看来,在民族解放时期,加缪的声音是"最清晰、最富正义感的",直到他阅读这篇关于洛特雷阿蒙的文章之前,他一直这么认为。加缪在 11 月 23 日《艺术》上发表长信——篇幅与《布勒东—帕特里谈话录》相等——逐条提出反对意见,说他没有任何理由去欣赏受到布勒东赏识的诗人。布勒东希望把当前的局势全部归咎于马克思主义者。他解释说:"我客观地看待超现实主义的极端言行,把它看作一个年轻、正当的叛逆运动在世界各地发出的杂乱无章的呐喊……超现实主义的种子在我看来始终是必要的,但只是就它的发展趋势而言。"

加缪宣称此次论战就此结束。不料布勒东在下一期又卷土重来。他尊重加缪,无意侮辱他,但他警告说加缪对于反抗的观点与保守派们一脉相承。至于超现实主义,布勒东不认为它比《局外人》更危险。从此,两人各不相让,每周唇枪舌剑,结果连《艺术》杂志的一位编辑路易·波维尔也披挂上阵,因为是他邀请布勒东评论加缪文章的,而且他不认为此举无聊。如果加缪与布勒东因此翻脸,应该看成替新闻事业做出的牺牲。① 于是,布勒东的弟子们决定写一本小册子,集体回击加缪。加缪拒绝参与这本集子的"创作",也不允许刊载他在《艺术》杂志上发表的信,因为他不喜欢这一事件的氛围。他的对手从加缪的态度看出"他的狂妄自大和厚颜无耻"②。

《反抗者》于 1951 年 10 月 18 日出版。他给夏尔的信中写道:"书写完了,我有种怅然若失的空虚感,处于一种'腾云驾雾'的抑郁状态。"他向夏尔解释说,他之所以回击布勒东,是因为后者"毫无根据的断言"可能令人对此书产生错觉。③

然而《反抗者》从此来到每位读者,而不仅仅是朋友们的手中。作者反对斯大林主义的鲜明立场自然会获得形形色色的保守派和反共分子的同情和赞同。《费加罗文学报》的一位评论家认为此书不仅是加缪最重要的一部作品,而且是当代最伟大的作品之一。《世界报》的

---

① 《艺术》,巴黎,1951 年 12 月 21 日。

② 《论反抗》,《太阳 黑色方位》,第一期,巴黎,1952 年。

③ 源自"七星文库"版加缪文集。当居伊·杜缪尔在《战斗报》中撰写超现实主义文集吸引眼球时,勒内·夏尔写信给他并向他指出所有出于好意帮助文集完成的人都被出版商过分友好的态度给欺骗了。《战斗报》,巴黎,1952 年 3 月 3 日。

哲学评论家认为"二战"以来，从未出版过如此有价值的作品。同样，在《世界报》上，法兰西学院院士埃米尔·亨利奥指出，加缪赞赏圣鞠斯特，但是，谴责处决路易十六，两种态度互相矛盾：如果加缪生活在法国大革命时代，他会赞成哪一方？但是，亨利奥认为这种情感和理智的矛盾正是加缪所特有的。令人不安的倒是法兰西行动组织的喉舌，——极右刊物《法兰西面面观》——对加缪作品的赞美，它从加缪的这本书中看到了向民族主义，甚至向上帝的一种健康的回归。（《西西弗神话》宣扬荒谬，毒害青年；《反抗者》则表明加缪寻求秩序和稳定，像夏尔·莫拉一样。）

他的敌人——或者说朋友中的对手——的反应，不出我们所料。克洛德·莫里亚克在这本书里，觉察到"一种不可告人的，特别奇怪的对谋杀的怀念"，认为加缪向他们共同的敌人提供弹药。马克斯-波尔·富歇批评加缪过分强调"尺度"观。"子夜可能是犯罪时间，正午时分（加缪对地中海人确切尺度的隐喻）是太阳炙热、昏昏沉沉的时刻。"莫里斯·纳多在《战斗报》上发表评论，认为加缪此书迎合了某种需要，会产生很大影响："它不但是清醒勇敢的思想，对一个时代的觉悟，更是一个时代对自身的思考，它宣布转折点的到来，从此，某些问题的提法将会截然不同。"他对加缪的一些论断也表示怀疑，尤其是"正确的尺度观为地中海人的特点"的说法。纳多记得该书的结论比书中的分析更令加缪的读者失望。因为那些读者期待的，只是他们保守、僵化的观点得到此书的肯定。加缪为因循守旧派们提供论据，他们可以心安理得地无所事事。[1]

当然——加缪难道就没意识到吗？——在证明革命的理想主义如何蜕变成简单的条条框框，这些条条框框又如何变成恐怖统治的过程中，加缪实际上明确客观地在这场从法国内政到外交处处以亲共和反共为分水岭的斗争中表明了立场——可是他所做的难道仅此而已

[1] 莫里斯·纳多《战后法国小说》，巴黎，1963年。

吗？诽谤者将他对反抗的真正参与（不过是"干净"的反抗）仅仅视为
"镀金"。幸而，书中传递的讯息至少为部分读者接受：他们是革命工
会分子，（西班牙和法国的）无政府主义者；蔑视斯大林分子的非共产
党左派以及当时赞扬斯大林主义的人们——其中包括萨特。[1]

同年11月，加缪在阿尔及利亚照料母亲，他忽然明白论战之所以
激起他的愤怒，那是出于一股傲气，一股并不高尚的傲气。他始终看
不惯文学界的俗气和巴黎社会的肤浅，任其发展，肤浅很可能沦为不
负责任。他告诉一位女友，他洁身自好、保持距离，原因之一，就是因
为他知道自己对一些事情不可能等闲视之。他知道别人不负责任的
言行会触怒自己。[2] 他对夏尔坦言，这些行径令他恶心。

加缪准备从此停止参加任何报刊辩论，至少他在日记中这样发
誓。[3] 可是他又三番五次违背誓言，在对《反抗者》评论有误或者失实
的报刊上发表文章，比方说那本仔细分析书中有关宗教论述的天主教
杂志，还有《自由主义报》，加缪向它详细解释书中描述俄国革命者的
章节。

1952年初，他接受过一位名叫皮埃尔·贝尔热的记者朋友的采
访，加缪拒绝说出对哪些报刊文章的印象最深，随后补充说个人来信
中的评论，在他看来，比评论家的反应更中肯。接着他阐述知识分子
如何通过支持当代虚无主义的两种表现形式，即有产虚无主义和革命
虚无主义来弥补他们所犯的过错：

　　　1. 他们承认过错并予以揭露；

　　　2. 他们不说谎并懂得承认自己的无知；

　　　3. 他们拒绝统治别人；

---

① 源自莫里斯·儒瓦耶和儒瓦耶《无政府与年轻人的反抗》。

② 源自玛莉亚·卡萨雷斯。

③ 源自"七星文库"版加缪文集。

　　4. 在任何情况下，无论以何种借口，他们拒绝一切——哪怕是暂时的——专制统治。[1]

　　此后他远离活跃的政治舞台，同那些热衷卖身投靠专制主义的知识分子保持距离，然而后来出现了一个紧急情况，迫使加缪与他们合作。那是在西班牙，几位工会领袖被判处死刑，法国人权协会在巴黎组织集会（1952 年 2 月 22 日），加缪当然鼎力相助。他不仅要发言，还帮助挑选演讲者——一些有影响力的学者，例如萨特、乔治·阿尔特曼、路易·吉尤、艾伯特·贝甘，以及意大利的伊尼亚齐奥·西洛内；勒内·夏尔也坐在听众之中。尽管布勒东曾经在《艺术》杂志上恶意诽谤加缪，加缪还是认为，布勒东出席集会，对西班牙的共和运动有益。他建议会议西班牙主办方——费尔南多·戈梅·佩拉埃，《秘密团结报》、无政府主义工会组织，以及西班牙政治犯协会秘书（胡塞·艾斯特·波拉斯）前去拜访布勒东，但不告诉他加缪的想法。虽然加缪在场，但布勒东仍旧在会议上发了言，当戈梅告知是加缪推荐他时，布勒东震惊得泪如雨下（而后，加缪向西班牙人宣称，他与布勒东之所以可能达成准和解，是因为他从没有像布勒东那样以生气的言语以牙还牙）。加缪和布勒东在讲台上挨着坐，人们甚至看到他们席间谈笑风生。[2]

　　然而加缪并没有因此就一味迁就法国或欧洲左派采取的行动，这一点不久就得到验证。他曾是欧洲文化协会会员，这个知识分子的组织严肃高傲，同时又目标模糊，宗旨不明。这一组织成员包括卡尔·巴特、萨特、布勒东、伊丽莎白·鲍恩、让-路易斯·巴劳特；让·格勒尼埃也劝服加缪加上他的名字。这个组织总部设立在威尼斯，有某位

----

① 源自"七星文库"版加缪文集。

② 源自费尔南多·戈梅·佩拉埃和加缪《自由西班牙》。加缪演讲稿在《精神》杂志中发表后，经改编后不作为演讲稿，收录于"七星文库"版加缪文集，巴黎，1952 年 4 月。

名为翁伯托·康帕尼奥罗的人主管。会议不定期举行,会议简报也同样不规律地发布在一本厚重的杂志——《理解》上面。

　　加缪认为欧洲文化协会过分热衷于鼓励东西方对话,似乎真正交流的基础果真能够建立起来;似乎苏联知识分子真的可以像西方同伴一样,自由地批评他们的社会制度。协会发表宣言,呼吁进行对话。1952年3月6日,加缪写信给康帕尼奥罗,说明自己为什么反对协会发表的空泛而颓丧的政治宣言。"这条规定有些严格,"他承认说,"但最终对所有人都有益处,不论群众还是个人。"他把协会看作特例,因为他多位好友都在其中,但目前协会活动不断壮大,他遇到诸多并不赞成的文章。康帕尼奥罗为加缪的决定感到惋惜,他请求加缪明确指出分歧,建议组织与加缪、格勒尼埃和吉尤的会面。这个初春,加缪又重返卡布里居住,他向康帕尼奥罗表明了对协会模糊的政治宣言的不满和失望。"我不信任一种始于沉默的对话。"每个阵营都应自我界定。"要想明白两大阵营中你赞同什么,必须得清楚你反对什么。"在文化方面,为什么不肯明说我们羡慕美国的政治自由,而不是它技术道德上的保守?为什么对苏联人的镇压政策,以及他们的科技进步都讳莫如深?真正的对话不可能与谎言和疏漏共存;他认为协会对苏联的劳改营体制太宽容,因此,作为一名会员,他深感负有不可推卸的责任。[①]　不久,他对走另一种极端的"争取文化自由协会"采取同样的态度,拒绝参加协会活动甚至拒绝在一份反对苏联践踏自由的集体声明上签字。[②]

　　4月16日他给夏尔写信说:"事实是,几个月来我难以摆脱无所事事的窘境,尤其是最近几个星期我在巴黎心急气短。"他变得特别经不起对《反抗者》的恶意攻击。当《观察报》偶然发现皮埃尔·埃尔韦发表在共产主义杂志《新评论》上的"杰出的书评",加缪写信给《观察报》

---

①　《理解》,威尼斯,1952年7月。

②　源自尼古拉·纳博科夫。

（由克洛德·布尔代和罗歇·斯特凡主持），对埃尔韦的欣赏提出异议，但他没有引用原文，谴责埃尔韦把共产主义报告比作"美丽的研究"。加缪担心尽力保持客观的《观察报》丢失了自己所有的标准。斯特凡回复说加缪夸大了《世界报》对埃尔韦的书评攻击性的支持度，而布尔代则私下因加缪的本能反应大动肝火；尤其是《观察报》曾就《反抗者》一书在 12 月连续两期连载各长达两页的两部分评论，而加缪竟然对这些特别撰写的书评一言未发；而布尔代甚至还曾因布勒东批评此书而抨击过布勒东。[①]

1951 年 8 月，萨特主编的刊物《现代》刊登《反抗者》中的一章《尼采和虚无主义》。《反抗者》于 10 月份发表，从此，它就成了隔周举行的刊物编委会的谈论焦点。通常是西蒙娜·德·波伏瓦出面控制会议进程，她这样宣布："别忘了，我们应该分析加缪的这部作品。"杂志的编辑当然都读过这部作品，但是没有一个人打算写书评。[②]（《现代》团队有二十余人，他们对书的认识都是经过二手资料。萨特认为加缪写他不懂的东西，他没读过马克思和恩格斯——而《现代》团队当然已经读过马、恩原著——加缪利用的是共产主义哲学家们的思想概括。[③]）

最后，萨特表达了自己的观点："不予评论并非好事；评论得不好也是对作品的玷污。"他责成《现代》杂志后来的主管弗朗西斯·让松写书评，补充说，"他的措辞要最严厉，但至少要做到彬彬有礼。"

弗朗西斯·让松当年二十九岁。当他准备索邦大学哲学教师会考时，因为个人身体原因——他得了结核病——没能获得参加考试的资格。他参加自由法国军事力量赴北非、阿尔萨斯、德国经历了几次

---

① 源自《观察者报》，巴黎，1952 年 4 月 24 日，1952 年 6 月 5 日和克洛德·布尔代。在他 1951 年 12 月的文章中，布尔代说《反抗者》仅是第一步，因为他坚信真正的马克思主义科学，处于加缪所述的道德品质高度。

② 源自弗朗西斯·让松。

③ 源自雅克-洛朗·博斯特。

战斗后,便开始了写作生涯。1947年,因为要写一本关于萨特的小册子,他认为最好能与其直接联系。因此,在萨特每周留出接待访客的日子里,让松前往萨特在《现代》杂志的办公室,门口等待与大人物交流只字片语的人数之多让他感到敬畏。当排到他进去时,他大呼:"我想看看您。""我在这儿呢。"萨特回应道。让松说服萨特到隔壁房间进行了一个简短的采访。之后萨特又跟让松约了时间,也为他的书作了序言,这使他万分惊喜。让松第一篇文章是1948年1月发表在《现代》杂志上的,在1951年梅洛-庞蒂离开后他成为杂志领导人(因不喜欢折中,让松日后成为法国知识分子中少数能够全心支持阿尔及利亚民族主义的人之一:他偷偷离开法国,亲自参与阿尔及利亚战争的地下活动——1957至1962年——,并在意大利出版了支持反抗的书籍)。

让松当然读过《反抗者》。他认为加缪同许多作家一样,太倾向于凌驾在工人阶级之上来解决社会主义问题。同萨特一样,让松坚决反对反共思潮,但并不因此以共产主义者自居。[①] 4月的一天,正当让松为《现代》埋头撰写评论加缪的文章时,萨特和西蒙娜·德·波伏瓦在圣-絮尔皮斯广场的一家小咖啡馆里遇到了加缪。加缪嘲笑一些反对他作品的意见,压根没想到眼前的朋友会有不同看法。萨特很窘迫,不知如何回答是好。不久之后,在距伽利玛出版社一步之遥、读者作者时常聚首的皇桥酒吧,萨特提醒加缪,《现代》的评论将是"颇有保留的",甚至可能是严厉的。加缪显得惊讶,很不愉快。据西蒙娜·德·波伏瓦称,虽然让松答应不伤和气,但初稿的措辞十分严厉,萨特再三劝说,他总算同意修改措辞最强烈的几条评论,减缓语气,尽管在《现代》杂志社里并不存在作品审查机构。[②]

1952年,《现代》有一期用了优雅的白封皮,大标题采用黑色和红

---

① 源自弗朗西斯·让松。

② 西蒙娜·德·波伏瓦《势所必然》。

色；主编萨特名字用红字打在大标题下面。其撰稿人大多是在哲学、文学和艺术领域颇有建树的左派知识分子。1952 年 5 月份的那一期，与此相关的是一篇描写朝鲜战争的文章，以及一篇写美国同性恋现状的报告。由让松撰写的题为《阿尔贝·加缪或反抗的灵魂》的评论发表了，这篇人们等候多时的文章长达二十六页。

　　文章一开始，让松以嘲讽的笔调回顾作品赢得的赞誉，称之为独一无二的一时成功。他援引右派的评论："一本重要的书"，"近年来的重大作品"，"西方思想的转折点"。"站在加缪的位置上，"让松写道，"我为何会忧心忡忡……更何况人们对我断言，说该书十全十美。"为什么会好评如潮呢？读者欣赏他的文笔，这是无疑的，但是加缪经常反对偏重文笔，这种解释难道公允吗？让松随即转向作品分析：

　　　　加缪难道真的希望通过拒绝世上一切行动来废除"世界的进程"吗？他指责亲斯大林主义者（包括存在主义者）完全成为历史的囚徒，但他们并不比他更严重，只是行动的方式与他不同……如果加缪希望进行静态的反抗，这种反抗只关系到他个人。反过来，如果希望对世界进程产生哪怕是点滴的影响，他就必须参与历史，走进历史的现实，从中确定自己的目标，选择自己的对手……

　　他充分肯定加缪的"声音充满人性并充满真正的痛苦"，但认为这种声音陷入了"一种'革命'的伪历史的伪哲学中"。他这样总结道：

　　　　《反抗者》首先是一部失败的巨作。正因为如此，神话也就诞生了。我们在此恳请加缪顶住诱惑，重新找回个人的风格——对我们来说，他的作品由此才显得不可替代。

　　毫无疑问，让松发表在萨特主办的刊物上的评论文章出乎加缪的意料，他感到震惊、痛苦，即使退一步说，这种批评是不可避免的。如果追溯往事，加缪与萨特的决裂今天看来同样是无法避免的，可是在加缪眼里并非如此；当时，加缪的反应如同失意的情人；很明显，他遭到一次意外的打击。

他应该回击吗？让松的批评令他如此沮丧以致无法工作；他对女友说自己失去了生活的勇气。当他终于写完答复弗朗西斯·让松的文章时，他又不知道该不该寄出去了。①

在这年6月，他为一本作品选集写了一篇有关梅尔维尔的评论。他还写了一封措辞强烈的信给联合国教科文组织的秘书长詹姆斯·托雷斯·博代，后者曾在5月30日请加缪参与教育及文化领域的调查，加缪回信说只要联合国教科文组织依然考虑接纳佛朗哥统治的西班牙，他就不同意合作。假如西班牙加入联合国困难重重，有失体面，那么"它加入联合国教科文组织，就像所有专制政府的加入一样，会践踏最基本的原则"。加缪很遗憾托雷斯·博代收信伊始，他就得将此信公开发表。

> 我这么做的唯一希望是，比我更重要的人物，以及自由的艺术家和知识分子，无论他们身份如何，都能同意我的观点并直接向您表明他们也决定抵制一个刚刚公开违背它一贯行动准则的组织。

于是，此信交由报刊发表。② 加缪随后又写了一篇反对接纳西班牙的请愿书，请法国知识分子签名。③

---

① 源自玛莉亚·卡萨雷斯。

② 《世界报》，巴黎，1952年6月21日。这封信成为日后反复出现的错误源头，信中指出加缪在联合国教科文组织"辞职"。

③ 源自阿贝尔·加缪夫人。

7月，他给让·吉利贝尔写信，后者是一位年轻导演，加缪准备与他合作：

> ……我的作品，如果可以这么称的话，在我看来始终处于起步阶段。但它也是一种不断增长的压力，况且在我看来问题已不在于知道我是否能达到我的艺术野心（取词之褒义）奢望的高度。问题只在于知道我是否能保持这种状态。这就是为什么《反抗者》对我而言是一次考验。平庸的反响打击不了我。长期以来我就明白在这个时代我们是由同辈来评价的。但没有意义的评论，幼稚的固执，停滞不前、没完没了的争论只是漫画般的反映一种滞重，而我在书中试图与此抗争……①

索雷尔这个村子距巴黎80公里，米歇尔和雅尼娜·伽利玛在那里买了一所房子，离在阿纳（在厄尔-卢瓦尔省）的普瓦提埃的迪亚娜城堡不远。加缪在那里待了几天之后就去了勒帕奈利耶。这一次，他们又被安顿在城堡主塔内。弗朗辛的母亲在那里同他们会面。加缪觉得身心疲惫，感觉迟钝；无法创作，他便去河边垂钓。②

弗朗西斯·让松还没有习惯荣誉的光彩，而在他对《反抗者》的评论发表之后，引起了强烈的反响。他此前发表的文章，除了《道德问题》和《萨特的思想》以外，标题均是《笑的人情味》《蒙田其人》《现象学》。从此，他面对突如其来的甚至是代价昂贵的盛名：根据提到他名字的文章数目的多少，他定期得向提供情报的服务机构付费，忽然间就有了一大堆这样的文章。后来有一天，西蒙娜·德·波伏瓦来电话请他去见萨特，他发觉后者心情恶劣，因为他刚收到加缪的回击文章。

---

① 《戏剧历史》，巴黎，1960年10—12月。

② 源自雅尼娜·伽利玛。

Le pièce doit débuter en
feu d'artifice, continuer
en terre-flammes, s'achever
en incendie. Alors, n'oublie
pas, les pompiers fui but
tout le feu.

加缪手迹

他对让松宣布："不管怎样，我将予以回击。您要是愿意，也可以这么做。"①

　　加缪的信发表在《现代》杂志 1952 年 8 月号上。这封信占了十七页的篇幅，而萨特的答复长达二十页，让松也写了一篇洋洋洒洒三十页的文章。加缪的信是这样开头的：

负责人先生：

　　贵刊以嘲讽的标题发表评论我的文章，我以此为契机，就该文表现出来的思维方法和态度略作评论，仅供读者评判。

　　他补充说上述态度比文章本身更引起他的兴趣，虽然文章的弱点"令他惊讶"。他并不认为此文是对其作品的研究，而只是一种迹象。他很遗憾得像让松那样长篇大论地表述自己的观点："我只想表达得更清楚。"他排除右翼报刊的溢美之辞，不过补充说："如果最终我认为真理在右边，我将站在那一边。"他也注意到右翼报刊也批评过他的作品。他先讽刺让松认为优美文风损害主题的指责，继而为自己的观点辩护，他认为让松对此做了歪曲。加缪继续反击，指出这位评论家对一切非马克思主义的革命传统抱着沉默和嘲讽的态度。他不点名地指责让松是一个资产阶级马克思主义者。他又补充说：

　　我开始感到有些厌倦，厌倦自我审视，厌倦目睹将毕生献给时代斗争的老战士们一刻不停地训斥，这些催人有效行动的监察官所做的一切，只不过将他们的座椅摆在顺应历史发展的方向而已……②

_____

① 源自弗朗西斯·让松。

② 加缪书信全文收录于"七星文库"版加缪文集，并标注出了萨特邀请他回复让松。

萨特在同期发表的答复中,马上采用带有个人色彩的语气:

> 我们的友谊来之不易,我将感到惋惜。今天您中断友谊,或许是因为它到了该中断的时候。许多事情使我们接近,很少事情让我们分开。但这个很少也已经够多了,友谊本身也变得专制起来。要么完全一致,要么分道扬镳……很不幸,您蓄意指责我,语气又如此尖刻,我无法体面地保持沉默。
>
> 于是我要回答,不带任何愤怒,但却是与您相识以来第一次不留情面的回答。卑微的满足和软弱交织在一起,总让我没勇气把真相对您和盘托出。结果您滋长一种死气沉沉的偏激,它掩盖您内心的困苦,您还美其名曰地中海人的尺度。这个话,别人或迟或早会对您说,还不如让我来说吧。

他指责加缪否认了自己作品中的主人公:

> 加缪,默尔索在哪里?西西弗又在何方?那些充满激情、宣扬长期革命的托洛茨基分子今天又到哪儿去了?或许被杀害了,或许被流放了。一种粗暴而体面的独裁占据您的内心,它依托抽象的官僚主义,奢谈推行道德规范。

他想知道为什么不对人道主义提出质疑就不能批判加缪,并认为加缪对让松关于苏联集中营问题的沉默态度的影射,实际上是针对他萨特的,加缪曾抨击过集中营问题并一贯毫不犹豫地批判共产党人的做法。"为何他们恨的是我而不是您呢?"在萨特看来,加缪过去是、将来也可能是

> 个人、行动和作品令人钦佩的结合。那是在 1945 年,我们发

现了加缪,《局外人》的作者……您本身囊括了那个时代的矛盾,您热情体验这些矛盾,从而超越其上。您那时是一个人,最复杂,最丰富……

在萨特看来,加缪忘了阶级斗争。更有甚者,他以警察式的态度对待批评自己作品的让松:"您的道德标准首先转化成道德主义,今天它只表现在文学作品中,明天可能成为不道德的言行。"

萨特最后总结说,《现代》杂志的大门始终对加缪敞开,但萨特将不再回击,他希望以沉默来结束他们之间的论战。

然而,在此文中,他故意使用了这种带个人色彩的方式,尽管他曾谴责加缪使用这种方式。至于加缪有关把座椅摆在顺应历史发展的方向的评论,萨特以这样的话来作答:"您赏脸光顾这一期《现代》杂志,您随身携带的是一个手提的偶像底座。"他对加缪以不幸者自居提出质疑:

> 可能您以前贫穷,可是您已不再贫穷;您是一个有产者,就像让松和我……您就像把"他们是我的兄弟"挂在嘴上的律师,因为这句话最有可能打动审判官。

他还抨击加缪的创作风格,"您作品中自然而然的浮夸",冷静外表之下的"狡猾",当然还有他的哲学才能。让松在他接下来的批评文章(以《实话实说》为题)中,首先引用加缪有关评论原则的两句话,然后继续进行实质性的抨击。他写道,他感到这么做,打破了一个禁忌,因为那时没人敢批评加缪这位"宣扬绝对道德的传教大师"。

8月号的《现代》杂志自然成为一个焦点;各大报刊纷纷作连篇累牍的转载。甚至连下三流的《星期六晚报》也不甘寂寞——9月6日的头版以几张性感美女照作装饰,刊登介绍温莎公爵夫妇的文章以及一篇谋杀概述——第二版上则以三栏的空间，赫然刊登大标题：

萨特和加缪断交已成定局

标题下的文章概述了两人过去的关系，从 1943 年萨特在《南方杂志》上发表对《局外人》的评论文章开始。接着是《现代》杂志书信来往的几个片段（《星期六晚报》不无遗憾地总结说，从这场论战中渔利的是他们俩共同的敌人）。巴黎的精英人物都读了这份材料，几乎每个人都表了态。在圣日耳曼-德-普雷区，大家普遍认为这一事件对加缪的打击更大些。① 整个巴黎知识界对这一反对加缪的活动开了许多玩笑，他们同萨特一样认为加缪的作品没有足够的哲学思考做基础。（在诸多学者中，至少有一人认为加缪随笔是勒内·夏尔一手炮制的，通过加缪来反对萨特。②）皮埃尔·德·布瓦代夫尔在《世界报》上对这一论战做了概述，指出加缪的"存在主义"始终是人们的一种误解。萨特和加缪尽管拥有相同的读者，却始终竭力保持距离。他们的气质实在千差万别。加缪是诗人，萨特则是评论家。布瓦代夫尔很为加缪如此频繁地介入报刊为自己的作品辩解而感到遗憾。③

回到巴黎，加缪见到了罗贝尔·伽利玛，他是雅尼娜前夫的哥哥，也是雅尼娜妹妹勒妮的丈夫。加缪的举动就像料到自己成为众矢之的似的，直截了当地问："您怎么看？"还补充说友谊命令他做出选择。罗贝尔认为堂兄米歇尔由于同萨特没有任何关系，很容易表态支持加缪，而他却是萨特的朋友。他最终这样回答："很抱歉，我不能表态。"加缪停顿了一会儿，然后说："好，我明白了。我们再也不要谈这事

---

① 例如参阅让·达尼埃尔《剩下的时间》。但达尼埃尔作为加缪的崇拜者之一，宣称 20 世纪 70 年代再重读论战，他就不能肯定萨特派获得全胜。

② 源自让·雷斯屈尔。

③ 《世界报》，巴黎，1952 年 9 月 24 日。

了。"他们依旧是朋友,甚至关系十分密切,但再也没有谈起这件事。①
在出版社的另一间办公室,好几位同事在做事,加缪晃动着一份《现
代》,笨拙地发问:"你们看过这个吧?"没有人回答,最后,狄奥尼斯·
马斯科洛搭腔:"我们以后在'希望'酒吧再谈吧。"(他们常去的附近酒
吧)加缪转身走了。几年之后,马斯科洛当时的女秘书勒妮·伽利玛
还记得当时办公室里极度尴尬的气氛。大伙都认为萨特有理,没有人
能找到一句话来安慰加缪。②

米歇尔和雅尼娜处处小心,避免问他论战的情况,连提都不敢提,
以免加深加缪已明显流露的痛苦之情。③

加缪自己也不再提及。他只将思考留在了日记中:

> 《现代》杂志。他们接受罪恶但是拒绝宽容——渴望殉
> 道……他们唯一的借口是这可怕的时代。他们身上的某种东西,
> 说到底,是向往奴役。④

---

① 源自罗贝尔·伽利玛。
② 勒妮·伽利玛(家姓托马塞)。两名老共产主义者马斯科洛和罗贝尔·安泰尔姆,即使他们
反对萨特所持的斯大林主义立场,也已经再无法接受加缪的反共产主义思想;另外,他们认为加缪被
个人成就冲昏了头脑(源自狄奥尼斯·马斯科洛)。
③ 源自雅尼娜·伽利玛。
④ 源自"七星文库"版加缪文集。

第三十八章

《若纳斯》

> ……所有人都与我作对，想要毁灭我，他们一刻不停地向我索取，却从来不向我施以援手、帮助我、爱我，从来不会因为我是我而爱我，不会为了让我继续保持自我而爱我……
>
> ——未发表的日记[1]

加缪对萨特反击文章的震惊态度令人吃惊。关系破裂的危险早就存在着。这么多的迹象都已表明，加缪怎么可能对酝酿中的这一切熟视无睹呢？如果说确实有人为此感到惊讶，那是因为谁都没料到分歧发展到如此严重的地步。不过，《现代》杂志还是发表了《反抗者》的一些片段。[2] 西蒙娜·德·波伏瓦在回忆录中宣称早年对加缪友情深厚，让·布洛克-米歇尔后来不禁产生怀疑。至于加缪，他却毫无保留地相信这种友情。据布洛克-米歇尔回忆，那些年里加缪最深切的痛苦莫过于他对萨特、帕斯卡尔·皮亚友情的破灭。

关系破裂最明显的原因是政治方面的。忽略萨特在论战爆发的1952年发表的正式声明将是一个严重的错误：他将自己归入共产党人

---

[1]　源自"七星文库"版加缪文集。
[2]　源自居伊·杜缪尔。

之列,当时正值苏联恐怖统治的巅峰时期,斯大林到了生命的最后时刻。萨特发表了一篇评论——《共产主义与和平》,表明他置身共产主义阵营,文章的第一部分发表在 1952 年 7 月的《现代》上,当时让松的评论已经发表,比加缪反击早一个月,加缪随后就遭到了萨特致命的一击。萨特的朋友们肯定觉察到他们之间的摩擦,而且是不可避免的,即使加缪没有写《反抗者》。也许不会彻底的决裂,但是他们俩已经不再见面(部分原因是萨特及其党羽不喜欢加缪的个性)。而阿尔及利亚战争使他们最终绝交了。①

最初,在加缪这一边,友谊无疑是真诚的。西蒙娜·德·波伏瓦说过:"《战斗报》(在加缪参与合作的最初日子里)善意地评述我们写的和说的一切。"②加缪负责伽利玛出版社的"希望"丛书,他出版萨特派作家的作品。③ 他认为通过与萨特派的讨论,他们最终会认识错误。④

然而,两派的朋友看不出加缪和萨特及其同伴之间有什么共同之处。他们的友情产生于民族解放运动高涨之际,不可能持续。加缪真正的朋友是其他北非人,还有勒内·夏尔。至于萨特,他同他的朋友曾欣赏《局外人》和《西西弗神话》中黯然的悲观主义,但当他们后来发现加缪的现实主义和乐观主义倾向时,兴趣就陡然消失了。⑤事实上,一位评论家回忆道,无论是思想上还是写作上,他们从未站在一起,只有通过 1952 年轰动一时的决裂,当事人才幡然醒悟。⑥

萨特甚至心怀某种程度上的嫉妒:加缪参加过真正的反法西斯抵

---

① 源自雅克-洛朗·博斯特。

② 西蒙娜·德·波伏瓦《势所必然》。

③ 源自伽利玛出版社。

④ 源自弗朗西斯·让松。加缪认为萨特每次支持的政治立场都是错误的,但他自己从未希望成为"政治"作家。(源自乔治·阿舒勒)

⑤ 源自居伊·杜缪尔。

⑥ 纳多《战后法国小说》。

抗运动，而萨特却没有（当听到萨特与戏剧作家阿尔芒·萨拉克鲁一同"解放"了法兰西喜剧院时，加缪放声大笑）。加缪在女人眼里是一个人见人爱的男人；萨特也希望征服女性，却不具备同样的外在魅力……①

　　西蒙娜·德·波伏瓦本人对这一关系的决裂做了描述。她谈到了其不可避免的一方面："事实上，如果说友谊的破裂是突然的，那是因为长期以来它已经不剩下什么了。"1945年以来，两位作家意识形态上的对立逐年加剧。加缪是一个理想主义者，一个醒世作家。1940年以来，萨特试图抛弃理想主义，生活在历史中。由于思想上倾向于马克思主义，他希望同共产主义者结盟。加缪捍卫原则，因此他站到盖瑞·戴维斯一边。萨特相信社会主义，加缪则捍卫资产阶级的价值观。由于必须在两大阵营中做出选择，而中立显然是不可能的，萨特于是倾向于苏联。加缪痛恨这个国家，假如说他也不喜欢美国的话，西蒙娜·德·波伏瓦认为他实际上已归入这一阵营。"这些争执太过严肃，难以保全友情。"另外，她认为加缪的性格不易于妥协。她猜测加缪如此强烈地拒绝反对意见时，他已意识到自己的观点脆弱了。在萨特的剧作《魔鬼与上帝》的创作时期，两人的关系确实一度接近，他们也发表了他对尼采的评论——即使他们并不真正欣赏。但这一友谊脆弱的恢复并未持续下去。加缪抓住一切机会批评萨特对专制的宽容态度，而萨特当然认为加缪错了。西蒙娜·德·波伏瓦显然对萨特的随笔《共产主义与和平》第一部分与一个月之后发表在《现代》上的回击加缪的文章之间的关系看得很清楚。"应该完成一个思想步骤，给我带来质的变化。必须完全接受苏联的观点，依靠我自己来坚持观点。"至于西蒙娜·德·波伏瓦，加缪和萨特反目对她个人感情毫

---

① 源自雅尼娜·伽利玛。

无影响:"那个我曾长期爱慕的加缪早就不存在了。"①

　　毋庸置疑,加缪将萨特看作资产阶级中的斯大林分子,一个滑稽人物同时又是一位朋友。萨特一贯生活安逸:从幼年起,他从没缺过钱,即使到了成年,就如他自己在自传中承认的,他还可以指望母亲替他付清所欠的税款。② 这就好像他可以允许自己变得比无产者更像无产者。当加缪在萨特以后来到纽约时,一贯优雅的加缪以开玩笑的方式对朋友说:"外国人了解一下法国知识界的肮脏是有好处的。"③至于加缪,出身如此卑微,他不能允许自己肮脏,不能让尼古丁留在嘴唇或是衬衣上。(无论从经济还是从道德角度看,加缪无法拒绝诺贝尔奖,萨特则可以。)

　　后来,萨特声称他反对的并不是加缪,而是加缪批评让松的方式。他指责加缪把信写给"负责人先生"的这种方式。事实上,加缪写给报社的信件,甚至写给他认作朋友的那些信,收信人都写"负责人先生"或"总编辑先生"。

　　和西蒙娜・德・波伏瓦一样,这次断交对萨特也没产生什么影响:

　　　　我们见面已经少得多了,而且最近几年,每次我们见面,他总斥责我;我做了这个,讲了那个,我写的东西他不满意,他就斥责

---

　　① 西蒙娜・德・波伏瓦《势所必然》。在 1954 年西蒙娜・德・波伏瓦的《名士风流》出版时,人们声称从中察觉到她受到加缪的巨大影响,也察觉到了加缪-萨特的断交,即便当时她一直重申(在《势所必然》中)是根据真人真事写的小说——用她反感的文体。她宣称加缪不是"亨利・贝隆",萨特也不是"罗尔・杜布厄耶",她也不是"安娜"。即便如此,她的"贝隆"是位受欢迎的记者和作家,创作占领时期小说;他妻子会弹钢琴也会唱歌,他是个风流男人(他也很喜欢"安娜"),他报纸《希望》呈现中左派然而他却反对党派。"贝隆"与"杜布厄耶"党派的最早关系跟加缪与萨特党派关系极为相似。

　　② 除了他自传《词语》之外,萨特开始了家庭传记《境况种种第十集——政治类个人自传》,巴黎,1976 年。

　　③ 源自皮埃尔-安德烈・埃梅里。

我。这种情形还没有达到不和的程度,但已变得不那么令人愉快。加缪变了很多。起初,他还不知道自己是个大作家,是个诙谐的人,我们在一起很开心:他说粗话,我也如此,我们讲一大堆脏话,他妻子和波伏瓦佯装惊讶。在两三年时间里,我同他的关系确实很好。在思想方面我们没能深入探讨,因为他立刻感到害怕;事实上,他有点阿尔及尔的流氓腔,很无赖,很滑稽。很可能是最后这一点令他成为我的一个好朋友。①

喜爱加缪的人试图安慰他。马尔罗的朋友马奈斯·斯佩尔波说他把此事看得过于认真;《现代》杂志正在成为共产主义刊物,加缪不该认为是对他个人的打击。加缪不同意这种观点,认为他写给《现代》的那封信只属于哲学范畴的论争。他显然很看重萨特热情的友谊。加缪也许不指望看到一篇赞同自己观点的文章,但肯定没料到让松的批评竟如此强烈,甚至对他进行人身攻击。更让他恼火的是,这篇文章不是萨特本人执笔,而是一个无名小卒。②

让·布洛克-米歇尔还认为断交是萨特的一种策略,因为他有意成为共产党的哲学家:为了实现这一雄心,他需要与加缪拉开距离。③

谁都无法安慰加缪。几年间他始终难以释怀,就像钢针留在了体内;创伤不断折磨他,直到生命的最后时刻。他未发表的日记或者至少在公布于世的一些片断里充满了对《现代》杂志这场论战的苦涩的思考。最优秀的评论从《堕落》主人公奇特的内心独白看出作者再一次努力,驱除与萨特断交后导致的内伤。

也曾有过重修旧好的尝试。例如梅内特里耶医生给弗朗西斯·让松和加缪都治过结核病,他告诉加缪,让松准备为自己的猛烈批评

---

① 萨特《境况种种第十集——政治类个人自传》。

② 源自马奈斯·斯佩尔波。

③ 源自让·布洛克-米歇尔。

道歉：他们可以利用他的诊所见面。加缪回答说："同这个混蛋见面？没门！"①这件事也同样说明了加缪留给局外人的印象。如果说医生认为有必要重修旧好，那是因为加缪的痛苦显而易见。这件事最令人费解之处，是让松从未与加缪见过面。他没有参加过萨特和西蒙娜·德·波伏瓦的聚会。《现代》事件过了很久之后，一天让松同妻子坐在皇桥酒吧里，他手指着一个面熟的人，但叫不出名字。"你开什么玩笑，"妻子说，"那不是加缪么！"还有一回，正值伽利玛出版社开鸡尾酒会，他恰巧与加缪背靠背站着。他们俩转过身，互相打量一会儿，仅此而已。②

然而，政治倾向不一的无数读者纷纷来信，支持加缪；好多人说他们既不明白也不支持萨特的抨击。加缪把这些信细心地保存下来。"问题的本质仍没有触及，"1952年10月31日他在给罗歇·基约的信中这样写道，"这一点至少是肯定的，我认为人们对我的判断并没有提出真正的反对意见。"他总结道，"因此我觉得可以继续自己的道路，我知道许多人都选择了这条道路。"③

1952年初，对《反抗者》的第一波评论发表之后，距离让松的文章还有几个月的时间，加缪第一次构思了后来发表在《流放与王国》中的短篇小说，那时题为《流放的短篇小说》。其中讲述固守阵地的艺术家的故事，最后改成《若纳斯》发表。同《堕落》一起，《若纳斯》构成加缪成熟时期写下的最具代表性的自传体作品。最初的构思是一个通俗作家为艺术牺牲一切，包括其家庭。后来这部小说讲述一个画家功成名就之后，被巴黎生活摧毁的故事。《加缪文集》的评论家把《若纳斯》同作家的个人危机放在一起，同他的无法"合群"的处境相联系，加缪日记中悲怆的呐喊便是例证：

① 源自雅克·梅内特里耶医生。
② 源自弗朗西斯·让松。
③ 源自"七星文库"版加缪文集。

......所有人都与我作对,想要毁灭我,他们一刻不停地向我索取,却从来不向我施以援手、帮助我、爱我,从来不会因为我是我而爱我,不会为了让我继续保持自我而爱我......他们以为我的精力是无穷尽的,非得要我把自己的精力分出一部分给他们,让他们活得更久似的——但我已经把所有的力气都投入了让人精疲力竭的创作激情中,除此之外我是所有人中最贫苦的一无所有者。

从更现实的角度看,应参照加缪1953年2月15日写给记者皮埃尔·贝尔热的信来阅读《若纳斯》。加缪取消了同贝尔热的一次约会,后者谴责他拒人千里之外。加缪回答:"假如您了解我生活的四分之一和它担负的那些义务,您就绝不会写这封信了。"加缪继续解释说:"您及其他许多尚不具备您的品质的人所抱怨的'高傲的孤独',如果真的存在,无论如何对我是一种福分。"实际上——他承认率先诋毁自己过的日子——他需要三次生命和好几颗心才能做完想做的一切。他甚至不能随心所欲地去探望朋友——"您可以问问与我情同手足的夏尔,我们一个月能见几次面。"他没空写作,甚至没空生病。

但最可怕的,还是我再也没有时间以及平和的心境来写书,在无拘无束的状态下只需一两年就可以完成的作品,我得花四年的时间。而且这几年来,我非但没有从作品中得到解脱,反而被捆住了手脚。

但是,他仍然继续写作,那是因为他热爱自己的工作高于一切,甚至超过自己的自由:

我的确是在尝试安排自己的活动,通过安排时间、日程和提高效率......增加我的力量,扩大我的"影响"。一封信会带来另外

三封，一个人会引来十个人，每本书的发表，会招来一百封来信和
二十个通信者。只要生活还在继续，就得工作，就有我热爱的和
需要我的人。生活在继续，而我呢，某些清晨，噪声吵得我心烦意
乱，没完没了的工作使我心灰意冷，还为搅得你们报界不得安生
的这个疯狂世界而苦恼，最终觉得自己势单力薄，令大家失望，此
时此刻，我只想坐下来，坐等夜晚的到来。我有这样的欲望，有时
我会让步。

贝尔热能明白这些吗？加缪很清楚这样的处境令人难以承受，对
他人和对自己都如此。"我有各种理由逃离这个城市和我现在的生
活。"①贝尔热的来信措辞严厉，如同雪上加霜，使他伤心。

他肯定从此不再有时间写作，或者说，出于其他一些原因，他不能
写作了。1952 年出版的唯一作品是雅姆·蒂尔贝的一篇短文的翻译：
《最后的花》。至于《若纳斯》，可能是在 1953 年写的，但当年并未完成。

在《若纳斯》之前，加缪构思了一部哑剧，由一系列的哑剧场景组
成。这一部哑剧同即将出版的小说相似，不同之处在于死去的不是艺
术家而是妻子，她为丈夫的艺术牺牲了自己；剧情安排同加缪日记中
最初的笔记相吻合。

在最后发表的小说中，画家吉利贝尔·若纳斯"相信自己的天
命"。他 35 岁取得了成功。但他同妻子蛰居老城区一幢 18 世纪的旧
楼，屋子狭小。其实，若纳斯住在塞吉耶街加缪的家里：

屋子特别高，装有漂亮的窗子，假如从它们气度非凡的比例
来看，可以推断它们是用来接待客人和摆阔的。但由于城市住房
拥挤，为了多收房租，后来的房东们不得不用隔板将这些过于宽
敞的房间分隔开……

① 源自"七星文库"版加缪文集。

若纳斯的艺术成就使他经常受到赴宴邀请,接听电话和接待随时来访的客人,还得接待其他艺术家和评论家,后者在工作的间隙占用了若纳斯本该花在创作上的时间。然后弟子们又接踵而至。他在应接不暇之际,也见缝插针,试图作画,但工作节奏慢了下来。幸亏他作画愈少,名气愈响。他收到更多的来信,出于礼貌又不可能不回信。

有一些信涉及若纳斯的艺术风格,更多的涉及写信人本人……随着若纳斯的名字频繁见报,和所有名人一样,被人采访,揭露令人愤慨的各种不公平的现象。

慕名而来的人越来越多。如今他作画就更少了,甚至没有旁人的时候也是如此,莫名其妙。"他思考绘画,考虑他的志向,但却不作画。"他的声誉开始减弱了,一篇文章长篇累牍地宣称他的作品"过于雕琢,过时了";画廊减少了他每月的薪水。他讨厌有人来访,在公开场合避开熟人,利用家里天花板的高度,搭了一个狭窄的阁楼,躲在里面与画做伴。他在临时的小阁楼里待的时间越来越长,直至夜深人静,但却不作画。最后他请求朋友拉托(在《若纳斯》中扮演夏尔的角色)给他绷好一块画布。由于他不吃不喝,人垮了,被送进医院救治,但他会活下去,医生这样对他的妻子说。

在另一间房间里,拉托看着画布,画布是全白的,正中央,若纳斯用很小的字体,只写了一个依稀可辨的词,但这个词我们不知该认作"孤独"还是"团结一致"。

加缪一如既往地"团结一致",尽管心中有失望。他写了一篇有关囚禁中的奥斯卡·王尔德的随笔,王尔德从那时起同狱友们打成一片,不再理睬社交界:加缪的《被囚禁的艺术家》隐喻他当时的思想状态。1952年11月中旬,他接受了一位左派活动积极分子路易·德·

维尔福斯的采访,后者请求他出面帮助年轻的海军军官亨利·马尔丁,他曾散发反对印度支那战争的传单,被判5年徒刑。声援马尔丁的活动是由共产主义支持者领导的,加缪又一次对在请愿名单上写上自己的名字态度谨慎。维尔福斯问加缪是否愿意和《现代》杂志成员合写一本小册子。加缪的回答不出所料。他说他很乐意提供帮助,不过要以他的方式。最后他写了一篇呼吁性的文章,但交由乔治·阿尔特曼的《自由射手报》发表,该报中间偏左,但反对共产主义。他先把账算清,文章(12月见报,并收入《时论之二》)开宗明义,他拒绝同《现代》合作:"我的理由很简单,与《现代》杂志派及其支持者一起保卫自由的价值,那是在损害自由及其价值。"只有当有人岌岌可危,就像罗森堡夫妇事件——人们一致呼吁给予宽恕——时,才可能接受这样的合作关系。否则,应该立场鲜明。谈到海军军官马尔丁,即使在军队中,加缪也捍卫任何人都有成为共产主义者和谴责法国殖民战争的权利。这样的战争"付出流血和痛苦的昂贵代价",成为"国家的财政预算和国民良心的沉重负担"。他对斯大林推行的所谓民主不再抱任何幻想;正是因为"自由的公正的力量和自由的魅力"导致斯大林主义在西方社会的衰落。马尔丁的反抗是具有政治性的,够不上刑罚,对他的判决因而是不公正的。

世界上还存在其他蹂躏自由的暴行,加缪继续写道,举布拉格发生的史伦斯基案件为例,其中11名被告被枪决,与此同时,共产党人却云集维也纳,商谈和平事宜。[①] 共产党人企图利用亨利·马尔丁的

---

① 保护文化自由大会请求加缪与雅克·马利坦、卡尔·雅斯贝斯、伊尼亚齐奥·西洛内、约翰·多斯·帕索斯、弗朗索瓦·莫里亚克等人共同签署动员书。目的是为了废除布拉格诉讼以及世界和平大会。大会怀疑两个事件的战略性关联,宁可发起没有任何组织带头的动员。(家庭文书,与阿尔贝·加缪夫人礼貌性公报)加缪偏离了最初意图,他伫立于解决个人问题。(参考本章中亨利·马尔丁的案子)因此,切斯瓦夫·米沃什声称加缪是少数法国知识分子,助他一臂之力让他1951年离开了斯大林主义的波兰。而其他人则把他当作麻风病或者反"未来"的罪人,加缪的友谊帮助他在欧洲迷宫中存活了下来。(《证据》,1960年4月)

案子,这本身无关紧要,因为一个正义的案件不怕被人利用。然而这一案件应由真正的自由卫士来辩护,而不是由那些为斯大林排犹主义(再次影射布拉格案件)和为肃清法庭所炮制的虚假供词作辩解的家伙来辩护。

11 月 30 日在瓦格大厅,他又一次在由《西班牙共和运动之友》发起的会议上发言,支持西班牙共和运动,在场的还有萨尔瓦多·德·马达里亚加、前哥伦比亚总统和报纸发行人爱德华多·桑托斯,以及艺术评论家让·卡苏。西班牙最终被接受加入联合国教科文组织,部分原因在于法国政府的支持,安托尼·比内那时是部长理事会主席。加缪在讲话中对法西斯分子进行了抨击,对西方民主中的佛朗哥支持派极尽嘲讽。知识界从此拒绝同联合国教科文组织合作,还公开与之展开斗争,以揭露其宗旨的错误:"它不是致力于文化事业的知识界的组织,而是为任何一种政策服务的政府机构。"①

就在这一时期加缪开始表现出想成为一个完全意义上的戏剧作家的意图,因为主宰他人生最后十年的不是文学,而是戏剧。在他创作生涯动荡多变的背景下,这个可以令他找回 20 世纪 30 年代阿尔及利亚幸福生活的决定有着特别重要的意义。戏剧创作能为他文思枯竭找寻出路;大约一年半以来,他没有认认真真地写过一本书,眼前也没有任何计划,只是东写一个短篇,西写一篇评论或政论性的文章。戏剧可以让他远离巴黎令人生厌的文学知识界,让他重新回到情投意合的朋友们中间。

他设想租赁一个小剧院,拥有一个长期剧团。作为初次尝试,他找到一位年轻的导演(他那时二十七岁),让·吉利贝尔,他指挥着索邦大学的古典剧团。加缪将他推荐给马杜兰剧院的经理马塞尔·埃朗,后者录用了这位年轻的导演,同他一起筹办 1952 年夏季在昂热举

---

① 源自"七星文库"版加缪文集。

行的露天戏剧节。当时谈妥,他同意加缪试租位于塞纳河左岸、离圣日耳曼-德-普雷区几分钟路程的雷卡米埃小剧院。这个剧院属于教育联盟,这是一个非营利性组织。吉利贝尔应算是加缪的助手,合作伙伴当然包括玛莉亚·卡萨雷斯,还有皮埃尔·布朗夏尔的女儿多米尼克,一位具有惊人天赋的年轻演员(在《太太学堂》出演的阿涅斯一角惊艳整个巴黎,与路易·茹韦演对手戏)。阿尔及尔演出剧团的老演员让·内格罗尼也将加盟。①

　　然而剧院却不能使用。过了一段时间,加缪再次提出申请。直到他去世的那一个月,才最后决定同意把剧院交给他使用。

　　12 月 1 日,他再次赴阿尔及利亚。这一次,他参观了以前从未到过的地方:撒哈拉沙漠中著名的绿洲城市。在阿尔及尔,他听说必须晚几天才能动身去南部,因为那儿出现暴动的预兆,不宜旅行。他乘此机会去蒂巴萨待了一天,欣慰地发现自己在那里感受到的激情未变,是与往日相同的怀念之情。他来阿尔及尔真正要寻求的就是这种感觉,他对一位朋友说。不是寻找幸福——而是寻找某种伤感,某种令他感动的东西。阿尔及尔下着雨,他住了一周,看望了母亲和兄弟。

　　在这一个星期内,他还做了一次短途寻访:12 月 6 日,他开车沿阿尔及尔西部的萨赫勒山脉,走遍了曾外祖父母住过的小村庄(他父亲也曾居住在这里,但他并不知情)。他甚至在一座墓地的僻静角落,寻觅到一块布满青苔的石板,上面刻着他们的名字。他找到了一位远亲的名字。他很喜欢那里的景色,山坡和山谷将地中海同阿特拉斯山脉白雪皑皑的山顶分开。他感到拥有了一个祖国,他不再那么孤单。

　　整个秋季的极端忧郁,现在仍留有痕迹。他明明知道旅行对于打破自我封闭的重要性,却犹疑起来,留在阿尔及尔迟迟不动身。

　　他终于出发了,乘车穿越了大高原和撒哈拉沙漠中的阿特拉斯山

_____

　　①　《戏剧历史》,巴黎,1960 年 10 月—12 月。

脉,他被单纯的景色深深地吸引了。12 月 14 日星期天,他来到了阿尔及尔往南 430 公里的拉古阿。那是一个绿洲城市,四周长满茂密的棕榈林,树影倒映在撒哈拉沙漠中高山红色的岩石上。他被拉古阿吸引,尤其迷恋沙漠阳光的纯净,泥土颜色的多变,游牧民族的黑色帐篷。次日他在绿洲里徜徉整整一天;孤单一人,没有熟人;这种孤独的自由令他快乐。也许就在此时,他决定将即将发表的文集中的第一篇小说《流放的短篇》——最终取名为《荡妇》——的背景定在拉古阿。天气很冷,狂风裹着沙子在沙漠中呼啸。他发觉支气管轻微发炎,风沙让他恼火。

12 月 16 日,他继续自己孤独的旅行,往南 200 公里远,来到了加尔达亚。这座在高处建起来的城市,如同山坡上的一个蜂窝,酷似一座金字塔。那是莫阿比特人的家乡,这些穆斯林异端分子创造了他们特有的建筑。加缪在 12 月 18 日返回阿尔及尔。旅行令人精疲力竭,也十分有益。远方的巴黎显得更加令人厌倦。他梦想到远离巴黎的地方生活,比如在阿尔及利亚,生活在他喜欢的人身边。因此他应该——他也决定——远离一切对他有害的事物。创作灵感纷至沓来,必须集中精力。

他从奥兰启程去马赛。然后沿地中海岸一路走到尼斯,去探望病重的马塞尔·埃朗;随后他又去夏纳与米歇尔·伽利玛夫妇会合。

他同米歇尔和雅尼娜一起,乘车于 1953 年年初回到巴黎。他们也许走连接蓝色海岸和巴黎的国道。也可以设想加缪坐在前面,米歇尔在旁边驾驶,而雅尼娜和她的女儿则坐在后面——整整 7 年之后,也许恰好那一天,当加缪在同一条路上遇难的时候,他们就是这么坐的。①

---

① 源自玛莉亚·卡萨雷斯和雅尼娜·伽利玛。

第四部分
四十岁

第三十九章

大　海

> 那些相爱而分离的人将生活在痛苦之中，但并不绝望；他们知道爱情存在着。
>
> ——《最近的海》

1952 年的秋天，加缪为《反抗者》写了一篇后记，他的朋友们——肯定还有夏尔——敦促他将此文（无疑是《捍卫反抗者》）发表。他起初犹豫不决，然后决定不予发表，①尽管此文忠实地记录了他为这部颇具争议的作品所付出的辛劳和所经历的漫长的创作过程，这部作品是他全部经历和思考的结晶；加缪在这篇文章中阐述了他对希腊的"正确的尺度"观的结论。

不过，他正编辑《时论之二》，里面汇集了与 1948 年以来的世界大事有关的文章，包括前言、评论和论战性的信件，《时论之一》截止到 1948 年。1953 年 1 月他为这本新文集写了一篇简短的前言，回顾了他的希望。新的世界，真正的解放，这一切尚且遥远，但虚无主义已经属于过去，而始终可以实现的创造比以往任何时候都更有必要。《时论之二》中大部分内容与过去有关，汇集了为捍卫或解释颇具争议的那部作品而写的一些书信。但最后一部分《创造和自由》，竭力表明了

① 源自玛莉亚·卡萨雷斯。

为自由而战的加缪

对艺术的永久需要："只批评自己的时代是不够的，还应该努力赋予这个时代一种形式、一个未来。"

新文集中有一篇文章是1953年5月加缪在圣艾蒂安劳工联合会上发表的讲话，1942—1943年间加缪曾在圣艾蒂安这个城市度过许多日子。那次集会是由法国基督教和社会主义工会联合会、流亡者工作联合总会和西班牙国家工会，以及法国教师工会组织的。在圣艾蒂安主题为"捍卫自由"的讲话中，加缪揭露了西方和东方社会中威胁自由的现象，他为自由呐喊，称其为唯一的财富，是两个世纪的革命取得的重大胜利果实中唯一的遗产。选择自由，他认为，并不意味着选择同克拉夫前科同样的道路，从苏维埃制度过渡到一种资产阶级制度；选择自由，也不是无视正义。而是相反，选择正义意味着站在那些受苦和战斗的人一边，意味着选择自由和正义。"如果有人抢走了你的面包，他同时也夺走了你的自由。但如果有人抢走了你的自由，那就等着瞧吧，你的面包也受到了威胁，因为它不再取决于你和你的斗争，而是取决于主子高兴与否。"他向集会的工会代表明确地表示他所捍卫的不是一种以思辨为主的、毫不重视社会公道的抽象自由。

在拉古阿的时候，加缪就已经勾勒出短篇小说《荡妇》的大致轮廓。女主角雅尼娜与粗俗的丈夫在一起感到无聊，她显然不适应阿拉伯世界，每晚便早早入睡，雅尼娜因厌倦了这样的生活，便在撒哈拉神秘的夜里通奸。或许是受到了诺埃尔·舒曼一次意外会面的鼓舞，加缪写作这篇短篇的速度比他预料的要快。舒曼是一家书店老板，1943年在阿尔及尔创办一家小出版社，取名"帝国出版社"。舒曼出了一个限量印刷丛书的主意，由杰出的作家发表文章，并由著名的艺术家画插图。他对加缪说需要约80页的文字，但加缪最后只给了他33页。当加缪告诉他自己的故事将命题为《荡妇》时，舒曼面有难色，说这样的书名可能过于大胆。加缪回答："我亲爱的朋友，如果作品署上我的名字，这个题目是最合适不过的了。"舒曼只好同意像加缪那样拥有道德家声誉的作家有权给予故事一个他认为合适的题目。加缪还设法让皮埃尔-埃米尔·克莱兰——他刚为《婚礼集》的精装版画过插图，是个比较传统的画家——为这部作品画插图。

秋天，舒曼去巴黎同加缪一起看清样。在伽利玛出版社，苏珊娜·拉比什告诉他1953年11月7日这一天她的上司不见任何人：那是他四十岁的生日。最后，加缪为这位来自阿尔及尔的来访者破了例，舒曼在办公室里同他谈了三个小时。加缪向他解释道："我不是因为到了四十岁而烦恼，而是感伤时光的流逝。"他谈到了普鲁斯特和著名的玛德莱娜蛋糕："我回到了蒂巴萨，发现一切都没有变化，可是和以往再也不一样了。我们在经历事物的时候不能明白其含义，而以后，当我们有了足够的阅历，能够明白我们所看到的事物时，已经太晚了。"

他们的作品在玛达姆大街和老科隆比埃路拐角的一家车间里手工排版，加缪不停地去修改清样，改动他的文章，有时还添上一些他认为十分重要的新内容。印刷厂经理最后提醒舒曼，如果作者继续这么做就要提价。实际上，1953年夏初在埃姆农维度假时，加缪已经把故事读给玛莉亚·卡萨雷斯听过，后者提过几条详细的建议：如果让故事开头遇见的那个士兵在后面再次出现，将会有更强的象征性。丈夫形象有所改善。而且加缪重写了故事最后的关键部分，那是当雅尼娜在沙漠之夜袒露自我的时候。[1]

1954年秋天，一切准备就绪，他们发出一则广告，宣布样书均由作者和插图画家签名；300本样书在6个星期内全部售罄。后来，加缪去阿尔及尔，舒曼问他这本书该付多少稿酬，加缪提出20万法郎，这在出版商看来是十分合理的。舒曼准备签一张支票给他，加缪则让他把钱交给自己的母亲。[2]

---

[1]　源自玛莉亚·卡萨雷斯。

[2]　源自诺埃尔·舒曼。

加缪为舒曼出版的这本书写了序言,《荡妇》以后的版本里没有收入这篇序言:

> 我在拉古阿遇到了小说中的人物。当然,我不能肯定他们的生活像我所描述的那样结束。或许他们没有走向沙漠。而我,我去了,这时候,以及此后几小时,我脑中不断浮现他们的形象,同我目睹的一切形成鲜明的对比……

1953 年 3 月 30 日,加缪在巴黎同朱尔·鲁瓦和加布里埃尔·奥迪西奥一起吃饭,加缪建议来年春天在蒂巴萨组织一次阿尔及利亚作家会议;这个建议最终不了了之。[①] 后来,到了秋天,在巴黎生活和工作的老朋友保罗·拉菲被任命为阿尔及尔市长(当时是雅克·谢瓦里埃)助理,主管文化事务,他来找加缪建议在蒂巴萨和阿尔及尔举办一个戏剧节。受这一计划的鼓动,在拉菲家吃饭时加缪同谢瓦里埃和拉菲详细商谈有关事宜。大家同意他为这个"阿尔及尔-蒂巴萨戏剧节"拟定计划。他准备改编上演陀思妥耶夫斯基的《群魔》,这个计划他已想了多年,而阿尔及利亚的法国人则希望看到比较通俗的作品。这期间,一些朋友敦促加缪拒绝同自由的但却是代表资产阶级的阿尔及尔政府进行任何合作;他回答说他的拒绝是出于个人的原因而不是政治上的原因。然而,他受够了孤独,热切盼望为他真正的祖国做些事情。[②]

1953 年,他的活动依然以戏剧为主。他的哑剧《艺术家的生活》(根据《若纳斯》改编)发表在奥兰的文化刊物《西蒙风》上,他本希望看到有人把它搬上舞台。3 月份,他将一个剧本交给意大利导演保罗·

---

① 源自加布里埃尔·奥迪西奥。
② 源自保罗·拉菲和皮埃尔-安德烈·埃梅里。

格拉西,后者的米兰小剧团在巴黎用意大利语献演三部剧作,加缪建议说这对他的哑剧演员将是一次有益的尝试。这部短小的剧作在1959年由剧团学员首演。①

更有意义的是,他从此开始非正式地指导昂热戏剧艺术节。当时正患重病(不久死于癌症)的马杜兰剧院的前经理马塞尔·埃朗,曾在前一年主办这个艺术节,受到舆论的一致好评。按照常理,1953年的艺术节也应由他组织。但他12月底在尼斯同加缪的那次会面成了闪光的一瞬间:埃朗被提名担任1953年艺术节的负责人,但在开幕的前一周去世了。演出在缅因河边圣-路易城堡的院子里举行,庄严的城堡四周由圆形塔城环绕。演员从吊桥上场,舞台两侧有两座塔楼,演出在三层城墙上进行。艺术节在巴黎筹备,最初的彩排在马杜兰剧院进行(昂日戏剧节十几年都由该剧院承办)。

加缪对皮埃尔·德·拉里韦的《精神》的改编作品(这一改编在战争初期就开始了)终于要上演了。玛莉亚·卡萨雷斯在剧中扮演一号主角,同埃朗的合伙人让·马尔夏和保罗·奥特利一起演出。与德·拉里韦的即兴喜剧同时上演的,还有佩德罗·卡尔德隆的凄惨悲剧《对十字架的崇敬》,卡萨雷斯和塞尔日·雷吉阿尼、让·马尔夏和保罗·奥特利联袂演出。加缪自己动手,把卡尔德隆的剧本从西班牙语译成法语,卡萨雷斯帮了很大的忙,他们还合作翻译洛佩·德·维加的剧本《奥尔梅多的骑士》,为日后的一个戏剧节作准备。②

《对十字架的崇敬》是在1953年6月14日、18日和20日演出的,而《精神》则在16日和19日演出,开场白是若阿香·杜伯雷的诗歌,由卡萨雷斯、雷吉阿尼、奥特利及其他演员朗诵。加缪的改编引起了全国报界的关注,当地报刊则称如此完美的演出之后,再也不可能将卡尔德隆的作品搬上普普通通的舞台了。人们称赞加缪"周到而审慎

---

①　《幕布》,米兰,1960年10月。

②　源自玛莉亚·卡萨雷斯。

加缪给女演员说戏

的艰苦劳动",唯有他的"谦虚和善良"①可以与之媲美。事后,他评价卡尔德隆的作品说道:"我欣赏这位西班牙作家洛可可式的手法,我被这一风格所吸引。为了表现这种风格,我试图再现卡尔德隆剧本的韵律和节奏,从某种意义上是模拟他的笔调。"②他对采访他的一位记者解释,对于拉里韦的喜剧,他对戏文做了极其自由的改编,为了简洁起见,把冗长拖沓的叙述改成了序幕。③

　　这次经历令人兴奋。加缪有了回到阿尔及尔皮埃尔-博尔德宽大的演出厅的感觉,唯一不同的是他不参加演出。他指导职业演员,全国观众注视着他的工作,观众每晚都超过了 2000 人。他以前被完全回归戏剧创作所吸引,从今以后,他坚信那才是他唯一可能的出路。那里有他的演员、导演朋友,他似乎不再畏惧批评和观众了。

　　新朋友中有一位年轻人——比他小九岁——当时是马杜兰剧院的经理助理,名叫罗贝尔·塞雷索尔。他出生在蓝色海岸,父亲是瑞士人,母亲是犹太人。战前著名演员的遗孀哈利·鲍尔夫人 1950 年接手埃朗的马杜兰剧院时,带上了塞雷索尔。不过他也喜欢写作,埃朗让他去见加缪,把自己写的东西念给加缪听。"您是哲学家。"加缪说道。"我也这么认为。""哲学术语早就被我扔到脑后了。"加缪提醒他。但是加缪喜欢塞雷索尔身上的某种东西,或许是地中海边的出生地、野心勃勃和同戏剧的联系这种种因素交织在一起的缘故吧。总之他们很快成了朋友,在一起度过了漫长的夜晚——结伴喝酒,吃晚饭,或是逛遍人才云集的首都。当然,塞雷索尔也是同去剧院的好伙伴。加缪感到可以与他交谈并得到理解;更重要的,是他没有任何必要在这个年轻人面前扮演伟人。他可以信任他。④

---

① 《西部来信》,昂热,1953 年 6 月 22 日。

② 《洛桑日报》,洛桑,1954 年 6 月 27—28 日。

③ 《西部来信》,昂热,1953 年 6 月 16 日。

④ 源自苏珊娜·阿涅莉和罗贝尔·塞雷索尔。

　　这一时期另一位受加缪欢迎的伙伴雷蒙·西戈戴,是演出剧组鼎盛时期的老朋友。星期天,加缪喜欢同他结伴去王子公园看足球赛,尤其是当拉辛俱乐部踢球的时候。那是巴黎的拉辛俱乐部,但在他们怀旧的回忆中仿佛看到了阿尔及尔拉辛队的影子。他们两人预订的位子在贵宾席的右侧。[1]

　　在暑假前,加缪曾三次被牵扯进政治角逐场。5月份,是出于友情的需要,那时一位老战友、作家兼评论家维克多利亚·奥坎波在阿根廷被捕。加缪动员许多作家——其中包括莫里亚克、安德烈·莫洛亚、罗歇·马丁·杜·加尔和波朗——在一封交给阿根廷驻巴黎大使的抗议信上签名,该信着重指出维克多利亚·奥坎波通过杂志《超越》对文学事业做出的重要贡献。[2] 6月份,昂热戏剧节揭幕伊始,东柏林的工人起义反抗共产主义政权,遭到苏联军队的粗暴镇压。6月30日,加缪在互助会的抗议集会上发言。他指出,资产阶级报纸觉得斯大林的罪行正好抵消美国本周处决罗森堡夫妇的事件,自己拒绝分享这些报纸心安理得的感觉。"但是我认为,"他继续说道,"柏林的起义不可能令人忘却罗森堡夫妇,而那些自诩左派的人居然试图用罗森堡夫妇的影子掩盖德国的牺牲者,我觉得更为可怕。"他认为柏林的暴动是法国解放后发生的最严重的事件,他和会议组织者一起强烈呼吁,向东德派遣国际联合调查委员会。[3]

　　7月14日"争取民主自由胜利运动"(梅萨里的组织)的支持者在巴黎民族广场组织示威,警察强行阻止挥舞小旗子呼吁释放梅萨里·哈吉(当时被关在法国西南某地)的穆斯林工人的游行队伍。殴斗造成穆斯林7人死亡,44人受伤,警察中有82人受伤。加缪又一次致函

　　① 源自雷蒙·西戈戴。
　　② 源自阿尔贝·加缪夫人。
　　③ 源自"七星文库"版加缪文集。

让·波朗,摄于 1954 年的巴黎(照片由法国罗杰-维奥莱摄影事务所提供)

"负责人先生",这次是写给《世界报》,抗议政府以伤害警察罪进行侦讯,而实际上遭受残暴的是北非人,那是"一种变相的种族歧视"。他要求进行调查,确定谁下令警察开枪,谁在政府中沿用"这一早就推行的缄默和残酷暴行,排斥阿尔及利亚劳动人民,迫使他们在贫民窟凄惨度日,使他们绝望到诉诸武力,以便趁机消灭他们"①。这一呼吁并没得到响应,如同声援法国本土或北非的阿尔及利亚穆斯林的其他呼声一样。短短一年中,局势逐步紧张,终于导致了武装暴动。

　　1953年夏天,弗朗辛·加缪病倒了。病因一直不明,一个漫长难熬的夏季下来,她身体非但没有好转,反而每况愈下。加缪毫无办法,只能眼看妻子遭受病痛的折磨。他觉得自己负有责任,想尽些义务。但似乎又不打算放弃——此时和以后一样——他的生活方式。他的这种生活似乎构成了妻子病痛的主要原因。妻子需要他陪伴,但事情会因他在场而弄得更糟;他也无可奈何。

　　他去莱蒙湖边的托农与家人团聚。他将在托农的这段日子看作恢复写作的机会,但显然没那么容易,下笔依然不顺畅。于是他随大流,在疗养胜地散步。尽管医生严令禁止,他还是两次到湖中游泳,伤心地发现自己游泳越来越困难了。但他至少还可以读书——例如托尔斯泰的书信集。天气不好,气氛沉闷。

　　他在托农校完了《时论之二》的清样,在最后一刻,把在圣艾蒂安的讲演也收进了文集。接下来他根据在埃默农维得到的一些建议修改《荡妇》。

　　最后,他终于开始写那部酝酿已久的作品,他的下一部文集《夏天》将以这部大海的颂歌结尾。《最近的海》,他写道,看似一篇奇特的文章——但最近一段时间他的确写奇特的东西。那是一篇航海日记,无论到什么海,航海便是生活本身。文章这样开头:

---

① 《世界报》,巴黎,1953年7月19—20日。根据7月16日的《世界报》交代背景。

我在海上长大，贫穷对我是一种财富，后来我失去了大海，于
是一切奢华在我看来都黯然失色，都是难以容忍的凄惨。从此，
我等待，我等待着返航的船，海上的家，明朗的日子……

回到玛达姆街的住所，他又得忍受病痛的折磨。别人对他提出要
求，需要他的时候，他也努力尽力相助。他还不能考虑着手写新的重
要作品；不过他的日记开始复苏了。"盘点结束。评论和论战。从此
开始创作。"①秋天回到巴黎以后，他花了几天时间，整理他在伽利玛出
版社的办公室，安排妥当自己的活动，希望新的一年硕果累累。

首先，受到昂热戏剧节的鼓舞，他回到戏剧创作上来。他首先想
到大胆改编陀思妥耶夫斯基的小说《群魔》。他从 1953 年 10 月就开
始认真改编，但是谁知这是最难改，也是最难演的戏，前后历时 6 年；
其他好几部改编作品都在它之前搬上了舞台，《群魔》在加缪生命的最
后一年才与观众见面。

不过，他又开始上剧院，尽可能地多看演出，还开始为《群魔》物色
演员。他很快找到扮演斯塔夫罗金的演员，那是全戏的关键。（他在
日记中反复写道："斯塔夫罗金这个谜，斯塔夫罗金的秘密，是《群魔》
唯一的主题。"②）

每晚，他坐在床上工作，把小说分割成舞台场景。他很清楚手上
的这部作品难度很大——对改编者难，对观众也很难，因为小说像一
个传奇，而不是一个故事，光是密密麻麻的法语译文就有 652 页。

有一天晚上——或许是 10 月 17 日的夜里——他辗转难眠，清晨
4 点就起床写下一部小说的主题，他把这事告诉了一位女友。③ 但是
哪一部小说呢？是《堕落》吗？也许是，因为他当时正面临以后成为小

---

① 收入"七星文库"版加缪文集，落款日期为 1953 年 10 月。
② 收入"七星文库"版加缪文集。
③ 源自玛莉亚·卡萨雷斯。

说主题的那段黯淡岁月。也有可能是反映他年轻时代的作品《第一个人》。不管是其中哪一本，这种激动的情绪代表了一部未来作品的开端，当时他绞尽脑汁，希望重新开始写书，玛达姆大街的气氛也越来越压抑。

从此他注意避免一切论战。他为让·达尼埃尔的杂志《卡利邦》再版路易·吉尤的《人民之家》而写的引言，现在发表了。当时的开场白故意发出挑衅：

> 今天几乎所有假装以无产阶级的名义说话的法国作家都出身于有闲有钱的家庭……

不出所料，达斯蒂埃在《解放报》中予以抨击。但这种挑衅行为已属于老生常谈，他对此已经兴趣索然，让朋友吉尤予以反驳。其间，《时论之二》正准备出版，他在出版清样上签名。反响是可以想见的，那是来自意料之中的批评——仅此而已。然而《反抗者》在伦敦的出版受到了广泛的赞扬。加缪读到了（并保存着）理查德·沃兰发表在《剑桥日报》上的一篇评论，将《反抗者》这部作品置于霍布斯和卢梭、洛克和黑格尔的伟大传统之中。沃兰写道："在加缪身上，20 世纪找到了一位二流的预言家，但却并不令时代的传统逊色，他就是先知泽法里或者说是扎凯里，同叔本华、赫尔岑和尼采——更早的时代的先知以塞亚们和耶利米们相抗争。"这些评论本应令他高兴，但他却无动于衷；一想到此书他就讨厌。但令他暗暗高兴的是曾谴责他陷害超现实主义者的安德烈·布勒东，现在请他在一个诉讼案件中作证。①

比利时的一本政治、文学杂志的创刊号曾发表一篇入木三分的分析文章：《萨特和反斯大林主义》，杂志特意送上一年大事记，记载 12件趣闻，其实是极尽嘲讽之能事的短评。举几个例子：

---

① 源自玛莉亚·卡萨雷斯。

十几个法国医生,除去坐落在几千公里之外独裁政府发布的公告没有其他的消息来源,在一份公告上签名,完全同意逮捕他们的苏维埃同行,将他们处以死刑。[1] 科学思想的胜利。

随后同一个政府悄悄地颁布法令宣布这些医生无罪。他们的法国同行没有发表任何公告。卑躬屈节精神的强大。

为了保护品尝龙虾的食客,饭店老板娘对一个纠缠不休的女乞丐温和地责备道:"请您设身处地为这些女士、先生们想想吧。"[2]

加缪后来向采访他的一位记者说,他本人没有先想到改编威廉·福克纳的《修女安魂曲》,他只是接受了别人的建议。显然,马塞尔·埃朗临终前曾准备在马杜兰剧院上演这部剧作;而加缪则接受别人提议,继续筹备演出。事实上,尽管是作为小说来发表的,福克纳的《修女安魂曲》在形式上已十分接近戏剧。

加缪请米歇尔·伽利玛的妹妹、负责这些事务的尼科尔·朗贝尔同福克纳接触,请他准许在法国翻译和上演《修女安魂曲》。福克纳显然很欣赏这一想法,但希望首先征得他的女友、演员露特·福特的同意。此事后来转到福克纳的代理人哈罗德·奥伯手上。戏剧改编的设想石沉大海,而露斯·福特的英文版的剧本也一拖再拖;总之,纽约方面不给任何答复,尼科尔·朗贝尔只好在 1954 年 1 月再次催促。最后,加缪 1954 年 10 月亲自写信给福克纳,指出他的演员阵容整齐,万事俱备。加缪保证亲自指导翻译,如果福克纳允许,他也会总管演

---

[1]　暗指 1953 年 1 月的《医生的阴谋》,斯大林几个月后死去。
[2]　《否认》,列日,1953 年 10 月 15 日。

出事宜。总之,他将担负排演的全部责任。①

　　11 月 7 日是加缪 40 岁生日,诺埃尔·舒曼很偶然地发现,加缪显得忧郁而孤单。妻子的病情不见好转,而且他发觉自己虽然有很多朋友,但是找不到可以推心置腹的人。为庆祝他的生日,女秘书苏珊娜·拉比什(已经结婚,成了苏珊娜·阿涅莉夫人)送他一块漂亮的带吸墨纸的垫板;他还收到一位诗人的一首四行诗,以及在他看来毫无用处的打火机,因为在 40 岁生日时他刚刚做出戒烟的决定。后来他回想起这个埋头写《夏天》的生日如同"(他)工作和生活的一个转折点"。仿佛他的生活业已结束,他写作生涯的回顾展"阿尔贝·加缪的资料"在圣日耳曼大街举办,展出照片、房中的摆设、《荡妇》两个版本的手稿,据说那时他正在创作这本书,原版的《反与正》,还有《阿尔及尔共和报》上的文章,1944 年 8 月 21 日首期公开发行的《战斗报》,以及发表在《纽约时报》和《图书评论》和其他国外杂志上的评论文章。②不久,当他卧病在床时,阿尔及尔的一位女友玛德莱纳·若索来看他,称自己第二天就满 40 岁了。加缪回答说:"如果你今天被汽车撞倒,报纸会说一位年轻女士遇难。如果这事明天发生,报纸就会说:'一位 40 多岁的妇女……'"③

　　于是在 40 岁之际,他成了一个知名人物,但他只属于过去还是拥有现在呢? 从此,他的作品将主要包括对其他作品的翻译和改编,以及即兴而就的文章,但没有一篇达到成书的规模。他继续润色《流放与王国》中的优秀短篇,每一篇都采用特色鲜明的不同手法。不久,一篇超出《流放与王国》水平的短篇给读者带来惊讶、欣喜;这个短篇独

---

　　①　芭芭拉·伊扎尔、克拉拉·耶罗尼米斯《〈修女安魂曲〉:舞台上下》,那什维尔,田纳西州,1970 年;布罗特纳《福克纳》。"七星文库"版加缪文集收录对加缪的一次采访,以及加缪怎么会考虑改编福克纳小说的补充材料。

　　②　《战斗报》,巴黎,1953 年 11 月 28 日。

　　③　源自玛德莱纳·若索。

立成书,那就是《堕落》。

　　他构思写一部雄心勃勃的小说《第一个人》,并开始实施,那是他的托尔斯泰式的小说。除此之外,他生命的最后六年只是失望、忧郁和写作不顺利;他的声誉和影响渐渐扩大,他日益感到需要逃避读者,甚至躲避朋友。弗朗辛的病,然后是注定爆发的阿尔及利亚殖民战争,其结局竟是诺贝尔文学奖,充满讽刺意味。1954 年 7 月,他对罗歇·基约说他已有六个月无法工作,并一五一十诉说自己的烦恼:"妻子有病,孩子需要照料……"说到这里,他突然停住了。①

　　他在朋友圈子里寻求庇护。夏尔对他很有帮助,但不能经常陪他。还有惯于夜间活动的朋友塞雷索尔,然后是同他还合得来的参加政治活动的男女朋友们,以及那些在自己选择的战斗阵地上跟他同样孤单的极左分子。他同在瑞士发表《见证人》的那个组织的关系从这一角度来看很说明问题——至少可以说很有特点。组织的领导者是让-保罗·桑松,第一次世界大战期间的诗人和逃兵,因为不能回到法国,便住在瑞士。他比谁都孤独,因为他不仅亡命瑞士,而且生活在瑞士德语区。当桑松 1953 年在苏黎世开始发表《见证人》这本独立、反教条而且绝对自由主义的刊物时,他肯定赢得了加缪的同情。这本杂志在法国的负责人是罗贝尔·普瓦,职业审校员,左派工会分子。加缪在苏珊娜·阿涅莉的办公室里读清样,两人首次相遇。加缪喜欢《见证人》,在玛达姆街的办公室兼书房里,召集某些左派无政府人士和革命的工会分子开了一次会,包括桑松和皮埃尔·莫纳特。早在第一次世界大战前,莫纳特就参加了革命工会运动,因为劳工联合会当时持主战的立场,他愤然辞职。他 1920 年被捕,罪名是所谓的阴谋破坏国家安全,临时关押一年后才被释放。他加入法国共产党,但是在 1924 年被开除,然后创立《无产阶级革命》,我们已经看到,这本杂志成为工会领导人、反共的社会主义者的讲坛(第二次世界大战前,西蒙

---

　　① 源自"七星文库"版加缪文集。

娜·韦伊在此用笔名发表文章）。莫纳特住郊区的小屋子，1960年去世，享年79岁，一直靠审校员的工作生活。

莫纳特的年轻弟子吉尔贝·瓦吕辛斯基也参加了这次会议，他跟加缪一起在国际联络小组工作过。加缪参加了《见证人》编辑部的几次会议，其中一次在他《巴黎晚报》的老同事里瑞特·梅特朗家里举行，后者和维克多·塞尔日一起创办了《无政府主义报》，塞尔日是俄国社会主义革命家，被斯大林驱逐出苏联，他写过《一个革命者的回忆录》。另外一次，普瓦安排了加缪和乔瓦娜·贝纳里的会面，她的丈夫是一位意大利革命者，1937年在西班牙被斯大林派人暗杀。

耐人寻味的是，加缪允许《见证人》的朋友们使用他的名字，法国和其他地方很多期刊的负责人都非常眼红。他和同属于国际联络小组的达尼埃尔·马蒂纳、普瓦、瓦吕辛斯基一样，被称为"通讯员"（最初的几期中，他甚至以审稿委员会的成员身份出现，但是他肯定认为自己有些名不副实）。除去允许借用他的名字以外，他还将一定数量的政论短文交给《见证人》发表——例如有关东柏林暴动的讲稿，后来还有一篇反对苏联在匈牙利进行镇压的讲稿。有时，瓦吕辛斯基也为《无产阶级革命》向加缪征稿；加缪将圣艾蒂安的讲话稿给了他，题为《面包和自由》。[①]

加缪和主办《见证人》和《无产阶级革命》（皮埃尔·莫纳特创办）这两本刊物的左派社会主义者和无政府主义者的共同点，除去他们都卓然不群以外，或许在于对资产阶级社会及其社会不平等的蔑视，还有发自内心但缺乏组织的社会改造计划。罗贝尔·普瓦经过仔细观察，断定加缪骨子里实际是一个绝对自由主义者——但他自己却不知道；他的观点比极左思想更极端，同革命工会分子一样，属于莫纳特一派。

---

① 源自吉尔贝·瓦吕辛斯基和罗贝尔·普瓦。参阅《见证人》，苏黎世，尤其是罗贝尔·普瓦《我所认识的阿尔贝·加缪》，1963年春。

莫里斯·儒瓦耶是加缪的朋友,他以《极端自由主义者》报(和《极端自由世界》报)几乎独自领导着无政府运动。两人的相识始于《极端自由主义者》报的合作者莫里斯·勒梅特提出呼吁特赦塞利纳回国(他因"二战"时的态度而逃亡)之际。作家们被邀请在请愿书上签名,加缪签了自己的名字——这是他与儒瓦耶小组的初次联系。1952 年,在声援共和西班牙的集会上,社会主义者达尼埃尔·马耶尔在讲坛上大声宣布:"今天在这儿有一个创造历史的人——儒瓦耶,还有一个书写历史的人——加缪。"两人此时初次见面。加缪从儒瓦耶身上看到了一位令人敬佩的、按自己的原则来做事的劳动者。他们在一些公开场合见面,比如这一次争取西班牙共和的集会,互相写信。儒瓦耶在蒙马尔特开了一家书店,名叫迷雾城堡(沿用多热莱斯一部小说的标题),加缪有时候去那儿跟他讨论问题。[1] 儒瓦耶认为在所有的现代作品中,加缪的《反抗者》最确切地阐明了青年学生和劳动者的愿望,后来的 1968 年 5 月风暴就是由他们发动的。[2]

至于加缪,他在 1953 年 8 月 8 日写给一家工会刊物的有关无产阶级文学的信中,对工人和艺术家之间至关重要的团结阐明了自己的观点(他去世后在《无产阶级革命》首次发表)。

> 专制与金钱民主都明白,为了巩固其统治,必须将劳动和文化分开。对劳动而言,经济压迫差不多足够了……至于文化,可以用金钱收买和冷嘲热讽。商业社会把大量金钱和特权赠给那些名为艺术家、实则是跳梁小丑的家伙,迫使他们做出各种让步……[3]

---

[1] 源自莫里斯·儒瓦耶。

[2] 儒瓦耶《无政府与年轻人的反抗》。

[3] 《无产阶级革命》,巴黎,1960 年 2 月。

　　在另一种情绪的影响下，加缪在一张后来标明 1951 年 3 月——1953 年 12 月的纸上记下了自己所有心爱的字眼：

　　　　世界、痛苦、大地、母亲、人类、沙漠、荣誉、苦难、夏日、大海。①

　　①　让-克洛德·布里斯维尔《加缪》，巴黎，1959 年。

第四十章

起 义

左手拿着《人权宣言》，右手拿着用来镇压的警棍时，还能以文明的创立者自居吗？

——信件（1954 年 5 月）

得知阿尔及利亚总督——他的宿敌——为阿尔及利亚小说奖提供资金后，加缪退出了评委会。起初，他认为建立小说奖的设想很好，便于 1953 年 11 月加入了评委会（就在他四十岁生日之后）。他克制了自己对文学评委"由来已久的反感"，因为他获得了一个报效祖国的机会。他还说服朱尔·鲁瓦参加评委会。

阿尔及利亚小说奖的设想——现在再来回顾一下——是由一位叫让·波密埃的公务员兼作家提出的，他负责阿尔及利亚作家协会及《非洲》杂志的工作。当年轻的阿尔贝·加缪还在汽车执照和驾驶许可证部门工作时，他就是阿尔及尔辖区公共建设工程部的负责人。波密埃召集的那批作家曾设立过一项文学奖，但他们的热情逐渐消退，颁奖的时间越来越长。他们希望能有一个更具威信、常驻巴黎的评委会来加强影响，而且这一奖项只颁发给小说作家。"通过设立一个奖项的方式为阿尔及利亚做贡献，"波密埃在《非洲》杂志上这样写道，"也就是帮助这个国家的年轻人在世界上确立地位，赢得世界的尊重，并首先赢得法国的尊重……"加布里埃尔·奥迪西奥是来自阿尔及利亚的法国人,对自己的祖国很忠诚,本人也是公务员,他受委托同住在巴黎的原籍阿尔及利亚的法国人联系,其中就有加缪。因此加缪在1953年11月12日接受了做该奖评委的建议。但不久之后,奥迪西奥写信提醒波密埃,加缪希望能肯定颁给得奖者的那笔钱——10万法郎(约合15000欧元)——的来源不会捆住评委们的手脚。波密埃急忙向奥迪西奥保证:这笔钱绝不是什么秘密基金的拨款,它属于阿尔及利亚议会年度预算。

但很显然,加缪起初根本没有想到此事同官方预算有联系。埃马纽埃尔·罗布莱斯从阿尔及利亚给他寄来波密埃在《非洲》杂志上刊登的颁奖通知,显然可以从中看出总督府资助了这个项目。加缪马上写信给波密埃,落款是1954年2月26日:

> ……就像我同奥迪西奥所说的,这个奖同总督府和阿尔及利亚官方要员的联系是如此明显(感谢您的坦率),因此十分遗憾,我不能继续担任评委……

他为自己订了一条规矩,他继续写道,那就是永远不参加阿尔及利亚的任何官方活动。

> 当然,首先是因为我不能做到始终对这一官方活动抱赞成态度。然后是因为作为阿尔及利亚的记者,我曾长期成为总督府施加压力和进行恫吓的对象。实际上,如果说至今我离开祖国已15年有余,那是因为我的独立观点当时让我沦落到失业的境地。

他并不记恨,只是想表达得更明确。他原以为小说奖由期望帮助同行的作家来颁发,就像他总是乐意帮助"'他'自己国家的人",而且他还将继续这么做。

加缪退出之后,所有重要的评委也相继退出了。

接下来的一期《非洲》杂志的标题为：

夭折的大奖

　　波密埃撰文指出，加缪通过最初的通信来往就该明白这个奖是由"政府"津贴资助的。大奖夭折了，谁是罪魁祸首？谁说服加缪退出的？波密埃没有明说，但对加缪严加指责："阿尔贝·加缪究竟有没有人性？我觉得褊狭和恶毒的情感占据了他的心胸。"许多年之后，波密埃自费出版一部书，专门论述这一事件。①

　　于 1954 年初春出版的《夏天》是加缪最后一本抒情散文集。皮埃尔·德·布瓦代夫尔在《战斗报》中写道："此书反映了加缪的基本倾向，反映了他自然地向往光明的一面。"布瓦代夫尔建议人们像聆听莫扎特或维瓦尔第的作品一样来读《夏天》：用自己的心去领会。加缪本人在作品封底的"请予刊登"中把自己的文章比作"充满阳光的作品"，并将它们同《婚礼集》中的文章相提并论。收入这本散文集的还有《弥诺陶洛斯或奥朗的休息》，这篇有关青年时代的散文已由埃德蒙·夏洛少量出版过；还有一篇向阿尔及尔表达敬意的短文，似乎是为了追求平衡，还收入了《无历史城市小指南》；还有一篇真正类似《婚礼集》风格的文章《重返蒂巴萨》；最后一篇是《最近的海》。在所有灵感迥异的文章中，作于 1950 年的《谜》具有浓郁的个人色彩，作者描述了作家在一个可以一夜走红的社会中的地位（不读作品，作家也能出名）。另外，加缪认为作家可以写荒谬，但自己并不绝望，就像人们可以写有关乱伦的文章而并非一定要强奸自己的姊妹：难道希腊的索福克勒斯真的要杀害生父并使生母蒙羞吗？

---

　　① 源自加布里埃尔·奥迪西奥和埃德蒙·布吕阿。加缪的书信等文件，参见让·波密埃《阿尔及尔编年史 1910—1957》或《阿尔及利亚主义时代》，巴黎，1972 年。

3 月中旬，加缪接待了瑞士一家报纸的文学副刊派来的采访者弗兰克·诺特朗，谈话主要涉及《夏天》这部作品，以及眼前的或长远的写作计划。诺特朗前往加缪在伽利玛的办公室看望他，当然参观了露天阳台。诺特朗对窗台上盛开的风信子赞赏不已；这些风信子，他后来得知，是雅克·勒马尔尚的。"我实在厌恶这种朴实无华和道德高尚的美名——我其实是受之有愧的——，可是好心的人们一股脑儿栽在我头上，简直是帮倒忙。"加缪希望这些文章的发表能有助于改变这一形象。他认为人们在他身上贴了标签：在平常谈话中他再不敢使用"这是荒谬的"这样的语句，并称从此他将努力超越局限和尺度的概念。

他同诺特朗谈到了将《群魔》改成戏剧的计划，更重要的是他首次公开披露自己准备写一部小说，记述在阿尔及利亚长大的一位年轻人，《第一个人》。"我很久没有写小说了，"他解释说，并透露目前在写的几部短篇只是过渡。至于《第一个人》："我有了书名和主题——但其余的将在创作过程中不断变化……故事发生于我在《夏天》中描述的那片缺乏历史的土地，那是个充满想象的地方，由外来的各色不同人种组成。"诺特朗问他外来移民是否将他们的传统带入阿尔及利亚。"通常，这些传统不太强大，经不起环境的考验，消失得很快。"加缪这样回答。

> 我于是构想"第一个人"从零开始，不会念书，也不会写字，不知道什么是道德和宗教。也就是说，那是一种没有老师的教育，小说放在现代历史的革命和战争之间展开。

最后，诺特朗询问加缪他如何看待人皆有罪的观点。"许多现代作家，包括主张无神论的存在主义者，都否定了上帝的存在，但保留了原罪的观念。"加缪回答说，"我们过多地肯定了创造的无辜。今天，人们又想用犯罪感把我们压垮。我则认为存在一种相对的真理。"他认为人类缺少宽容,还引用了《唐·吉诃德》里的小岛总督桑丘·潘沙的话:"既然我们不能明确一种道义,那就让我们至少常怀慈悲吧。"加缪微笑着补充说:"您倒是试一下,今天到巴黎的大街上去谈论慈悲吧……"①

　　暮春时节,妻子的病况似乎有所好转,这时反而突然恶化,加缪不知如何对待妻子,不知如何面对家庭的悲剧。1954 年 7 月,他情绪低落。除了去办公室,他不再出门,其余时间都呆呆地守在妻子身边,显得笨拙,无能为力。他明白不仅仅为了他自己,更是为了全家人,他必须写作。但是他做不到,绝对做不到。

　　加缪 7 月 13 日同罗歇·基约谈话,说自己创作停滞不前的状况已经持续了半年时间(根据他自己的计算);②这种停滞使他心烦意乱,忧心忡忡。他不由扪心自问,是不是自己想象力已经枯竭。不过,他仍然有一些创作计划:他这次又对《第一个人》和《群魔》进行了一番描述,另外还有一部作品叫《唐·璜》,是根据《西西弗神话》的构思来创作的。他还打算写一篇有关爱情的散文。拟在《流放与王国》上发表的两个短篇也已经完成(很可能是《荡妇》和《叛徒》)。③

　　加缪将自己为孔拉·比贝编辑的《法国抵抗运动作家眼中的德国》一书所写的序言寄给了勒内·夏尔,这本书应在年内出版,他告诉夏尔序言写得不好:"因为我已经不会写书了。"④

　　他于是做些事情好让自己有恢复工作的感觉。4 月,他开始录制《局外人》,整部小说都由他自己朗诵,分几个章节在法国广播电台中播放。⑤ 6 月,他参与了介绍阿尔及利亚作家的系列节目中的一集。7

---

①　《洛桑日报》,洛桑,1954 年 3 月 27—28 日。

②　参见第三十九章。

③　源自"七星文库"版加缪文集。

④　源自"七星文库"版加缪文集。

⑤　源自阿代唱片集《阿尔贝·加缪在场》。

月 17 日他在这个系列节目中再次亮相,用"卡加尤"方言朗读文章,那是一个介绍阿尔及尔民间方言的节目。① 他还为罗贝尔·布列松干了一个月,把《克莱芙王妃》改编成一个电影剧本,但结果却不能令人满意。由于他未签订工作合同,因此白干了一场。② 他接受了一大笔钱,为迪士尼公司即将出版的一本画册写一篇短文《有生命的沙漠》,负责转达此项提议的人本来提心吊胆,生怕被加缪赶出门,但加缪显然很需要钱。

10 月份,他又一次给福克纳写信,请求改编《修女安魂曲》。③

瑞典科学院重新考虑向加缪授予诺贝尔文学奖的可能性。④

这时加缪作了一次旅行,有关这次旅行很少有人谈及,尽管它为他生前最后一部小说《堕落》提供了素材。那是他一生中最短暂的一次旅行;荷兰之旅从 1954 年 10 月 4 日开始,到 7 日结束,还包括花在火车上的时间。短短四天里,他在阿姆斯特丹逗留不足两天时间,《堕落》的主人公让-巴蒂斯特·克莱芒斯这位评判者兼悔悟者就是在这儿开始内心独白的。这是加缪唯一一次荷兰之旅。这个国家难道就给他留下如此印象?是的,此次单身旅行正值他人生最黯淡低沉的岁月,当时他正在为围绕《反抗者》而展开的论战和妻子的健康操心,这些事件将为这部作品提供最基本的素材,使其成为他创作生涯中最具个人色彩的一部作品。

就像以往一样,他在国外旅行免不了受到官方接待,于是他又得违心地四处应酬。不过 10 月 5 日海牙的接见大厅显得过于狭小,到了最后一刻,见面的地点改在新教教堂。第二天,他在海牙的雨中散

---

① 源自加布里埃尔·奥迪西奥。
② 源自雅尼娜·伽利玛。
③ 参见第三十九章。
④ 斯特朗博格《阿尔贝·加缪—温斯顿·丘吉尔》。

步，参观了辉煌的莫瑞泰斯皇家美术馆，在那里寻找维米尔的《戴珍珠耳环的少女》的肖像，还有伦勃朗的作品《解剖课》《苏珊娜和老人》以及《戴维和萨乌尔》。下午，他乘火车去阿姆斯特丹（不到一小时的路程）。那里有一种矮矮的、四周镶满玻璃的客轮，可以载着游客沿城里的运河从一座座桥下驶过，加缪在那里很快找到了一艘这样的船。那天晚上，晚饭后，他在老城区热闹的街上散步，尽管雨下个不停，寒风呼啸，他仍然觉得这些街道十分迷人。那是 10 月 6 日的晚上。第二天他便回到了法国。①

小说《堕落》中的背景篇幅不多。这个随处可见水手的街区以及这条名叫泽迪日克的狭窄俗气的小街（直到 20 世纪 70 年代中期，那儿还有两家酒吧，分别叫墨西哥酒馆和咖啡城）可能是加缪在这个城市逗留时间短暂的直接原因。至于《堕落》的主题及其写作情况，待后面的章节再谈及。②

这一年阿尔及利亚危机爆发，加缪日益关注殖民政府极力阻挠北非穆斯林的合法愿望所造成的后果。"左手拿着《人权宣言》，右手拿着用来镇压的警棍时，还能以文明的创立者自居吗？"他在 1954 年 5 月写给一个赦免海外政治犯委员会的一封信中这样发问。他着重指出殖民统治者代表了一种"可怕的力量"；他提醒自己的同胞，在 30 年代，阿尔及利亚的市长们只需合伙抗议一番，勃鲁姆-维奥莱特议案立刻就会从议会的议事日程中消失。他勾勒了在北非的土地上垄断新闻和公共权利的一小撮富人的嘴脸，他们的最新战绩是处决了三个突尼斯民族主义者（加缪呼吁宽恕他们，无济于事）。

7 月，加缪又写了一篇文章，交给《让我们解放海外政治犯》杂志的第一期发表，他在文章中引用第二次世界大战后不久，一位阿拉伯民族主义者在特莱姆森对他说的话："我们最可怕的敌人不是法国殖民

① 源自玛莉亚·卡萨雷斯。
② 参见第四十二章。

统治者,而是像您这样的法国人。因为殖民统治者使我们认清法国令人发指的真面目,你们给予的却是和解因而是迷惑人心的思想。你们削弱了我们的斗争意志……"法国自由人士鼓吹博爱,加缪不无讽刺地补充说,当阿拉伯自由人士为之动容的时候,大棒已经落在他们头上。阿拉伯人的恐怖行为,加缪认为,是由孤独而产生,因为别无出路,因为壁垒太厚实,不得不奋力摧毁。自由人士不仅要对镇压行为负责,也要对阿拉伯恐怖主义负责。现在发表提倡博爱的演讲为时已晚,但采取诸如赦免这样的积极行动还来得及,"条件是不回避恐怖主义,而应该说明其来源,并谴责恐怖行动的后果"。

1954 年 11 月 1 日,这时发表演说其实已太晚了。军事行动在黎明时分爆发,它象征着年轻活跃的阿尔及利亚民族党人对依然希望通过谈判进行改良的妥协派的胜利。由于梅萨里·哈吉的"争取民主自由胜利运动"四分五裂:这一组织负责地下活动的特别组委会最为强硬,1954 年夏天这一组织转变成军事反抗革命委员会。同年春天,法国在印度支那奠边府战役中败北,突尼斯借助民族主义运动——包括游击战——在 7 月份获得了内部自治,阿尔及利亚抵抗运动决定在万圣节之夜投入行动。攻占的目标是军营、警察局、象征殖民政权的当地政府所在地。新的民族解放阵线宣布消灭殖民统治和"一切改良主义残余"的愿望,因为它的斗争目标是争取阿尔及利亚的独立。[①]

加缪没有立即做出反应。可能他没有马上意识到暴动的严重性。他恰好刚刚处理完一个性质完全不同的阿尔及利亚问题:奥尔良维尔地震。那是阿尔及尔和奥朗之间的一个 3 万人的居民点,9 月的这次灾难造成 1500 人死亡。加缪参与组织了一次救援受灾群众的活动,包括一次由原籍北非的作家签名售书的活动,开幕仪式安排在坐落于大剧院路的总督府官邸,由法国参议院议长皮埃尔·孟戴斯夫人主持。加缪出席了这次活动,由埃马纽埃尔·罗布莱斯等朋友陪同,当

---

① 阿热龙《阿尔及利亚近代史》。

然还见到了加布里埃尔·奥迪西奥。报界透露作家联合会出资 15000 法郎(约合今天 90 欧元)购买《戒严》手稿一事。①

　　加缪忙于戏剧创作。他遇见了马杜兰剧院的经理鲍尔女士,还有国家人民剧院的经理让·韦拉尔;韦拉尔的优柔寡断和缺乏威信感尽管令人失望,加缪还是决定给他寄去几个剧本,其中包括《戒严》和为昂热戏剧节翻译的卡尔德隆的作品《对十字架的崇敬》。他还抽空观看了法国拉辛俱乐部在王子公园的比赛,他们被摩纳哥队击败——加缪冻得够呛。② 这时,他一心准备回到一个充满阳光的地方,年轻时这个地方曾经是他的一切。

　　他从 1937 年起从未重返意大利。他觉得回到他最喜欢的地方,置身真正的地中海式的景色中,他又能找回自己。逃避了个人的烦恼、抛开对阿尔及利亚危机的种种担心之后,或许他能重新找回恢复写作所必需的内心的力量。

　　这次机会是由意大利文化协会提供的,他接到邀请在都灵、热那亚、米兰和罗马发表讲话。在两次讲座之间,尤其是当他到达罗马之后,他有足够时间,可以从容不迫地决定最后两个星期的旅行路线。

　　独自旅行使他非常兴奋,这样就能随心所欲地周游。尽管累得筋疲力尽,他躺在卧铺上还是难以入睡;重回意大利太令人兴奋了。早上 7 点,他觉得该到了,撩开窗帘,突然哈哈大笑起来:火车正在暴风雪中行进。火车两小时以后驶入都灵车站,天上还下着鹅毛大雪,下了整整一天。他去城里著名的埃及博物馆参观了木乃伊,又瑟瑟发抖地踩着越来越厚的积雪来到尼采的故居,处在疯狂状态的尼采在那里写下最后几部作品。低沉的天空令他沮丧,夹着雪花的狂风

---

① 《战斗报》,巴黎,1954 年 9 月 25—26 日。
② 源自玛莉亚·卡萨雷斯。很可能在他与鲍尔女士面谈之后,11 月 28 日的巴黎平民周刊《星期日报》称,加缪将代替(忙于法兰西喜剧院的)让·马尔沙,主管其戏剧在巴黎初次上演事宜,首演的剧名会晚些时候公布,接下来是《误会》的再度上演。

欢迎他回到这个本该是阳光灿烂的国度。尽管如此,他非常喜欢都灵,他喜欢块石铺面的路、漂亮的房子,当然还有意大利人的热情好客。

11月25日他同新闻界见面,第二天在一家18世纪的漂亮剧院里举行了首次记者招待会,那是司汤达喜欢的风格,对他下榻一家杂乱无章的豪华宾馆是一种补偿。但那天他发觉自己竟然怯场:讲话前他去房间里休息了一个小时,但想到自己是首次面对意大利听众时,他便紧张起来,牙齿打颤。

他在都灵和其他三个城市讲演的题目是《艺术家和他的时代》(但是与"七星文库"版文集收录的采访截然不同,也不同于他在诺贝尔文学奖授奖仪式上的同名演讲)。在意大利演讲时,加缪试图给艺术定义,它以现实和对现实的反抗为基础。艺术既不是一种拒绝亦不是一种完全的赞同,它代表了一种连绵不绝的痛苦。问题并不在于逃避现实或是屈从于现实,而在于明白现实中的哪一部分孕育了一部作品并使之不会流于平庸。如果说,一个半世纪以来,作家们能够生活得快快乐乐、不承担责任,那么从现在起就不再可能了:我们应该明白不可能逃避人类共同的苦难,而且我们唯一的职责就在于表达别人无法表达的东西。自由的艺术家并不是一个追求安逸或内心紊乱的人,而是一个自律的人。加缪呼吁给艺术家自由:艺术与一切压迫为敌,艺术家和知识分子是现代专制的首要受害者,无论那是左派还是右派的专制,当现代专制统治发现艺术家公开与之为敌时,它真正感到了恐惧。①

在热那亚,迎接他的是一场倾盆大雨,但城市依然是他记忆中喜爱的模样:清新,富足,充满活力,熠熠生辉。随后,到罗马时天空又阴暗起来,不过天气终于趋向好转。他正式活动一结束便离开大饭店,因为那里让他感觉云集了世界各地的大商店,他找到博尔盖兹别墅对

① 《意大利文化协会笔记》,第16期,意大利文化协会。

面的一家小旅馆,他房间的阳台正对着公园。白天他在城里晴朗的天空下溜达,晚上同相识的作家一起吃饭——当然有基亚罗蒙特,还有西洛纳、皮奥韦纳、莫拉韦亚。每天夜晚临睡前,他会在阳台上待一会,凝视着这座他心爱的城市,他喜爱这个城市的天空和它的人民。如今,他终于回到了二十七年前战前的意大利,正是在那里他发现了艺术的真谛以及艺术和生活的完美结合。他最喜爱的,在他的记忆里,就是罗马的山丘和喷泉。

　　他觉得凭借一点运气,就此便可以拥有改变生活的力量,这是必须要做到的,无论以何种方式,因为他再也无法想象去承受直至今日所经历的一切。他不会在意大利写作,但决定在此坚定自己的意志——如果想要重新投入写作,那是必不可少的。①

　　基亚罗蒙特有一位朋友,是画家弗朗西斯科·格朗雅凯,他有一辆汽车。他们三人一起去了那不勒斯和帕埃斯图姆。但当他们12月7日到达那不勒斯时,加缪病倒了,于是他们只好中断旅行。带着旧病复发的焦虑被关在屋子里,加缪变得伤心而忧郁。当他终于又可以出门的时候,三个朋友在贫民区溜达,例如皮阿扎·卡普阿纳区,加缪想起昔日的阿尔及尔。

　　在那不勒斯度过了三个夜晚之后,他们继续旅行,参观了帕埃斯图姆的希腊庙宇,那是一个在野外的考古学遗址,乌鸦在荒芜的废墟上盘旋。他们随后来到了阿马尔菲的海滨,但没有去索伦托;在那不勒斯意外逗留三天,已耽搁了他们太多的时间。12月14日加缪得回巴黎了。②

　　回到巴黎以后,加缪去看医生,医生给他做了检查,没有发现什么严重的情况;医生还是对他做出饮食规定。他不久就恢复了健康,现

---

① 主要归功于玛莉亚·卡萨雷斯。
② 源自弗朗西斯科·格朗雅凯和米利亚姆·基亚罗蒙特。

在是这些饮食规定使他缺乏力量。①

1955 年 1 月初,他安顿下来,恢复创作。1 月 6 日,他写信给年轻的朋友也是未来的戏剧合作者吉利贝尔:"现在我深居简出,待在奇怪的地方,尝试写作和保存仅有的那一点点精力。"②这奇怪的地方或许就是蒙莫朗西大道的那套小房子,带有俯瞰巴黎的晒台,还有朱尔·鲁瓦给他借用的一个女仆。两天之后,他完成了一篇简短的前言,用于美国一家大学出版社出版的《局外人》,加缪对此书的创作意图做了一些解释。1 月 11 日,他写信给评论家罗兰·巴特,抗议他对《鼠疫》一书所做的诠释,尤其是他认为小说"创造了一种反历史的风尚和一种孤独的政策"。加缪回击说此书最明显的内容是"欧洲抵抗运动同纳粹的斗争"。为了证明这一点,他指出,让·雷斯屈尔主编的反映抵抗运动的文集《法国领地》曾经收入《鼠疫》。

加缪将这部作品同《局外人》相比较,告诉巴特,这部作品明确标志着孤独反抗向承认团体的过渡。巴特不是强调分裂主题在《鼠疫》中的重要地位吗?但是,代表这一主题的记者朗贝尔最终还是放弃了个人的痛苦,投身到集体斗争中去。此外,这部作品以宣布并接受未来的挑战而结束。③

年初,加缪的无政府派朋友请求他加入他们的斗争。在印度支那战争的后期,莫里斯·莱藏——和平自由力量组织的宣传负责人,也是《极端自由世界》的编辑——制作了一张反战布告,篇幅与军方布告相同。他立刻受到犯有颠覆罪的指控。案子在 1955 年最初几周内开庭,证人出庭为被告辩护,在第一排,就有莫里斯·儒瓦耶的朋友阿尔贝·加缪。他向法庭宣布:

---

① 源自雅尼娜·伽利玛。

② 《戏剧历史》。

③ "七星文库"版加缪文集提及。

我在一次集会上认识了莱藏,我们当时共同呼吁释放邻国死刑犯。从此,我便有机会见到他并能欣赏他同威胁人类的灾难做斗争的意志。我认为我们不能判这样一个人有罪,因为他的行动同所有人的利益相一致。像他这样奋起反抗日益威胁人类的可怕的危险的勇士实在是太少了。

发完言之后,加缪回到座位上,四周的听众多为无政府主义积极分子,对加缪充满感激。在其总结发言中,辩护律师提请大家注意这个案子其实是在继续一场数月前已经结束的战争。但莱藏并不走运,法国还未脱离殖民战争时期。他被判有罪,并判一大笔罚款。①

加缪情绪非常低落,甚至开始觉得在办公室受到约束,讨厌那里的气氛,他对朋友米歇尔·伽利玛说自己已经准备上班考勤了。怀着这种心情,他于2月18日乘飞机离开巴黎,再次去阿尔及尔。他去帝国出版社看望诺埃尔·舒曼时心情也没有丝毫的好转。舒曼注意到他焦虑不安,反应迟钝。"要是仅仅如此……"他开始这样说,然后突然大声说道,"我写不出东西!"他似乎在自责:"我越来越受情绪的支配。"②

阿尔及利亚战争?还早着呢!至少对城里人来说是这样,这一时期同1939—1940年间德国进攻前奇怪的战争相似。加缪住在最好的圣乔治宾馆,不久与小多米尼克·布朗夏尔巧遇。共进晚餐后他们就同老朋友们去跳舞,第二天,他们一起出发去蒂巴萨。

2月22日,他在米什莱街的一家咖啡馆的露天座上遇见了埃德蒙·布吕阿,接受了《阿尔及尔日报》的采访。加缪向他的老朋友宣布他是两年来第一次回到阿尔及尔,尽管这里造了不少高楼大厦,他还

---

① 《极端自由世界》,巴黎,1955年2月。

② 源自诺埃尔·舒曼。

是喜欢回来看到的一切。如果可能,他每年会在这个地方待上半年,因为这里是他灵感的源泉。(布吕阿称阿尔及尔是"加缪的卫城",他能在那里发现另一个地中海式的奇迹。)他们谈论严肃的话题——不谈暴动,不过也谈谈体育。加缪告诉大家《阿尔及尔大学体育协会周刊》是他唯一定期撰稿的杂志,下一季他将定期寄去对在巴黎举行的足球赛的评论文章(布吕阿是这家周刊的主编)。他谈到了住在巴黎的北非朋友,说自己十分欣赏马克斯-波尔·富歇在《十字路口》上写的文学文章,还提到让·塞纳克、卡泰布·亚西纳以及让·格勒尼埃(不过后者原籍不是北非)。2 月 24 日,《阿尔及尔日报》发表了相关专访文章,登在头版头条,标题为:

偶遇阿尔贝·加缪
他觉得阿尔及尔"比昔日更美"

那天,加缪在奥尔良维尔调查地震在城里及其他邻近村庄造成的损失;他回到首都的时候十分疲惫。

2 月 25 日星期五,阿尔及尔大学体育协会和球迷啦啦队在拉丁区餐厅共同组织招待会,欢迎加缪,2 月 23 日在协会的周刊上发布消息:

> 所有校友和各专业的学生都请来喝杯开胃酒,这是为你们的校友准备的。

他受到的热烈欢迎,使他稍稍打起精神,他还答应观看下一个周日的球赛。他由罗热·库阿尔陪同前往,后者曾经和加缪同队踢球,当时已经成为法国本土的足球明星。球队几位老队员发言之后,"贝贝尔"起立,表示重回阿尔及尔与各位重逢的喜悦心情。[①]

---

① 《阿尔及尔回声报》,阿尔及尔,1955 年 2 月 26 日。

天气很好,每天早上他推开卧室窗户,沐浴着阳光,整天能够感受阳光浴的益处。他再次领略到在阿尔及尔的感受——那是作为一个真正的人的感觉——和在巴黎的灰暗日子之间的巨大差异。这里有一些东西激励着他。他没有动笔,但他感到一旦回到巴黎,便能重新开始创作。①

①　源自玛莉亚·卡萨雷斯。

第四十一章

《快报》

> ……当一位作家既是城市中的隐遁者，又与其命运休戚相关时，他也许应该直截了当地表明其成熟的信仰，并宣布以文字为武器，首先为自由斗争的决心。
>
> ——《在自由的氛围下》（摘自《快报》）

当加缪情绪低落、无法继续正在进行的一部重要作品的创作时，他愿意接受的工作之一，就是改编一部奇怪的意大利文剧本《临床病例》，其作者是迪诺·比扎蒂。提议加缪编译这出戏并搬上法国舞台的是一位主管戏剧的官员乔治·维塔利。近几个月来，加缪时常有茫然失措之感，他对这项工作倾注的热情显然不难理解。比扎蒂的这部戏相当晦涩：一个住院的意大利企业家眼睁睁看着自己的病情日益恶化，与此同时，护士将他一层一层地往楼下搬，而这——他清楚所发生的一切，因为他的头脑还保持清醒——正象征着他的衰退。加缪删除了部分对话和其中的一个场景。在这一幕中，企业家在幻觉中听到医生在大声宣读可怕的诊断结果。①

3月1日，加缪从阿尔及利亚返回法国，观看最后的排练。彩排于3月12日在拉布吕耶尔剧院进行。观众对这部悲剧的反应是意料之

---

① 参见比扎蒂在"七星文库"版加缪文集中的评论。

中的。"我从来没有,你们听好了,从来没有看过这样可怕的戏,"《费加罗报》的评论家让-雅克·戈蒂埃异常激动地宣称,"如此残忍,如此沉重,如此恐怖,如此可憎,如此令人不可忍受。"比扎蒂赶到巴黎观看彩排,为即将见到编译他剧本的著名作家而惶恐不安,然而他很快放下心来:加缪粗鲁的外表使他更像一个机械工人而不是知识分子。在演出后的招待会上,加缪一刻不停地跳舞。①

剧本在法国发表时改名为《有趣的病例》,加缪在序言中说,他很清楚,在戏剧界当时的氛围下,改编比扎蒂的作品意味着冒风险,但他与维塔利一致认为这是值得的。这出戏可以说是托尔斯泰的《伊万·伊利奇之死》与朱尔·罗曼在《克诺克医生》中黑色幽默的混合:加缪对一位朋友承认,这确实是一部阴暗的戏。②

3月26日,加缪在梦游者剧院面对一群年轻的观众,朗诵《卡利古拉》的全文。起初,他的语气是平稳单调的,随后越来越热烈,读到最后一幕时,他简直就是在扮演其中的每一个人物,使人觉得仿佛在观看一场真正的演出。③

左派天主教月刊《精神》发表了关于孔拉·比贝编辑的文集《法国抵抗运动作家眼中的德国》的书评,但没有提及加缪的序言。1955年春天,当让-保罗·桑松在《见证人》上刊登这篇文章时,他特别强调了《精神》杂志的疏漏,或者是无意识的,"或者是新斯大林主义或新左派主义的教条迫使我们的进步基督教徒们养成虔诚地限制自己思想的习惯的又一个佐证"。《精神》的主编让-马力·多梅纳克立即回信给桑松,宣称这是一次有意识的遗漏,并明确指出其目的是为了尊重作序者以及书中的主题。《精神》不反对加缪继续在《现代》或《新法兰西

---

① 源自《资讯》,米兰,1960年1月5日,收录于"七星文库"版加缪文集。

② 源自玛莉亚·卡萨雷斯。

③ 《快报》,巴黎,1955年4月2日。

杂志》上与萨特论战，并会一如既往地对双方的文章加以分析阐述。但是，对加缪利用纪念抵抗运动的机会肆意攻击对手这一行为，多梅纳克感到十分愤慨（加缪为比贝的书写的序言没有提萨特的名字，但是警告了那些准备与新的敌人勾结的知识分子们）。[1] 多梅纳克不无讽刺地指出，加缪把自己装扮成抵抗运动未来的拥护者，"他混淆过去和将来，试图攻击压垮那些他憎恨的人。在关键时刻，他甚至剥夺对手选择的自由，武断地判定他们将来的所作所为"。尽管并不赞成萨特的思想，多梅纳克认为加缪的序言与他本人的政治观点也并不一致。至于加缪，他为什么没有反对德国的重整军备以及"在北非的恐怖行动"呢？

加缪的回信不是写给多梅纳克而是写给桑松的，并与多梅纳克的信一起发表在1955年夏季的《见证人》杂志上。在回信中，加缪宣称，目前"我们的运动"中存在的基本问题是自由左派与所谓的进步左派的冲突，换言之，是独立左派与亲共左派的矛盾。如果他提出这个问题，别人必然会指责他重提从前的论战；而假使他保持沉默，多梅纳克和他的朋友们也决不会因此而放弃对他的批评。萨特不是他的敌人，他们之间没有过什么文学论战，只是对一个问题的看法不同，而这个问题对双方都至关重要。加缪认为萨特表现得不像一个光明正大的对手。此外，他本人是尊重抵抗运动的，但比贝的这本书不是一部严肃的抵抗运动的纪念文集，而只是一部大学论文。加缪认为凭着他们共同的经历，他有义务发表自己的看法。"我不明白，在今天，一名知识分子要证明他的特权，除了冒着风险为争取工作与文化的自由而斗争，他还有别的什么选择。"加缪写这封回信是为了澄清一个人们企图继续回避的问题。

---

[1] 收录于"七星文库"版加缪文集。在比贝《法国抵抗运动作家眼中的德国》一书的导言中，加缪称赞勒内·夏尔的诗歌，称之为"抵抗运动中诞生的最伟大的作品"。

　　长期以来，我一直在犹豫是否要这么做。我厌倦了那些重复千百遍的同样的话，同样的人身攻击，同样的无休止的诡辩，仿佛我们所有的进步人士，持着同样的有缺口的钝刀，互相传递作为武器，进行这场没有生命危险的战斗。

　　仅仅几个月后，加缪开始创作优秀的独白小说《堕落》，因此这场与多梅纳克的论战显得十分有意义。

　　1955 年 4 月 26 日，加缪飞往希腊之行的第一站——雅典。在接受《雅典日报》一名记者的采访时，加缪表示，这是一场推迟了十五年之久的旅行，他甚至保留有一张 1939 年 9 月 2 日的船票。加缪热情洋溢地赞美希腊，称其是地中海文明的摇篮，并滔滔不绝地谈起有关地中海国家保持平衡的话题：当法西斯主义在意大利出现时，它没有染上德国法西斯主义的野蛮性；至于共产主义，在南斯拉夫它成为一种可以让人接受的思想。加缪称，地中海文明使他有别于其他大多数受德国文学熏陶的法国作家，他更多的是受希腊文化的感染。对他而言，柏拉图比黑格尔更重要，但也不否认帕斯卡尔、托尔斯泰以及尼采对他创作的影响："也许人们觉得这个选择令人不可思议。的确，我本人也感觉无法使所有这些风格协调地共存。"

　　在希腊作家中，加缪尤其推崇卡赞扎基斯，其中《佐尔巴》是他最喜欢的作品，因为它特别希腊化，特别生动。加缪上演卡赞扎基斯的《蜜蜂》，请雅克·埃贝尔托改编成剧本。后者承认很欣赏这部小说，但把它搬上舞台，他要冒很大的经济风险。加缪认为理由充分，但是没有失去信心，因为他很了解埃贝尔托。

　　加缪坚持认为，《反抗者》不是一部反动的作品，并宣称他本人十分崇拜十月革命前的恐怖分子。至于法国作家勒内·夏尔是加缪眼中最优秀的诗人；阿拉贡很有才华，但加缪不赞成他的政治观和审美观。在意大利作家中，西洛纳是最杰出的，而美国、英国、德国则表现平平。那么,为什么加缪不从事电影创作呢?因为他没有耐心,更没有时间为筹集经费到处奔波。只有当电影摆脱金钱的支配时,他才会考虑这个选择。①

4月29日,加缪结束了对希腊的官方访问,并在雅典的法兰西学院举行告别宴会。在晚会开始前,他做了一次演讲,题为《悲剧的未来》。在演讲中,加缪简要地回顾了当代戏剧史,着重介绍科波及他感兴趣的一些理论。其次,他概述了悲剧复兴的种种可能性。他朗读了纪德、吉罗杜、蒙泰朗和克洛岱尔的作品片断,以此为出发点判断真正意义上的悲剧即将重新兴起。②

离开雅典之后,加缪相继访问了迈锡尼、米斯特拉和岱尔弗斯,随后来到北部地区(包括塞萨洛尼基),参观迷人的代洛斯小岛以及奥林匹亚。这是一次愉快的旅行,加缪唯一感到遗憾的是,他将不得不返回法国。"我在希腊找到了我所寻觅的,而且,"他在5月11日给夏尔的信中这样写道,"我站着回来了。"16日回到巴黎后,加缪发现弗朗辛已经恢复健康。他重新投入工作,并完成了他最重要的短评之一:他的朋友马丁·杜·加尔作品全集介绍。后者已74岁高龄,曾于1937年获诺贝尔文学奖。③

加缪再次接受了当记者的提议,机会由带自由倾向的周刊《快报》提供。它的主人是年轻而野心勃勃的让-雅克·塞尔旺-施雷伯,当时是皮埃尔·孟戴斯·法朗士的狂热拥戴者。孟戴斯·法朗士在法国政坛代表一股新的潮流:在殖民问题上,他曾毫不含糊地批评法国在印度支那的政策,并结束了那场战争;接着,他又解决了法国政府在突尼斯遗留的问题。如果他继续当政,阿尔及利亚无疑将会是他的下一

---

① 《论坛报》,雅典,1955年4月28日(源自L.卡拉帕纳尤蒂斯)。

② "七星文库"版加缪文集收录该演讲稿。

③ 源自阿尔贝·加缪夫人和雅尼娜·伽利玛、米利亚姆·基亚罗蒙特。

个目标。加缪非常欣赏孟戴斯政治家中罕见的简朴的说话风格,至于摹仿美国风格的《快报》,对当代问题的阐述也有其独特新颖之处。

　　对于塞尔旺-施雷伯和他的主要伙伴弗朗索瓦丝·吉罗来说,全法国只有极少数作家是真正重要的,而这些人几乎都与《快报》合作过:莫里亚克、萨特、梅洛-庞蒂;加缪无疑属于这个群体。既然这样,为什么不向他提议为《快报》工作呢?[1] 塞尔旺-施雷伯找来他的助手之一,让·达尼埃尔,加缪的朋友和崇拜者,指示他"一定要尽力而为"。达尼埃尔自然非常乐意借这个机会加深与加缪的私人关系,但他很清楚,尽管加缪不时为某个朋友主办的刊物,如《卡利邦》免费写稿,他却从来不愿意与任何带政治色彩的报纸签约。达尼埃尔还是答应尽一切可能完成任务。于是,塞尔旺-施雷伯发了一封电报给正在希腊访问的加缪,并附上一封信。加缪寄来一篇文章作为回答。文中将奥尔良维尔市的重建工程与法国考古学家在阿拉戈斯遗址的挖掘工作相比较,并在信末附言中呼吁拯救新近在地震中被毁的希腊城市沃洛斯。塞尔旺-施雷伯指着文章要达尼埃尔作证:"你觉得读者会感兴趣吗?"达尼埃尔回答:"如果你拒绝发表,你就得不到加缪。"塞尔旺-施雷伯采纳了他的意见(1955 年 5 月 14 日刊登),并致电加缪,称这是一篇极其出色的作品。

　　加缪回到巴黎,与达尼埃尔讨论后一致认为孟戴斯·法朗士的政治观点十分吸引人,尤其是在他下台时发表的政治演说中,孟戴斯·法朗士宣布已在摩洛哥的监狱中找到了他的后代。这些话使加缪受到极大的震动。他宣布,"我将尽全力帮助孟戴斯·法朗士重新执政"。于是,达尼埃尔向他指出最好的办法是为《快报》写文章。加缪答应尝试,条件是不签订任何契约。

　　加缪见过孟戴斯·法朗士许多次,他甚至到后者在议会中代表的城市卢维埃去过,以便单独讨论法国与阿尔及利亚的局势。这些会谈

---

　　[1]　源自弗朗索瓦丝·吉罗。

给孟戴斯的印象是,加缪坚信,解决阿尔及利亚危机的根本途径在于
"法国人必须显示出真正的友好态度,而阿尔及利亚人必须从逆来顺
受的令人难以容忍的种族隔离中获得解放"。至于这些变化的形式,
加缪则十分茫然。他认为完全独立是不可行的,而指望法国人态度的
根本改变,无论他们来自法国本土还是居住在阿尔及利亚。当时,加
缪的这些超前观点是法国政府远远不能接受的。①

　　渴望重返报界也许是促使加缪最终决定为《快报》写稿的原因之
一。自然,他也被塞尔旺-施雷伯的活力和激情所打动。这种激情,虽
然不免带有天真的成分,也吸引了莫里亚克和皮埃尔·维昂松-蓬泰
(《快报》总编),甚至孟戴斯·法朗士。对塞尔旺-施雷伯来说,杂志社
就是他管理下的一支队伍。报社的重要人物中午经常聚会,人们用托
盘盛食物,就像在飞机上一样。外人也经常受邀到他们的美国式咖啡
馆共进午餐,如巴黎红衣大主教、共产党的某个领导人或者像加缪之
类的合作者。杂志每周三截稿,编辑们通常会在香榭丽舍大街富凯饭
店的二楼吃晚饭,聚到很晚,加缪有时参加他们的聚会。

　　随着议会选举的临近,为使局势有利于孟戴斯·法朗士,《快报》
改为每天一期。如果孟戴斯当选,它无疑会一直保留日报的形式。但
是由于持续亏损,塞尔旺-施雷伯决定削减开支,恢复每周一期(1956
年3月)。②

　　加缪与《快报》的合作很快引发一场论战。1955年5月12日,克
洛德·布尔代主持的《法兰西观察家》在"文学生活"栏目中刊登了一
小段短文,题为《他们酒中兑水》。文章直截了当地指出,某些超现实
主义者开始为一些极其传统的文学周刊写稿。接着,匿名作者不无讽

---

　　① 源自让·达尼埃尔和皮埃尔·孟戴斯·法朗士。让·布洛克-米歇尔认为,加缪见到孟戴
斯,被他"吸引",才同意为《快报》写稿子。

　　② 源自皮埃尔·维昂松-蓬泰。

刺地写道：

> 文学这个大家庭的回头浪子在晚年重新投入了它的怀抱。
> 阿尔贝·加缪先生，尽管其新闻观与弗朗索瓦丝·吉罗女士的应
> 该截然不同，但他决定在《快报》上开辟文学专栏。

从希腊返回后，加缪立即回信《法兰西观察家》的"总编先生"。弗
朗索瓦丝·吉罗作为《快报》的创办人之一，确立了它的风格。加缪完
全同意她的新闻观，并完全有理由不受任何束缚地为她的杂志写稿。
相反，说到带政治倾向的周刊所应起的作用及其客观性问题，加缪不
敢苟同《法兰西观察家》的观点，因而永远不会为他们写稿。

5 月 25 日，《法兰西观察家》同时登出加缪的信和一封由布尔代与
同事吉尔·马蒂内共同署名的回信。布尔代首先向现代新闻业及《快
报》表示敬意，并为他们的杂志质疑弗朗索瓦丝·吉罗的新闻观感到
遗憾。[①] 他接着指出，事实上，《法兰西观察家》批评的是吉罗女士的是
非观念。弗朗索瓦丝·吉罗崇拜成功，崇拜美国风格，而这一切显然
与加缪在《战斗报》发表的社论中所提出的观点相矛盾。加缪在社论
中强调新闻必须摆脱金钱的束缚，必须报道大众的真实生活。人民的
苦难，军队的流血牺牲，以及一个民族为寻求真理而付出的努力远远
要比某位明星的轶闻更有意义，更值得关心。这就是《法兰西观察家》
所指的加缪的新闻观。一位始终提倡严肃新闻的作家会为一份"媚
俗"的杂志写作，着实令人无法理解。

《法兰西观察家》的编辑们认为加缪对他们周刊的贬损言论是"欠
妥"而且"可笑的"。他们提起从前由皮埃尔·埃尔韦对《反抗者》的
评论而引起的论战，又披露加缪当时不愿意在为释放罗歇·斯特凡的

---

① 　根据"七星文库"版加缪文集记载，莫里斯·纳多写信告诉加缪，5 月 12 日的短文是他写
的，对因此引起的争端表示道歉。

抗议书上签字一事。加缪提出签字的条件是保留对斯特凡新闻方法的反对意见。加缪之所以这么做，原因在于斯特凡在《现代》发表的一篇有关萨特——加缪论战的分析文章。他认为斯特凡十分无礼，其实后者只不过是站在萨特的立场而已。

布尔代和马蒂内写道，加缪这种"极端自我的性格"表现得过分频繁，尤其在斯特凡入狱时。[①]　最后，他们一致谴责加缪傲慢易怒的个性，而他们之所以至今保持沉默，是考虑到这是作家的通病。但这星期，他们不得不制止加缪过分的言行。

加缪很快做出反应。6 月 4 日，《快报》以整版篇幅发表他的文章《真正的辩论》。加缪首先讽刺了《法兰西观察家》致他的公开信："我们听到看门人喋喋不休地唠叨，住在三楼的艺术家傲气十足，好景长不了。"加缪否认布尔代对斯特凡事件的描述：他只是私下谈论过对后者的看法，而这并没有妨碍他签署请愿书。加缪引用他当时致吉尔·马蒂内的信的原文："正如你所希望的，我将与你一起请求释放罗歇·斯特凡。你可以将我的意见毫无保留地告知有关当局。"

加缪本人认为，他与《法兰西观察家》的论战不是由双方对萨特——加缪之争的看法不同所引起，而是有另外的原因。事实上，这场辩论隐藏着更深层次的极为现实的问题，首先就是革命力量的衰落。正是这些因素将加缪与布尔代的杂志置于不同的阵营。在我们这个时代，只有完全抛弃犬儒主义和机会主义，革命力量才会发展，革命才会成功。不管付出多大代价，哪怕失去友情，失去平静的生活，加缪将义无反顾地继续与反动势力——伪革命者和资产阶级做斗争。

---

①　斯特凡在印度支那战争期间写的文章，被指控为可能向敌人泄露情报（这些文章将法国高官的公开声明与私下言论进行比较）。1955 年 3 月斯特凡被逮入狱，4 月被释放。调查继续进行，但是从未提交法院审理。源自克洛德·布尔代（参见《法兰西观察家》，巴黎，1955 年 3 月 3 日、3 月 3 日和 4 月 28 日）。

　　针对加缪的文章,布尔代再次在《法兰西观察家》上公开回信。他详细剖析了斯特凡事件的本质。当时,他们为要求释放罗歇·斯特凡召集了一次大会,邀请加缪参加。加缪答应寄一封信,他们也的确收到了这封无法公开的信,因为除了在《真正的辩论》中引用的几句话,加缪在信里还提出了对斯特凡本人的保留看法,尤其,加缪提醒他们不要把此信理解为对斯特凡新闻风格的赞同。布尔代认为,加缪之所以没有在《真正的辩论》中提及这些话,是因为它们意味着对印度支那战争的支持。这也是阻止布尔代使用这封信的真正原因,他只能交给法官一封公开信,而不是机密信;而且,考虑到加缪敏感易怒的个性,他不可能只发表信的第一部分而隐去后半段。

　　布尔代接着指出,写作的目的是表明观点,他从未要求加缪为《法兰西观察家》写稿。不是因为加缪的见解与他的杂志格格不入,而是他很清楚加缪更愿意在书中表达思想。他很高兴加缪能为《快报》写一些政治文章,但加缪不应该模仿那些法国的麦卡锡之流,无端指责《法兰西观察家》具有左派色彩——这种指控让人觉得好笑,布尔代指出,因为共产党人谴责他们反共。真正的问题是,加缪拒绝与共产党人合作,因为与共产党合作反对资产阶级的谬误和罪行的同时,可以继续批评共产党及其体制。布尔代提醒加缪,他在《快报》也免不了与政治沾边,因为“孟戴斯主义”将不得不考虑它与法国共产党的关系,以共同反对资产阶级。他笔锋一转,对加缪写道:

　　　　作家完全可以置身于激烈的论战之外,独自一人,在孤独中完成为大众服务的使命。但是,一旦加入战斗,他就必须遵守法则:集体行动,由此导致的责任感,以及面对论战的某种幽默感。

　　布尔代最后总结道,加缪已经进入他们的阵营,必须与他们并肩作战。

　　事实上,加缪自始至终没有参加他们的阵营。

这场唇枪舌剑结束后,加缪开始固定地为《快报》写稿。当时,这还是一份印刷在新闻纸上的、小报式的刊物。头版包括标题、一幅照片和内容摘要。弗朗索瓦·莫里亚克在报纸反面主持一个每周一次的专栏。1955 年 5 月 14 日,《快报》宣布加缪的加盟,头版推出三个加以红框的命名:

孟戴斯·法朗士
莫里亚克
加缪

这一期还包括孟戴斯·法朗士下台后首次发表的一些文章。自 6 月 4 日的公开信之后,加缪有两篇主要文章分别发表于 7 月 9 日和 23 日,谈论阿尔及利亚问题。他终于有机会表明自己的思想,而且是在一个十分重要的论坛上。他揭露了阿尔及利亚叛乱分子的恐怖行为和殖民当局的血腥镇压,表达对阿尔及利亚人民的声援。他说,在阿拉伯农民、卡比利牧羊人和法国北部商人之间,他更倾向于前两者。生活在阿尔及利亚的 150 万法国人并不都是殖民者,他们中只有一部分是反动派,我们不能将所有的法国人赶走,把这块土地留给穆斯林。他建议,解决危机的办法在于举行一次由法国政府、殖民当局和阿拉伯民族运动组织领导人三方共同参加的谈判,并进一步阐明会谈的使命:首先将目前由舞弊选举产生的阿尔及利亚议会解散,组织一次公正的投票,任命真正的法国人民的代表和穆斯林代表,由他们创立一个新的社会,使阿尔及利亚变成法国领土联盟的一部分,与所有海外领土一样享有自主权。

考虑到选举即将临近,《快报》的主编们决定加快出版节奏,将周刊改为日报。这样显然需要更多的记者。塞尔旺-施雷伯向罗贝尔·纳米亚——《快报》的一员,加缪的阿尔及利亚老朋友宣布,他希望加缪参与行动。不久,纳米亚从一辆公共汽车上下来时,在街上遇见正从地铁出来的加缪。加缪告诉他,自己已经拒绝了塞尔旺-施雷伯希望他主编《快报》的提议,但想了解纳米亚对此的看法。"你太愚蠢了!"纳米亚惊叫起来,"这可是一份左翼的报纸啊!"他们一起来到办公室商量。几小时后,纳米亚被召到塞尔旺-施雷伯的办公室,看到弗朗索瓦丝·吉罗、总编维昂松-蓬泰和加缪都在那里。一见到他,加缪就问道:"你不觉得我们应该办一份早晨版的《世界报》,配以小标题和严肃的形式吗?"这当然是不可行的。纳米亚认为,在选举运动时期,报纸尤其需要吸引读者。"而且,早几个小时以同样的开本发行,我们根本无法与《世界报》竞争。"塞尔旺-施雷贝尔大声说道:"谢谢你,罗贝尔。"纳米亚走出办公室。过了一会儿,他听人说加缪拒绝主持《快报》,理由是纳米亚反对,而没有纳米亚的同意他什么也不会接受。纳米亚立刻跑遍整栋楼寻找加缪,最后发现他在版台旁,激动地叫起来:"为什么你事先没有告诉我你像刚才那样是在利用我?"[①]

　　10月份,改为每天一期的《快报》继续以小报的形式出现,但显示出鲜明的特色:巨幅标题,头版配以各式照片……一切都是为孟戴斯·法朗士(当然也是为雄心勃勃的塞尔旺-施雷伯)提供一个面向大众的自由论坛。10月8日,《快报》宣布加缪加盟,每周推出两篇文章。这一期同时刊出加缪的政治声明——《在自由的氛围下》。文章阐明作为一名知识分子,加缪放弃他的作品、牺牲他的宝贵时间和不顾自身的缺点,加入《快报》论坛的原因。是的,当受到死亡的威胁或对手的诽谤时,当被右派和左派自身的不健全伤害时,他怎么能够投身政治呢?当你反对专制社会和物欲横流的商品社会,当你看到两者沆瀣一气,当你希望忠实于工人阶级、拒绝美化资产阶级和伪革命者,但你发现无法在西方谴责在东方得到赞成的东西,怎样才能表明立场呢?保持沉默也许更为恰当?

　　但是那一天终于到来,带来了一些希望。保持沉默当然容易做

到。但是艺术家不应沉默；如果他不参加捍卫工作和文化自由的长期斗争，他有何理由享受其特权呢？

> 不是允许暴力和空虚去毁坏一切，也不是在无所事事的挤挤挨挨的贫民窟拥有独自挨饿的可笑的自由，而是，不管处在何种社会，不时赢得为正义不停疾呼的毫不妥协的自由。

1955 年 10 月 13 日，改版后的《快报》首期发行。加缪的专栏《时论》（同时刊登护照般大小的照片）则首辟于 15、16 日的周末版。在这个专栏以及后续文章（10 月 18 日、21 日、25 日、28 日，11 月 1 日、4 日，1956 年 1 月）中，加缪论述的是阿尔及利亚危机（这些文章均收录于《时论之三》，副标题为"阿尔及利亚记事"），随后的主题是劳动条件——加缪担心这个话题比报道英国玛格丽特公主与唐德森上尉订婚破裂的消息要乏味得多（11 月 8 日）。11 月 11 日，他谈论超级大国、中国、核武器。除此之外，这一期题为《11 月 11 日》的未署名社论也明显带有加缪的风格。[1] 社论对埃德加·富尔政府在停战日为获取议会投票而提出信任案一事大加讽刺。匿名作者尖锐地指出：战争中的牺牲者拒绝对杀害他们的政府投信任票：

> 根据米什莱街的《快报》所说，在今天的法国，人们厌烦那些官方的仪式和令人无法忍受的华丽辞藻，尽管他们深切地关注着国家的苦难和希望。遭受耻辱和不幸都是巨大的，但人们向往一个强大、正义的法国，一个弘扬劳动和知识的法国。今天我们酝酿希望，明天我们要坚定地为实现这个目标，为拯救不幸的人们而斗争。

10 月 1 日，《阿尔及利亚社团》在当地首期出版，主编为阿尔及利

---

[1] 源自弗朗索瓦丝·吉罗。

亚社会党人阿齐兹·克苏。这是一份以促进欧洲人民与穆斯林的互相理解为己任的刊物。正是为着同样的目的,加缪致信克苏,并将该信发表在杂志第一期上(《时论之三》收录)。在信中,加缪宣称:"目前我为阿尔及利亚感到痛苦,这感觉不亚于得肺病的痛苦。"自从这个原本很平静的地区爆发新的游击战争以来,加缪觉得自己已接近绝望的边缘。即使生活在阿尔及利亚的法国人能够忘记他们的牺牲者和大屠杀,即使阿拉伯人能够忘记对他们的残酷镇压,这两个团体现在是处于完全对立的阵营。但是,克苏和加缪是如此相像,他们有同样的文化,同样的希望,就像一对兄弟同样热爱他们的国家!他们知道彼此不是敌人,他们"注定要共同生活"。

而这恰恰就是最关键的:

> 我要感谢你没有把阿尔及利亚的一百多万法国人都当成嗜血成性的有产者。他们在这块土地上已经生活了一个多世纪,这一点足以使阿尔及利亚危机有别于突尼斯和摩洛哥问题……

但同时,我们也没有理由忽视九百万穆斯林(加缪统称为阿拉伯人),要求他们保持沉默驯服的梦想和要求所有法国人离开阿尔及利亚的想法都是荒谬可笑的。

在此期间,加缪继续在《快报》上讨论阿尔及利亚和其他对他而言重要的事件(弗朗哥统治下的西班牙当然是主题之一),他为这份报纸写稿,持续到2月初。在这个阶段,加缪每周一、四两天到报社与其他合作者开会。在所有负责人当中,加缪与塞尔旺-施雷伯最接近,当然他也可以经常见到来自阿尔及利亚的朋友让·达尼埃尔;他甚至与莫里亚克有过几次滑稽的摩擦,后者通常被认为是加缪的妒忌者。① 达

---

①　源自让·布洛克-米歇尔。弗朗索瓦丝·吉罗则称,莫里亚克知道加缪是工人出身时,改变了对他的态度。吉罗认为这种变化就发生在《快报》这段时间。

尼埃尔评论加缪不是一个笔头快的记者：他写完文章，然后修改，打字，再修改。与其说是记者，不如说他更像一位作家在写书。[①]

　　1月份，加缪连续遇到几件令他失望的事情，促使他最终离开了《快报》：阿尔及利亚的政治局势明显恶化；共和阵线上台后，孟戴斯·法朗士没有被任命组织新政府；《快报》对阿尔及利亚问题所持立场与他不一致。根据《快报》领导人的看法，加缪不是在愤恨不满中离开的，只是在发表最后一篇平淡的纪念莫扎特的文章（1956年2月2日刊登）后，停止了寄稿。对于他们的催稿，加缪不予理会，但也没有任何正式的辞职信。他不时打电话给塞尔旺-施雷伯或维昂松-蓬泰，表示对某篇文章的不满，而后者总是告诉他，《快报》的大门永远对他敞开。加缪宣布永不再为《快报》写有关阿尔及利亚的文章吗？不久，当塞尔旺-施雷伯收到加缪一篇以西班牙为主题的文稿时，他对一位亲信称："我们将重新赢得加缪。"然而他错了。[②]

　　3月1日，《快报》出人意料地宣布再次改为周刊。原因刊登在改版后的第一期上（1956年3月9日）：以每天15万份的发行量，《快报》跻身巴黎四大晨报之列，但要继续生存就必须请求外界的资助，从而丧失其政治独立性。

　　事实上，与《快报》合作以来，加缪从未真正愉快过。正如人们所知，他不喜欢日报的形式。（他看到第一期后，告诉塞尔旺-施雷伯和吉罗："必须推倒重来。"）加缪认为《快报》不择手段地利用阿尔及利亚战争的牺牲者，而达尼埃尔对此持不同观点，因为无论如何，报纸的首要任务是感动读者。法国政坛也令加缪失望：加盟《快报》是为帮助孟戴斯·法朗士重掌政权，而结果却是吉·莫来大获全胜。加缪认为后

---

① 源自让·达尼埃尔。
② 源自皮埃尔·维昂松-蓬泰。

者不会给阿尔及利亚局势带来任何有利的变化。①

　　不久,维昂松-蓬泰也离开了《快报》(他担心一味模仿《时代周刊》会使《快报》逐渐成为一份浅薄庸俗的刊物),加缪得知消息后极力安慰他,宣称他与维昂松一样,感到非常失望,并发誓永远不再读《快报》。②

　　1955 年 7 月末,加缪开车前往意大利的沿海地带,下榻于一个普通的避暑胜地。整个 8 月,他往返于西耶纳和其他城市,寻觅皮埃罗·德拉·弗朗西斯卡的画作。加缪曾对一位朋友说,他隐姓埋名在意大利旅行是为了不受干扰地进行创作。这样,在 8、9 月期间,他完成了《流放与王国》的初稿。

　　意大利之行前不久,加缪带孩子们到夏莫尼克斯的一个村庄度假,住在租来的小木屋里。一个星期天,勒内·莱曼(他的朋友,给米歇尔·伽利玛治病的医生)受邀从洛桑来到山区,发现加缪的健康状况不佳。高山气候不仅不利于加缪的心理状态,还会影响他的呼吸系统,久治不愈的气管炎更加重了他的病情。于是,莱曼与加缪商定到洛桑做一次 X 光检查。

　　检查结果表明,肺结核的旧疤痕不可避免地引起了一系列综合征:胸膜浮肿以及人工气胸造成的持久性症状。肺纤维硬化使呼吸功能受阻。莱曼十分不安,提议采用胸膜切开术以修复肺的弹性。但是,加缪离开洛桑后,莱曼又写信表示他的建议太草率了。的确,考虑到肺部伤疤的老化,手术不会有很大帮助。回到巴黎后,加缪去布鲁埃医生处看病。后者诊断后认为,肺硬化和浮肿令人担忧,但病情没有根本性恶化,除了听其自然,加缪别无选择。尽管加缪没有提及,但布鲁埃谈起并断然否决了手术的可能性和其他一切治疗方法。等待

---

①　源自让·达尼埃尔。
②　源自皮埃尔·维昂松-蓬泰。

是唯一的选择。莱曼私下认为,医生不可能对加缪的病情做出准确判断,器官功能的恶化取决于许多因素:病人的生活方式,每天抽烟的数量,支气管炎治愈的速度,体力消耗。考虑到还有许多思想要表达,加缪从此开始关注自己的健康。①

1955 年 9 月末,威廉·福克纳到达巴黎。伽利玛出版社举办闻名遐迩的花园招待会,整个法国文学界的精英中有四百人受邀参加。作为晚会贵宾,福克纳礼貌地与所有介绍给他的人握手,"腼腆而又沉默",他的传记作者这样描述。福克纳也与加缪握过手,仅此而已。"加缪本人有时也很羞怯,不无忧伤地避开了这位重要人物。"②在这次访问中,福克纳签下合同,允许加缪编译他的《修女安魂曲》,当时这部作品已经有一个直译本。

事实上,在整个秋季,只有涉及西班牙(或拉美西班牙语地区)的事件才能引起加缪的兴趣(12 月 7 日他致辞欢迎哥伦比亚前总统爱德华多·桑托斯,此人是《时代报》的流亡主编,西班牙共和党人的朋友)。10 月 23 日早晨,纪念《唐·吉诃德》诞辰 350 周年的庆祝仪式在巴黎大学的黎世留梯形教室举行。巴黎大学的校长及其他一些知名人士参加了由加缪主持的活动。主办委员会包括帕布罗·卡萨尔斯、萨尔瓦多·德·马达里亚加。这个仪式实际上是加缪的老朋友——无政府工会联合会 CNT 的喉舌《秘密团结报》组织的(后来被戴高乐将军禁止出版,以免冒犯弗朗哥将军)。③

加缪在仪式上讲话,把《唐·吉诃德》尊为一部具有讽刺性和含混性的作品,主人公拒绝轻而易举的成功,拒绝现实。

---

① 源自勒内·莱曼大夫。乔治·布鲁埃大夫也认为,就肺结核而言,尽管肺功能退化、伤疤老化,只要注意一些,1960 年后,加缪完全可以再活二十年。

② 布罗特纳《福克纳》。

③ 源自费尔南多·戈梅·佩拉埃。

有一点非常重要,这些拒绝不是被动的。唐·吉诃德不屈不挠地战斗,永远不甘心失败……这种拒绝不是放弃,而是荣誉对谦卑的让步,是拿起武器斗争的仁慈。

谈论这位西班牙骑士当年遭受的失败和嘲讽,加缪借机抒发的是自己的亲身感受。但具有讽刺意味的是,这本书的周年纪念日却将所有真正信奉唐·吉诃德主义的人召集到这些流放墓地。他声称:

所有与我一样,一贯以此为信仰的人都明白,这信仰是一种希望也是一种信念。这信念就是,只要坚持不懈,失败最终会转化成胜利……然而,这需要战斗到最后一刻,正如西班牙哲学家所梦想的,唐·吉诃德必须下地狱,为最不幸的受难者打开大门……①

①《极端自由世界》,巴黎,1955 年 11 月。

第四十二章

《堕落》

> 但是在一个背信弃义的时代,坚持真理意味着遭受某种被流放的命运。
>
> ——致让·吉利贝尔(1956 年 2 月)

在加缪所有的创作中,《堕落》的构思及其情节来源最为隐蔽,然而《堕落》无疑是最深刻、最具个性的一部作品,同时也是了解他在最低谷时期真实情况的关键。答案也许在加缪未曾发表的笔记中。但是这本书的突然出现始终是一个谜:加缪原先设想将它作为短篇收录在《流放与王国》中,但在写作过程中,它很快超出预计的篇幅,成为一部小型的长篇小说,加缪甚至没有来得及向他的朋友们谈起这个突如其来的变化。1955 年秋天,《堕落》还未具雏形,加缪也没有对任何人提及,然后就像水到渠成,自然而然地,一部完整的小说诞生于 1956 年 2 月。3 月中旬,手稿被寄给印刷商。这样,相对于 1956 年秋季才出版的《流放与王国》中的其他小说而言,《堕落》率先与读者见面了。

让-巴蒂斯特·克莱芒斯——他承认这不是他的真实姓名——曾经是巴黎的著名律师。"我擅长崇高的事业。"他甚至带着谨慎不张扬的尊严拒绝接受荣誉勋章,对他而言,这种自尊的拒绝就是最好的奖赏。他喜欢帮助盲人过马路;他懂得与人相处时表现出亲切,不夸夸其谈,随和而认真。他享有极高的声望。"我有出众的外表,我可以既是不知疲倦的舞者,又是知识渊博的学者。我能够做到对别人来说也许是很困难的一件事:同时爱女人和法律。我运动,也喜爱美术。"此外,他还具有谦虚的品质(但私下十分自负)。

至于女人,"首先要指出的是,在女人那里,我永远能轻而易举地成功,"克莱芒斯说,"我不是指能够使她们幸福,甚至她们也不能使我幸福。不,成功,仅仅是成功而已。"他的外表使他受益匪浅,他追求感官享受:"……即使是一个只持续十分钟的艳遇,我也会不顾一切,哪怕事后感到遗憾。"自然,他也遵循一定的原则:朋友的妻子是不可侵犯的。"很简单,出于真诚,我在前几天就中止与她们丈夫的友情。"社会使他厌倦,但追逐女人永远是他的兴趣。"不知有多少次,我站在人行道上,与朋友热烈地讨论一个话题。然后,我的思绪越来越混乱,越来越无法领会对方的意思,因为在那时,一位性感的女郎正穿过马路。"作为律师,在谈话中他很容易切入正题,并且他还研究过戏剧。

然而,对女人的爱好还是给克莱芒斯招来了麻烦。男人们指责他在女人身上花费太多的时间。他自以为所有的人都喜欢他,事实上,他不断受到严厉的批评。头脑清醒时,他会被这些打击所伤害。

故事发展到这里,加缪的好朋友们一眼就能辨认出这其实是他嘲讽的自画像。

接着,一天晚上,当克莱芒斯经过艺术之桥时,这位集各种成功于一身的男人被一阵神秘的大笑声吓倒。两三年以前,在穿越塞纳河时,他曾经对一名溺水的妇女袖手旁观。这一次,他的自信心完全垮了。他不断地谴责自己,同时也谴责他的同类。他抛弃一切:家庭,住所,事业,隐居在阿姆斯特丹红灯区一个破旧的酒吧里。在那里,他以法官、忏悔者的身份,滔滔不绝地独自讲述他的经历(他想象中的对话者来自法国,蹒跚着走进酒吧)。

书中严厉的自我批评,或者以自我批评为借口对他人的谴责,主题的巨大冲击力,故事发生的场所,这一切必然使加缪的读者们感到迷惑。评论家与教授们将小说与陀思妥耶夫斯基的《隧道中的回忆录》相比较。当时，加缪正忙于《群魔》，这也属于陀思妥耶夫斯基的作品。但是，任何熟悉加缪的人都会从另外的角度看待《堕落》。很久以来，加缪的创作处于停滞阶段，他把主要精力用于改编和写短文，而远离了他真正的志愿——写书。《堕落》的诞生意味着他终于找到了一种工作方式。如果说他的处境使他无法写作，那么也许，他至少可以写一写他的处境。

《堕落》中最有说服力的线索是自传式的。拒绝救助遇难妇女隐喻加缪的个人遭遇，他的朋友们不会不注意到这个过于明显的暗示。至于《反抗者》引发的给加缪带来深远影响的论战在《堕落》中留下种种痕迹也丝毫不令人奇怪。根据部分已经发表的加缪的手记，这场辩论使加缪从此以消极悲观的眼光评判他的同时代作家。例如，在1954年11月的日记中记载着："存在主义：当他们自我批评时，可以肯定，其目的是攻击别人即法官、忏悔者。"①

"七星文库"版加缪文集的编辑在发布《流放与王国》的第一篇目录时特别注明，有两篇预先设想的小说加缪一直没有写：《知识分子和狱卒》和《疯狂的小说》。事实上，他在《堕落》的草稿中曾分别用过这两个标题（一个男人受到狱卒侮辱的小故事在《堕落》中被运用）。1953年，加缪在日记中也有这个记录：

> 要将他示众。要惩罚他，惩罚他令人讨厌地表现出诚实或不诚实的方式。第一个人——没有能力去爱。他强迫自己努力，等等。

然后又写道："人们最难承受的是被评判。"②

加缪为这部作品考虑过许多标题。初稿被命名为《最后的审判》，

① 源自"七星文库"版加缪文集。

② 源自"七星文库"版加缪文集。

而《当代英雄》则是他在 1956 年 8 月《世界报》上提出的。1954 年，加缪在日记中还提到过另一个书名：《现代清教徒》。在《堕落》的其中一稿中，加缪引用了选自米卡伊·莱蒙托夫的《当代英雄》中的一段话："的确这是一幅画像，但不是单独一个人的画像。这是对我们这一代人在整个发展过程中全部缺点的总结。"

2 月 8 日，加缪与伽利玛出版社签下合同，发表这部由短篇衍生而来的完整的书，篇名为《议事日程》。[①] 加缪请他的朋友让·布洛克-米歇尔看一看，并征求他的意见。布洛克-米歇尔力劝加缪增加一段，否则这本书的结尾就与《局外人》太相似了。这就是《堕落》的最后一章。没多久，一个星期天，加缪打电话给布洛克-米歇尔，请求他帮助寻找一个标题，当时小说暂时定名为《当代英雄》。两位朋友为此花了整整一天时间，后来这简直变成了一种游戏。就在这时，加缪想到用《呼喊》，但是安东尼奥尼的同名电影使他不得不放弃这个想法。最后，马丁·杜·加尔的提议被采用。几天后，加缪告知布洛克-米歇尔他的最后决定。[②]

在样书的插页上（带有加缪的首字母签名），加缪对小说作了最简短扼要的介绍：

> 《堕落》中的男主人公沉湎于精心设计的忏悔中。他来到阿姆斯特丹——一个布满运河和霓虹灯的城市避难。在那里，这位前任律师假充隐士和预言家，在一个下流的酒吧里等待殷勤的听众。
>
> 他的思想是现代的，换言之，他无法忍受被别人评判。因此，他急于作自我批评，其实是为了更好地审判别人。他最终将审视自己的镜子对准别人。忏悔从哪儿开始，谴责又起于何处？在书

---

① 源自"七星文库"版加缪文集。

② 源自让·布洛克-米歇尔。

中发言的这个男人,他究竟是作自我批评,还是批评他所处的时代?这是一个特殊的事例,还是现代人的写照?无论如何,在这个精心设计的镜子游戏中,有一点是千真万确的:痛苦,以及它预示的一切。

随着他在自己偏爱的稿纸——铜版纸上写下越来越多的新的章节,加缪逐渐将手稿委托给苏珊娜·阿涅莉打字。苏珊娜注意到加缪是分片段来写作的。某些段落他会修改重写好几遍,有时也交给她一些需要插入的段落(印刷行话称之为纸条)。在此期间,加缪不时到苏珊娜在伽利玛出版社的办公室,交给她新的文稿,有时就待在办公室里,等她打完字当场修改。偶尔,加缪征询苏珊娜对手稿的看法,后者总是直言不讳地回答,而加缪显然很重视她的意见。苏珊娜不明白加缪为什么会选择阿姆斯特丹作为故事的背景,她觉得这是个迷人的城市。但加缪宣称,在他眼里,阿姆斯特丹令人厌恶,在那里生活,本身就构成一种惩罚。对一名法官、忏悔者而言,没有比这更适合的环境了。说到加缪的经历对写作这本书的影响,苏珊娜记得有一天晚上,加缪喝醉时曾向她坦白,他在艺术之桥上亲眼看见一名妇女自杀,十分悔恨自己当时没有救她。但根据苏珊娜的观察,加缪在创作过程中不断修改,最终力求使《堕落》一些个人生活的痕迹更具有普遍意义。[1]

加缪曾经对玛莉亚·卡萨雷斯解释,《堕落》不是一部忏悔录,而是记录着"时代的思想,甚至可以说是这个时代错综复杂的思想"。玛莉亚也觉得这本书不是加缪的自传。但不管怎样,这部作品的创作阶段正是加缪感到有强烈犯罪感的时期,这种感觉导致他的幽闭恐惧症。他开始在马路上窒息,每次一进门就迫不及待地扯下领带。[2]

《堕落》中故意充塞着大量作者的个人资料,以至于加缪的朋友们

---

[1]　源自苏珊娜·阿涅莉。
[2]　源自玛莉亚·卡萨雷斯。

一眼就能认出:拒绝接受荣誉勋章,不参加抵抗运动,拒绝锁上公寓门和车门,对物质财富的淡漠。一些朋友声称在"勒尚波"的歌者身上认出了那家夜总会的舞者,他们清楚地记得,有天晚上,加缪在这家地下舞厅与人互殴。

更能说明问题的事实(也许)是,《堕落》隐藏着一颗定时炸弹,一个姗姗来迟的针对萨特 1952 年 8 月在《现代》上的攻击的反驳(自然也针对让松在萨特前不久发表的攻击文章)。加缪和他的主人公一样难以忍受失败。他选择通过写作,以迂回的方式作答。这种回答以自我批评的形式出现,因而摆脱了别人的评判。"当然,我和别人没有什么两样,我们生活在同一种环境中。但我至少有一个优势,那就是我很清楚我的状态,因此我有权利表达思想。"瓦兰·蒂卡教授在他的研究中将萨特和让松对加缪的某些特定的指责与克莱芒斯的自我批评一一列表对照。萨特和让松指责加缪过分注意文笔;克莱芒斯嘲笑自己的写作风格:"笔调的精确,感情的恰如其分……"其他例子有:

> 萨特:"上帝啊! 加缪,你是多么认真,仅仅为了选一个合适的词,你又是多么无聊啊!"
> 克莱芒斯:"有时,我可能假装认真对待生活,但很快,我就发现这种认真本身毫无价值。"
> 让松:"而且,你的笔调像一个离群索居的人,傲慢而自负。"
> 克莱芒斯:"在孤独中,在疲倦中,我们还能怎么样呢? 我们往往只能自封为预言家。"

让松说加缪是"飘荡在乱党上空的一个伟大的声音",克莱芒斯则自认为"我的思想笼罩着整个大陆,所有的人都在我的控制之下,却毫无觉察"。萨特提醒加缪,在 1945 年他几乎成为一种榜样,克莱芒斯也使用了这个词。萨特谴责加缪自充法官,克莱芒斯承认在受到威胁后,他成为法官。萨特指出,加缪总是需要指责别人,"如果不是你,那就是全世界";对此,克莱芒斯辩驳道,每个人都想不惜一切代价使自己无可指责,"哪怕这需要谴责整个人类和宇宙"。[①]

法国教授安德烈·阿布也作过类似的分析。他列举了另外一些鲜明的对比——萨特指责加缪因循守旧,克莱芒斯承认这一点;萨特指责加缪用"大杂烩为自己辩护",克莱芒斯承认了,等等。[②]

从《堕落》的创作到出版——更确切地说,从初稿到终稿这段时期内,加缪的生活中发生了一个决定性事件,但在加缪的"公众生活"中没有提及,因为这件事给加缪带来极大的伤害。长久以来,加缪始终在寻求一种途径,调解日益恶化的阿尔及利亚局势,但应当怎么做,在哪里采取行动,他则一无所知。少年时代,加缪就参加了阿尔及利亚法国社团的先锋队,他的信仰就是坚定不移地支持穆斯林的解放事业——选举权,更重要的是经济和社会的平等。但加缪并不认为解放穆斯林必定意味着将大批世世代代生活在阿尔及利亚的法国人逐出这块土地。与其他这里的法国朋友一样,阿尔及利亚也是加缪祖先的发源地。

通过朋友,加缪能及时了解阿尔及利亚的形势。当他再次拥有一个能借此施加影响的论坛——他在《快报》开辟的专栏——时,他要求朋友们,其中包括夏尔·蓬塞,提供一些局势发展的消息。蓬塞属于由三四十年代的左派演变而来的少数自由党派。他不再坚持扎根阿尔及利亚的诺言,因为他确信,必须改造阿尔及利亚,使它符合穆斯林民族的正当要求。后来,法国政府的政策也遵循这个原则,即使穆斯林融入法国社团,赋予他们同样的权利,但这为时已晚,阿尔及利亚已经被毁。

自由党人开始加强活动——各种组织、各种刊物相继出现——尽

---

① 瓦兰·蒂卡《〈堕落〉:尘世的救赎之路》,《法兰西评论》,教堂山,北卡罗来纳,1970 年 4 月。
② 安德烈·阿布《〈堕落〉话语的表层结构》,《现代文学杂志》,巴黎,第 238—244 期,1970 年。

管他们明白他们只代表阿尔及利亚法国社团的极少数。他们希望不通过武力完成彻底的变革,力图与穆斯林中可能持同一愿望的温和派联合起来。在所有这些代表少数人利益的、以促进两个民族团结为己任的宣传工具中,有一个由剧团演变来的阿拉伯戏剧爱好者协会。成员包括加缪的老朋友路易·米凯尔、阿马尔·乌茨卡那和他的姻侄穆罕默德·莱雅乌伊,以及布阿尔姆·穆萨乌伊(不为他们的法国朋友所知的是,这些人都属于民族解放阵线)。

有一次,协会在由乌茨卡那家族经营的马尔萨咖啡馆的后厅举行会议。人们首先讨论了在海军区建造一个阿拉伯剧院的规划,这个剧院由米凯尔和他的同行罗朗·西穆内建筑师共同设计。莱雅乌伊要求发言。他提出,在当前的危机下,战争迫在眉睫,应该做一些比戏剧更重要、更紧迫的事情。既然他们在一起非常融洽,何不利用这种亲密关系,寻求一些能够使两个社团相互接近的途径呢?在以后的几次会议中,他们通常聚在西穆内的办公室里,讨论具体的行动方案。他们决定在加缪下一次来阿尔及利亚访问时,请求他担当一个重要角色,协助宣传他们的活动并拟订宣言。但当时的法国正是选举运动时期,加缪正与《快报》合作竭力帮助孟戴斯·法朗士当选。"我手头不顾一切阻碍正在创作的这部小说——他当时在写《堕落》,我的编辑事务,我在报界的工作以及为此需要承担的种种职责,这一切占据了我全部的时间和精力,以至于我总是延误所有的事情。"加缪12月7日致信蓬塞,"况且,这种情况还要持续一段时间,因为繁忙的工作是唯一能使我不再沉湎于严重危机的良药,然后我会试图过一种更理性的生活"。

加缪又补充说,他不认为法朗士凭借个人的力量能解决一切,他清楚地看到后者的局限性:"而且,我是一个无党派、无政治野心的人。"但加缪预计孟戴斯可能重振法国,无论在经济上还是精神上。他还认为只有孟戴斯才能在阿尔及利亚实施以尊重双方权利为基础的纲领。加缪告诉蓬塞,他很愿意帮助自由党朋友们,但明确表示由于手头有一篇作品要完成,1956年1月份之前他不可能去阿尔及利亚。他认为,这段时间内,新政府会有所作为,那么他和朋友们也能制订新的行动计划。①

1956年1月初的选举结束以后,蓬塞和伙伴们提议加缪来阿尔及利亚发表演说。加缪的答复是,他宁愿参加一次更广泛、更大规模的,有双方社团共同参与的辩论;无论如何,他不愿意作为唯一的演说者。于是,大家商定邀请一些在阿尔及利亚的各个教派的代表。市长答应出借市政府的一个大厅。加缪事先了解了计划和日程安排,并提出自己的意见。最后,他终于接受发表演说以推出并宣传自由党的组织。鉴于当时阿尔及利亚狂热紧张的气氛,公开集会被明令禁止,人们便决定换以秘密会议的形式,凭请柬入场。时间定在1956年1月22日。②

这之前,1955年11月1日,在《快报》纪念民族解放阵线起义一周年的专栏中,加缪提议双方阵营同时接受将平民从战争中赦免。"这个承诺暂时不会使局势有任何变化,"加缪强调,"它的目的仅仅是改变这场冲突不可调和的性质,以及在将来保护那些无辜的生命。"在专栏的其他系列文章中,加缪进一步阐明观点。"人们应该大声呼吁停战,"他在一篇发表于1月10日、题为《为平民休战》的文章中宣布,"休战直至危机解决,双方都应停止屠杀平民!"从此,加缪找到了自己在阿尔及利亚事务中应当扮演的角色:他致力于拯救百姓、等待战争的结束。("如果能够休战,其余问题都会迎刃而解。"在1月17日的文章中,他满怀希望地补充道。)

加缪打算在阿尔及利亚,在战场上宣传他的主张,希望双方社团中头脑清醒的人能倾听他的大声疾呼。

1月18日,加缪飞往阿尔及利亚。蓬塞和米凯尔去机场迎接,朋

---

① 伊夫·库里埃《阿尔及利亚战争》,《豹子时代》,巴黎,1969年。
② 主要源自夏尔·蓬塞和路易·米凯尔。

友们注意到加缪不再像往常一样爱开玩笑。事实上,由于加缪已经收到许多恐吓信,他决定谨慎一些。[1] 大家担心极端分子会绑架加缪,阻止他在大会上发言,便考虑取消原定下榻圣乔治旅馆的计划,而将他安置在蓬塞家里。但加缪晚上还是回到旅馆,并打电话给蓬塞,让他放心。[2]

一到阿尔及利亚,加缪就发现大会的前期准备工作正热火朝天地进行,他的法国伙伴和穆斯林朋友都积极地投入。第一次会议在卡斯帕地区的马耶迪恩剧院的排练厅里举行,乌茨卡那在场(时间大致是1月19日)。加缪请求埃马纽埃尔·罗布莱斯主持22日的会议。[3] 一位当时的参加者记得,加缪在这间地下室里十分局促不安,他显然认为这是一次密谋。当加缪宣布"我们不能允许来自任何一方的暴力"时,一个看上去十五六岁的年轻穆斯林——后来死于战斗中——站起来反驳说,阿拉伯人为自由而采取的行动是正当合法的。加缪严厉地回答,目的不能证明手段是合法的。[4]

这之后,阿尔及利亚自由党委员会也召开了一次会议,在德鲁耶大街一个借来的场地。由于这个组织的一些成员是共产党,加缪拒绝与他们有任何联系,但罗布莱斯——委员会简报《阿尔及利亚的希望》的主编——极力劝他出席,加缪被说服,但在整个会议过程中始终待在大厅的最深处。几个穆斯林民族主义者相继发言,罗布莱斯观察到他们过分直率的言论使加缪非常不安。于是,他与加缪一起离开会场,乘车直奔蓬塞家,同车的还有作家安德烈·罗斯弗尔代(不久后作为工程师在加利福尼亚定居)。加缪表现得十分悲观,宣称在他看来,战争只会愈演愈烈。他坚持认为,穆斯林会接受生活在法国联盟圈

---

① 伊夫·库里埃《阿尔及利亚战争》。

② 主要源自夏尔·蓬塞和路易·米凯尔。

③ 源自埃马纽埃尔·罗布莱斯。

④ 源自皮埃尔-安德烈·埃梅里。

中,就像波多黎各岛在美国的托管下一样。但罗布莱斯以坚定的口吻指出:"对于波多黎各岛而言,已经为时过晚。"①就在这次会议上,自由党委员会的另一位成员听到一个穆斯林警告他的法国同伴,如果最终达不成协议,让阿尔及利亚获得独立,恐怖主义肯定会继续存在下去。当时穿着风衣站在大厅深处的加缪回答:"既然如此,我不明白我为什么还要继续待在这儿。"说完他径直离开,会议就这样结束了。②

　　1月21日,巴格达饭店来了十二位顾客,点吃"古斯古斯"(北非的一种菜)。在那里就餐的其余客人——全部是穆斯林——十分惊讶,因为,在那时的紧张气氛下,法国人已经很少外出吃饭。这十二名客人就是未来的平民休战委员会的核心人物。蓬塞带来加缪的大学老友伊夫·德舍泽勒——现在是梅萨里·哈吉的律师——和另外一些同属于一个党派的阿尔及利亚民族主义者。在场的穆斯林明显倾向于民族解放阵线。当加缪发现这一点时,他十分震惊,但对他的朋友只字未提。③(其实,阿马尔·乌茨卡那与德舍泽勒发生了激烈的口角,因为后者企图影响加缪,使之倾向梅萨里为首的阿尔及利亚民族运动,反对民族解放阵线。④)晚餐后,在马耶迪恩剧院召开了一次预备会议,出席者有法国和阿尔及利亚社团的代表,以及主要教派的代表。连同在场的几名演员在内,一共有五十来人。(也许是已经描述过的19日会议,因为那次会议上,罗布莱斯被选中主持22日的集会,他20日才得知这个消息。)⑤

　　最终,谢瓦利埃市长改变了将市政府大厅出租给22日会议用的决定。大家只得被迫选择前进俱乐部。这是一幢属于穆斯林组织的大楼,坐落于政府广场,地理位置十分优越。(也是在这个古老的广场

① 源自埃马纽埃尔·罗布莱斯。
② 源自洛朗·布雷兹奥斯。
③ 源自夏尔·蓬塞。
④ 源自阿马尔·乌茨卡那。
⑤ 源自夏尔·蓬塞。

上,孩提时代的阿尔贝·加缪跳下有轨电车,步行至学校。傍晚,他常到这里找他最喜爱的冰淇淋摊贩。)

　　在前进俱乐部又有过两次预备会议。在前一次会议中,罗布莱斯接到一个当时任情报局长的老朋友的电话。"你怎么知道我在这儿?"罗布莱斯惊讶万分。"我什么都知道。"官员冷冷地回答。接着,他要求罗布莱斯立刻去一家咖啡馆会面。

　　罗朗·西穆内作为证人陪同前往。情报局官员单独前来,说道:"下星期你们的集会居然不邀请我,可不怎么友好啊。"罗布莱斯吃惊地看他一眼,"幸好我有请帖。"说着,他从口袋里掏出几张请柬。由于罗布莱斯将请柬的制作委托给一位他十分信任的印刷商,他立刻辨认出几处可疑的细节。字体一模一样,但客人名字下面的虚线有细微的差异。"你会被它们骗过吗?""不会。但肯定会瞒过在大门口值勤的警卫。"

　　于是,官员警告他,极端右翼分子会不惜一切代价破坏这个集会。不仅仅是单纯的起哄,而会是一个相当棘手的事件。他补充说,罗布莱斯和他的朋友们必须自己设法确保安全。他们分手后,罗布莱斯立即请人重印请帖,每一份都亲自签名。不仅如此,每份请柬都盖上一个用橡皮粗略刻就的三叶草图案的印章,以防止假冒。当加缪到达俱乐部时,朋友们告诉他事情的经过。于是,大家招募了几个贝尔库的老朋友担当警卫。[①]

　　说到这里,也许应该暂缓讲述事情的发展过程,而从穆斯林组织的角度来看一下 1 月 22 日这次以呼吁平民停战为目的的会议的准备工作。因为他们暗中都是民族解放阵线的成员,都在这个秘密组织中担任极其重要的、危险的职务,并且在阿尔及利亚独立后都成为政府要人。按照他们在与加缪的演讲一起公布的名单上出现的顺序,依次为:

---

　　①　源自埃马纽埃尔·罗布莱斯。

阿马尔·乌茨卡那

穆卢·阿姆拉恩

布阿尔姆·穆萨乌伊

穆罕默德·莱雅乌伊

乌茨卡那,民族解放阵线中央委员会成员,以后为政府部长;阿姆拉恩,部长办公室专员;穆萨乌伊,阿尔及利亚共和国驻巴黎大使;莱雅乌伊,民族解放阵线法国联盟的领导,成为第一届独立政府的顾问。

阿尔及利亚平民休战委员会的法国成员有:让·德·迈松瑟勒,罗朗·西穆内,夏尔·蓬塞,埃马纽埃尔·罗布莱斯,莫里斯·佩兰和路易·米凯尔。

对委员会的穆斯林成员而言,委员会构成民族解放阵线的一道屏障。民族解放阵线的发起人是乌茨卡那——一个别人眼里不问政治的人;人们清楚地记得他被共产党除名一事,但没有一个法国人知道,正是他拟订了起义部队的纲领。他曾经创立类似的、甚至以平民休战如此虚幻的目的为宗旨的机构,以使生活在阿尔及利亚的法国人理解穆斯林的观点——从此任何此类办法都是不可行的,拯救要求正义的人民的唯一手段是诉诸武力。因此,民族解放阵线对平民休战这一倡议的成功不抱丝毫幻想。此外,起义者们希望说服阿尔及利亚的大部分法国人保持中立——最好能有一小部分参加革命。民族解放阵线甚至发表公报,公开反对加缪的平民停战主张,以至于任何未打定主意、对暴动还很陌生的穆斯林都会拒绝响应加缪的号召。[①]

莱雅乌伊后来被法国人逮捕,入狱五年。他在一本书中讲述了加缪发出倡议后发生的种种烦琐的情节。他这样描写某一预备会议——可能是在马耶迪恩剧院的排练厅里举行的那一次——"加缪看

---

① 源自阿马尔·乌茨卡那。

上去既紧张又果断,既坚定又不安,作出判断时十分明确,而谈及方法时却犹豫不决——更不用说他分析当前现实时表现出的含糊不清了"。在加缪眼里,战争是罪恶的、愚昧的。他错误地以为法国政府、民族解放阵线和梅萨里·哈吉的组织在阿尔及利亚事务中具有同等重要性,因而希望得到这三方对平民休战的赞同。加缪还希望在阿尔及利亚与民族主义者取得联系,但从未奢望居然能见到民族解放阵线的代表!

当组织者们发现极端右翼分子伪造的请柬后,他们在前进俱乐部召开第二次严格限制人数的会议,其目的,据莱雅乌伊记载,是为更仔细地研究局势(时间很可能在1月21日星期六晚上)。参加者有乌茨卡那、阿姆拉恩、莱雅乌伊、加缪和他的两三位朋友,其中包括迈松瑟勒。在会上,加缪肯定形势十分危急,他认识的一位法国高级官员警告他,由于对共和国阵线和在近期议会选举中孟戴斯·法朗士的支持,他的生命可能会受到威胁(来自极端分子)。加缪甚至考虑是否有必要取消这次集会,但他的穆斯林朋友坚决反对,并承诺由他们负责会场的安全。

就在这时,莱雅乌伊把加缪拉到一边,在加缪保证守口如瓶的情况下吐露了他参加民族解放阵线的秘密。"他看着我,激动得说不出话来。"但加缪很快恢复常态,并表示他很满意:毕竟他最终是与民族解放阵线的一员在一起谈话。莱雅乌伊解释道,民族解放阵线与莫斯科、与开罗没有任何关系,而且愿意将这里的法国人看作独立后阿尔及利亚合法的、完全的公民——但目前,穆斯林还没有参加他们的组织。他进一步确认,民族解放阵线愿意遵守平民停战协定,如果政府也接受的话。"那么,"加缪高兴地叫起来,"问题就有希望解决了!"但莱雅乌伊的话使他的欣喜若狂之情平息下来,后者一再重复,法国人是决不会同意停战的。于是,加缪答应,如果民族解放阵线接受平民停战的提议而法国人拒绝,他就在全法国宣传事情的真相。

莱雅乌伊亲自负责22日星期天会议的安全工作。他得知加缪有可能被绑架，便建议他下榻在更安全的地方。但加缪考虑后认为，这样做无异于一种逃避。离开俱乐部前，加缪与莱雅乌伊紧紧地拥抱，宣布："从现在起，莱雅乌伊，我要你把我当成兄弟。"①

对于曾经是共产党中加缪的上司阿马尔·乌茨卡那来说，平民休战代表一种战术策略，且与苏玛恩的竞选纲领相一致，也就是符合他亲自确立的民族解放阵线军队的纲领，其中他分析过涉及阿尔及利亚的法国社团的种种策略，包括自由党人。但民族解放阵线在倡议活动中扮演的角色应当是秘密的，不为人所知的。如果说乌茨卡那拒绝主持平民休战委员会，甚至拒绝在会上发言，那是为了维护委员会的影响。晚上，在乌茨卡那家族经营的马尔萨咖啡馆，大家以玩牌为掩护，讨论星期天集会的各种安排。随后，民族解放阵线的战士们来到乌茨卡那家里举行工作会议。负责准备平民休战倡议活动的政治委员会可能就是阿尔及利亚革命最高委员会。其成员之一，阿巴恩·朗巴姆对乌茨卡那如此重视这次活动感到十分惊讶，而后者把它看成一场心理战。他们不希望活动失败，但很清楚它逃不过失败的命运。②

22 日，星期天，会议如期举行。穆斯林朋友们与加缪在下午碰面。加缪显得很不安。他听说极端分子准备进行大规模的反示威，便考虑是否应该取消集会。莱雅乌伊表示反对：的确，右翼分子会有示威活动，但取消这次大会则向世人证明，他们仅凭威胁就能战胜我们，这会令所有致力于两个民族团结事业的人失望。加缪同意他的看法。"我一定会演讲，不管付出多大代价。这些头脑发热的阿尔及利亚人想迫使我退缩，但他们要知道，我本人就是阿尔及利亚人，我和他们一样容

---

① 穆罕默德·莱雅乌伊《阿尔及利亚革命的真相》。平民停战会议前，贝尔库村镇小学的老同学伊夫·杜瓦永曾经找到加缪。杜瓦永身为情报官，告诉加缪说，乌茨卡那和莱雅乌伊在欺骗他，他俩瞒着他加入了民族解放阵线。杜瓦永明确提醒加缪，这两位穆斯林是反法人士，但加缪不信老同学的话。（源自伊夫·杜瓦永）

② 源自阿马尔·乌茨卡那。另请参阅乌茨卡那《最好的战斗》，巴黎，1962 年。

易激动。"

另外一个棘手的问题是,加缪坚持主席台上必须安排一位穆斯林代表。但民族解放阵线的首领们不可能冒这个风险而成为警察局的追踪目标。至于中立派的领导则担心与法国人一起在台上就座,会被民族解放阵线认为有亲法嫌疑。主席台上还有一个座位是留给费尔哈·阿巴的,但他那天迟到了(他也不了解民族解放阵线暗中支持大会一事)。最后,大家只得把阿布德拉齐兹·卡尔迪大夫拉上台。此人既不亲法,也不支持民族解放阵线,而是第三种势力的拥护者。(后来,民族解放阵线判处卡尔迪死刑,莱雅乌伊及早通知他,使他得以逃命。)[1]

加缪还希望他的老朋友谢克·艾尔-奥克比出席会议。后者曾经被指控派人谋杀大穆夫提。加缪在《阿尔及利亚共和报》上撰文为他辩护过。罗布莱斯想方设法与艾尔-奥克比见上面。事先,他采取了许多防范措施。两个阿拉伯年轻人来接他,并护送他至奥克比家里。罗布莱斯注意到,这两个年轻人显然服从民族主义者的纪律,他开始怀疑民族解放阵线也介入了这个活动。事实上,大会结束前,许多别的法国人也开始有同样的感觉。

在艾尔-奥克比家里,罗布莱斯看到老人卧病在床,还发着高烧。但是,当他得知加缪希望他到场时,他答应一定去,并躺在担架上让人抬到会场。加缪亲自到大厅深处迎接他,弯下腰与他热烈拥抱。[2]

14 时,人员全部到齐。15 时,大厅和毗邻的房间已经挤得水泄不通。人群中法国人和穆斯林各占一半——这种情形在阿尔及利亚已经好久不见。大门口有一个没有请柬的男子坚持要入场,警卫最后不得不求助于罗布莱斯。那男子告诉他:"我是加缪的哥哥。"这是罗布

---

①　莱雅乌伊《阿尔及利亚革命的真相》。

②　源自埃马纽埃尔·罗布莱斯。

莱斯第一次见到吕西安·加缪。①

有关与会者的人数有许多说法（蓬塞估计有 3000 人；《世界报》通讯记者认为是 1200 人，约 1000 人在政府广场举行反对游行），同样，对民族解放阵线设置的警卫数量的估计也不尽相同。重要的是，穆斯林是在他们自己的土地上。只在广场的那一边，是巴帕·艾尔-裘德区——形形色色的欧洲人的工人区；而在这一头，他们依靠卡斯巴区的支持，完全控制了局势。不久以前，曾经发生过一位自由派政治家被逐出市政厅的事件，而当时的会议主持人甚至是一名警察局长。但这一次，在前进俱乐部，情况完全不同。当极端分子的叫嚣——"枪毙加缪！""枪毙孟戴斯！""打倒犹太人！"传到会场时，加缪离开会场去察看警卫的情况。他发现，偌大的政府广场已经被数千名从卡斯巴区南下的穆斯林占领，与敌对的示威者相融合——一片人的海洋。（由于与阿尔及尔行政长官的关系很好，让·德·迈松瑟勒跟行政长官说起过平民停战集会，行政长官向他保证，自己将亲自督促，确保广场的秩序井然。）②

如此强大的保卫力量使加缪十分震惊，他问乌茨卡那："你的朋友带武器吗？""不知道。"乌茨卡那坦率地回答，"但即使有，他们也一定接到了只在紧急情况下开枪的命令。"除广场上"人的海洋"以外，大楼周围到处是布置的岗哨，通往会场的楼梯上有两层警卫，而大厅里则有一些拳击冠军把守。民族解放阵线内分管阿尔及尔军事和政治行动的指挥官全权负责安全组织工作。他在风衣内藏着一支冲锋枪（风衣也遮住了他外衣上刺绣的带有民族解放阵线色彩的标签）。加缪十分高兴能重新置于民族解放阵线的保护之下。③

---

① 源自埃马纽埃尔·罗布莱斯。

② 源自让·德·迈松瑟勒。乌茨卡那认为，加缪得到民族解放阵线的帮助，才能在电台上发表支持平民停战的演讲，但是迈松瑟勒不认为民族解放阵线起过什么作用。

③ 源自阿马尔·乌茨卡那。莱雅乌伊称 1200 名民族解放阵线分子守在大楼以及周边，多数携带武器，但是都接到了避免冲突的命令。莱雅乌伊《阿尔及利亚革命的真相》。

现在,大会可以开始了,由罗布莱斯主持。一位白人神甫代表天主教会,一位牧师代表新教徒;卡尔迪大夫显然站在穆斯林一边,尽管这个团体没有派正式代表;犹太人也没有派代表。费尔哈·阿巴终于赶到会场,人们热烈欢呼,向他致意。他登上主席台时,加缪正在发言,被阵阵喝彩声打断,加缪转过身,两人紧紧地、长久地拥抱。在场所有的人都被这一幕深深地打动。

在演讲时,加缪复述了他在《快报》专栏中提出过的建议。他仍然相信,"今天,在一个确定的时刻,我们首先联合起来,然后去拯救生命,从而为最终进行理智的谈判创造有利的气氛",这样做还是可行的。对"阿拉伯民族运动"和法国人来说,不用磋商,也不用做出任何承诺,只要求他们共同宣布平民是被尊重和被保护的。如此,无辜的生命得到拯救,未来双方达成互相理解也成为可能。

在演讲过程中,人们不时听到广场上示威者疯狂的喊叫。加缪也一定听到了"枪毙加缪"的喊声,蓬塞看到"他的脸抽搐了一下,变得苍白"。他竭力保持镇静,时而朝大厅里面对愤怒人群的巨大窗户投去绝望的一瞥。演说者和听众没有看到的是,在楼下,一部分极端分子举起手臂行纳粹礼。[1] 他们威胁要强行冲破宪兵的阻拦,并开始投掷石块,打碎了几块玻璃。有传言说警察很可能会被极端分子包围,如果这样,就会导致民族解放阵线的军队和法国右翼分子的冲突,而这一切都是为了保护加缪。他开始以更快的语速宣读讲稿。按照事先的计划,稍后还有一个辩论会——是在加缪的坚持下安排的——但演讲一结束,加缪就对身边的罗布莱斯低语了几句,后者提议推迟讨论。[2] 支持平民休战倡议的请愿书以极快的速度在会场内传阅,只有几十个与会者签了字。加缪的演说稿后来在阿尔及尔发表,印刷商的姓名故意被印得模糊不清以避免招来报复——形势极为紧张(加缪将

---

① 源自埃马纽埃尔·罗布莱斯。

② 源自夏尔·蓬塞和莱雅乌伊《阿尔及利亚革命的真相》。

演讲稿收入《时论之三》中）。①

广场上，人群迅速散开，经过极端分子在奥尔良公爵的骑马雕像前点燃的火堆。一切顺利。罗布莱斯陪同加缪回到圣乔治宾馆，随后打电话给蓬塞，告诉他，加缪为自己支持两个社团友好和谐相处的举动险些导致一场悲剧性对抗感到非常不安。②

第二天，埃德蒙·布吕阿任职的《阿尔及尔日报》是唯一全文刊登加缪演讲的媒体。这家报纸的主人是一个富有的法国人，其自由主义思想深受雅克·谢瓦利埃市长的影响。布吕阿的一位信奉极端主义的朋友在街上遇见他时，表示：“如果早知道加缪讲话的内容，我们就不会这样强烈反对了。”③

在离开阿尔及尔之前，加缪前去拜访总督雅克·苏斯戴尔。后者宣布愿意讨论平民休战的可能性，但明确指出，无论如何，这一提议不适合那些白天是普通百姓，晚上成为弗拉加的人（弗拉加指阿尔及利亚反抗殖民统治的武装部队）。④

根据另一种说法，在某个晚上双方长时间的会谈中，苏斯戴尔试图说服加缪，平民休战的思想是不现实的，因为至少有一方不会屈服。⑤ 不久，加缪打电话给布吕阿，对他全文发表演讲稿表示感谢，因为苏斯戴尔正是在《阿尔及尔日报》上读到了加缪的讲话内容。⑥

加缪启程返回法国，朋友们驱车将他送至白宫机场。加缪坐在后排罗布莱斯和罗斯弗尔代中间。罗布莱斯带着武器，并且猜想罗斯弗尔代也和他一样，但加缪丝毫没有察觉。另一些朋友开车分别在加缪

---

① 主要源自夏尔·蓬塞和路易·米凯尔。
② 源自夏尔·蓬塞。
③ 源自埃德蒙·布吕阿。他在《阿尔及利亚努力》周刊上发表这篇呼吁之后，警方来找过莫里斯·蒙瓦耶。
④ 源自夏尔·蓬塞。
⑤ 源自加布里埃尔·奥迪西奥。
⑥ 源自埃德蒙·布吕阿。

的前后保护他。但紧跟在他们后面的那一辆在半途中迷路了。①

回到巴黎后,加缪致信蓬塞,阿尔及利亚之行使他从此更理解阿拉伯人:"而这种理解坚定了我的决心:为达成停战奉献一切。"加缪担心自己让阿拉伯朋友和法国朋友失望了。是因为他的演说太接近停战的主题吗?还是因为大会的既定目标太有限了呢?加缪觉得自己这么做是有理由的,但还是希望了解蓬塞的看法:"在巴黎,我比在阿尔及尔更孤独,尽管表面看来正相反。"②

平民休战委员会继续活跃在阿尔及尔。一个由少数人组成的委员会拟订了一份停战协议(加缪把一份协议给了德舍泽勒,由他转交给梅萨里)。然而,2月6日,新任议会主席吉·莫来到达阿尔及尔。在极端右翼分子雨点般的番茄阵攻击下,莫来决定放弃任命一名自由党总督,而选择了一位强硬派:罗贝尔·拉科斯特。2月12日,莫来接见加缪的朋友们,他们自称是唯一使法国人和穆斯林人友好联合的团体。但莫来显然没有倾听他们的想法。他拿走停战协议,宣称他需要时间思考,以后再召见他们;他要求他们对这次会面保守秘密,并且继续保持与民族解放阵线的联系。对此,加缪的朋友们称根本不存在这类关系。(其实,乌茨卡那和穆萨乌伊就在他们中间,是代表团的一员。)

自由党团体不断扩大。大家决定,在莫来至今没有任何消息,他的总督拉科斯特也不再给任何答复的情况下,派一个代表团去巴黎,与议会主席举行第二次会谈。米凯尔和卡尔迪商定一同前往,并携带了一份经加缪修改后同意的计划书以呈交给莫来。在罗贝尔·纳米亚的帮助下,他们得以与莫来的助手见面,后者答应安排一次约见。就在这时,《世界报》上登出——自然是错误的——停战委员会代表已经与莫来会面的消息。卡尔迪似乎是这条假新闻的责任者——但他

---

① 源自埃马纽埃尔·罗布莱斯。

② 伊夫·库里埃《阿尔及利亚战争》。

与民族解放阵线毫不相关,也没有接受过任何使命破坏这次行动。加缪惊愕万分,不仅仅因为消息是假的,而且报纸上只说停战而不是平民停战,而这一切,又是在加缪收到一些称阿尔及利亚出现新的恐怖行动的信件的情况下发生的。加缪坚决要求发表辟谣声明,随后与米凯尔和莱雅乌伊(此时也到达法国)共同起草了一封信。3 月 17 日,《世界报》登出由米凯尔签字的辟谣声明。

他们再也没能见到莫来。最后,米凯尔无法继续待在巴黎,徒劳地浪费时间等待被议会主席召见,他返回阿尔及尔。5 月份,迈松瑟勒被捕后,自由运动随着政治形势的恶化陷入低谷——这是阿尔及利亚内战的真正开端。①

在此期间,加缪又一次退出政治舞台。阿尔及尔的番茄事件迫使他不得不做出选择:在阿尔及尔,权力已经没有威信,他个人能做什么呢?加缪对让·达尼埃尔宣布,他不会再为《快报》或其他报纸写任何有关阿尔及利亚的文章,②但那时,他离开《快报》已经有几星期了。

事实上,在加缪 2 月 10 日写给让·吉利贝尔的信中,他已经流露出不再涉足政治的愿望,但那时他看来还没有完全丧失希望:

> ……有一种孤独是必须接受的,尽管许多年来我一直在抗拒,因为一切能使人分离的东西都使我害怕;我抗拒,然而,当我们的需求达到一定程度时,孤独是不可避免的。每个人都渴望被

---

① 源自夏尔·蓬塞、路易·米凯尔、阿马尔·乌茨卡那和莱雅乌伊《阿尔及利亚革命的真相》。对这件事的结局,伊夫·德舍泽勒有另一种说法:他把平民停战的协议草案送给被流放的梅萨里,他住在偏远的贝利昂迈。德舍泽勒回来告诉加缪,梅萨里同意协议草案,不过有些保留(他认为不能把法国人的暴力行为与穆斯林信众相提并论,因为法国军队武装精良,而游击队〔阿尔及利亚的反法武装〕的武器都是临时搞来的)。但是当德舍泽勒到伽利玛出版社见到加缪的时候,加缪冲着他说:"我的老朋友,协议文本用不着修改了。民族解放阵线的代表们刚刚离开这间办公室,他们对我宣布,他们收回原先的赞同。"德舍泽勒认为,从这时候开始,加缪变得十分消沉,失去了自信,不想再进一步投入。

② 让·达尼埃尔《剩下的时间》。

爱,被所有的人承认。但这只能是年幼时的愿望。我们迟早会变老,接受被评判,被谴责,并像得到不应得的礼物一样,接受所有属于爱的范畴的各种表现(欲望,温情,友谊,团结)。道德,在此没有任何帮助。只有真理……换言之,为追求真理付出的不懈努力,在任何阶段领会真理时坦然告之,并沿着前进的方向体验真理的决心。但是在一个背信弃义的时代,坚持真理意味着遭受某种被流放的命运。但至少他明白,这流放意味着一种联合,一种现在和将来唯一有价值的联合,一种我们有责任支持的联合。

……我绝望地离开阿尔及利亚。在那儿发生的一切坚定了我的信念。这是对于我个人的一种不幸,但我必须挺住,不是所有的东西都能被破坏。①

3月,埃马纽埃尔·罗布莱斯为处理一些私事来到巴黎,同时他也负有自由党委员会的使命。他见到加缪,记下加缪的一段十分难忘的话:"如果一个恐怖分子朝我母亲经常光顾的贝尔库莱场扔手榴弹,并导致她丧命,那么,在一种情况下我也是有罪的,那就是,我为了捍卫正义而替恐怖主义辩护。我爱正义,但我也爱我的母亲。"②

---

① 《戏剧历史》。
② 源自"七星文库"版加缪文集,并且得到罗布莱斯证实。

第四十三章

《修女安魂曲》

> 我写得越多，心里就越没有把握。在一个艺术家的
> 前进道路上，夜色越来越浓重。最后，他在一片黑暗中
> 死去……
>
> ——致勒内·夏尔[1]

当西蒙娜·德·波伏瓦收到《堕落》时，她带着好奇打开。加缪有关阿尔及利亚的公开声明曾经使她很恼火，因为她觉察到，在这些言论后面隐藏着一种阿尔及利亚法国人的说话口吻。但是，对《反抗者》一书的某些攻击给加缪带来极大伤害的消息又使她十分伤心。她同时还得知，加缪在个人生活中经历了一段痛苦的时期，并且为此深受打击。在《堕落》中，西蒙娜觉得仿佛又看到了战争时期她所认识的加缪。加缪终于实现了他梦寐以求的愿望，"弥补他的外表和真实面貌之间的差距"。通常他是那么故作高傲，而在这部他公开显示自我的作品中，其单纯朴实却是那么令人心碎。但西蒙娜认为，加缪的这种真诚难以长久。他开始将他的失败伪装成一些传统的小故事；他从忏悔者变成法官，他的忏悔不再是尖刻的，相反，他所有的怨恨都变得刻

---

① 源自"七星文库"版加缪文集。

薄辛辣。①

　　当《堕落》最终于 1956 年 5 月出版时,公众的反应和这本书本身一样奇怪。法国文学界的观点是,与其说它是自传,还不如说它是一部忏悔录。大多数人的看法和西蒙娜·德·波伏瓦的见解,或许也是萨特的见解正相反:他们觉得这本书与加缪的私人生活(他妻子的病)没有任何联系。因为即使在文学界,也只有极少数人了解加缪的真实情况。而真正打动读者的是,加缪又回到了从前那种怀疑一切的态度,那种与《反抗者》中的肯定一切截然相反的悲观主义。一位内行的读者看出《堕落》与萨特的自传《词语》有不少相似之处,并由此判断加缪的创作受到萨特的影响。

　　加缪自己也经历过一次衰退。令他的许多朋友感到失望的《反抗者》发表以后,人们认为他有一段时期闭口不谈阿尔及利亚,他的政治立场也显得模棱两可。自然,《堕落》是一部很好的书,但同时也是一种慌乱的寻觅——当然是陀思妥耶夫斯基式的寻觅。② 让·达尼埃尔曾担心加缪会变成一个浮夸的古典主义作家,缺少灵感而枯燥乏味,现在他放心了。③

　　在罗歇·基约的一篇有关加缪的评论《海洋和监狱》的第一版中,他预言,从此以后,加缪的作品中主观和私密的特征会愈加明显,相反,抽象和伦理问题会逐渐不再成为阐述的重点。当加缪将他的新作寄给罗歇·基约时,他这样宣布:"献给罗歇·基约,为他准确的预测。"④

　　后来,当大学教授们致力于研究《堕落》时,他们发现了更多的其

---

　　①　西蒙娜·德·波伏瓦《势所必然》。《堕落》问世后,弗朗西斯·让松没有马上阅读,否则他肯定会赞不绝口,因为他觉得这部作品十分出色。但是他也认为,加缪通过这本书想告诉大家"我们都处在这种境况之中",这是一种有损他人的认错,一种在忏悔中寻找救赎的努力,把人人都拖入负罪感之中。

　　②　源自居伊·杜缪尔。

　　③　源自让·达尼埃尔《剩下的时间》。

　　④　源自罗歇·基约《海洋和监狱》(修订版),巴黎,1970 年。

他东西。基督教的痕迹（主人公的姓显然暗指圣·让-巴蒂斯特，"在孤独中呼喊的声音"），当然还有陀思妥耶夫斯基的风格。当科诺·克鲁斯·奥布里延在《旁观者》杂志上撰文指出，《堕落》带有基督教的印记时，加缪在一封写给他的英国编辑的信中确认了这一说法的准确性。①

《堕落》获得了极大的成功：发表后仅一个月，每天的销售量达到五百至一千本。而且，出版社给予加缪特别优惠的待遇：15％的版税和附加权益 2/3 的分成，包括其作品被翻译成其他语种的译本版税的 2/3，而通常只有 50％。②

接着，加缪开始处理一个私人问题。目前，对他而言，最重要的是拥有一个属于自己的处所，无论是为了工作还是为了更自由，更不受束缚。加缪在夏纳莱伊大街找到了合他心意的房子，它坐落在瓦诺街和巴尔贝-德-儒伊街中间，离伽利玛出版社只有十分钟的路程。在这条宁静的大街上，加缪租用的是一套位于三楼的小公寓，房东是亚历克西·德托克维尔的侄孙德托克维尔伯爵。但最重要的是，勒内·夏尔也住在这幢楼里。③ 事实上，夏尔在夏纳莱伊大街和他在索尔格岛的隐居处两地兼住。当加缪搬进新公寓时，夏尔甚至有可能不在场，因为，"七星文库"版的加缪文集中，收录有两封写于 5 月份的信。加缪在信中表达了对夏尔的仰慕以及他当时的精神状态：

> ……在认识您之前，我不需要诗，诗歌问世都与我无关。两
> 年来，恰恰相反，我的内心出现了一处空白，一种只有读您的诗才

---

① 对《堕落》一书的研究概述，参见《现代文学杂志》，巴黎，第 238—244 期，1970 年。

② 源自伽利玛出版社。

③ 这间房子是夏尔帮助他找到的？马杜兰剧场的罗贝尔·塞雷索尔当时与加缪过从甚密，他和苏珊娜·阿涅莉一起，把加缪的衣物塞进两个行李箱，帮助他从皇家广场搬到这间房子。塞雷索尔称这间房子是他托房产中介找的。因此，加缪与夏尔在同一栋楼里做邻居，纯属偶然。

能填补的空虚,读您的诗直到将我的头脑填满。(5月16日)

问题仅仅在于知道生活会变成什么,或者至少了解生活的可爱之处。这就足以让我们痛苦。但是,如果说我们是不幸的,那么至少,我们没有被剥夺拥有真理的权利。靠我自己,我是无法了解这一点的,是您使我明白了这个道理。(5月18日)

夏纳莱伊大街的公寓由两间面朝同一个入口的小房间组成,一间做客厅,另一间则做卧室(但加缪的写字台放在卧室里,他习惯站着写作)。两间房都临街。(夏尔的公寓同样大小,但格局不同。)公寓是带家具的,但加缪租下后,立刻将自己喜爱的东西都搬了进去:路易八世时期(或西班牙式)的笨重的家具,罗曼风格的木质雕像。公寓内很快挂上了陀思妥耶夫斯基和尼采的画像。到处是堆放的书,但人们还是能感觉到一定的秩序。通常加缪站着写作,但他也可以使用放在客厅里的堆满书的大桌子。每天,他在那间小厨房里准备他的麦片粥和煮蛋;他购买了一个熨斗,一台洗衣机,以及其他维持家居的必需用品。加缪很快就有了固定的作息时间:准备早餐,然后上午写作,下午女佣来打扫房间时,他去伽利玛出版社或者去观看排练。①

走出大楼向左拐,然后在路的尽头再向左拐,前面两百米远处就是纪德的家,瓦诺街1号乙,他在那儿曾经住过一段时间(门口挂着一块牌子作为纪念)。而大楼后面就是瓦诺城,加缪的老对手埃马纽埃尔·达斯捷·德·拉·维热里住在那儿(这一带文人云集:三十年代,圣埃克絮佩里在夏尔、加缪的楼对面生活过。去伽利玛出版社途中经过狩猎路,从都德旧居跟前走过。都德的文学沙龙闻名遐迩,贝尔纳诺斯是那儿的常客,等等)。

---

① 源自苏珊娜·阿涅莉、让·布洛克-米歇尔、卡特琳娜·塞莱思、玛莉亚·卡萨雷斯、皮埃尔·卡迪纳尔、罗贝尔·塞雷索尔。

加缪终于拥有自己住所的乐趣很快就被来自阿尔及利亚的坏消息破坏。他青年时代忠诚的朋友,善良的让·德·迈松瑟勒不久前被本土安全警察逮捕。

诚然,迈松瑟勒参加了1月份的平民休战集会,并且他还是以促进平民停战为宗旨的委员会成员。他的观点是,即使平民休战只勉强持续几天,也会构成一种法国人对民族解放阵线造反者的默认,从而使谈判成为可能。但顽固的殖民当局也看到了这一点,对他们而言,这是一个将一位左派人士以叛国的罪名扔进监狱的极好的机会。除此之外,迈松瑟勒的观点和活动与其他阿尔及利亚的自由党派法国人完全一致:他们都寻求以和平方式解决危机,并力求既满足穆斯林的愿望,又能使法国人留在这个他们世世代代居住过的国家。

其实——但加缪当时还不知情——迈松瑟勒暂时保管过一封信:一名年轻妇女离开阿尔及尔动身去摩洛哥的时候,忽然想起交给他一封信,并嘱他转给一位阿尔及利亚青年律师(信里记录了那些同情阿尔及利亚自由运动组织的摩洛哥人的情况)。迈松瑟勒当时正忙于毁于地震的奥尔良维尔市的重建工程,没有时间立刻将信送到收件人手中。他把信带到办公室,随手夹在工作台上的一本书里。几天以后,当他找这封信时,就再也找不到了。5月25日,迈松瑟勒来到办公室,发现本土警戒局的安全警察已经在那儿等他。他们当面搜查房间,然后奇迹般地在他从来不可能放信的地方找到了这封信(一个积满灰尘的抽屉深处),他们还找到了涉及平民停战计划的资料。迈松瑟勒猜想,办公室里一定有人发现了信,并组织了这次搜查,把他当作替罪羊。(新任总督拉科斯特曾明确指出,他不打算在两条战线上进行战争:反对穆斯林恐怖分子和反对法国自由党人。)迈松瑟勒很可能以危及国家安全罪被判以重刑。[1]

加缪立即致信议会主席吉·莫来,并发了一封抗议电报给拉科斯

---

[1] 源自让·德·迈松瑟勒和路易·米凯尔。

"加缪是活跃的,具有高度的创造力,即使在法国之外,也处于文学界注意的中心。他被一种真正的道德感激励着,全身心致力于探讨人生最基本的问题……"——安德斯·奥斯林特

特,同时寄给《世界报》一封措辞激烈的信(写于 5 月 28 日,发表于 5 月
30 日)。在这封又一次写给"总编先生"的信里,加缪宣布,他之所以对
阿尔及利亚事务保持沉默,"是为了不再给法国人民增添不幸,也是因
为归根结蒂,他既不赞成右派,也不赞成左派的观点"。但是,对这种
"如此愚蠢和粗暴的,损害法国人民在阿尔及利亚利益的创举",他不
能再继续沉默下去。他认识迈松瑟勒已经有二十年,后者从不参与政
治,唯一的嗜好是建筑和绘画。作为奥尔良维尔市重建工程的负责
人,在别人破坏阿尔及利亚的时候,他却在修复它。只是在最近,他才
投入呼吁平民停战的活动中。这一活动丝毫没有谈判的性质,却是一
个任何人都不会看作有罪的人道主义的提议。一条新闻电讯在谈及
迈松瑟勒被捕一事时提到"组织"。这里涉及的只能是平民休战委员
会,他们还指出,迈松瑟勒属于法国自由党联盟,但难道这也是有罪的
吗?难道从此就由极端分子统治阿尔及利亚了吗?如果这样,吉·莫
来就直接宣布好了!加缪称,他将采用一切可能的手段警告公众,并
要求释放迈松瑟勒,然后弥补对他造成的伤害。

在信末附言中,加缪补充道,据最新消息,迈松瑟勒只是被控轻率
冒失,受理的控告他的罪名不会十分严重。但是,加缪指出,电台和报
纸已经对他造成损害。

信发出后,事情没有丝毫进展。于是,加缪起草了第二封支持迈
松瑟勒的呼吁信,这一次的形式是一篇带有粗体字标题的文章:《统
治!》,它发表在 6 月 3 日、4 日的《世界报》上。加缪援引总督拉科斯特
的话,后者确认对逮捕迈松瑟勒事先毫不知情,并称当局感到十分"痛
心和震惊"。既然这样,仍然关在牢里的迈松瑟勒为什么不能见他的
律师?换言之,法国政府和总督府都无法统治阿尔及利亚!如果说有
过什么阴谋,那是反对当局和破坏法国人在阿尔及利亚的前途的,因
为,假使自由党是敌人,那就是说,法国拒绝将"慷慨的正义力量"融入
它的军队。政府对迈松瑟勒的被捕仅仅表示遗憾是不够的,应该将他
从非法监禁中释放,并补偿损失。而且,加缪指出,政府向埃及和叙利

亚提供武器,它们迟早会用这些武器攻打法国部队。这样看来,究竟谁是叛徒:迈松瑟勒,还是那些将武器卖给阿拉伯国家的人?

对让·德·迈松瑟勒的持久拘押是一个丑闻,一个专横统治的丑闻,而且唯一的责任者是政府。在这里,在直接向公众发出呼吁,并尽一切力量激起公众的抗议之前,我最后一次请求作为责任者的政府立即释放迈松瑟勒,并向他公开道歉。

正如迈松瑟勒后来得知的,议会主席的一个助手打电话给加缪,要求他停止这种宣传活动。加缪拒绝接电话,但请苏珊娜代他答复,只有迈松瑟勒被释放或者他本人被捕时,他才会停止写文章。(6月初,夏尔·蓬塞公务旅行到巴黎,去看望加缪。加缪对他解释道,由于迈松瑟勒的被捕,他与法国政府已经断绝关系,而且,如果前者不获释,他将与他的无产阶级革命的朋友们组织一次大规模游行。)阿尔及尔市总检察长被司法部长召到巴黎,回来后第二天,他就让人假释迈松瑟勒。案子被转到巴黎,加缪在那里雇了一位名律师为他的朋友辩护。但是,迈松瑟勒一直等到戴高乐将军重新执政,才被获准不予起诉。而他恢复职务则又是在好几个月之后。阿尔及利亚独立后,迈松瑟勒(其曾祖父是侯爵,在拿破仑三世时期曾经担任阿尔及尔港指挥官)被任命为阿尔及尔国立美术馆馆长,随后担任阿尔及尔大学城市规划学院院长,直到1975年去法国定居。

勒内·夏尔回到巴黎,加缪可以有机会找他聊一些知心话。因为勒内·夏尔既是一个典型的艺术家,又是一位可靠的朋友。他像运动员般粗壮魁梧。虽然他参与圣日耳曼-德-普雷区的文学活动,但他其实和加缪一样感到厌恶。而且,夏尔也非常理解加缪对法国殖民统治下的阿尔及利亚的感受,以及加缪对威胁阿尔及利亚生存的那些左派和右派的看法。大约就是在这个时期,有一天夏尔对加缪宣布,现在的年轻一代文人使他联想到"栓剂",因此对这一代文人像"栓剂"一样的"溶化"不必大惊小怪。①

　　加缪终于有了一份《修女安魂曲》的译稿,这样他就可以着手进行改编了。他将福克纳的原作(而不是改编稿)交给他的朋友路易·吉尤,后者将小说直译出来——人们称为"怪物",以便加缪修改并编剧。加缪和吉尤工作时,完全撇开伽利玛出版社,请莫里斯-埃德加·库安德勒完成译作。有关加缪的这次改编有很多传言,尤其是为了试图弄清他所做的不少重大改动的起因。因为,如果说加缪改编后的剧本与福克纳的原著不同,那么,由福克纳本人亲自把关编写的英文版剧本也不比它更接近原作,而且两者的某些改动有不少相似之处。是加缪事先得到了这个英文版剧本,还是完全相反,后者从加缪的剧本得到了启发?

　　露斯·福特——演员、福克纳的朋友——将小说改编成剧本,并于1957年11月在伦敦的王宫剧院上演,两年后的1959年在纽约演出。人们都说福特利用了加缪的剧本。事实上,看来更可能是加缪创作时,无意中得到了福特的作品。② 加缪收到一份福特的英文剧本③后认为,既然福克纳和他的朋友在共同创作中觉得某些变化是必需的,那么他利用这些改动也是合情合理的。但是,如果说加缪掌握并使用了同样的修改之处,那么无疑他在此基础上又加以发展。他将对白压缩,以创造一种他的演员们能应用自如的语言;他使人物形象更加丰满,甚至改写了几场戏——例如,在最后一幕监狱戏中,他删减了冗长的说教部分。加缪对在标题中使用"修女"一词十分犹豫,但库安

---

① 源自玛莉亚·卡萨雷斯。

② 商谈与书信往来的先后顺序、《修女安魂曲》不同版本的对比研究,参见伊扎尔、耶罗尼米斯《修女安魂曲》:舞台上下。这两位作者来自密西西比州,当时积极参与田纳西州那什维尔大学剧团,对这部戏的上演情况作了详尽研究。

③ 源自克里斯蒂安娜·富尔。

德勒说服了他,理由是,"修女"具有虔诚的含义,却不一定意味着教义,而其他的词,例如"圣女"就不恰当。库安德勒的译作 1957 年由伽利玛出版社出版,加缪在引言中对他将小说原文所做的处理作了解释。总之,他希望既保留福克纳的风格,同时也不影响他的创作。

为了戏最终能上演,加缪全神贯注地投入了工作。职业生涯中第一次,他不仅为巴黎的舞台写作并编剧,而且他还要亲自导演。将由他来选择演员,找到适合他们的节奏,负责舞台整体效果。他非常认真地对待这些职责,正如 1956 年 6 月 18 日,剧本第一次朗读结束后,他向玛莉亚·卡萨雷斯坦率承认的。

吉安·斯泰万斯一角由著名的电影及古典戏剧演员米歇尔·奥克莱扮演。但是,由于奥克莱在这出戏中有权利选择演员,他不愿意与玛莉亚·卡萨雷斯同台演出。必须另找一名女演员。[①]

那年春天,在哈利·鲍尔夫人的合作者兼男友罗贝尔·塞雷索尔的陪同下,加缪经常去剧院,为自己的戏挑选女主角。他保存着全部节目单,以便将来分配角色时有一份候选人名单。他不仅看了所有的通俗喜剧,还到法兰西喜剧院观摩在那儿上演的古典作品。有时,他们俩甚至去看排练。

5 月的一天,卡特琳娜·塞莱思刚从阿特利耶剧院演出契诃夫的《海鸥》回到家,发现母亲留的一张便条,告诉她阿尔贝·加缪先生打电话找过她,谈有关一个角色的事情。卡特琳娜立刻回电,他们约定在利普餐厅见面。那一年卡特琳娜·塞莱思二十九岁,还绝对不是明星。她知道加缪是位名作家,但她很快觉得加缪对她平等相待,使她在见面后几分钟就感到很放松。加缪把剧本交给她,问她是否愿意接受在《修女安魂曲》中扮演女主角唐普尔·德拉克。如果她喜欢这出戏,那么这个角色就是她的了,用不着试演。

由于卡特琳娜马上要出发去阿尔及利亚巡回演出,她答应看一下

---

① 源自罗贝尔·塞雷索尔、伊扎尔、耶罗尼米斯。

剧本,回来后就立刻告知她的决定。当然,加缪得到的是肯定的答复。第一次排练确定在 8 月 10 日。①

卡特琳娜·塞莱思生于巴黎,父母分别是犹太人和北非人。在德国占领时期,她父亲被关进奥斯维辛集中营,在那儿死去。所幸他事先想方设法将妻子和女儿送出法国到阿尔及利亚,卡特琳娜就在那里,在相对安全的环境中度过了余下的战争时期。卡特琳娜获得过英语学士学位,并专门研究伊丽莎白一世时代的戏剧。但最终她决定,她喜欢演戏甚于研究戏剧。她嫁给一个英国人,并跟他在名著《呼啸山庄》的原型地霍沃思乡间生活了一年。独自一人回到巴黎后,1952年,她在加尔西亚·洛尔加的《血的婚礼》中得到平生第一个角色,然后参加了贝尔纳诺斯的《加尔默罗会修女的对话》的演出,接着又在《海鸥》中出演,直到加缪发现她。

在卡特琳娜·塞莱思身上,加缪发现了某种崭新的东西:一个有教养的从事戏剧的人,了解戏剧的历史和文学并对之感兴趣;一个能够和他讨论各种话题的人。她既可以作为加缪的演员,也可以是加缪晚餐的邀请对象,而且,她还能对加缪的戏剧事业有所帮助。她可以朗读加缪为下一出戏选择的剧本;她可以倾听加缪谈论他写的作品。加缪能在他的落脚处十分严肃地接待她。当然,加缪也遇到过其他完全有能力与他交谈的旗鼓相当的合作者,但何必再费心去找呢?卡特琳娜十分迷人,有一双明亮的眼睛,而且(当然)和他一样是地中海人。

在此期间,加缪满怀热情地重新投入工作,争取尽快完成《流放与王国》中的短篇。但是阿尔及利亚接二连三有人来访,向他通报迅速恶化的局势;在很短的时间里,他先后接待了来访的十多位使者②,写作一再被打断。眼下他准备前往"巴勒莫",也就是他在索尔格岛的隐

---

① 源自卡特琳娜·塞莱思。

② 源自玛莉亚·卡萨雷斯。

居处,不料出发前夕发生了一桩他不能袖手旁观的事件:波兰工人不堪忍受他们的生存环境,奋起反抗,遭到当局的血腥镇压。"这绝不是一个正常的社会制度,假如工人阶级只能在苦难或死亡之间做出选择。"加缪7月13日在《自由射手报》头版上撰文抗议。(他还在请愿书上签名,声援被捕的工人。)接着他离开巴黎,来到索尔格岛,精神极度疲惫,正如他对一位朋友坦诚相告的。①

不过他已经下了决心,离开巴黎到普罗旺斯积极工作。首先敲定《修女安魂曲》的导演计划,因为8月10日他必须交稿。但加缪也希望开始写萦绕脑际(和日记)多时的那部雄心勃勃的小说《第一个人》。② 到那儿不久以后,他校完了《修女安魂曲》改编稿。该剧9月份在马杜兰剧院上演,伽利玛出版社将同时发表剧本。③

与此同时,他对短篇小说进行修改润色——但是他不知这些短篇是否符合自己的初衷,依然提心吊胆。④ 他原本准备发表《流放与王国》,但由于《堕落》的销售势头依然不减,而且整个秋季读者注意力集中在各种文学奖上,加缪认为12月份出版《修女安魂曲》更为合适。⑤ 但在伽利玛出版社付印他的短篇之前,加缪又讨回文稿,待《修女安魂曲》公开演出后,在10月份最后过目一遍。《第一个人》也开始写了吗? 没有,他还未准备动笔,但发誓要于10月份动笔。⑥ 那年夏天,他把母亲接到索尔格岛,度过了一个炎热而孤独的夏天;8月初,他送母亲登上了回阿尔及尔的飞机。

---

① 源自夏尔·蓬塞。

② 源自玛莉亚·卡萨雷斯。

③ 源自雅尼娜·伽利玛。

④ 加缪在给夏尔的一封信中流露出当时他对《流放与王国》的担心,出版社认为这封信写于1956年7月21日:"我写得越多,心里就越没有把握。在一个艺术家的前进道路上,夜色越来越浓重。最后,他在一片黑暗中死去。我唯一的信念就是光明依然在他的心中,在里面,他看不见,但它依然在闪耀。但是怎么能确定呢……?"(收录于"七星文库"版加缪文集)

⑤ 源自雅尼娜·伽利玛。

⑥ 源自玛莉亚·卡萨雷斯。

加缪和他的双胞胎孩子

　　加缪总是设法在每年暑假在孩子们身边生活(至少)一个月。他清醒地意识到自己的作用及孪生儿女需要父爱。由于他经常来看望孩子,所以同女儿的关系很好。卡特琳娜像父亲一样充满了活力,他注意到女儿的笔迹和思维方式同他相似。加缪与儿子的关系稍稍逊色,也许是因为他对儿子期望更大。加缪感到儿子很有天赋,不想眼看这些天赋被糟蹋了,因此他对儿子很严厉。而儿子让呢,他一天天长大,越来越像父亲。他继承了父亲的腼腆、反讽,还有父亲的反应能力(和迟钝)。他们俩一起出门时,让甚至穿着一件同父亲极相似的风衣。让体质柔弱,但最后还是卡特琳娜更让加缪操心,因为有一次女儿得病,被诊断患了风湿性关节炎。(对医院由来已久的恐惧又袭上加缪心头;他不允许送卡特琳娜去医院检查,于是只好把全套设备运到玛达姆大街,在家里做检查。)

　　加缪和妻子尽量减少作家阿尔贝·加缪的声誉可能给孩子们带来的影响,但父亲的声誉最终还是传到了孩子们的耳中。有一天吃晚饭,加缪因家庭琐事对儿子发火,责令儿子离开餐桌去睡觉,儿子边走边嘟囔:"晚安,没名气的小作家。"[1]

　　排练在 8 月 10 日准时开始。加缪首次独自执导一出戏。事实证明他是一个讲究现实的导演,不受任何理论的条条框框的限制。新的女主角注意到形体动作在这部戏中的比重很高。当时存在两种戏剧流派:法国派主张一切通过语言来表现,俄国派则注重深刻揭示人物心理活动。加缪兼收并蓄,并加上形体动作。后来这位女主角发现,年轻导演们 70 年代在巴黎采用的表演手法与加缪如出一辙。加缪不作抽象的舞台提示,而是跳上舞台——从来不走台阶——亲自示范,轻松自如地表明自己的创作意图。他不仅尊重剧本,而且尊重演员,

---

① 源自克里斯蒂安娜·富尔。

与她之前认识的导演截然不同。① 他的导演激情饱满,力求一次成功,似乎第二天就是总彩排。其实排练的时间很快延长至每天 10 小时,排练结束之后他还得同置景工一起工作,因为他对这一方面的情况不熟悉。他不知道聚光灯的使用标准化的编码系统,心里总纳闷,换根保险丝怎么花那么长时间。

为了节约时间,加缪在剧院对面简朴的阿弗尔-特龙谢饭店订了一个房间,因为到了后来,他们每晚排练到深夜(按照规定,下午 1 点至凌晨 1 点为排练时间;为了稍微分散一下他的注意力,苏珊娜·阿涅莉把信函送到剧院,就地等他回复)。排练几小时之后,他还能跳上跳下,对演员进行指导,还洋洋得意地说:"你们看,我还有劲。"他认为舞台是锻炼肌肉而非大脑的地方。"那是一个用形体来讲述的高贵的故事。""你只消从舞台上走过,说出你的台词,"他告诫一位演员说,"情感自然会出来。"如果发现演员感觉不好,他便改写台词。② "不要有心理活动,"他同卡特琳娜·塞莱思说,他似乎很放心地将唐普尔·德拉克这个角色交给这位棕色头发、身材矮小的女演员,也并不担心让一位矮胖的演员扮演高个子的美国人。他如果重视这些细节,就等于接受心理现实主义,而他对此不屑一顾。加缪告诉大伙,唐普尔这个角色像一团毛线,随着剧情逐步展开,即使到了剧终,还是依然故我。③

他经常抱怨马杜兰剧院舞台太小,他被迫不断妥协,无法随心所欲地发挥,有几个演员也令他很失望。在排练的最后几周,他每晚睡眠不超过四小时。演员们准备就绪,但这个火柴盒一般大小的剧院做好准备了吗?④ 他对自己的作品实在没有信心,他请求塞雷索尔答应,

---

① 源自卡特琳娜·塞莱思。

② 源自罗贝尔·塞雷索尔、卡特琳娜·塞莱思、苏珊娜·阿涅莉。

③ 源自卡特琳娜·塞莱思。

④ 源自玛莉亚·卡萨雷斯。

不管观众的反响如何,让他演满一百场。在 1956 年 9 月 22 日的彩排之前,演员们进行了整整四次着装排练,这样排练的总次数高达七十次,加缪始终十分尊重演员。

观众的反应热烈,出乎他的意料。头天晚上观众似乎凝神屏气——加缪也感到剧场的情绪步步高涨,直到落幕时,观众才情绪迸发,尽情宣泄(观众的反应每晚都是如此强烈——泪水伴随着欢呼),票房收入的成功不言而喻。① 剧院共有 497 个座位,最初几周里许多观众只好席地而坐。他们每晚售出 530 张票,只好临时雇人售票。从此《修女安魂曲》成为鲍尔-塞雷索尔时代马杜兰剧院最成功的作品之一。这部戏在两个季度时间内,每晚场场爆满,要不是加缪希望演员们作巡回演出、更多赢利的话,到了预定的结束日期(1958 年 1 月 12 日),完全可以继续演下去。1957 年元旦过后,加缪 1 月 4 日收到了威廉·福克纳的电报:“新年伊始,谨向您表达我的良好祝愿,祝贺您与我作品的合作成功。”加缪后来说《修女安魂曲》是他的中学毕业文凭,而《群魔》则是他获得的大学教师学衔,而他的下一部作品,如果有生之年能够排演的话,那将是他的博士论文。②

评论界一片喝彩,这一次,加缪的戏剧作品总算在巴黎获得舆论界一致好评。《费加罗报》眼光挑剔的批评家让-雅克·戈蒂埃的评论是这样开头的,“终于有了一个令人感兴趣的夜晚”,他盛赞加缪的戏剧改编及导演,誉为“谨慎而朴实无华”;他喜欢演员的表演,尤其是那位“年轻率真的悲剧演员”卡特琳娜·塞莱思。《快报》称“她的表演独具特色”,“激动人心”。“那是一个新发现?”评论家莫尔旺·勒贝克这样写道,“不,简直是一个轰动。”甚至连《法兰西观察家》的评论也很积极,赞誉加缪是一位伟大的作家和戏剧家,还为卡特琳娜·塞莱思倾倒,认为她“从此在同时代演员中名列前茅”。加缪也十分赞赏这位

---

① 源自玛莉亚·卡萨雷斯。
② 源自卡特琳娜·塞莱思。

戏剧新人,同时依然赞赏玛莉亚·卡萨雷斯的表演,这部戏是为她而写的。他很想导演别的戏,但他明白玛莉亚不会再留下来了。

这几周劳累造成的后果是可以想象的,加缪染上重感冒,病倒了。七十次紧张的排练之后,他忽然感到无比的孤独和消沉。按理说巴黎首演成功令人高兴,而他却感到极度沮丧、漠然,像一匹老马狂奔后四肢乏力,瘫倒在地。玛莉亚·卡萨雷斯随法国古典剧团赴苏联巡回演出。尽管状态不佳,他又一次修改——也是最后一次——《流放与王国》中的短篇小说,然后在 10 月初交给了出版商。他参加了一项声援另一位西班牙人反抗政府统治的活动,10 月 30 日在庆祝西班牙共和派国家领导人和著名的历史学家萨尔瓦多·德·马达里亚加的七十岁生日的集会上发言,集会的发起人是政治倾向不同的流亡海外的朋友们组成的一个委员会。那是"充满西班牙式激情的讲话",加缪的西班牙崇拜者给予了这样的评价①,加缪为毫不畏惧极权统治的自由主义作了辩护。在描写马达里亚加的同时,加缪表明了自己的观点。②

他的讲话还涉及另一个主题,"匈牙利学生和工人英勇而震撼人心的反抗"。因为那里悲惨的局势不能不引起加缪的关注,加缪无法保持沉默……

10 月 23 日,匈牙利人民起义反抗共产主义政权和苏联占领,成为载入史册的时刻。加缪在集会上发言赞扬马达里亚加之际,苏联尚未发起镇压匈牙利起义的还击。匈牙利起义者组建新政府,各地纷纷成立工人革命委员会,管理当地事务。人们曾以为这个国家被极权统治的枷锁所桎梏。但是苏联于 11 月初开始出动坦克。

11 月 8 日,在苏联进攻军队粉碎匈牙利起义政权前夕,加缪收到了逃亡的匈牙利作家发出的电报,其中包括在慕尼黑收听到的匈牙利

---

① 源自费尔南多·戈梅·佩拉埃。

② 收录于"七星文库"版加缪文集。

起义者的广播呼吁书：

　　全世界的诗人们、作家们、学者们，匈牙利作家向你们呼吁，请倾听我们的呼吁。我们在街头浴血奋战，争取祖国的自由，争取欧洲的自由和维护人类的尊严，我们即将死去。但我们不应该白白地牺牲，在这最后时刻，我们以将面临灭绝的民族的名义，向你们求救，加缪，马尔罗，莫里亚克，胡塞尔，雅斯帕尔，埃诺迪，T.S.艾略特，凯斯特勒，马达里亚加，希梅内斯，卡赞扎基斯，拉格尔克维斯特，拉克斯内斯，海塞和其他许多精神上的战士……请你们行动起来……

　　加缪立刻回应了一封电文，交给他最喜欢的日报《自由射手报》（主编是乔治·阿尔特曼）发表。这家报纸 11 月 9 日刊登匈牙利作家们的呼吁书，第二天发表了加缪的答复。由于这份通过电台播出的电文指名道姓地提到加缪，尽管加缪在那段惊心动魄的日子里深感自己回天乏术，但是他还是认为应该以个人的名义做出响应。联合国在多年等待之后终于找到办法介入中东事务，对镇压匈牙利革命的行径却听之任之，就像二十年前任人镇压共和的西班牙一样。这一次，加缪请求所有被呼吁书提名的作家联合请愿，敦促联合国大会关注灭绝匈牙利民族的屠杀。如果请愿书遭到拒绝，签名作家保证断绝与联合国及其文化组织的来往，而且在一切场合揭露其懦弱卑鄙的行径。加缪也请求每一位欧洲作家征集知识分子的签名，将这些签名寄往联合国秘书处。①

　　两天以后，《自由射手报》发表了首批来自法国的签名名单：勒内·夏尔，皮埃尔·埃马纽埃尔，朱尔·鲁瓦，以及马奈斯·斯佩尔波，还有意大利的作家吉罗·皮奥维纳和伊尼亚齐奥·西洛内。11 月

---

① 收录于"七星文库"版加缪文集。

23 日法国学生集会抗议苏联干涉,加缪发去电报:"……请牢牢记住我们刚刚经历的一切,"他这样写道,"为的是忠于自由,忠于自由的权利和义务,也为了永远、永远不接受某个人,无论他地位多高,或某个政党,无论它的力量多强,代替你思考并支配你的行动。"①

匈牙利事件在法国(及其他地方)激起无数反响,至少持续了一年。加缪参加许多公开活动,让人们牢记这一事件,努力保护因为让人们记住这一事件,尤其是为了保护因参加反抗运动而惨遭镇压的匈牙利人。

尽管加缪几度表达了退出政治舞台的愿望,他还是密切关注着阿尔及利亚,只是比以前更谨慎。当夏尔·蓬塞向他提起一位朋友被怀疑参加共产党,遭到逮捕,其实这位含辛茹苦抚养四个孩子的鳏夫与共产党不沾边(不过有位家属是共产党员)时,加缪答应给予帮助。这一次不是写文章,因为他已经放弃进行公开干预,而是以私人名义相助。这位朋友不久便获释,其中有加缪的部分功劳。他也提供一种更冒险的帮助。在法国本土的民族解放阵线的秘密负责人穆罕默德·莱雅乌伊住在巴黎。加缪同他在奥加尔共进午餐,他们要了"古斯古斯",莱雅乌伊知道加缪最爱吃这个菜。莱雅乌伊在谈话中注意到加缪在这一年中走过了漫长的历程,他更理解阿尔及利亚人的愿望。莱雅乌伊相信民族解放阵线能够同加缪保持良好的关系,他的智慧及他对阿尔及利亚的爱本来会使他进一步贴近民族解放阵线。但是莱雅乌伊不久就遭到逮捕,直到阿尔及利亚解放才出狱。他还记得离开餐馆时,加缪拽住他的胳膊,给他留下自己家的地址,他说:"我的家就是您的家,您随时可以到家里躲避。"②

---

① 收录于"七星文库"版加缪文集。

② 莱雅乌伊《阿尔及利亚革命的真相》。阿马尔·乌茨卡那也跟加缪透露过自己与民族解放阵线的关系,他记得加缪主动提出,可以藏匿平民停战委员会中的一位民族解放阵线成员。1956 年 4 月至 1958 年 1 月,乌茨卡那处在地下活动状态,随后被逮捕入狱,直至 1962 年 4 月被释放,因而跟加缪不再有任何联系,比如莱雅乌伊所述的加缪为他留下住址这一幕,他就不在场。

第四十四章

诺贝尔文学奖

> ……如此枯竭的文思，这突如其来的迟钝，深深打击着我。
>
> ——致勒内·夏尔的信①

尽管加缪时刻牵挂阿尔及利亚事态发展，频频斡旋，尽管他为法阿关系每次恶化而痛心，可是依然有人对他横加指责——远没有结束的迹象——指责他对阿尔及利亚问题保持沉默。究其起因，在于加缪曾声明保持沉默，结果让对手抓住把柄，借题发挥，他的实际作为和成果被一概抹杀。加缪在笔记中屡次试图说明沉默的理由。"我拿定主意，在阿尔及利亚问题上不表态。"他在一则笔记（1957 年 2 月）中写道："阿尔及利亚面临不幸，有些人连篇累牍，胡言乱语，我不想雪上加霜。"这究竟是草稿，还是一封没有发出的信？加缪继续写道："这一点上，我的立场没有变，我理解、钦佩为解放而战的勇士，但是对杀戮妇女儿童的屠夫，我只有憎恶。"②因为阿尔及利亚独立战争中的正规作战不多，大多为零星的遭遇战、偷袭以及在公共场所制造爆炸。

毋庸置疑，加缪忘不了阿尔及利亚危机。战争加剧使他非常痛

---

① 源自"七星文库"版加缪文集。
② 源自"七星文库"版加缪文集。

苦,忧心如焚,在他去世前的最后三年没有丝毫缓解。虽然加缪对报界保持沉默,但是他经常在力所能及的地方、在他能够直接出力的场合采取行动,有时是应人请求,更多的是自告奋勇。

加缪曾应意大利《现代》杂志邀请,回答过知识分子在当代社会的作用问题。这篇答记者问比较短,1957 年 4 月也在伦敦的《文汇》杂志——《现代》杂志的同行——上发表。[①] 这本英国杂志的一名读者致函加缪,请他阐明对"法国在阿尔及利亚战争"的立场。加缪的回信发表在 6 月份的《文汇》杂志上。他在信中表明自己赞成宣布结束阿尔及利亚的殖民地位,拥护召开由各派力量参加的会议,考虑按照瑞士模式,建立独立的联邦制国家,保证生活在这个国家的两个民族享有各项权利。但是他说,他不能走得更远。他不能加入阿拉伯游击队,也不能支持恐怖主义,他们袭击阿拉伯平民百姓超过袭击法国人。他不能在谴责法国实施镇压的同时,对阿拉伯的恐怖主义保持沉默。

加缪反对以事业需要为幌子而滥杀无辜。他的仇敌曾经而且继续称那是加缪逃避战争的遁词。但是了解加缪生平的读者知道那不是他的权宜之计。他未曾谋面的父亲把对死刑的憎恨传给了他。到了斯大林恐怖时期,这种憎恨指向预谋的、"合法的"谋杀,表现在《反抗者》和《正义者》中。如今,1957 年初,他写了一篇抨击死刑的文章。马尔罗的朋友马奈斯·斯佩尔波计划出一本书,收入阿瑟·凯斯特勒的《关于绞刑的思考》(已经在伦敦的《观察家》周刊上发表)和加缪的文章。[②] 加缪同意了。2 月底他已经埋头批阅与血腥的死刑史有关的材料及其法律体系。他再次感到难以下笔,更因为当时写的内容十分压抑。[③] "真奇怪,这种数月来时时煎熬我的苦楚。"他 3 月 3 日给夏尔

①　还载于让·布洛克-米歇尔主编的《明日》周刊。该刊发表的法语原文被收入"七星文库"版加缪文集。

②　源自马奈斯·斯佩尔波。

③　源自玛莉亚·卡萨雷斯。

的信中这么写道。①

马奈斯·斯佩尔波也请加缪当时的一位密友让·布洛克-米歇尔撰写长篇引言以及研究法国体系的论文。让·布洛克-米歇尔在引言中明确指出，阿瑟·凯斯特勒的文章写在英国发动废除死刑宣传运动之后，这场运动导致议会辩论，最后表决通过废除死刑。加缪写《关于断头台的思考》的背景不同，他补充说，那是一种冷漠的背景。这本书最后出版时，阿瑟·凯斯特勒的文章达 92 页，加缪的文章不足 60 页；本书的结尾是布洛克-米歇尔研究死刑的论文和对其他国家经验的分析。就在此书出版的同时，加缪的文章在《新法兰西杂志》分两期发表（1957 年 6 月和 7 月）。

与此同时，加缪的注意力转向别的问题——当然是西班牙，还有匈牙利。3 月 15 日，在瓦格拉穆大厅举行集会，抗议苏联入侵匈牙利，加缪与会发言。"二十年前的西班牙，就是匈牙利的今天。"

> 我很遗憾，在这点上只能再次扮演预言者的角色。某些同行不知疲倦，萌发新希望，我只能泼点冷水，因为独权专制的社会不可能演变。恐惧不会变，断头台不会松动，绞刑架不会宽容，只会变本加厉。世界上无论何处，独揽大权的政党或者个人都独断专行，无一例外。②

《流放与王国》终于问世了。加缪在署名的"请予刊登"中指出，这六个短篇小说的主题是流亡，从内心独白到真实叙述，阐述方式各不相同。小说一气呵成，尽管分别做了修改和加工——绝妙的婉转表达！至于书名中的"王国"：

---

①　源自"七星文库"版加缪文集。
②　源自"七星文库"版加缪文集。

　　　　它与我们刻意寻找某种自由率真的生活相吻合，最终获得了
新生。流亡以其特有方式，给我们指出通往王国的道路，唯一的
条件是我们善于在这个过程中同时拒绝奴性和专横。①

　　读者反应平平，不温不火。无人认为这是加缪的巅峰之作，但是
一位目光犀利的评论家敏锐地洞察这些短篇在加缪全部作品中的意
义："加缪以前的作品都将某种思路推到极致。"加埃唐·比孔写道，
"这儿，我们被领到日常生活的中间地带，杂乱无章，难分界线……"②
　　与此相反，每当加缪谈及道德问题，像发表《关于断头台的思考》
时那样，他的老对手弗朗索瓦·莫里亚克便忍不住发难。莫里亚克当
时依然在《快报》主持专栏，他在 7 月 15 日的手记上写道：

　　　　阿尔贝·加缪在《新法兰西杂志》上撰文，反对死刑，符合我
　　由来已久的想法和信念。可是为什么读着他的文章，我却那么闷
　　闷不乐呢？

　　经历西班牙内战和纳粹屠杀犹太人之后，莫里亚克认为白种人，
无论是基督徒还是他们的后裔，都无权谈论死刑。"我担心，讨论死刑
将转移思想界精英对更为棘手的问题的注意力"——莫里亚克就这样
无情地攻击比他年轻的对手。"在严刑拷打卷土重来时奢谈废除死
刑？瞧你，说话要有点逻辑头脑，加缪！"③
　　加缪在《明日》周刊的朋友们随即还击："弗朗索瓦·莫里亚克的
罪孽。"④

----

① 源自"七星文库"版加缪文集。
② 《法兰西信使》，巴黎，1957 年 5 月。
③ 《快报》，巴黎，1957 年 7 月 12 日。
④ 《明日》，巴黎，1957 年 7 月 17 日。

　　1957 年 6 月,加缪再次答应替马杜兰剧院担任昂热戏剧节导演。他对玛莉亚·卡萨雷斯说,这是他的"巴拉卡"(阿拉伯语,意即"神赐的恩惠"),可是这个"巴拉卡"上演了不下七十场……①那年,他为戏剧节选了两部戏:他自己的《卡利古拉》和洛佩·德·维加的《奥尔梅多的骑士》,剧本由他自己翻译。他和玛莉亚·卡萨雷斯逐字逐句重读剧本,1959 年冬天的最后几周修改译文,做必要的添词处理、段落加工,使之更加容易被现代观众理解。按计划,4 月份做准备,5 月份排练。(他再次答应,忙完戏剧节后就动笔写《第一个人》,也就是 7 月份。)

　　然而,4 月份政府邀请他去表明立场。原来由于警方、军方在阿尔及利亚到处恣意施暴,揭发报告蜂拥而至,迫于自由民主人士的压力,吉·莫来决定成立一个委员会,负责调查触犯民法、滥用刑法以及残暴案件;思想界和法律界的知名人士应邀参加这个委员会,加缪是其中之一。

　　加缪复信拒绝参加。他 4 月 25 日给吉·莫来去信,信中指出,委员会旨在保障个人权利和自由,但是它的权限不明确,委员会成员根本不知道他们将干些什么,却要他们接受任务。这样的事,他决不接受。只有当委员会成员能够全权调查,能够完全自主——包括不受政府干预——地行动时,他才同意加入。否则,他担心观点不一将导致委员会分裂,这样非但不能澄清事实,反而加剧混乱,"为我国目前的分裂和软弱而感到痛苦的人,对这样的前景,连想都不敢想"②。

　　没人抗议说加缪拒绝加入调查委员会是为了避免表明自己的立场。孟戴斯·法朗士从心底里说,他赞成加缪保持距离,因为成立调查委员会只是为了掩盖真相。③

---

①　源自玛莉亚·卡萨雷斯。

②　收录于"七星文库"版加缪文集。

③　源自皮埃尔·孟戴斯·法朗士。

但是,当加缪得知(也是在 4 月)阿尔及尔自由人士委员会伊斯兰委员穆卢德·马姆利失踪的消息,他立刻与埃马纽埃尔·罗布莱斯联络,打听情况,准备提供帮助。原来,身为作家和教授的马姆利,在自由人士主办的《阿尔及尔希望报》上撰文(未署名)后,遭到警方追捕。在此之前,马姆利已经有嫌疑,特别是因为他的弟弟在反抗阵线。然而马姆利已经脱险。他离开阿尔及利亚,到达摩洛哥,不需要加缪的任何帮助了。①

有一次,罗布莱斯来巴黎告诉加缪,一位伊斯兰朋友的弟弟朝一个激进党分子开枪,对方安然无恙,而他弟弟却被判处死刑,所以向加缪求援。当时戴高乐将军已经重新掌权,恰巧约见加缪。加缪拉开抽屉,指着一沓信对罗布莱斯说:"这些都要交给戴高乐,把你的材料给我。"这之后,加缪告诉罗布莱斯,伊斯兰年轻人极有可能获得大赦,事实果然如此。② 加缪的材料中包含许多在戴高乐执政前后与法国政府的信函往来,恳求对伊斯兰人和团体从宽发落。③ 加缪成为他的朋友——伊夫·德舍泽勒律师——的重要支柱:凡是适合加缪斡旋的案子,都源源不断地送给加缪;而加缪的唯一祈求,是不让外人知道他起的作用。

如今他一天只去两个地方,上午在夏纳莱伊街公寓工作,下午去伽利玛出版社,他在那儿拥有电话、公开的地址,尤其有一位忠心耿耿的女秘书。他在伽利玛出版社负责安排阅读手稿,权限略有缩减,但是始终出席在大学路大厦圆形大厅举行的审稿委员会会议。大厅面

---

① 源自埃马纽埃尔·罗布莱斯。加缪去世很久之后,在一次电视采访中,马姆利(更希望把自己的名字写成 Mamri)指出,加缪尽管很伟大,但是摆脱不了自己身为"黑脚"法国人的处境。精神上再努力,他还是不起眼的白人的儿子。他还补充说,加缪作品中没有穆斯林,他对此无动于衷,这恰恰从侧面表现了他的真诚。(源自《阿尔贝·加缪》,塞西尔·克莱瓦尔导演,1974 年 5 月在法国电视二台播放)马姆利未提——也许他不知道——加缪 1957 年曾想帮助他的愿望。

② 源自埃马纽埃尔·罗布莱斯。

③ 源自阿尔贝·加缪夫人。

临花园(那是伽利玛的办公室,每次开会都得添椅子)。①

办公室成了他的避难所,特别当家事烦心的时候。他常常说:"这儿是我的绿岛,可惜住的都是些星期五。"②其实他在那儿并不十分快乐,几次三番说要离开。这个心愿在他去世前三个月几乎就能实现:他的叛逆思想与思想同样反正统的米歇尔·伽利玛——加斯东的侄子——至少合了一次拍,米歇尔·伽利玛计划创立一家完全属于他的出版社;也许他们俩会携手创社。③

加缪很喜欢在钱的问题上与伽利玛兄弟打趣——称自己遭受"盘剥",但对自己作品的印数漠不关心。其实,他和马尔罗以及众多大作家一样,大部分的稿费都存在出版社,所以人们常说这些大作家是出版社的银行老板。加缪去世时,他的稿费账上余款很多。他的生活方式使他花销很大:午餐总是由他付账,敲他的"竹杠"太容易了。伽利玛所付的工资,和其他文学顾问一样,很微薄;如果单靠这份工资,他是没法如此慷慨的。但是加缪从没打算多要薪水,在伽利玛看来,既然他的稿酬越来越高,也就根本不需要提薪。加缪甚至主动对他们说,他不想与他们谈薪水,他希望保持随心所欲度长假的自由。

6月初,戏剧节开幕前两周,他驾驶那辆黑色"雪铁龙",和让-皮埃尔·若里斯等人一起去昂热市。两出戏他们在巴黎准备过了,现在开始实地排练。《奥尔梅多的骑士》定于6月21日、23日、26日和29日演出,《卡利古拉》的演出定于22日、25日、27日和30日,都是21点30分,天黑后演出。在洛佩·德·维加的戏中,米歇尔·埃尔柏演被可恶的情敌夺去生命的骑士;若里斯演叛徒唐·洛德利戈;其他主要演员有让·皮埃尔·米莱伊、多米尼克·布朗夏尔。《卡利古拉》的主

---

① 源自苏珊娜·阿涅莉。

② 源自玛莉亚·卡萨雷斯。

③ 源自雅尼娜·伽利玛。

要演员有演主角的米歇尔·奥克莱、若里斯和埃利贡。

　　问题从排练一开始就冒出来。加缪与主持戏剧节工作的马杜兰剧院关系不和。布景没有按时完成，排练是在一片嘈杂的锯刨榔头声中进行的。跑龙套的配角在正式开演前两天才到位，演员们被迫排练到凌晨3点，而同一角色他们已经反复操练近两个月。首场演出给一场大雨浇得十分扫兴，尽管加缪聘请剑师辅导武打段子，若里斯的脚还是被剑戳伤，第二个演员伤了手腕，第三个演员被匕首扎伤。此后，演员们都戴着从警察摩托队借来的手套演戏。

　　还有——这件事反响更大，加缪与他的卡利古拉——米歇尔·奥克莱——不和。照加缪本意，卡利古拉这个角色应该给若里斯演，但是剧院上层要求启用名声较大的演员，他只能录用奥克莱。表面上看，是两人的性格冲突导致加缪与奥克莱格格不入。浪漫的塞雷索尔认为是地中海性格与斯拉夫性格的冲突。其实，真正原因在于奥克莱自恃名声显赫，不愿意听从加缪指挥。他私下对人说："他得回去写他的剧本，不要插手舞台导演。"[1]

　　首演冒雨进行，但一切顺利。雅克·勒马尔尚在《费加罗文学报》上写道：

> 　　整场戏充分利用古堡的全部空间和壮丽造型，将这部雄浑的故事演绎成金碧辉煌、色彩斑斓的艺术挂毯，诙谐的细节琳琅满目，在惊心动魄的历险之余，让人陶醉。

　　《卡利古拉》的名气不大。观众人数依然不减，不过大学生占多数。大多数观众显得手足无措，因为他们期待的是一部传统的古典剧——那是历届艺术节的惯例——而不是一部悲怆的哲理剧。巴黎一位剧评家指出，与1954年钱拉·德·菲力浦主演的卡利古拉相比，

---

[1]　源自让-皮埃尔·若里斯、让·布洛克-米歇尔、罗贝尔·塞雷索尔。

奥克莱显得"凝重"些。年轻人成熟了,作品也增加了人情味。当然,变化的不仅仅是演员;戏本身也有变动。加缪削减了卡利古拉的独白,充实埃利贡的台词,突出卡利古拉的模棱两可(加缪作品的评论员看出了一些《堕落》的影响)。这部经过改编的新戏,第二年初在巴黎上演,同时还成书出版。

在巴黎,需要关心的阿尔及利亚事务越来越多。伊夫·德舍泽勒及其女助手吉泽尔·哈利密向他求援搭救一位伊斯兰人,那人被指控杀害一位住在阿尔及尔的法国名人。加缪同意了(在当时的阿尔及尔,保护被指控为恐怖分子的穆斯林是要有勇气的,暴力事件愈演愈烈,法国军队准备展开"清扫"行动,也就是阿尔及尔战役;德舍泽勒和他的一位证人莫里斯·克拉维尔生命受到威胁,由于极端分子当时忙于骚扰那天被驱逐的大学系主任,他们才从城里逃出来)。①

德舍泽勒在 7 月和 9 月,再次分别向老友发出呼吁。他告诉加缪,三名伊斯兰战士在巴尔贝鲁斯监狱上了断头台——加缪的父亲曾经在同一监狱目睹同样的处决;德舍泽勒恳求加缪公开发表声明,以免今后以镇压恐怖分子为借口滥杀无辜。加缪致函科迪总统,请他实行更为自由的大赦政策,总统助手转告加缪,他们正在重新考虑。他10 月再度给科迪去信,有人答复称将考虑他的请求。②

夏天到了,他动身去科尔德稍事休整。那儿曾是中世纪纯洁教派的堡垒,也是一个宁静的村庄,离阿尔比二十五公里。他来过科尔德。依山而筑的古朴建筑,它的大门,城堡的圆形塔楼,狭窄陡峭的石巷曾使他流连忘返。加缪还应克莱尔·塔格拜邀请,在露天剧场看了一出戏。克莱尔·塔格拜早年曾在阿尔及尔掌管夏洛书店。后来,她写了一本书,介绍这座古老的村庄,加缪欣然作序,用诗一样的语言赞美科尔德:

---

① 源自伊夫·德舍泽勒。
② 源自阿尔贝·加缪夫人。

　　……站在科尔德的露天平台，眺望夏夜，游人知道无须走得更远，只要他愿意，这儿的美景，将日复一日荡涤他所有的孤独。①

　　克莱尔·塔格拜与女友合伙，将哥特风格的小城堡改成骑士旅馆。加缪是最早光顾的客人之一，"红色客房"从此以加缪的名字命名。② 1957年夏天，他在科尔德举行了名副其实的戏剧讨论会。他和玛莉亚·卡萨雷斯一起，邀请刚刚离开法兰西喜剧院的让-皮埃尔·若里斯，前来讨论戏剧发展计划。他们还找来住在附近城市的卡特琳娜·塞莱思。加缪告诉他们自己正在改编《群魔》（不过他也跟别的朋友说过，在科尔德期间其实很少干活，因为他尤其需要休息；他觉得舒服自在，睡眠基本上正常了，多年来还是第一次）。③

　　加缪告诉若里斯，他计划在巴黎上演《卡利古拉》。这次，加缪执意请若里斯演主角。暮色时分，他们常常沿城墙结伴散步，坐在古墙上，眺望落日的余晖。有一次，加缪向村长借了钥匙，领他们去数公里之外的小教堂，看里边供奉的基督雕像；很显然，他已经来过这儿。只见他不经意地说了句："我，我觉得这个很美。"接着，他突然话锋一转："咱们不会没完没了地陶醉，不过，你们得好好看看它。"④

　　这一次，他铁了心为自己干。他迫切希望亲自指挥自己的剧团，享有完全的独立，他指望说服米歇尔·伽利玛大干一场。⑤

　　在巴黎稍事逗留之后，加缪带上一对双胞胎，去索雷尔见米歇尔·伽利玛。可是他依然没有动笔写作，别人隐隐约约感到他多了

---

①　克莱尔·塔格拜《科尔德》，爱德华·普利瓦主编的彩色丛书"法国名胜"之一，图卢兹，1954年。

②　源自克莱尔·塔格拜。

③　源自雅尼娜·伽利玛。

④　源自让-皮埃尔·若里斯。

⑤　源自雅尼娜·伽利玛。

一份忧愁。9月17日,他在给勒内·夏尔的信中写道:"我们俩很相似,我知道,人在某种情况下,会萌生销声匿迹的念头,说到底,是希望自己啥也不是。"接着他又写道,"我对今年夏天寄予很大期望,结果却是一事无成。如此枯竭的文思,这突如其来的迟钝,深深打击着我。"①

就在这时,加缪被授予诺贝尔文学奖,犹如锣声炸响,盖过他文思枯竭的自白。把诺贝尔奖授予加缪,完全是瑞典科学院的选择,因为加缪不是任何重要团体推举的候选人,再说人们普遍认为诺贝尔奖旨在褒奖一位作家的毕生创作及其作品。加缪年仅四十四岁,而且法国当年一共提出九位诺贝尔文学奖候选人。比方说马尔罗,他曾受到法国和瑞典一些著名文学社团的鼎力推荐,许多人认为文学奖非他莫属;他赴斯德哥尔摩作画家伦勃朗专题报告时,人们向他热情欢呼,连瑞典国王都亲自出面接见。但是诺贝尔委员会选中了加缪,着实有些出人意料,就像二十年前选中马丁·杜·加尔,而没选他的师长纪德一样。纪德又苦苦等待了十年方才获奖。1957年的候选人中间有日后都荣获诺贝尔文学奖的鲍里斯·帕斯捷尔纳克,圣-琼·佩斯和萨米埃尔·贝克特,以及芬兰作家梵诺·里纳。②

加缪料到自己获奖吗?肯定想过几天,但是会想到这么快就获奖吗?他的美国出版商布朗什·克诺夫8月从斯德哥尔摩来巴黎看他,告诉加缪,听说他得到诺贝尔文学奖提名。"我们都哈哈一笑,这事根本不可能。"她后来回忆说。③

在夏纳莱伊街公寓的一个柜子里,加缪保存着一份马赛出版的杂志《马赛利亚》,上面登载热内·维利执笔的"巴黎文学通讯",其中一

---

① 源自"七星文库"版加缪文集,以及基约《海洋和监狱》。
② 斯特朗博格《阿尔贝·加缪—温斯顿·丘吉尔》。
③ 布朗什·克诺夫《阳光下的阿尔贝·加缪》,《大西洋月刊》(波士顿),1961年2月。

段文字被(加缪,或是别人,说不定是作者本人)用红笔加上着重记号。作者评论海明威荣获诺贝尔文学奖时指出,加缪也获得提名,也许因为他过于年轻,评委们动摇了。"然而,他的作品崇高、纯洁,获此殊荣,实在是当之无愧!"热内·维利以大量篇幅赞誉加缪的作品,强调他在国内外影响日益扩大,最后他总结说:

> 诺贝尔文学奖不应该单纯褒奖一生的创作。如果能扶持一位以作品证明其才华和远大前程的艺术家,帮助他获得完完全全的独立,诺贝尔文学奖将更加受到人们的景仰。

1957 年 10 月 16 日,帕特丽西亚·布拉克和加缪在福赛圣贝尔纳街的一家饭店楼上吃饭(也许是以做鱼菜出名的马里尤斯饭店),这时跑来一个穿制服的服务员,告诉加缪——显然这儿他人头很熟——他得了诺贝尔文学奖。他顿时脸色苍白,显得非常震惊,不住地说应该是马尔罗拿奖。[1]

因为加缪立刻明白诺贝尔文学奖意味着什么。甚至在此之前就已经明白——至少赶在那帮造谣诽谤者的前头。他此时写不出东西,对自己的过去、现在和将来丧失信心,偏偏这个时候让他抛头露面,那是何等的折磨。不久之后,他对朋友说了句心里话:"我被阉了!"[2]他来到米歇尔·伽利玛的住处,像一头铁笼中的困狮,不停地来回走动,满意中夹杂着恐惧,神情呆滞;他在那儿依然不停地念叨,该马尔罗拿诺贝尔奖。[3]

"选得妙!"对手们发出阵阵冷笑。[4]《艺术》杂志封页上刊登加缪

---

① 源自帕特丽西亚·布拉克。

② 源自皮埃尔·卡迪纳尔。

③ 源自雅尼娜·伽利玛。

④ 让·达尼埃尔《剩下的时间》。

手执双枪、一身牛仔打扮的漫画,它的评论最刻薄,标题是:

诺贝尔向加缪授奖,
为终结的作品加冕

文章作者雅克·洛朗(《艺术》杂志主编,极右派论战家,通俗小说家)声称马尔罗不合瑞典科学院的口味,而"院士们以他们的决定,表明他们认为加缪已经终结……"

在保守派眼里,加缪不是保守主义者,他是个危险的激进分子;他在阿尔及利亚问题上非但没有谨言慎行,反而危险地与叛乱分子为伍。这在右派周刊《十字路口》发动的攻击中说得明白无误。该杂志称,按照惯例,确定得奖人选之前应该征求有关国家的外交部的意见,而这一次瑞典科学院故意倾向左派,冷落赞成法属阿尔及利亚的人士。"以此干涉我们内政,手法是多么新奇。"

罗歇·斯特凡代表政治分野的另一端,他在《法兰西观察家》上撰文,观点与雅克·洛朗如出一辙:

> ……人们不禁要问,加缪是不是开始走下坡路?瑞典科学院有没有错把僵化老朽封为文学新人?

斯特凡曾经遭到加缪羞辱,这次有了报复的机会。在他看来,加缪比马尔罗、萨特差一大截,他是失去棱角的萨特,只有那帮阿纳托尔·法朗士和弗兰茨·卡夫卡的读者才爱看《鼠疫》。在阿尔及利亚问题上,加缪为什么不表态?想死死守住现有的名誉吗?"可是他保留名誉又为什么呢?"

帕斯卡尔·皮亚在《巴黎报业》上称自己的同窗不是"叛逆者",而是为老掉牙的人道主义效力的"世俗圣人"。他补充说,瑞典人在邻国芬兰、挪威遭受侵犯之际,曾经表明"他们酷爱和平,这种感情压倒其他一切感情"。因此他们一定喜欢加缪。在加缪以前工作过的《战斗报》上，评论家阿兰·博斯凯也指出，卑微的小国推崇"完美的温文尔雅的小思想家"。

当然，加缪在共产党那边只能得到《人道报》上的评语："他是制造抽象自由神话的'哲学家'，是一个幻想作家。"正当加缪在斯德哥尔摩领奖的时候，捷克作家联合会杂志《新文学》宣称，瑞典科学院向加缪颁奖，从而使自己加入了冷战的行列。

瑞典的报纸舆论也纷纷反对，他们关注的是加缪的政治立场而不是其文学成就。斯德哥尔摩最有影响的日报的文学专栏主持人奥洛夫·拉格克朗兹写道，加缪得奖实在令人费解：马尔罗，特别是萨特都是更为合适的人选。[1]

10 月 17 日伽利玛为加缪组织一场招待会。加缪早早到会与记者交谈。他穿一套细条纹海蓝色西装，里面是雪白的衬衫，系一条深蓝色领带。有人问他知道得奖的消息后，当时有什么感受。"大吃一惊，十分愉快。"他答道。这一年他的名字被屡次提出，但他不以为然。"我心想诺贝尔奖应该授予业已成熟的作品，至少比我成熟。"他还说，"这句话我要说，如果我参加投票的话，我肯定选马尔罗，我对他非常崇敬，友谊很深，他是我青年时代的导师之一。"谈到今后有什么打算，他提到改编《群魔》，并声称要丢开戏剧，集中精力写他的新小说，题目暂定为《第一个人》，他称这是一本"教育小说"。接着，摄影师和电台记者蜂拥而至，挤满了大厅。他摆姿势让记者拍了无数照片，其中有专程赶来祝贺的女演员玛德莱娜·雷诺，别人还以为是加缪夫人。应

---

① 　源自汉斯·科良德大使，也请参阅谢尔·斯特朗博格《鼠疫》导言（隆巴迪编，诺贝尔出版社，巴黎）。

记者再三请求,他与瑞典大使多次握手。① 应邀的名流纷至沓来,大厅里人头攒动,不少人挤在花园里。瑞典大使发表简短的致辞,伽利玛以挪威烧酒招待出席盛会的来宾。②

　　马尔罗对加缪获奖也许有看法,但他毫不犹豫地表示祝贺,并强调说感激加缪对自己的评价:"他的这个回答给我们俩都增了光。"③

---

① 《自由报》(阿尔及尔),1957 年 10 月 18 日。10 月 19 日《世界报》如此援引加缪的话:"我和大家一样,昨天晚上,在正式公布之前听到这个消息。但是我不敢相信。而且对我来说,这是一项意外的殊荣;我的创作还没有结束,我更希望看到马尔罗得奖,他是我永远的导师。"

② 据说瑞典科学院在投票前摸过加缪的底,或者在公布之前悄悄来过他在伽利玛的办公室:他是否会接受诺贝尔奖,夫人会陪他前往斯德哥尔摩吗? 倘若真有其事,这种非正式的做法将是绝无仅有的。也许是文化随员谢尔·斯特朗博格听从其叔叔——瑞典科学院院士——的意见所做的? 但是谢尔·斯特朗博格从来没有跟大使说过这件事,回忆录中也不置一词。不过苏珊娜·阿涅莉记得有过这么一次拜访。加缪后来告诉路易·米凯尔,自己头一天晚上(10 月 16 日)彻夜思忖是否接受诺贝尔奖。他认为马尔罗是更好的人选,不过他意识到,别人是因为阿尔及利亚悲剧才给他授奖的,所以就接受了。

③ 源自索菲·L.德·维尔莫兰夫人。马尔罗对马奈斯·斯佩尔波说,他觉得媒体对加缪的攻击行为很卑鄙,是"失败者、同性恋等"搞的彻头彻尾的阴谋,斯佩尔波向加缪转告了马尔罗说的这番话。(源自马奈斯·斯佩尔波)

第五部分

回归之路

第四十五章

斯德哥尔摩

我相信正义,但是在捍卫正义之前,我先要保卫我的母亲。

——斯德哥尔摩,1957 年 12 月 12 日

招待会之后,是一片恐慌(加缪就用这个词对尼古拉·基亚罗蒙特描述自己的心境)。根本用不着极右势力和左派抨击,他已经认定自己不配得诺贝尔文学奖,他知道瑞典科学院犯了错误,把文学奖授予一个写不出作品的人。数月之间,他为此受尽折磨。但是只有熟悉加缪的人才能发现他内心的痛苦,因为门面毕竟还能维持。就这样,他赴斯德哥尔摩,参加各种情理之中的仪式,撰写、发表演讲,总之,他的所作所为像一个诺贝尔文学奖得主。

当然,报纸舆论也有支持他的。《纽约时报》头版(1957 年 10 月 18 日)刊登有关诺贝尔奖的文章,明说奖金额是 42000 美金,法国报纸估计金额为 18776593.80 法郎。《纽约时报》报道说,瑞典科学院认为加缪是专制制度的死敌,向他授奖是因为"他重要的文学作品……热情而冷静地阐明了当代向人类良知提出的各种问题"。瑞典科学院终身秘书安德·奥斯特林说了一句也许加缪不太赞成的话:"加缪远远地抛弃了虚无主义,我们有理由认为,他的存在主义是一种人道主义。"《纽约时报》10 月 19 日的社论指出,加缪已经超越了存在主义和

"认为人类生活虚无飘渺的哲学思想……这是从战后混乱中冒出来的少有的文学之声,充满既和谐又有分寸的人道主义声音"。《世界报》强调加缪是获此殊荣的第九位法国人。诺贝尔文学奖的第一位法国得主是诗人苏利·普吕多姆,那是 1901 年,诺贝尔文学奖首次颁发。其余有罗曼·罗兰、阿纳托尔·法朗士、亨利·柏格森,接下来是马丁·杜·加尔、纪德和莫里亚克……

一家文学周刊邀请马丁·杜·加尔谈谈比他年轻的同行和朋友,马丁·杜·加尔做了如下的描述:

> ……他的目光和笑容透出诙谐讥讽,起初会引起他人误解。可是一旦交谈起来,立刻显出底蕴,一种含蓄但时刻兴奋的激情……一种呼之欲出,似乎永恒的忧郁;面对现实世界(他了如指掌),他长期处于一种苦涩的反抗状态。为了维护道德的纯洁,他一刻不停地同这种状态做斗争。①

莫里亚克同样受到邀请,不得不发表声明(加上获悉加缪车祸身亡后的声明,莫里亚克只有两次称赞过加缪):"这位年轻人是最受年轻一代欢迎的导师之一。他对他们提出的种种问题做了回答。他在某种程度上成了他们的良知。"②

《无产阶级革命》杂志刊登一篇在他眼里并非微不足道的文章(1957 年 11 月)。这篇文章力图阐明,诺贝尔文学奖得主和某些评论家的描绘相反,根本不是所谓桀骜不驯的人物:文章枚举各种最严厉的批评文字,包括含沙射影的评论,称加缪选择了"方便的社会主义,是不冒风险但回报丰厚的社会主义"。

---

① 《费加罗文学报》,巴黎,1957 年 10 月 26 日。

② 《世界报》,巴黎,1957 年 10 月 19 日。

……加缪是人，因此有矛盾，可能犯错误；也有弱点……我们所了解的加缪，是他……对西班牙、保加利亚、匈牙利战士们的声援支持。不仅仅表现在集会或游行上……更是在那些没有见证人的场合……

……除了我们，别处的人们也知道他：美国的资深反抗者……油印他作品的蒙特维的亚（乌拉圭）大学生、布拉格和华沙的青年工人们。还有这位巴塞罗那的普通人，他寄给加缪一张明信片，上面只写着："谢谢。"

这篇文章没有署名，题目是：《阿尔贝·加缪，我们的伙伴》。

威廉·福克纳用法文向加缪发来贺电："向一颗不停地探求和思索的灵魂致敬。"在马杜兰剧院，由卡特琳娜·塞莱思领衔的《修女安魂曲》十分叫座，鲍尔夫人和塞雷索尔贴出新海报，称这出戏是两位诺贝尔文学奖作家的联袂之作。所有与加缪有过一面之交的人——生活在阿尔及利亚的法国人、本土的法国人、外国友人——纷纷给他写信，他尽量一一复信（苏珊娜·阿涅莉又聘了一位速记员，四个月期间，帮助她写回信和接电话）。加缪给母亲发电报，说从来没有像现在这样想念她；母亲请邻居读电报。[①] 当阿尔芒·吉贝尔前来祝贺，说加缪有一位为他自豪的母亲，真让他嫉妒时，加缪回答说：

是的，在过多的荣誉使我茫然之际，曾经始终给我慰藉的思想支持着我。我又回到阿尔及尔。那儿有着世上我最珍爱和等待过的东西。在那儿，对我遇到的一切，对知道母亲为此事感到幸福，我知道该如何看待……[②]

---

① 源自夏尔·蓬塞。
② 吉贝尔《明晰与毁灭》。

他还给他的小学老师路易·热尔曼去信。是这位严师硬把他拉到贝尔库:

> ……我首先想到的——除了我母亲——就是您。要是没有您,没有您向我这个当年不起眼的孩子伸出的友爱之手……今天的这一切不可能发生……①

他接受了《明日报》记者布洛克-米歇尔的一次采访(10 月 24 日发表),这次采访被视为"1957 年诺贝尔文学奖得主独家专访",是关于阿尔及利亚的:

> 我在阿尔及利亚的作用,过去从未、将来也绝不会是搞分裂……我站在受苦受难的人们一边,不管是法国人还是阿拉伯人……但是那么多人执意想摧毁的东西,我单枪匹马没法修复。我尽了最大努力。如果再有机会帮助重建摆脱一切仇恨和种族歧视的阿尔及利亚,我将重振旗鼓……

他提到在"二战"中就义的里查·伊拉里,他临死前曾说:我们以半个真理的名义与谎言斗争。今天,只剩下四分之一的真理。"不过,西方社会拥有的这份四分之一的真理叫自由。自由是通向进步的唯一的必由之路……"②

他同意参加理应出席的仪式,不过仅此而已。拉尼亚·库兰大使在瑞典大使馆举行午宴,然后是晚宴。加缪请他在奥兰的老友安德烈·贝拉米什陪同赴宴,为他鼓劲,并且象征性地代表他的阿尔及利亚朋友。贝拉米什赶紧去租晚礼服,加缪把合适的袜子借给他穿。雅

---

① 收录于"七星文库"版加缪文集。
② 收录于"七星文库"版加缪文集。

克丽娜·贝尔纳邀请《战斗报》原班人马聚会，加缪即兴发言，并称他在斯德哥尔摩就这么演讲。[①] 他曾收到瑞典科学院寄来的详细清单，上面罗列他12月在斯德哥尔摩参加仪式和活动时应该携带的物品，其中有"奖章"这个词。尽管加缪一贯拒绝佩戴奖章，他这次决定戴上西班牙共和国流亡者授予的奖章。安德烈·贝尼舒的妻子找到一枚，给他买下。可是加缪最后还是没有佩戴。[②] 他妻子买来抵抗运动玫瑰勋章，加缪同样有权佩戴，但是同样被他拒绝了。[③]

　　该准备动身了。苏珊娜·阿涅莉陪他来到位于布西路的"猎人号角"服装租赁店，租了出席斯德哥尔摩各种活动所需的服饰（从斯德哥尔摩回来后，他定制了一套礼服，因为别人告诉他，他穿着那套租来的礼服，活像亨弗莱·鲍嘉；他听了很高兴，于是在各种活动上开始穿礼服）。[④] 罗贝尔·塞雷索尔向开珠宝行的朋友借了一串钻石胸饰，转借给加缪。

　　一天，加缪和塞雷索尔在伏尔泰街的一家小酒店吃晚饭。他把一张字迹潦草的信纸递给塞雷索尔，是马尔罗写的，感谢加缪对他表示敬重。塞雷索尔发现加缪情绪低落，看来是受到近来发生的一切的刺激。加缪心想，从今以后，文学评论家们会"伺机报复"。他感到自己再也写不出东西。他好像在发烧，说起自己的肺病。他举起两个拳头，抬高嗓门说："我两个肺只有这么大，肺硬化会要了我的命。"

　　他甚至希望塞雷索尔陪他去斯德哥尔摩。[⑤] 不过朋友们很快注意到加缪发生了变化。他似乎变得看重自己，极力与朋友保持距离，甚至包括他的老朋友。但是，他也是不得已而为之，如果他还想继续创

　　① 源自安德烈· 贝拉米什和罗杰·格勒尼埃。
　　② 源自玛德莱娜·贝尼舒。
　　③ 源自克里斯蒂安娜·富尔。
　　④ 源自苏珊娜·阿涅莉。
　　⑤ 源自罗贝尔·塞雷索尔。

作的话。① 他没有藐视朋友,"不摆明星架子",其实什么都没变,包括他对自己的看法,因为他始终坚信自己的真正价值;不,他与朋友拉开距离,主要在于他惶惑焦虑。他还扪心自问,自己会不会被成功所改变。他先后对塞雷索尔和布洛克-米歇尔说:"想到我现在一提笔,就有人站在背后看,心里不是滋味。"②

　　他一方面厉兵秣马,准备经受斯德哥尔摩的考验,一方面尽其所能处理日常事务,其中包括政治活动。现在他给科迪总统——当然,科迪总统曾向加缪致贺电——和其他党派领导人去信,别人不敢怠慢。不过求他出面的人也越来越多。匈牙利形势紧张。参与匈牙利暴动的知识界领袖、作家迪波尔·德利(最著名的匈牙利作家,社会主义革命之友,当时 62 岁)、迪波尔·达尔多斯、纪拉·海伊和佐坦·扎克在布达佩斯法庭受审,10 月 29 日,加缪与获诺贝尔文学奖的同行——马丁·杜·加尔和莫里亚克,联名向匈牙利总理亚诺·卡达尔发出呼吁电(勒内·塔维尼耶撰写)。③ 但是这些作家仍被判处监禁。11 月底,加缪致函匈牙利负责驻巴黎使团的部长,以他自己和 T.S.艾略特、伊尼亚齐奥·西洛内、卡尔·雅斯佩尔的名义,要求会见匈牙利部长。部长拒绝了他的请求,但是派一个年轻的随员到伽利玛出版社找加缪(12 月 6 日)。路易·德·维尔福斯与加缪一起参加见面。那位随员称他不能接受作家的呼吁,因为他的部长认为德利事件纯粹涉及匈牙利人。加缪据理力争,指出他的错误所在,他语气尖锐地补充说,像这样的暗中接触胜于司空见惯的请愿和公开行动,但是一旦有必要,他们将毫不犹豫地使用这些方法。之后,加缪不得不启程赴斯德哥尔摩,路易·德·维尔福斯试着打电话争取外交使团的答复,却

---

① 源自罗贝尔·若索。
② 源自让·布洛克-米歇尔。
③ 源自《泰晤士报》,伦敦,1957 年 10 月 31 日和阿尔贝·加缪夫人。

没有结果。加缪回国后,继续写信争取,还是徒劳。①

匈牙利作家海外联合会曾邀请加缪去伦敦,参加匈牙利作家发出暴动呼吁的周年纪念集会,加缪为此致电:

> 想到匈牙利战士们在孤独中死去、幸存者在孤独中生活,我们深感痛心。这是一场绝望的战斗,不过我们在欧洲为匈牙利举行的集会赋予其某种意义……②

他为被指控犯有恐怖主义行为的阿尔及利亚穆斯林奔走呼吁,但是倾向新斯大林主义的左派也支持他们,局面因而变得错综复杂。问题在处理本·萨多克审理案时尖锐地暴露出来。本·萨多克的罪名是杀害一位拒绝参加抵抗运动的穆斯林名人(前阿尔及利亚国民议会议长)。他的辩护律师致函加缪说,他的委托人完成的是政治行为,因此他向《关于断头台的思考》作者发出呼吁,尽管加缪并不赞同他们的政治主张。这个呼吁也得到伊夫·德舍泽勒的支持。加缪同意过问此案,准备给法庭去信,条件是律师对此信严格保密,对外不作任何张扬。

> 两年来我拒绝……今后还将继续拒绝做出任何可能在政治上被人利用从而加重我国苦难的公开声明。我尤其不愿意发表一些对我个人毫无危险的声明,为阿尔及尔街头向平民开枪扫射的愚昧狂热分子开脱;平民中有我的母亲和所有我爱的人……

他甚至已经开始起草给法院的信——加缪文集介绍者就像信已寄出那样加以引用——其实他只写了草稿,便启程赴斯德哥尔摩;回

---

① 源自阿尔贝·加缪夫人。德利被判 9 年徒刑,不过 1960 年获得赦免。1977 年去世。
② 《世界报》,巴黎,1957 年 11 月 6 日。他也得为《纳吉事件真相》写序言,巴黎,1968 年。

国后,他通知律师说,他曾经考虑配合他的辩护工作,但是他发现《法兰西观察家》已经公开发表了他提出的条件和保留意见,有损于他。不是政治分歧,而是方式方法的差异导致加缪与本·萨多克律师分手;这时候,加缪彻底失望了。从此,极左势力攻击也好,拉拢也罢,他一概不理睬。①

动身去斯德哥尔摩之前,还得处理一件演出方面的事。《卡利古拉》即将在巴黎再度公演。加缪6月份在昂热与担任主角的米歇尔·奥克莱发生过矛盾,这次想启用让-皮埃尔·若里斯。马杜兰剧院领导们则认为让-皮埃尔·若里斯不适合演这个角色。于是加缪另找剧院,到了埃尔维·波佩斯科和于贝尔·德·马莱剧院。这所巴黎名剧院为此腾出一个小剧场。加缪再次更改剧本,做了某些重要修改;比如若里斯认为卡利古拉是自杀而非他杀,加缪就按照这观点改动剧本。排练从12月开始,在刚刷完油漆的白色小剧场里,座椅是樱桃红色。②

原定赴瑞典的人员中,除了加缪夫妇,还有米歇尔·伽利玛夫妇和克洛德·伽利玛夫妇。克诺夫夫妇听到诺贝尔奖的消息后,布朗什对丈夫说:"咱们去斯德哥尔摩参加颁奖仪式。"他一口答应:"咱们走。"阿尔弗雷德从纽约直接去斯德哥尔摩,他妻子则绕道巴黎,加入加缪一行人;这时她才知道他们准备坐火车长途跋涉。③ 加缪一行中,还可以看到卡尔-古斯塔夫·比尤斯通,他父亲是瑞典牧师,本人在巴黎长大,三十八岁,以翻译谋生,同时为出版加缪作品的瑞典博尼耶出

①   源自阿尔贝·加缪夫人。苏珊娜·阿涅莉后来证实,草稿最终没有寄给法院。西蒙娜·德·波伏瓦称,辩护方私下指责加缪缺席,好几个人在法庭上不怀好意地援引加缪的观点。(源自《势所必然》)

②   源自让-皮埃尔·若里斯。

③   阿尔弗雷德·克诺夫夫业余爱好摄影,技术不错,在一个阳光灿烂的早晨,为加缪拍了一张照,身后是大旅馆,这张照片被收入纪念影集《六十张照片》(纽约,1975年),以此纪念他从事出版六十周年。

版社和丹麦吉登达尔出版社物色法国著作。他曾经译过加缪的两篇作品，篇幅很短，发表在博尼耶主办的一本瑞典文学杂志（*BLM*）上。他甚至花了整整一个夏天写加缪的评论文章，并且设法会见加缪，但被苏珊娜·阿涅莉挡驾。博尼耶于是请比尤斯通在加缪访瑞典期间，住到斯德哥尔摩来（从 1946 年起，博尼耶出版社就在乔治·司文森主编的《五彩丛书》中出版了《局外人》，司文森此时可以在斯德哥尔摩迎接加缪了）。

　　比尤斯通已经写信告诉加缪，丹麦吉登达尔出版社希望他在哥本哈根逗留。但是加缪认为，出于礼貌，他应该先去瑞典。然后，由于决定坐火车赴瑞典（加缪不爱坐飞机），哥本哈根是必经之路，因此在那儿举行一个简短的招待会。（加缪的作品是比尤斯通介绍给吉登达尔出版社的。最早译加缪作品的是另一个出版社，但是该出版社尔后放弃文学，改出教科书。《堕落》面世时，比尤斯通把书寄到吉登达尔出版社，出版社的文学顾问看见该书与众不同，不知销路如何，有些犹疑。比尤斯通当时就提醒他们说："你们真是疯了，这本书又短又好译，有朝一日，他会得诺贝尔文学奖！"）

　　12 月 7 日是周六，傍晚时分，北方快车离开巴黎。火车驶出车站时，有人看见布朗什·克诺夫的保姆（她料理克诺夫在巴黎的寓所）仍然在车上，两人正谈着话。保姆一直待到比利时边境……比尤斯通生性腼腆，举止很慎重，尽量避免打扰这些重要人士。他和布朗什·克诺夫在途中谈了一程。可是加缪自己来到他的车厢，他不知道在斯德哥尔摩会遇见谁，忧心忡忡；比尤斯通便向他介绍一些瑞典文学的情况，特别提到帕尔·拉杰维斯和埃文·约翰逊的作品。[①]《巴黎竞赛画报》的两位记者也搭坐同一列火车，不停地拍照。加缪起先很恼火，后

---

　　①　卡尔-古斯塔夫·比尤斯通给妻子写信，从而保留了一份旅行日记。斯德哥尔摩之行的叙述将全程引用比尤斯通的回忆及其给妻子的书信。

来倒觉得他们挺和气。①

　　著名的丹麦吉登达尔出版社社长奥托·林达特当时非常年轻,他在哥本哈根为加缪一行举办小型招待会,邀请一些著名作家和评论家到场。招待会之后连夜赶路(搭了一程轮渡)。12月9日星期一,早晨8点,他们冒着严寒抵达斯德哥尔摩,住进豪华的大旅馆。旅馆傍水而立,对面是皇宫和老城。

　　11点半,加缪来到法国大使馆与瑞典记者们见面。瑞典外交部的年轻随员汉斯·科良德陪同前往。汉斯·科良德在法国任职两年,刚回国。因为他熟悉加缪的作品和阿尔及利亚问题,所以被选中陪同加缪。这个差使并不轻松,当时本地报纸已经抱有敌意,政府希望避免气氛进一步恶化。

　　在加缪一行抵达斯德哥尔摩火车站之前,报纸攻势已经展开。科良德到车站接客,给加缪看报。报上说加缪在哥本哈根接受记者采访——加缪立刻正式予以否认。科良德把文章题目和第一段翻译给加缪听,让他有心理准备。文章内容大致是:为什么这位一贯表明政治立场的人士在阿尔及利亚问题上默不作声?随后又是一连串质问,但是这位记者忘了,加缪是作家,不是政治家。尽管抨击似潮水般涌来,加缪也没能设法遏制那凶猛的势头,不过还是渐渐平息了。②

　　记者招待会在大使馆举行。加缪首先请求站着发言,因为他不喜欢坐着说话。当有人问到作家对政治问题的倾向时,他立刻针锋相对地驳斥道,要作家对政治问题表态,那不是一种由衷而发的举动,而是一种"强制服役"。他认为艺术家不能脱离他的时代而保持其个性;他不知道是作家造就时代,还是时代造就作家。他偶尔也会萌发"与世隔绝"的愿望,但他始终体验到"团结一致"的必要。

　　他为什么离开《战斗报》?因为运行三年之后,《战斗报》需要资金

---

① 源自雅尼娜·伽利玛。
② 源自汉斯·科良德大使。

投入，然而接受资金也意味着接受束缚。他拒绝两者，所以离开了报界。

至于阿尔及利亚，他认为可以建立一个法兰西-穆斯林共同体，大大优于任何形式的分裂主义。他想，这个共同体以联邦为基础，不是瑞士式的地域联邦，因为在阿尔及利亚民族混居，而是"民族联盟"：也就是各个民族——阿拉伯、法兰西、柏柏尔——在平等的基础上，建立形式有待商定的立法议会。

当话题转到文学上时，他提到了从十七岁起就结识的挚友让·格勒尼埃。阿尔及利亚的年轻作家，不管是阿拉伯还是法国作家，都是他的朋友。让·格勒尼埃帮助他们出书，分担阿尔及利亚危机给他们带来的痛苦。他提到罗布莱斯、鲁瓦，还有费拉翁、迪布、马姆利。他与许多法国作家有共鸣，比方说西蒙娜·韦伊，因为对故世作家的共鸣可以和在世作家一样强烈。他和勒内·夏尔也息息相通，夏尔是他的"兄弟"，也是自阿波利奈尔以来最优美的诗人。

谈到他笔下的人物，加缪找不出一个自己的代言人。他最喜爱的不一定是最像他本人的人物，而是他希望成为的那些人。作家的作品具有时间性。1938—1941年间写的《西西弗神话》与1947年到1951年写成的《反抗者》相比，肯定迥异。不但社会背景变了，作家也发生了变化。艺术家的心如同战场，他的书则展示这场战争的不同画面。

他眼下创作的新小说呢？他出于迷信不想谈《第一个人》。因为这是一本传统体裁的小说，能否写好把握不大，有些担心。"这也可以说是代表我成熟期的小说。因此从感情的角度说，我对它的重视超过别的书，所以我希望让它留在吉祥的迷雾之中。"

他解释说，他发起的废除死刑的运动没导致一场真正的论争，因为和更加恐怖的暴行相比，它得不到人们的重视。但是他驳斥了这一论点。他乐观吗？这个大厅里的人，没有一人能够乐观，就像埃内斯特·勒南对科学的未来充满乐观那样。但是他不认为，因为世界受到毁灭的威胁，人们就得自暴自弃、放弃有尊严地生活的努力。所以说，

"我是顽固不化的乐天派"。他是一个独立于党派之外的"孤独者"。二十年来,他始终不失时机,在每个重大问题上表明自己的立场;抚今追昔,他认为自由是一切目标中最实在、最崇高的目标。自由能够改善生活条件,而独裁专制则不能做到。论及宗教问题时,他申明自己无意皈依宗教。由于他自己的缘故,人们一直把他与唯物主义无神论相提并论。但是他承认人具有神秘的一面。他著作中曾褒扬耶稣,尊重、崇拜耶稣的说教,但是他不相信耶稣复活。他担心在某些所谓的左派团体中,承认自己不懂、承认对人的认识有限、对神表示某种尊敬,会被视为性格软弱。在这种情况下,他愿意为这种软弱承担责任。共产党哲学家斥加缪为反革命,反革命派称他为共党派,无神论者认为他是基督徒,而基督徒为他的无神论观点而惋惜。而他将一如既往,走自己的路。萨特?他与萨特的关系极好,因为双方互不见面的关系是最好的关系。他们各自的观点值得尊敬,但是"截然相反"。①

　　次日,12月10号,是正式颁奖的日子。法国大使馆请比尤斯通把加缪的发言稿赶译成瑞典文;可是发言稿在颁奖当天才能拿到,因为加缪不愿意早拿出来。比尤斯通丢开手头一切,埋头赶译。紧张到一边穿衣服参加颁奖仪式,一边校读打字稿;使馆专员候在一旁等稿子。那天斯德哥尔摩奇冷,天早早黑了。15点,音乐厅一带已经交通管制。这幢浅蓝色老音乐厅坐落在商业区,诺贝尔颁奖仪式一般都在这儿举行。大厅里立柱顶端镏金,包厢内挂桃红色壁毯,五彩缤纷的花束装点讲坛。那是一年中的盛事,人们把入口挤得水泄不通,盼望一睹名人风采。诺贝尔奖获得者以及瑞典科学院院士们坐在讲坛上,国王居斯塔夫六世、女皇和皇室成员占据乐池的第一排蓝座椅;他们后面坐着获奖者家属、外交界人士和瑞典社会名流。

　　颁奖仪式开始,按照惯例,诺贝尔基金会秘书长向诺贝尔奖创始人——阿尔弗雷德·诺贝尔(化学家,炸药发明者和生产商)致敬,然

_____

① 源自阿代唱片集《阿尔贝·加缪在场》。

1957 年,加缪"以其重要文学作品透彻认真地阐明了当代人的良心所面临的问题"而荣获诺贝尔文学奖。照片为加缪夫妇在被告知领奖的时刻(照片由法国罗杰-维奥莱摄影事务所提供)

1957 年 12 月 10 日在瑞典斯德哥尔摩，加缪在诺贝尔文学奖颁奖仪式之后

后用他们的母语向每位获奖者致意；证书、奖章和奖金则由国王亲自颁发。每个获奖者走下讲坛，与国王握手，国王面带微笑，握手交谈；全场鼓掌，然后轮到下一位获奖者下讲坛。其间常常插奏乐曲（加缪享受到拉威尔的帕凡舞曲）。瑞典科学院秘书长——安德尔·奥斯特林评价加缪，把加缪描述成一位存在主义者；听到这儿，比尤斯通真替他捏把汗。国王与加缪交谈的时间似乎超过其他人，全场人士都很欣慰。《世界报》特派记者报道说，加缪征服了斯德哥尔摩，加缪夫人被评为"诺贝尔头号美女"，各家报纸用头版头条转载。）①

出席仪式的男士都穿燕尾服，没有大衣；比尤斯通怕着凉，裹着西蒙娜·伽利玛的裘皮长披肩，跑出大厅找出租车，因为有人提醒他，待会儿动身去市政厅出席有皇家成员参加的正式晚宴时，交通工具会十分抢手。就是在这儿，在这个金碧辉煌的大厅，加缪宣读了简短的领奖答词。② 晚宴后，客人们应邀去比较宽敞的蓝色大厅，斯德哥尔摩的青年学生来到这儿，姑娘们一袭长裙，小伙子穿蓝色制服，白丝绸衬里的披风。加缪欣然起舞。布朗什·克诺夫记得加缪"与舞蹈高手们跳了一整夜恰恰舞"③。显然他玩得很尽兴。在市政厅，一位认识比尤斯通的老妇托他找加缪签名，比尤斯通不敢贸然打扰，于是那妇女直接找到加缪，签了名。

加缪喜欢斯德哥尔摩干燥寒冷的气候。但是同行的女士们却不欣赏；她们腿上套两双长筒袜，身上穿羊毛内衣，还十分惊讶地发现出租车总在离目的地相当远的地方停车，她们只好踩着积雪走完余下的路程。而室内暖气太足，令人窒息。④

12月12日星期四晚上5点30分，加缪与斯德哥尔摩大学学生见

---

① 　主要源自《世界报》，巴黎，1957年12月12日、多米尼克·毕尔曼的快讯、卡尔-古斯塔夫·比尤斯通。

② 　收录于"七星文库"版加缪文集。

③ 　布朗什·克诺夫《阳光下的阿尔贝·加缪》。当天晚上，瑞典电视台播放《误会》。

④ 　源自雅尼娜·伽利玛。

面,原先安排自由座谈,结果成了政治讨论;文学问题只提了一个,而且提得很蹩脚(关于弗朗索瓦丝·萨冈)。当时气氛很紧张,可是外交部的随员汉斯·科良德——他坐在弗朗辛·加缪旁边——不能干预,大学校长也只能干着急。[1] 问题蔓延到拒服兵役者、匈牙利。加缪主动谈到阿尔及利亚问题。有人问记者和作家的言论自由时,他重申,阿尔及利亚的确实行新闻审查,但是他强调法国的报纸享有"完全的、令人欣慰的自由"。

就在这时,一位穆斯林青年——《世界报》称他是民族解放阵线代表——问加缪,为什么对东欧的事件一贯乐意表态,而对阿尔及利亚始终守口如瓶呢? 从这时候起,你来我往,对话开始混乱,穆斯林青年抢过话头,一连串的口号、斥责、谩骂使加缪无法插话。他默默地等了会儿,然后掷地有声地说:"对阿拉伯人,或者对你的战友,我从来没有拿您刚才在大庭广众之下待我的口气说过话。"他接着说,"您赞成在阿尔及利亚实行民主,就请您马上身体力行,让我说话。让我把话说完,因为一句话常常只有说完,才能显示其全部的意义……"[2]

科良德注意到加缪异常激动,脸色铁青,他的忍耐到了极限。[3] 加缪提请在场听众注意,他是唯一因为捍卫穆斯林人民而被迫离开阿尔及尔的法国记者,他全力支持在阿尔及利亚实行彻底的民主制度,他曾多次发表政见,直到情况表明一个知识分子的声明只能使恐怖活动更加猖獗为止。他告诉年轻的阿尔及利亚斗士,他的某些穆斯林战友之所以能活到今天,应该归功于他的努力。这位年轻人对此一无所知;今天不得不谈,加缪也很遗憾。他接着说:

> 我历来谴责恐怖活动,我必然也谴责比如说在阿尔及尔街头

---

[1]　源自汉斯·科良德大使。

[2]　《世界报》,巴黎,1957 年 12 月 14 日(源自多米尼克·毕尔曼)。

[3]　源自汉斯·科良德大使。

盲目肆虐的恐怖活动,这种恐怖主义也许有一天会落在我母亲或者我的亲人身上。我相信正义,但是在捍卫正义之前,我先要保卫我的母亲。①

《世界报》报道说加缪义正词严的陈述激起热烈掌声。比尤斯通注意到穆斯林青年与他的同伙结伴而来;每次交锋后就退到大厅深处与他们商量。加缪脸色平静,甚至略带忧郁,伽利玛他们却坐立不安。加缪事后对比尤斯通说,他同情向他发难的阿拉伯青年。为了辟谣,即否认说过所谓法国政府在阿尔及利亚只犯了些小过失的话,加缪致信《世界报》,他在信里补充说,许多法国人并不了解阿尔及利亚却评头论足;相比之下,他更加贴近这位阿尔及利亚青年。"他了解所说的事儿,从他脸上,我们看到的不是仇恨,而是绝望和痛苦。我分担这种痛苦……"

加缪谈完关于正义和母亲的感想之后,与学生见面很快结束。上车的时候,加缪夫人哭了,加缪也对这次冲突显得不高兴。②

这是唯一的意外事件。次日正值白天最短的圣女吕西节。按照传统,一群姑娘身穿睡衣、头戴桂冠,上面插着点燃的蜡烛,给加缪夫妇端来早餐(这一天在每家每户,年纪最轻的女孩得最先起床,发髻上插蜡烛,为全家人准备早餐)。③ 星期五,博尼耶夫妇设午宴招待加缪。酒家建于18世纪,坐落在斯德哥尔摩北边,紧靠树木繁茂的湖畔(博尼耶夫妇也在家里办了一次招待会,他们的家取名马尼拉,坐落在动物园岛上)。④ 星期五下午,在法国大使馆举行了一次讨论会,关心法

---

① 《世界报》,巴黎,1957年12月14日(源自多米尼克·毕尔曼)。在12月17日致《世界报》的信中,加缪对自己以上声明的记录稿表示赞同。

② 源自汉斯·科良德大使。

③ 源自卡尔-古斯塔夫·比尤斯通。

④ 源自乔治·司文森。

国文化的瑞典知识界人士应邀出席；比尤斯通见瑞典客人都很拘谨，便打破僵局，问小说与戏剧有何差异，加缪用自己改编《群魔》的经历作了回答。讨论会之后是大使馆的招待酒会。记者请求当天单独采访加缪，由于他们曾经攻击过加缪，有人建议他拒绝采访；最后他还是同意星期天见记者，可是这个日子对他们不合适。① 因为当天市政厅举办圣女吕西节酒会，到时候，一位亭亭玉立的金发姑娘代表圣女吕西，加缪得把桂冠戴在她头上。当时后台乱成一团，圣女吕西慌了神。加缪明白怎么回事后，马上自告奋勇，又导演起来，指定每个人的位置，安排得井井有条。②

　　12月14日星期六，在瑞典历史最悠久的大学举行诺贝尔奖报告会，地点在乌普萨拉（北面70公里）。那是科良德大使的老家，天时地利人和使他不用出面便能控制局面。他跟学生联合会领导通了电话，把在斯德哥尔摩发生的事情告诉他听，请他们准备文学方面的提问。加缪夫妇到达火车站时，科良德大声说："这儿是我的家乡，但愿一切顺利。"加缪问："您干了什么？ 希望您别出面打招呼，我自己能够应付。"报告会持续了九十分钟，学生们提的都是文学问题。科良德随后故意说："您看，政治问题没有提。"加缪（笑着）答道："我注意到了。"

　　加缪一行走进著名的乌普萨拉大教堂对面素雅的清水砖墙大楼，来到宽敞的学位证书颁发大厅。弧形的讲坛后方为一排立柱，金色花纹点缀天花板，酷似教堂的祭坛。加缪在此做了题为《艺术家和他的时代》的讲演，我们已经知道，这篇讲演既不同于1954年他在意大利的讲演，也有异于《时论之二》所收的访谈录。加缪充分论述了艺术家参与社会生活的必要性，同时用批评的眼光分析随之而来的危险，即艺术隶属国家政治，偏向社会主义现实主义。③

---

① 　源自卡尔-古斯塔夫·比尤斯通。

② 　源自汉斯·科良德大使。

③ 　收录于"七星文库"版加缪文集。

　　当晚返回斯德哥尔摩后,代表团去剧场观看斯特林堡的剧作;星期天,他们外出郊游,在大饭店吃午饭。

　　他们星期天启程回巴黎。加缪回家后收到瑞典阿尔及利亚人协会来信,对学生辩论会上发生的冲突表示惋惜。在会上出言不逊的阿尔及利亚人只代表他自己,协会可以证明此人不属于该协会,也不是任何阿尔及利亚民族团体的成员。

　　数月之后,加缪与比尤斯通不期而遇,加缪告诉后者,他最近刚收到一家瑞典银行来信,问他如何处理奖金。加缪 12 月份曾在该银行存支票,可他把这事儿忘得一干二净。①

---

　　① 源自卡尔-古斯塔夫·比尤斯通。

第四十六章

沉　默

> ……我无法加入两个极端阵营中的任何一个,而第三阵营也逐渐消失,只有在那儿人们依然能够保持头脑冷静;我对自己的信念和知识产生怀疑,但是我深信我们的疯狂来自我们这个知识、政治社会的习俗和运转方式,我决定不再参与无休止的论战,这种论战唯一的作用就是加剧阿尔及利亚的冲突,进一步分裂已经饱受仇恨与帮派之毒害的法国。
>
> ——《时论之三》序言

　　从此,加缪只会见他的朋友、他可以信赖的人、值得他同情的人。西班牙共和主义人士当然要见,始终不渝。1 月 12 日,他们庆贺加缪获奖,加缪道出了他亲临会场的特殊性:"尽管我已经决定隐退一段时期,但是你们的邀请,我无论如何要接受。"首先因为他们血脉相通,有求必应;还因为他们在困难的时候支持了加缪。在答谢词中——该答词发表时题为《我归功于西班牙》,加缪描述了作家面临左右夹击、被迫继续前行但无人赞赏时的痛苦。他努力做正义的事,尊重自己的职业,参与社会活动,有人要求,他就签名表态。他能活到今天,是靠了他的朋友——以色列朋友,有人打着反殖民主义的旗号,威胁他们的国家,他们的生存权理应得到保护;靠了拉美朋友,当然还有西班牙共和主义的友人。他将以他的知名度，他的诺贝尔奖，为他们效力。①

这个奇特的演讲既像赞美隐退沉默，又像许诺参与现实，真实地反映了加缪获奖后一段时期的内心活动。然后他在劳工联合会再次公开露面，会见他的革命左派工会朋友。在谈到行为准则时，他回答说："我坚决反对把我看成工人阶级的指路人……坐在办公室发号施令，说工人该做什么，那实在不够自重。"②

但是他的外国友人——西班牙流亡者、革命工会会员——不知道加缪疾病缠身，不知道他急需疗养。某些私人朋友知道或者将要知道内情。加缪从斯德哥尔摩回来时，埃马纽埃尔·罗布莱斯正巧在巴黎皮埃尔街的法国笔会俱乐部；他们约定 1957 年最后一周吃顿饭。可是加缪迟迟不露面，罗布莱斯便给苏珊娜·阿涅莉挂电话，得知加缪 11 点 3 刻就离开了办公室。当加缪来到饭店时，说话的声音都变了，好像被人卡住了脖子似的。他说，在圣米歇尔大街找出租车时，忽然喘不过气来，最后总算请过路人送他上车；他拿出保健医生的地址，十万火急赶去，差点误了吸氧气。罗布莱斯是老熟人，加缪也就实言相告，说自己如此不堪一击，心里感到可笑，并说这样的事儿发生已不止一次。③

苏珊娜·阿涅莉有时怕加缪单独上街，只得送他回家。他现在出了名，怕别人接近、簇拥。除了找以往的保健医生之外，他还找精神科大夫治病。女秘书再三催他找呼吸系统专家诊治，结果发现他处于半窒息状态，大脑供氧不足；从此他有规律地进行理疗，做呼吸方面的锻炼。

他说自己行动受到"局限"。幽闭恐惧症使他不能坐地铁。搭乘

---

① 载于《证据》，巴黎，1958 年 3 月，收录于"七星文库"版加缪文集。

② 雷蒙·吉约雷《阿尔贝·加缪与我们》，《无产阶级革命》，巴黎，1960 年 2 月。

③ 源自埃马纽埃尔·罗布莱斯。

飞机时,秘书预先通知法国航空公司,说他希望化名旅行,因为他随时可能发病。①

但是他在 1958 年元旦的信中请勒内·夏尔放心:"我身体好多了。别担心……靠医生的帮助,我将采取措施,轻松快活地恢复机能。"②

但是 1958 年大部分时间里,他依然疾病缠身,直到他开始奋力创作《第一个人》——创作使他痊愈③,或者说创作是他病愈的迹象。

与此同时,他处理一些并不轻松的事儿。他的戏剧集在美国出版,他写了一篇序言。还为关于阿尔及利亚的文集撰写引言,篇幅较长。文集收集内容较广,从发表在《阿尔及尔共和报》上的对卡比利亚人苦难的调查,到《战斗报》系列文章,以及为《快报》写的文章,等等;那本书在春末出版。1 月中旬,《修女安魂曲》结束了在巴黎极为成功的演出,开始巡回演出,同样备受赞誉。那几个月加缪虽然身处逆境,但没有忘记导演的职责,依然予以密切关注,必要时亲自上场。有一次扮演总督的演员忽然得病,加缪替他上场。头天晚上,他得戴假胡须,可是鼻子痒得厉害,于是改戴墨镜,可是看不清字,他没背熟台词,只好偷眼看剧本。第一天演得不错,第二天心里打鼓,第三天更加糟糕。他坦白告诉罗贝尔·塞雷索尔,第四场肯定撑不住。

剧院按照传统,演到第五场时进行了通宵庆祝,乐师们在剧场里外奏乐;一直闹到清晨 6 点,大伙全都陶醉了。④

但是这些都是去年的往事了。现在演的是另一出戏:《卡利古拉》再度上演,由让-皮埃尔·若里斯领衔,报界评论还可以,不过没有什么闪光点。罗贝尔·肯普在《世界报》上撰文,称自《卡利古拉》问世以

---

① 源自苏珊娜·阿涅莉。
② 源自"七星文库"版加缪文集。
③ 源自苏珊娜·阿涅莉。
④ 源自罗贝尔·塞雷索尔。

来渐渐失去光彩,问题不在戏本身,而是在于演员一味模仿。再说若里斯与钱拉·菲力普风格不同。若里斯认为菲力普演的卡利古拉比较浪漫,而他的卡利古拉比较沉稳,同时他认为加缪对这出戏的看法也发生变化,他的表演符合这种变化。也许加缪只是出于好奇,想看看若里斯究竟能在这个角色中有何作为。此戏的演出持续了一段时间,体面地收场。[1]

　　在这个创作困难时期,加缪经常与塞雷索尔结伴,在巴黎街头漫步。一天清晨,加缪对他说起布里斯·帕兰的关于沉默的理论。这种理论认为,一段时间沉默有助于以后更多更好地写作。加缪也以此解释自己目前失去创作能力的处境。[2] 卡特琳娜·塞莱思已经成为加缪最好的伴侣之一,她想方设法说服加缪,说他完全有工作能力,而且事实上他确实在创作。她拿出一张清单,上面记录着她认识加缪以来加缪发表的全部文章和所有改编的戏剧。但是加缪不同意,说那些东西和他真正的作品相比,不足挂齿。她提醒加缪,陀思妥耶夫斯基和加缪同年龄时,还没有写出他的杰作,许多创造者都经历过冥思苦想、一筹莫展的漫长磨砺。随着加大对戏剧的关注,加缪开始体会到自己在这方面做了些事儿,同他迄今写出的杂七杂八的小玩意儿相比,戏剧显得最为扎实。

　　他在戏剧领域草拟了几个计划,其中之一是翻译莎士比亚的《雅典的泰门》。这出戏有缺陷,但是主人公——那位众叛亲离、极度愤世嫉俗的雅典人——却塑造得极为丰满。他在双语版剧本的空白处信手写下他自己的译文。加缪还考虑为 18 世纪大作家们的女伴朱莉·

---

　　① 源自让·皮埃尔·若里斯。

　　② 在《关于表达的哲学》——收录于“七星文库”版加缪文集——这篇对帕兰作品的评论中,加缪写道:“返回普通人使用的词语,但是加入必要的真诚,从而减少谎言和仇恨的部分,这才是神奇之所在。其实这是一条通向沉默的道路,通向相对的沉默,因为做不到绝对的沉默。”他引用帕兰的话说,“语言只是一种手段,它把我们吸引到它的反面,即沉默,即上帝”。(《语言的性质和功能研究》,巴黎,1942 年)

德·莱斯皮纳斯写戏,以阐述他的双重爱情论(即同一时间爱两个女子。早在 20 世纪 30 年代,通过欧仁·达比的作品和生活,加缪就对这种理论着迷)。

但是他依然足不出户,仿佛躲着别人。他说身体不舒服的时候,如同一头野兽感到需要远走高飞,独来独往。他常把"病兽"这个词挂在嘴上。有人问他是否有过自杀的念头,他断然拒绝,认为自杀"可耻"。①

一位早在阿尔及利亚时代就结识的女友记得在那段时间给加缪打过一次电话。加缪连招呼都没打,就哑着嗓子问:"您来电话,是想要钱吗?"朋友一下子愣住了,只听他又说,"电话一个接一个,都是要钱的"。加缪的声音里听不出一丝幽默。很显然,加缪没有丝毫退路了。②

在阿尔及利亚问题上,加缪受到来自亲人和朋友的压力,其性质清楚地反映在给他的一些告诫上。一位亲友来信提醒他,如果他再次去阿尔及利亚,千万留神。来信说,他上次回到阿尔及利亚时,差点成为阴谋的牺牲品,那阴谋的矛头是专门对准加缪的:在阿尔及利亚的法国人认为他把阿尔及利亚出卖给阿拉伯人,想暗杀他,因为法国人都想留在阿尔及利亚,不想赶走阿拉伯人。那封信继续写道:

> 孟戴斯,这个可恶的犹太人,想把我们廉价出卖。您要提防他,别听他的话。他把我们都卖了,企图利用您的善良,让您充当他的替罪羊。对这条毒蛇,您可要小心,我的孩子。③

---

① 源自卡特琳娜·塞莱思。
② 源自玛德琳娜·若索。
③ 作者认识这封信的落款人。

　　一天，一位阿尔及利亚作家、加缪的老朋友来到伽利玛出版社，要求见加缪，神态十分冲动。苏珊娜·阿涅莉回答说加缪不在，这时加缪正巧回来。来客和加缪当着她的面激烈争吵起来。来客质问加缪为什么不参加穆斯林解放运动。加缪说他反对暴力和屠杀。来客反驳说纳粹占领时期他并没有拒绝。加缪脸色顿时发白。他送走来客后，对秘书说："不错，武装抵抗纳粹，我不反感，因为我是法国人，我的祖国被纳粹侵占。照此逻辑，我也应该赞成阿尔及利亚人的反抗运动，可我是法国人……"①

　　雷蒙·西戈戴与加缪从业余演戏时代起就认识，星期日下午常常一块儿去王子公园踢足球，1943 年起就加入了共产党。在加缪获得诺贝尔奖前不久，他给伽利玛出版社打电话，找到加缪，催促他公开声明支持阿尔及利亚独立，加缪回答说他不能这么做。"因为你怕表态会丢掉诺贝尔奖！"西戈戴吼道。听到这话，加缪忍不住满脸惊愕，目瞪口呆。从此两人断绝了来往。后来，西戈戴为此感到后悔，但是始终没机会向他的朋友当面致歉。②

　　在贝尔库结交的志同道合者中，至少有人想，倘若这段时间加缪与他的阿尔及利亚左派朋友生活在一块儿，他肯定会体谅穆斯林的立场。但是加缪在巴黎生活，他也许认为顶住法国左翼势力上下一致的敌意、捍卫侨居阿尔及利亚的法国人的利益，才是他应尽的义务。③ 绝大多数朋友都明白，加缪之所以不支持民族解放阵线，真正原因是他害怕盲目的恐怖活动，害怕在公共场所安置炸弹，威胁到他母亲的生命。④

　　戴高乐能够拯救法属阿尔及利亚吗？当时到处盛传他要复出。

---

① 源自苏珊娜·阿涅莉。

② 源自雷蒙·西戈戴。

③ 源自夏尔·蓬塞。

④ 源自夏尔·蓬塞和伊夫·德舍泽勒。

戴高乐当时住在科隆贝,但是每星期三都来巴黎见客人,其中有各国大使和外国各界人士,甚至包括原则上属当地法国政府管辖的阿尔及利亚总督。许多人不满法国政府的现状,纷纷催他返回政坛。有些人甚至参与旨在迫使戴高乐上台或者说服他掌权的秘密活动。1958年3月,这种呼声更趋强烈,因为阿尔及利亚战争国际化的危险日益加剧。可是会见结束后,每位来客对戴高乐真实意图的认识都不一致。以致3月份两位客人离开时,一位坚信戴高乐将同意阿尔及利亚独立,另一位则认为他将维持法国对阿尔及利亚领土的统治。①

加缪在这种情况下拜见了戴高乐,时间是1958年3月5日星期三。戴高乐素不保留谈话记录,也无人替他代劳,因此谈话内容没有留下任何痕迹。② 事实上这次接触异常谨慎,连原籍阿尔及利亚的巴黎朋友朱尔·鲁瓦都蒙在鼓里,而鲁瓦常常为他分忧。以后,鲁瓦创作小说《雷霆与天使》,回顾1958年5月导致戴高乐上台的事件,他在书中让戴高乐后悔未能与加缪交谈。③ 加缪的妻子依稀记得加缪问戴高乐是否打算重返政坛,戴高乐回答说,只有具备合法手段才考虑出山,而当时他排除这种可能性。④

3月20日,加缪觉得自己已经度过情绪最低落期。他对罗歇·基约坦诚说道:"我刚经历漫长痛苦的消沉时期,外加呼吸系统作怪,这段时间我什么都没做。可以说最近才恢复元气。"⑤他动身重返阿尔及利亚。这一次堪称游子荣归故里,衣锦还乡,尽管到处弥漫着城市游击战的气氛,他的访问依然隆重热烈。加缪不愿坐飞机旅行,在马赛登上客轮。他的哥哥吕西安穿着国土预备队制服,在码头迎候加缪

---

① 梅里和塞尔日·布隆贝尔热《5月13日的13个阴谋》,巴黎,1959年。
② 源自夏尔·戴高乐研究院。
③ 源自朱尔·鲁瓦。
④ 源自阿尔贝·加缪夫人。
⑤ 源自"七星文库"版加缪文集。

(他每周在此执勤,保证公共秩序得到维持)①。阿尔及尔大学举行招待会,朋友前来祝贺。他还默默地去贝尔库看望母亲,意味深长。

他与穆卢德·费拉翁长时间散步交谈。这位散文家、小说家生在上卡比利亚山区,幼年家境贫寒,后来当上小学教师。加缪曾在《阿尔及尔共和报》描述过卡比利亚地区悲惨的生活,费拉翁的小说《穷人的孩子》(1950 年)也接触过同样的主题,因此他自然成了阿尔贝·加缪的朋友,可是他们两人始终没有时间,也缺乏机会进一步接近。费拉翁倒下了,他 1962 年 3 月 5 日倒在秘密武装组织(属法国极右势力,专门从事反恐怖活动)的枪弹之下,时年五十。他留下一本日记,一直写到这一天。第一本小说问世后,费拉翁从 1951 年起开始与加缪书信往来,两人结下友谊。1958 年的这次见面,也许是两人初次相会。加缪抽时间看望了费拉翁的学校,在学校操场与孩子们合影。然后一起寻访附近穆斯林人居住的贫民窟。他们还谈到战争。费拉翁还记得加缪那天说出的感想:

> 在我们两个兄弟互相无情厮杀的时候,挑唆任何一方,都是罪孽。在理智的沉默和疯狂的呐喊之间,我选择保持高尚的缄默。是的,当言语能够无所顾忌地主宰他人生杀予夺的时候,保持沉默不是一种消极的态度。②

4 月 19 日,费拉翁在日记中写道:"我们坦率地、无拘无束地聊了两个小时。"跟加缪在一起,费拉翁觉得像与罗布莱斯交往一样,也是

---

① 源自吕西安·加缪。

② 穆卢德·费拉翁《超乎仇恨之上》,《西蒙风》,奥兰,第 31 期,1960 年 7 月。让·布洛克-米歇尔经加缪介绍与穆卢德·费拉翁结识。后来,费拉翁向《证据》(让·布洛克-米歇尔是编辑之一)投了一篇稿子,要求匿名发表,因为那时的阿尔及利亚,要么保持沉默,要么就是死亡。三天后,布洛克-米歇尔获悉,费拉翁被秘密武装组织暗杀。布洛克-米歇尔仍然刊登了这篇文章,没有属他的名字。(源自让·布洛克-米歇尔)

那么心情舒畅。"他身上洋溢着同样的兄弟般的热情,什么客套、讲究,全都被抛在一边。"这位卡比利亚作家认为加缪对阿尔及利亚的立场和他预料的相同,非常富有人情味。他极为同情饱受苦难的人们;尽管他十分清楚,恶势力根本不会因同情而有所收敛。①

加缪返回巴黎后不久给费拉翁写信说:"我开始盼望一个更真实的未来,也就是说我们将不因非正义或者正义而彼此分离。"

就在加缪访问阿尔及利亚的时候,埃马纽埃尔·罗布莱斯的儿子用步枪结束了自己的生命。加缪获悉后立即赶往罗布莱斯的住所,给各家报纸打电话——他到处有朋友——请他们别发这条消息,因为罗布莱斯夫人当时不在阿尔及尔,他不希望她从报纸广播中得到儿子的噩耗。加缪当晚守在罗布莱斯身边。②

他甚至抽时间在阿尔及尔海湾的春天的阳光下工作,思考他的创作计划。他再次投入改编陀思妥耶夫斯基的《群魔》这份艰难的工作。他得从头到尾改一遍,不过认为春末夏初就能改完。因为写书困难,他把全部精力投向戏剧;他铁了心,一定得拥有自己的剧场和剧团。

年轻的戏剧经纪人米舍利娜·罗赞在巴黎开业;加缪心想终于找到最理想的合伙人了。回到巴黎后,他马上找到能帮助他收购、管理剧场的人进行认真的谈判。对个人的生活,他也作了几个决定。从那时候起他就知道必须在南方购房,供家人居住,也可以供写作之用;购房成了加缪春季规划中的新内容。他甚至考虑在巴黎另找一处落脚的单身公寓,因为他和夏纳莱伊街的房东开始出现矛盾,于是请米舍利娜·罗赞帮忙另找一套公寓。她按照做生意的惯例,给加缪一张问卷,他只要在需要的栏目上画圈,不需要的地方打叉就行了。根据他给米舍利娜·罗赞定的顺序,加缪喜欢的住宅区分别是圣日耳曼城区(目前住的地方)、旺多姆广场(也许因为地处伽利玛出版社和剧院区

---

① 源自"七星文库"版加缪文集。
② 源自埃马纽埃尔·罗布莱斯。

之间)、圣日耳曼-德-普雷区(当然啦)、圣路易岛(因为其美丽,看不出任何实用价值)、蒙帕纳斯、大歌剧院(紧靠剧院)、卢森堡公园一带、植物园、帕西。他勾去了马莱区(翻新改造尚未开始)、蒙梭公园和蒙马尔特。购房资金的尺度在 300 万至 600 万法郎之间(有可能就租房,月租金约 3 万至 4 万法郎)。可是他意识到如果同时安置公寓、购买住房和投资剧院,他就捉襟见肘,资金不足了。①

4 月 12 日,加缪坐上返回法国的轮船,16 日抵达伽利玛在戛纳的寓所,次日赶到尼斯与卡特琳娜·塞莱思一起观看《修女安魂曲》(看望罗歇·马丁·杜·加尔),然后返回尼斯。伽利玛把他们的"阿雅"号赛艇留给加缪,赛艇长八米,由两位布列塔尼的水手操纵。他上午在面对码头的房间里写作,下午在赛艇上度过,感觉开始好转。②

5 月 9 日,让·德·迈松瑟勒来巴黎,在波拿巴路的一家小画廊举行个人画展的揭幕仪式。加缪为请柬撰文:

> 整整二十年间,离消息灵通、异常健忘的巴黎千里开外,一位艺术家不甘寂寞,默默创作……从未展示过他的作品……

加缪的名字当然增加了揭幕仪式的吸引力,加缪出席仪式,记者马上蜂拥而至。加缪对他们爱理不理,迈松瑟勒见了十分惊讶。加缪觉察到自己伤了朋友的心,于是对他说:"您瞧,让,我也学会演戏了。"③

他访问后不久,阿尔及尔发生了暴动。这次暴动由与殖民势力同谋的法国军官、有钱的法国侨民和下层极端分子策划,他们认定第四

---

① 源自米舍利娜·罗赞。
② 源自吕西安·加缪。
③ 源自让·德·迈松瑟勒。

共和国在出卖阿尔及利亚。他们坚信能够挽救法属阿尔及利亚,哪怕以提高穆斯林地位为代价;许多穆斯林卷入这场暴动,他们面对记者的镜头,和法国人一起呼吁成立兄弟般的法属阿尔及利亚。1958 年 5 月的叛乱是一场奇怪的阴谋活动,没有公开露面的领头人,它不是戴高乐将军策划的,但却对他有利。暴动引起骚乱,在巴黎激起恐慌,导致第四共和国迅速解体。戴高乐先出任第四共和国的制宪议会议长,争取时间,制定新宪法,组织新的共和国(第五共和国),然后担任大权独揽的共和国总统。

加缪对 5 月 13 日暴动的看法如何? 当时他的《阿尔及利亚文集》已经送到印刷厂付印,不过还来得及在序言中添上一笔:

> ……阿尔及利亚人们的思想正在发生巨大变化,这种变化让人满怀希望,同时感到担心。然而现实摆在那儿,没有变,明天依然要考虑它们,才能找到可以接受的未来:法国将无条件地以自由为基础,不偏不倚地、一视同仁地公正对待阿尔及利亚的各个民族。

《时论之三》的副标题为《阿尔及利亚纪事》,当然不是对阿尔及利亚问题保持沉默的好方式。书中的内容写到 1958 年截止,作者明确表示了自己的立场,也就是他支持穆斯林的要求,对法国人拒绝承认穆斯林人民的请求感到失望。他与法国左派分歧点在于他拒绝考虑从阿尔及利亚撤出法国侨民;因为他们和穆斯林一样,都在此土生土长。这部书问世后似乎石沉大海,没有激起任何反响;在那些狂热亢奋的日子里,很少有人去注意这些渐进的、过于理智的解决办法(起初,戴高乐本人好像也支持"法属阿尔及利亚",以便在时机成熟时推动阿尔及利亚独立,军事政变者和极端分子出于这种目的才要求他重新掌权)。

居伊·杜缪尔是加缪的朋友,戴高乐上台那天正好在伽利玛家吃午饭，他感到加缪依然相信戴高乐将军能够挽救阿尔及利亚。加缪没有与杜缪尔和伽利玛一起吃饭，可他凑巧在那儿，便请杜缪尔饭后谈谈。谈完之后，给杜缪尔的印象是加缪的想法完全脱离现实。结识加缪年代更久的夏尔·蓬塞也突然发现，加缪认为 5 月的事件都"自发产生"；看到法国人与穆斯林聚集在总督府门前大理石广场上，加缪坚信他们此时此刻亲如兄弟。蓬塞告诉加缪法国军队如何派卡车下乡网罗穆斯林、组织这次游行时，加缪听了目瞪口呆，轻轻地说："如果是这样，那就完了。"①

对戴高乐派来说，请加缪加盟也许是着好棋。有一天，他们通过间接的途径，建议加缪参加政府内阁，在文化领域担任要职，可是他拒绝了。② 他的朋友们记得他数次会见戴高乐将军，请求他宽待阿尔及利亚。③ 这些会见没有留下任何记录，除了同年晚些时候在马提尼翁宫的一次正式宴请。加缪讨厌官方的繁文缛节，不愿意去，但是他妻子非常想见戴高乐，便怂恿他接受邀请。他求苏珊娜·阿涅莉打听一下被邀请的人是否很多，秘书向他保证一切在小范围内进行。谁知加缪夫妇到达时，碰到十多位同时受邀的客人，加缪对硬把自己拖来的妻子十分恼火。戴高乐向来客挨个提问，加缪问将军的助手，如果大部分选民赞成一体化（法籍阿尔及利亚人和穆斯林一体化），政府准备怎么办。那位助手答道："阿尔及利亚人希望经济发展，不需要一体化。"加缪夫妇听到这话，异口同声喊道："他们需要他们的尊严！"加缪谈了统治的艺术，还就《战争与和平》展开讨论。

不久以后，加缪私下对友人说，第四共和国是在阿尔及利亚滥施酷刑的政府，而第五共和国则是摇摇欲坠的君主专制国。他又说，法

---

① 源自夏尔·蓬塞。
② 源自阿尔贝·加缪夫人。
③ 源自居伊·杜缪尔。

国似乎染上了留恋君王的毛病。①

在这个 5 月份,加缪在戏剧方面集中力量,还有米舍利娜·罗赞。她才二十三岁,已经开始负责处理国家人民剧场的公共关系,那时正值剧场的鼎盛时期,钱拉·菲力普非常走红。她与玛莉亚·卡萨雷斯关系密切。以后她进入美国戏剧社法国代表处,负责彼得·布鲁克、让娜·莫罗、让-保罗·贝尔蒙多等法国影星,也照顾美国作家,例如阿瑟·米勒和田纳西·威廉姆斯。她经玛莉亚·卡萨雷斯介绍才认识加缪,因为诺贝尔奖之后,加缪需要一个经纪人,统筹他作品的国外演出事宜。没过多久,她也着手帮助加缪解决国内的演出问题;合作后不出数月,她就参与物色上演《群魔》的剧场。

这不是一件轻而易举的事。加缪首先想到原来的设想,也就是重新租用雷卡米埃小剧场。1952 年他曾经租过(借方是教育联盟)。这次他在米舍利娜·罗赞的帮助下,写了正式的租用书,按照这份租约,租用期为两年,他指导剧团在雷卡米埃演出,剧目和剧团由他自由选定。②

教育联盟没有立即答复,加缪动身去了希腊。米歇尔·伽利玛夫妇事先租了一条船,泊在比雷埃夫斯。他们坐飞机到雅典,同行的还有雅尼娜的女儿安娜,和他们航海旅游的老伙伴、艺术家马里奥·普拉悉诺斯,他妻子伊奥和女儿卡特琳娜。(加缪作品的精装版经常被视为原版,其版面就是普拉悉诺斯设计的。)加缪由玛莉亚·卡萨雷斯陪同来到罗得岛,与他们在船上聚会。

法国正在闹危机,到底走还是不走,加缪和米歇尔·伽利玛动身之前都犹豫过;报界肯定会对加缪出游说三道四。时局紧张,让安娜一个人留在巴黎,米歇尔也不放心,因此她也参加旅行。

可是他们很快就把担心扔到九霄云外。"方塔西亚号"是由海军

---

① 源自阿尔贝·加缪夫人。

② 源自米舍利娜·罗赞。

巡逻艇改装的游艇,船员仅一对英国夫妇,妻子掌勺。乘客们反应如何,不难想象。她做的母鸡尤其难吃,他们都悄悄地朝船舷外扔。到了第三天,他们终于鼓足勇气告诉船长,他妻子做的鸡实在不敢恭维。而他却是个好水手。

他们在一个小岛上看见布吕克贝热神父,身穿方格牛仔衬衫,陪着一个上了年纪的女人,眺望驶近的船只。

普拉悉诺斯一路旅行,画了一本铅笔素描,加缪用钢笔添上文字,一首充满诗情画意的史诗,同时也是一部嘲弄他们船上生活的日记。他把自己描绘成纯洁的圣阿尔贝。

有一处景点——即处在密蒂莱纳岛(亦称莱波斯岛、萨福岛)西端的西格里——尤其让加缪动情,那儿地势险峻,长着葡萄和橄榄树。加缪发誓以后再来。①

与此相反,他们在土耳其沿岸短暂的旅行却不太成功。他们原想绕过玛尔马利村,但是村民好奇,一路尾随,人越聚越多,他们出于无奈,只能躲进游艇。②

法国传来的消息中断了他们的旅行。6 月 24 日,立即被戴高乐任命为政府成员的马尔罗在巴黎举行记者招待会,他宣布,自从戴高乐将军访问之后,在阿尔及利亚没有发生过一起刑讯拷打事件(6 月 4日,戴高乐对云集政府广场欢迎他的法国人喊出这句模棱两可的话:"我理解你们了!")。然后,马尔罗庄严地说:"我以法国政府的名义,邀请三位因诺贝尔奖而享有特殊权威的、对这些问题颇有研究的法国作家,组成一个委员会,前往阿尔及利亚。我可以保证他们得到戴高乐将军的授权。"

然而,罗歇·马丁·杜·加尔处在病危阶段——于两个月后去世;莫里亚克将信将疑。而加缪则最讨厌这种集体行动。7 月 1 日,他

---

①　源自雅尼娜·伽利玛。

②　源自玛莉亚·卡萨雷斯。

在雅典马上答复秘书,请她转告报界,他要进一步了解该计划的情况,再给予回答。

据一位写马尔罗传记的作家称,加缪不愿意与支持民族解放阵线的人携手参与这次活动。马尔罗甚至以戴高乐的名义恳求加缪,请他在阿尔及尔,从某种意义上全权代表法兰西的良心,可是加缪执意拒绝。[①] 平心而论,马尔罗即兴发出的邀请,和那段时间他率先发起的其他政治活动一样,都是激情有余,实效不足;在发邀请之前,他甚至没有考虑过诺贝尔文学奖作家是否会接受。[②]

就在他们出游期间,教育联盟否决了加缪-罗赞的方案;他现在得在雅克·埃贝尔托和让-路易·巴罗之间做选择。前者拥有同名的剧场(加缪的《正义者》曾在此上演),后者能够提供场地,但是没有资金。希腊的岛屿给加缪注入了新的活力,他要亲自负责谈判。[③] 7 月 17 日,他会见埃贝尔托,埃贝尔托称只有加缪得到外来的支持,他才有兴趣《群魔》。马塞尔·朱利安愿意从 10 月份起提供萨拉-贝尔纳剧场,但是加缪认为他的剧团届时还没准备完毕;他尤其考虑到卡特琳娜·塞莱思和多米尼克·布朗夏尔的情况(他自己也许来不及准备,再说和他的演出剧目相比,萨拉-贝尔纳剧场嫌大了些)。接着,曾经说过能够在皇家剧院的小剧场独自上演此剧的巴罗改变了主意。现在他建议与加缪合作,如果他能够租到雷卡米埃剧场。加缪于是再次同教育联盟谈判。可是这一次轮到他拒绝了,因为他发现雷卡米埃剧场规模太小,演出费用昂贵,教育联盟租剧院的条件苛刻,根本无法上演像《群魔》这样规模的戏。

---

①　拉古杜尔《马尔罗,世纪之生命》。拉古杜尔还记述说,1958 年 4 月,戴高乐将军重新执政前,加缪曾经拒绝跟马尔罗、罗歇·马丁·杜·加尔、莫里亚克、萨特联名向科迪总统请愿,抗议当局查禁一本揭露法国军队如何在阿尔及利亚实施拷打的书,要求政府当局在拷打问题上表明态度。

②　源自马奈斯·斯佩尔沃。

③　加缪在希腊旅游期间,米舍利娜·罗赞以加缪的名义发布了一条公告称,通过友好协商,制作兼导演迭戈·法布里取消在巴黎上演他改编的已经在意大利、德国和拉美演出过的《群魔》。

这些细节本身并不重要,但是它们表明——下面将提到的细节也是如此——在加缪生命的最后几个月时间里,戏剧将占据加缪白天以及晚上的很大一部分时间。最后,《群魔》在通俗喜剧院演出,地点不甚理想,可这已经是他们奔走联系的第十四个剧场,由剧院的几位所有人、加缪、他的朋友、合伙人共同出资,其中包括米舍利娜·罗赞,她专门为此借了钱。加缪和米歇尔·伽利玛每人掏了两百万法郎:加缪投入的钱一部分来自美国的赛文艺术制作公司,条件是得到加缪戏剧演出权益以及美国戏剧社法国分社的选择权。投资人后来没有得到回报。①

同时他需要完成两件为朋友尽职尽忠的事:一是为让·格勒尼埃的《群岛》写新版序言,那本书曾经强烈震撼过当时念高中的加缪;二是撰文纪念刚刚去世的罗歇·马丁·杜·加尔。文章应写得含蓄,因为罗歇·马丁·杜·加尔认为"作家献给读者的,应该是他的作品,而不突出个人",加缪对已故作家的生活细节的回顾极其简略:

> 我与他最后一次交谈是在 5 月的尼斯,那次他谈到了死,但是依然多次间接提到,艺术家有必要保持含蓄和秘密……

加缪向他表示深深的敬意:"这位无与伦比的人的存在就足以帮助我们生活下去……"②

加缪在阿维尼翁的卡布里耶租了房屋,离索尔格岛不远。8 月底,他回到这儿与妻子儿女团聚。屋子很简陋,主要用作在本地区觅房的基地,因为他已经决定买房。他们找到一幢坐落在阿尔比依山、靠近圣-雷米-普罗旺斯的房子,四周没有居民,有一大片山坡让他们怦然心动;随后又看了不少房子,但是大家各执己见,达不成一致意见。直

---

① 源自米舍利娜·罗赞。

② 收录于"七星文库"版加缪文集。

到 9 月份,加缪妻子得回巴黎开学上课时,购房的事仍然不了了之。①

接着,事态忽然进展神速。加缪夫妇曾与房产商让·科尔尼去卡瓦雍看过房。让·科尔尼是勒内·夏尔朋友的朋友。其实,他们看中一间旧农舍,但是他们犹豫不决,结果被别人抢先买走。不久以后,科尔尼得知巴黎著名的外科大夫奥利维耶·莫诺出售房屋,在卢马兰村。科尔尼见到房子后,认为正是加缪要找的房子。加缪表示同意。科尔尼告诉卖主说他的买主得过诺贝尔文学奖,才争取到 48 小时,加缪立即打电话让妻子赶来看房。② 过目之后,弗朗辛马上感到遗憾,因为这栋街面房子挤在其他房子中间,远不如以前看过的房屋清静。但是她丈夫前前后后看了十五处房屋,懒得再看,警告说:"要么买这栋,要么就什么都别买。"事到如今,她别无选择,只好同意。③

第二次看房大约是 1958 年 9 月 24 日,加缪请卖主让些价。莫诺大夫的女儿当时才十五岁,马上答应削价 70 万法郎,最终定价为 930 万法郎(约合现在 38000 欧元)。

10 月 18 日他们在莫诺家族拥有的另一座小屋里签了购房合同,付了一部分现金。加缪保证照料种在宅地上的橄榄树。④

---

① 源自阿尔贝·加缪夫人。
② 源自让·科尔尼。
③ 源自阿尔贝·加缪夫人。
④ 源自奥利维耶·莫诺大夫及夫人。

第四十七章

卢马兰村

······戏剧给了我必需的沟通交流······

——《特写》

卢马兰不同于别的普罗旺斯村落,它没有受到科技进步和旅游发展的侵扰。村子四周依然葡萄环抱,徐缓的吕贝龙山坡庇护着它们。往西北59公里是沃克吕兹省的省城阿维尼翁,往东南37公里就是埃克斯,索尔格岛离这儿20公里。村里共有600个居民,过着宁静的生活,似乎与世隔绝;来此避暑的人们深居简出,看不出人数有异常增加。连卢马兰的居民都不知道有多少房屋卖给了外来人。

在村子对面,隔着农田有一座古老的城堡;古堡的两翼建于中世纪和文艺复兴时期。古堡的复苏与一桩车祸有关系。

罗贝尔·洛朗-维贝尔是一位有钱的企业家的养子,博学多才,是历史学教授兼作家。他在卢马兰村发现了这座古堡,将破烂不堪的城堡修葺之后赠给埃克斯的科学、农业和文学科学院。1925年春(他从美国归来,准备对他在叙利亚发现的罗马遗址进行考古发掘),他从卢马兰驱车回里昂,一位好友(巴黎出版商,名叫乔治·克雷)和他同行。洛朗-维贝尔喜欢开快车,由于车速过高,汽车失控翻身冲出道路,两人被抛出车外。洛朗-维贝尔顿时丧生,他的朋友死里逃生。[①] 按照他的遗愿,埃克斯科学院建立了"洛朗-维贝尔卢马兰基金会",把古城堡改成艺术家和作家们的避暑庄园(让·格勒尼埃 20 世纪 20 年代就曾来过):城堡环境古色古香,有奇形怪状的文艺复兴风格的壁炉,雕花的条石楼梯,用古董瓷器做餐具。

卢马兰村拥有两座教堂,新教一座,天主教一座。历史上新教徒曾一度占据上风,由于罗马教皇坚持教徒通婚后生的子女必须信天主教,从此天主教人丁兴旺。墓场里两个教派坟地用墙隔开,但是壁垒森严的界限正逐渐消失。

奥利维耶·莫诺已经定居卢马兰村多年。尽管他是在巴黎行医的肺科医生,莫诺大夫还是卢马兰的村长。莫诺夫妇 1938 年发现了这个村庄,卖给加缪的房子是 1949 年购置的,它原先是农舍。他们把猪圈翻修成勤杂室,葡萄压榨处改为淋浴房。后来他们决定搬到村外边住,于是出售这处房产。

这幢房子风格凌乱,大大小小的屋子高低参差不齐,顶上覆盖着普罗旺斯风格的红褐色瓦。靠村子那边,外墙沿街道(以前叫教堂路,现为阿尔贝·加缪路)拐弯成弧形,呈中世纪风格。有一处雕石喷泉,水从铜狮子嘴里喷出。从田野那边看,房子仿佛蹲在高高的平台上,其实是围着木栏杆的土坡;从这儿放眼望去,杜朗斯峡谷、对面耸立的古城堡、墓地的松树尽收眼底。园子里栽着无花果、玫瑰、玉桂。加缪住进来的时候,整个园子显得很荒芜。加缪告诉花匠,把园子修整一下,除去杂草,但是"不要花里胡哨"。朝园子方向,往下走是马厩,马厩上面是车库,加缪存放他那辆上了年纪、忠心耿耿的"雪铁龙"。

没过多久,他们就照自己的心愿动手改造房子。加缪在小小的内

---

① 《缅怀罗贝尔·洛朗-维贝尔》,里昂,1971 年。据奥利维耶·莫诺大夫介绍,让·瓦里耶(基金会经理)的兄弟也在卢马兰死于车祸。

庭里加喷泉和木凳作为点缀，门楣上面刻了个太阳。他的办公室安在楼上的大间里。莫诺称之为"总督室"，因为有个业余剧团在这儿演过《威尼斯商人》，莫诺的子女是剧团成员。这间屋子原来是养蚕的地方。①

这栋房子给加缪提供了机会，他可以照自己喜欢的方式购物，即在旧货铺和古玩店东翻西找淘旧家具。他向罗贝尔·塞雷索尔承认："世界上忍饥挨饿、穷困潦倒的人那么多，我买个旧衣柜却花了 15 万法郎，实在害臊。"一天他遇见雅克丽娜·贝尔纳，跟她说自己刚刚跑完几家商店，为他的女儿找张路易十六风格的床和别的物品，她开玩笑说："您不是说过，有一间旅馆客房就心满意足了吗？"加缪笑起来："我说过我想死在客房里，而不是在那儿过日子！"

对加缪而言，卢马兰村首先让他想到格勒尼埃。早年，他在老师散文中读到此地，自己战前和战争一结束也曾来过这儿。他应该对格勒尼埃说："我步您的后尘。"这儿不是夏尔居住的索尔格岛，他在那儿没有找到任何值得买的东西，再说了，沿着一条曲折迂回的道路，他半小时就能到那儿。

在巴黎，大伙正忙着排练《修女安魂曲》，准备再次公演。回到巴黎（签订购房合同之后）后不久，《群魔》改编完毕，可以开始排练。尽管一再删减——起初的打字剧本有 268 页，要演 5 小时——依然还有 28 个人物、8 幕戏②（小说在 1953 年初次改编，包含 63 幕③）。主要演员将是皮埃尔·布朗夏尔（演斯捷潘·韦尔霍文斯基）、皮埃尔·瓦内克（演斯塔夫罗金）、米歇尔·布凯（演韦尔霍文斯基的儿子）和卡特琳

---

① 源自奥利维耶·莫诺大夫及夫人、弗兰克·克雷亚什、洛朗-维贝尔基金会、亨利·梅纳尔、作者的个人观察。

② 根据"七星文库"版加缪文集所示。

③ 源自卡特琳娜·塞莱思。

娜·塞莱思（演列比亚德金娜）。

卡特琳娜·塞莱思发现，和《修女安魂曲》相比，加缪的舞台指示更加细致、周密。对陀思妥耶夫斯基小说的分段处理已经属舞台导演的一部分，并且掺入斯塔夫罗金的忏悔和陀思妥耶夫斯基的创作手记的部分内容。加缪着重表现人物的凶狠，甚至疯狂，觉得演员过于柔弱。① 他尊重剧本，也这样要求演员，除此之外演员可以自由发挥。②

他们首先围桌而坐，读剧本。接着，见多识广的老演员皮埃尔·布朗夏尔发现加缪别出心裁：再读剧本，边读边摆动作。"您觉得怎么合适，就怎么演。该走动就走动，"加缪说，"想坐下就坐下。根据剧本的启发演。"而他在一旁观察，等待演员把人物演活；他认为演员的表演应该是真实的，反对用自己的设想影响演员。有时候碰到一个演员有两个角色可以挑选的情况：加缪希望他演这个角色，而演员则喜欢另一个角色，加缪就接受演员的选择。他从来不对表演时的语气、动作或者面部表情作任何提示，他通过让人信服的解释进行导演。台上没有他的戏时，皮埃尔·布朗夏尔常常坐在加缪边上，每当加缪盼望演员突破自我、达到完美境界时，从他脸部表情和呼吸节奏看得出他高度紧张。他针对每个演员草草记录要点，然后对照小说增加指导的说服力。或者在排练间隙的时候，请人演民间音乐，活跃气氛。有一次，为了增强演出效果，有人提议把一场戏分成两幕（诞生和死亡），加缪拒绝分割作品，他宁可冒失败的危险，也不愿意背离陀思妥耶夫斯基的原意。③

这段时期，加缪对内埋头工作，对外沉默不语。他所关心的不仅仅是阿尔及利亚问题。达到服兵役年龄但不愿意应征入伍的青年逐渐感到战争的压力，因为法国没有任何保护他们的法律，连因道德或

---

① 源自卡特琳娜·塞莱思。

② 源自米歇尔·布凯。

③ 皮埃尔·布朗夏尔《阿尔贝·加缪，戏剧家》。

宗教理由拒服兵役的判例都不存在。和平主义者们开始组织运动，争取让这些年轻人去非军事部门服役。于是加缪准备用他的笔和声望悄悄地支持和平主义者；他和革命左派的积极分子联合行动，加缪喜欢与他们合作。

路易·勒库安一生中始终赞成和平主义、无政府主义，忘我地捍卫正义事业。在法国监狱先后坐了十二年牢，他算了一下，为了信念而坐牢，只有奥古斯特·布朗基——1848年革命的策划者之一——比得过他。1927年，他呼吁释放萨科和万泽提，混进在巴黎举办的美国海外军团大会，跟代表们一起喊过"萨科和万泽提万岁！"而被扔进监狱。1936年他建立了一个自由西班牙委员会，后来成为反法西斯国际团结运动，运动的报纸经常遭到查禁和起诉。第二次世界大战期间，这位著名的和平主义者给关在撒哈拉南部地区。

1958年1月，他创立《自由》杂志，声援拒服兵役的年轻人。加缪立刻与安德烈·布勒东、让·科克托、让·吉奥诺等作家加入另一个新成立的声援委员会，出任名誉组委。由于拒服兵役会受到严厉处罚，加缪帮助勒库安以新的委员会的名义，起草一封呼吁信，于1958年10月15日交给政府。该信要求在政府尚未颁布法令给予因道德或宗教理由拒服兵役者合法地位之前，释放因拒服兵役而入狱，而且服刑期已超过义务服役期的年轻人。该委员会提交一份法律草案，加缪也参与制定。1959年3月他以声援委员会的名义，致函戴高乐将军。"我们知道，问题不可能立刻全部解决，我们理解耐心等待的必要性。"他写道。但是20多个拒服兵役的年轻人已经被关押27个月，他们度日如年，很难再等了。

戴高乐答复说他将予以考虑，可是仍然要耐心等待。勒库安已是74岁高龄，患心脏病。他开始绝食，并且发誓继续下去。他的举动促使在1963年颁布法律。依照法律，因道德或宗教理由拒服兵役者获得特殊身份，建立了文职服役制度，但是勒库安还希望按照加缪起草的计划,有朝一日消除法律中的处罚性内容。①

　　1958 年 11 月 12 日,他参加了另一种性质的活动。他曾经拒绝参加任何涉及阿尔及利亚的公开仪式,那天他破例接受邀请,作为贵宾出席旅法阿尔及利亚人、阿尔及利亚协会成员的晚宴。纯粹的阿尔及利亚归侨聚会,带着"法属阿尔及利亚"的色彩;来客中有公务员、商人,也有艺术家、作家。皮埃尔·布朗夏尔在场,还有之前在阿尔及利亚任职的巴黎警察总监莫里斯·帕蓬。退休上校、阿尔及利亚协会主席介绍加缪时说,他 1956 年 1 月呼吁停止国内战争,结果无人理睬,但这次呼吁已经成为戴高乐政府正在推行的民族和解政策的范例。加缪轻松地与"阿尔及利亚乡亲们"说话,不知不觉地流露出阿尔及利亚归侨的心声:

　　　　我感激阿尔及利亚,我在那儿不仅学到了幸福,也学到了……痛苦和不幸……最近以来,这些教益变得沉重起来……

　　但是他依然看到保持希望的理由。他强调说,阿尔及利亚的作家们长期以来履行着自己的职责。他不能预料明天的阿尔及利亚是什么样,不知道它如何建成,将造成多少牺牲和不幸。"但是我可以说,明天的阿尔及利亚,是我们这些阿尔及利亚作家在昨天缔造的。"②

　　诸如此类的活动他可以继续参加——但是他将无法写作。他告诉尼古拉·基亚罗蒙特,一旦应人之邀作序言,或是写应景文字,他就

---

　　①　源自路易·勒库安《一生的历程》,巴黎,1965 年和弗兰克·克雷亚什、卢马兰提供的其他文件。加缪对克雷亚什说,尽管他不主张拒服兵役,但是他觉得这些人很勇敢,继续关押他们是不能容忍的,皮埃尔·马丁当年在国际民事服务处当志愿者,曾经在阿尔及利亚遇到加缪,据他所说,加缪关注他们主张和平的活动,问过拒服兵役的情况(马丁也因此入狱)。马丁的朋友勒库安创立《自由》杂志的时候,请马丁帮忙,于是马丁请加缪加入声援勒库安的委员会。

　　②　源自加布里埃尔·奥迪西奥、巴黎法国驻阿尔及利亚代表处"文化讯息"公告、《阿尔及尔回声报》,阿尔及尔,1958 年 11 月 13 日和阿代唱片集《阿尔贝·加缪在场》。

无法写作。他当然设法弥补，可是没什么结果。他被一种惰性所左右，只能等待内心萌发灵感。

年底的时候，他对伽利玛出版社的同事、作家罗贝尔·马莱说，据他看，阿尔及利亚两大敌对势力最终会表现出相当的理智，找到互相谅解妥协的办法。马莱想加缪也许能够为他们牵线搭桥，加缪回答说：

> 我想不行，我受到民族主义分子敌对双方的猜疑。有些人认为我错了……不够爱国。另一些人认为我太爱国……太多的阿拉伯人不明白，我热爱阿尔及利亚，就像一个热爱阿拉伯人的法国人。他希望阿拉伯人在阿尔及利亚安居乐业，而自己也不至于被人当作外国人对待。[①]

在他生命的最后一年，加缪继续努力干预，解救遭起诉或监禁的阿尔及利亚人。新年首次斡旋的对象，碰巧是他的老友阿马尔·乌茨卡那。他曾先后担任阿尔及尔共产党秘书（是加缪的上级，也抨击过加缪）、民族解放地下阵线指导委员会成员以及民间停战委员会成员。他作为危险叛乱分子被捕。一年之后，即 1959 年 1 月被押上法庭受审。加缪立即致函阿尔及利亚军事法庭：

> 本签署人，阿尔贝·加缪，特此作证，阿马尔·乌茨卡那先生曾于 1956 年协助本人创建委员会，旨在组织停火、避免法国和穆斯林平民无谓牺牲。他在权限之内尽其所能地促使这项纯人道主义行动的成功。

但是所有这些均无济于事，乌茨卡那有可能被处极刑。最后被判

[①]　罗贝尔·马莱《面对生活，远离死亡》，选自《向阿尔贝·加缪致敬》。

八年监禁，直到 1962 年 4 月实现停火以后才被释放。此后，他担任——我们已经亲眼看见——阿尔及利亚独立政府的部长。[1] 加缪经常向戴高乐、戴高乐的部长兼顾问马尔罗求援。[2] 新的保护委员会最终成立后，他也常到那儿求助。加缪拒绝参加这个组织，可是接二连三地提出要求交名单。他收到委员会的许多报告，都涉及他关注的案子，即名单上他经过斡旋、即将获释的穆斯林。马尔罗至少有一次通知加缪，说他亲自向戴高乐递呈一些材料，那些材料是加缪托付的，请求总统宽赦一些死囚。[3]

1959 年 1 月底，马尔罗来到安托万剧院，出席《群魔》的彩排。彩排前三小时，第一部长助理给苏珊娜·阿涅莉通电话，请她留一个包厢；从助理这次以及不久以后的另一次表态，她感到马尔罗想为加缪出点力，也许作为弥补……[4]不管出于什么理由，马尔罗终于来了，《法兰西晚报》头版刊登他的照片，标题是：

安托万剧场

《群魔》彩排

马尔罗是头号明星（在观众席上）

在同一版上，该报的社交专栏作家作了详细记述：戏全长三小时四十分钟，第一次幕间休息时，观众都拥向酒吧，威士忌 700 法郎一杯，伏特加只要 250 法郎。乔治·蓬皮杜与马尔罗坐在同一个包厢里；帕蓬总监也在场，还有路易·阿拉贡和妻子埃尔莎·特里奥莱。

---

① 源自阿马尔·乌茨卡那。

② 拉古杜尔《马尔罗，世纪之生命》。

③ 源自阿贝·加缪夫人。

④ 源自苏珊娜·阿涅莉。

布凯、布朗夏尔、瓦内克和卡特琳娜·塞莱思赢得了绝大部分掌声。

《群魔》受到相当的好评，但是演出时间不长，正如前面所说，演出是亏损的。排戏耗费很高，剧场也没选好：《群魔》这出戏太严肃，来安托万剧院的观众一般喜欢看轻松喜剧（尽管这儿也演过萨特、田纳西·威廉姆斯的戏）。1959 年 10 月准备巡回演出，去的地方有法国的外省、瑞士、比利时、卢森堡、北非和葡萄牙。

重返舞台，加缪无疑很高兴。① 他告诉新结交的朋友奥利维耶·莫诺，对他来说，根据陀思妥耶夫斯基小说改编的这出戏，比自己的任何作品都珍贵。究其原委，说不定是因为他付出过大量心血。② 也许还有别的道理。因为此时此刻，戏中政治内容格外吸引加缪。从一开始，陀思妥耶夫斯基的小说就被看作对虚无主义的揭露，同时也是矛头针对自由左派，因为作者批评左派赞美虚无主义。由于这些政治内涵，苏维埃把《群魔》视为右翼势力的宣传，"从社会的角度说，令人憎恶，有损于社会主义事业"：自从十月革命以来，这部小说始终是苏维埃舆论严厉批判的对象……陀思妥耶夫斯基评论家马克·斯罗宁写道，陀思妥耶夫斯基本人认为这部作品抨击"革命势力凶狠的本质"；他有意嘲弄这些自由人士的"崇高心灵"，他们的多余性，从而指出 19 世纪俄国进步的人道主义者对下一代人的社会主义倾向负有责任。韦尔霍文斯基这个人物"极其厚颜无耻地背叛他人"，斯罗宁写道，"总是忙于阴谋策划，利用丑闻发财，是斯大林时代典型的共产主义政客"。③

加缪也许没有在陀思妥耶夫斯基的小说中看到所有这一切，但是他肯定把小说看成揭露一种不负责的革命行为的机会。总之，直到他

---

① 源自米舍利娜·罗赞。

② 源自奥利维耶·莫诺大夫。

③ 源自马克·斯罗宁为陀思妥耶夫斯基小说《群魔》英译版所写的跋，马克·安德鲁译，新美国出版社，纽约，1962 年。

生命的最后一刻,他始终关注这部他最喜欢的作品。即使他无法见到演员,仍然通过字条保持联系,或者分别给他们写信,有时候提些建议,更多的是热情鼓励他们。① 有一张字条,题为"缺席者的请求",这么写:

　　　　戏开头必须像焰火,中间似烈焰,最后以大火熊熊结束。别忘记,消防员们急得火烧火燎。②

　　当 1957 年 7 月停止演出的时候,累计净亏损 1121 多万法郎。剧团经理致函当时任德勒雷政府文化部长的马尔罗,求他退还税金以减少亏损(800 多万法郎)。马尔罗秘书处答复说只能退还前三十场演出的税金,合 150 万法郎,其余的爱莫能助。③

　　尽管如此,加缪和米舍利娜·罗赞创立的这个剧团的主要经济来源依然是政府。这方面,法国的传统很悠久:法兰西喜剧院、国家人民剧院和其他著名剧团都拿国家津贴。因此他们希望政府——马尔罗可以施加影响,要不然就亲自做主——答应资助加缪计划中的剧场,弥补预计高达 4000 多万法郎的年度亏损(相当于 152500 欧元)。加缪亲自与马尔罗谈过。不过立刻看得出,尽管马尔罗能力超群,富有创新力,仍然无法推动庞大的政府机器。他没有寻找解冻加缪所需资金的办法,而是交给手下的职员,他们照章办事。此后,在加缪去世之后,这类资助多了起来。可是在马尔罗掌权时期,加缪的计划送得太晚了。

　　谈判从 1959 年 1 月——《群魔》开始上演——持续到一年后加缪

---

① 源自卡特琳娜·塞莱思。
② 收录于"七星文库"版加缪文集。
③ 源自米舍利娜·罗赞。

去世。情况显示，如果加缪活着，谈判应该在 1960 年初取得实际结果。①

1959 年 3 月 18 日，加缪给勒内·夏尔写信，谈到他女儿卡特琳娜患的病——病势看来比较严重——和他自己的消沉，"青春渐渐远去，带走放任不羁、目空一切的力量，与消沉抗争变得那么困难，那么累人。是的，此时此刻，我感到疲倦，这是实话"②。

不久，又一个考验落到加缪头上。他母亲要动手术。母亲已 77 岁高龄，加缪非常担心，火速赶回阿尔及利亚。幸亏一切顺利，一个星期后他可以回家照顾女儿。逗留阿尔及利亚期间，作为深受爱戴的儿子和获诺贝尔文学奖的作家，他接到参观故乡孟多维的邀请（他很想去，哪怕为即将开始写的自传体小说搭个框架也好）。但是他不得不在最后一刻发电报谢绝，因为巴黎在等他拍电视节目。③

这个节目取名为《特写》，是由导演兼制片人皮埃尔·卡迪纳尔策划的名人访谈系列节目。被采访的各界著名人士单独直接对着摄影机镜头说话，因为导演认为电视屏幕最适合个人独白。卡迪纳尔已经邀请著名演员开始做节目：米歇尔·西蒙、米歇尔·摩根。1956 年一次节目访谈的主角是玛莉亚·卡萨雷斯，卡迪纳尔从此认识加缪（此前，卡迪纳尔曾经在阿尔及尔一位巨富的豪宅里见过加缪，看到加缪在上流社会从容自如，不禁感到愤慨——不过那是卡迪纳尔反叛自己所属阶层的一时反应而已）。

为了这期加缪《特写》，卡迪纳尔从上一年 10 月份起就和加缪着手准备。他们连续花了几个小时准备节目。加缪谈论戏剧，中间插播《群魔》的演出片断，是在安托万剧场首演时拍摄的（加缪拿着几页草稿纸，卡迪纳尔提议加缪把草稿交给他用打字机誊写一遍，加缪坚持

---

① 源自米舍利娜·罗赞。
② 源自"七星文库"版加缪文集。
③ 源自雅尼娜·伽利玛和埃德蒙·布吕阿。

自己打字,解释说他要保留草稿,因为要卖给一个美国人。这也让卡迪纳尔感到震惊)。他们设计了三个版本,最后才达成一致意见。加缪好像有点怕电视,不知所措。他怕讲稿的文学性太强;卡迪纳尔的看法恰恰相反,认为要的就是文学性,电视的目的就在于此。

演员们的镜头已经事先拍完。卡迪纳尔遇见钱拉·菲力普,他代表演员工会,谈判戏剧某些片断的演出问题,因为据称这些演出不计酬金。菲力普提出按照工会条例处理的时候,加缪反驳道:"不管怎么说,我的演员会替我演出的。"①(其实,演员们不满意。有人对他们说,如果他们同意为《特写》演出,这样就可以增加《群魔》的演出场次;加缪的雇主位子不好坐。②)

4 月份,加缪花了四天时间拍节目,拍摄期间发生的一件小事,卡迪纳尔永远也忘不了。有一次,他冲摄影师喊道:"阿尔贝,你过来……你快点。"加缪以为是叫自己,神色陡变:"请您称我先生!"当加缪发现是自己误会了,连忙道歉,几天之后,再次表示歉意。但是他们两人始终没成为真正的朋友。③

50 年代,法国电视节目中尚未流行即兴对话,《特写》的效果因而显得不错。加缪怕怯场,把讲稿全部背熟。结果是可能让人感到牵强、不自然。果然观众一眼就能看出,加缪在念事先写好的稿子。不过,稿子很重要,加缪在阐述他的戏剧观。节目虽然不够精彩,但是它留下了一份重要的素材,从中可以了解到导演工作给加缪带来的幸福。④

在拍摄《特写》前夕,加缪匆匆接受罗贝尔·马莱采访,加缪承认自己不善于即兴发挥,在采访中说话往往背离事先做的准备。"我喜

---

① 源自皮埃尔·卡迪纳尔。
② 源自卡特琳娜·塞莱思。
③ 源自皮埃尔·卡迪纳尔。
④ 源自米舍利娜·罗赞。这篇稿子被收录于"七星文库"版加缪文集。

欢……谨慎些,把意思说明白。"马莱称加缪文笔优美,加缪立刻紧张起来:"说适合作家的风格,比较恰当……我确信,好作家一定是按照自己的个性,根据自己的感受从事写作的,不粗心也不捏造。所以说,漫无条理的或者过于雕琢的作家我都不喜欢。"最后他说:"我唯一的把握是,我需要感动才能写得好。"①

对熟悉加缪戏剧家生涯的人们来说,《特写》(1959 年 5 月 12 日在法国电视台首次播出)证实了他们已有的感受。问他为什么从事戏剧创作? 回答"简单得让人泄气"——他自己都有些后怕:"很简单,舞台是我感到幸福的地方。"登上舞台,他就摆脱了"职业写作的烦恼",因为"人人都尊重戏剧工作"。

这是真话,曾与他共事的人都知道这是真话。由于文学界盛行妒忌之风,真正的友谊很少,加缪不太喜欢圣日耳曼-德-普雷区的同行。于是他躲进"情同手足的戏剧大家庭",和演员一块儿工作、吃饭、喝酒、熬夜;遇到演出,他经常深夜来到剧场,留下来和他们一起喝酒、吃夜宵。每写完或者上演一出新戏,面对批评,他不是单枪匹马,整个剧团都给他撑腰。在文学界,作家得戴假面具,系好领带,装腔作势;在舞台上,他自由自在。比方说阿维尼翁戏剧节,在卡特兰草坪的露天剧场、布洛涅树林排戏,他把自己的孩子带来,而在伽利玛出版社从来没有这么做过。

有时候秘书来剧场,让加缪处理与他文学工作有关的函件,他笑着说:"我也得演我的戏。"他在伽利玛出版社似乎也采取同样的风格,在那儿也有戏剧家露面,但是,戏剧与文学不是一码事儿:加缪真希望终止写书,全身心地投入戏剧创作。

可是,当他冷静思考的时候,他心里十分明白,他的"真正使命"是

① 源自罗贝尔·马莱。

写书，是在寂寞中写书。①

　　1959 年 5 月，他终于能够住进卢马兰的新居了。这儿阳光灿烂，他立刻着手工作，很快就恢复了作息习惯：上午整修房屋，下午写作，晚上倚着炉火读书。妻子、女儿（身体恢复很快，病得没有想象的那么厉害）赶来和他小聚数日。他感觉好多了，发觉自己喜欢这种修道式的生活。他给朋友写信时落款"多明我会兄弟阿尔贝"。

　　他不久也习惯了村里的生活。他长时间散步，喜欢与当地人聊天。塞萨尔-马里于斯·雷诺是他新交的朋友之一。他出身铁匠世家，家谱可以追溯到 16 世纪。雷诺到加缪家干些活，跟他聊起了卢马兰村的往事。② 村民们很快知道新来的住户见到谁都挺和气。汽修铺老板起初称他"大师"，刚一开口，加缪就说他不喜欢这种称呼。于是老板问他什么时候进法兰西学院，他回答："请您别跟我提这种事儿。我最讨厌坐着不干活的人。"③

　　村里的居民们有时候也碰到阿维尼翁来的诗人、小说家亨利·博斯科。博斯科当时 71 岁，也住在村里，但是和加缪相比，始终显得高傲、难以接近。（博斯科于 1976 年去世，安葬在卢马兰村的公墓内。）有一天加缪正好与卢马兰足球队员（他开始资助球队）在咖啡馆聚会，有人从巴黎给他挂电话，加缪冲着报信的人说："叫他以后再打来。我接待朋友，走不开。"一到星期天，如果他在卢马兰，便去观看当地青年的足球赛。

　　他雇了一个女佣做饭，可是常常乐意去离他家几步之遥的奥利耶饭馆吃饭。一个多世纪以来，饭馆没有换过主人。里面陈设简朴，普

---

①　源自苏珊娜·阿涅莉。

②　源自罗杰·雷诺。

③　源自亨利·包马斯。

普通通的桌椅，结实耐用，桌上铺着方格台布。城堡近在咫尺，前来用餐的艺术家们在贵宾留名簿上或写素描，或画水粉，这本留名簿是画家埃迪-勒格朗亲自装帧之后送给饭店女主人波莱特·奥利耶的。大饭厅的墙上挂着一些油画，其中两幅是埃迪-勒格朗的作品。

饭店入口右侧是私人小厅，即使加缪为了避开大厅顾客，特意在那儿单独吃饭的时候，奥利耶太太仍然在大厅边走边冲厨房吆喝："加缪先生大排一份"，使得他在卢马兰很难隐姓埋名。[1]

另外，他的花匠弗兰克·克雷亚什也与众不同。他在巴黎出生，祖籍是布列塔尼，自学成才，他称自己"不务正业"，大战期间擅自退伍，在普罗旺斯住了下来。他父亲写过一本十分成功的历史小说，曾受到热烈欢迎，讲的是布列塔尼渔民的生活。他翻修的一组房屋在临近加缪家的小径上，他就住在那里。他拒服兵役，信仰无政府主义，与路易·勒库安的极端自由主义运动有来往。他常常和加缪做伴，谈些加缪感兴趣的话题。[2] 克雷亚什依然记得加缪在卢马兰的一些情景。比如，有时候他正和铁匠们聊天，有人过来找他，加缪便说："请您原谅，先生，您看，我忙着接待大人物。"加缪见到村里的牧师，放开嗓子说："你们信宗教，你们是上帝的选民，所以我总是站在其他人一边。"牧师的妻子回答："男人们常常令人失望。只有上帝不这样。"加缪沉默片刻，然后问道："真的吗？"

加缪时常去城堡，还带客人去。5月份他头几次去城堡，有一次在贵宾簿上留言：

　　……如同约见友人，我们可以日复一日与这块土地、与它的古迹相会；鲍里斯·帕斯捷尔纳克，感激您。感激这片安详宁静

---

① 源自奥利维耶·莫诺大夫。

② 源自弗兰克·克雷亚什。

的地方！

他认为这个城堡是举办戏剧节的绝佳场所，可惜加缪早逝，不然他肯定会成为基金会董事。[1] 卡特琳娜·塞莱思已经听到一则传说：凡是卢马兰的恩人都躲不掉暴死的厄运。[2]

如果顾客来到村里的书报亭，要求买加缪亲笔签名的书，店主会在纸条上记下顾客的名字，加缪来取报纸或者买他的高卢牌香烟时，就会签名。[3]

加缪 5 月份来卢马兰，目的是进行写作，但是他究竟写了没有？大概没有写。他回到巴黎后告诉一位朋友：“我想没戏了。老是出不来。”可是他心里总是挂念戏剧。他也许是在卢马兰咖啡馆的电视上看了《特写》。他给朋友让·吉利贝尔打电话，说他对凯比尔港（在奥朗附近）戏剧节有兴趣。应该组织一次“唐·璜年”上演莫里哀、迪尔索·德·莫利纳、普希金、洛佩·德·维加、高乃依写的同名作品，也许演莫扎特歌剧。显然已经有人让他挑选节目，或者说提供把那些戏悉数搬上舞台的手段，因为他对吉利贝尔说：“很明显，我不可能包揽一切。”可是他让吉利贝尔打听当地现有的演出技术条件。[4]

他的瑞典朋友卡尔-古斯塔夫·比尤斯通对加缪收购剧院的计划一无所知，但是非常赞赏他改编的戏剧，他翻译了斯特林堡的《梦幻》，心想加缪也许有意将其搬上舞台。加缪答复说和斯特林堡其他作品如《幽灵奏鸣曲》相比，《梦幻》的距离远了些，但是他不排除就别的作

---

① 源自朱丽叶·利勒，城堡管理员和让·瓦里耶，卢马兰基金会经理兼卢马兰之友协会会长。
② 源自卡特琳娜·塞莱思。
③ 《巴黎坚定报》，巴黎，1960 年 1 月 7 日。
④ 《戏剧历史》。

品与他合作的可能性。①

他开始在卢马兰作为期一个月的逗留,第一桩事是给马尔罗的助手之一、作家皮埃尔·穆瓦诺写信,设法推进米舍利娜·罗赞与文化部就戏剧资助问题展开的谈判。他离开卢马兰赴巴黎参加 5 月 30 日《群魔》早场演出(戏票月初起就被预订一空)之后举行的公开讨论会。② 可能就是在这次气氛活跃甚至相当热烈的见面会上,一位观众指责他前后自相矛盾,加缪反驳说:"我也有进化的权利!"

现在到了为加缪领导的依靠政府支持的剧场制订具体计划的时候;他与米舍利娜·罗赞合作,着手拟定分发给各有关方面的备忘录。他们称之为"一个新戏剧的理论纲要",加缪用五页纸的篇幅,阐述了他的戏剧观。他认为传统剧场应通过三种途径扶持现代戏剧:演古典名剧,如古希腊悲剧、西班牙黄金时代戏剧、伊丽莎白时代戏剧、法国古典主义和先古典主义戏剧;请通常不涉足戏剧的作家尝试戏剧创作;充分发掘现有的戏剧潜力。花力量追求剧本的美,排戏以剧本为轴心。每年演 210 场,至少三出戏轮流演出,其中至少有一出新戏。如果有可能,三个都演新戏。剧场主任,即加缪本人,组织班子,负全部责任。剧院拥有一个常年演出的剧团,必须找到一座约能容纳七百观众的剧场,其舞台规模要既能演《奥赛罗》也能演《顽强号客轮》。他们预计剧院年度亏损为 1710 万法郎,三部戏的制作成本(3000 万法郎),加上三部戏的排演费和服装费(315 万法郎),总起来算,每年的财政补贴为 5025 万法郎。与其称之为"实验剧场",加缪喜欢叫它"新型剧场",允许自由探索,不加任何约束。他用自己姓名的前两个大写字母在这份计划上签名,落款日期是 1959 年 6 月 25 日。

① 源自卡尔-古斯塔夫·比尤斯通。
② 源自米舍利娜·罗赞。

　　此份计划如今到了政府手中，种种迹象表明，它引起一场轩然大波。他们希望加缪-罗赞新剧场在 1960 年 9 月成立，但是交涉迟迟没有进展。政府推荐了几个空剧场——萨拉-贝尔纳剧场、皇家剧场甚至包括歌剧喜剧院。一家私人小剧场的主人声称同意加缪的戏剧主张，准备合作，但是他说，如果加缪负责主管，（大量的）亏损依然是个棘手的问题。

　　马尔罗文化部的官僚作风无疑也是大问题。加缪认为文化部浪费他许多时间，如果一件事需要长年累月穿梭往返于各个部委才能办成，那他没那个精力。① 最后，在 1959 年年终，加缪和罗赞得到马尔罗的默许，向雅典娜剧场提交具体的合作意向。加缪将与剧院业主签署为期三年的合同，他将有权选择剧目、演员，负责联络报界和宣传广告。首批剧目将在 1960 年 9 月与观众见面。② （上演的戏剧中包括贝尔托·布莱希特的《四川好人》。卡萨雷斯、塞莱思加入常年演出的剧团。③ 卡特琳娜·塞莱思手里有一份他想演的 50 出戏的清单，其中有《雅典的泰门》、约翰·福特的《惜为风尘女》、约翰·韦伯斯特的《白魔》、莫里哀的《唐·璜》、尤金·奥尼尔的《奇异的插曲》、狄兰·托马斯的《乳林下》、皮兰德娄的《如你所愿》。）

　　马尔罗清楚地意识到在他整个文化规划中，缺少向戏剧新人敞开的剧场，于是拨款一亿法郎，准备在 1960 年 1 月的第一周会见加缪，

---

　　① 作者曾与政府方面一位负责这些商榷的人士沟通过。他指出，加缪之所以对剧院饶有兴趣，那是因为那儿能遇到女孩。如果 1959 年加缪的确持这种态度，那他与马尔罗助手们打交道时的失望，就容易理解了。

　　② 加缪去世后，雅典娜剧场剧目表提到，1960—1961 年演出季约定"以阿尔贝·加缪的戏"拉开序幕。

　　③ 源自米舍利娜·罗赞。

给计划添上最后一笔。① 此外，加缪已经有所准备，万一计划失败，就
与马杜兰剧院的老伙伴们合作。②

---

① 源自乔治·埃尔戈齐。从布洛克-米歇尔为《党派评论》读者——纽约，1959 年秋——写的
综述中，不难猜出加缪的感受。布洛克-米歇尔写道，马尔罗已经着手针对实验性戏剧的剧院资助重
组工作，"必须承认，部长什么都没做，尽管说了几句。他把雷卡米埃剧场'给'维拉尔演实验剧，答应
给加缪一个剧场。但是维拉尔已经有了剧场，再拿到一个，而加缪没有剧场，却只得到一个承诺，显
然有些蹊跷"。可是维拉尔已经准备接手雷卡米埃剧场，马尔罗只需批准就行了。至于加缪，"这个
承诺短时间内极有可能兑现不了：先要找到一个剧场，接下来，给两个'实验剧场'的资助微不足道，
就算找到一个剧场，加缪也不会轻易投入"。苏珊娜·阿涅莉告诉我们，1960 年 1 月 4 日（发生致命
车祸的那天），她在伽利玛出版社，接到马尔罗秘书的电话，告诉她马尔罗想让加缪领导法兰西喜剧
院（法兰西喜剧院当时正苦于媒体所谓的"领导危机"）。不过马尔罗后来对作者否认说，他只打算把
加缪申请的实验剧场给他。

② 源自米舍利娜·罗赞。她为美国戏剧社法国分公司工作，直至 1962 年分公司解散，然后成
为导演彼得·布鲁克的合伙人，他选择巴黎作为其戏剧活动的基地。与加缪合作期间，她也是加缪
的代理人，接洽海外戏剧和电影制作商——威廉·惠勒曾考虑根据《鼠疫》拍一部影片；西德奈·利
梅想为美国电视台改编《堕落》，劳伦斯·奥利维尔演主角；丽莲·海尔曼考虑将加缪的《群魔》搬上
美国舞台。

第四十八章

最后几周

在他最后的短暂一天,他加热、发光、笔直地冲向死亡。他随风播撒,被风摧毁,像转瞬即逝的种子然而又是造物的太阳,这就是人,面对漫漫无穷的世纪,自豪地度过片刻时光。

——致勒内·夏尔,1959 年 12 月 19 日①

在他们一起准备《特写》的时候,加缪对皮埃尔·卡迪纳尔称,他的小说《堕落》与这部电视系列片一脉相承:都是个人独白。为什么不把这部书拍成电视片呢?加缪想应该启用朱勒·贝里这样的演员,他在战前演过寡廉鲜耻的角色。接着加缪毛遂自荐,演让-巴蒂斯特·克莱芒斯。卡迪纳尔听了暗暗吃惊:在他看来,"贝里风格"与加缪小说人物风马牛不相及。

可是他们仍然开始认真地讨论这个计划。加缪已经把全部小说录了音。② 他们计划将《堕落》拍成一部 90 分钟的电视片,通篇为独白;倾听克莱芒斯独白的是电视观众。他们决定 1960 年 1 月,待加缪从卢马兰返回之后一起去阿姆斯特丹选址。他们开始研读小说,做笔

---

① 源自"七星文库"版加缪文集。
② 部分录音被收录于阿代唱片集《阿尔贝·加缪在场》。

记，电视制片部也同意卡迪纳尔与加缪去荷兰。

当时《群魔》正在安托万剧场上演，他们俩常常收场后见面。卡迪纳尔将车停在斯特拉斯堡大街，靠近剧院，然后横贯巴黎陪加缪回家——加缪非常喜欢半夜徒步穿越巴黎，接着加缪执意陪卡迪纳尔回到剧院附近，送他上车。一天夜里，他们穿过塞纳河——走的也许是皇家桥，加缪说："这就是《堕落》中的桥。"还有一次，加缪忽然问卡迪纳尔："《堕落》和《局外人》，您喜欢哪本？"看见卡迪纳尔一时语塞，加缪顺着说："别人只把我当作《局外人》的作者，我受不了。"

加缪的一只耳朵有些"招风"，他觉得"不上照"。他宣布在开拍之前动手术处理。

在路上，加缪常常流露出离开文学界的心愿。他的职业生涯从演戏开始，此时他想重归舞台，专心干几年。在整个这一时期——拍摄《特写》、筹划电视片《堕落》——卡迪纳尔觉察到诺贝尔奖、阿尔及利亚、文学界给加缪带来的精神创伤。他还记得，在一次《特写》节目中，加缪说，每逢知识人士，他"总有犯了过失、必须祈求原谅的感觉"。他们达成默契，不提阿尔及利亚，因为卡迪纳尔强烈支持阿尔及利亚独立，认为加缪过于保守，在这一点上两人难以取得一致意见。卡迪纳尔注意到加缪一直不苟言笑，从来不放松，即使在自己家里，也是正襟危坐，从来不舒舒服服地靠在椅背上。他说话的口气生硬，咄咄逼人，没有商量余地。卡迪纳尔当然知道加缪母亲和女儿患病，使他情绪不佳，不过有一件事使他依然非常惊讶：记不得是指一本书还是指一个人，卡迪纳尔说其有"灵魂"，加缪居然疾言厉色地回答："灵魂不存在！"好像是抗议卡迪纳尔随口说出的这句话中的宗教含义。[1]

7月7日，加缪登上去威尼斯的列车。他的剧团参加威尼斯的戏剧节，在7月9日、10日、11日演出《群魔》。他深夜时分到达目的地，

---

[1]　源自皮埃尔·卡迪纳尔。

次日下午由演员陪同会见了意大利报界记者。时值盛夏,燃眉之急是根据凤凰剧院的舞台,调整他的剧作,加缪觉得这个令人敬仰的剧场演哥尔多尼、马里沃、莫里哀的戏无懈可击,但是演《群魔》显然不够理想,必须添加快速换景的装置。他跟一名记者解释道,假如每次换布景要花 30 秒钟,观众会不耐烦的。

他也谈到马上要动笔的小说。他证实已经为《第一个人》做了一年多准备,还需要一年时间。他曾经考虑给小说取名为《亚当》。故事很简单,发生在 20 世纪初,讲述的是一个家庭的故事,一个偶然地生活在这个时代的人的故事。"简简单单。只有避免标新立异,作品才更有长久生存的希望。"记者说我们每个人都是第一个人,是自己历史的亚当。加缪说:"完全正确。"这本小说会有一定的篇幅。不是"长河"小说,但是是一部长篇,一部值得尊敬、与我们时代生死攸关的问题紧密相连的人生故事应该写成长篇。①

一位意大利剧评家在首场演出评论中写道,布景如同预料的那样快速更换,尽管全戏长达三个半小时,观众反应依然热烈;他特地说明,所谓热烈不是指剧场大厅内的酷热。每场结束之前,观众就开始鼓掌;演出结束时,观众热烈欢呼作者,可是他喜欢躲在后台。② 星期六晚上,法国大使加斯东·帕莱夫斯基观看演出,每个包厢都摆上鲜花;只有在这天《群魔》"例外地"准时——即 21 点——开演。③ 7 月 13 日晚上加缪返回巴黎。

他在巴黎一直待到月底,上午游泳,下午工作。他频繁会见一个年轻女子。她与加缪的文学和戏剧活动没有关联,是他休闲时的伴侣。她两年前与加缪相识,当时她独自一人坐在花神咖啡馆。现在,加缪登门给她念新小说的开头部分。这位年轻女子美丽健康,一位朋

---

① 阿尔多·卡梅里诺的采访,《纪事报》(威尼斯),1959 年 7 月 9 日。

② 阿尔多·卡梅里诺的采访,《纪事报》(威尼斯),1959 年 7 月 10 日。

③ 《纪事报》(威尼斯),1959 年 7 月 11 日。

友从加缪的迷恋中觉察到他渴望找回自己青春的心愿。

1959 年夏天的巴黎空空荡荡,加缪一天晚上在"小牛排"餐馆与米歇尔·布凯不期而遇。这家坐落在圣日耳曼-德-普雷区的温馨餐馆的掌柜是阿尔及利亚归侨。布凯当月手头活也不多,于是三天两头约加缪晚上出去。除了"小牛排"餐馆,还有大奥古斯丁路的"加泰罗尼亚酒吧",经常演出弗拉曼柯歌舞(毕加索常来这条街,也很喜欢这个酒吧)。①

8 月份,加缪很可能在卢马兰改编戏剧:一部可能是《奥赛罗》(他开始修订别人翻译的打字稿)。②《第一个人》想必他也在写,尽管他 8 月 6 日给勒内·夏尔去信说:"我到这儿已经一个星期,想方设法希望做出点事儿来,可是空有希望。"③也许小说最初几页是在 8 月下旬开始落笔的。8 月底,卡特琳娜·塞莱思到卢马兰与加缪全家聚会。④

9 月份返回巴黎重新排练《群魔》——因为某些演员需要调动,例如让-皮埃尔·若里斯要接替米歇尔·布凯的角色,这时,他起了搞其他戏剧活动的念头,这可以帮助他耐心等上数月时间,直到自己的剧场开张。他曾经读过天主教作家米歇尔·德·圣-皮埃尔的小说《作家们》。圣-皮埃尔 1959 年正在根据小说改编剧本,加缪就问鲍尔夫人——因为这出戏可能交给马杜兰剧院演——是否能让他演主角亚力山大·唐维尔。⑤

这可是个让人费解的念头——但是也许不像表面显示的那样出人意料。圣-皮埃尔笔下的唐维尔是法国文学泰斗,德高望重,愤世嫉俗,又超然物外。他在情场和商场上都喜欢腼腆"顺从"的女子。他把

---

① 源自米歇尔·布凯。

② 源自克里斯蒂安娜·富尔。我们不知道他用了哪一份译稿。

③ 源自"七星文库"版加缪文集。但是从他和卡特琳娜·塞莱思的通信来看,加缪的这封信是到卢马兰两周以后写的。

④ 源自卡特琳娜·塞莱思。

⑤ 源自米歇尔·德·圣-皮埃尔。

芸芸众生分为创造者和无能者，抵制作家们非涉足不可的上流生活以及事无巨细、应该到处表态的责任。唐维尔在小说中抱怨说："他们请我，给我打电话，上门找我，给我写信。你们想象不到人们怀着多么大的热忱折磨作家。"他抨击宗教，拒绝荣誉勋位勋章（两次），不理会官方访问、名流聚会，不与皇家来宾交谈。唐维尔认为最优秀的作家总是与政治及其涡流保持距离。"唐维尔就是我。"加缪对米歇尔·德·圣-皮埃尔断言。

　　一天，夜已很深，塞雷索尔来到夏纳莱伊街，带来一份剧本。他觉得奇怪，加缪怎么会迷上像圣-皮埃尔这样的天主教作家（小说包含设法使唐维尔皈依天主教的情节），可是加缪显然很喜欢书中触及的两代人冲突的这一主题。然而当他了解该戏基调的时候，热情陡降，再说他觉得自己不是演喜剧的料。① 最后他告诉圣-皮埃尔自己得放弃这个想法。"我会怯场的。"②

　　他在伽利玛的同事罗贝尔·马莱准备外出远游。"您可以远走高飞，真有运气。"加缪对他说。马莱记得是 9 月 28 日。加缪接着说："生活在巴黎就像在地狱。大家忙忙碌碌，疲惫不堪，可是出不了活。到了某个时刻，您成了大众人物，就再也没有享受私人生活的权利……"

　　他私下告诉马莱，他甚至连开发自己戏剧计划的时间都没有，而他离不开戏剧，因为戏剧让他放松精神。小说则不同，它把作者与外界隔绝："小说要求思想连续集中，戏剧则能够一张一弛。"

　　他不愿意谈手里的小说："会写成什么模样，我也还不知道。我不满意。撕了一张又一张。进展缓慢。"

　　他又添上一句："有人妨碍我工作，我才脾气不好。"说着他站起

---

① 源自罗贝尔·塞雷索尔。

② 源自米歇尔·德·圣-皮埃尔。这出戏于 1959 年 9 月 21 日在马杜兰剧院上演，路易·迪克勒扮演唐维尔。

来，伸手好像指着不露面的对手："咱们走着瞧！"①

　　在加缪人生的最后一个秋天，他非常痛苦地要与一些人重逢。西蒙娜·伊埃在瑞士治疗五年之后准备回法国。加缪向她的前夫科唐索大夫了解瑞士医生的意见。得知她从此可以像正常人一样生活时，加缪安排会见这位饱受折磨的女子。他打算请她担任阅稿工作，因为她文学鉴赏力高。加缪答应来年年初再谈这件事。②

　　他最后的戏剧活动是送《群魔》剧组巡回演出：他陪剧组到了兰斯，参加首场演出，然后回到巴黎，下定决心写书。

　　但是他再一次身不由己地被卷进阿尔及利亚危机；那儿呈现新的希望，至少他这么想。9 月 14 日，戴高乐宣布阿尔及利亚人享有自决权，加缪对尼古拉·基亚罗蒙特说，他同意这个宣言，它为找到解决危机的办法铺平了道路。他通知埃德蒙·布吕阿，希望冬天回阿尔及利亚，实地考察一下局势，并答应，如果发表声明，一定在布吕阿的报上发（在所有阿尔及利亚报刊中，唯有该报刊登了加缪的停战呼吁书）。③戴高乐关于阿尔及利亚前途的声明发表之后，让·布洛克-米歇尔问加缪（这是他们的最后一次见面）是否到了打破沉默的时候了，加缪答："是的。如果对阿尔及利亚问题举行全民公决，我将在阿尔及利亚报纸上开展宣传，反对独立。"他依然认为法属阿尔及利亚人和穆斯林阿尔及利亚人能够在这块土地上和平相处。

　　加缪和让·德·迈松瑟勒沿着塞纳河散步，那是他们最后一次会面。迈松瑟勒指责他不了解阿尔及利亚的现实，只从远处观望，每隔半年回家一周探望母亲，住的是高级宾馆。迈松瑟勒希望他的朋友亲临阿尔及利亚去看看，至少得待上一个月，并准备腾出自己的住房给

———————

①　马莱《面对生活，远离死亡》。
②　源自莱昂·科唐索大夫。
③　源自埃德蒙·布吕阿。

他住。加缪答应去。他还与迈松瑟勒谈到手里的小说,透露秘密说,他二十岁的时候曾经制订一份工作计划,至今才完成其中的四分之一,他真正的作品还有待完成。①

他热情高涨,投入《第一个人》的创作。10 月 30 日,《群魔》巡回演出到洛桑,米歇尔·伽利玛夫妇俩陪他去看戏。回到巴黎后,他把时间花在谈判新剧场和为去卢马兰长住做准备上。因为巴黎让他感到窒息("我要离开巴黎,我在这儿越来越感到窒息。"他给夏尔的信中写道)。② 11 月 7 日他和卡特琳娜·塞莱思来到"自寻烦恼"街的一家小酒店吃午饭,庆贺他最后的生日。

他还在巴黎停留数日,以便"赶上"11 月 12 日《群魔》在枫丹白露的演出,这之后他打点行装。

神话从这儿开始。关于加缪在巴黎的最后几个小时,朋友们的记忆非常清晰。在他逝世后发表的一篇采访中,小说家、散文家埃马纽埃尔·贝尔记述了那年 11 月与加缪在巴黎最后一次见面的情景(贝尔当时 67 岁):

> 我和他出去吃午饭,我对他说:"特别要小心,我不喜欢拿道路开玩笑。"他听罢对我说:"您别害怕,我讨厌速度,也不喜欢汽车。"说着从衣兜里掏出他买的去卢马兰的往返火车票……③

---

① 源自让·布洛克-米歇尔和让·德·迈松瑟勒。

② 源自"七星文库"版加缪文集。

③ 《新观察家》,巴黎,1976 年 10 月。别的友人说到事先有预感。聊到加缪的作品,安德烈·舒拉基跟朋友说:"他穷途末路;他死了。"话音未落,看到路上一位女演员陪着一个男子走过,他觉得女演员与加缪有关系,不由想到:"她把他结果了!"车祸的噩耗传来,他顿时觉得加缪死在他手里。苏珊娜·阿涅莉认为加缪自己也有预感,因为最后一次前往卢马兰之前,他把书稿收拾得整整齐齐,就像此去不会复返那样。

这是一张令人众说纷纭、莫衷一是的火车票。加缪最后一次在利普餐厅与罗布莱斯进午餐时，责怪后者不再写戏。罗布莱斯回答说加缪误会了：他"正巧"有个题目，于是把《为反叛辩护》的情节说了一遍。那是一个真实的故事，一位法国电工为了表示他支持穆斯林独立，安放一枚定时炸弹；随后又回来关闭定时器，因为他意识到炸弹会杀伤法国兄弟姐妹。他遭到拘捕，受审，上断头台。在这出悲剧中，主人公堕入陷阱，罗布莱斯发现不但欧洲人恨他，阿拉伯人也恨他，因为他以牺牲他们的事业为代价来挽救生命。法庭同样饶不了他，因为恐怖行为理应受到惩处，哪怕是刚刚起头。加缪告诉朋友，他正考虑搞个剧院，如果计划实现，他愿意上演这出戏。①

与玛莉亚·卡萨雷斯道别时，他问道："你能设想有朝一日我们会分别吗？"说着泪水夺眶而出，"我做不到"。缓过气来，他又补了一句。卡萨雷斯不理解他提的问题，也不明白他如此反应的含义，事后她只能解释为加缪有不祥的预感。②

11 月 14 日，加缪从卢马兰通知米舍利娜·罗赞说，他不知道回巴黎的确切时间。他计划完成的《第一个人》的初稿还遥遥无期。他决定花上八个月时间写书，然后再回头搞戏剧（如果新剧场 9 月份启动，7 月份就得开始排戏）。秋末和冬季，他将单独留在卢马兰，这样才能推进工作。如果戏剧计划一定需要他在巴黎露面，他可以来一下，不然的话，他打算至少在卢马兰待到 12 月底。

但是，即使在卢马兰，他依然受到一些"无谓琐事"的引诱，当然应该考虑到他的心理状态。罗赞作为彼得·布鲁克的代理人（美国戏剧社），想把玛格丽特·杜拉斯上年发表的小说《琴声如诉》搬上银幕。

---

① 加缪在卢马兰读剧本时，罗布莱斯已经把剧情改到印度尼西亚，加缪担心偏袒"印度尼西亚人"，冷落"荷兰人"，这样会破坏悲剧必需的平衡。这出戏后来在法国、比利时、美国和英国上演。

② 源自玛莉亚·卡萨雷斯。

她希望布鲁克执导,让娜·莫罗(与美国戏剧社也有联系)饰女主角。她认为加缪可以胜任男主角,与让娜·莫罗搭档,因为人物性格与加缪相近。[1] 小说女主人公安娜,身为企业家之妻、小男孩的母亲,与一位名叫沙文的沉默寡言的男子体验一段注定失败的恋情,是个包法利式的人物。

让娜·莫罗和导演有的放矢地看了为他们特别播映的《特写》,掂掂加缪的分量;据说他们对选择加缪挺满意。[2](他们喜欢的并非他的演技,而是其个性。)[3]罗赞递上计划时,加缪立刻动了心——这是他惯于"献殷勤"的一面,当加缪请她读电影剧本时,玛莉亚·卡萨雷斯动情地这么想。[4]

最终,轮到加缪自己拿主意。如果他必须在八个月内写完《第一个人》的初稿,就不可能抽出整整一个月的时间拍电影。但是与理应完成的事相比,加缪无疑更加希望演电影。倘若布鲁克不是打算立即上马,而是等一年再拍,加缪肯定会答应演角色;他向众人表示真心诚意的遗憾。[5] 影片不日开拍,让-保罗·贝尔蒙多担任本该由加缪演的角色。

然后他开始过所谓僧侣生活,保持潜心写作所需要的孤独。村中散步,和铁匠、主张无政府的花匠及其他村民聊天,单独上奥利耶饭馆吃饭。一周之后,他已经可以转告巴黎的一位友人,他对写作进程很满意;手稿开始有了活力。到了月底,他忙里偷闲,去马赛看望在那儿演《群魔》的剧团。是开着他的黑色雪铁龙旧车去的(此后一直停放在卢马兰)。六周巡回演出下来,演员们都疲倦了,也许演得不好,让加缪有些失望。他和以前一样,在小纸条上草草给每个人留下意见;演

---

① 源自米舍利娜·罗赞。

② 源自皮埃尔·卡迪纳尔。

③ 源自狄奥尼斯·马斯科洛。

④ 源自玛莉亚·卡萨雷斯。

⑤ 源自米舍利娜·罗赞。

员们把各自的纸条一对比，发现都是批评意见。让-皮埃尔·若里斯心想加缪是没事找事才费这份心的；他不信加缪不满只是冲他们戏没演好，而是阿尔及利亚的事依然压在他的心头。加缪和全体剧组在马赛老港的一家饭店吃了晚饭，然后当夜返回卢马兰。①

罗贝尔·塞雷索尔这时到卢马兰小住。天已经下过雪，路面结着一层薄冰。此后的两周内，他们住在卢马兰，又是大雪纷飞；气温降到零下五度。加缪白天写书，傍晚两人散步，一直走到"夕阳石"，那是由三条大石板搭成的石桌，他们往上一坐，眺望景色。加缪说南方的夜晚让人伤心。

他们一起做晚饭，加缪打鸡蛋，塞雷索尔在宽大的壁炉旁烤牛排。

有几天，他们开车兜风。塞雷索尔掌握方向盘，加缪读当地报纸，看看有没有他们认识的人被车轧死。他们认为死于车祸太"冤枉"。加缪有一天叫起来："某人（他们的朋友）闯祸送命。"他是说着玩的。那段时间，心情时好时坏。

尤其是1月2日，就在加缪动身回巴黎前一天，传来自行车冠军福斯托·科比在车祸中丧生的噩耗，加缪和他的女佣不胜悲痛，他说："眼下，命运之神专门打击名人。"②

塞雷索尔着手准备与马杜兰剧场合作，以防万一最后加缪拿不到雅典娜剧场。加缪将出任艺术导演，鲍尔夫人和塞雷索尔负责剧院总体管理。加缪提到排演鲍里斯·帕斯捷尔纳克唯一的那出戏，是帕斯捷尔纳克妹妹帮忙搞到的。还再次提到，希望有朝一日根据朱莉·德·莱斯皮纳斯的生平写一出戏（三个人物）。

就在快离开卢马兰的时候，塞雷索尔注意到加缪把一小叠手稿放在他的床头柜上。拿起一看，是加缪题赠给他的六页手稿，稿纸微微

---

① 源自让-皮埃尔·若里斯。根据莫尔旺·勒贝克《加缪自述》（巴黎，1963年）记载，当地一位摄影师抓拍到在马赛剧场看戏的加缪。全场观众欢笑，加缪则忧心忡忡，目光紧盯着演员。

② 《南方报》，马赛，1960年1月6日。

泛黄。这是加缪构思良久、用格言体写成的一篇散文,题目是《致复仇女神》。塞雷索尔一眼认出,散文风格属于加缪自称的"重归早期苏格拉底主义时期",即诗歌与哲学交融的直觉诗。

以后,塞雷索尔还回忆起他们谈到了老年、死亡。加缪很冲动地说,一天,有个天主教徒一再坚持说死亡符合道德,他听了十分气愤,因为死亡与道德毫不相干。他说,他并非指望活到高龄,但是他来到这个世界上,为的是生,而不是死;离开这个世界是令人难以想象的。

加缪也告诉塞雷索尔几条与他有关的好消息。伽利玛准备出版他的散文《破裂》,副标题为"抽象之心理浅析"。塞雷索尔 20 世纪 50 年代开始写这部作品,从而结识加缪。加缪欣然答应作序,他们约定 1 月 6 日在出版社见面,处理一些细节。

塞雷索尔临走时,加缪提议让他元旦左右回来;他们一同回巴黎,因为他非常寂寞。他渴望回到人声鼎沸的巴黎,想吃牡蛎。[①]

塞雷索尔走后,他也旋即离开了卢马兰,不过去的是卢森堡大公国,米歇尔·伽利玛夫妇赶到那儿与他会合,观看《群魔》。他们在皇宫受到公爵夫人夏洛特接见。紧接着他应外国学生法语研究学院的邀请,前往埃克斯,在 12 月 14 日与外国留学生交流。埃克斯当时已经成为重要的外国留学生中心;学生来自 38 个国家。

那是加缪最后一次公开露面,是他最后一次有机会发言。活动安排在古色古香的迈尼耶·德·奥佩德豪宅的教室里,根据主持人弗郎索瓦·梅耶教授回忆,加缪称自己是作家,并补充说那是"男子汉的职业"而不是"靠灵感"。有学生想知道创作时的情形,加缪答道:需要花许多时间,具有很强的耐心,做许多无谓的努力,有时候,整天写不出一个字,只好在窗台和书桌之间苦苦徘徊;不是持续一天两天,而是一连数月。他写《局外人》整整花了三年,在找到合适的技法那一天才真正下笔。他喜欢自己的哪一本书? 他回答:"下一本!"面对学生的追

---

① 源自罗贝尔·塞雷索尔。

问,他称那本书是"四十年的人生经历"——是自传小说,也是时代生活的记录。

所有的道德问题都提了,涉及他的目标、他的幻想甚至他的宗教信仰。他声称不信基督教的上帝,他没有任何寻找上帝的精神需要。宗教是人创造的。他是"左派知识分子"吗?他想了想说,自己是不是知识分子,他说不准,至于"左派":"我倾向'左派',这由不得我,也由不得它。"他对知识界的妇女怎么看?妇女是个永恒的话题,他不希望谈老调。他认为妇女是感觉敏锐的见证人,她们时刻提醒男子,知识活动代替不了一切,人的真正使命体现在博爱、温情,"以及证明精神的尊严"。①

1959 年 12 月 20 日,他通过邮局给美国《冒险》杂志寄去采访稿,谈他的艺术。② 这篇稿子被称为加缪的"最后采访稿"。实际上他在 12 月 29 日还寄了一份稿子,这也许是他的"最后留言":寄给布宜诺斯艾利斯一份带有无政府主义倾向的杂志,这篇涉及政治内容的稿子发表在该刊 1960 年 1—2 月号上。文中表述对强权大国的悲观看法:权力使执政者失去理智。他寄希望于统一的欧洲、一个得到拉丁美洲支持、以后得到民族主义"瘟疫"不再肆虐的亚洲和非洲支持的欧洲。他对宇宙飞行以及其他科学进步有何看法?金钱不该首先用于向饥民提供食物吗?科学的发展有利有弊,但他至少可以肯定一点,那就是绝对不该为技术上出色而政治上卑鄙的成就叫好。

为了促成一个减少苦难、更加自由的世界,我们能做些什么?"给予,在可能的时候。不要仇恨,如果能够做到的话。"③

他还发了一些传统的新年祝愿,表示友好和应酬。他 12 月 28 日

---

① 《埃克斯的一周》,埃克斯-普罗旺斯,1961 年 1 月 7 日。

② 部分收录于"七星文库"版加缪文集。

③ 源自《自由报》刊登的法文版,1960 年 5 月 1 日。

给让·格勒尼埃写信,指出自己前一时期闭门写书,以后将在卢马兰和巴黎来回走动。在给母亲的信(她请街坊的面包师念信)里说:"我过段时间来接你,整个夏天和我们在法国一起住。"[1]弗朗索瓦·莫里亚克严厉批评玛莉亚·卡萨雷斯扮演的角色麦克佩斯小姐,加缪怒不可遏,他告诉卡萨雷斯他要赶紧回巴黎支持她。她不许加缪为了她而放弃自己的工作。[2]

事实上,他眼下的写作进展顺利。他用大幅稿纸写《第一个人》,甚至使用印着他名字的稿纸。1月2日,密密麻麻地已经写满145张大幅稿纸,字体很小。题词已经想好了:"献给永远无法阅读此书的你。"据猜测是献给他母亲。他把书分成两部分:"寻找父亲"和"儿子或者第一个人",还做了大致的目录表。圣诞节期间,他给妻子解释说,故事前面部分自传色彩很浓,接下来会减少;年轻人在两个人之间犹疑。他把这本书称为他的"情感教育",主要目的是向法国本土展示他的阿尔及利亚。这个书名,根据他妻子的理解,是指人人都是第一个人,同时也暗示法属阿尔及利亚人没有历史,他是一种混合的产物。他给自己故事中的人物虚构姓名。小男孩叫雅克·科梅利,出生在索尔费里诺,而不是孟多维。在加缪留下的未完成的稿子里,雅克长到了14岁;他准备动笔写下一章,题为"青少年"。一位审稿员注意到加缪风格发生了变化:他首次像福克纳那样,通过词语反复抒情(不过我们不知道最终版本会是什么样子)。不过有一点确凿无疑,即一方面加缪力求赋予这部跌宕起伏的阿尔及利亚传奇一种史诗风格和普遍意义,另一方面写得非常贴近他本人的生活。一些个人经历、加缪生活中遇到的插曲(比如,舅舅把男孩母亲的情人赶出家门、专制的祖母去世)在加缪留下的手稿中比比皆是。[3]

---

① 源自让·格勒尼埃《阿尔贝·加缪》和《法兰西晚报》,巴黎,1960年1月6日。

② 源自玛莉亚·卡萨雷斯。

③ 源自让·萨洛基。

　　显然，如果 1960 年 7 月完稿，加缪很可能把初稿搁在一边，全力对付新剧院——从 1960 年 9 月到来年开春——的首季演出事宜；然后，到 1961 年夏天再写第二稿，也许是最终的定稿。

　　弗朗辛和双胞胎儿女赶来过圣诞节（孩子们已经 14 岁了，弗朗辛在巴黎安德烈·贝尼舒那儿教书）。在年终的几天假日里，妻子发觉加缪的言行举止有些异常。他也承认自己似乎不太正常——是否精神混乱？阁楼上放着一个大箱子，他心血来潮的时候，就让女儿钻进箱子，看看进棺材是什么模样。他一本正经地告诉妻子，他如果死了，想葬在卢马兰。又说，不要举行国葬，但是也不一定非三流的殡仪不可。[1]

　　米歇尔·伽利玛一家趁雅尼娜的女儿安娜放寒假，也外出度假过圣诞节。不过他们驾驶法赛尔维加轿车去戛纳，坐"阿亚"艇畅游戛纳海湾。米歇尔当然提议加缪来聚会，加缪回答："为什么你们不来卢马兰呢？"于是伽利玛一家到卢马兰过元旦。

　　加缪在阿维尼翁和当地的古玩店买过一些老家具和文物，把一只上了年代的银质香烟盒送给雅尼娜，还有几句新年贺词，是这么结尾的：

　　　　我们共同迎来新年，愿我们把它一起结束。

　　他们携手结伴在村里漫步。加缪把米歇尔夫妇介绍给他的铁匠朋友。弗朗辛和一对儿女回巴黎的时候到了，米歇尔和雅尼娜建议加缪别坐火车回巴黎，搭他们的车回去。加缪同意了。

　　1 月 2 日是周六，他们在奥利耶饭店一起吃午饭，然后送弗朗辛和孪生兄妹去阿维尼翁上火车。他们驾驶两部汽车。加缪的孩子想坐

---

[1]　源自阿尔贝·加缪夫人。

法赛尔维加轿车过瘾,于是安娜·伽利玛上了加缪的雪铁龙旧车。安娜告诉他们,下周要庆贺她 18 岁生日,父母准备送她一辆运动赛车。在去阿维尼翁的路上,加缪不停地叮嘱她开车时要小心,时刻留神。①

因为得走远路,加缪陪伽利玛夫妇到附近的雷诺-壳牌汽油站加汽油。加油工亨利·包马斯事先买了《局外人》等加缪路过时让他签名。这时他捧着书走过来,请加缪签名留念。"您不该花这个钱,您要多少,我送您多少。"说完,他写道:

包马斯先生惠存,您使我常常返回美丽的卢马兰……②

他们动身那天的清晨,弗兰克·克雷亚什在花园忙碌。他抬头看见加缪和伽利玛夫妇出去散步。加缪走在后面,离伽利玛夫妇约 30 米,脸色阴沉。克雷亚什看得出,加缪闷闷不乐,是因为眼看要离开卢马兰,要不然就是想到要驱车返回巴黎。③

---

① 源自阿尔贝·加缪夫人。
② 源自亨利·包马斯。
③ 源自弗兰克·克雷亚什。

第四十九章

维尔布勒万

> 当然,希望是在飞速奔跑中,被一颗突如其来的子
> 弹,击倒在街口。
>
> ——《局外人》

1960 年 1 月 3 日上午,星期日,加缪坐上伽利玛的汽车离开卢马兰。同车的有伽利玛夫妇、雅尼娜的女儿安娜,以及他们的爱犬,一条斯喀依猎狗。巴黎距离卢马兰 755 公里,他们准备花两天时间,不紧不慢地走完。沿途多停顿几个地方,几乎堪称美食旅行。他们在离阿维尼翁才半小时路程的奥朗日简单地吃了顿午饭(他们早上出发时已经很晚了)。他们从阿维尼翁上 7 号国家公路去里昂,然后走 6 号国家公路穿越勃艮第,一路经过马孔、沙隆、索利耶、阿瓦隆、奥塞尔、桑斯,最后从桑斯沿 5 号国家公路抵达巴黎。头天晚上,他们在沙隆附近驶离国道,来到托瓦塞。他们认识村里的"美味阉鸡"客栈,这家客栈设 16 间客房,它的餐馆上了《米其林指南》,荣获两颗星。那天他们走了 330 公里。①

因为道路上、旅馆里挤满节日后回家的游客,他们事先订了客房,餐馆座无虚席。保尔·布朗夫人是店主,他们夫妻俩经营"美味阉鸡"

---

① 关于车祸的情况主要由雅尼娜·伽利玛提供。

客栈已 25 年。他们礼貌周全地接待了这批贵宾,可是需要招呼的客人太多,来不及请他们在贵宾簿上留言。不过,布朗夫人保存着加缪填写的住宿卡,也许那是加缪留下的最后的签名。①

托瓦塞的晚餐非常热闹:安娜欢庆她 18 岁生日,大家兴高采烈,不时举杯欢呼,贺词都很贴切(布朗夫人发觉客人们吃得很高兴,气氛非常轻松)。席间谈到加缪的戏剧计划;加缪劝米歇尔,让安娜高中毕业后跟他学戏。米歇尔不愿意她上舞台抛头露面,加缪保证她学的戏与众不同。以前他们四人出游时,安娜——那时候还是"小安娜",加缪叫她"阿努施卡"——常常和加缪住一间房,天真无邪;加缪用歌声把她叫醒:"睁开你漂亮的眼睛……"

1 月 4 日上午早餐吃得较晚,饭后继续赶路。布朗夫人曾记下出发时间,大约是 10 点;米歇尔·伽利玛的一位朋友后来称他们在 9 点左右动身。吃午饭前,他们走了 300 公里。

途中,米歇尔说他打算办寿险。法国人当时不太考虑人身保险。加缪回答说,他们俩的肺都已经洞穿,拿寿险合同看来是难上加难了。米歇尔常常想到死,于是滔滔不绝,说了不少;说他未雨绸缪,已经给妻子留下慷慨的遗嘱。加缪说一想到作家的继承人依赖"版税"生活,就感到恶心……这段不祥的交谈在幽默中结束。米歇尔希望自己先于雅尼娜离世,因为他的生活不能没有她;雅尼娜说得干脆:不管米歇尔在不在,她都将继续活下去。米歇尔和加缪一致决定,如果他们俩去世,希望把遗体存放在雅尼娜的客厅,让她跟他们说话。她听了直嚷:"吓死人啦!"她讨厌看见尸体,如果这样,她就搬家。

他们到达巴黎的时间将比加缪通报的早(他有个约会)。他们决定以安娜必须赶回巴黎看牙医为借口。加缪呵呵一乐,认为他让他的女人们个个心满意足,甚至包括那些他同时爱恋的女人。

---

① 源自保尔·布朗夫人,"美味阉鸡"客栈,托瓦塞。

他们的车走得不快。米歇尔·伽利玛开快车出了名,法赛尔维加又是大功率的赛车型轿车,可是后排座椅不太舒服,空间狭窄;两位女士坐在那儿,把腿收在前排座椅下,常常忍不住提醒米歇尔减速。加缪不喜欢开快车,看到米歇尔加速,就说:"哎,小伙子,咱们不着急。"米歇尔·伽利玛生怕劳累过度,巴黎到蓝色海岸的路程从来没有在一天之内跑完。在去戛纳的路上,他习惯在阿瓦隆歇歇脚。

南方高速公路建成以前,桑斯城是去南方的重要一站。紧邻大教堂的巴黎邮局旅馆曾被《米其林指南》授予两颗星,名声很大。它和当时别的旅店一样,面朝交通干道(也是一条国家公路),建筑主体稍稍后移。加缪来过这儿,主人在饭店门口向他致意(他之前没有见过伽利玛夫妇),然后陪他们来到宽敞的餐厅入座,旁边有一座石壁炉,墙壁和天花板覆盖着护壁板,餐桌上铺绣花红桌布,显示浓郁的勃艮第风格。他们点了一道特色菜:斑皮苹果血肠,外加一瓶寻常的佛勒李葡萄酒。[①]

从桑斯城起,古老的5号国家公路穿越一连串村庄。公路为三条车道,两旁植树。那里地势平坦,建筑缺乏地方特色——只有公路、加油站、旅馆、饭店、咖啡馆的标志牌跃入眼帘。

荣纳桥是个迷人的古老村庄,但是很少引起司机们注意。公路通过的地段也和别处相同,平平淡淡。过了之后,是小维尔布勒万,有几栋零星房屋。道路两旁均有大树,因为确切地说,这儿没有村庄。

车祸发生时——米歇尔·伽利玛掌握方向盘,加缪坐在右侧(没有系保险带,当时还没有流行用保险带)——他们的速度在伽利玛夫妇看来不算高。与人说话的时候,伽利玛习惯放慢车速,而他们当时正说着话。雅尼娜和安娜坐在后面,没发现任何异常,雅尼娜没听到

---

① 源自桑德烈先生,巴黎邮局旅馆,桑斯。

丈夫任何喊叫或者反应。① 她忽然感到车子打个转（当时是笔直的道路），接着车身下有东西碰撞。转瞬之间，她已经被甩到田里，弄不清是坐还是卧。

警方和记者立即调查，结论是车轮打滑——1月细雨霏霏，道路潮湿——汽车先撞上路旁梧桐树，再与前方13公尺处的梧桐相撞。加缪被抛向后车窗，脑袋穿过玻璃；他颅骨破裂，脖子折断，当场死亡。他的遗体花了整整两小时才取出。米歇尔倒在地上，大量出血，被火速送往附近医院。雅尼娜倒在丈夫身边，处于休克状态，握着牵狗绳，不住地呼唤她的狗弗洛克。至于安娜，她一动不动地躺在离汽车20公尺的农田里，浑身泥泞。两位女士伤势看来都不重，不过还是被送进医院。

车祸的起因似乎在于爆胎，或者是车轴断裂；在长距离的直道上发生这种事故，让专家们也觉得困惑：路面宽达9米，而且路上车辆稀少。报纸上登了照片：可以看见柏油路面被划出50米长的痕迹。碰撞的碎片散落半径达150米。从照片上看，法赛尔维加轿车的车头保险杠和仪表盘抛在9米开外，散热器护栅掉在公路另一边，有12米远；一只车轮躺在马路上。车用表的指针停在13点54分——事故大约在此时发生。至于时速表的指针，报道大相径庭：有的说指针定在时速145公里，有的说是零。

邻村——维尔布勒万（和小维尔布勒万相反，不紧挨公路）——有一位司机，当时在岔道上等待，他看到法赛尔维加轿车在路中央左摇右晃，撞上一棵树，翻滚，再撞第二棵树停下。一位司机出面作证：他们以150公里的时速超过他的车。另一位卡车司机（同一个司机吗？）也被他们超车，亲眼看见他们"翻车"，然后像"爆炸"似的。

邻村有位名叫马赛尔·加缪的大夫认为他的同姓人死于"颅骨、脊柱破裂和胸腔受压。死亡迅速"。"他没有受痛苦折磨。"医生补充

---

① 有人说她丈夫叫道"糟了！"，似乎方向盘失灵了。

说。一位记者把加缪的脸描写得充满恐惧,眼睛张开,看不出任何外伤。宪兵们把尸体抬到紧靠事故现场的维尔布勒万市政厅,距 5 号公路以东数百米。[1] 人们从污泥中找回作家的黑色公文皮包;之后清查遗物,发现包里面放着他的护照、私人照片、《第一个人》的手稿、日记本和几本书(其中有尼采的《快乐的知识》、朱尔·德罗基尼翻译的学生版《奥赛罗》)。[2]

维尔布勒万市政厅建于 19 世纪,外墙被砖块、仿大理石、混凝土堆砌得杂乱无章,格调出奇地低下。这个村子早在 14 世纪初就进入历史记载;1214 年肖蒙的领主,即维尔布勒万的领主,曾在布维纳战役中拯救菲利普-奥古斯丁。他的后裔在 18 世纪决定放弃封建领主权,村民获得人身自由。第一次世界大战时,村里设立了一所军事医院,从此,村民们每年向在此去世的 53 名士兵墓献花。有些穆斯林士兵的墓碑用阿拉伯文撰写。1960 年和现在一样,维尔布勒万很清静,虽然紧靠巴黎,购置别墅之风蔓延,村庄依然如故。[3]

加缪的尸体首先停放在莫特勒利路上的一间小厅内(后来改为村里的讲授教理的课堂),然后运到市政厅。大厅普普通通,宽五米,长八米,墙上挂着戴高乐肖像;市议员会议和世俗结婚仪式都在这儿举行。加缪躺在担架上,身上覆盖被单。到了下午,一束匆忙采集的花放到加缪身上。四壁墙上挂起黑纱,座钟停止走动。

雅尼娜和安娜被送进蒙特罗医院的同一间病房,这儿距离事故地

---

[1]　我们主要使用、对比下列渠道的讯息,还原车祸场景:《费加罗报》,1960 年 1 月 5 日—6 日;《巴黎坚定报》,1960 年 1 月 6 日;《巴黎日报》,1960 年 1 月 5 日;《法兰西晚报》1960 年 1 月 7 日;《震旦报》,1960 年 1 月 6 日。

[2]　源自阿尔贝·加缪夫人。皮革旅行箱里找到了《奥赛罗》的翻译打印稿,加缪在前三幕亲手做了笔记。

[3]　维尔布勒万以及 1960 年 1 月 4—5 日那儿发生的事件的描述,以该村女教师维尔日尼·柏涅为主。

点 20 公里。至于米歇尔,他的脾脏被方向盘柱撞裂,伤势严重。他在救护车上迷糊不清,几次问雅尼娜:"当时是我在开车?"必须让他脱离休克才能动手术。他们的朋友吉·舍勒把米歇尔的父亲雷蒙和叔叔加斯东送到蒙特罗,随后把他们和安娜带回巴黎,[1]雅尼娜留下来陪丈夫。别人告诉他加缪被送到别的医院,因为这儿床位不够。米歇尔·伽利玛同时出现脑水肿,伤势不见有任何好转的迹象,于是紧急送往巴黎的医院,1 月 10 日,他在外科手术过程中,死于脑出血。医生发现雅尼娜脸上出现血肿;她的一根颈椎骨粉碎,整整戴了四个月的颈托。[2]

　　警方立刻知道了法赛尔维加车上的死者身份:因为路过的记者赶来拍照,认出是加缪,告诉了他们。不出片刻,政府便接到通知。文化部马尔罗办公室主任乔治·卢贝拨通主任助理保罗·马约的电话,素来严厉的他请求马约亲赴事故现场,代表政府料理后事。动身前,马约被马尔罗请到办公室。"加缪一贯拒绝宗教仪式,"马尔罗对他大声说,"如果有人提议,哪怕提一丁点儿,比如祈祷亡灵,您务必加以制止。"这是保罗·马约接受的唯一指令。他火速赶往维尔布勒万。抵达时,尸体已经运往市政厅,正忙着填死亡鉴定书。他见围观者众多,便提醒警察防备有人趁机行窃。他生怕丢失加缪的私人文件和手稿。市长向他出示了车上找到的都已经破损的行李,以及沾满污泥的皮包。他们决定把遗物全部锁进办公室。保罗·马约逗留到晚上 10 点钟,然后去蒙特罗医院探望米歇尔·伽利玛。临走前,他以政府的名义致哀:"面对死者,我低头默哀……"[3]

　　加缪的妻子联系不上。这天,她回马赛尔·普鲁斯特学校上课,这所学校由她在奥兰的朋友安德烈·贝尼舒创建和领导。这所学校

---

① 源自吉·舍勒。

② 源自雅尼娜·伽利玛。

③ 源自保罗·马约。

是在维希时期避人耳目匆匆创建的，为的是接纳被赶出公立学校的犹太儿童，他曾聘请加缪授课。弗朗辛·加缪事先给贝尼舒的妻子马德琳娜打过电话，告诉她自己准备回巴黎，安排完孩子入学事宜，就到校上课。然后她添了一句："我不放心。"马德琳娜忙问缘由。"因为我在火车站没找到阿尔贝那只漂亮的皮箱。"（为了减轻法赛尔维加车的负荷，皮箱被托运了。）

贝尼舒的儿子皮埃尔是一家周刊记者，下午 4 点左右，他在电话里通知母亲，加缪遇到麻烦。"严重吗？""非常严重……"他最后终于说了实情，她吼了起来。接着她设法联系弗朗辛的姐姐苏兹，但联络不上。于是给在学校的丈夫打电话。事后她自己也说不清楚为什么当时求丈夫瞒住弗朗辛，先让她回家。马德莱娜·贝尼舒让女佣买来《法兰西晚报》，见报纸没有刊登大字标题，舒了口气。

弗朗辛一个人回到玛达姆街。有些记者聚在路口。没人敢把实情告诉她。她穿过记者，心里嘀咕丈夫怎么还没回家呢。[①]

苏珊娜·阿涅莉在办公室接到记者皮埃尔·贝尔热的电话，他抽泣着率先向她传达噩耗。他刚才读到法新社一则简短的电讯：

注意，快讯，快讯
在荣纳省桑斯附近，作家阿尔贝·加缪遇车祸丧生

她火速赶到伽利玛的圆形办公室，他们当时都在那儿。谁都没有设法通知弗朗辛，她于是回到办公室，接通弗朗辛的电话。弗朗辛说

---

① 源自马德莱娜·贝尼舒。《法兰西晚报》记者埃莱娜·卡尔桑蒂写道，她 17 点前刚到玛达姆路的公寓。加缪夫人问她干什么来，女记者不忍心透露自己为何来此，便说是为了写一篇关于当代作家的文章。弗朗辛·加缪说着话，摘下帽子，两个孩子在隔壁，竖起耳朵听她俩说话。临走时，女记者听到电话铃声，然后一声尖叫："我的孩子！我的孩子！"，身体倒地的声音。弗朗辛·加缪昏倒了，孩子们喊道："妈妈！妈妈！"这篇报道说，马尔罗在 3 点 15 分左右给加斯东·伽利玛打电话，通知米歇尔的父亲雷蒙。（《法兰西晚报》，1960 年 1 月 6 日）

她刚回家，很显然，她还蒙在鼓里。"您等着我，"苏珊娜·阿涅莉对她说，"我不到，别开门见人。""阿尔贝死了？"弗朗辛问道。"把门关紧。我马上到。"①据加缪夫人回忆，阿涅莉夫人电话中和她说加缪出了意外。"他还活着？"她问道。一阵沉默之后，从对方传来回答："不。"②

加缪的女秘书通完话放下听筒，电话铃又响起来：是马尔罗在伽利玛出版社的秘书（他在那儿上班处理马尔罗的事情）打来的，说马尔罗已经指派他的助手马约赶赴维尔布勒万，希望阿涅莉陪加缪夫人前往，在枫丹白露有车队等她们。苏珊娜·阿涅莉的丈夫立刻租了一辆车。他们赶到玛达姆街的时候，弗朗辛·加缪依然神志恍惚，说先前看到记者聚集在门口，觉得有些异样，甚至听到门房女工叹气："可怜的加缪太太。"她当时一心惦记大概已经放学回家的孩子，赶紧跨上楼梯，没往深处想。③ 出发准备比她希望得慢得多，但是必须先找人陪让和卡特琳娜。

从枫丹白露起，警车鸣警笛开道；晚上 10 点左右，他们到达市政府广场，保罗·马约把加缪秘书拉到一旁，要她核查哪些东西属于加缪；她认为这个请求表明马尔罗希望保护加缪的公众形象。让·布洛克-米歇尔陪她检查加缪衣兜和钱包里的物品，以及他的黑色公文包。但是他认为他们无权读加缪的手稿，便把它交给弗朗辛。这时候，别的朋友开始陆续到达。埃马纽埃尔·罗布莱斯和让·格勒尼埃劝苏珊娜·阿涅莉回巴黎，那儿需要她在场；他们留下来守灵。④ 贝尼舒夫妇也执意随弗朗辛去维尔布勒万，谁知到了那儿，马德琳娜却不愿揭开被单最后看一眼故友；她觉得加缪是"秘密"的，如果贸然窥视，就是泄露他的秘密。她走过市政厅，然后来到外边广场，仿佛在经历《局外

---

① 源自苏珊娜·阿涅莉。
② 源自阿尔贝·加缪夫人。
③ 源自苏珊娜·阿涅莉。
④ 源自苏珊娜·阿涅莉。

人》中的场景。① 埃马纽埃尔·罗布莱斯记得曾掀开被单,向他的伙伴诀别:"在明晃晃的白炽灯光下,他像睡着了,满脸倦容……"然而"一道血痕横贯前额,如同在白纸中央重重地画了一道线"。②

最先守灵的是市议员。死者家属和生前好友到达后,他们逐渐退下。人们闻讯赶来,而且越来越多,于是警方在灵堂门口设岗,酌情放行。夏尔和维尔日尼·柏涅夫妇是本村教师,他们就在市政厅教书、居住。市长请他们帮助维持秩序,并照顾加缪夫人和其他家属。柏涅夫妇请加缪夫人到客厅随意休息,她的姐姐苏兹和丈夫到达后,也被请去歇脚。其余来客则留在陈放加缪遗体的市政厅,或者待在前厅;一时间你来我往,人很多。苏珊娜·阿涅莉和丈夫与柏涅夫妇谈到教书的情况,问学生们是否知道加缪的作品。他们回答说10至14岁的学生学过作品选段,他们了解加缪的生平。过了一会儿,维尔日尼·柏涅带弗朗辛·加缪参观教室,认为这样能够让她放松一下,他们一起谈到教育。午夜,弗朗辛·加缪要返回巴黎照顾自己的孩子。马德莱娜·贝尼舒送她回家,并留在加缪家过夜。弗朗辛的姐姐和丈夫留下来守灵。凌晨2点,柏涅夫妇回到楼上歇息,由宪兵队长和他的部下守护灵堂。③

次日清晨,柏涅夫妇俩守候在面朝正门的厨房。有人在整理遗体准备抬走,柏涅夫人看见让·格勒尼埃失声痛哭,非常激动。④ 拂晓时分,响起军号,村民们闻声前来送灵。市政府下半旗,小学生们列队两旁,迎候从桑斯驶来的灵车。一小时后,遗体移入灵车载来的棺材,准备启程,荣纳省省长由常驻桑斯的副省长陪同,参加了极其简朴的告别仪式,同时在场的还有代表马尔罗部长的作家兼批评家加埃唐·比

---

① 源自马德莱娜·贝尼舒。

② 埃马纽埃尔·罗布莱斯《多面阿尔贝·加缪》。

③ 源自维尔日尼·柏涅和阿尔贝·加缪夫人。

④ 源自维尔日尼·柏涅。

孔。马尔罗已经表示哀悼："二十多年以来,加缪的作品与追求正义紧密相联。我谨向保持法国在人们心目中地位的作家致敬。"

橡木灵柩由四名男子缓缓抬出。天下着雨。上灵车时,警察肃立致意。① 村里居民全挤在警察身后;加缪的几个朋友发现,居民们对此事发生在家门口,既感到悲伤,又觉得骄傲。加缪的妻子儿女被送上开往阿维尼翁的快车,傍晚时分到达;8 点 30 分,他们来到卢马兰。灵车约在半夜前抵达。

七年之后,维尔布勒万市政厅对面的喷泉中央,竖起一块巨石,上面是加缪头像浮雕,并镌刻一行碑文:

通往巅峰的奋进足以充实人类心灵。

在喷泉背面,一块铜质铭牌上刻着:

1960 年 1 月 4 日至 5 日之夜晚

作家阿尔贝·加缪灵柩

停放于维尔布勒万市政厅

特此立碑,以志纪念

荣纳省议会

1 月 4 日傍晚,阿尔及尔的记者们争先恐后地赶到加缪母亲的住所;到了那儿才发现加缪母亲还不知道噩耗,记者们赶紧改口,搪塞一阵。最后终于有朋友说了实话,儿子吕西安把母亲接回市中心的家。② 加缪死后,她仅活了 9 个多月,1960 年 9 月在贝尔库的寓所过世。

---

① 根据《巴黎日报》,1960 年 1 月 5 日和《巴黎坚定报》,1960 年 1 月 6 日的综述。

② 《法兰西晚报》,1960 年 1 月 6 日;《巴黎坚定报》,1960 年 1 月 7 日。

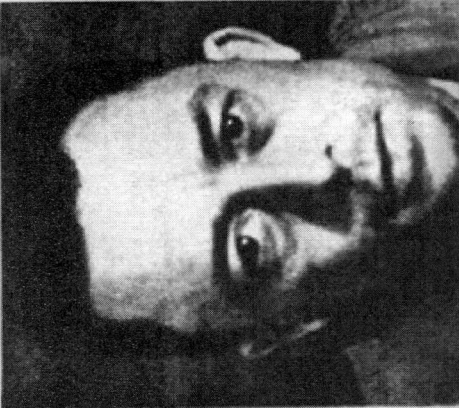

1960年1月5日《战斗报》头版刊登加缪去世的报道（源自伽利玛出版社1982年版《加缪相册》）

尽管法国广播电台正闹罢工,罢工委员会仍然同意中断事先录制的音乐节目,改播 5 分钟哀乐,悼念阿尔贝·加缪。[①] 世界各国纷纷在头版头条刊登加缪车祸身亡的消息。1 月 5 日的《纽约时报》登了一篇稿子,在同一天的报纸上,有一篇社论是这样开头的:

> 阿尔贝·加缪在荒诞的车祸中丧生,被偶然夺去生命,实属辛辣的哲学讽刺。因为他思想的中心是如何对人类处境做出一个思想深刻人士的正确回答……

社论最后写道:

> 人们丝毫不感到意外,我们的时代接受了加缪的观点……血腥的两次世界大战,可怕的氢弹威胁,这一切使得现代社会能够接受加缪严肃的哲学,并使之长存于普通人的心中。

剧团按计划在图尔宽上演《群魔》,演出开始时,皮埃尔·布朗夏尔请全场默哀一分钟。三天之内,演员们继续收到加缪从卢马兰寄出的短信,加缪在信中为他们加油鼓劲,一再表示时刻惦念他们。别的剧场纷纷取消排演、演出,或者演出前默哀。[②]

葬礼定于 1 月 6 日星期三 11 点 30 分举行。卢马兰村按照居民去世的惯例发书面通知。村民们届时汇合到加缪住宅。以往,卢马兰的葬礼通常暴露人们观点的对立和分歧,这一次,看不出任何摩擦。思想开放的弗兰克·克雷亚什与虔诚的天主信徒一起扛灵柩,村里的年轻人、足球队员纷纷出力。加缪的灵柩停放在他的住所,守灵的除了

---

① 《世界报》,1960 年 1 月 6 日。

② 源自勒贝克《加缪自述》、让-路易·巴罗,《法兰西晚报》,1960 年 1 月 6 日。

妻子,还有他的哥哥吕西安,以及勒内·夏尔、让·格勒尼埃、埃马纽埃尔·罗布莱斯、朱尔·鲁瓦、路易·吉尤和老同学罗贝尔·若索。加缪夫人与吕西安、若索商量后,决定墓碑采用普通石料,上面只刻上加缪的姓名和生卒年月。

他们没有照惯例把灵柩抬进教堂,而是径直来到卢马兰村小小的公墓。公墓面向城堡和村里的房屋,包括加缪的家。死者如果不信教,天主教和新教教堂都不敲丧钟,改由俯瞰全村的钟楼鸣钟。那是个晴朗的冬日。村民衣着齐整,列队送葬,从巴黎匆匆赶来的记者和当地记者扩大了送葬的阵容;加缪的亲朋好友有的来不及奔丧。内兄和勒内·夏尔扶着加缪夫人走在出殡长队的前排。加布里埃尔·奥迪西奥以作家协会代表和阿尔及利亚驻巴黎总代表的双重身份出席葬礼。加斯东·伽利玛夫妇也在场,还有沃克吕兹省省长。

如前所述,老墓地依然分成泾渭分明的两半,一半属天主教徒,另一半属新教徒。加缪的妻子和朋友,包括夏尔,同意把加缪葬在属天主教的地块——当时至少还这么称,其实这种分界线已经开始模糊。弗朗辛·加缪将一枝红玫瑰抛向灵柩。村长德尼·桑布克宣读简短的悼词,指出加缪来卢马兰仅短短数月,卢马兰的居民已经爱上了这位当代的大作家。最后他说:"在您热爱的这块土地上,在视您为知己的我的同胞中,安息吧。"村长发誓,他们一定使加缪的墓地鲜花不断。

花圈的飘带上写着"悼念匈牙利之友——匈牙利流亡者敬挽"、"国家人民剧院"、"文化自由大会"、"埃克斯大学"等。①

稍后,皮埃尔-安德烈·埃梅里决定把一棵从加缪酷爱的地方——蒂巴萨——带来的苦艾种在加缪墓畔,可惜它长势太盛,威胁到其他植物的生长。如今前去凭吊时,走过写有"墓地"的标牌——该字的音符有误——就能看见朴素无华的墓地,上面爬满厚厚的迷迭

---

① 主要根据阿尔贝·加缪夫人、弗兰克·克雷亚什和下列报纸的综述:《世界报》,1960 年 1 月 7 日;《费加罗报》,1960 年 1 月 7 日;《巴黎坚定报》,1960 年 1 月 7 日。

香;镌刻着加缪姓名和生卒年月的石碑已经古色斑斑。时常有人献上十字架——通常很简朴,不带念珠,不过至少有一回,墓旁出现一个偌大的石雕十字架,大概是从某个废墓上搬来的。①

　① 　源自皮埃尔-安德烈·埃梅里。

加缪葬于卢马兰的墓地（照片由法国罗杰－维奥莱摄影事务所提供）

第五十章

后　事

> 　　一个疯狂的社会留给他的时间，被他用来热爱生活；他以自己的方式去爱朴素而热烈的生活。
>
> 　　　　　　　　　　　　　——给里夏尔·马盖的序言①

　　电话铃响起的时候，西蒙娜·德·波伏瓦一个人在波拿巴路萨特的寓所。克洛德·朗兹曼告诉她维尔布勒万发生的车祸。她放下听筒，发现自己咽喉哽咽，嘴唇在颤抖，心想自己总不该为加缪痛哭流涕吧：加缪和她已经毫不相干。萨特也非常悲痛，他们整个晚上和雅克-洛朗·博斯特谈论加缪。她当晚百般无奈，吃下已经长期停用的安眠药，仍然无法入睡，于是下了床，冒着一月刺骨的细雨，在巴黎街头徘徊。

　　第二天清晨醒来，她依然神思恍惚："他看不见今天的早晨了。"加缪非但没有离开人世，反而因车祸带来的强烈冲击，成了世人瞩目的中心。她处处以加缪故世的眼光看待生活，从加缪之死，她看见了自己的死亡。马路上读报的人们对大字标题和照片反应平平，而她却不忍目睹。她想到对爱恋加缪的女子来说，看到他的照片袒露在光天化

---

　　① 源自加布里埃尔·奥迪西奥。

日之下，那该是多么残酷的折磨。①

人们常说在所有悼念文字中，萨特 1 月 7 日发表在《法兰西观察家》上的悼词最为动人。他写道，加缪暂时保持沉默，他内心的矛盾应该得到尊重。他属于那种为数不多的深思熟虑后才做决定，并且忠于自己抉择的人；他的选择表明他随着时代一起进步。他们——萨特和加缪——曾经翻脸，可是什么叫翻脸？是换一种方法共同相处，并不妨碍萨特思念他、考虑加缪对他——即萨特——所读的书报的评价。

他是 20 世纪反历史潮流的伦理主义流派继承人，他的作品或许是所有法国文人中最具原创性的。他那倔强的、狭隘的、单纯的、朴素的人道主义情怀向我们时代里那些广泛而丑恶的秩序发起了未必明智的挑战。但也正是通过这些顽强的抗争，加缪在我们这个现实金钱与马基雅维利主义盛行的世界中重新确认了道义的存在价值。

公众纪念活动随即纷纷出现。最出人意料的是 1 月份，在佛朗哥统治下的马德里，500 名艺术家、作家和大学生出席纪念会；另一次在华沙，大学礼堂挤得水泄不通。加缪逝世一周年时，西班牙共和党人在他们设在巴黎的临时政府所在地组织纪念仪式，人们纷纷把鲜花放在加缪的巨幅照片跟前。②

报界当然喋喋不休，继续议论发生车祸的前因后果。人们众口一词，责怪米歇尔·伽利玛车速太快，或者说他车辆、轮胎保养不良，连

---

①　西蒙娜·德·波伏瓦《势所必然》。克洛德·朗兹曼和皮埃尔·贝尼舒碰巧都为同一家周刊工作；克洛德给波伏瓦拨电话时，贝尼舒在跟母亲通话，他母亲是弗朗辛·加缪的好友（见第四十九章）。

②　《世界报》，1960 年 1 月 19 日，1960 年 2 月 23 日，1961 年 1 月 5 日。

车的品牌都被株连。加缪厌恶开快车,每个人都能对此枚举一二。让·格勒尼埃写文章追忆自己的学生,文章后来提醒读者,加缪讨厌高速驾驶,为了避开巴黎—蓝色海岸公路,他经常坐火车到阿维尼翁,还不停叮嘱开旧雪铁龙接他的司机别开快车。① 几年前,加缪驱车送玛莉亚·卡萨雷斯和米歇尔·布凯去奥维参观凡·高故居,卡萨雷斯请他开快点,也许为了早些赶回剧场,因为加缪车速实在慢,加缪听了说:"在我看来,没有什么比死在路上更愚蠢的了。"②人们常常引用罗布莱斯的这句话:"我在路上稍一提速,他就加以阻止,说:'你会白白断送两条腿的。'"③

加缪常常拿米歇尔·伽利玛开快车逗他;但是说归说,加缪依然上他的车,特别是走巴黎—蓝色海岸这一段路(比如 1953 年 1 月回巴黎那样,我们在上一章已经看到了)。

报纸还指出轮胎磨损,充气不均匀;有人说后轮胎在时速 140 公里时炸裂,不该刹车时司机刹了车。④ 人们还断定轮胎已经磨耗了40%,米歇尔·伽利玛的朋友反驳说,轮胎才走了一万公里。⑤

就在这时,米歇尔·伽利玛的老友勒内·埃蒂安布勒决定参战。他以前当过米歇尔的私塾教师,在伽利玛出版社大厅遇见在《法兰西文学报》上抨击过他的路易·阿拉贡,发现阿拉贡开始对共产党产生某些疑虑而且有意公开认错。那很好,埃蒂安布勒说,我只需要得到贵刊一些版面,公布车祸的真相,阿拉贡答应提供他所需的版面。⑥

埃蒂安布勒的文章在 1960 年 1 月 21 日(米歇尔·伽利玛已经去

---

① 让·格勒尼埃《阿尔贝·加缪》。

② 源自米歇尔·布凯。

③ 《费加罗报》,1960 年 1 月 7 日。

④ 《震旦报》,1960 年 1 月 6 日。

⑤ 《法兰西晚报》,1960 年 1 月 7 日。

⑥ 源自勒内·埃蒂安布勒。

世)的《法兰西文学报》的头版发表。埃蒂安布勒开门见山,希望回击报纸电台对米歇尔·伽利玛的影射和诽谤。舆论把米歇尔·伽利玛当作罪人。一条电台新闻甚至称,他将被判处过失杀人罪。调查报告提到轮胎打滑;因为他身体有病,于是散布流言,说他可能突然发病;他肯定在潮湿的路面上以时速 140 公里开车,要不然就是他从卢马兰一口气开到桑斯。埃蒂安布勒要求拿出指控的证据,如若不然,请他们公开道歉。埃蒂安布勒从担任米歇尔的私塾教师到成为米歇尔持续 30 年的朋友,每年他和米歇尔·伽利玛一起度假数月,两人还一起在伽利玛出版社共事,对亡友了如指掌。

轮胎没有磨损。米歇尔·伽利玛保存一套备用胎,一旦磨损就能更换。埃蒂安布勒然后替汽车的功率和速度辩护。"再说,我们既然生产、进口大功率赛车,怎么能苛求这些车辆的买主尾随小排量汽车,耐着性子从巴黎一直磨蹭到尼斯?"

他引用米歇尔·伽利玛的原话,解释说这种汽车能够保证十分安全地超车。车速高低与否,应该结合汽车的体积以及司机的驾驶技能来看;米歇尔·伽利玛已经安全驾驶 100 多万公里。加缪从不上别人的车,"除了米歇尔。和他在一起,我不怕"。他对埃蒂安布勒亲口这么说……再说,他坐米歇尔·伽利玛的车外出,已经不计其数;有一次甚至遇到炸胎,米歇尔都能稳稳地把车控制住。

会不会过度疲劳,突发疾病? 但是自从摘除一个患结核的肾脏后,米歇尔身体好得出奇。埃蒂安布勒接着追溯他们从卢马兰到巴黎的旅程,说加缪一行 9 点离开托瓦塞,12 点半左右抵达桑斯,三个半小时走 306 公里,平均时速为 86 公里。伽利玛午饭也没有过量,他习惯一天吃一顿主餐,喝两杯葡萄酒。他与加缪说说笑笑,显得很轻松;发生事故的一刹那,他的妻子和女儿仍目睹他与命运抗争。埃蒂安布勒不禁要问,为什么会流言四起呢?

是因为纨绔子弟杀死穷人儿子这个形象太迷人,还是为了突出加缪，非得找出一个受害者，一个刽子手？

作家揭露神化加缪、贬低米歇尔·伽利玛的图谋。

埃蒂安布勒私下交谈时不隐瞒，认为问题出在法塞尔维加 HK500型汽车上。[①] 他立刻动手搜集证据材料，准备用来起诉制造商，可是伽利玛家人希望避免事端，法塞尔·维加也试图息事宁人。根据埃蒂安布勒的分析，问题出在汽车左后轮抱死。左后轮曾经两度抱死，米歇尔有些担心，还跟埃蒂安布勒说过。汽修工把修好的车交给米歇尔时说："这部车是座坟墓。"埃蒂安布勒指望修理工出庭作证。[②] 1965 年，法塞尔维加车停止生产。

加缪选勒内·夏尔为其遗嘱执行人。于是在巴黎开始寻找这份授权书，可是女秘书把加缪在夏纳莱伊街寓所的私人遗物全部理完，都没找见。勒内·夏尔当时不在现场，布洛克-米歇尔作为证人协助整理。除了私人信函归还本人，加缪的手稿悉数交给家属，他们已经拥有加缪日记和《第一个人》的手稿：这些文稿的命运从此掌握在家属手中。

《群魔》巡回演出继续进行。1960 年 2 月 16 日，由西德奈·利梅导演的《卡利古拉》在纽约与观众见面。加缪曾经希望出席首场演出，也想看看排练。《纽约时报》戏剧评论家布鲁克斯·亚特金森认为此剧上演带着某种"无情的崇高"，演员们都"称职"，"演出精彩"。但是

---

①　这辆法国汽车的性能参数：马力 335 匹，发动机气缸容积 5.907 升，最高时速 205 公里。双门四座汽车，前排独立座位，售价 385 万法郎。汽车才开了一年多时间，总计行程 29000 公里。（《震旦报》，1960 年 1 月 6 日；《法兰西晚报》，1960 年 1 月 7 日）根据专业年鉴记载，HK 系列产于 1959年，5.907 升的气缸容积合 34 匹捐税功率。

②　源自勒内·埃蒂安布勒和雅尼娜·伽利玛。加缪的继承人起诉汽车制造商，法庭的结论是，对于轮胎的损耗情况和胎压而言，米歇尔·伽利玛车速太高。汽车生产商不承担任何责任（桑斯法庭判决，1963 年 4 月 4 日）。

"该剧的内容有限,舞台导演似乎有些过分"。他结尾时指出"许多别的作品,能让人更加长久地缅怀加缪"。[①] 同年 4 月,《群魔》在洛杉矶上演,亚特金森依然不甚满意。[②]

　　按照路易·米凯尔、罗朗·西穆内的设计,用法国小学生地震后募集的资金,在奥尔良维尔兴建了阿尔贝·加缪文化中心。中心里有一座可以改成露天大厅的剧场,这个设计曾经过建筑师让·德·迈松瑟勒(负责城市重建规划)和加缪本人长时间的讨论。文化中心在加缪逝世一周年时落成。[③] 加缪故乡孟多维的大街在独立之前改成阿尔贝·加缪路,当时预料穆斯林获胜以后会立刻恢复原名,不料阿尔贝·加缪路依然存在。加缪去世一年后,他的朋友埃德蒙·布吕阿路过当地,请朋友送他去孟多维。路上经过一个地方,刚巧出了一桩严重的车祸:汽车摔得面目全非,一个士兵倒在农庄边上的深沟里。布吕阿来到跟前,吃惊地发现死者酷似加缪。他举起照相机,就在这时走来一个法国军官,不许照相,不然就没收相机。布吕阿出示记者证也无济于事。后来,当孟多维市长把他领到加缪诞生的农庄,介绍加缪出生的房间时,布吕阿发现那具死尸原先就躺在窗跟前,不过这时候已经被匆匆抬走。

　　市长告诉布吕阿,圣保罗农庄年久失修,日渐荒芜,即将夷为平地。[④]

　　在阿尔及利亚,加缪的生前好友,其中有皮埃尔-安德烈·埃梅里、路易·米凯尔、让-皮埃尔·富尔和马塞勒·布涅-布朗歇,于 1961 年 4 月聚集蒂巴萨,出席加缪纪念碑的揭幕仪式。这是一块齐人高的腓尼基时代的古墓碑,是在蒂巴萨的废墟中找到的,送到阿尔及尔请

---

①　《纽约时报》,1960 年 2 月 17 日。
②　《纽约时报》,1960 年 4 月 23 日。
③　源自让·德·迈松瑟勒。
④　源自埃德蒙·布吕阿。

路易·贝尼斯蒂雕刻铭文（他无法在现场雕刻，那儿偶尔会发生枪战）。后来，加缪名字遭到损毁，不过还是依稀可辨（这块石碑仍然矗立着）。①

> 在这儿我领悟了
> 人们所说的光荣：
> 就是无拘无束地
> 爱的权利。
> 　　阿尔贝·加缪

---

① 源自路易·贝尼斯蒂和让·德·迈松瑟勒。

答谢词

当你想为一个已经谢世的人撰写传记澄清问题时,必然会求助于他人——了解传记主人公的同时代人和已经开始搜集有关他的资料的大学学者。我曾与数百名这样的知情人进行过交谈或书信交往,不然就是通过电话——我在前言中谈到的四壁灰墙的工作室里,这种现代化的研究工具似乎没有任何立足之地——直接和他们交谈。我所采用的某些资料并非信手拈来,而是多亏了愿与我分享他们所了解的情况的男士和女性的执着和真诚。

但是,如果把全部的资料来源逐一列明,那么就有长达好几页的篇幅,这又会增加读者的阅读负担。所有向我提供资料,而且资料又被本传记采纳的人,无一例外地在注释中注明他们的姓名,在此,谨向他们中的每一位表示感谢。若有遗漏,那么我的罪过实不可恕。

当然,这些注释不足以显示他们自愿给予我的广泛帮助,也无法体现他们的慷慨大方。我们的有些交谈断断续续地延续了几个星期,甚至数月,尤其在接受采访的知情人对我来说是重要的资料来源时。他们中间有加缪的家人、米歇尔·伽利玛的遗孀雅尼娜、加缪的私人秘书苏珊娜·阿涅莉,以及加缪的朋友让·布洛克-米歇尔和埃马纽埃尔·罗布莱斯。有些人为了帮助我,他们自己也开展了调查(如加布里埃尔·奥迪西奥、埃德蒙·布吕阿——不幸的是他们俩已经去世——和皮埃尔-安德烈·梅埃里),向其他知情人了解情况;另一些人则尽力对加缪的生平进行回忆(布朗什·帕兰、让·德·迈松瑟勒和夏尔·蓬塞)。

在善意帮助我的人中间,很多人并非始终站在加缪一边(我指的是为我撰写了一部阿尔及尔回忆录的伊夫·布儒瓦,以及帕斯卡尔·皮亚、克洛德·布尔代、阿马尔·乌茨卡那、弗朗西斯·让松、雅克-洛朗·博斯特),但人人都慷慨地奉献了他们的时间。为一个仍有争议的人撰写传记,我始终不敢肯定自己是否掌握了所有的事实或众说纷纭、莫衷一是的事例的真相。我确信对一些谬误已作更正,当然也难免犯一些错误,在此恳请知晓实情的读者能让真相大白,为今后的加缪传记或本传记的修订本做出贡献。

如前所说,与其按姓氏笔画或重要性排名逐一罗列数百人的姓名,我宁愿只在注释中加以注明;与其使出浑身解数一一致谢,还不如允许我一并在此向诸位表示由衷的感谢。

工作方法

　　我没有详细标明加缪的作品——包括他去世后发表的作品——的版本以及页码，目的是让读者能够查阅加缪作品的原版或者手头的其他版本。我本人使用两卷本的"七星文库"版加缪文集、在"加缪手册"系列中发表的遗作以及伽利玛版的"手记"。

　　至于加缪其他的文字，包括演讲、文章、宣言和呼吁，我都努力援引原版，没有求助于后续的再版，因此读者可能会发现文本之间有些差异，某些材料的日期更新了。

加缪年表

1913 年　　11 月 7 日生于孟多维(阿尔及利亚)。

1914 年　　10 月 11 日父亲吕西安阵亡。全家定居阿尔及尔。

1920 年　　5 月成为由国家抚养的战争孤儿。

1923 年　　10 月进入由路易·热尔曼(后来,加缪把诺贝尔奖答谢词献给了他)任教的二年级中班。

1924 年　　6 月参加阿尔及尔中学入学考试。

　　　　　　10 月进入六年级 A 科(法语、拉丁语)就读。

1929 年　　10 月读高中二年级。

1930 年　　通过第一阶段高中会考;10 月进入高三哲学班(毕业班),让·格勒尼埃任哲学课教师。12 月初患结核病。

1932 年　　通过第二阶段高中会考;在一家大学生刊物上发表数篇随笔,并撰写散文诗《直觉》。

1933 年　　进入大学就读,师从热内·普瓦里耶、让·格勒尼埃。

1934 年　　6 月 10 日娶西蒙娜·伊埃为妻。

1935 年　　加入共产党,创建劳动剧团。

1936 年　　1 月改编马尔罗的长篇小说《轻蔑的时代》,并由劳动剧团搬上舞台。

　　　　　　5 月加缪负责、集体创作的剧本《阿斯图里亚斯起义》,由埃德蒙·夏洛出版社出版,后来又由劳动剧团上演。

　　　　　　夏季,赴中欧和意大利旅行;与结发妻子分手。

1937 年　　与几位朋友在阿尔及尔创建文化之家。

5月10日,《反与正》由夏洛出版社出版。

8月,首次游览巴黎;撰写第一部长篇小说《幸福的死亡》(死后出版);赴法国和意大利旅行;创建队友剧团;被共产党开除出党。

12月,受聘于阿尔及尔气象学院(到1938年9月底)。

1938年	为《海岸线》杂志撰稿,担任埃德蒙·夏洛出版社的文学顾问;创办《阿尔及尔共和报》,与帕斯卡尔·皮亚共事。
1939年	5月23日,《婚礼集》出版。

9月,创办《共和晚报》,任主编。

1940年　与西蒙娜正式离婚。

3月,定居巴黎,在《巴黎晚报》供职;随报社到克莱蒙-费朗和里昂避难。

12月3日,与弗朗辛·富尔结婚。

1941年　在奥兰居住,动笔撰写《鼠疫》;《局外人》《西西弗神话》和《卡利古拉》的手稿交伽利玛出版社。

1942年　6月15日,《局外人》出版。

10月16日,《西西弗神话》出版。

1943年　萨特在《南方杂志》撰文评论《局外人》。

11月,担任伽利玛出版社审稿人。

1944年　6月,《误会》首场公演,玛莉亚·卡萨雷斯在戏中担任角色。到地下抵抗运动报纸《战斗报》工作;解放后,《战斗报》改为日报。

1945年　民族主义分子起义(塞蒂夫)期间赴阿尔及利亚采写报道。

9月5日,让和卡特琳娜·加缪出生。

9月,《卡利古拉》首演。

1946年　3月至6月,游访美国和加拿大。

1947年　6月3日,与朋友们一起把《战斗报》转让给克洛德·布尔代。

	6 月 10 日,《鼠疫》出版。
1948 年	10 月,《戒严》首场公演。
1949 年	夏天,赴南美考察;结核病复发。
	12 月,《正义者》首场公演。
1951 年	10 月 18 日,《反抗者》出版。
1952 年	与萨特和《现代》杂志进行论战。
1953 年	6 月,参加昂热戏剧艺术节。
1954 年	春季,《夏天》出版。
	11 月至 12 月,游访意大利。
1955 年	为《快报》周刊(后改为日报)撰稿。
1956 年	1 月 22 日,呼吁阿尔及利亚休战。
	5 月,《堕落》出版。
	9 月 22 日,由福克纳作品改编的《修女安魂曲》首场公演。
1957 年	《流放与王国》,然后是《关于死刑的思考》(与凯斯特勒合著)发表。
	10 月,宣布加缪获得诺贝尔文学奖。
	12 月,斯德哥尔摩领奖。
1958 年	会见不久将重返政坛的戴高乐;继续为穆斯林民族主义分子秘密奔走;打算接收一个剧院;在卢马兰购房。
1959 年	1 月,《群魔》首场演出;动笔撰写小说《第一个人》(未完成)。
1960 年	1 月 4 日,车祸去世。